長沙县年鉴

2015

长沙县人民政府 主办
长沙县史志档案局 编

方志出版社
Publishing House of Local Records

图书在版编目（CIP）数据

长沙县年鉴. 2015 / 长沙县史志档案局编. —— 北京：方志出版社，2015.12

ISBN 978-7-5144-1884-2

Ⅰ. ①长… Ⅱ. ①长… Ⅲ. ①长沙县—2015—年鉴 Ⅵ. ①Z527. 14

中国版本图书馆CIP数据核字（2016）第003673号

长沙县年鉴（2015）

编　　者：长沙县史志档案局
责任编辑：齐　笑
出 版 人：冀祥德
出 版 者：方志出版社
地址：北京市朝阳区潘家园东里9号（国家方志馆4层）
邮编：100021
网址：http://www.fzph.org
发　　行：方志出版社发行中心
电话（010）67110500
经　　销：各地新华书店
印　　刷：湖南宏图印务有限公司
开　　本：889 × 1194　1/16
印　　张：27
字　　数：870千字
版　　次：2016年1月第1版　2016年1月第1次印刷
印　　数：1000册
ISBN 978-7-5144-1884-2　定价：180.00元

领　导　考　察

2014年，省委书记、省人大常委会主任徐守盛三次到长沙县和长沙经济技术开发区，深入乡镇、村组、园区企业、项目工地，调研经济社会发展和民生保障等情况。徐守盛指出，长沙县要立足新起点，发挥新优势，谋求新突破，主动作为，奋力攻坚，并对长沙市提出“五大课题”。图为7月28日县委书记杨懿文陪同徐守盛（前排右二）调研上海大众湖南（长沙）项目

（曾诗怡　摄）

2月25日，省委书记、省人大常委会主任徐守盛，省委副书记、省长杜家毫，省委常委、市委书记易炼红等省市领导到到长沙县星沙产业基地雷鸣公园，与当地干部群众一道参加义务植树活动

（星沙产业基地　提供）

2014年，省委常委、市委书记易炼红四次到长沙县和长沙经开区调研、检查、指导工作。在检查城乡管理提质工作时，易炼红要求，长沙县不仅要经济总量的“第一县”，也要争做城乡品质的“第一县”；在调研县城经济社会发展情况时，易炼红强调长沙县要勇当改革发展排头兵，加快挺进全国十强。图为1月18日，易炼红（前排中）到长沙县北山镇督查长沙废弃物处理中心项目建设情况

（康子弘　摄）

3月11日至12日，省委常委、省委政法委书记、省公安厅厅长孙建国（左一）到长沙县公安局星沙派出所蹲点　（县公安局 提供）

11月20日，省委常委、省委宣传部部长许又声（前排左一）到长沙县实地考察开慧镇综合文化站、葛家山乐和大院以及福临镇综合文化站，并召开座谈会　（开慧镇 提供）

7月16日，省委常委、省委统战部部长李微微（后排左三），副省长李友志（后排左四）出席湖南辛亥革命人物纪念馆建设工作座谈会议　（叶　凯摄）

6月6日上午，省委督导组组长，全国人大内务司法委员会委员李江（右二）一行考察长沙危废处置中心项目建设　（曾诗怡 摄）

11月26日，副省长黄兰香（左二）在长沙经开区考察上海大众项目进展情况，并调研园区整车企业情况

（长沙经开区管委会办公室 提供）

2014年，市委副书记、市长胡衡华六次到长沙县和长沙经开区调研经济运行和社会发展情况并进行现场办公。图为1月13日胡衡华（前排左二）考察长沙经开区企业经沣欧美砖厂

（星沙产业基地 提供）

6月11日，长沙市人大常委会主任袁观清（前排左二）率主任会议成员刘新程、张建国等到长沙县，就经济社会发展情况和人大工作进行调研并召开座谈会。图为袁观清一行调研长沙县北山镇北山村万谷岭建设中的长沙危废处置中心　　（长沙人大网　提供）

8月11日，长沙市政协主席范小新率队到长沙县调研重点项目建设情况，为项目建设者送上矿泉水、防暑药品等慰问物资。长沙市政协副主席钟新莲、王力力、龚振湘、段安娜、彭继球、唐志浩、石长松、袁志恒、刘明理，秘书长彭志一参加调研

（市政协网 提供）

重 要 会 议

12月26日，县委书记、长沙经开区党工委书记杨懿文在中共长沙县第十二届代表大会第五次会议上作工作报告　（章帝 摄）

12月26日，中国共产党长沙县第十二届代表大会第五次会议开幕　（章 帝 摄）

2月19日，县委副书记、县长张庆红在长沙县第十六届人民代表大会第三次会议上作政府工作报告（章帝 摄）

2月19日，县人大常委会主任李建章在长沙县第十六届人民代表大会第三次会议上作县人大常委会工作报告（县政协办 提供）

2月19日，长沙县第十六届人民代表大会第三次会议召开（章 帝 摄）

2月18日，县政协主席王益枝在长沙县政协八届三次会议开幕式上讲话　　（曾诗怡 摄）

2月18日，中国人民政治协商会议湖南省长沙县第八届委员会第三次会议开幕　　（章 帝 摄）

县政协八届三次会议召开期间，政协委员视察上海大众湖南（长沙）项目　　（县政协办 提供）

3月13日，长沙县党的群众路线教育实践活动动员大会召开　（县委组织部　提供）

10月23日，长沙县党的群众路线教育实践活动总结大会召开　（县委办 提供）

2月16日，中共长沙县第十二届纪委第二次全会暨全县反腐败工作会议召开

（黄艳宇 摄）

县委书记、长沙经开区党工委书记杨懿文作重要讲话

（黄艳宇 摄）

县委常委、县纪委书记郭润葵作工作报告（黄艳宇 摄）

4月30日，长沙县第七次劳动模范表彰大会召开，35名劳动模范受到表彰和奖励

（县总工会　提供）

县委书记、长沙经开区党工委书记杨懿文（前排左六）等县领导与35名劳动模范合影（县总工会　提供）

重大项目

4月18日,长株潭广联交易市场在安沙镇毛塘工业小区内试营业，标志着规划用地10.4公顷、总投资4.12亿元的湖南唯一、中南地区最大的生猪活体交易中心和进出口食品展示、交易、配送中心正式落户长沙县　　（曾诗怡　摄）

5月2日，在开元东路下方的地铁3号线东四线站，由恒天九五重工旋挖钻机JUR280成功开钻第一根桩　　（刘晓东　摄）

5月5日，厦门航空湖南分公司在黄花国际机场成立　　（民航资源网 提供）

6月17日，由湖南省人民政府主办、湖南省商务厅等单位承办的2014年湖南（上海）投资贸易洽谈周湖南省情推介暨重大招商项目发布会在上海举行，长沙经开区与广汽菲亚特汽车有限公司签订克莱斯勒Jeep生产项目，该项目总投资10亿美元　　（长沙经开区志办 提供）

7月10日，星沙文化中心主体工程完工　　（刘晓东 摄）

7月15日，长沙磁浮列车专线全线唯一中间站——㮾梨站开建 （盛磊 摄）

7月25日，全国首个产权式物流园区——湖南物流总部在黄兴镇正式运营
（黄兴镇 提供）

8月12日，星沙产业基地与上海同舟、上海多利、长春英利、上海地毯厂、爱立德、金鸿顺6家汽车零部件企业集体签约，6家企业正式落户星沙产业基地上海大众配套园，已完成固定投资1.25亿元
（星沙产业基地 提供）

9月11日，长沙县与北京师范大学签约共建长沙县百熙实验学校（原鹏基小学）　（长沙县百熙实验学校 提供）

10月25日，黄兴雕像揭幕暨黄兴文化广场落成典礼举行　（康子弘 摄）

10月28日，白石洞水库枢纽工程开工　（曾诗怡 摄）

11月18日，星沙海关正式开关并对外办理海关业务　　（刘怡斌 摄）

11月，上海大众湖南（长沙）项目冲压车间、车身车间、油漆车间、总装车间以及技术中心建成　　（刘晓东 摄）

12月，广汽三菱扩产项目正式完成，年产能从5万辆提升至13万辆　　（刘晓东 摄）

12月24日，白鹭湖水厂日供水1万吨的二期扩建工程主体工程基本竣工，日供水能力增至2.5万吨　（曾诗贻 摄）

12月25日，环绕松雅湖的香堤路、捞刀河路、万明路、环湖路四条道路路面建设全部完工并通车　（曾诗怡 摄）

12月25日，延锋彼欧汽车外饰系统有限公司长沙分公司举行首件下线仪式，上海大众长沙工厂福邦配套园首个工厂正式投产　（刘晓东 摄）

12月26日，湖南海驿智能物流园在干杉镇奠基　　　　（干杉镇 提供）

12月27日，拥有自主知识产权的国产首台大直径全断面硬岩隧道掘进机（敞开式TBM）在中国铁建重工下线，填补中国大直径全断面硬岩隧道掘进机研制的空白。这台价值1.8亿元的“长春号”开挖直径7.93米，总长180米，总重1500吨，施工寿命30千米　（陈琳玲 摄）

12月27日，位于星沙街道东升路与开元路交汇处的中国太平洋人寿保险南方基地建设项目开工，总投资2.22亿元　　　　（杨 明 摄）

12月28日，湖南长沙黄兴农产品物流中心正式开建，占地面积66.73公顷，总投资超过20亿元　（曾诗怡 摄）

12月，位于北山镇的长沙危险废物处置中心项目建设顺利推进　（北山镇 提供）

2014年，长沙县新增公租房1650套，图为湘绣苑公共租赁住宅小区　（章帝 摄）

城 乡 新 貌

“中国花木之乡”跳马镇　　（跳马镇 提供）

白沙镇锡福村　　（白沙镇 提供）

北山镇北山农庄　　（北山镇 提供）

春华镇金鼎山村龙顾组乐和大院　　（春华镇 提供）

高桥镇范林村境内的美丽民居　　（章帝 摄）

长沙生态动物园　　（暮云街道 提供）

黄兴镇龙禧文化会馆　　（黄兴镇 提供）

江背镇印山村　　（江背镇 提供）

开慧镇飘峰水库　　（开慧镇 提供）

金井镇金井大道　　（金井镇 提供）

榔梨古镇换新颜　　（榔梨街道 提供）

路口镇大山冲森林公园　　（路口镇 提供）

南托沿江风景　　（南托街道 提供）

青山铺镇响水坝水库　　（青山铺镇 提供）

生态环境优美的干杉镇万龙村　（曾诗怡　摄）

长龙文化长廊　（长龙街道　提供）

泉塘公园　（泉塘街道　提供）

双江镇龙华村　（双江镇　提供）

提质改造后的安沙集镇　　（章帝　摄）

提质改造后的望仙路　　（曾诗怡　摄）

田汉农庄　　（果园镇　提供）

年度概览

财政总收入

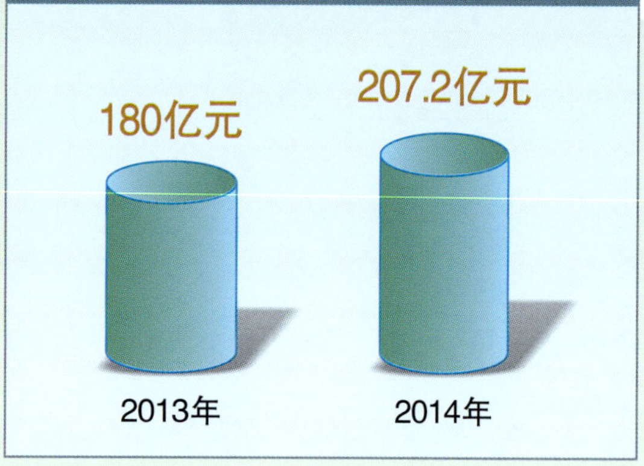

固定资产投资

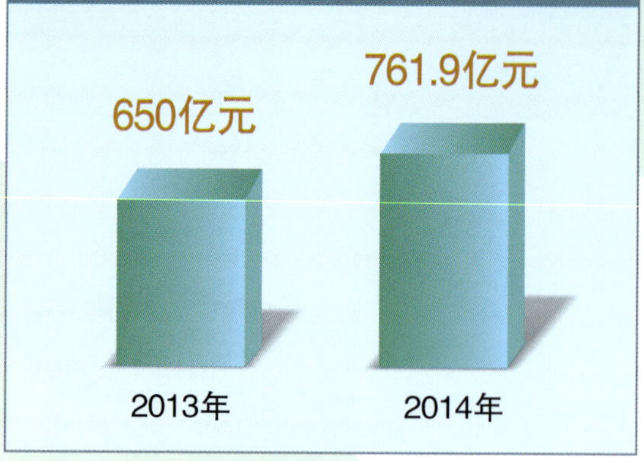

地区生产总值（GDP）

社会消费品零售总额

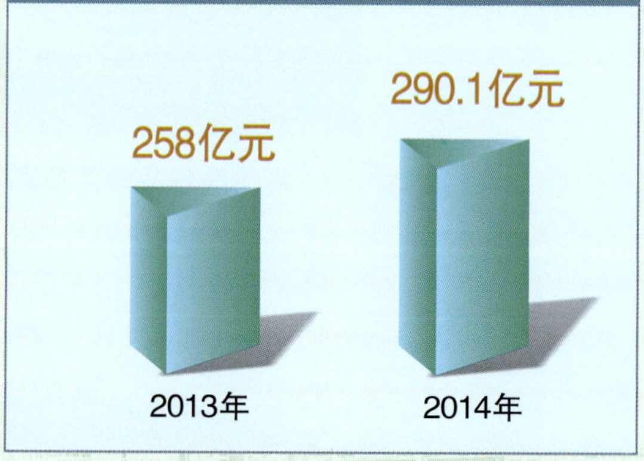

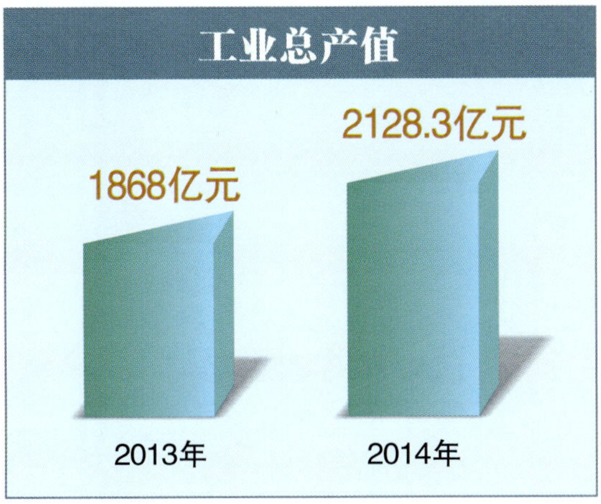
工业总产值
1868亿元
2128.3亿元
2013年
2014年

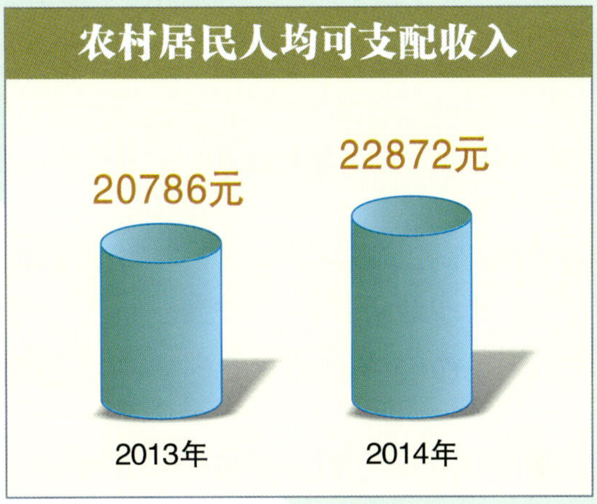
农村居民人均可支配收入
20786元
22872元
2013年
2014年

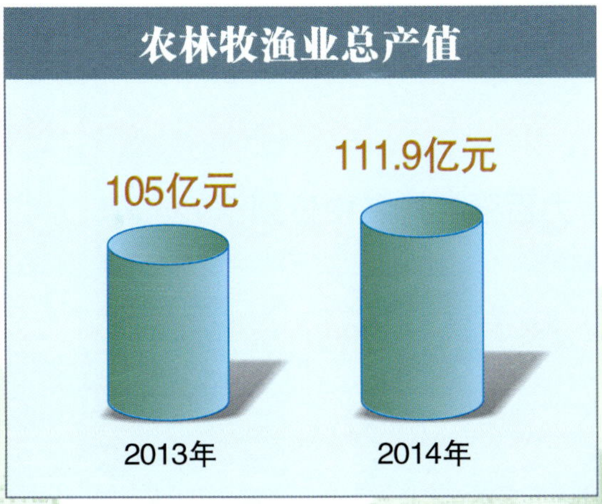
农林牧渔业总产值
105亿元
111.9亿元
2013年
2014年

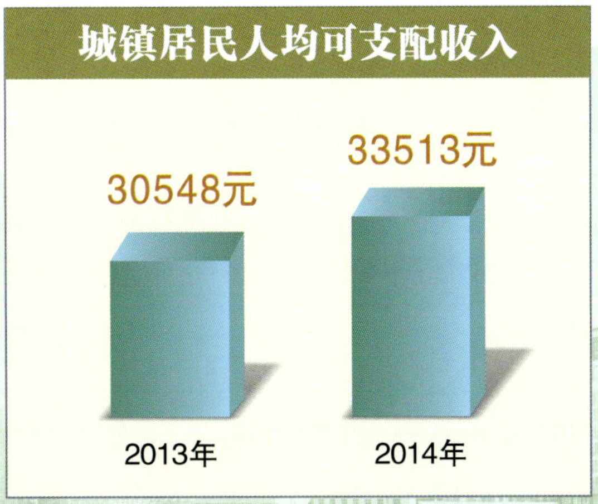
城镇居民人均可支配收入
30548元
33513元
2013年
2014年

年度荣誉（国家级）

1月 获评全国网络形象百强县和十佳县市（排名第九）

4月 长沙经济技术开发区获评“国家知识产权示范园区”

长沙经济技术开发区获评“国家知识产权局长沙经开区审查员实践基地”

10月 在“2014年中国中小城市综合实力百强县市”排名中列第7位

在“2014年中国最具投资潜力中小城市百强县市”排名中列第4名

在“2014年中国十佳‘两型’中小城市”中列第1位

获评“2014年中国中小城市新型城镇化质量百强县市”

获评“2014年全国重点产茶县”，列全国茶业百强县第4名

11月 在第十四届中国县域经济与县域经济基本竞争力百强县排名中位列第9位

获批国家级出口食品农产品质量安全示范区

12月 被评为“全国文化先进县”

被授予“全国粮食生产先进县”

被授予“2014年度国家级农村职业教育与成人教育示范县创建单位”

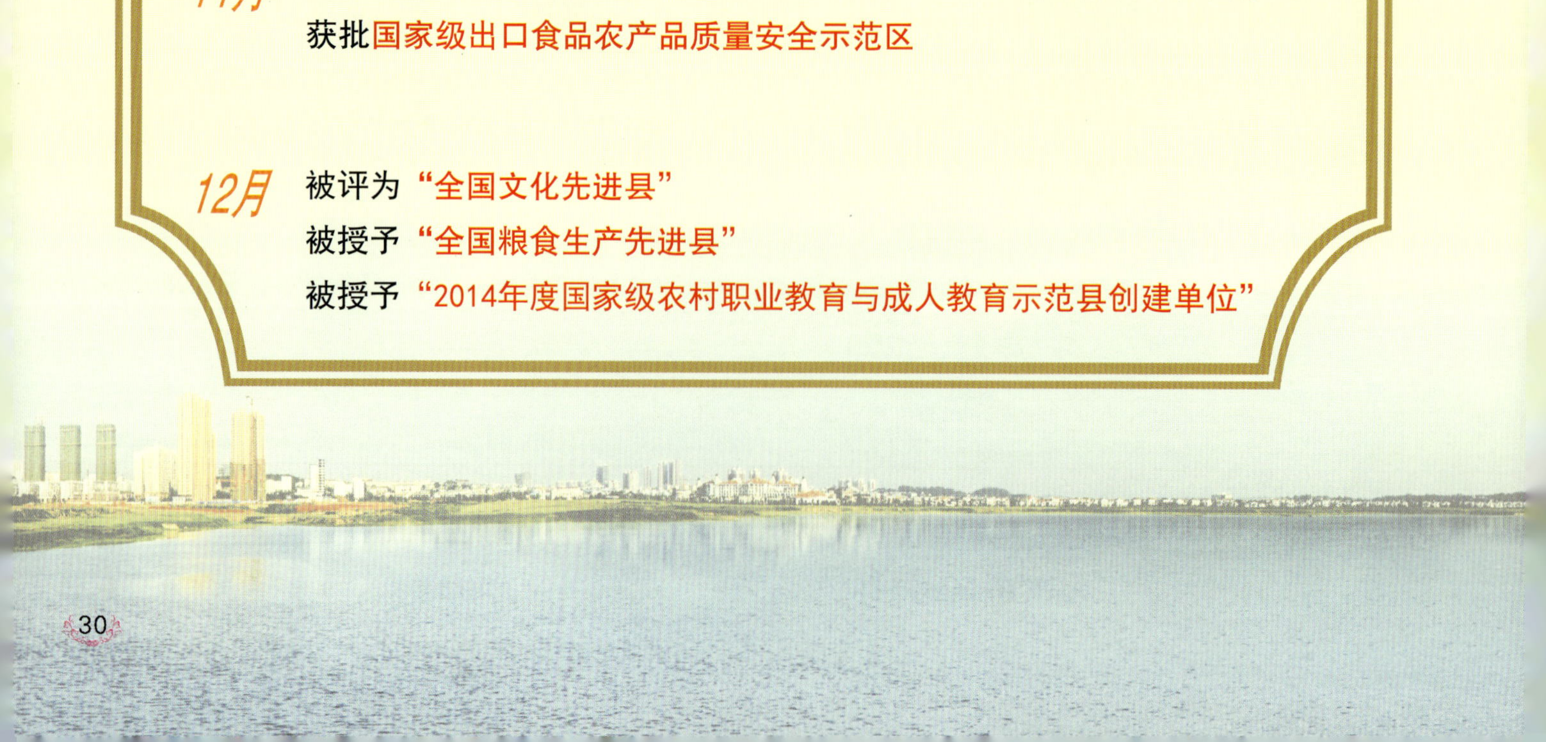

《长沙县年鉴》编纂委员会组成人员

主　任　张庆红

副主任　王国良　陈计伟

编　委　吴　昊　黄庆怀　彭　涛　曹伟兴

文清良　胡立忠　周庆炎　夏声朝

李　勇

《长沙县年鉴(2015)》编辑部

主　编　夏声朝　李　勇

副主编　廖再攀

编　辑　张竹清　李树凡　周进银　袁汭文

梁　漾　张　娜

《长沙县年鉴（2015）》组稿人员

（按汉语拼音字母顺序排序）

安　慧	曹　丹	曹　薇	曹　勇	曹泽明	陈柏安
陈　诚	陈丹丹	陈合宴	陈　立	陈　启	陈司笛
陈　亭	陈晚霞	陈　扬	丑　娟	邓金玲	范　沙
龚　庭	谷　晶	郭小杰	郭　迅	侯芳芳	胡　甜
胡　彦	胡忠于	黄大乐	黄　坤	黄　微	黄新辉
黄艳娟	黄艳平	黄伊利	黄　宇	黄　展	黄　珍
蒋兰平	蒋志辉	金芳慧	孔艳辉	李　杜	李　虹
李　路	李维维	李　喻	李志伟	刘德峰	刘　娟
刘希贤	刘曦阳	刘艳艳	刘　英	刘　远	刘　卓
刘姿君	龙立成	龙赛斌	卢文杰	陆　林	罗宏广
罗惠之	罗　莎	吕正明	马　搏	欧琦岚	潘思琦
彭　晶	彭峥嵘	全伟宾	瞿文斌	单　婵	沈建波
盛政敏	宋　巍	孙　敏	孙晓利	谭小花	潭　涛
汤　庆	唐　姣	唐上上	田春雷	汪阳漾	汪银龙
王飞跃	王行楚	王洪勇	王　柳	王馨翊	吴　琼
吴　旭	肖　睿	谢晓林	谢艳兰	许　倩	晏　明
阳迎军	杨宏波	杨　娟	杨　媚	杨　薇	杨　娴
杨　艺	杨　宇	叶海燕	叶　凯	叶　柱	易　萍
易　统	于丽君	余佳友	余青燕	禹　丹	喻方英
喻泽兰	袁　吉	詹　维	张婧婷	张瑞波	张　伟
张伟夫	张岳峰	赵　兵	赵群芳	周国强	周秒全
周　倜	周　湘	朱立辉	朱世朝	邹　霞	

编 辑 说 明

一、《长沙县年鉴》是在中共长沙县委领导下，由长沙县人民政府主办，长沙县史志档案局编纂的系统记述长沙县（含长沙经济技术开发区）自然、政治、经济、文化、社会、生态等方面情况的资料性文献。《长沙县年鉴（2015）》主要记述2014年长沙县各项事业的发展状况和最新成就。

二、《长沙县年鉴》采用分类编辑法，分为“类目”“分目”“条目”三级结构层次，部分涉及面较广的“分目”下增设"副分目”，以字体、字号等版式设计区分不同层次。《长沙县年鉴（2015）》设特载、专文、大事记、长沙县概况、中国共产党长沙县委员会、长沙县人大常委会、长沙县人民政府、政协长沙县委员会、纪检·监察、社会团体、法治、武装、园区建设、经济管理与监督、农业·水务·气象、工业·建筑业、城乡建设与管理、生态环境保护、交通·邮政·通信、商贸·旅游、财政·税务、金融、科学技术·知识产权、教育、文化·体育、卫生、社会民生、镇街要览、人物·荣誉录、文件、统计资料、综录、索引等32个类目。条目为记述的基本单元，标题用黑体字加“【 】”表示。

三、本卷年鉴对框架结构进行适当调整，将“政法”类目更名为“法治”类目，并将“长沙县人民政府”类目中的“政府法治建设”分目调至“法治”类目下，将“法治”类目中的“审判”分目改为“法院”分目。将“军事”类目更名为“武装”类目；将“交通·邮电”类目更名为“交通·邮政·通信”类目。

四、为发挥图片资料对文字的补充和辅助作用，图文并茂地宣传介绍长沙县，本卷在卷首设置公益彩页，按内容分成系列，并适当选配随文图照。

五、为避免内容上的重复记述，本卷中，县级以下由镇（街）管理的开发园区继续在“镇街要览”相关镇（街）中记述。

六、本卷年鉴所载特载采用有关单位提供的原件，所编大事记和长沙县概况系从各单位提供的资料中选辑。其他文稿均由各单位专人撰写，领导审核，年鉴编辑部编辑人员加工整理后再反馈原单位核对，最后由编委会定稿。统计资料由县统计局提供，未列入统计范围的，以各单位录入的数据为准，敬请读者在查阅和引用时注意。

七、本卷收录县级以上领导和各镇（街）、县直各单位负责人名单为2014年1月1日至2014年12月31日担任实职的在职人员。

八、本卷的编辑出版，得到上级主管部门和全县各单位的悉心指导和大力支持，在此深表感谢。因多方原因，本卷所采用的部分图片的作者未能署名，在此一并致谢。衷心希望广大读者和各界人士对长沙县年鉴编纂工作提出宝贵意见，使《长沙县年鉴》愈益成熟和精美，成为一张亮丽的地方文化名片。

目　录

特　载

专　文

大事记

长沙县概况

中国共产党长沙县委员会

长沙县人民代表大会常务委员会

长沙县人民政府

政协长沙县委员会

纪检·监察

社会团体

法　治

法治政府建设

公安

检察

法院

司法行政

武装

地方武装

武装警察

消防

经济管理与监督

发展规划管理

国有资产管理

工商行政管理

质量技术监督管理

安全生产监督管理

食品药品监督管理

食品安全综合监督

价费管理

审计

统计管理

农业・水务・气象

综述

城乡建设与管理

生态环境保护

交通·邮政·通信

商贸·旅游

镇街要览

跳马镇

黄兴镇

干杉镇

江背镇

黄花镇

春华镇

果园镇

路口镇

北山镇

星沙街道

湘龙街道

泉塘街道

榔梨街道

长龙街道

暮云街道

南托街道

人物·荣誉录

先进模范人物

文 件

统计资料

综　录

索 引

Main Contents

Special Records

Special Articles

Major Events

Overviews of Changsha County

Changsha County Committee of the CPC

The Standing Committee of Changsha County People's Congress

Changsha County People's Government

Changsha County Committee of the CPPCC

Discipline Inspection and Supervision

Social Organizations

Goverment by law

Armed Forces

Construction of Development Zones

Economic Management and Supervision

Agriculture , Water Conservancy and Meteorology

Industry and Construction

Urban-rural Construction and Management

Eco-environmental Protection

Transportation, Post&Telecommunication

Commerce, Trade & Tourism

Finance and Taxation

Banking

Science, Technology & Intellectual Property

Education

Culture & Sports

Public Health

Social Life

Survey of Towns and Streets

Figures & Honor Roll

Documents

Statistics

Appendix

Index

三湘门户 活力星沙
XINGSHA 星沙
湖南·长沙县 全国十八个改革开放典型地区

特 载

瞄准最强县 改革走前列
为率先建成全面小康两型社会和基本实现现代化而努力奋斗

——在中国共产党长沙县第十二届代表大会第五次会议上的报告

中共长沙县委书记 长沙经济技术开发区党工委书记 杨懿文

（2014 年 12 月 26 日）

各位代表、同志们：

现在，我代表十二届县委向大会作报告，请予审议。

一、全面回顾 2014 年工作，长沙县已经站在全国十强的新起点

2014 年，县委团结带领全县人民，按照“三个共同”“三个共享”的发展理念和目标追求，破浪前行，圆满完成了各项目标任务。

一年来，我们持续推进产业转型升级，综合实力大幅提升。汽车及零部件、电子信息产业占规模工业的比重明显提升，第三产业产值占比逐年上升，农业产业化程度日益增强，工程机械一业独大的局面正在打破，多点支撑的产业格局初步形成。项目建设保持高歌猛进的强劲势头，国内首家智能物流集群落户干杉，台湾佛光山会、法国水幕电影等项目入驻松雅湖，长沙国际会展中心、中低速磁悬浮专线等重大项目开工开建，上海大众、长株潭广联牲猪交易市场等产业项目投产运营。预计全年完成地区生产总值 1100 亿元，增长 11%；完成工业总产值 2100 亿元，增长 12.5%；完成财政总收入 207 亿元，增长 15%；完成社会消费品零售总额 289 亿元，增长 12.1%；完成固定资产投资 767 亿元，增长 18%。

一年来，我们持续推进城乡统筹发展，一体化进程明显加快。大力推进融城对接，地铁 3 号线建设顺利推进，人民东路、万家丽北路、开元东路两厢提质改造全面完成。星沙老城区提质改造正在进行概念性设计，城区基本实现网格化管理，主要道路保洁实现机械化作业。深入开展“智慧城市”创建，信号灯、指示牌等交通设施不断优化，可再生能源、建筑节能改造步伐加快。城市基础设施加速向乡村覆盖，启动组建城乡公交集团公司，管道天然气延伸至 14 个镇（街道）。积极探索“以奖代投”推进新型城镇化建设新模式，“10+2”城乡一体化试点成效显现，金井、黄花获批全国重点镇，春华等乡镇成功争创全市“十快乡镇”，浔龙河生态小镇及 30 个农民集中居住点建设顺利推进。

一年来，我们持续推进“两型社会”建设，生态优势更加凸显。大力推进城乡生态环境集中保护，在全省率先推行生态保护型土地综合整治；进一步完善生态补偿机制，全县除公益设施建设外，所有土地出让每亩计提 6 万元用于生态环境保护；成功获批全国禽畜养殖废弃物综合利用、病死动物无害化处理试点县。在全省率先构建两型生活方式，积极开展两型生活运动。深入开展“三点一线”综合整治、

"清洁城乡"大行动，城区道路、园林绿化提质改造成效明显。深入推进生态环境示范村庄、美丽幸福乡村建设，强力开展控违拆违、三年造绿行动等工作，干杉、春华、黄兴等镇（街道）拆违控违工作扎实有效，全县集镇精细化管理水平进一步提升。

一年来，我们持续推进民生普惠进程，人民生活不断改善。坚持新增财力的80%用于民生，全年民生领域支出达到76.3亿元，城乡居民人均可支配收入分别达到34300元、23400元。坚持发展成果全民共享，从今年起县财政每年新增预算5000万元，从七个方面提升社会保障水平。大力实施《长沙县城乡困难居民医疗救助办法（试行）》，扎实推进基本医疗普通门诊统筹，基层医疗综合配套改革走在全省前列。在全省率先建成三级公共文化服务网络，农家书屋"评星定级"管理办法在全国推介，全国首部县级通史出版发行。积极实施城乡对口合作办学，泉塘中学、鹏基小学等项目基本完工，义务教育学校大班额问题逐步缓解。始终保持对食品安全监管的高压态势，成功创建国家级出口食品农产品质量安全示范区。

一年来，我们持续推进改革创新步伐，发展活力日益增强。积极推动全面深化改革，九个专项领域改革稳步推进。深入推进功能分区改革，实施规划已获省发改委批复；全面深化综合行政执法改革，县行政执法局正在加快组建；在全国率先创建"零碳县"，率先完成县级碳源碳汇普查，科学编制了"零碳县"发展规划，探索了一条变有限森林碳汇为无限植物碳汇的低成本减碳之路。加快推进商事登记制度改革，全面实施"先照后证"管理。积极开展综合治税和税源专业化改革，构建了"统一集中识别、分级分类应对"风险管理机制。大力推进社会治理创新，村民议事会和"乐和乡村"建设试点进一步推广；扎实开展信访积案化解大行动，成功化解了一批历史遗留信访问题，在省社会综治民调中排名全市第一。

一年来，我们持续推进执政为民实践，党的建设全面加强。扎实开展党的群众路线教育实践活动，县委常委率先践行"三严三实六带头"，突出抓好对照检查、民主生活会、整改落实、建章立制等各个环节，努力做到边学边查边改，"机关小食堂"、文山会海、办公用房、干部"走读"等突出问题得到有效解决，建立健全了厉行节约、规范选人用人、联系服务群众等长效工作机制，"机关作风明显改进情况"排名全市第一。圆满完成支村两委换届，全面推进镇（街道）"五小"设施建设、基层服务型党组织建设和党建强村富民工程，基层组织战斗堡垒作用得到充分发挥。持续加大人才引进力度，湘丰茶叶有限公司成功创建全县首家院士工作站。创新开展"网络问政"，"网络治政"模式在全省推广，获评"全国网络形象十佳县"。严格落实"两个责任""两个为主"，积极履行"一岗双责"，严肃查处了一批违法违纪案件，党风廉政建设取得新成效。积极支持人大、政府、政协依法履职，武装、统战、人口计生、史志档案、工会、共青团、妇联、科协、残联等各项工作开创新局面。

回顾一年来的工作，特别是有十件大事，必将载入长沙县发展史册：一是全县GDP突破1000亿元，工业总产值突破2000亿元，财政总收入突破200亿元，成功挺进全国十强；二是再次获评中国十佳"两型"中小城市，位列第一；三是上海大众项目一期工程试生产，总投资58亿元的克莱斯勒年产8万台吉普、15万台汽车发动机生产线项目落户星沙；四是首次被评为全国文化先进县；五是北山危废项目建设经验，得到省市主要领导批示，省委政研室专题调研后，形成的《新形势下群众工作的样板》调研报告，在全省推广；六是创建零碳县工作引起国内外关注，应邀参加第十四届中国经济论坛"零碳"对话，县委书记获评"2014年度中国创新榜样"；七是我县绿色政绩考核实践，获评首届中国"政府创新十佳经验"；八是"乐和乡村"建设等新型村级治理模式，在全国产生良好反响；九是在全国县级率先实施PPP（政府与社会资本合作）新型投融资模式，成功举办首次示范项目推介会；十是星沙海关和出入境检验检疫局正式投入运行。

各位代表、同志们，2014年铸就的崭新篇章，得益于上级党委的坚强领导！离不开历届县委和各位老领导打下的坚实基础！凝聚着社会各界的关心和支持！饱含着全县广大党员干部群众的和衷共济、团结拼搏！在此，我代表十二届县委，向所有参与、支持、关心长沙县发展的同志们、朋友们，致以崇高的敬意和衷心的感谢！

在充分肯定成绩的同时，我们也清醒地看到，我县经济结构和发展方式还不够合理，创新发展的动力还不够强劲；城乡发展不均衡，南北差距较大，城乡统筹任重道远；社会事业与经济发展不同步，极少数群众生产生活还有困难；面对中央作风建设和发展的更高要求，少数党员干部的能力、作风和廉政建设还需加强。对此，我们必须高度重视，采取坚决措施，切实加以解决。

二、科学谋划2015年工作，全面吹响“三个率先”的进军号角

2015年是“十二五”规划的收官之年，也是全面推进依法治国的开局之年，更是全面深化改革的关键之年。从宏观发展形势来看，世界经济虽仍处于国际金融危机后的深度调整期，但明年经济增速将会略有回升；国内经济发展虽已进入新常态，经济发展方式、经济结构和经济增速都发生了改变，但是我国仍处于可以大有作为的重要战略机遇期的判断、经济发展总体向好的基本面没有改变。从我县发展基础来看，经济结构正越来越优，发展质量正越来越好，2013年全县财政总收入占GDP的比重达18.4%，工业增加值对GDP的贡献率达63.6%，随着上海大众、黄兴大道等一批产业、基础设施项目，陆续进入投资回报期和产生效益，将会形成一批支撑全县经济社会新一轮发展的重要增长点。我县的经济发展质量，无论是放在全省还是全国范围来看，都是屈指可数的。目前，虽然县区总负债达到了350亿元，但是由于我们严格执行了资产托起债务机制，通过适时注入投融资公司有效资产承托债务，坚守住了资债动态平衡的底线，负债率是比较合理的，债务风险是完全可控的。坚实的发展基础，强劲的发展势头，让我们拥有了更加强烈的发展自信，只要正确认识新常态，主动适应新常态，就一定能够引领新常态。

2015年全县工作的总体要求是：深入贯彻落实党的十八届三中、四中全会精神和中央、省、市经济工作会议精神，以“三个共同”发展理念为指导，以“三个共享”发展愿景为指引，紧紧围绕“瞄准最强县、改革走前列、两型作引领、争当排头兵”的战略目标，主动适应经济发展新常态，坚持稳中求进、改革创新、保位进位、分区发展，全面推动经济社会健康发展，力争率先建成全面小康社会、两型社会和基本实现现代化。预期目标是：地区生产总值增长10.5%，工业总产值增长12%，财政总收入增长10%，固定资产投资增长15%，社会消费品零售总额增长12.5%。

围绕总体要求和预期目标，县委确定的2015年工作主旋律是：坚持保位进位，推进分区发展，力争“三个率先”。提出保位进位，主要是考虑到：我县已经挺进全国前十强，随着排名位次的不断靠前，今后的竞争角逐将更加激烈，身处前有标兵、后有追兵的竞争大局中，不进即退，我们既不能盲目乐观，也不能畏难退缩，必须稳打稳扎、勇往直前，力争“瞄准第一位，赶超前一位”。提出分区发展，主要是考虑到：这既是落实国家主体功能区发展战略、省委“分类指导、科学发展”要求的具体实践，也是“一县两区、南工北农”发展战略的重大演进，更是根据我县不同区域现有优势和发展潜力，引导各主体功能区合理分工、错位发展、互惠共赢，最大限度释放社会生产力的必然选择。提出“三个率先”，即率先建成全面小康社会、率先建成“两型社会”、率先基本实现现代化，主要是考虑到：长沙市提出2017年要率先建成全面小康，在全面小康22项32个评价指标中，我县已经有13个指标达标，其中民主法治、经济发展等8个指标位居全市之首，总体实现程度具有较强的比较优势；现代化建设和全面小康建设是一脉相承的，评价现代化建设实现程度的指标，绝大部分与全面小康建设的指标相同，我县同样具有较强的比较优势；在两型社会建设方面，我县在全国率先建立了县级两型指标体系，通过开展节能减排、产业结构调整、构建两型生活方式、创建零碳县等工作，目前“两型社会”9项评价指标中，我县已经完成了5项，另有2项已完成50%以上。作为中西部第一县，只要我们始终保持“跳起来摘桃子”的激情和干劲，步步为营，苦干实干，完全有能力、有实力先人一步，在全市、全省乃至全国实现“三个率先”。对于明年预期目标的下调，主要是考虑到：我国经济发展正从高速增长转向中高速增长，适当下调经济增速符合中央精神和经济发展规律，更加有利于转变经济发展方式、提高经济发展质量和效益，由于我县经济总量基数较大，即使下调了经济增速，经济增长总量依然较大，仍然具有较强的竞争优势。具体来说，2015年要突出抓好以下“五个更加”：

（一）更加聚焦项目建设，以大项目集聚新优势，全力促进经济发展质量和效益大提升。牢固树立县域经济就是项目经济的理念，大力倡导以项目建设的成效论英雄、排座次、定奖惩，以项目建设推动转型创新驱动发展。一要加大力度引项目。紧扣国家政策导向和投资方向，及时聘请国内外顶尖策划大师，精心策划、包装、推介一批重特大项目。积极创新招商引资方式，进一步强化专业招商、企地联合招商、园区招商、重点区域招商和飞地招商，力争每个园区每年都有一个投资过10亿元的项目落户。继续实施招大引强战略，重点瞄准世界500强、中国500强、民营500强和央企、行业领军企业，着力引进一批具有重大带动作用的高技术含量、高附加值、高成长性的项目。

二要加快速度建项目。继续落实领导干部联系服务项目制度，及时帮助企业破解“用地难”、“融资难”、“用工难”等难题，努力提升项目开工率、达效率。严格按照“责任到人、时间倒排、全程跟踪、严格考核”的要求，以超常规的力度加快推进上海大众、长沙国际会展中心、中低速磁悬浮、地铁3号线、松雅湖、空港城等在建项目建设进度，全力以赴抓好长沙科技新城、中国（长沙）工程机械交易展示中心、春华国际创新型健康养老养生示范区等项目落地开建。三要加强监督管项目。认真落实参建单位信誉管理、工程质量终身责任制等规定，确保每一项工程都成为经得起历史和群众检验的精品工程。坚持对项目资金做到事前审核、事中监督和事后审计，严格防范截留、挤占、挪用、置换项目资金的情况发生，确保项目建设高效、安全、廉洁推进。

（二）更加聚焦改革创新，以大改革激发新活力，着力在重点领域和关键环节取得大突破。坚持问题导向，敢于啃硬骨头，敢于过深水区，始终把长沙县的改革放在全市、全省乃至全国发展的大局中来谋划，多推出原创性、独创性、示范性的改革措施。一要统筹抓好中央和省市改革任务的落实。科学统筹全面深化改革各个方面、各个层次、各个要素，加强不同时期、不同方面改革的配套和衔接，努力推动各项改革相互促进、良性互动、协同配合，不断增强改革整体效果。合理安排改革的重点任务、优先顺序、主攻方向，有重点有步骤地抓好各项改革任务落实。善于以理性务实的态度推进改革，坚持治本而不逐末、实做而不空转，既防止越改管得越死，也防止借改革之机谋求私利。二要突出抓好事关长沙县发展的重点难点改革。进一步完善政务服务三级平台，全面推进“两集中两到位”和在线办理工作，不断提升政府公共服务水平。积极推动扩权强镇，不断强化政府分级管理。积极探索产业专项引导资金跨部门整合工作，充分发挥财政资金带动社会资本的定向杠杆作用，努力提高财政资金使用的精准性。加快深化投融资体制改革，支持三一集团等有实力的民营企业大胆发展金融业。探索实行项目“开竣投”保证金、两年未动工供地动态清零制度，所有项目原则上“一次规划到位、分期分批供地”，确保土地节约集约高效利用。加快推动北山产业园等新兴园区建设，全力支持经开区扩容提质和发展工业地产，积极引导“个转企”“小升规”，不断拓展县域经济发展空间。适时启动个体税收社会化管理试点，进一步提升综合治税能力。三要重点抓好体现长沙县特色的改革亮点。加快推动主体功能区机构设置、规划编制、体制机制创新等工作有序开展，力争早日把各主体功能区打造成为聚集项目的重大建设平台、深化改革的关键实践平台、群众路线问题整改的具体落实平台。加快推动零碳基地、长沙县环境资源储备交易管理所建设，适时启动碳排放权交易试点，推动虚拟碳汇交易向实体碳汇交易转变。进一步推广“乐和乡村”等新型村级治理建设，引导村民在乡村治理中共建共享、淳化民风、消除矛盾。积极推动PPP投融资合作新模式，鼓励社会资本更多地进入政府公共服务、基础设施等投资领域。

（三）更加聚焦城乡统筹，以大统筹开创新局面，加快推进两型社会建设实现大跨越。加快推进以工促农、以城带乡、工农互惠、城乡一体进程，着力构建科学合理的城乡格局，不断提升城乡建设品位和综合承载能力。一要积极优化空间发展布局。主动顺应全市区域规划调整，全面对接长沙市主城区，做到交通、生态、文化等专项规划和城市设计全覆盖；及时优化南工北农发展战略，加快对全县规划布局和主体功能区产业、土地、控制性规划进行科学适度调整，稳步有序地推动发展重心北移，进一步缩小城乡、南北发展差距。严格按照生产空间集约高效、生活空间宜居适度、生态空间山清水秀和“四增两减”的总体要求，高起点规划、高标准建设、高水平管理城乡。二要加快推进新型城镇化建设。牢固树立顺应自然、天人合一、彰显特色的新型城镇化理念，依托现有山水脉络等独特风光，着力打造一批组团式新型城镇。充分发挥市场的决定性作用，吸纳更多地社会资本投向城镇，推动产城融合互动，实现城镇化可持续发展。加快推进“智慧城市”建设，全面推动住建、城管、公安、国土、税务等部门信息资源共建共享，着力构建数字化、信息化、智能化的两型生产生活方式。抓紧制定与户籍制度改革相适应的配套政策，有序推进农业转移人口市民化、城镇基本公共服务常住人口全覆盖，确保让人进得来、留得下、生活得好。严格按照“六个集中”要求，统筹推进“10+2”城乡一体化试点建设，重点支持金井镇依托现有产业、文化和商业业态，着力打造成为江南传统记忆的发掘地；支持青山铺镇依托长沙经开区汨罗（弼时）产业园，加快发展生产生活配套服务业，着力打造成为长沙县北部门户特色小镇；支持干杉镇加快调整优化土地利用、产业发展规划，着力打造成为现代化汽车城；支持安沙镇以毛塘铺工业园为核心，加快打造星沙城北新区；支持春华等县城周边乡镇，加快集镇提质改造，主动与县城做好融城对接；支持路口等北部农业镇，加大国家级农业龙头企业引进力度，进一步延伸农业产业链条和提升农业附加值。同时，按照城乡发展总体要求，积极支持其他镇（街道）实现差异化、特色化发展。三要大力开展美丽乡村建设。因地制宜规划布局农村居民集中居住点，加快推进"五网下乡"，不断完善农村基础设施和公共服务体系，有序发展"农家乐""乡村游"。逐步建立以家庭承包经营为基础，以现代农庄为骨干，以专业合作社和龙头企业为纽带，以各类社会化服务组织为保障的新型农业经营体系，坚持走产出高效、产品安全、资源节约、环境友好的现代农业发展道路。不断完善强农惠农、金融服务、农村土地经营权流转等政策，稳妥推进农民住房财产权抵押、担保、转让，积极拓展农民增加财产性收入渠道。深入开展城乡环境综合整治和"清霾、碧水、静音、净土"行动等工作，努力巩固和深化两型生态建设成果。

（四）更加聚焦民生普惠，以大普惠增进新福祉，努力推动人民群众幸福指数大提升。坚持以民生为导向，积极主动地解决好群众最关心、最直接、最现实的利益问题，让发展成果更多地惠及全县人民。一要强化社会保障。进一步做好新农保、企业社保、工伤保险、失业保险和被征地农民养老保险扩面提质等工作，加快构建城乡一体化、多层次、全覆盖的社会保障体系和社会救助体系。继续对城乡医疗、养老等保险缴费进行补贴，继续提高高龄津贴、困难群体救助等发放标准，严格按照缴存基数、比例缴存干部职工住房公积金，让干部群众持续分享县域经济发展成果。认真落实小额担保贷款、社会保险补贴等促进重点群体就业援助政策，着力抓好高校毕业生、失地农民、残疾人员、转业复员军人、城镇困难群众、下岗失业工人就业工作，鼓励以创业促进就业，推动民间资本向实体经济回归。二要发展社会事业。加大科技研发投入力度，推动科技创新和成果转化，不断提高科技对经济增长的贡献率。深入实施教育强县战略，积极引进国内外优质教育资源进入我县开展联合办学，全面推动各类教育优质均衡发展，努力建设省内领先、国内一流的教育强县。深化公立医院改革，加快县妇幼保健院、县人民医院等基础设施建设，进一步完善基本药物管理、基层医疗卫生机构管理、公共卫生服务均等化制度，鼓励发展高端民营医院，努力提升医疗卫生服务水平。加快创建全国文明城市，大力培育和践行社会主义核心价值观。深入实施群众文化"百千万"工程，加快推进星沙文化中心、体育主题公园建设，不断扩大体育场馆免费开放范围。科学引导乡镇开展《春华好人》《最美青山人》《金井脊梁》等类似评选活动，用群众身边的鲜活典型教育人、引导人。积极创建国家一级综合档案馆。三要创新社会治理。深入开展"平安长沙县"建设，不断完善人防、物防、技防相结合的现代化、立体化治安防控体系。积极开展人民内部矛盾调处化解工作，建立健全维稳工作责任落实、社会稳定风险评估、矛盾隐患排查化解等长效机制，努力化解初信初访和信访积案。深刻汲取"7·19"特重大交通事故教训，严格落实县级领导带队检查、"四不两直"督查等长效机制，全面加强矿山、消防、交通、食品药品、化学危险品、特种设备、公共场所等领域的安全隐患排查整治工作，有效防范、遏制重特大安全事故发生。

（五）更加聚焦民主法治，以大民主构建新和谐，全面营造社会学法守法用法大氛围。牢固树立社会主义法治理念，深入推进法治建设各项工作，逐步形成全面依法治县新常态，不断提升社会治理体系和治理能力现代化。一要大力推进依法行政。进一步制定和公开政府权力清单、责任清单和市场准入负面清单，继续实施简政放权。认真落实公众参与、专家论证、风险评估、合法性审查、"三重一大"等重大决策法定程序，大力推行决策公开、执行公开、管理公开、服务公开、结果公开，探索建立重大决策终身责任追究制。加快建立完善执法全过程记录、行政裁量权基准等制度，严格执行重大执法决定法制审核和行政执法责任制。二要大力推进公正司法。旗帜鲜明地支持人大加强对法律法规实施情况的检查，综合运用听取和审议专项工作报告、执法检查、计划预算审查、政府规范性文件备案、询问和质询等形式，全面监督"一府两院"依法行政、公正司法，确保法律法规的有效实施；充分发挥政协作为协商民主重要渠道的作用，推进协商民主广泛多层制度化发展，坚持协商于决策之前和决策实施之中，拓展协商民主形式，更加活跃有序地开展专题协商、对口协商、界别协商、提案办理协商，增加协商密度，提高协商成效；支持各民主党派、工商联和无党派人士及工会、共青团、妇联、科协、残联等人民团体，进一步建立健全民主监督机制，按章开展工作；支持法院、检察院依法独立公正行使职权，加快建立领导干部干预司法活动、插手具体案件处理的记录、通报和责任追究制度，加快推进审判流程、裁判文书和执行信息公开，努力实现阳光司法。三要大力推进全民守法。深入推进法治宣传和法治示范单位创建活动，不断增进群众的法治认同和信赖，努力提高全民学法守法用法意识。积极引导各级领导干部带头学法、模范守法，自觉用法治思维和法治方式深化改革、推动发展、维护稳定。积极加强社会主义法治文化建设，努力在全县上下营造办事依法、遇事找法、解决问题用法、化解矛盾靠法的良好社会氛围，着力解决"信访不信法"等社会治理突出问题，加快推进基层治理法治化。

三、全面加强党的建设，为实现"三个率先"提供坚强保障

未来的发展，核心在党，关键在人。我们务必认真落实习总书记从严治党八方面要求，为实现"三个率先"提供坚强的政治保证。

（一）着力加强思想建设，坚持用最前瞻的理念，激发加快实现"三个率先"发展的创造活力。深入抓好党的十八届三中、四中全会精神的学习宣传贯彻工作，确保中央全面深化改革、依法执政、依宪执政精神在基层落地生根、全面开花。全面整合、优化、提升理论教育资源，充分运用县委中心组、理论沙龙、板仓书院、星沙讲堂等有效学习平台，积极引导全县广大党员干部，自觉用马克思列宁主义、毛泽东思想，特别是中国特色社会主义理论体系武装头脑。积极借鉴科学发展顾问等各类思想库、智库和脑库的智慧，坚持用中央省市最新的精神、国内外最先进的理念指导实践，用创新的思维、科学的方法破解难题、推动工作，最大限度地把各方面创造热情充分激发出来，最大限度地把全社会发展活力充分释放出来。

（二）着力加强组织建设，坚持用最严格的标准，锻造堪当实现"三个率先"重任的党员干部队伍。坚持把中央"信念坚定、为民服务、勤政务实、敢于担当、清正廉洁"的好干部标准、市委"六用六不用"和县委"五个优先""四个重用"的选人用人要求，贯穿到干部选拔任用的全过程，进一步选准用好干部。全面加强干部监督管理，切实做到干部考德与考绩、日常考核与年度考核相结合，引导干部自觉做到心有所畏、言有所戒、行有所止。深入实施优秀年轻干部培养锻炼计划，重视和发挥好各种类型、各个层次优秀干部的积极作用。进一步做好老干部工作。深入实施党建强村富民工程，积极推进村（社区）党组织标准化建设。从严抓好党员队伍建设，全面开展不合格党员处置工作。不断深化在职党员进社区、机关基层党组织结对共建等活动，全面加强基层服务型党组织建设。

（三）着力加强作风建设，坚持用最优质的服务，积极推动实现"三个率先"任务的高效落实。进一步巩固提升群众路线教育实践活动成果，持续抓好各项整改任务的落实，决不让"四风"问题反弹回潮。深入开展批评与自我批评，切实解决好影响严肃开展党内政治生活的各种问题，使党内政治生活真正起到教育党员干部的作用。始终坚持"有错无为皆问责""不换状态就换人"，倒逼干部转变作风、为官有为，进一步强化干部责任担当。紧紧盯住作风领域出现的新情况新变化，及时跟进相应的对策措施，努力做到掌握情况不迟钝、解决问题不拖延。坚持以攻坚克难、奋发有为的闯劲，以雷厉风行、抓铁有痕的韧劲，主动担当起实现"三个率先"的重任，不断推动各项工作取得新成效。

（四）着力加强廉政建设，坚持用最清新的风气，全面营造实现"三个率先"的良好政治环境。进一步严格落实"两个责任""两个为主""一岗双责"和"一案双查"等制度，努力在提高警示教育成效上谋划新办法，在加大案件查办上构建新机制，在强化责任追究上推出新举措。进一步完善权力运行监督机制，重点加强对班子领导、关键领域、重点部门、核心环节的监督，努力形成凭制度用权、靠制度办事、用制度管人的工作格局。坚持腐败没有特区、反腐没有禁区，牢牢盯紧工程招投标、征地拆迁、执法司法、惠民补贴发放等腐败易发多发领域不放松，对那些心存侥幸、无视党纪国法的贪腐行为，坚决做到发现一起、查处一起、严惩不贷，努力驱逐政治生态上存在的"雾霾"，为加快实现"三个率先"营造风清气正的廉政环境，以反腐倡廉的实际成效取信于民。

各位代表、同志们，面对全县人民的重托和即将起航的征程，我们担负的使命更加崇高而神圣，我们肩负的责任更加重大而光荣！让我们更加紧密地团结在以习近平同志为总书记的党中央周围，在省委、市委的坚强领导下，团结带领全县人民，共同开创"三个率先"发展新局面，共同创造长沙县更加幸福、快乐的美好未来！

政府工作报告

——2015年2月4日在长沙县第十六届人民代表大会第四次会议上

长沙县人民政府县长　张庆红

各位代表：

现在，我代表县人民政府向大会报告工作，请予审议，并请各位政协委员和其他列席人员提出意见。

2014年工作回顾

过去的一年，在县委的正确领导下，我们坚持"三个共同、三个共享"发展理念，按照"稳中求进"的工作总基调，全力以赴稳增长、促转型、惠民生，千方百计扩总量、提质量、增均量，圆满完成全年各项目标任务，县域经济基本竞争力挺进全国十强。全县实现地区生产总值1100.6亿元①，同比（下同）增长11%；完成财政总收入207.2亿元，增长15.1%；完成农林牧渔业总产值106.4亿元，增长6.1%；完成工业总产值2128.2亿元，增长12.5%；完成社会消费品零售总额290.1亿元，增长12.5%；完成固定资产投资762亿元，增长17.2%；城乡居民人均可支配收入达28504元，增长9.8%。

一年来，主要做了六个方面的工作：

（一）保持经济稳定增长。面对复杂多变的外部经济环境和县内工程机械产业产能过剩、几大工业项目仍处于培育期，及时制订出台了一系列促进工业经济、房地产业、城乡一体化等发展的政策措施，夯实了投资、消费、出口"三驾马车"对稳增长的基础性地位。固定资产投资拉动GDP增长6.5%，房地产业量价保持稳定，汽车销量增长13.9%，外贸进出口总额达30.5亿美元，增长16.4%。星沙海关和出入境检验检疫局正式启用。商事登记实行"先照后证"②，新设立商事主体1.34万户，增长40%。推进企业"营改增"试点，企业平均税负下降8%。率先全省试点PPP模式③，项目意向签约金额196亿元。强化项目综合管理和全程服务，73个重点工程、245个政府投资项目分别完成投资87.4亿元、66亿元。引进项目40个，实际到位外资5.7亿美元，引进市外境内资金形成固定资产投资154.5亿元，总投资58亿元的克莱斯勒吉普车项目顺利落户。融资108.2亿元，批回建设用地1.75万亩，拆迁腾地1.3万亩，保障了长沙国际会展中心、长沙农产品物流中心、黄花机场飞行区东扩等省市重点项目用地。帮助企业招聘工人2.5万人。

（二）加快产业转型升级。经开区获"国家知识产权示范园区"称号。全县投入工业技改资金227.3亿元，增长14%，新增2个院士工作站、4家省级工程研究中心，新获授权专利1967件，新增商标370件，高新技术产业增加值占GDP比重达37.6%。上海大众首台样车下线，广汽菲亚特、广汽三菱年产量分别达6.9万台、6.6万台，蓝思科技、梅花汽车等项目全面推进，汽车及零部件、电子信息、新材料等新兴产业集群迅速壮大，"多点支撑"格局日益显现。实现旅游综合收入80亿元，电子商务销售收入、现代物流总收入分别实现3.12亿元、143.5亿元。开通法兰克福、旧金山直飞航班，长沙国际会展中心、长沙农产品物流中心等项目启动建设，长株潭广联生猪交易市场等平台投入运营。成功创建国家级出口食品农产品质量安全示范区，新增规模以上农产品加工企业4家，培训新型职业农民5.3万人次，获评"全国粮食生产先进县"，飞跃有机茶园荣获"中国美丽田园"称号。通过产业转型升级，工业增加值对GDP的贡献率达63.9%，服务业拉动GDP增长2.7个百分点，三产业占GDP比重同比上升0.4个百分点，一、三产业增速在全市领先，地方财政收入占GDP的比重达12.8%。

（三）推进城乡品质提升。实施"清洁城乡"工程，推进最严城管执法，城区基本实现数字化、网格化管理，主要道路实现机械化保洁，实施"门前三包"，农村开展环境卫生整洁行动和垃圾分类减量，"三点一线"综合整治工程基本完工，控违拆违、交通秩序规范、市容市貌整治、裸露黄土覆绿等工作卓有成效。实施“绿色城乡”工程，大力推进“三年造绿”大行动，完成植树造林3万亩、绿化造景1334万平方米，新建社区公园、林荫广场4个，开元东路、星沙大道等10条道路部分路段实现高品质绿化，人民东路获评全省通道绿化示范工程。实施“靓丽城乡”工程，率先全省出台县级城市整体风貌规划，完成开元路和滨湖路两厢城市设计。县级城镇化试点在设施配套、绿化美化、集中居住等方面取得新突破，开慧镇、白沙镇等优美小镇、特色小镇风貌逐步凸显，金井镇、黄花镇被评为全国重点镇，浔龙河生态小镇及30个农民集中居住点顺利推进。G107（星沙—安沙）、S207（黄花—金井）、S103（东八线—华湘安置区）及城区9条道路实现“白改黑”，完成长永高速星沙收费站区域排水改造工程，松雅湖环湖“四路一桥一隧道”完工。供水管网基本实现城镇全覆盖，供气管道延伸至13个镇街。实施“畅通城乡”工程，沪昆高铁（长沙县段）建成通车，中低速磁悬浮专线、地铁3号线、黄江大道、北山大道等重点项目进展顺利。交通信号灯、指示牌等交通设施实现主干道全覆盖，开通星沙至开慧红色旅游专线。建设生态路120公里，硬化农村公路497公里，改造危桥38座。

（四）改善生态环境面貌。排名中国十佳“两型中小城市”首位。开展“清霾”行动，27家企事业单位改烧清洁能源，2家水泥公司完成脱硝改造，4家企业完成挥发性有机废气治理，淘汰黄标车1369辆，万元GDP能耗下降6.03%，主要污染物排放减少2%。率先全国开展“零碳”县[④]发展模式试点。实施可再生能源建筑应用示范项目50个。开展“碧水”行动，拆除农田养殖栏舍18.4万平方米，17家集镇污水处理厂日处理量达2.4万吨，获批全国首批畜禽养殖废弃物综合利用、病死动物无害化处理试点县。白石洞水库、湘江航电枢纽库区长沙县段、水渡河闸坝一期等工程进展顺利，治理中小河流9条、病险水库39座，建成生态湿地3处。开展“净土”行动，在全省率先推行生态保护型土地综合整治，42.7万亩耕地实施重金属污染修复治理。进一步完善生态补偿机制，全县非公益项目土地出让每亩计提6万元用于生态环境保护。全面加强乡村规划管理，严厉打击违法采砂、违规建房、违章搭建等行为，乱砍滥伐、开山采矿得到有效遏制。

（五）增进社会民生福祉。教育事业支出12.28亿元，着力缓解班额大、师资弱等突出问题，完成中小学新建4所、改扩建14所，在建中小学16所、公办幼儿园12所，新增学位6000个，农村义务教育学校发展实现基本均衡，引进教育人才249名，引入北师大等优质教育资源合作办学，三所高等院校实现专升本，教育质量稳中有升。医疗卫生事业支出6.76亿元，县妇幼保健院建设加快，1个社区卫生服务中心、7个镇卫生院新改扩建工程竣工，引进中高级卫技人才50名，完善基本药物制度，推进乡村医生签约服务，基层医疗机构改革经验在全省推介，卫生服务体系更加健全。落实“单独两孩”政策，计生服务水平进一步提升。文化体育事业投入1.5亿元，星沙文化中心主体竣工，镇街综合文化站、村（社区）文体活动室、农家书屋建设进一步完善，城乡居民人均体育场地面积达到1.44平方米，文化体育普惠基层活动蓬勃开展，获“全国文化先进县”称号。城乡社区事务支出14.97亿元，村（社区）运转经费得到有力保障，完成102个村（社区）标准化、规范化建设。社会保障与就业支出6.66亿元，58.1万人享受社保待遇，新增城镇就业2.2万人，农村劳动力转移就业9536人。完成危房改造1798户、棚户区改造960套（间），新建公租房1650套，救助工作站实现镇街全覆盖，县烈士陵园一期工程完工。从2014年起每年新增财政预算5000余万元实施七大惠民政策。建成9个公益性农贸市场，扎实开展十项食品安全实事工程，查处案件756起，曝光违法企业625家。获全国“县级文明城市”提名，率先全省创建“国家智慧城市”[⑤]，4G无线宽带网络覆盖全县，重要场所的无线局域网和安全防护设施基本全覆盖。运用法治思维和法治方式处理社会矛盾，有效化解一批信访积案，基本解决4、5号令、60号令、103号令拆迁历史遗留问题，市医危废处置中心主体工程基本竣工。深刻吸取“7·19”沪昆高速特大交通事故教训，深入开展安全生产专项整治，扎实推进企业安全标准化建设。综治民调蝉联全市第一，社会大局保持和谐稳定。

（六）提升政府服务效能。扎实开展党的群众路线教育实践活动，认真查摆“四风”[⑥]方面突出问题，清理办公用房11万平方米，撤并政府序列议事协调机构298个，“四项费用”[⑦]同比下降46.03%，进一步精简文件会议，杜绝索拿卡要、公车私用、超标接待、公款大吃大喝等问题，获评“全国网络形象十佳县”。主动向人大报告工作，向政协通报协商重大事项，认真接受人大、政协和社会各方面的监督，承办省、市建议提案16件，人大代表建议批评意见124件，政协委员提案157件，及时办理各类社情民意件。深化行政审批制度改革，公布政府“权力清单”，推进新一轮政府机构改革、事业单位分类改革、行政执法体制改革，完成村委会换届选举及跳马镇、南托街道、暮云街道行政区划调整。探索绿色政绩考核，获评首届中国“政府创新十佳经验”。严格实施城乡规划审批、执行制度，落实工程代建制和质量精细化管理。严肃党风政纪，严格责任追究，全年共有37名干部受到行政问责，查处各类违纪案件120件，19人被移送司法机关依法追究刑事责任。

同时，驻县部队积极支持参与地方发展，军地军民关系不断加强，双拥工作成效明显。应急管理、防震减灾、外事侨务、民族宗教、人防、对台、档案、机关事务管理、供销合作、公积金管理、气象、移民、行政学院、电视台、报社等工作取得新成绩。各民主党派、工商联、无党派人士及工会、共青团、妇联、科协、文联、侨联、残联、红十字会、关工委、老龄委等为长沙县发展做出新贡献。在此，我代表县人民政府，向各位人大代表、政协委员及各界人士，向全县人民和所有关心、支持长沙县发展的朋友们，表示衷心的感谢，并致以崇高的敬意！

回顾一年来的工作，对照2014年《政府工作报告》所做出的承诺，我们清醒地看到，发展中还存在不少困难和问题，政府工作还有许多不足：主要经济指标增速有所回落，部分指标完成情况与年初预期存在差距。项目全过程管理不严，部分项目前期准备不充分，部分项目受要素制约推进迟缓。财政资金使用整体效益不高，切块资金、项目资金管理必须进一步规范。个别部门开拓创新意识不强，部门之间相互联动不畅，工作激励措施不够。少数政府工作人员在困难和压力面前存在畏难和懈怠情绪，责任意识、创新精神、担当能力不强。对此，我们将在今后的工作中，坚持问题导向，采取有力措施，认真加以改进和解决。

新时期愿景和目标

2015年是“十二五”规划的收官之年，“十三五”规划的奠基之年，适应经济新常态的调整之年，对长沙县的发展至关重要。一方面，新常态下经济增速有所放缓，增长动力呈现多元，资源环境约束日趋增强，再加上国家统计方法和口径发生改变，政府负债纳入全口径预算管理，政府融资平台体制机制改革，招商引资优惠政策全面清理规范，宏观层面的法律、政策等刚性约束倒逼我们转型创新发展。另一方面，在全面完成“十二五”规划主要目标，县域经济社会发展规模和质量迈上新台阶的基础上，作为全国十强县必须彰显责任担当，瞄准第一位、赶超前一位，牢牢把握主动权，积极抢占制高点，推动县域经济社会在新一轮发展中走在前列。

“三个共同、三个共享、三个率先”⑧明确了我县经济社会新常态下的发展方向。通过全县人民的共同努力，力争在未来的“十三五”期内，推动长沙县的发展步入一个全新时代。地铁2号线、3号线、5号线、中低速磁悬浮专线、劳动东路、湘府东路、黄江大道、星沙联络线全面拉通，进入与市区全面融合的“东部新城时代”；星沙产业基地及春华片区、环松雅湖片区、星沙城北及毛塘片区、干杉及江背大众汽车产业配套园、长沙空港城及黄花综合保税区、黄兴会展区及市场群、现代农业示范区等功能组团分工明晰、互补共赢、错位发展，进入集约优势、集聚发力的“板块经济时代”；道路、供水、供气、供电、公交、信息等网络将覆盖全县域，优美村镇处处可见，农村享有城市生活，进入规划共绘联结城乡、基础共建联通城乡、产业共融联动城乡的“全域一体时代”；2014年我县全面小康总体实现程度初步核算达91.7%。我们将构筑城乡社会保障网、健康保障网、文化教育网，城乡居民平等享有公共服务，率先全省开创惠及全县人民的“全面小康时代”。

我们将以更高层次发展的使命感，功成不必在我的责任感，慢进可能后退的紧迫感，踏石留印，抓铁有痕，在创新工作中全面贯彻落实县委决策。一是狠抓规划和项目。立足县情实际，认真谋划和制订“十三五”规划，跨年度安排和平衡财政预算资金，一揽子铺排本届政府项目，一定三年，一抓到底。二是狠抓体制和机制。贯彻中央及省、市、县委关于全面深化改革的精神，敢于“涉险滩、啃硬骨头”，建立新常态下促进生产力与生产关系协调发展的体制机制。三是狠抓秩序和环境。统筹推进建设提质、管理提质、服务提质，建立健全井然的公共秩序和市场秩序，全面优化城乡环境和发展环境，不断提升人民群众的认同感、舒适感和幸福感。四是狠抓民生和民利。更加关心贫困群众和弱势群体的生活，妥善解决群众最关心、最直接、最现实的利益问题，让改革发展的成果更多更公平地惠及全县人民。

按照县十二届五次党代会部署，2015年政府工作的总体要求是：深入贯彻落实十八届三中、四中全会及中央、省市委经济工作会议精神，坚持“稳中求进”工作总基调，主动适应经济新常态，狠抓改革攻坚，着力转型升级，致力创新发展，强化民生保障，推动各项工作走在全市、全省乃至全国前列，加快推进率先建成全面小康社会、两型社会和率先基本实现现代化进程。

2015年县域经济社会发展的主要预期目标是：地区生产总值增长10.5%，工业总产值增长12%，农林牧渔业总产值增长5%，财政总收入增长10%，固定资产投资增长15%，社会消费品零售总额增长12.5%，城乡居民人均可支配收入增长10.5%，城镇化率提高2个百分点，节能减排等约束性目标全面完成。

各位代表，“十二五”的美好愿景即将全面实现，“十三五”的宏伟蓝图正在徐徐展开，全县人民对率先建成全面小康社会、两型社会和率先基本实现现代化满怀期盼，我们将倍加努力，不负人民的重托！

2015年工作重点

为实现以上目标任务，我们将强化以下六个方面的举措：

（一）全面激发区域发展新活力

1. 加快推进市场化改革。抓住地方政府发行适当规模专项债券的机遇，把注入优质资产和盘活存量资产结合起来，提升平台公司功能。细化落实扩大民间资本准入的政策措施，明确民间资本的出资比例、优惠待遇、风险共担机制和退出渠道，探索PPP、资产证券化、股权融资等合作模式，规范政府和社会资本合作项目管理。深化商事登记制度改革，加强后续监管，推行电子营业执照和全程电子化登记管理。探索建立主要由市场决定技术创新项目和经费分配、评价成果的机制。继续开展农民住房财产权、农村土地承包经营权确权登记颁证试点，完善农村集体经营性建设用地权益分配机制。深化资源管理、户籍管理、社会保障和农村金融等制度创新与改革。清理规范招商引资的税收、土地优惠政策，营造公平环境。

2. 深化社会体制改革。优化城乡教育资源配置，建立健全学校标准化建设机制和校长、教师轮岗交流制度。深化公立医院改革，鼓励发展高端民营医院。鼓励和引导社会主体兴办社会事业，建立政府提供基本公共服务购买必要公共服务、市场提供个性高端服务的社会服务体系。全面推行村民议事会制度，完善村级事务“三事分流”和投入机制改革。稳步实施阶梯式水、电、气价，在确保水质的基础上适时启动水价调整。开展农业补贴同粮食生产挂钩试点，提高补贴的精准性、导向性。

3. 进一步转变政府职能。把该放的权力放开放到位，把该管的事情管住管好，推动政府职能向创造良好发展环境、提供优质公共服务、维护社会公平正义转变。进一步简政放权，精简行政审批事项，划分县和镇街、镇街和村（社区）事权与支出责任，增强镇街发展动力活力。完成政府机构改革、事业单位分类改革，组建行政执法局。提高预算透明度，实施跨年度预算平衡，推行全口径预算管理，逐步将绩效评价覆盖到各级预算单位和所有财政资金。加强国库资金管理，健全竞争性存款机制，盘活存量资金。加强政府性债务管理，对债务类别和规模实行“双控”管理。推进城乡规划管理体制改革，实现行政管理和技术管理分离，推行“三规合一”[⑨]。完善和落实行政审批事项、政府行政权力、投资审批、专项资金管理、行政事业性收费“五张清单”。

（二）全力打造县域经济升级版

1. 加快构建现代产业体系。加速建立多元化、集群化、高端化、两型化现代产业体系。培育新的增长点。全面提升汽车及零部件、电子信息、新材料等产业比重，实现上海大众、克莱斯勒吉普投产，促进广汽三菱、广汽菲亚特、蓝思科技等企业实现规划产能。大力发展电子商务、现代物流、总部经济、文化旅游、新媒体等新兴业态，加快长沙国际会展中心、长沙农产品物流中心和海驿智能物流集群建设，启动富创世纪城、广汽品牌销售园、春华健康城、开元天地文化城建设。完善“公司＋基地＋农户”和现代农庄模式，推广绿色、生态、有机农业，大力发展“湘米”、“湘茶”、“湘菜”和食品产业精深加工，加强农产品电子商务平台建设，加快推进湖南现代农业成果展示中心、长沙农产品精深加工园和北山产业园建设。打造新的增长极。依托空港城、星沙产业基地两大板块，抓紧规划、项目、产业布局。加快奥凯航空、联通数字阅读基地等项目建设，积极申报长沙黄花综合保税区。推动星沙产业基地住友橡胶二期、广汽三菱配套园等20个项目开工，山河工业城一期续建等10余个项目投产，创建省级工业集中区。开发新的增长带。适时优化南工北农发展战略，以城乡融合加快推动县域北部发展。以经开区、高铁新城、空港城为主要支撑，以现代物流、加工贸易、文化创意、服务外包等产业为重点，大力发展临空、临铁经济，打造长沙东部开放型经济走廊。推动黄江大道、人民东路、黄兴大道等产业经济带加速成型。

2. 努力提质发展园区经济。继续做大总量。全力支持和服务于经开区发展，创建“国家生态工业示范园”，着力将星沙产业基地打造成为第二个“经开区”。整合土地、资金、能源等生产要素，集中力量支持优势企业优先发展，主导产业形成规模质效优势，配套企业支撑配套产业。着力做优品质。加快经开区、星沙及榔梨产业基地、大众汽车产业配套园向城市经济转变，启动泉盛片区棚户区改造，完善园区公共交通和道路标识系统建设，加强园区物业化管理，续建茶塘路等5条道路、新建观山路等2条道路，合理布局一批生产与生活性服务业设施，不断提升产城融合[10]、互动支撑的内生动力和品质。完善长沙国际会展中心配套工程，启动黄兴市场群4条道路建设。加快北山产业园及北山新城开发，推进北山大道、金山大道建设。

3. 大力实施创新驱动战略。拉伸产业链。引导工程机械企业细分市场、特色发展，加快工程机械交易展示中心建设。以上海大众配套园、广汽三菱配套园等专业园区为主要载体，积极推进汽车制造业属地配套，完善发动机、变速箱、汽车电子等零部件产业，大力发展汽车金融、汽车展示交易、汽车营销等现代服务业。培育创新链。加强科技自主研发，突破一批核心技术，开发一批重点产品，培育一批骨干企业。以工业地产为孵化平台，着力引进和培育市场前景好、科技含量高、节能环保的中小企业。提升价值链。大力开发自主知识产权，引导企业自主一次开发、吸收二次开发，积极培育知识产权市场交易体系。大力培育自主品牌，将品牌创建与科技创新、管理创新、营销创新结合起来，加速发展品牌经济。

（三）加快构建城乡统筹新格局

1. 以高品质建管推动城市扩容提质。加速融城对接，加快黄花机场飞行区东扩、中低速磁悬浮专线、地铁3号线、万家丽北路与绕城高速互通、星沙联络线等项目建设。加快城市扩容，启动松雅湖香塔、规划馆、北部园林景观及环湖13条市政道路建设，完成南部园林景观、高湖公园（一期）建设。启动跨捞刀河“两路一桥”建设，高标准规划建设星沙城北新区，全面融城北拓。加强城区提质，实施星沙旧城区提质改造工程，对西霞路、灰埠路等7条城区道路进行“白改黑”，完成漓湘路、湘龙西路等4条城区道路绿化提质，新建星城公园、松雅湖湿地公园、生态公园及4个社区公园，完善农贸市场、垃圾站、公厕、停车场、红绿灯等公共配套设施，启动地下空间开发、综合管廊建设。全面对接市级城市管理考核，成立城市管理考核指挥中心，全面落实属地管理和行业监管责任，深入推进数字化、网格化管理，严肃查处超限超载、乱停乱行、乱搭乱建等违法违章行为。

2. 以小城市标准拉高城镇发展标杆。强化快速化连接，启动机场联络线南延及福临、开慧等镇与黄兴大道的连接线建设，完成G107（安沙—青山铺）提质改造工程，实现黄江大道建成通车。投入5000万元实施农村公路提质、安保工程。强化标准化配置，大力引导服务业单位、企事业单位向集镇、集居区布局，加快实施供水、供气、污水处理、公厕、垃圾站等市政设施配套，全面推进城镇高品质绿化、亮化、净化和美化，在有条件的镇开发建设商贸新城、发展新区。投入2000万元带动社会资本投入，加快农贸市场、商业网点布局和建设。强化差异化发展，保留传统风貌，建设生态文明，彰显区域特色，统筹推进市级城乡一体化试点和县级城镇化试点建设。依托特色禀赋、主导产业促进城镇就业稳定发展和常住人口有序市民化，加快市医危废处置中心及周边基础设施、招商项目建设，带动北山镇发展，推动金井、开慧、青山铺等边界镇发展成辐射力强的商贸旅游集散地，促进干杉、江背等镇依托大众汽车项目发展配套产业区，支持果园镇建设田汉文化名镇，路口镇打造商贸中心、温泉小镇。

3. 以点线面联动开展美丽乡村建设。推动“物的新农村”和“人的新农村”[11]建设齐头并进，引导农村土地所有权、承包权、经营权有机联动，有序加快土地流转，鼓励和支持城市资本下乡，建设更多现代农庄和家庭农场。探索金井、白沙、开慧、福临等镇区域联动发展，完善各具特色的景点和标识，丰富乡村客栈、青年旅社、特色餐饮等服务元素，走一、三产业融合发展的新路。着力推进以“一片三线”为核心的美丽乡村示范区建设，建设30个美丽乡村示范村、

30个农民集中居住区。加大培训力度，着力提高农民的现代劳动技术技能和综合素质。

（四）充分彰显两型社会新风貌

1. 深入实施节能减排。推行最严环境保护，以铁的手腕严惩企业违禁偷排、养殖粪污直排，严控焚烧垃圾、焚烧秸杆，严打破坏山体、水体、公共资源的不法行为。严格饮用水源保护区项目审批，强化对企业污染治理设施的监督管理。深入推进电机效能提升计划，加强清洁生产技术的示范应用和推广。加快天然气管网建设，推动镇街“煤改气”工程。强化节能评估审查，搭建节能信息平台，大力创建两型企业。推广“零碳”模式，推动“零碳”基地、环境资源储备交易管理所建设，加快打造“零碳”县。

2. 切实加强环境治理。强化水环境综合治理，切实加大捞刀河流域截污及中小河流治理力度，强化镇之间河流断面水质监测。启动白石洞水库大坝主体工程建设，实施白石洞、白鹭湖、团结、金井水库“四库联网”，加快铺设沿黄兴大道供水管道，完成湘江航电枢纽库区、水渡河闸坝一期工程。优化县区饮用水管理机制，做好星沙供水公司迁址新建的论证和前期准备，适时组建县水业集团。深入推进农村环境综合整治，处理非法混凝土搅拌场和砂场，完善城乡生活垃圾分类减量和毒害垃圾资源化处置考核机制，保持整治畜禽养殖污染和拆除违规栏舍的高压态势，推行养猪大户退出机制。加大农业面源污染治理力度，重点推进重金属污染耕地修复治理与结构调整试点。抓紧限时关闭非煤矿山，严禁挖山填塘。

3. 大力开展生态建设。实行湘江航电枢纽工程涉淹土地保护性退耕，提升浏阳河、捞刀河及支流水生态净化能力，抓紧建设一批生态湿地。实施桐仁桥库区生态扶贫移民，探索活立木回购及重大项目建设保护性开发，加大饮用水涵养区、生态脆弱区保护力度。扎实推进“三年造绿”大行动，开展沿河风景林、沿路防护林、山间公益林建设和城镇高品质生态型绿化，完善森林生态补偿机制，力争全县森林覆盖率达49.8%、城镇绿化率达39.95%。

（五）积极促进公共服务均等化

1. 持续提高保障水平。鼓励以创业促进创新，以创新带动就业，切实加强劳动职业技能培训，建设现代服务业创业孵化中心，新增城镇就业1.5万人，农村劳动力转移就业6000余人。全面落实高龄津贴普惠等“七大”惠民政策，推进机关事业单位养老保险制度改革，严格按照缴存基数、比例缴存干部职工住房公积金，积极开展“五项保险”扩面提标，实施社会保险全民参保登记。启动社会福利中心建设前期工作，完成老年活动中心及春华镇、北山镇敬老院建设。新建公租房4367套，完成棚户区改造3371户、农村危房改造1500户，政府回购一批公租房源。

2. 推进社会事业发展。优化城区公共服务设施的规划布局，探索将社区服务中心升级为公共服务综合体，整合星沙城区行政机构外迁后土地资源，规划建设幼儿园、小学、社区卫生服务站、儿童公园、青少年宫、工人文化宫、妇女活动中心等。完成县职教星沙实习实训基地主体工程，努力打造成县域企业用工的定向培训平台和园区、镇域的公共服务平台。新建2所中学、2所小学，改扩建1所中学、1所小学，实施缓解城区大班额三年行动计划，全面完成农村义务教育学校标准化建设，大力引进优秀教育人才，引导优质教育资源推广联合办学，培育人民群众期盼的名校，争创“教育强县”。加快妇幼保健院主体工程及中医院门诊、住院综合楼工程建设，启动人民医院规划设计及金井、白沙、干杉、春华等镇卫生院职工周转房建设，积极推进社会办医，提高人均基本公共卫生服务经费标准，逐步实现居民健康医疗信息跨机构、跨区域共享。推进计划生育服务管理改革，规范社会抚养费征收管理。加快发展体育产业，深入推进群众文体“百千万”工程。开展“纪念抗战胜利70周年”活动，建设影珠山抗战文化园。完成星沙文化中心、湖南辛亥革命人物纪念馆建设及体育主题公园室外工程建设，扩大体育场馆免费开放范围。加快便民公益性市场体系建设，继续实施农贸市场三年行动计划。落实公开曝光、餐厨垃圾统一收运、病死动物统一收集等措施，强化食品生产企业和种植养殖源头管理，建立县外食品进货溯源体系。扎实推进国家一级综合档案馆创建工作。

3. 维护社会和谐稳定。加强社会稳定风险评估，严格网格化管理，深化“天网工程”拓展应用，严厉打击各类刑事犯罪及黄赌毒、传销、非法集资、高利放贷等违法行为，努力建设“平安长沙县”。落实领导接访、依法处访、妥善息访等举措，把涉法涉诉信访纳入法制化轨道。根据“党政同责、一岗双责、齐抓共管”和“管行业必须管安全、管业务必须管安全、管生产经营必须管安全”的要求，全覆盖、零容忍、严执法、重实效，全面加强非煤矿山、危化品、烟花爆竹、建筑施工、道路运输、消防、特种设备等领域的打非治违和安全隐患排查整治工作，严防重大安全事故发生。

（六）切实增强政府施政公信力

1. 坚持依法行政。认真贯彻落实中央全面推进依法治国精神，完善依法行政各项制度，落实政府各部门“权力清单”，细化和规范行政裁量权，明确责任主体和权力运行流程，完善决策监督制度，将权力置于人民群众的监督之下。自觉接受人大法律监督、工作监督和政协民主监督，认真执行人大及其常委会的各项决定、决议，及时办理人大议案、代表建议和政协委员提案。全面落实行政执法责任制，完善纠错问责机制，建立“条块结合、执法与管理联动”的综合行政执法新格局。大力开展普法教育，建立健全“谁执法、谁宣传”普法机制，增强全民法治意识。

2. 创新公共治理。落实参与式治理措施，扩大新型村级治理和“乐和乡村”⑫建设，推动村级物业经济建设和小区业主自治，为社工、志愿者、社会服务者提供良好服务环境。加快培育发展社会组织，重点培育、优先发展行业协会类、科技类、公益慈善类、城乡社区服务类社区组织，强化行业自律，充分发挥其提供服务、反映诉求、规范行为的作用。充分调动人大代表、政协委员等公众人物以及工青妇等群团组织对于社会治理的参与力度。改进和创新公共服务提供方式，鼓励和引导社会力量提供医疗卫生、教育、文化、群众健身、社区服务等公共服务。

3. 落实从严治政。加大项目执行跟踪、绩效评估、责任追究力度，完善项目联审联议、分线管理等机制，实施项目的经常性调度和全过程监管，确保计划项目“启动快、推进快、完成好”。加强对财政资金的监督管理，完善对项目资金、切块资金的严格审批、层级管理机制，落实谁主管、谁审批、谁负责。坚决执行关于作风建设的各项规定，巩固整治“四风”成果，形成长效机制，实现作风建设常态化。强化三级政务服务平台建设，努力解决“最后一公里”的问题。推动财政预决算信息全公开全覆盖，稳步推进公车改革，确保“四项费用”持续下降。加大案件查处力度，坚决纠正损害群众利益的不正之风，坚决查处各种权力寻租行为。

各位代表！一元复始，时逢立春。让我们在县委的坚强领导下，以致力于把我县打造成为实力强、活力足、品质高、现代化的省会次中心为目标，发挥优势、抢抓机遇、锐意改革、创新进取，群策群力、善做善成、勤政廉政、务实为民，不断谱写全县人民美好生活的新篇章！

名词解释：

① 2014 年、2015 年相关数据未考虑区划调整因素。

② “先照后证”：先申领营业执照后再办理有关许可证。

③ “PPP 模式”：即公共私营合作制，是政府和私人企业之间为提供公共产品和服务、基于具体项目的合作融资模式。

④ “零碳县”：长沙县率先全国开展“零碳县”试点，全县生产生活产生的二氧化碳排放用速生草固碳封存，实现二氧化碳零排放。

⑤ “国家智慧城市”：通过综合运用现代科学技术、整合信息资源、统筹业务应用系统，加强城市规划、建设和管理的新模式，由住建部、科技部联合开展评审。

⑥ “四风”：形式主义、官僚主义、享乐主义和奢靡之风。

⑦ “四项费用”：接待费、会议费、差旅费（含培训费）及交通费。

⑧ “三个共同、三个共享、三个率先”：幸福与经济共同增长，乡村与城市共同繁荣，生态宜居与发展建设共同推进，全民共享经济发展成果、共享基本公共服务、共享平等发展机遇，率先建成全面小康社会、两型社会和率先基本实现现代化。

⑨ “三规合一”：城乡总体规划与国民经济发展规划、土地利用规划三大规划落实到一个共同的空间规划平台上。

⑩ “产城融合”：指产业与城市融合发展，以城市为基础，承载产业空间和发展产业经济，以产业为保障，驱动城市更新和完善服务配套，以达到产业、城市、人之间有活力、持续向上发展的模式。

⑪ “物的新农村”与“人的新农村”：“物的新农村”是指道路、饮水、电力设施和住房条件等人居环境的改善。“人的新农村”是指建立健全农村基本公共服务、关爱农村“三留守”群体、留住乡土文化和建设农村的生态文明。

⑫ “乐和乡村”：在“党委领导、政府主导、村民主体、社会参与”原则基础上，创新基层社会治理，探索以村民小组为基本单元的村民自治机制试点。

专　文

十强之路　辉煌之路

——写在长沙县首次挺进全国县域经济十强之际

2014年11月1日，一个载入长沙县发展史册的日子。

第十四届全国县域经济与县域基本竞争力百强县排名在京发布，湖南省长沙县首次挺进全国十强，位列第9，连续7年排名中部第一。

从2004年排名第65位到2008年的37位，从去年挺进13位到今年跃升至第9位，长沙县犹如一匹黑马，以风驰电掣般的速度，奔跑在科学发展的最前列。

全国县域经济与县域基本竞争力百强县，个个身怀绝技，个个都是顶尖高手。要在强手如林的中西部勇夺第一，并且是连续7年夺得中部第一，其难度不言而喻；要与江苏、浙江、山东等沿海经济发达地区直接pk，不断往前超越，其挑战可想而知。是怎样一种伟力，让这个既不沿江靠海，又毫无资源优势的内陆县，在白热化的区域竞争中争先进位，脱颖而出？

长沙县以自身的成功实践作出了响亮回答：牢牢遵循“幸福与经济共同增长、乡村与城市共同繁荣、生态宜居与发展建设共同推进”的“三个共同”发展理念，团结带领全县人民围绕“争当排头兵，领跑中西部，进军前十强”目标，大步践行“六个走在前列”，着力推动项目建设、城乡统筹、两型引领、民生改善，走出了一条“产业先行、城乡互哺、分类发展、绿色转型”的科学发展之路。

项目为王 县域经济就是项目经济

这是一片因项目而生，因项目而盛的土地。

“县域经济就是项目经济。”长沙县委书记、长沙经开区党工委书记杨懿文在接受媒体采访时“揭秘”：长沙县实现科学发展、跨越式发展的“法宝”在于项目建设，尤其是一大批重大项目的建设、投产达效。长沙县始终坚持以重大项目建设培育和集聚优势资源，积极推动信息化与工业化深度融合，工业化与城镇化良性互动，城镇化与农业现代化的相互协调。

时间拨回到20年前。20世纪90年代初的长沙县，偏居长沙东北角。这里交通不便，人口不多，百业待兴。县委、县政府领导班子深知，唯有靠项目建设，“家底”才能厚实起来，群众才能富裕起来。

自那时起，“引项目，促项目，抓项目”成为发展县域经济、培育核心竞争力的共识；一任接着一任干，咬定项目不放松，成为历任县委、县政府领导班子的工作常态。

长达20年锲而不舍的努力和孜孜以求的精神，换得“群凤来栖”的局面。

如今，长沙县已发展了工程机械、汽车及零部件两个千亿产业集群，电子信息产业作为后起之秀，正在强力崛起。三一重工、中联重科、山河智能、住友橡胶、广汽三菱、广汽菲亚特、博世汽车、蓝思科技等一大批百亿级、十亿

高起点、高标准规划的星沙彰显出大气磅礴　（王海燕 摄）

级重大企业项目，为县域经济的发展增加了核心动力。

同时，上海大众、克莱斯勒、中国通号等一批在建重点项目，为新一轮发展留足了源源不断的发展后劲。

在长沙县，说项目建设，首提上海大众。

即便已经接近试生产，仍有许多人对这一“巨鲸”带来的效益知之甚少。我们不妨从具体的数字来解读，光这一个项目，能产生怎样深远的意义。

上海大众长沙基地一期预计 2015 年下半年投产。2015 年启用二期工程，再增加 30 万台整车的产能。

项目全部达产后，可实现年产值 1500 亿元。按一年 365 天推算，上海大众长沙基地一天可制造 1600 辆汽车，一天产值超过 4 亿元。

项目建成后，工厂本身需要 2 万工人，相关配套产业可拉动 10 万人就业，带动周边服务业 8 万人就业。上海大众长沙基地全部达产，相当于再造一个长沙经开区。

工程机械产业巨大的市场，曾是撬动长沙县经济发展的巨擘，将长沙县成功“送”进了全国百强。然而，靠单一的产业支撑，长沙县想要实现再进位、再发展，面临着不小的压力。尤其是近年来，国际和国内工程机械市场在行业收缩期徘徊，工程机械产业高速发展的时代已经过去，工程机械规模工业增加值占比持续下降。长沙县急需寻求新的经济增长动力，在经济下行压力增大的大背景下开辟新天地。

随着大众项目落户，一大批汽车零部件龙头企业顺势而来，近 40 家配套企业有意在长建厂。其中，国内最大的底盘零部件集成供应商上海汇众正式签约落户星沙产业基地，中国通号、三菱发动机等重大项目也已先后落户星沙。同时，已经入驻的广汽菲亚特、广汽三菱、众泰汽车等龙头企业产能持续释放。汽车及零部件产业成为长沙县经济增长新亮点。

同样让人眼前一亮的还有电子信息产业。随着蓝思科技、纽曼数码、晶圆科技等项目的落户，曾经沉默一时的长沙县电子信息业“浴火重生”，成为长沙县新兴产业集群，并呈现出爆发式增长趋势。

数据统计，今年上半年，长沙县汽车及零部件、电子信息产业快速发展，产值分别增长 34.7% 和 57.5%。两大产业占规模工业比重同比提高 5.8 个百分点。工业产品结构持续优化，规模企业完成新产品产值 302.2 亿元，占比 31.6%;高新技术企业实现产值 676.1 亿元，占比 70.7%。

“领跑中西部，进军前十强”的目标已然成为现实。长沙县人却没有停下继续追梦的脚步。有一批大项目、好项目做支撑，长沙县人有这样的底气：十强不是终点，我们始终奔跑在进位的路上！

两型引领 既要金山银山又要绿水青山

“种植吊瓜让我重新找到了发家致富的新路子，当初的选择是明智的。”从养殖大户到创业典型，成功的转型路让长沙县金井镇惠农村的喻露明受益匪浅。20 世纪 90 年代开始养猪，他的养殖规模一度达到5000多头。2010年7月，为响应政府控制养殖污染、实行禁养限养的号召，他主动将5800多平方米的养猪场拆除。如今的他，自主创业种吊瓜，一年收获 100 多万元，还带动了周围乡亲的致富。

生猪养殖造成的环境污染一度是困扰长沙县的一个难题，因为生猪饲养的无序增长，水变黑了、空气变臭了……原本山清水秀的村庄，生态环境遭到了严重的破坏。2010年，为保护捞刀河流域生态环境，长沙县率先在县域内划定畜禽养殖业禁止养殖区、一级限制养殖区和二级限制养殖区。

为鼓励农民主动拆除栏舍，长沙县出台了资金扶助政策：2010 年 4 月 8 日之前搭建且于 2014 年 9 月 30 日前自行拆除并清理规整现场的，每平方米给予误工扶助资金 100 元，拆除后恢复耕种扶助资金 50 元，共计 150 元 / 平方米;10 月 1 日之后自行拆除的，各折减 30% 扶助金。从 2010 年到今年 3 月底，县域内禁养区 6000 多户全面完成养殖“清零”。

控制养殖污染，只是长沙县在生态建设、两型发展上的一个缩影。近年来，长沙县始终坚持以“两型”为引领，成功创建国家级生态县，既收获了金山银山，又保住了绿水青山。在全国率先打造“零碳县”的同时，率先建立了县级“两型”建设指标体系，通过着力构建两型生产生活方式，带动全民参与，很好地实现了绿色崛起和跨越发展，逐渐绽放“两型梦”。

金井镇地处县域东端，工业基础薄弱，但茶叶是金井镇的传统产业，绿茶手工制茶技艺已传承了上千年，现在金井山区还遗留着一条茶马古道。

过去，一到年终绩效考核，镇领导就头疼，因为没有像样的工业项目，镇 GDP 和财税收入上不去，考核自然排在后面。

近年来，长沙县改变传统的针对乡镇政绩考核的办法，针对乡镇区位优势、自然环境、经济发展特点分类出题，通过设置个性化的考核指标、同类指标划分不一样的分值比重等方式对乡镇（街道）进行考核。

长沙县实施分类考核后，对金井镇重点考核农业发展、生态建设、环境保护。金井镇负责人介绍，近年来，金井镇将农村民俗、田园风光与现代商业巧妙“联姻”，设计出集“茶文化”展示、艺术创作及旅游观光于一体的“漫游金井”乡村生态旅游项目，线路纵贯“百里茶廊”、农业“四朵金花”生产基地、茶叶博物馆等特色景点，典雅茶文化与现代绿色低碳文明在这里巧妙融合。全镇在近几年的绩效考核中，排名十分靠前，进入一等行列。

长沙县将全县23个乡镇街道分为工业优势区域、农业优势区域、工农综合发展区域以及县城与经开区服务等区域，确定了“南工北农”的总体发展规划，靠近省会长沙的南部乡镇集中攻工业，而北部面积广阔的乡镇则全力发展农业。全县300多家重点企业总用地面积不到20平方公里，不足全县国土面积的1%，却产生了全县90%以上的工业产值和税收收入，形成了“用1%的土地支撑经济发展，让99%的土地等生态资源得到有效保护”的良好发展格局。

生态保护好了，环境也自然友好。作为县城的星沙，坐拥全省最大的城市生态湖泊——松雅湖，内含具有“城市绿肺”作用的湿地274.4公顷。今年，对水质要求极其苛刻的“水中大熊猫”——桃花水母更被发现自然栖身于松雅湖中。

民生优先

新增财力的80%用于改善民生

时值金秋，长沙县金井镇金龙村村民饶仪敏新屋前的水泥小道上，已经铺满了金黄的稻谷。“今年老天爷帮忙，晚稻收成不错。”而更让老饶开心的是自己身后这幢白墙红瓦的新房。

“老屋是1978年盖的，已经住了36年。”饶仪敏一边带着记者参观新家，一边回忆起旧房里的情景。“好几面墙体都开裂了，屋顶也是破的，经常外面下大雨，家里下小雨。”饶仪敏说，如果雨特别大，家里用盆子接都没用，人只能躲在不漏雨的地方等雨停。

今年上半年，饶仪敏成为危房改造一般援助对象，可获2万元补助。“找亲戚借了些钱，总算是建成了。”如今饶仪敏的新家宽敞明亮，简洁而舒适。

长沙县今年农村危房改造的对象已经涵盖约1800户，比去年多出近500户，是2012年600户的三倍，补助户数创历年新高，涉及补助资金总额达4800万元。3年来，全县近4000户农村危房户搬入新家，安居乐业。

农村危房改造，只是长沙县致力改善民生图景中的一幕。以人为本，民生为大，是科学发展观的题中之意，也是长沙县首次挺进十强县的重要秘诀。在衣食住行等与民生福祉息息相关的方面，长沙县每年拿出80%的新增财力进行投入。就医方便了、出行畅通了、困难救助到位了，长沙县人民在不断改进民生的道路上切实感受到了越来越幸福的生活。

“以前总担心小医院环境和设备都不行，怕耽误了病情。现在基层医疗机构的水平提升了，我们当然愿意去。”就医是民生的老大难问题，长沙县实行医改以来，各级财政累计投入资金达4.8亿元。近3年长沙县财政对基本公共卫生服务经费分别投入588万元、706万元、719万元。在加大硬件建设投入方面，项目建设、设备购置、信息化建设等项目，财政纳入常年预算，对基层医疗卫生机构硬件设施给予大力支持。稳步推进医药卫生体制改革，在全国范围内首创新型农村合作医疗与城镇居民医疗保险并轨。

与此同时，长沙县还大力推进大病救助工作，构建社会救助兜底网，当患有重大疾病时除医保报销外，还可申请大病救助，一系列措施和政策切实让百姓看病无忧。

“教育是最大的民生，因为孩子是我们这个家庭的希望，有了希望就有了幸福。”长沙经开区某企业员工刘明的话，道出了许多家长的心声。

“我怕孩子不能在星沙入学，只能放到老家读书。”刘明说，他找了学校和教育部门，得到“符合四条件之一就能入学”的回复，才放了心。如今，看着孩子背着书包走进离自己工作地点不远的长沙县百熙实验学校，刘明和家人心中满是幸福。

美丽如画的农村公园——江背镇印山公园 （王浩 摄）

“城区中小学生中外来务工人员子女占6成以上。为解决外来务工人员子女入学及城区大班额问题，今年城区共新建4所中小学并在秋季开学。”长沙县教育局负责人介绍，具备下列条件之一者就可到城区小学就读：1.户籍在县城。2.父母或其他法定监护人在县城购了住房。3.父母或其他法定监护人在县城投资办厂、开店、开公司。4.父母或其他法定监护人在县城工作，且与用人单位依法签订劳动合同，由用人单位办理了社会保险，在县城租房且持续合法居住一年以上。

长沙县已开通城乡公交线路1-4号线，覆盖多个镇街，不久的将来，还会开通覆盖所有镇街的公交线路，让乡村居民也能坐上便捷的公交车。城区也将开通公共自行车租赁系统，构建环保出行网络。除此之外，黄兴大道南延线、人民东路东延线、万家丽路北延线、黄江公路、洞株公路等一系列的道路建设，将打造出“八纵十六横”路网骨架，让全县百姓走上致富的快速道。

十强县，在项目建设的脚手架上，在如诗如画的青山绿水间，更在民生改善、群众幸福的笑脸上……

（陈永刚 王海燕 张先坤）

“乐和乡村”建设的理论与实践

北京地球村环境文化中心创办人兼主任 廖晓义

首先真诚感谢县委政府各级领导和试点村村民的信任和支持。我曾经说过“我像一颗种子，找到了最肥沃的土壤”，这是不夸张的。我很庆幸自己能够来到长沙县，为县委、县政府主导的“乐和乡村”建设出一臂之力。这里作为长沙县“乐和乡村”建设的参与者向各位领导、专家和参会者们做一个汇报。

一、理论篇

乐和乡村示范村项目是长沙县委县政府引进北京地球村“乐和”理念，为加强村级治理、创新社会管理的战略举措。它以夯实村民民主自治、深化公共服务体系、探索投入机制改革、复兴乡村文化、发展乡村公共经济、加强社会工作人才队伍建设为主要任务。目标是构建以“乐和治理、乐和生计、乐和人居、乐和礼义、乐和养生”、实现“社会共治、经济共赢、生命共惜、价值共识、环境共存”五位一体的美丽乡村。乐和乡村的模式有什么特点？我们在理论上做一个简单的描述。

1. 以社工站为平台的社工培育与服务模式。社工站是基层政府在乡村，特别是在村组一级的社会工作平台，社工组织是政府引进的技术力量。社工有着六根“金刚钻”就是社会调研、社会组织、社会教育、社会活动、社会宣传、社会记录。是政府行政管理方式的必要补充。社工站有自己的内功，组织管理、项目管理、信息管理、财务管理、合作伙伴和能力建设。乐和社工应该是有着人生理想、社会责任、综合素质、职业技能的社会工作人才。

2. 以自然社区组织为根基的社会共治模式。这里说的自然组织是中国几千年叫作“村”的自然村也就是今天的村民小组。在中国几千年，不管朝廷怎么变，历史怎么改，这个自然社区组织自治的机理是存在的，那是中国文化能够守望，能够再生的根基。但是在过去的一些年里这个层级的自治组织，自然社区组织解体了，因此失去了处理这个层面的公共事务的能力。所以我们要建自然社区，因为它是中国社会之根，民族久安之道，中华体制之基。长沙县的乐和互助会就是自然社区组织，具有本土性、扁平性、综合性、伦理性，志愿性的特点，能够实施村社管理，处理村社事务，担当村社责任，主持村社公道，发展村社经济，管理村社基金，保护村社环境。

3. 以村社联席为载体的社会协商机制。如果说各级党委政府乃至支村两委的领导作用像是头脑，那么乐和联席会就像是心脏，把各个方面的力量联系起来，保证政府与互助会、社工组织、村民之间的沟通交流并实现各种相关信息的上传下达。联席会是党政主导的共治平台，也是村支两委扶持互助会的平台，通过这个平台保证互助会的知情权、参议权和监督权。另一方面，也是互助会协助村支两委的平台，互助会补了村民小组没有自治组织这个缺，可以完善基层民主管理；互助会帮村支两委强身健体，使其更健康的，扶持起来以落实基层民主监督；互助会与村支两委互补共生的，能够发掘社会参与能力，分担基层公共服务。

4. 三事分流为核心的责任共担模式。在互助会和联席会的基础上就可以实施三事分流：属于政府管的“大事”由村支两委和乡镇负责，属于村社公共事务的“小事”由互助会负责，属于个人的“私事”由各家各户自己负责，实现大事、小事、私事的责任共担。三事分流的整体设计通过单体实验逐步推进。政府通过三事分流实现减负增效、转变职能、提高执政能力，同时激活村民的责任感、道德感和参与积极性。

5. 公共投入改革为渠道的利益共享机制。如果说互助会、联席会是实现社会共治，三事分流是责任共担，投入机制改革就是利益共享。包括参与村社项目，让互助会、联席会来参与村社项目，实施惠农政策，分类公共资源，建立村社基金，堵塞贪污隐患，促进社会公共正义。

6. 以乐和大院为依托的乐和文化建设。乐和大院是村民的公共活动空间。由互助会管理、社工站协助的大院，不仅是跳舞联欢之地，也是互助会联席会商议公共事务、奖惩调解、评比先进，以及处理和教育个别违反村规民约的人和事的地方，很多矛盾都可以由乐和互助会通过讲道理调停解决。

7. 以乐和治理为基础的生产方式变革。以发展经济来说，乐和生计就是要实现联产，就是要养殖转型，稻米翻身、循环农业、乡村旅游；联营就是统一规划、集中管理、分户生产、多元经营；联贸就是团购、团销。这样一个从产品到管理到市场的新的经济体制建立在乐和治理的基础上，所以要联体，要村委会、互助会、社工和参与企业一起来完成的社会建设的机理才能实现。这个社会机理的灵魂是什么？是“联”的意识、“和”的精神，所以根本处还在“联心”。这是经济、社会、文化整体的新的经济模式。这时候经济不仅是经济，是放在社会系统里头的，发展公共经济的基础上，还需要通过市场提取、政府投入、公益支持、个人捐赠来发展公共基金，分担公共服务，环保公益、扶老助学，扶危济困等公益事业，在分担的过程当中培育自立、互助、公正的公共精神。这样的乡村和城市是什么样的关系？乐和乡村提供食育耕坊、亲子共读、礼仪传习，节气养生，乡村旅游、村社牵手这些活动为城市社区提供产品，城市社区通过购买这些服务来支撑乡村，实现南北一家、工农一心、城乡一体。

8. 以家园责任为内涵的生活方式。

环保并不是西医那样头痛医头、脚痛医脚的事情，而是一个整体，必须心智相和，物我相合，个群相合，义利相合，身心相和的五个“和”来实现的中国式环保。如果社会像沙粒一样分散，谁去关心环境质量、监督环境执法，参与政策建议，选择绿色生活？因此，生态环境管理需要从创新社会治理开始。

9. 培育和引导群众组织为特色的群众路线。群众路线创新在于不是走单个群众的路线，而是走培育和引导群众组织的路线。党委政府如何培育和引导群众组织？首先保证党委领导、政府主导、社会互动的原则；其次是引进社工组织提供专业服务；鼓励自然社区组织的建立；三事分流下放事事务；投入机制改革扶持社区组织；通过联席会议与社区组织交流；通过特定部门沟通管理。

二、实践篇

在过去一年时间里长沙县乐和乡村的建设取得了诸多的成效。我特别为引领、推动和参与乐和乡村的湖南人感到骄傲，用一位湖南诗人的话来说“向天再借湖南人！”

首先是建立了社工站这个基层政府的社会工作平台，培育了一支社工队伍，他们原来是一些普通的县域青年，很多人在半年时间里就变成优秀的社工。

社工们在政府支持下帮助建立互助会，已经建立了30多个互助会，互助会做了很多的工作，不少互助会已经能够独立处理村民小组的各种公共事务。这份互助会的工作总结很感人，上面写着这个月里处理什么样的事务，调解了什么样的矛盾，组织多少次活动，乐和代表和村民联系了多少次，你会看到这么短短的时间里，长沙的乡村自然村层面的自治组织就成立起来了，发挥了处理公共事务的能力。2014年1月18日的时候，双冲村成立11个自然村也就是村民小组全部成立了互助会，11个会长坐在一起，交流怎么处理村社公共事务的经验，怎么分担支村两委不堪重负的那些事务，怎么与行政村层面的支村两委互补共生。有太多的案例今天无法一一讲，建议乐和办能够给大家发送案例材料，希望发到每个领导个乡村的骨干手里。

联席会这样的基层社会协商机制也搭建起来了。每个自然村召开了若干次的联席会议，我碰巧参加了一两次，主要是靠当地的干部群众，和我们的村民，还有社工的努力，我参加的时候很震撼，许多政府的难事，通过互助会和联席会，村民讨论，非常顺利的实施。危房连片治理这样的事情也经过联席会形成决议，甚至还有暴力阻工的事情，也通过互助会、联席会议的机制得到化解。

三事分流投入机制改革，各个相关部门召开了多次会议，并且推动了象“生态路”和“小水利”的成功的单体实验。鼓励和引导村民通过互助会和联席会的机制参与公共资源分配，自主管理、使用、筹集和监督公共事务资金，充分调动村民参与公共事务的主动性，降低公共事务运行成本，提高公共事务资金的使用效率，减少社会矛盾。

还有建立各种各样的乐和大院。修复了基层社会扬善抑恶、主持公道的功能，填补了乡村道德文化的缺失，也避免了不良势力占据乡村精神空间。乐和乡村建设通过关心留守儿童、照顾孤寡老人、开设道德讲堂、学习传统礼仪、念诵文化经典、开展文体活动、进行生态教育、落实环境管理等社会建设方式，重新恢复乡村“守望相助，亲如家人”的人际往来，推动了乡村文化的复苏。

还有乐和生计的试点也走出了重要的一步，昨天大家看到的生态养殖场已经开始了朝向生态产业的转型，乐和治理修复了乡村共同体，为化学农业向有机产业转型提供了“联产”的基本条件；互助会和联席会的成立使农户的生产协作“联营”成为可能，为农产品销售奠定了“联贸”基础，也为积累公共经济和分担公共服务提供了可能。尤为重要的是，只有当村民组织起立，进入乡村的资本才可能杜绝霸权隐患，真正服务于乡村。

乡村治理现代化不是断传统的根，不是西方化，不是美国化，一定基于中国传统文化基础上的现代化。中国文化的根就在我们的乡村，村民们之所以愿意组织起来，根本是因为他们心中有着“一家人、一条心”的诉求，讲情理、求公道的诉求，这就是梁漱溟先生说的中国精神：“向上之心强，相与情意厚”。如果这种中国精神不树立起来，中华民族就会在精神上亡国灭种，所以我们要保护好这个根。

三、展望篇

乐和乡村的愿景是什么？以乡村建设为基础的城乡一体，有农场，有村落，有书院，有医馆，有集市，还可以注入养老产业、养生产业、旅游产业、创意手工业，这样的底盘可以发展后现代化的产业，非常有希望的朝阳产业，全面提升生活品质。这个愿景怎么来实现？我们赶上三中全会的时代机遇和契机。通过社会体制改革，文化体制改革，经济体制改革，生态文明体制改革，医疗保健机制创新来实现，长沙的乐和乡村建设就是全面深化改革的基层实验，这个实验我们会收获什么样的成果？社会公德全面复兴，村社公共事务落实，政府执政能力提升，百姓生活品质提高。

我们实现的是中国梦，不是美国梦，不是物质梦，而是社会共治、经济共赢、环境共存、价值共识、生命共惜的中国梦！这个梦用一朵花来表示，土壤是“乐和人居”的水源保护、节能和可再生能源、土质保护、生态民居、生物多样性性保护等；树干是“乐和治理”，也就是党委政府、民间社会和责任企业构成的党政主导、社会互动的社会治理体制；花瓣为“乐和生计”，包括养老、养生产业；创意文化产业、循环工业、生态农业、生态旅游产业等生态产业；花叶为“乐和养生”，包括中医药文化、专业医护人员、家庭责任人、医疗卫生设施。花蕊为“乐和礼义”：公心、真心、良心、慧心、爱心。正所谓“一花五蕊酿芳香，扎根沃土根茎壮，叶茂花艳众人养，招蜂引蝶天下香！”

新形势下群众工作的样板

——长沙县推进危险废物处置中心建设环境从乱到治的调查与启示

◎中共湖南省委政策研究室

编者按：近年来，长沙县以开展党的群众路线教育实践活动为契机，密切联系服务群众，把相信群众、依靠群众与教育群众、发动群众有机结合起来，广泛凝聚群众智慧力量，有力推动了经济社会发展和重大项目建设。特别是在长沙危险废物处置中心项目建设过程中，长沙县切实创新群众工作方式方法，以深入细致的群众工作赢得群众的理解和支持，项目建设环境实现了“由乱到治”的根本性转变，动工开建以来保持了“零上访、零阻工、零事故”，创造了新形势下群众工作的样板。

对此，省委书记、省人大常委会主任徐守盛作出重要批示，要求将省委政研室调研形成的《新形势下群众工作的样板——长沙县推进危险废物处置中心建设环境从乱到治的调查与启示》专题报告，在《省委通报》上予以刊发，供全省各地各部门学习借鉴。现本报将专题调研报告摘录后予以刊登。

长沙县的实践启示

任何工作、任何项目，只要依法合规，只要符合大多数人利益，只要干部带头、方法对头，就没有什么困难克服不了，没有什么矛盾化解不了。基层干部率先垂范、基层组织坚强有力，做好群众工作就有了根本保证。

长沙县的经验表明

群众最重实际、最讲实惠，也最讲公道、最讲感情，只要真心实意为群众着想，公平公正为群众办事，竭尽全力为群众造福，真正让群众利益得到实惠、让群众生活得到改善、让群众权益得到保障，做好群众工作就有了坚实基础。

长沙县的做法说明

群众是一切工作的主体，做群众工作必须始终依靠群众。只要相信群众、尊重群众，宣传群众、发动群众，组织群众、团结群众，充分尊重群众的主体地位，让群众全面知情、全程参与、充分表达、实时监督，通过群众去做群众的工作，通过群众去团结更多的群众，做好群众工作就有了强大力量。

长沙县的实践昭示

法治是治国理政的基本方式，是化解矛盾的重要途径，也是开展群众工作的有效手段。只要运用好法治这把“利剑”，让群众学法尊法守法用法，做好群众工作就有了长效机制。

长沙危险废物处置中心（以下简称“危废项目”），是国家产业政策优先发展和支持的重点项目，也是我省的重点建设项目，从国务院批复到正式开工历时近十年时间。自2006年3月危废项目选址长沙县北山镇新桥村后，当地群众强烈反对。从2013年10月开始，长沙县以党的群众路线教育实践活动为契机，深入细致开展群众工作，赢得群众理解支持，危废项目在12月23日动工开建，到目前为止“零上访、零阻工、零事故”，项目建设平稳有序推进，预计2014年10月主体工程竣工，11月进入设备安装阶段。

群众还是那些群众，干部还是那些干部，项目也还是那个项目，人没变，但思路变了；事情没变，但情景变了；政策没变，但效果变了。从当初干群关系形同水火、项目开工一拖再拖，到如今干群齐心、项目顺利推进，前后反差巨大，个中原因是什么？带着这个问题，我们近期到长沙县进行了专题调研，现场参观了建设工地，走访干部群众和施工方，先后召开了县政府领导、镇村干部、农民代表三个座谈会，找到了答案：项目建设和谐开工，关键在党的群众工作是否能真正落实、落细、落小。这其中，既有群众立场、群众观点问题，也有工作方法、工作力度问题，更有创新思路、法治思维问题。经过多次反复后，项目环境从乱到治，长沙县去年以来推进危废项目建设的做法，堪称“群众工作的样板”。

村看村、户看户、关键时候看干部

长沙危废项目前几年难以开工，原因复杂。部分群众对项目污染恐惧、从而萌发“不管项目好不好，不要建在我家后院就好”的思想，这是对项目进行抵制、阻挠开工的客观原因，但更多的是北山镇党委、政府领导对项目建设决心不大、推进不力、解释不清、引导不够等主观原因。部分干部做群众工作时与群众说不上话，有的甚至还当了群众的尾巴，处在“不仅说不上去、说不进去、听不下去，还被顶了回去”的尴尬境地。现任长沙县委常委、副县长兼北山镇党委书记邹春林形容，当时镇机关干部思想没定力、说话没底气、工作没动力，面对群众“不会讲、不愿讲、不敢讲”。由于对项目建成后的污染程度及防治办法不了解，部分群众对村支两委说服工作极度反感，村支两委成员、村民小组长不敢发声，干群关系一度成水火。

为了扭转被动局面，长沙县采取了两项措施。

一是配强班子，让干部底气硬起来。2013年10月，长沙县委成立由县委书记、县长牵总头的项目建设领导机构；任命一名副县长兼任北山镇党委书记，强化基层党委主职力量；选派一名副镇长兼任北山村第一支部书记，从全县挑选基层工作经验丰富、善于协调矛盾纠纷的机关干部组成群众工作小组，“既换了思想又换了人”，县四大家班子成员、法检两长都分配了与项目区群众走访、交心谈心的任务，一大批基层经验丰富的领导和干部被派往了北山镇。配强班子后，北山镇党委、政府下定决心，咬定目标，强力推进。镇党委召开项目建设工作推进会，范围扩大到全体机关干部、市县两级的“两代表一委员”、部门单位负责人、21个村（社区）支村（居）两委委员、全体在职教师600余人，强调项目选址不变、建设方案不变、建成时间不变，并要求全镇党员干部统一思想、统一口径、统一步调，深入细致地做好群众工作。

二是领导带头，让思想工作实起来。北山镇党委反复召开村组干部会、党员会、企事业单位干部会、部门单位工作会，帮助党员干部树立了信心、下定了决心、达成了共识，实现了由质疑到赞成、由怕发声到敢讲话的重大转变，形成了人人会讲、人人愿讲、人人争讲的局面，并涌现出一批敢于直面群众做正面宣传的模范党员。从镇、村、组到户，北山镇召开各类不同层次的群众会议100多次，苦口婆心地说服群众。北山村黄婆冲组村民李文革说：“我们以前很讨厌开会，因为总是来虚的，给我们讲意义、重要性。现在的会都讲的是和我们利益相关的事，一二三开门见山，能解决问题。”从县领导到普通干部，采取“五加二”、“白加黑”的方式，白天开会，晚上走访，深入群众面对面听意见、谈发展，心贴心话家常、交朋友，县四大家班子成员均联系一户重点对象，开展一对一走访、一对一交流，县委书记深入北山村与反对项目建设最为强烈的农户交心沟通，让其成为项目的支持者、促进派。北山村罗家场组组长王高六说："原来觉得县委书记和我很遥远，没想到他专门到我家来，搞得我很感动。我如果再不支持项目，这幅脸往哪里搁呢？"长沙县委工作队、北山镇党政领导组成两个群众工作组，对北山村和金星村农户进行逐一走访，共计走访1234户，与群众同吃同住，与群众抱成一团，耐心倾听群众想法，每户都建立了民意台账。全体机关干部坚持做到"每走访一户群众就多交一个朋友"，与群众建立"乡里乡亲"的融洽关系，在相互信任中推动项目建设。群众工作队员廖术武走访了项目所在地的5个村民小组210多户中的160多户，耐心细致地为大家解释危废项目并无危险，请大家相信党委、政府。他的真诚努力逐步解开了群众的心结，赢得了群众的信任。北山村农林组组长王修运说："我们相信党委政府不会害我们，危废项目有些影响，但影响可以控制，随着技术进步和投入增加完全可以削减，利大于弊，如果不建会影响这里的发展。现在如果政府还有些困难，不能解决所有问题，我们也能理解，我们相信北山党委政府最终一定会落实、解决到位。"

长沙县的实践启示：任何工作、任何项目，只要依法合规，只要符合大多数人利益，只要干部带头、方法对头，就没有什么困难克服不了，没有什么矛盾化解不了。基层干部率先垂范、基层组织坚强有力，做好群众工作就有了根本保证。

群众工作既要解决问题、惠利于民，又不要吊高胃口、口惠而实不至

在危废项目前期推进中，群众反对的理由主要是两点，一是误认为项目污染严重，十分可怕；二是片面相信项目建成对当地群众没有好处，利益补偿没有满足群众要求。对群众的这些诉求，长沙县没有回避，而是实事求是地说明，尽最大努力、在最大程度上保障群众利益。

一是坚持"项目建设到哪里，群众合法利益维护到哪里"。针对群众反映强烈的长沙市黑麋峰固废生活垃圾填埋场对北山村产生的空气污染问题，北山镇在固废垃圾填埋场800～1900米范围内设置了10个气象监测站，承诺空气污染影响到哪里，今后就拆迁到哪里。经过2个月的不间断监测，决定将拆迁范围由国家确定的800米标准扩大到1500米，增加326户、1600多人，新增投入3.4亿元。为有效解决拆迁群众搬迁安置后生产不方便的问题，镇政府在安排拆迁的同时，同步流转拆迁户承包地和山地林地，就近就地安排劳动力到园区企业工作，完善社会保障，让拆迁群众没有后顾之忧。根据群众诉求，解决与项目建设相关的遗留坟墓迁移补偿、青苗补偿、施工越界补偿、山林纠纷等11项74个具体问题，补偿村民22.9万元。项目建设核心区拆迁群众的合理合法利益诉求得到了稳妥解决。

二是坚持"项目发展群众受益，让群众分享更多发展成果"。针对广大群众认为危废项目对当地并无好处的观点，长沙县将危废项目与北山镇发展联系起来、统筹安排，以北山长远发展来争取群众支持。将北山镇从农业类乡镇调整为综合发展类乡镇，投资4亿多元按市政二级道路标准建设北山大道、金山大道等镇域主干公路，新建11万伏变电站，规划建设物流园、休闲旅游度假区和北山产业园，首批成功引进4家环保创新型企业，改扩建北山卫生院，兴建中心学校，着力打造北山新城，等等。这一系列发展举措勾勒出北山镇未来美好发展蓝图，特别是随着北山大道、金山大道的拉通，北山镇将与长沙市区无缝对接，成为"对接市区的桥头堡、城市化的急先锋、发展建设的主战场"，为群众展示了美好的发展前景，让群众看到了发展的信心、希望和未来。同时，党员、干部时时亲近群众，处处关心群众，对家有红白喜事的群众提供热情帮助，对家有病人的群众上门慰问看望，对家有困难的群众争取扶持补助，通过真心换真情。比如，镇内有党员去世，镇党委都会组织人前往吊唁，让群众感觉到党组织的凝聚力与关怀。工作组在走访中听到有10个组的村民反映水利问题需要解决时，立即向上级争取支持，帮助落实19处山塘水渠修整水利工程，协调落实水利资金300万元，发动160多名村民投入水利建设，目前已全部竣工。群众逐步认识到，危废项目与北山发展紧密联系，没有危废项目就没有上级党委政府对北山的大力支持，就没有北山的大发展、大跨越。曾经坚决反对项目建设的金星村长丰组组长李建新在户主会上说："危废项目给我们北山带来了千载难逢的发展机遇，谁阻碍了危废项目的开工，谁就阻碍了北山的发展，就是北山的历史罪人！"

三是坚持"政策标准始终如一，对一些无理诉求保持定力"。严格按照国家拆迁政策补偿拆迁群众，一把尺子量到底，该给的钱一分不少，不该给的钱一分不予。划出安置建房地块，政府搞好"三通一平"，完善配套设施，由拆迁户自主决策建房，切实做好拆迁安置，维护了核心建设区居民的利益。在拆迁范围扩大过程中，对于一些无理要求，长沙县和北山镇始终坚持一个标准，绝不拿底线和原则做交换，对任何一条无理要求都不乱开口子。尤其是对党员干部的拆迁和对普通群众的拆迁实行同一个标准，坚持公平公正公开。由于政府态度坚决，群众感觉拆迁安置十分公平，没有暗箱操作，大多积极支持顺利拆迁。北山村赵家湾组村民赵灿军说："政策都摆在那里，大家都一样，我们感觉很公平。”

长沙县的经验表明：群众最重实际、最讲实惠，也最讲公道、最讲感情，只要真心实意为群众着想，公平公正为群众办事，竭尽全力为群众造福，真正让群众利益得到实惠、让群众生活得到改善、让群众权益得到保障，做好群众工作就有了坚实基础。

关键是要把相信群众、依靠群众与教育群众、发动群众有机结合起来

一是群众事情让群众来做主。凡属与群众生产生活密切相关的重大问题，都召集相关会议征求群众意见，主动听取、积极采纳群众意见。比如，长沙县县长办公会专题研究讨论北山危废项目建设和北山发展时，邀请北山、金星两村8名群众代表参与旁听；规划设计金山大道时，召集140余名北山、金星党员和“三长”（村民组长、妇女组长、党小组长）进行听证；邀请群众代表参加首批入驻北山工业园4家企业签约仪式暨工业园规划听证会；邀请群众代表见证北山大道开工；成立了由北山村支两委、群众代表共11人组成的村民议事会，负责对村内大事要事进行商讨。比如，由北山村支委提名、村支两委商议、北山镇党委考察审核、全村范围公示，组成了由13名德高望重的群众参加的危废项目群众监督管理委员会，分六班每天到项目区进行监督并填写监督日志，负责项目建设运营监督、走访群众、听取意见和及时答复，保证项目建设质量与安全。截至今年8月，群众监督管理委员会已召开8次例会，对群众关心的项目区污水走向、填埋场垫层厚度、项目周边麻石护坡安全情况等问题进行了及时了解和答复。监督小组成员、金星村陆家坝组陈学军感慨：“现在我们也是项目建设的主人，项目建设也是我们自己的事情，所以大家做起来更上心。”

二是群众疑问到现场找答案。针对群众对危废项目污染的疑虑，先后四次组织村支两委、组长、党小组长、群众代表到黑麋峰现场参观，看到了政府治污的成效；先后分三批组织412名“两代表一委员”、地方知名人士、党员和“三长”及部分群众代表赴衡阳危废处置中心参观，让群众实地看到了危废项目现场无灰尘、无污水、紧邻居民区的事实，击碎了危废项目污染很可怕、灰尘落到身上烂骨头的恐怖谣言。参观后及时召开恳谈会让参观者谈观感讲认识，并精心制作专题片，分别在全镇21个村（社区）、14家部门单位、37家企业、12个项目核心区周边的村民小组户主会议、67个中小学班级现场播放，7000余人观看了专题片，有力消除了群众对项目污染的恐慌和疑虑。金星村老党员袁建军说：“不看不知道，看了才明白是我们自己在吓唬自己，危废项目并没谣言说的那么可怕。”

三是群众教育以宣传作保障。充分利用无线广播、电视、横幅标语、宣传车以及微博、微信等宣传工具，对群众进行宣传教育和引导。特别是在项目核心区安装15个无线广播喇叭，根据群众的不同喜好，精心制作297期专题广播节目，把党的政策、项目建设相关内容，融入到群众喜闻乐见的文艺节目中，让群众了解实情、明白真相。广播每天播音，北山村屈家湾组妇女李乐明说：“开始觉得很吵，恨不得把它卸了，现在经常播放音乐，还有很火的《小苹果》，我们跳广场舞都不用自带音响了。”

长沙县的做法说明：群众是一切工作的主体，做群众工作必须始终依靠群众。只要相信群众、尊重群众，宣传群众、发动群众，组织群众、团结群众，充分尊重群众的主体地位，让群众全面知情、全程参与、充分表达、实时监督，通过群众去做群众的工作，通过群众去团结更多的群众，做好群众工作就有了强大力量。

最根本的是要学会用法治思维、法治方式化解矛盾、推动工作

在危废项目建设中，长沙县针对群众法治观念淡薄、法不责众心理，切实加强法制宣传教育，依法惩恶扬善、弘扬正气。

一方面，“小手拉大手”，全家都学法。北山镇开展普法宣传月活动，在人流相对集中的文化广场举办大型普法宣传活动，围绕造谣传谣、聚众冲击国家机关等行为的违法性质及其适用的法律法规进行集中宣传，通过节目编排、宣传横幅、发放资料、有奖问答等形式传导灌输法律知识。开展“小手拉大手，我与父母同学法”普法考试，在全镇范围内组织中小学生作答、家长阅评，把堵路阻工、扰乱治安等违法行为的法律责任融入考试内容之中，以潜移默化的方式增强群众法律意识。

另一方面，“通上高压电”，全民都守法。为消除部分群众法不责众的心理，组织公安、国土、林业等部门开展联合执法、昼夜巡逻，依法查处酒驾、超载、偷运木材等违法行为，保持依法严厉打击的高压态势。通过法制教育和依法治理两手抓、两手硬，大大提升了群众的法治意识。

长沙县的实践昭示：法治是治国理政的基本方式，是化解矛盾的重要途径，也是开展群众工作的有效手段。只要运用好法治这把“利剑”，让群众学法尊法守法用法，做好群众工作就有了长效机制。

（该文刊载于2014年9月25日《星沙时报》A02版）

大事记

2014 年长沙县大事记

1 月

8 日 中国县域网络形象排行榜在北京发布，长沙县获全国网络形象百强县和十佳县市（排名第九）两个大奖。

▲ 《长沙县·星沙城市风貌整体规划》及其《通则》通过县人大十六届八次会议审核后正式出台，为全省首个城市整体风貌规划。

10 日 2013 年度国家科学技术奖励大会在人民大会堂举行。工程机械行业企业三一重工申报的“大吨位系列履带式起重机关键技术与应用”与中联重科的“超大型塔式起重机关键技术及应用”项目荣获国家科技进步二等奖。

12 日 由印度尼西亚驻华大使馆、湖南省商务厅、长沙县人民政府、长沙市贸促会联合主办，长沙县商务局、中国国际商会长沙县商会共同承办的“走进印尼”投资贸易推介会在长沙县开源鑫城贵宾楼三楼多功能厅举行，全省 70 多家外贸企业代表参加会议。会上，省商务厅党组书记徐湘平，长沙县委常委、县人民政府副县长杨莉，印度尼西亚驻华大使馆副大使魏思诺（Mr. Wisnu Edi Pratignyo）致辞。印度尼西亚驻华大使馆经济参赞展达拉（Mr. Chandra H. Gandasubrata）介绍印尼国情、投资法规、政策等。

14 日 国家新闻出版广电总局印刷发行管理司副司长谭汶一行到北山镇青田书屋、福高村书屋、官桥村书屋，对 2013 年农家书屋出版物补充更新以及“两节”期间农家书屋建设等有关情况进行检查调研，并抽查北山镇文化站、新云村农家书屋建设情况。

17 日 长沙市首届孝文化节未成年人专场活动在干杉镇中心小学举行。现场 1000 名师生一起朗诵《孝经》，共同发出倡议：“弘扬孝文化，用传统文化滋润我们的心灵；重温孝道故事，用传统美德完善我们的人格；履行孝老义务，争做孝顺儿女，用行动践行我们的孝道情怀。”

18 日 省委常委、市委书记易炼红到长沙县北山镇，督查长沙废弃物处理中心项目建设情况。他强调，要全力推进重点环保项目建设，实现环境效益、经济效益和社会效益的多赢，以两型发展的实际成效，回报北山群众的信任和支持。市领导张迎龙、陈泽珲、陈献春等参加督查。

▲ 长沙县青松老年公寓在全国率先成立首个失独家庭认亲服务组织，在全县 10 个乡镇开展“关爱失独家庭，上门认父母亲”活动，结对认亲 11 个失独家庭。

22 日 由中共长沙县委、长沙县人民政府主办，县委宣传部、县文明办、县文广局、县文联、金井镇承办的“我们的中国梦，文化进万家”暨 2014 年送文化下乡、“金井喜乐汇”文化集市启动式在金井镇文化广场举行。县委常委、县委宣传部部长彭勇出席启动仪式并宣布活动启动。

25 日 长沙县召开“清洁城乡”大行动誓师大会，会议强调，要切实提高城乡管理标准，按照国内一流或国际先进发达城市的标准来建设管理力求实现城乡品质提升。根据方案，要实现“五无五净”：即道路无垃圾、无杂物、无积泥、无积水、无污迹，路面干净、绿地和树圈干净、边角侧石干净、井沟井盖干净、果壳箱等环卫设施干净。

是月 由中国建筑第八工程局有限公司承建的长沙黄花国际机场新航站楼及高架桥工程荣获 2012 ~ 2013 年度中国建设鲁班奖（国家优质工程），长沙县实现鲁班奖零突破。新航站楼工程总建筑面积 157700 平方米，工程总造价 21.2 亿元，是湖南省迄今为止最大的钢构桁架结构单位。

2 月

7 日 长沙县召开长永高速星沙段下穿城市改造项目工

作推进会，决定启动该项目。县委书记、长沙经开区党工委书记杨懿文要求，相关部门加强协作，加快完善相关手续及设计方案，确保项目早日建成。根据初步设计，项目采用框架结构分段将长永高速两侧相连，起点段150米采用双层，顶层为休闲广场，下层为停车场。其余路段以现有四座跨线桥为界，均为单层。

12日 长沙县召开村“两委”换届动员会，全县村党组织和第九次村民委员会正式启动，村(含部分农村社区)党组织换届选举在3月15日之前完成，村民委员会换届选举在4月中旬完成。

13日 长沙首次发出中低速磁浮工程环境影响评价信息公告，明确5月开建国内首条中低速磁悬浮铁路，连接长沙高铁南站与黄花国际机场。该铁路线正线全长约18.7公里，设计时速120公里，计划2015年12月底建成并投入使用。长沙中低速磁悬浮铁路起于长沙高铁南站东广场北侧，沿劳动路、黄兴大道、机场高速高架敷设，终于黄花机场航站楼。在长沙县境内经过黄兴、榔梨、干杉、黄花等4个镇街11个村（社区），在高铁南站、榔梨镇和黄花机场设立站点，连接长沙市国际会展中心和上海大众项目。

▲ 长沙县“春风行动”大型企业用工招聘会在星沙通程广场开幕。招聘会共有207家企业入场，提供工作岗位2.1万个。3200多名求职者现场与用工企业达成用工意向。

14日 省委常委、市委书记易炼红到长沙县检查城乡管理提质工作。易炼红要求，长沙县不仅要做经济总量的“第一县”，也要争做城乡品质的“第一县”。各级党委、政府要统筹推进发展提质、建设提质、管理提质、服务提质，不断提升人民群众的认同感、舒适感、愉悦感和幸福感。

17～21日 长沙县政协第八届委员会第三次会议召开。全县各界、各条战线的276名政协委员参加会议。开幕式由县政协副主席杜宏亮主持。县政协主席王益枝作政协常务委员会工作报告，县政协副主席陈沃辉作提案工作报告，潘海云、雍佩林、向敏、向宇、阳群5名县政协委员分别围绕中小微企业转型发展、加强物业管理、将文化元素融入新型城镇化进程、生猪养殖污染治理、重视残疾预防等课题作参政议政发言。本次会议共收到委员提案155件，经提案委员会认真审查，立案150件，立案率96.7%。会议通过政治决议、常委会工作报告和关于提案工作报告的决议。张小春当选县政协副主席，毛武林当选县政协秘书长。

19日 省委常委、省委宣传部部长许又声到长沙经开区园区文化产业综合型企业明和集团调研，听取公司高层关于文化与科技融合为主题的汇报。

19～25日 长沙县第十六届人民代表大会第三次会议召开。县人大常委会主任李建章主持会议并宣布开幕。会议应到人大代表296人、实到290人，应到列席人员222人、实到215人。大会主席团常务主席杨懿文、张庆红、李洪波、李建章、王益枝、郭润葵、周志远、周安伟、柳铁强、曹艳萍、彭军其、唐俊兴在主席台前排就座。会上，长沙县人民政府县长张庆红作政府工作报告，县委常委、常务副县长杨忠文作关于县十六届人大一、二次会议所立议案和代表所提批评、意见、建议办理情况报告。会议于25日闭幕，通过关于长沙县人民政府工作报告、关于长沙县2013年国民经济和社会发展计划执行情况及2014年国民经济和社会发展计划、关于长沙县2013年财政预算执行情况和2014年财政预算等决议。

24日 中科院云计算中心与湖南海驿集团《面向智能物流虚拟与实体智慧互联云服务平台构建与示范应用》项目(下简称智慧物流项目)签约仪式在广东省东莞市举行。本次签约的湖南海驿智能物流产业发展有限公司投资拟斥资20亿元，在长沙县干杉镇打造国内首家立体交通智能物流产业集群基地。

24～25日 首届中国乡村建设(星沙)大讲堂活动在长沙县举行。此次大讲堂活动以“乡村治理创新的理论与实践，长沙县乡村建设发展建议”为主题，由综合开发研究院(中国深圳)、国家行政学院生态文明研究中心主办，综合开发研究院城市化研究所、长沙县乡村建设促进会、中国乡村发现网承办。

25日 全国政协副主席、全国工商联主席王钦敏到长沙经开区园区企业远大集团、蓝思科技、千山药机就中小微企业技术创新等内容考察调研。在实地考察三家企业发展状况后，王钦敏在座谈中听取公司高层关于“中小微企业技术创新”等情况汇报，充分肯定企业在技术创新上做出的贡献，并就技术创新现状向企业及政府部门提出意见和建议。

▲ 省委书记、省人大常委会主任徐守盛，省委副书记、省长杜家毫到长沙县星沙产业基地雷鸣公园与当地干部群众一道参加义务植树活动。省、市领导孙金龙、易炼红、张迎龙等和长沙县四大家班子成员参加植树。

▲ 湖南省旅游局公布2013年湖南省成功创建旅游强县、旅游名镇（乡）名单。长沙县获评2013年“湖南省旅游强县”，开慧镇跻身2013年“湖南省旅游名镇（乡）”名录。

是月 在中国湘商力量总评榜公布的“2013年度湘商

十大最具投资价值经济园区”提名中，暮云经济开发区入选提名。该区自2012年成立以来，社会固定资产累计投入100余亿元。

3月

4日 湖南省工商系统打击制售假冒伪劣专项整治行动暨长沙县3·15集中宣传活动在星沙文化广场正式启动。省政府副秘书长虢正贵，县委副书记、县长张庆红，县委常委、副县长杨莉出席活动。

6日 市委副书记张迎龙率队到县现场观摩“三年造绿”大行动工作。市、县领导姚英杰、杨懿文、张庆红等参加观摩活动。

7日 市人大常委会主任袁观清率市人大常委会主任会议成员到长沙县对《长沙市水资源管理条例》执法检查审议意见贯彻落实情况进行调研，市区领导姚英杰、黎石秋、杨懿文、黄瑶参加调研。

13日 长沙县召开党的群众路线教育实践活动动员大会。省委督导组副组长、省委组织部副巡视员魏忠胜，市委督导组组长、市政协顾问龙建强，长沙县委书记、长沙经开区党工委书记杨懿文出席会议并讲话。县委副书记、县长张庆红主持会议。

14日 省委常委、市委书记易炼红到广汽菲亚特汽车有限公司实地考察即将上马的新项目建设，现场办公解决项目落实过程中的问题。市、区、县领导文树勋、杨懿文、李科明、张庆红等参加调研。

17日 国家安全生产应急救援指挥中心副主任王晋中率国务院安全生产委员会督查组到县重点督查油气管道安全工作。市、县领导何寄华、黄梁等陪同督查。

18日 长沙市委副书记、市长胡衡华到长沙县听取长沙县党的群众路线教育实践活动开展情况汇报并进行指导。胡衡华强调，要结合长沙县的具体实际找准问题、解决问题，做到“两手抓、两不误、两促进”，真正让群众受到实惠，让干部受到教育。市委第八督导组组长、市政协顾问龙建强，长沙县委书记、长沙经开区党工委书记杨懿文参加汇报会。

20日 长沙县召开组织、统战、老干工作暨2013年度绩效考核讲评大会，旨在贯彻落实党的群众路线教育实践活动要求，坚持以问题整改亮相开局。县四大家班子成员、正副县级干部，县人民法院院长、县人民检察院检察长等领导出席会议。

21日 长沙县召开群众路线教育实践活动集中学习暨“党风廉政宣传教育月”启动大会。省纪委常委刘大放上廉政党课，县委书记、长沙经开区党工委书记杨懿文主持会议。县委、县人大、县政府、县政协四大家在职在家领导，全体副县级以上干部等参加会议。

27日 2014年长沙县“强化服务群众意识，提高群众工作能力”培训班在长沙县委党校开课。在开学典礼上，县委书记、长沙经开区党工委书记杨懿文为200余名群工队员上“践行群众路线，创新社会治理”主题党课。县领导彭勇、常利民、王国良出席。

28日 中共中央政治局委员、国务院副总理马凯到长沙经开区园区企业蓝思科技、广汽菲亚特、三一重工等企业考察，广泛听取企业意见和建议。他强调：要坚持稳中求进的总基调，以科学发展为主题，以加快转变经济发展方式为主线，坚持改革开放，坚持科技创新。要以市场为导向调整经济结构，以改革为动力增强经济活力，以创新为核心提高竞争力，以管理为基础降低成本，金融企业要创新服务方式，增加服务品种，不断提高服务实体经济发展的水平，政府要为企业发展创造更好条件，营造更加有序的市场环境。

4月

1日 全国退役士兵安置领导小组到长沙县督查，听取该县退役士兵安置情况汇报，并与退役士兵代表面对面交谈。省政府副秘书长虢正贵、省民政厅副厅长陈慈英陪同座谈，县委常委、县人武部部长李武，副县长邹春林参加会议。

4日 副市长夏建平率队到长沙县调研基层医疗卫生机构标准化建设三年行动工作开展情况，副县长陈计伟参加调研。

9日 长沙县召开项目建设领导小组会议，对涉及农业、服务业等10个项目进行会审，并对两个重大项目进行会商。长沙县委书记、长沙经开区党工委书记杨懿文强调，要严守底线规范项目准入，加速实现长沙县经济社会的转型发展。县（区）领导李洪波、吴京生、郭润葵、杨忠文、杨莉、彭勇、彭军其、黄梁、谭浩然、郭艳红等参加会议。

10日 省委常委、市委书记易炼红到长沙县跳马镇、暮云经开区、南托街道等地调研。他强调，跳马、暮云片区要在保护好绿水青山的基础上，努力实现规划水平、基础设施建设配套水平和管理水平“三个同步提升”，建设产城融合的生态绿心。市县领导姚英杰、杨懿文等参加调研。

▲ 市委副书记、市长胡衡华到长沙县召开基层干部代表座谈会，来自春华、泉塘、江背、金井、湘龙等镇街的基层干部代表纷纷结合各自实际，就如何开展好党的群众

路线教育实践活动提出真知灼见。市委督导组组长、市政协顾问、市政协原党组副书记、副主席龙建强，市政府秘书长凌勤杰出席会议。

▲ 湖南省开发区协会第一届第三次理事会在长沙经开区召开。全省省级以上开发区负责人和省、部分地州市发改委领导聚首星沙，共商全省开发区合作、发展、共赢大计。会议由省开发区协会主办，长沙经开区管委会承办，省开发区协会会长赵淑珍主持。省发改委地区处处长兼省开发区协会秘书长文会中作2014年湖南省开发区协会工作报告，参会代表审议并通过2014年协会工作报告，共同见证湘潭高新区与慈利工业集中区，湘潭经开区与江华经开区的战略合作签约，会议审议并通过津市工业集中区为理事单位。至此，全省省级及以上开发区、高新区、出口加工区、保税区、工业集中区达到139家，基本实现县市区全覆盖。

11日 县委书记、长沙经开区党工委书记杨懿文率四大家班子成员赴青山铺镇天华村刘少奇天华调查纪念馆开展党的群众路线教育实践活动第五次集中学习，近距离感受、体验刘少奇实事求是的精神和质朴为民的情怀。下午，县委常委会议围绕“五项教育”“五项反思”“学天华调查精神，做群众贴心人，当发展引领者”主题开展专题讨论。

16日 市委副书记、市长胡衡华到长沙经开区，调研“六个走在前列”项目，先后考察住友橡胶生产车间、广汽三菱总装车间、上海大众（长沙）项目总装车间和广汽菲亚特新项目。副市长何寄华，长沙经开区党工委书记、长沙县委书记杨懿文，长沙经开区管委会主任李科明，市政府秘书长凌勤杰，县、区领导张庆红、黄瑶、黄梁参加调研。

17日 住房城乡建设部建筑节能与科技司副司长郭理桥率相关专家到长沙县调研“智慧城市”建设情况。郭理桥就“智慧城市”建设进行专题讲座。县领导张庆红、谭浩然、曾卫国等出席讲座。

18日 长株潭广联交易市场在安沙镇毛塘工业小区内试营业，标志着规划用地10.4公顷、总投资4.12亿元的湖南唯一、中南地区最大的生猪活体交易中心和进出口食品展示、交易、配送中心正式落户长沙。

21日 省委常委、市委书记易炼红，市委副书记、市长胡衡华到长沙黄花国际机场调研，并就机场建房发展工作现场办公。市、县领导陈献春、姚英杰、杨懿文、张庆红等参加调研。

22日 副市长黎石秋到县调研粮食生产情况以及抛荒现象，副县长邹春林参加调研。

25日 副市长黎石秋率队到县调研粮食生产工作，县领导张庆红、邹春林陪同调研。

30日 长沙县召开第七次劳动模范表彰大会，对35名劳动模范进行表彰。长沙县委书记、长沙经开区党工委书记杨懿文充分肯定劳动模范的优秀品质和奉献精神，以及全体劳动者为幸福宜居城市、清洁美丽家园所做出的贡献，并深刻阐明在推进“三个共同”、实现“三个共享”进程中发挥劳模作用的重要现实意义。

5月

2日 位于开元路下方的地铁3号线东四线站开钻第一根旋挖桩，拉开车站建设帷幕。东四线站位于星沙开元东路与东四路交叉路口东侧，为地下二层车站，长210米，宽21米，地面设3个出入口。

5日 厦门航空湖南分公司揭牌成立，成为继南航后第二个在湖南设立分公司的航空公司。省、市、县领导张剑飞、何寄华、杨懿文、张庆红等参加揭牌仪式。

7日 国务院医改办督导组到县调研乡村医生政策落实情况，副县长陈计伟陪同调研。

13日 长沙市委副书记、市长胡衡华到长沙县调研临空经济及长沙临空综合保税区申报建设工作，进行现场办公。胡衡华强调，要统筹规划发展，推进产城融合，大力发展长沙东部开放型经济。

15日 长沙县召开“两型”生活方式构建工作推进会，长沙县委书记、长沙经开区党工委书记杨懿文强调，要借助党的群众路线教育实践活动的开展，破除“四风”，倡导“两型”生活，坚决反对浪费，进一步激发全民参与建设两型社会的积极性。

▲ 副省长张硕辅到湖南湘丰茶业有限公司现场办公，帮助解决企业在发展过程中面临的问题和困难。市、县领导黎石秋、杨懿文、张庆红等参加座谈。

20日 省委常委、市委书记易炼红，市委副书记、市长胡衡华和市区县负责同志到长沙县，实地观摩、点评、督导人民路东延线绿化建设。

▲ 市人大常委会副主任芮英姿率专利法执法检查组一行在副市长夏建平等陪同下，到县检查贯彻落实《中华人民共和国专利法》《中华人民共和国专利法实施细则》《湖南省专利条例》情况。通过现场考察、座谈了解、听取汇报和查实数据等，检查组认为长沙县知识产权工作走在全省前列，特别是在体制机制、政策制定、专利转化运用上为全国作出了示范。

23日 长沙县委书记、长沙经开区党工委书记杨懿文主持召开县委常委（扩大）会议。会议贯彻落实省委书记、省人大常委会主任徐守盛在第二批党的群众路线教育实践活动查摆问题、开展批评环节工作部署视频会议上的讲话精神，要求进一步补充征求意见。

25日 市委常委、市委统战部部长文树勋率队到长沙县督查水务及防汛工作。先后实地考察安沙镇长塘水库除险加固工程、果园垸防汛器材仓库等，检查防汛工作准备情况。副县长邹春林陪同调研。

29日 长沙县松雅禅院奠基典礼在松雅湖香岛举行。中国佛教协会副会长、湖南省佛教协会会长圣辉大和尚，湘籍旅美画家李自健等应邀出席。台湾佛光山开山宗长、国际佛光会世界总会会长星云大师出席典礼，并为奠基石培土。松雅禅院于2012年经湖南省宗教事务局批准，建设面积2700多平方米，位于松雅湖西面的香岛，项目总投资40亿元。

6月

3日 全国人大常委会副委员长艾力更·依明巴海在全国人大常委会副秘书长、华侨委员会委员刘水生，省人大常委会副主任刘莲玉陪同下，到长沙经开区视察调研归侨侨眷权益保护法及相关法律贯彻实施情况。艾力更·依明巴海指出：企业和政府各部门要进一步增强做好侨务工作的责任感和使命感，加快侨务政策法规的制定出台，探索为侨服务的新思路，不断凝聚侨心，发挥侨力，推动湖南对外开放和经济社会发展。

6日 省委督导组组长，全国人大内务司法委员会委员，省人大常委会原党组书记、原副主任李江到县调研指导党的群众路线教育实践活动。

▲ 全县首支食品药品安全公安执法队伍——长沙县公安局治安大队食品药品侦查中队挂牌成立，副县长陈计伟出席挂牌仪式。

11日 副省长张硕辅到开慧镇调研现代农业，副市长黎石秋，县领导张庆红、常利民等参加调研。

▲ 市人大常委会主任袁观清率主任会议成员到长沙县调研经济社会发展情况和人大工作。县领导李建章、邹春林等参加调研。

12日 全省首个农村特困危房信息管理系统在长沙县正式运行，农民可网上进行危房改造申报，并通过网络公示了解改造资金的去向。全县1万多户符合危房改造条件的户主信息已录入系统，今后每年的危房改造对象将在其中产生。信息可随时更新，该系统运用为全省首创。

13日 长沙县召开党的群众路线教育实践活动工作推进暨民主评议会。市委督导组组长、市政协顾问龙建强，长沙县委书记、长沙经开区党工委书记杨懿文出席会议并讲话。

15日 在中国第一高楼上海中心，三一重工超高压混凝土拖泵成功将混凝土泵送至620米高度，创造超高层混凝土泵送新的世界纪录。这是全球首次将C100超高强度混凝土泵送至600米以上，一举打破普茨迈斯特在世界第一高楼迪拜塔创造的606米混凝土泵送纪录，标志着三一重工在超高性能混凝土配比及泵送水平上达到世界顶尖水平。

18日 国务院扶贫办举办的2014年第三期（武陵山片区）基层组织负责人和致富带头人培训班在县开班。

19日 2013年“港洽周”星沙新城投资推介会在香港九龙举行。长沙县共对外发布项目16个，签约项目10个，签约金额约300亿元。

26日 国务院第七督查组到长沙县开展行政审批制度改革专项督查。市、县领导文树勋、张庆红等陪同调研。

7月

3日 市委副书记、市长胡衡华到长沙县及长沙经开区调研产业发展、经济运行等情况。市、县领导何寄华、杨懿文、李科明、张庆红等参加调研。

7日 全省双季稻全程机械化增产模式攻关现场会在长沙县举行。来自省农业厅以及各市县的近100位领导、专家现场参观该县粮食高产创建示范点，并就双季很全程机械化增产攻关进行座谈交流。副县长邹春林陪同调研。

▲ 国家应急交通运输装备工程技术研究中心分中心暨产业化基地在㮾梨工业园长沙中联恒通机械有限公司正式设立。

16日 住建部住房保障司副司长王瑞春、调研员王剑平一行到长沙县巡查保障性住房建设情况。巡查组深入㮾梨公租房项目和板桥公租房项目实地勘查，并对保障性安居工程进展情况、分配入住、配套设施等工作给予肯定。区、县领导陈新忠、谭浩然陪同。

▲ 湖南辛亥革命人物纪念馆建设工程座谈会在黄兴镇召开。省委常委、统战部部长李微微，副省长李友志出席会议并讲话。市、县领导夏建平、陈计伟等参加会议。

19日 湖南省首个农村现代商贸物流综合体在开慧镇建成。该项目总用地面积0.9公顷，其中A栋建筑面积6520.06平方米，业态形式主要为生活超市、百货、家电等；B栋建筑面积7038.66平方米，业态形式主要为商业配套，包括餐饮、娱乐、休闲、酒店及农村物流服务中心等。

22日 市委常委、常务副市长陈泽珲一行到长沙县开慧镇调研“城乡一体化”建设，并深入到相关产业项目一线现场察看。常务副县长杨忠文陪同调研。

23日 2014年第四届“相约长沙最美乡村”活动暨“印象开慧·诗意板仓”红色文化旅游节在开慧镇 启动，旨在通过红色文化旅游、乡村特色美食、乡村露营等活动，全面展示长沙县城乡一体化建设成果、乡村产业发展新特色，打造“杨开慧纪念馆—乐和大院—开慧茶园—板仓国际露营基地一日游”精品线路。

25日 全国首个产权式物流园区——湖南物流总部在黄兴镇正式运营。项目位于黄兴镇黄江公路以南、树新公路以东，项目总体规划用地53.33公顷（800亩），总投资10.5亿元，货运年吞吐量400万吨以上，分三期开发，被列为交通运输部重点货运枢纽站场、交通运输部甩挂运输试点项目、湖南省重点物流项目、长沙市“两帮两促”项目。项目一期用地16.33公顷（245亩），建筑面积13.6万平方米，项目一期于2013年建设完工并投入试运营。

28日 省委书记、省人大常委会主任徐守盛深入长沙县园区、企业、项目工地，调研经济运行、民生保障等情况。徐守盛指出，要立足新起点，发挥新优势，谋划新突破，主动作为、奋力攻坚，并对长沙市提出“五大课题”。省、市、县领导易炼红、胡衡华、杨懿文、张庆红等陪同调研。

▲ 春华镇书法协会成立。该协会为长沙县首个乡镇书法家协会，将通过省、市、县书法名家与春华镇书法爱好者建立师承关系，相互借鉴学习并形成良性互动。

31日 泉塘街道泉盛社区举行浦沅泉塘生活小区管理移交仪式。市、县领导何寄华、邹春林等出席移交仪式，并为“浦沅泉塘生活小区社会事务移交和棚改工作领导小组”揭牌。

▲ 长沙市第二届生态葡萄文化旅游节暨龙头井“寻美寻爱寻宝”活动在江背镇龙头井现代农庄举行。开幕式上，该农庄被授予“自然家园社区”。

8月

1日 省委督导组副组长、省委组织部副巡视员魏忠胜参加金井镇党政班子专题民主生活会。

2日 县委书记、长沙经开区党工委书记杨懿文参加星沙产业基地及星城投有关项目调研，实地了解项目建设情况以及企业生产经营状况，并就发展中存在的困难现场办公。

7日 长沙县委书记、长沙经开区党工委书记杨懿文主持召开县长述廉评议动员会。市纪委副书记、监察局局长、第一评议组组长邱俊杰对述廉评议工作提出明确要求并就相关工作进行部署。

19日 长沙县委书记、长沙经开区党工委书记杨懿文主持召开县委常委会议，传达市委常委会关于研究临空经济工作会议精神，部署安排整改落实、建章立制工作。

21日 省委常委、市委书记易炼红到县调研经济社会发展情况。他强调，长沙县作为“三湘第一县”，要勇当改革发展的排头兵，加快挺进前十强，在全市做出表率，提供示范、经验。

23日 长沙市委副书记、市长胡衡华参加开慧镇葛家山村党支部季山党小组专题组织生活会。胡衡华高度肯定此次专题组织生活会，并要求葛家山村积极探索乡村治理新模式。

25日 国家级出口食品农产品示范区湖南省考核组领导和专家到县对创建工作进行初审。根据初审结果，长沙县通过考核。

27日 县委书记、长沙经开区党工委书记杨懿文出席长沙县深化文明创建暨城市管理工作大会。杨懿文强调，要进一步深化城乡环境综合整治，建设更高水准文明县城。

9月

3日 市委副书记、市长胡衡华到长沙县及长沙经开区，深入园区调研产业发展、经济运行等情况。他强调，要创造性推动经济转型升级，政府、园区要做好服务，全力助推企业发展。市、区、县领导何寄华、杨懿文、李科明、张庆红、吴京生、黄瑶、黄梁等参加调研。

9日 长沙县委书记、长沙经开区党工委书记杨懿文出席长沙县一中庆祝第30个教师节座谈会。杨懿文指出，要集中力量打造一流教育品牌。县委常委、县委办主任王国良，副县长陈计伟参加座谈会。

10日 长沙县与北京师范大学签约，以“资源服务+协议管理”的创新办学模式，打造一所九年一贯制公办的长沙县百熙实验学校（原鹏基小学）。县领导张庆红、陈计伟以及北京师范大学相关领导出席签约仪式。

19日 长沙县召开三季度经济形势分析暨作风建设、专项整治工作部署会议。市委第八督导组组长、市政协顾问龙建强，县委书记、长沙经开区党工委书记杨懿文出席会议并讲话。杨懿文强调，建人民满意政府是矢志不渝目标。

23日 长沙县创建国家出口食品农产品质量安全示范区工作接受国家质量监督检验检疫总局专家考核组现场考核

并通过验收。

25 日　长沙市委副书记、市长胡衡华到长沙县指导党的群众路线教育实践活动，听取情况汇报。市委第八督导组组长、市政协顾问龙建强，长沙县委书记、长沙经开区党工委书记杨懿文，县领导张庆红、李建章、王益枝、周志远、彭勇、王国良等参加汇报会。

26 日　《长沙县通史》首发座谈暨新闻发布会举行。《长沙县通史》编纂工作自 2012 年 3 月启动，历时两年半，定稿 100 万字，分 3 卷 22 章，全面、系统、客观地再现了长沙县从远古至 2013 年长达几千年的历史发展进程，是全国首部由地方党委、政府主持编纂的县级通史。

▲ 湖南省农贸市场建设工作会议在县召开。省商务厅、省财政厅以及全省 14 个地区的商务和财政部门相关负责人到县考察调研。省商务厅厅长徐湘平，县领导杨懿文、张庆红等参加调研或座谈。

28 日　中国残联和国务院扶贫办第五国家督导组组长、湖北省残联副理事长施李国一行到县调研督导《农村残疾人扶贫开发纲要（2011 ~ 2020）》执行工作。县领导邹春林陪同调研。

29 日　长沙县召开全县党的群众路线教育实践活动测评大会。省委督导组副组长、省委组织部副巡视员魏忠胜等省、市委督导组领导出席会议指导，长沙县委书记、长沙经开区党工委书记杨懿文就全县教育实践活动的总体情况进行通报和介绍，县委副书记、县长张庆红主持会议，县委常委、组织部部长、统战部部长周志远参加会议。

是月　福临镇影珠山村被中国生态文化协会授予“全国生态文化村”称号。影珠山村是湖南省入选的四个行政村之一，也是长沙市获此殊荣的唯一行政村。

10 月

10 日　县委书记、长沙经开区党工委书记杨懿文专题调研城建城管工作，明确要求星沙商业步行街、板仓路、星沙文化公园、跨京珠高速车行涵洞、星沙街心花园提质改造和建设，以及星沙快速交通与停车场建设、长永高速星沙段“盖板”工程等七大重点城建项目纳入 2015 年计划。

15 日　2014 长沙经开区集成电路产业政策发布会暨深圳 IC 基地长沙基地合作协议签约仪式举行。89 家集成电路产业企业，105 名代表参加会议。长沙经开区发布《长沙经济技术开发区促进集成电路产业发展试行办法》。

18 日　中国社科院 2014 年中国中小城市百强实力排行榜出炉，长沙县位列第七，比上届上升一位，连续 7 年稳居中西部第一。此外，该县获评最具投资潜力中小城市百强县第四名，同时列中国十佳“两型”中小城市首位。

23 日　长沙县党的群众路线教育实践活动总结大会召开，省委督导组、市委督导组等领导参加会议。

23 日 ~ 24 日　长沙经开区承办的中国（长沙）科技成果转化交易会新能源汽车行业产学研对接暨众泰纯电动汽车发布会专场活动在众泰汽车基地举行。主要活动包括新能源汽车产学研对接以及众泰云 100 纯电动汽车上市发布会。本次活动签约项目 25 个，金额超过 3 亿元。投资过 1 亿元的陕汽重卡与 LNG 天然气站一体化项目建设、国产机器人示范应用服务与科普中心、湖南省全承载客车工程技术研究中心、中科院电工所产学研基地等新技术应用平台项目举行现场签约仪式。以众泰汽车为依托的湖南省首家新能源技术研发中心、首家新能源汽车监控中心，首家新能源汽车校企联合实验室也在本次专场活动上启动。

25 日　黄兴雕像揭幕暨黄兴文化广场落成典礼举行

28 日　在广西壮族自治区梧州市举行的 2014 年度“第十届中国茶业经济年会”上，长沙县获评“全国重点产茶县”，位列全国茶叶百强县第四名。

▲ 白石洞水库枢纽工程开工。

11 月

1 日　第十四届全国县域经济与县域基本竞争力百强县排名在北京发布，长沙县首次挺进全国十强，位列第九，连续七年排名中部第一。

5 日　湖南省委、省政府督查组到县督查重大决策部署落实情况。省委督办专员刘国湘充分肯定长沙县委、县政府工作的创造性、创新性，希望长沙县投入更大的力量，采取更有力的举措，确保中央政令贯通，决策落地生根，促进全县发展目标、工作任务的完成。

▲ 湖南省环保厅、商务厅、科技厅组织专家对长沙经开区创建国家生态工业示范园区工作进行省级预验收，并一致通过。专家组将上报国家生态工业示范园区协调领导小组，申请进行国家验收。

18 日　市委副书记、市长胡衡华调研长沙县重大项目推进情况以及基础设施建设等工作。胡衡华肯定长沙县委、县政府以及长沙经开区在项目建设中所付出的努力和艰辛，他强调，长沙县要以项目为抓手，着力打造精品工程，加快推动项目进程，彰显示范效应，在新一轮改革发展中走在前列。

▲ 星沙海关建成开关。星沙海关（含中国电子口岸数

据中心长沙分中心）综合楼位于长沙经开区东十线以西、漓湘路以南。占地面积1.438公顷，总建筑面积14883.26平方米，地上八层，地下一层，总投资约6500万元。该项目于2012年9月正式奠基开建，历时两年，正式开始对外办理海关业务。

20日 省委常委、宣传部部长许又声实地考察开慧镇综合文化站、葛家山乐和大院和福临镇综合文化站，并召开座谈会。许又声高度评价长沙县工作，他强调，长沙县要进一步开拓创新，发挥引领示范作用，力促文化发展繁荣，为推动湖南实现“四化两型”总战略和“两个加快”的总任务作出更大贡献。

▲ 在国家质量监督检验检疫总局公布的2014年度国家出口食品农产品质量安全示范区名单中，长沙县名列其中，成为湖南省仅有的两个示范区之一，其中茶叶和食用菌被列为出口示范区重点出口农产品。

27日 由长沙县人民政府主办，县商务局、长沙晚报汽车事业部承办，中南汽车世界、申湘集团协办，主题为“欢乐购车节·钜惠大星沙”的长沙县首届汽车消费节启动，主要内容是在以中南汽车世界为核心的长沙县汽车销售及服务聚集区开展集体促销、大型抽奖活动，至12月25日圆满结束。县内100多家汽车经销企业积极响应和支持，推出年内最低购车优惠价。活动期间，各大品牌车辆销售总量1.86万台，成交金额25亿元，成交量同比增长超25%。

12月

3日 长沙县委书记、长沙经开区党工委书记杨懿文出席长沙县落实党风廉政建设“两个责任”暨述廉评议工作会议。杨懿文强调，全县各级各部门要认真落实“两个责任”，继续抓好作风建设，为全县经济社会新一轮跨越发展提供坚强纪律保障。

6日 长沙县举办政府与社会资本合作模式(PPP)示范项目推介会，全国300多家重量级投资企业参加推介会。推介会发布PPP示范项目21个，总投资额408亿元，其中5个项目成功签订合作意向书，签约金额146亿元。长沙市委常委、副市长张迎春出席会议并讲话。

10日 长沙县应邀出席在北京举行的第十四届中国经济论坛，参与中丹“零碳”对话，“零碳县”创建工作得到国内外专家一致好评，县委书记杨懿文获评“2014中国创新榜样”年度大奖。

18日 省委书记、省人大常委会主任徐守盛，省委常委、长沙市委书记易炼红考察上海大众长沙项目建设情况。徐守盛勉励企业用一流的管理和技术建设一流工厂，以信息化为支撑，走绿色低碳发展之路，打造实体经济发展的样板。易炼红表示，要把项目建设抓到实处、抓出实效，以实实在在的工作成效保稳定、促发展，以上海大众长沙项目为龙头，掀起新一轮项目建设高潮。

▲ 上海大众湖南（长沙）工厂首台样车组装成功。

19日 长沙市全面深化改革区县(市)工作经验交流会在长沙县召开。长沙市委常委、市委秘书长陈献春高度肯定了长沙县深化改革工作取得的成功经验，他指出，改革要从实际出发，坚持问题导向，贴近群众抓改革。

24日 文化部在北京人民大会堂举行全国文化先进单位（文化先进县、市、区）表彰大会，长沙县获评“全国文化先进县”。

26日 长沙县主办大美松雅湖·健康迎新年“尚之路杯”2014年松雅湖环湖活动，1500人在松雅湖畔开跑，庆祝松雅湖“四路一桥一隧道”工程建成通车。松雅湖环湖基础设施建设的香堤路、捞刀河路、万明路、环湖支路以及松雅湖大桥、松雅湖隧道（简称“四路一桥一隧道”）工程总投资约8.63亿元，全长20.48公里。

▲ 中国共产党长沙县第十二届代表大会第五次会议召开。县委书记、长沙经开区党工委书记杨懿文代表县委作题为《瞄准最强县 改革走前列——为率先建成全面小康两型社会和基本实现现代化而努力奋斗》的工作报告。

27日 铁建重工主导研发的国产首台大直径全断面硬岩隧道掘进机（敞开式TBM）在长沙经开区顺利下线。该产品拥有自主知识产权，是国家“863计划”重点支持项目，打破国外长期垄断局面，填补中国大直径全断面硬岩隧道掘进机研制的空白。

29日 长沙县获评全国粮食生产先进县。是年，该县落实粮食播种面积8.85万公顷，粮食总产量突破60万吨，比2013年增加35吨，实现粮食生产七连增。

长沙县概况

自然地理

【位置·面积】 长沙县位于湖南省东部偏北，湘江下游东岸，湖南省会长沙市近郊。东邻浏阳市，南接株洲市、湘潭市，西南滨湘江，西毗长沙市区，北靠平江县、汨罗市。该县地处北纬 27° 54′ 55″ ~28° 38′ 55″ ，东经 112° 56′ 15″ ~113° 36′ 00″ ，东西宽约 55.9 公里，南北长约 81.85 公里，全县总面积 1997 平方公里。

（年鉴编辑部）

【地质地貌】 长沙县属长衡丘陵盆地的北部，地处幕阜山、连云山与大龙山余脉的南端，株洲隆起带的北缘。龙华、乌川诸山雄峙于东，陶家排、炭盆坡横亘于南，影珠、明月两座大山蜿蜒于西北，兴云、飘峰两山耸立于北。北山镇境内的明月山为最高峰，海拔 659 米。地势由北、东、南三面逐渐向中西部倾斜，形成一个不规则的“畚箕”形状。境域内有变质岩、沙砾岩、灰岩、红岩、红土、砂页岩、花岗岩等七种岩层及岗地，平原、山地、丘陵、水面五类地貌，以岗地平原为主。其中岗地集中于县境南部、中东部和中北部地区，占全县总面积的 51.34%；平原主要分布在湘江东岸和浏阳河、捞刀河及其支流两岸，占全县总面积的 23.42%；丘陵分布在县内东部和南部，占全县总面积的 12.17%；山地分布在县境西北、东北及东南边境地带，占总面积的 8.35%；水面分布在全县各地，以河流、水库、溪港、山塘为主，占全县总面积的 4.27%。（年鉴编辑部）

【水文气候】 长沙县除县境北部开慧镇、白沙镇的车对河、黎家嘴河、双江口河注入汨罗江，属汨罗江水系外，其余诸河均属湘江水系。湘江由南往北，流经县境西南边缘。自湘潭市昭山入长沙县境经九曲黄河、暮云市、东窑港入长沙市天心区大托镇，在长沙县境内流程 10.5 公里。浏阳河自浏阳市跃龙乡车田段进入长沙县江背镇五美小埠港，经湘阴港、桃树湾、金潭、筒车棚入浏阳市柏加镇浏坪村，再入长沙县黄兴镇，经跳马镇、榔梨街道，进入长沙市芙蓉区东岸镇。在县境内流程 22.5 公里，流域面积 611.034 平方公里。有三汊河、沿江港、包公港、峡山口、榨山港、花园港、东茆港、花桥港、千秋坝等 9 条二级支流，总长 157.5 公里。有江背港、漆家桥港、铁路塘港等 3 条三级支流，全长 42 公里。捞刀河由浏阳市北乡永安市界牌桥进入长沙县春华镇横坑，经春华山、赤石河，会枫林港水，经崩墈至水渡河，与白沙河会合，经罗汉庄入开福区捞刀河镇，在县境内流程 28.6 公里，流域面积 1296.64 平方公里。有胭脂港、泥湾子、金井河、石灰嘴河、望仙桥港、水渡河、白沙河、观音塘港等 8 条二级支流，全长 181.1 公里。有丁家洞河、芙蓉桥河、脱甲河、范林桥河、桥里河、上杉市河、大坝桥河、麻林河、浔龙河、新桥港、常家冲港、将军塘、安沙港、白云河、乌溪桥港等 15 条支流，全长 204.1 公里。县内有石燕湖、乌川湖、白鹭湖等 180 多座中小型水库，形成以水库为骨干，塘坝为基础，大、中、小相结合的水利灌溉网络。县内河流水位受年内降水量变化的影响而有升有降，高水位多出现在每年的 5 ~ 8 月，低（枯）水位多出现在 11 月至次年的 2 月。

长沙县地处东亚季风区，属亚热带湿润气候。由于位居盆地内部，距海较远，受冬夏季风转换，地势向西北倾斜等因素的影响，全县气候具有春温变化大，夏初雨水多，伏秋高温久，冬季严寒少的特点。有两个主要特征：一是水热充足，生长期长。长沙县平均气温 16℃ ~ 20℃，全年无霜期 260 ~ 300 天，日照时数为 1600 ~ 1800 小时，热量充足。年均降水量 1877.1 毫米，在省内居中等略偏少的地位，降水量集中在春夏两季。多雨期与高温期一致，生长期长，对农业生产有利。但降水年际变化大。二是气候温和，四季分明，夏冬季长，春秋季短。春季从3月中旬到5月中下旬，为期70天左右，期间气温升高很快，对春播有利。春季天气阴雨潮湿，降水量占全年40%以上。夏季从5月中、下旬至9月下旬，为期约132天，季节长，天气热，是夏季突出的特点。秋季从9月下旬至11月中旬，将近60天，是全年最短的一季。冬季从11月中旬到次年3月上旬，为期3个半月，各月的平均气温大多在6.1℃以上。冬季的降水量仅占全年的16%，是一年中降水量最少的季节。2014年，全县平均气温18.2℃，极端最高气温为38.0℃，极端最低气温为-3.1℃，全年降水量1480.1毫米。

（年鉴编辑部）

历史人文

【建置沿革】 长沙县的建制可远溯至秦汉（秦为湘县、汉称临湘），隋开皇九年（589年），改临湘县为长沙县，为长沙县名之始。自秦汉以来，长沙一直是湖南历代郡、州、道、路、行省和省的治所，西汉和五代还分别是长沙国和马楚国的王都，其治乱兴衰始终关系着湖南的大局，为历代中央政府所高度关注。民国元年（1912年）善化县并入长沙县，结束长沙、善化两县同城分治的局面。民国22年（1933年）析长沙县城及城郊的东屯渡、新开铺等地设置长沙市，市、县同城分治。1950年设立长沙市郊区办事处，领导长沙市外四区。1951年划出县境湘江以西的5个区及湘江以东的3个乡设置望城县。1959年3月，望城县和长沙市郊区并入长沙县，划出县内的龙头铺公社入株洲县。1962年恢复长沙市郊区。1977年复置望城县，同时将县辖的大托、洞井、黎托、望岳4个公社划入郊区。1984年5月撤销人民公社，建立乡镇，全县辖9区1镇41个乡。1995年撤区并乡建镇，全县辖14个镇7个乡。1996年，捞刀河镇划入长沙市开福区，全县辖13个镇7个乡。为适应经济社会的快速发展，长沙县对乡镇村的行政体制又进行了较大调整，先后撤乡建镇、撤镇设立街道，减少行政村数量，扩大规模。至2014年年末，全县辖17个镇（跳马、黄兴、干杉、江背、黄花、春华、果园、路口、高桥、金井、双江、白沙、开慧、福临、青山铺、安沙、北山）7个街道（湘龙、星沙、泉塘、榔梨、长龙、暮云、南托）218个行政村76个社区居委会。

1996年1月，长沙县治由长沙市开福区潘家坪迁至长沙县星沙镇（今星沙街道），结束长沙县“有县无城”的历史。随着经济的快速发展，县城星沙规模迅速扩张，至2014年年末，县城星沙建成区面积达70平方公里。（年鉴编辑部）

【人文特征】 长沙县人民勤劳、勇敢，具有光荣的革命传统。两千多年来，他们用勤劳、智慧和血汗哺育和繁荣了这块土地。近代以来，不少仁人志士忧国忧民，为推翻“三座大山”，建立新中国赴汤蹈火，英勇斗争，辛亥革命元勋黄兴、无产阶级革命家李维汉、毛泽东的夫人杨开慧、坚定的共产主义战士柳直荀、无产阶级教育家徐特立，为革命南征北战的解放军大将许光达、解放军后勤工作的创始人杨立三、中国共产党第一位女党员缪伯英等一批叱咤风云、名扬青史的杰出人物均诞生于此。还有1000多名革命英烈为革命的胜利献出了宝贵生命。这里也是第三代党和国家领导人朱镕基和李铁映的家乡。袁守谦、黄杰、李默庵、张辉瓒等一批国民党著名将领也出生在此。

长沙县人文荟萃，代有贤才。唐代书法家怀素，研习“狂草”如痴如醉，有《苦笋》和《自叙》传世。清代李文炤，乡里授徒，潜心著述，撰有《周易本义拾遗》等书。管学大臣张百熙，上朔古制，参考列邦，所著《学堂章程》，开中国系统教育先河。一代经学大师王先谦，终其一生，共著、编、校、注、辑、刊各类书籍50余种，3200多卷。黄萱祐创建隐储女子学堂，首开湖南女子入学之禁。民国时期，彭海坤创办开物乙种农业学校，为长沙县培养了第一批农业科技人才。杨昌济治学严谨，教育有方，抱“欲栽大木拄长天”宏愿，培养毛泽东、蔡和森等一批国家中流砥柱。姜济寰三任长沙县知事，发展教育事业，培养革命青年，与毛泽东等人发起成立“俄罗斯研究会”，宣传革命真理。李国钦发现钨矿，首创《炭化钨冶炼法》，获国内外殊荣。戴庆祥技艺超群，精研《冷热水淬钢法》，所创捞刀河剪刀与北京“王麻子”和杭州“张小泉”齐名。剧作家田汉毕生从事新文化运动，创作话剧、歌剧、戏剧剧本130多部，所作《义勇军进行曲》歌词，慷慨激昂，唤起千百万中国人民齐心抗日，中华人民共和国成立后定为国歌。郑家溉潜心书法，成为一代书法名家，抗日战争时期长沙沦陷后，拒当日伪维持会长，以身殉国。当代法学家周鲠生，潜心国际法研究，所著《国际法》一书，将中国倡导的和平共处五项原则，提升为现代国际法的基本准绳。

（年鉴编辑部）

【文化遗存】 长沙县文物古迹较多，境内有距今7000年前的暮云镇大塘遗址和4000年前的黄兴镇鹿芝岭遗址，共有新石器时代至商周时期遗址12处，有宋元时期的南阳城遗址和明代的俄阳遗址（城址），有东汉墓葬群、明吉王陵墓群及清代左宗棠墓等，有始建于南朝梁代的陶公庙，建于唐代的铁炉寺，有建于清代的河图观，还有众多的摩崖石刻。

为继承和发扬革命前辈的光荣革命传统，黄兴镇黄兴故居、江背镇徐特立故居被确定为国家级重点文物保护单位，开慧镇杨开慧故居、缪伯英故居、高桥镇李维汉故居、柳直荀故居、黄兴镇许光达故居、果园镇田汉故居被确定为省级文物保护单位，并被辟为爱国主义教育基地及党员教育基地。至2014年年底，全县已经公布的国家级文物保护单位2个，省级文物保护单位12个，市级文物保护单位31个，县级文物保护单位2个。（年鉴编辑部）

人口·民族

【人口】 2014年，长沙县户籍总人口为832236人。总人口中，农业人口696163人，非农业人口136073人；男性人口416944人，女性人口415292人，男女比例为100.40 ∶ 100。

2014年，全县出生人口12931人，符合政策生育率93.09%。人口出生率16.0‰，死亡率6.6‰，人口自然增长率9.4‰。出生人口性别比107.53 ∶ 100。人口各项指标位居省、市前列，低生育水平继续保持稳定。新增城镇就业人员22103人，年末城镇登记失业率2.6%。（县统计局 县公安局）

【民族】 2014年，全县有37个少数民族，总计1.2万余人。超过1000人的有土家族、苗族、侗族，其中土家族人口最多，有5043人，占少数民族人口的39%；苗族3275人，占少数民族人口的25%；侗族1124人，占少数民族人口的8%，其他少数民族人口1403人。流动少数民族人口近1000人（不含经开区企业内部少数民族流动人员），主要来自新疆、四川、青海等地。（县民宗局）

国民经济和社会发展

【综述】 2014年，长沙县坚持“三个共同、三个共享”理念，按照“稳中求进”的工作总基调，全力以赴稳增长、促转型、惠民生，千方百计扩总量、提质量、增均量，县域经济基本竞争力挺进全国十强，各项社会事业不断进步。全年实现生产总值（GDP）1100.6亿元，按可比价计算，比上年增长11%。其中第一产业增加值71.3亿元，增长6.1 %；第二产业增加值782.2亿元，增长10.9%；第三产业增加值215亿元，增长13.6%。第一、二、三次产业分别拉动GDP增长0.3、7.9、2.7个百分点。三次产业结构由上年的6.7 : 71.3 : 22.0调整为6.5 : 71.1 : 22.4。按常住人口计算，全县人均生产总值107562元，比上年增长10.6%。

全县实现财政总收入207.2亿元，比上年增长15.1%，其中地方财政收入140.5亿元，增长8.2%；税收收入123.9亿元，增长7.3%。地方财政收入占GDP的比重达到12.8%。在全国第十四届县域经济基本竞争力百强县名单中位列第九，首次挺进全国十强，首次排名中西部第一；在全国中小城市综合实力百强（科学发展百强）名单中位列第七，稳居中西部第一；在中国十佳“两型”中小城市排名中，首次名列第一。（县统计局）

【农业】 全县完成农林牧渔业总产值111.9亿元，比上年增长6.1%，其中农业总产值68.6亿元，增长7.3%；林业总产值3.4亿元，增长9%；牧业总产值35.7亿元，增长3.5%；渔业总产值2.7亿元，增长9.1%；农林牧渔服务业总产值1.5亿元，增长8.9%。粮食总产量58.6万吨，增长2.8%，油料产量1.4万吨，增长7.7%，蔬菜产量125.6万吨，增长7.5 %，茶叶产量2.4万吨，增长14.3%，水果产量9.6万吨，增长11.6%。肉类总产量增长2.6%，禽蛋产量增长2.1%，牛奶产量增长12.4 %，水产品产量增长5.2%。有农产品加工企业254家，其中国家级龙头企业1家、省级龙头企业16家、市级龙头企业63家。有农民专业合作组织1278个。农业机械总动力146.8万千瓦，农业机械化综合水平78.3%。（县统计局）

【工业和建筑业】 工业保持快速增长。全县实现工业总产值2128.3亿元，比上年增长12.5%，其中规模工业总产值1929.9亿元，增长12.1%，产销率97.2%。实现工业增加值682.7亿元，增长10.9%，其中规模工业增加值523.3亿元，增长11%，规模工业增加值对GDP的贡献率47.5%。工程机械、汽车及零部件、电子信息三大产业分别实现规模工业总产值850.6亿元、412.9亿元和156亿元，三大支柱产业产值占全县规模工业总产值的73.6%。有亿元工业企业163家，实现工业总产值1831.9亿元，占全县规模工业的94.9%，对全县规模工业总产值的贡献率为86.7%。全县规模工业企业实现主营业务收入1842亿元，实现利润72.1亿元，利税总额134.1亿元。

全县具有资质等级的总承包和专业承包建筑企业60个，完成建筑业总产值286.5亿元，比上年增长14.6%。其中省内建筑业总产值193.5亿元，比上年增长12.6%。房屋建筑施工面积2364.2万平方米，同比增长6.2%；房屋建筑竣工面积798.9万平方米，同比增长9.3%。 （县统计局）

【固定资产投资和房地产】 投资规模不断扩大。全县完成固定资产投资（不含农户）761.9亿元，比上年增长17.2%。在固定资产投资中，第一产业投资17.3亿元，第二产业投资313.1亿元，第三产业投资431.5亿元，固定资产投资在三次产业中的比重由2013年的4.6 ：40.2 ：55.2调整为2.3 ：41.1 ：56.6。全县计划总投资超过5000万元的在建项目（不含房地产项目）448个，全年完成投资372.7亿元，占固定资产投资总额的48.9%。

房地产业稳步发展。全县房地产开发投资180.4亿元，比上年增长23.6%，其中：住宅投资120.4亿元，增长8.5%；商业营业用房投资33.5亿元，增长157.7%。商品房屋销售面积323.4万平方米，其中：住宅销售面积292.6万平方米，下降9.2%。商品房销售额156.1亿元，其中住宅销售额135.2亿元，下降11.9%。 （县统计局）

【贸易和经济合作】 全年实现社会消费品零售总额290.1亿元，比上年增长12.5%，其中：城镇零售额245.6亿元，增长12.4%；乡村零售额44.5亿元，增长13.3%。批发、零售业零售额280.4亿元，增长12.6%；住宿、餐饮业零售额9.7亿元，增长9.2%。

全年进出口总额（海关口径）31亿美元，比上年增长18.7%，其中：出口总额12.9亿美元，增长4.9%；进口总额18.1亿美元，增长28.5%。在出口总额中，机电产品9.4亿美元、高新技术产品3.5亿美元，分别占出口总额的80.5%和29.9%；在进口总额中，机电产品12.1亿美元、高新技术产品3.3亿美元，分别占进口总额的75.9%和20.5 %。

招商引资不断推进。全年引进各类项目259个，其中：外资项目5个，比上年减少19个；内资项目254个，比上年减少15个。全年实现到位外资5.6亿美元，增长17.7%；到位内资46亿元，增长15.7%；引进市外资金形成固定资产投资131.7亿元，增长29.4%。 （县统计局）

【交通、邮电、电力和旅游】 交通运输业快速发展。全年公路客运量669.2万人，旅客周转量18172万人公里，公路货运量2452.8万吨，货物周转量124890.3万吨公里。完成县乡公路建设总里程346.7公里（不包括省级通达计划），全县通车总里程5252.3公里。

邮电通信事业继续发展。全年实现邮电业务收入12.7亿元，比上年增长5%，其中：邮政业务收入1.1亿元，增长14.9%；电信业务收入2.6亿元，增长21.1%；移动计费收入6.7亿元，增长1.5%；联通计费收入2.3亿元，增长15.9%。年末拥有固定电话用户16.5万户，其中：城市电话用户6.9万户，乡村电话用户9.6万户。新增移动电话用户74.3万户，年末达到130.2万户，增长1.8%。新增互联网宽带接入用户3.1万户，年末拥有27.5万户，增长5%。

电力建设有序推进。完成2015 ～ 2020年长沙县配电网滚动规划修编、2015 ～ 2016年村网规划编制及长沙县电网2015 ～ 2016年电网规划优选排序。主网方面，完成35千伏五美变电站、大桥变电站扩建，协调推进110千伏长龙、星沙中变电站建设；城网方面，完成台区补点7处，组织开展黄花变电站相关10千伏负荷转供及长龙变配套线路改造等项目。农网方面：继续改造2013年批复的4个工程项目，涉及50个村，改造、新建10千伏线路18条、45.4千米；配电台区102个、23110千伏安；低压线路118.72千米。年内批复6个批次农网改造工程，涉及63个行政村和8条10千伏线路，新建、改造10千伏线路68.7千米，其中10千伏电缆线路7.7千米，新建台区130个，容量24230千伏安，改造台区35个，容量7015千伏安，新建、改造低压线路237.1千米，批复资金3524万元。完成供电量36.28亿千瓦·时，售电量34.31亿千瓦·时，同比增长7.51%；综合线损率5.44%，最高负荷64.7万千瓦，城市、农网供电可靠率及综合电压合格率分别为99.9815%、99.9637%、99.992%。截至2014年12月31日，全县电力安全生产4811天。

旅游业加快发展。全年接待国内外游客717.9万人次，比上年增长25.6%；实现旅游总收入81.4亿元，同比增长29.4%。 （县统计局 县电力局）

【财政与金融】 财政收入快速增长。全县财政总收入207.2亿元，比上年增长15.1%，其中：地方财政收入140.5亿元，增长8.2%；税收收入123.9亿元，增长7.3%。地方财政收入占GDP的比重达到12.8%。财政支出平稳增长，民生支出保障有力。地方财政预算支出187.3亿元，增长33.3%。全年医疗、教育、文化、社会保障等民生领域支出76.3亿元，占公共财政支出的80%以上。

金融机构服务水平不断提升。年内，东莞银行、北京银行相继开业，全县有工商银行、中国银行、农业银行等21家驻县银行，营业网点150个，各项存款余额782.4亿元，贷款余额584.4亿元。小额贷款公司5家，融资性担保公司1家，注册资本1亿元。证券公司营业部4家（方正证券、财富证券、国盛证券、中信建投），国有控股保险公司3家，各类保险机构营业网点60个。（县财政局 县金融证券办）

【科技与教育】 科技事业不断进步。年末拥有各类独立的研究开发机构83家，其中：国家级企业技术中心6家，省级工程技术（研究）中心15家，市级工程技术研究中心17家，市级特色产业科技示范基地18家。专利申请量2624件，比上年增长12%,其中专利授权量和发明专利授权量分别为2021件和311件，分别增长11%、38.2%。全县共有高新技术企业142家,实现高新技术产业产值和增加值1383.7亿元、414.2亿元，分别增长10.1%和10.4%。全县拥有中国驰名商标19个、湖南省著名商标101个。

教育事业不断发展。全县拥有高等院校22所，普通高中7所，职业中学1所，初级中学28所，普通小学167所，特殊教育学校1所。普通高中在校生19232人、初级中学在校生28648人、普通小学在校生66328人。初中入学率、巩固率均为100%；小学学龄人口入学率、巩固率均为100%；小学毕业升初中比例达100%。免除17.2万人次学生杂费，义务教育阶段学生杂费免除率100%。全县对各级各类贫困学生资助金额7052.3万元。（县统计局）

【文化、体育和卫生】 文化、体育、卫生事业蓬勃发展。全县拥有文化馆1个，组织文艺活动40次，举办训练班700班次；公共图书馆1个，藏书50万册；文化艺术表演团体1个，演出场次46场；剧院2个、电影院4个。全县有线电视用户266077万户，比上年减少12.1%。4G无线宽带网络覆盖全县。拥有档案馆1个，已开放各类档案5万卷（件）。星沙文化中心主体工程竣工。

全县有各类体育场地1466个，面积146.6万平方米，其中：体育馆16座，运动场44个，游泳池7个，各种训练房73个。开展大型群众体育活动22次，全民健身运动参加人数20万人次。

医疗卫生条件进一步改善。全县有医疗卫生机构（含村卫生室）291个,其中医院、卫生院33个,妇幼保健院1个,卫生防疫、防治机构1个，社区服务中心（站）8个。年末拥有床位5582张,卫生技术人员4553人,执业医师1341人,执业助理医师467人，注册护士2045人。（县统计局）

【环境保护与安全生产】 环境保护大力加强，生态环境明显改善。全年环境污染治理投资额3.1亿元。按照新标准AQI值测算，全年空气质量优良天数240天，空气质量优良率68.6%。城市生活垃圾无害化处理率100%。全县拥有污水处理厂21座，城市生活污水集中处理率100%。全县森林覆盖率49.2%，比上年提高1个百分点。城镇建成区绿化覆盖率30%，比上年提高1.1个百分点。

全县规模工业综合能源消费量79.9万吨标准煤，比上年增长1.3%。万元规模工业增加值取水量13.5立方米，下降10.5%。

全年发生各类安全生产事故38起，比上年增加15%；事故死亡12人，上升9%。亿元GDP事故死亡12人，工矿商贸10万从业人员事故死亡3人、道路交通万车事故死亡9人。非煤矿山、危险化学品、烟花爆竹、水上交通、农机和冶金机械八大行业等领域发生死亡事故2起，全县未发生一起较大及以上生产安全事故，未发生一起群体性食品安全事故。（县统计局）

【人民生活与社会保障】 居民收入稳步增长。全县农村居民人均可支配收入22872元，增长10%。农村居民人均生活消费性支出11161元。农村居民平均每百户家庭拥有家用汽车31.4辆，家用电脑51.4台，移动电话270台。农村居民人均住房建筑面积54.5平方米。

全县城镇居民人均可支配收入33513元，比上年增长9.7%。城镇居民人均生活消费支出27127元。城镇居民年末每百户家庭拥有家用汽车51.7辆，家用电脑83.5台，接入互联网的计算机81.4台，人均住房建筑面积38.7平方米。全县拥有社会福利院、敬老院、养老院、光荣院等22所，收养人员1133人。全县有低保对象34495人，发放最低生活保障金10749.4万元。城镇“三无”（无劳动能力、无生活来源、无赡养人）对象集中供养率18%。

年末参加城镇职工基本养老保险人数17.6万人，比上年增长16.9%；参加城乡居民养老保险人数48.3万人。参加城乡居民医疗保险人数71.8万人；参加城镇职工基本医疗保险人数11.9万人，增长2.4%。参加失业保险职工人数8万人，增长26.4%；参加工伤保险职工人数11.9万人，增长10.9%；参加生育保险人数9.3万人，增长2.5%。全年为58.1万人次支出社会保险各类待遇17亿元。（县统计局）

“两型社会”建设

【创建“零碳县”】 为积极探索根治雾霾和减少空气中二

氧化碳排放量的有效途径，从源头上扭转生态环境日益恶化和温室效应日益严重的趋势，年初，该县成立“零碳县”发展模式试点工作领导小组，在全国率先启动创建“零碳县”，与丹麦哥本哈根成为全球提出“零碳”模式的仅有的两个城市。组织开展碳源碳汇普查，选址跳马镇田心桥村建设速生草种植基地和固碳加工中心，编制《长沙县“零碳县”发展规划（2015 ~ 2035）》，探索出一条变有限森林碳汇为无限植物碳汇的低成本减碳之路。根据这一规划，该县提出“零碳”建设近期 (2015 ~ 2025 年) 目标：实现全县碳排放总量在 2013 年基础上的“零”增长。在此基础上，围绕产业低碳化、生活绿色化和碳汇规模化三大任务，启动各项重点任务和工程，完成碳汇基地建设、零碳机关、零碳企业、零碳乡村、零碳社区、零碳学校和零碳体验馆建设等示范工程建设任务，力争到 2025 年，将碳排放总量控制在 555.46 万吨，为实现下个十年“零碳”发展目标夯实基础。年内，率先完成县级碳源碳汇普查。摄制“零碳县”形象片，力推“零碳”理念。12 月 10 日，在人民日报社举办的第十四届中国经济论坛颁奖典礼上，县委书记杨懿文因“以雄心勃勃和科学理念，要把能耗大县和排碳大县变成首个全国‘零碳县’”获评 2014 年“中国经济论坛创新大奖”。（县发改局）

体制改革

【事业单位分类改革】 2013 年 11 月 29 日，县委常委会议专题听取县编委办关于分类推进事业单位改革工作汇报，会议对县分类推进事业单位改革工作作出安排部署。为进一步推进事业单位分类改革，成立以县长为组长的分类推进事业单位改革工作领导小组，下设办公室（设县编委办），由县编委办主任任办公室主任，拟定《关于分类推进事业单位改革的实施意见》，并于 2013 年 12 月 10 日召开全县事业单位分类改革总动员工作会议，对各单位政工干事进行业务培训。全县符合行政类划分标准的有县统计局等 12 家事业单位，2013 年 12 月 30 日，经县分类推进事业单位改革工作领导小组研究同意，县编委办于同月 31 日将县统计局、县畜牧兽医水产局、县民族宗教事务局、县动物卫生监督所、县渔政监督管理站（长沙县水生动物防疫检疫站）5 家单位上报市编委办备案。县编委办参照《长沙县事业单位分类指导目录》对全县 618 家事业单位进行预分类工作。共分四大类，包括行政类 12 家、公益一类 304 家、公益二类 14 家、生产经营类 16 家、教育系统 240 家（公益一类 208 家、公益二类 32 家）、卫生系统 32 家（公益一类 4 家、公益二类 28 家），其中 40 家挂牌机构未计入机构个数（18 个乡镇动物防疫站在公共服务中心挂牌、17 个乡镇国土资源所在村镇建设服务中心挂牌、5 个堤委会在乡镇水务管理站挂牌）。县编委办将事业单位预分类情况印发到各单位审核。2014 年 2 月 26 日，县改革领导小组会议研究通过县分类方案。根据分类方案，县编委办对全县事业单位基本情况进行分类整理，对于部分需要整合、调整的职能作出初步规划。（县编委办）

【综合执法改革】 为切实解决行政执法领域长期存在的多头执法、职权重复交叉、机构膨胀且执法力量分散等问题，长沙县探索建立综合行政执法运行机制，启动综合行政执法改革。3 月，省政府《湖南省人民政府关于长沙县进一步推进相对集中行政处罚权工作的批复》（湘政函〔2014〕46 号）下发长沙县后，该县按照《批复》中“撤销长沙县城市管理和行政执法局，组建长沙县行政执法局，为长沙县集中行使行政处罚权的行政机关”的精神，县政府先后三次召开专题会议研究，提出“反复酝酿、稳妥推进、集约资源、发挥效益”的长沙县行政执法局筹建工作原则。年内，《长沙县行政执法局机构设置方案（草案）》按照重大事项决策程序，广泛征求 23 个涉改单位和镇街意见，召开人大代表、政协委员座谈会、专家论证会，并通过县长办公会研究讨论。经进一步修改完善后，该《方案》已经县人事编制领导小组会议、县政府常务会议、县委常委会议审议通过。年底，抽调专人成立工作组，开始组建县行政执法局。（县编委办）

【行政审批制度改革】 按照省、市文件要求，长沙县开展市级经济社会管理权限承接工作，全面铺开行政审批事项清理工作。成立以县长张庆红为组长，县纪委书记、县委组织部部长、常务副县长为副组长，各相关责任单位为成员单位的行政审批制度改革工作领导小组，领导小组办公室设县编委办。结合全县实际，制定《关于落实市委办公厅、市政府办公厅〈关于下放部分市级经济社会管理权限的决定〉工作方案》，将具体下放到长沙县的 80 项权限落实到 24 家责任部门，承接省、市下放到长沙县的经济社会管理权限工作，启动行政审批制度改革工作。该县本级行政审批项目目录经县政府常务会议审议通过并向社会进行公示，实施行政审批项目 228 项，其中县本级行政审批事项 167 项，垂直管理单位行政审批事项 61 项。自 7 月 24 日起，对县政府及工作部门的行政权力进行全面清理精简，年内，相关工作全面完成并经县政府常务会议审议通过，长沙县实施的12大类行政职权共计3509项。与前期编制的长沙县行政审批项目目录共同构成长沙县政府“权力清单”。年内，由县政府办牵头，县监察局、县政务中心配合，开展优化审批流程工作，选取县水务局为试点单位再造流程。（县编委办）

【政府机构改革】 年初，省政府关于市县政府机构改革动员电视电话会召开后，县编委办作为机构改革牵头单位，召开干部职工会议进行传达学习，并对政府组成部门及直属事业局的“三定”（定职能、定机构、定人员编制）规定进行全面梳理，制定相关表册，为政府机构改革部门单位重新拟定“三定”规定做好准备。为做好政府机构改革方案，县编委办分别征求县级领导和各分管领导意见，10月13～20日，分别到政府机构改革涉改部门走访调研、征求意见，召开26个座谈会，在充分考虑涉改部门意见后，结合全县实际，形成《长沙县职能转变和政府机构改革方案》。县编委办将该方案多次向县领导汇报征求意见并与市编委办汇报、修改和完善。年底，该方案经县人事编制领导小组会议、县政府常务会议、县委常委会议审议通过，并于11月中旬上报市编委办。（县编委办）

精神文明建设

【文明创建】 文明创建工作大力推进。积极培育和践行社会主义核心价值观，诚信建设、文明旅游、节俭养德活动广为开展。编印市民《文明手册》，“讲文明树新风”公益广告宣传形成常态，启动长沙县首届道德模范和“新乡贤”评选活动，新涌现“中国好人”1人。做好中央、省市对县城的文明程度指数测评工作。10月13日，长沙县被确定为全国首批县级文明城市提名城市，出席在张家港召开的全国县级文明城市创建工作现场会。是年，新创建和通过复查全国文明单位1个，全国文明村3个（新创建金龙村），省级文明单位3个。加强志愿服务制度化建设，积极扶持公益组织，广泛开展“邻里守望”等各类主题志愿服务活动，新评定县级雷锋号志愿者工作各级星级站25家，省级志愿站2家、市级5家，泉塘街道“工之友”获首届中国青年志愿服务项目银奖。开展“我们的节日”等系列主题活动，承办长沙市首届孝文化节未成年人专场活动。实现乡村学校少年宫（镇级）全覆盖，新建城市学校少年宫5所。（县委宣传部）

组织机构与领导人名录

中共长沙县委员会

书　记　杨懿文

副书记　张庆红

孙晓勇（10月免）

李洪波（4月免）

常　委　郭润葵（女）

周志远

杨忠文

杨　莉（女）

彭　勇

常利民

赖坤明（援藏）

李　武

王国良

邹春林（9月任）

王维倩

郭汉辉

中共长沙经济技术开发区工作委员会

书　记　杨懿文

副书记　李利明

吴京生

高　杰

委　员　陈新忠

巩　固

黄　瑶

刘逢春

范遵新（至12月）

丁仁义

张贤长

张文球

长沙经济技术开发区管理委员会

主　任　李科明

常务副主任

吴京生

副主任　陈新忠

巩　固

黄　瑶

刘逢春

范遵新（至12月）

主任助理　谭超纲

王新民

张湘鸿

调研员　刘运雄

副调研员　郑安龙

余佳友（至10月）
刘正凯
唐益民
黄庆怀
田洪林

长沙县人大常委会

主　　任　李建章
副 主 任　周安伟
柳铁强
曹艳萍（女）
彭军其
唐俊兴

长沙县人民政府

县　　长　张庆红
副 县 长　杨忠文
杨　莉（女）
黄　梁
王国良（3月免）
谭浩然
曾卫国
邹春林
陈计伟（3月任）
黄　波（挂职，11月任）
副调研员　杨光荣
张敬伟
张劲松
肖建军
高胜利

政协长沙县委员会

主　　席　王益枝
副 主 席　杜宏亮
李楚屏（女，兼）
郭艳红（女）
陈沃辉
张小春（2月始，兼）
党组书记　王益枝
副 书 记　杜宏亮
彭克让

长沙县人民武装部

部　　长　李　武
副 部 长　刘立如
政　　委　张永发（至4月）
黄　勇（4月始）

中共长沙县纪委

书　　记　郭润葵（女）
副 书 记　杨晓明（女）
陈　诚
蒋炳桃
常　　委　彭雪辉
罗来好
苏宽良
庄　虎
彭菊泉

监察局

局　　长　杨晓明（女）
副 局 长　苏宽良
袁书钦（女）

预防腐败局

局　　长　杨晓明（女）
副 局 长　苏宽良
陈永恒

县委工作机构

办公室

主　　任　王国良
副 主 任　彭春华（兼）
吴　昊
胡孟东（兼）
余仲双（兼）
张建军
彭　鹏

组织部

部　　长　周志远
常务副部长
黄泽红（女）
副 部 长　李建军（兼）
朱剑斌（兼）
副 部 长
绩效办主任
陈佑谷
副 部 长
基层办主任
李顺林

宣传部

部　　长　彭　勇
副 部 长　张再明
马　搏
饶　晗
王海燕（女）
陶自立

统战部

部　　长　周志远
副 部 长　黄毅力
黄柏强
李红军（女）
艾　英

政法委员会

书　　记　常利民
副 书 记　黄卫新
胡文波
王伟山
许海玲（女）
文清良
综治办主任
黄卫新
维稳办主任
王伟山

县机构编制委员会办公室

主　　任　胡　革
党组书记　罗范军（女）
副 主 任　王军仕（至12月）
　　　　　黄淑慈（女）

信 访 局

局　　长　余仲双（兼）
副 局 长　袁巧先
　　　　　刘　宝
　　　　　黄　军
　　　　　邓曙光
　　　　　王志平（女，兼）

农村工作部（农村工作办公室）

部　　长
主　　任　杜红旗
副 部 长
副 主 任　陈洪毅
　　　　　周佳良
　　　　　裴治宇

群众工作部

部　　长　宋伟奇
副 部 长　文清良

老干部局

局　　长　朱剑斌
副 局 长　于水兰（女）
　　　　　钟铁毛

县直属机关工作委员会

书　　记　曹　旷
副 书 记　蔡国华
　　　　　范乐赛
　　　　　乔　昱（女）
联合工会主席
　　　　　范乐赛
纪工委书记
　　　　　蔡国华

台湾工作领导小组办公室

主　　任　李红军（女）
副 主 任　曾令红

党校（行政学院）

校（院）长
　　　　　罗静良（女）
副校（院）长
　　　　　彭凤鸣（女）
　　　　　吴辉球
纪检组长　谢社江

杨开慧纪念馆

馆　　长
党组副书记
　　　　　彭春华
党组书记　魏利华（女）
党组成员
副 馆 长　刘向上
副 馆 长　向　春

长沙经济技术开发区党工委和管委会工作机构

办 公 室

主　　任　谭超纲
副 主 任　周跃成
　　　　　黄庆怀

总 工 会

主　　席　丁仁义
副 主 席　黄恩晓（兼）
　　　　　刘　艳（兼）（女）
权益保障部部长
　　　　　姚震宇

党群工作局

局　　长　王怀庄
副 局 长　欧建雄
　　　　　周　芳（女）

人力资源与社会保障局

局　　长　刘　曙（女）
副 局 长　彭庄利（兼）
　　　　　徐震山

纪检监察审计室

主　　任　郑安龙
副 主 任　苏　平（女）
　　　　　刘光辉

招商合作局

局　　长　马　鑫（兼）
副 局 长　李布春
　　　　　黄天际

产业环保局

局　　长　蒋君山
副 局 长　谭清莲（女）
　　　　　熊四清
　　　　　李雪春（兼）
总经济师　刘正凯

财 政 局

局　　长　刘建龙（兼）
副 局 长　黄恩晓
　　　　　石　浪
　　　　　莫　阳（女）

建设发展局

局　　长　李乔岚
副 局 长　李志良
　　　　　熊志新（兼）
　　　　　陈玖颖

社会事业局

局　　长　梁应文（兼）
常务副局长
　　　　　熊　伟
副 局 长　郭　立（至7月）

经济研究室

主　　任　吴信村

总值班室
主　　任　肖志成

·派驻机构·

国土分局
局　　长　戴新煌
副 局 长　范新国（兼）
　　　　　罗文莲（女）
　　　　　粟飞跃

规划分局
局　　长　姚泽兴
书　　记　杨之金
副 局 长　向佐维
　　　　　汤照照

工商分局
局　　长　何元武（至3月）
　　　　　宋登红（3月始）
副 局 长　李太平
　　　　　雷满飞
　　　　　谭四新

质监分局
局　　长　龚　军
副 局 长　龙　镭
　　　　　张　义
　　　　　周建刚（至7月）
纪检组长　陈　玲（女）

国 税 局
党组书记　李伯成（至5月）
　　　　　徐向阳（6月始）
局　　长　潘平波（6月始，女）
副 局 长　易建明
　　　　　喻兴无
　　　　　徐周灿（7月始）
　　　　　贺　文（7月始，女）
　　　　　李文虎（至3月）
　　　　　熊明干（至3月）
　　　　　汤志宏（至7月）
　　　　　余令军（至7月）
纪检组长　缪明扣（7月始）

地税局
局　　长　戴　涛
副 局 长　王　群
　　　　　周朝辉
　　　　　崔向阳
纪检组长　王小曼（女）

消防大队
大 队 长　余欣洪（至11月）
　　　　　李　振（11月始）
教 导 员　肖亚华

交警中队
中 队 长　桑爱军

·直属事业单位·

机关服务中心
主　　任　陈新明

投评评审中心
主　　任　陈宇星

政府采购与招投标办公室
主　　任　黄　科

创业服务中心
主　　任　郭　英（女）

人才交流服务中心
主　　任　周枝栋

征地拆迁办公室
主　　任　余　岚

拆迁事务所
主　　任　陈　晋

技术服务中心
主　　任　胡　嵩（女）

县人大常委会工作机构

办公室
主　　任　彭　涛
副 主 任　王继强
　　　　　梁　山

内司工委
主　　任　李德兴

教科文卫工委
主　　任　彭　辉（女）

财经工委
主　　任　杨　琳

选联工委
主　　任　彭　辉（女）

农工委
主　　任　何都益

城环工委
主　　任　王文凯
副 主 任　卢文杰

县政府工作机构

办公室
主　　任　曹伟兴
副 主 任　何　典
　　　　　吴再文
　　　　　彭细祥
　　　　　李文杰
　　　　　吴　英（女）
　　　　　罗扬坤
　　　　　唐宪伟

发展和改革局（县物价局）
局　　长　王义林（至10月）

党组书记　朱建民
副 局 长　谭振华
　　　　　姜正阳
纪检组长　李志勇
总经济师　邓剑侠

工业和信息化局

局　　长　曹　雄
党组书记　王元益
副 局 长　李良成
　　　　　柳伟文
　　　　　游　晓（女）
　　　　　刘　刚
纪检组长　薛　原

教育局

局　　长　彭志坚
党委书记　姚利强
党委副书记
县政府教育督导室主任
　　　　　侯建国
副 局 长　邬立平
　　　　　毛照平
　　　　　胡永俊
　　　　　廖名跃
　　　　　陈　晓
　　　　　杨次平
纪委书记　王　容（女）

科学技术局（知识产权局）

局　　长　杨喜平
党组书记　曹腊兵
副 局 长　何金莲（女）
　　　　　周　伟
纪检组长　邓青于

住房与城乡建设局

局　　长　谢德求
副 局 长　童菊成
　　　　　王岳能
　　　　　陈自力
　　　　　杨　晓
　　　　　张新生
纪检组长　陈　渊

民政局

局　　长　周习彬
党组书记　谭启桂（女）
副 局 长　龙恒照
　　　　　黎　江
　　　　　何铁建
　　　　　高　军
纪检组长　张新明

财政局

党组书记
局　　长　刘建龙
党组副书记
　　　　　张天明
副 局 长　陈文伟
　　　　　周　勇
　　　　　冯梅秀（女）
纪检组长　黄龙辉
总会计师　胡立明

人力资源和社会保障局

党组书记
局　　长　李建军
党组副书记
　　　　　王建洪
纪检组长　赵军林
副 局 长　彭庄利
　　　　　刘　铸
　　　　　陈志强
　　　　　张　舸
　　　　　杨　曲
　　　　　周　艳（女）

国土资源局

局　　长　范新国
党组书记　龙征兵
纪检组长　陈　娟（女）
副 局 长　石朝佩
　　　　　陶　权
　　　　　吴宇红（女）
　　　　　蒋卫民
测绘总工程师
　　　　　龚　毅
执法大队大队长
　　　　　雷　彬

环境保护局

局　　长　张电波
党组书记　邓余粮
副 局 长　彭锡坤
　　　　　王建军
　　　　　孙欣栋
纪检组长　汤志国

交通运输局

局　　长　刘义红
党组副书记
　　　　　肖树森
副 局 长　梁立武
　　　　　毛　建
　　　　　柳检军
　　　　　刘桂刚
　　　　　徐柱杰
纪检组长　张　颖（女）

水 务 局

局　　长　胡立忠
党委副书记
　　　　　张根冶
副 局 长　韦树波
　　　　　陶肖泉
　　　　　邹国良
　　　　　罗新跃
　　　　　陈宇波
纪委书记　马志强
总工程师　吴奇勇

农 业 局

局　　长　周卫军
党组副书记
　　　　　唐云华
副 局 长　黄再富

叶春德
黄　虹（女）
黄其茂

林业局

局　　长　刘高祥
党组副书记
　　石巨龙
　　杜正伟
副 局 长　杜正伟
　　粟国庆
　　张华山
　　李明惠（女）
纪检组长　高爱娥（女）

商 务 局

局　　长　胡超钢
党组副书记
　　罗　伟
副 局 长　李雪恺
　　游松明
　　范文广
纪检组长　袁国栋

文化体育广播电视局

局　　长　冯武斌
党组副书记
　　刘德华
副 局 长　陈云辉
　　沈　俊（女）
　　罗　晶（女）
纪检组长　王　波（女）

卫 生 局

局　　长　周月明
党委副书记
　　吴迎波
纪委书记　李政军
副 局 长　龚发军
　　李凤英（女）
　　杨曼琮（女）

人口和计划生育局

局　　长　张小亮（女）
党组副书记
　　童学安
政府督办员
　　凌海军
副 局 长　杨　军（女）
　　唐益群
　　陈　瑛（女）
纪检组长　熊大坤

审 计 局

局　　长　陈　波
党组副书记
　　罗金汉
副 局 长　陈万磊
　　刘兴益
　　晏　均
纪检组长　胡皓坤（女）

县城乡规划局

局　　长　刘新平
党组副书记
　　缪畅群（女）
副 局 长　郭检罗
　　袁　红（女）
　　龙　江
纪检组长　罗胜利

安全生产监督管理局

局　　长　张铁云
党组副书记
　　全西林
副 局 长　柳铁进
　　彭会文
　　于中伟
　　杨运宏
纪检组长　杨　宇（女）

食品药品监督管理局

局　　长　杨建成
党组书记　尹海林
副 局 长　李翊超
　　肖俊斌
　　徐　猛
　　袁　霞（女）
纪检组长　王　芳（女）

食品安全委员会办公室

主　　任　张建辉
副 主 任　曹伟兴
　　胡　革
　　万兴兰
综合协调组组长
　　万兴兰
执法指导组组长
　　肖俊斌
宣传报道组组长
　　喻奇英（女）
督查巡视组
一组组长　张建辉
二组组长　张敬伟
三组组长　周锦程（至2月）
　　曹腊兵（2月始）
四组组长　范燎亮（至2月）
　　郑新放（2月始）
五组组长　郑新放（至2月）
　　万兴兰（2月始）

生态文明建设办公室

主　　任　常势良
副 主 任　谢志宏
综合管理组组长
　　彭建军
环境卫生组组长
　　方建武
举报督办组组长
　　郭建民
水域保洁组组长
　　吕建明
养殖监管组组长
　　谢金良

财务管理组组长
张小利（女）

片区工作组
一组组长　凌海军
二组组长　周明亮
三组组长　祖培新
四组组长　陆乐耕

城市管理和行政执法局
局　　长　梁应文
党委副书记
刘干武
副 局 长　梁第杰
熊利清
周柏清
周再明
张　任（女）
纪委书记　黄长庚

城市管理行政执法大队
大 队 长　刘干武
教 导 员　谭露明
副大队长　黄文思
刘志高
李　军

法制办
主　　任　蒋勇文
副 主 任　胡　达
徐　杨（女）
石欣灵（女）
周子贤

县政协工作机构

办公室
主　　任　毛武林
副 主 任　王行楚

群团联络委
主　　任　黄长庚
副 主 任　聂　敏
陈　敏（女）

经济科技委
主　　任　曹　青

人口资源环境委
主　　任　刘正超
副 主 任　聂平辉

法制提案委
主　　任　童树国
副 主 任　易　辉

文教卫体委
主　　任　熊　健

县政法机关

公安局
局　　长　曾卫国
政　　委　周立强
副 局 长　钟迪刚
常天健
宋晓峰
韩　伟
周刚强
吴　鑫
纪检书记　罗俊强
政工室主任
刘娟慧（女）
星沙派出所所长
朱智勇
新安派出所所长
刘　波
正县级侦察员
肖仲国
县人民政府督办员
林松柏

检察院
检 察 长　石　华
副检察长　黎　军
余学军
朱忠义
何志刚
汪海渊
李江华（6月始）
纪检组长　周湘波（女）
反贪局长　李　杰
反渎局长　余　伟

法院
院　　长　何文哲
副 院 长　李国军
吴小安（女）
文继光
陈力军
文军伟
纪检组长　胡志宏
执行局局长
肖　强
政工室主任
王懿林

司法局
局　　长　罗　旭（1月始）
党组副书记
范文略
副 局 长　彭利军
彭智全
石德山
康广平
纪检组长　范伟霞（女）

县委、县政府直属事业单位

史志档案局
局　　长　夏声朝
副 局 长　罗朝晖
廖再攀

统计局
局　　长　汤立平（女）

党组副书记 沈建民
副 局 长 胡 娟（女）
陈立云
陈渊智
纪检组长 戴志奇

粮 食 局
局 长 周海林
党组副书记 吴斌柯
副 局 长 周志国
张福清
常红源（女）

旅 游 局
局 长 孔胜国（女）
副 书 记 范燎亮
聂建新
副 局 长 聂建新
杨幼奇（女）
纪检组长 唐雅静（女）

畜牧兽医水产局
局 长 余孟洋
党组书记 樊启东
副 局 长 何楚雄
刘拥军
张卫东
纪检组长 黄松印

住房保障局
局 长 唐铁钧
副 局 长 凌云峰
王新华
党组成员 裴见存
纪检组长 张 翠（女）

政务服务中心
主 任 张小春
副 主 任 刘京昌
舒易波
汤金玲（女）

供销合作社联合社
主 任 刘秋良
副 主 任 罗海权
陈 晃

招标采购局
局 长 饶晓刚（女）
党组书记 盛仲斌
党组副书记
副 局 长 冯 叶
副 局 长 袁 起
周智宇（女）
纪检组长 胡学军

重点工程管理局
局 长 毛旭平
党组书记 缪旺祥
副 局 长 孙革辉
裴正华
颜宇辉
尹小龙
彭长林

工 务 局
局 长 江 涌
党组书记 陈义明
副 局 长 罗海望
尹红兵
唐德洋
纪检组长 黄凯明
总工程师 周文军

派出机构

中共暮云经济开发区
党工委书记 黄 勇
党工委副书记
管委会主任 王 剑
党工委副书记
凌 异（兼）
蔡 逸（兼）
管委会副主任
冯学武（兼）
陈 泽（兼）
黄大伟（12月始）
党工委委员
管委会常务副主任
唐伏奇
党工委委员
纪工委书记
袁 勇

现代农业创新示范区
党工委书记
王国良（至11月）
副 书 记 涂亚鹏
李雨蓉（女）
委 员 廖健夫
杨建刚
饶培元
朱长安
纪工委书记
李雨蓉（女）
管委会主任
涂亚鹏
副 主 任 廖健夫
杨建刚
饶培元
朱长安

长沙空港城
管委会主任
杨 莉（女）
常务副主任
常格亮
副 主 任 曾利满（女）
李靓熹
彭正球（兼）
李俊开（1月始）
规划建设部部长

兰伟强

招商服务部部长

曹江辉

财务融资部部长

李晓阳

综合办公室副主任

龙赛斌

社会事务部副部长

周敬平

规划建设部副部长

李光成

财务融资部副部长

朱新光

群团机构

县总工会

主　　席　张美香（女）

副 主 席　龙喜广

　　　　　傅亿安（女）

党组书记　张美香（女）

团县委

书　　记　范维新

副 书 记　陈　展（女）

　　　　　罗　维

县妇联

主　　席　阳　智（女）

副 主 席　张新红（女）

　　　　　孙金国（女）

　　　　　杨春艳（女）

县工商联（商会）

主　　席　李楚屏（女）

党组书记　艾　英

副 主 席　陈　彬

　　　　　唐建辉（女）

　　　　　汤金玲（女）

县残联

理 事 长　别　若（3月始）

副理事长　黄　桢（女）

　　　　　彭　刚

县科协

主　　席　何龙彪

副 主 席　喻奇英（女）

　　　　　张红霞（女）

县侨联

主　　席　黄柏强

副 主 席　陈合宴

　　　　　曾应明（兼）

　　　　　陈先明（兼）

县文联

主　　席　饶　晗

副 主 席　易术平

其他正科级事业单位

接待办

主　　任　胡孟东

副 主 任　胡海艳（女）

移民局

局　　长　裴治宇

副 局 长　王　华

民族宗教事务局

局　　长　唐念群

副 局 长　周　斌

　　　　　米湘峰

松雅湖管理局

党委书记　杨忠文

局　　长　杨德胜

纪委书记　杨　碧（女）

副 局 长　罗卫滋

　　　　　周广积

星沙产业基地

党工委书记

刘晓龙

副 书 记　刘庚林（至4月）

纪工委书记

唐艳灵（女，12月始）

委　　员　王　璎（女，挂职）

　　　　　吴　徽

　　　　　何　展

　　　　　田立新

管委会主任

刘庚林

副 主 任　王　璎（女，挂职）

　　　　　吴　徽

　　　　　何　展

　　　　　田立新

主任助理　罗　卫（挂职）

机关事务管理局

局　　长　陈世峰

党组书记　冯谷山

副 局 长　罗达松

　　　　　柳铁祥

　　　　　李秀丽（女）

广播电视台

台　　长　陶自立

党组副书记

王蓓高（女）

刘　瑞

副 台 长　刘　瑞

　　　　　周　萍（女）

　　　　　李　磊

纪检组长　马　频（女）

镇·街道

·跳马镇·

中共跳马镇委员会

书　　记　谭爱兵

副 书 记　章志刚

　　　　　戴江南（女）

党委委员　喻运科
彭飞龙
王　坤
黎茂祥（挂职）
毛利华（女）
游　江
张　辉

人大主席团

主　　席　吴文先
副 主 席　罗志斌

镇人民政府

镇　　长　饶逢春（3月任）
副 镇 长　吴文斗
游　江
余　丰
熊哲峰

政协联络处

主　　任　易建强

人大主席团

主　　席　章志刚
副 主 席　王　浪

镇人民政府

镇　　长　陈伟奇
副 镇 长　喻运科
彭飞龙
廖　莎（女）

政协联络处

主　　任　林中胜

·黄兴镇·

中共黄兴镇委员会

书　　记　唐五一
副 书 记　胡朝钦
刘思敏
周　创
委　　员　石超刚
曹　剑
游益龙

人大主席团

主　　席　刘思敏
副 主 席　刘镇西

镇人民政府

镇　　长　胡朝钦
副 镇 长　石超刚
曹　剑
陈　全
禹　玥（女）

政协联络处

主　　任　杨梭权

·干杉镇·

中共干杉镇委员会

书　　记　王志国
副 书 记　饶逢春（1月任）
吴文先
张栋材
委　　员　吴文斗

·江背镇·

中共江背镇委员会

书　　记　高新良
副 书 记　张登武
罗成利
彭少波
委　　员　王　军
冯典为
夏卫书
王伟明

人大主席团

主　　席　罗成利
副 主 席　彭　荣

镇人民政府

镇　　长　张登武
副 镇 长　冯典为
王　军
王　丹（女）
张　莎（女）

·黄花镇·

中共黄花镇委员会

书　　记　彭正球
副 书 记　黎文革
彭　刚
屈小青（女）
委　　员　罗征宇
张力强
潘　军

人大主席团

主　　席　彭　刚
副 主 席　刘泽辉

镇人民政府

镇　　长　黎文革
副 镇 长　罗征宇
王　伟
徐立平（女）

政协联络处

主　　任　吴立新

·春华镇·

中共春华镇委员会

书　　记　魏　检
副 书 记　张　荣
陈　勇
石碧娟（女）
委　　员　郑旭辉
骆高松
李勇军（2月始）

人大主席团

主　　席　陈　勇
副 主 席　李国栋

镇人民政府

镇　　长　张　荣
副 镇 长　郑旭辉
李　威
肖　坚

政协联络处

主　　任　李登奇

·果园镇·

中共果园镇委员会

书　　记　李　勇
副 书 记　覃　芳（女）
彭朝溪
伍　晗（女）
委　　员　涂开来
粟　光
王　旭
陈群芳（女）

人大主席团

主　　席　彭朝溪（12 月始）
副 主 席　李　育

镇人民政府

镇　　长　覃　芳（女）
副 镇 长　涂开来
　　　　　粟　光
　　　　　周　宾
　　　　　吴晓芬（女）

政协联络处

主　　任　席　剑

·路口镇·

中共路口镇委员会

书　　记　胡　闽
副 书 记　石　争
　　　　　张慧利（女）
　　　　　商　瑜
委　　员　邓志强
　　　　　李祖荫
　　　　　唐新明（2 月任）
　　　　　徐　巍（挂职）

人大主席团

主　　席　张慧利（女）
副 主 席　杨钟浩

镇人民政府

镇　　长　石　争
副 镇 长　邓志强
　　　　　田　涤
　　　　　隆　晓（女）

政协联络处

主　　任　杨再兴

·高桥镇·

中共高桥镇委员会

书　　记　李命命（女，至 11 月）
副 书 记　粟　柱
　　　　　李学文
　　　　　曾建新
委　　员　李　欢（女）
　　　　　苏　波
　　　　　付　窈（女）

人大主席团

主　　席　李学文
副 主 席　朱会雄

镇人民政府

镇　　长　粟　柱
副 镇 长　李　欢（女）
　　　　　苏　波
　　　　　杨　浩
　　　　　刘　威

政协联络处

主　　任　张瑞祥

·金井镇·

中共金井镇委员会

书　　记　陈卫球
副 书 记　廖春红
　　　　　宋海晏（女）
　　　　　刘智平
委　　员　史学范
　　　　　肖　勇
　　　　　龚海军

人大主席团

主　　席　宋　辉
副 主 席　黄向阳

镇人民政府

镇　　长　廖春红
副 镇 长　史学范
　　　　　肖　勇
　　　　　陈昱烨（女）
　　　　　陈启钱

政协联络处

主　　任　刘利娟（女）

·双江镇·

中共双江镇委员会

书　　记　徐虎踞
副 书 记　王乐君
　　　　　何静宜
　　　　　黄　轲
委　　员　沈建强
　　　　　柳　怡
　　　　　王　雁（女）

人大主席团

主　　席　何静宜
副 主 席　龙青松

镇人民政府

镇　　长　王乐君
副 镇 长　沈建强
　　　　　柳　怡
　　　　　刘　坤
　　　　　冯伟桥

政协联络处

主　　任　周孟龙

·开慧镇·

中共开慧镇委员会

书　　记　冯赛军
副 书 记　刘桂良
　　　　　祖春峰
委　　员　盛　卓
　　　　　邹玉屏（女）
　　　　　张　勇

人大主席团

主　　席　刘桂良
副 主 席　陈　祥

镇人民政府

镇　　长　冯赛军
副 镇 长　盛　卓
　　　　　曹　光
　　　　　范　炼

政协联络处

主　　任　陈军跃

·白沙镇·

中共白沙镇委员会

书　　记　宁　铁
副 书 记　彭万贵
　　　　　李坤明
　　　　　喻孟华
委　　员　胡一舟
　　　　　彭齐芳（女）
　　　　　陈　明

人大主席团

主　　席　李坤明
副 主 席　谢浪波

镇人民政府

镇　　长　彭万贵
副 镇 长　胡一舟

彭齐芳（女）
王贺春
向　宽

政协联络处

主　　任　柳建佳

·福临镇·

中共福临镇委员会

书　　记　唐　锋（女）
副 书 记　黄士玮
李　彪
李志明
委　　员　罗　芳（女）
张　霞（女）
彭　伟
冯勇波

镇人民政府

镇　　长　黄士玮
副 镇 长　彭　伟
唐　懿
游　艳（女）

人大主席团

主　　席　李　彪
副 主 席　李治宏

政协联络处

主　　任　王宏伟

·青山铺镇·

中共青山铺镇委员会

书　　记　孟立祥
副 书 记　吴延琼（女）
袁　康
委　　员　周春林
童亚祁
彭勇金

人大主席团

主　　席　吴延琼（女）
副 主 席　李良辉

镇人民政府

镇　　长　黄大伟（至11月）
副 镇 长　童亚祁
彭勇金
陈　琳
李　娟（女）

政协联络处

主　　任　姜妙华

·安沙镇·

中共安沙镇委员会

书　　记　朱忠良
副 书 记　李　洪
周向阳
戈承武
委　　员　肖　钢
熊　创
王　玲（女）
杨全党
王　浩（挂职）

人大主席团

主　　席　周向阳
副 主 席　周万清

镇人民政府

镇　　长　李　洪
副 镇 长　熊　创
童晓庆（女）
周益巍
杨全党

政协联络处

主　　任　方建秋

·北山镇·

中共北山镇委员会

书　　记　邹春林
副 书 记　黄建国
盛振宇
郭贺亭（女）
委　　员　范小林（女）
陆　宇
马志文

人大主席团

主　　席　盛振宇
副 主 席　邱赞亮

镇人民政府

镇　　长　黄建国
副 镇 长　范小林（女）
马志文
胡德彬
钟元太

政协联络处

主　　任　吴　鋐

·星沙街道·

中共星沙街道工作委员会

书　　记　喻志刚
副 书 记　郭　刚
高　洁（女）
委　　员　杨胜喜（女）
曾　林
林友祥

人大工作委员会

主　　任　郭　刚
副主任　易仲林

街道办事处

主　　任　喻志刚
副 主 任　曾　林
林友祥
陈　恳
张　宇

政协工作联络处

主　　任　汪虎国

·湘龙街道·

中共湘龙街道工作委员会

书　　记　李开兴
副 书 记　吴　曲
孙卫国
龙新伟（女）
委　　员　陈　晃（女）
杨　章
罗　琼（女）

人大工作委员会

主　　任　吴　曲

街道办事处

主　　任　孙卫国
副 主 任　陈　晃（女）

杨　章
胡　杰
胡晓明

政协联络处

主　任　粟湘鸿

·泉塘街道·

中共泉塘街道工作委员会

书　记　陈小虎
副书记　李壮宇
马国军
王立新
委　员　周国旺
袁　惠（女）
杨燕芳（女）

人大工作委员会

主　任　马国军

街道办事处

主　任　李壮宇
副主任　周国旺
袁　惠（女）
唐炼波
李辉浩

政协联络处

主　任　吴三贵

·㮾梨街道·

中共㮾梨街道工作委员会

书　记　毛　葵
副书记　陈　虎
唐利坤（女）
余　米（女）
委　员　张　韧
陈魁宇
黄　忠
刘志伟

人大工作委员会

主　任　（暂缺）
副主任　张延灿

街道办事处

主　任　陈　虎
副主任　张　韧
陈魁宇
罗　坚
柳　建

政协联络处

主　任　刘腊春

·长龙街道·

中共长龙街道工作委员会

书　记　鄢兴杰
副书记　章铭康
粟　力
袁　雁（女）
委　员　黄　英（女）
周兴武
王秋庆

人大工作委员会

主　任　粟　力
副主任　邓湘勇

街道办事处

主　任　章铭康
副主任　黄　英（女）
周兴武
胡孟洪
罗　佳
邓湘勇

政协联络处

主　任　陈长辉

·暮云街道·

中共暮云街道工作委员会

书　记　蔡　逸
副书记　陈　泽
黄勇军
刘　哲
委　员　何定安
曹　军
黄　栋

人大工作委员会

主　任　黄勇军

街道办事处

主　任　陈　泽
副主任　何定安
曹　军
邓　欣
谢灿英（女）

·南托街道·

中共南托街道工作委员会

书　记　凌　异
副书记　冯学武
徐天林
段文波
委　员　杨科应

人大工作委员会

主　席　徐天林

街道办事处

主　任　冯学武
副主任　周钰沂

政协联络处

主　任　常泽军

省、市垂直管理单位

县工商局

局　长　舒　曲（5月始）
副局长　刘金山（至9月）
王　彪（9月始）
朱尚明
傅正坤
曾尚亮
纪检组长　陈　庆

县国税局

局　长　潘平波（女）
副局长　易建明
余令军
喻兴无
徐周灿
贺　文（女）
纪检组长　缪明和

县地税局

局　长　戴　涛

副局长　王　群
周朝晖
崔向阳
王小曼（女）
纪检组长　王小曼（女）
副调研员　申华平
工会主席　邓　明

县质量技术监督局

局　　长　李　伟
副局长　龙　镭
张　义
周建刚（至5月）
纪检组长　陈　玲（女）

县供电公司

总经理　张　璐（至8月）
蒋　锐（8月始）
党总支书记
李　溪　（至8月）
周弘明　（10月始）
副总经理　戴建斌（至3月）
黄　硕（3月始）
云文兵
罗　霄（至10月）
徐利平（10月始）
纪检组长　张全武

县烟草专卖局（分公司）

局长（经理）
刘　智（女）
副局长　龙济岚
副经理　廖　文
纪检组长　冯　仆

县气象局

局　　长　李仁鹏
副局长　向　懿

县公路管理局

局　　长　周海燕
副书记　沈海连

副局长　张　翼
张朝阳
蒋海山
李文志
罗　湘

县电信分公司

经　　理　韩　磊
副经理　陈学问
彭　力
方　奇

县移动分公司

经　　理　张晓滨
副经理　吴　波
李　权
方　印

县联通分公司

总经理　邵金泽
副总经理　张　进（至5月）
杨　帆（至5月）
王晓维（6月始）
李　超（6月始）

县人寿保险公司

经　　理　刘　凯
副经理　杨　熠（女）
李虎城

驻县部队（部分）

县武警中队

中队长　龙　龙
指导员　全伟宾
副中队长　黄　斌

县消防大队

大队长　彭　玲（女）
教导员　谢智勇　（至9月）
副大队长　何年平（9月始）
副教导员　刘可凡

驻县金融机构（部分）

工商银行星沙支行

行　　长　张　毅
副行长　李翊平
罗　刚
胡屹坚
庹先平
工会主席　李海奇

农业银行长沙县支行

行　　长　罗　超
副行长　李一璋
曹戈江　（2月始）
谈　徽　（女，2月始）
纪委书记　易　虎

建设银行星沙支行

行　　长　刘　星
副行长　刘传华
廖志刚
王政军
王俊伟（7月始）
浏阳支行行长
张朝晖
风险主管　彭建四　（至7月）

中国银行星沙支行

行　　长　雷　声
副行长　李运红
曹　阳（女，1月始）
陈英勇（7月始）

邮政储蓄银行股份有限公司长沙县支行

行　　长　童迎华
副行长　姜　权
李　娟（女）
胡　鹏

（各单位　提供）

中国共产党长沙县委员会

综 述

【概况】 2014年，中共长沙县委带领全县广大干部群众，坚持“三个共同、三个共享”发展理念，按照“稳中求进”的工作总基调，全力以赴稳增长、促转型、惠民生，千方百计扩总量、提质量、增均量，圆满完成全年各项目标任务。全年实现地区生产总值1100.6亿元，同比（下同）增长11%；完成工业总产值2128.3亿元，增长12.5%；完成财政总收入207.2亿元，增长15.1%；完成社会消费品零售总额290.1亿元，增长12.5%；完成固定资产投资761.9亿元，增长17.2%；城乡居民人均可支配收入达28504元，增长9.8%。在全国县域经济基本竞争力百强排名中，首次挺进全国十强，位列第九；在中国中小城市综合实力百强排名中，位列第七，比上一年提升一位，连续7年稳居中西部第一。

（李志伟）

【常委分工】 杨懿文 县委书记、经开区党工委书记，主持县委和长沙经济技术开发区党工委全面工作，主持县人民武装委员会工作。

张庆红 县委副书记、县长，主持县政府全面工作，主持县国防动员委员会工作，主管财政、审计、监察工作。

李洪波 县委副书记（4月离任），协助书记处理日常事务，受书记委托负责新型工业化、教育强县、医疗卫生改革工作。联系县人大、县政协、县人武部工作。

郭润葵 纪委书记，主管纪检、监察工作，分管政务公开工作。

周志远 县委组织部部长、统战部部长，主管组织工作、统战工作，协助书记处理人事编制工作领导小组日常事务。

杨忠文 县政府常务副县长，协助县长主持县政府日常工作；主管国土资源管理及拆迁安置工作；分管财税金融工作、综合经济工作、公务员和人事编制管理工作；负责县政府与经开区的协调工作；联系县人大、县政协、县人武部、老干工作。

杨 莉 主管空港城管委会全面工作；分管招商引资、现代服务业和会展工作、劳动和社会保障工作、旅游、外事侨务、民族宗教和对台工作、创业富民工作；联系分管领域的重点项目建设、征地拆迁工作。

彭 勇 县委宣传部部长，主管宣传工作。

常利民 县委政法委书记，主管政法工作；联系拆迁安置工作。

赖坤明 援藏。

李 武 县人武部部长，主管县人武部工作；分管民兵预备役工作。

王国良 县委办主任，主持县委办全面工作。

邹春林 副县长（9月任县委常委），分管农村农业发展工作、城乡一体化（含试点镇建设）和农村环境综合治理工作、民政工作、计划生育工作、民兵预备役和人防工作；联系分管领域的重点项目建设、征地拆迁工作；联系高炮团工作。 （李志伟）

重大决策

【开展党的群众路线教育实践活动】 3月份开始，长沙县委在全县启动开展党的群众路线教育实践活动。活动以县级领导机关、领导班子、领导干部，县直机关和镇（街道）的领导班子、领导干部为重点，突出抓好直接联系服务群众的执法监管部门、窗口单位和服务行业，与群众联系密切的村（社区）等基层组织，非公有制经济组织、社会组织等其他基层组织的教育实践活动，切实加强全县广大党员干部马克思主义群众观点和党的群众路线教育。活动的主要任务是着力解决“四风”突出问题，着力解决关系群众切身利益的问题和着力解决联系服务群众“最后一公里”问题，分学习教育、听取意见，查摆问题、开展批评，整改落实、建章立制三个阶段进行，历时半年，在9月份基本完成。 （李志伟）

【推行村民议事会制度】 7月，县委、县政府出台《关于在全县推行村民议事会制度的通知》，决定在全县全面推行村民议事会制度。《通知》要求，要严格按照《中共长沙县委长沙县人民政府关于加强村级治理试点工作的指导意见（试行）》的要求，全面建立村民议事会工作机制，实行以党支部领导、村民议事会（村民代表会议授权委托）决策、村民委员会执行、村务监督委员会监督、社会组织协同参与、党的领导与民主自治有机统一的新型村（社区）级治理运行模式。长沙县从2013年开始试点探索的“乐和乡村”建设等新型村级治理模式，在全国产生良好反响。（李志伟）

【落实党风廉政建设“两个责任”】 11月，县委出台《关于落实党风廉政建设党委主体责任纪委监督责任的意见（试行）》（以下简称《意见》），要求全县各级党委对反腐倡廉工作切实担负起统一领导、直接主抓、全面落实的主体责任。《意见》明确了党委领导班子集体、领导班子主要负责人、领导班子其他成员在党风廉政建设方面的具体责任范围和要求，明确了各级纪委监督责任的具体内容，并对各责任主体的责任落实、检查考核和责任追究等方面进行了规定。该《意见》对构建各司其职、各负其责的党风廉政建设责任体系，形成科学定责、具体明责、严格考责的制度机制保障具有重要意义。（李志伟）

【规范干部选拔任用】 为加强干部选拔任用工作的制度化、规范化、科学化建设，提高县委管理干部选拔任用工作水平，12月，县委出台《关于改进和规范县委管理干部选拔任用工作的意见（试行）》。《意见》要求将中央“信念坚定、为民服务、勤政务实、敢于担当、清正廉洁”的好干部标准和市委“六用六不用”、县委“五个优先”“四个重用”的选人用人要求贯穿到全县干部选拔任用的全过程，注重选拔使用讲大局、敢担当、有本事、肯吃苦的好干部。《意见》从明确选人用人导向和程序、加强优秀年轻干部培养选拔、加大县管干部交流力度、严格干部选拔监督管理四个方面对干部选拔任用工作进行了规范。同时，制定了《县委管理干部选拔任用工作规程》，对干部选拔任用在动议、民主推荐、考察、讨论决定、任职等工作程序上进行了严格、细致的规定。（李志伟）

【建设文化强县】 2010年，县委、县政府制定“文化强县”建设战略，着力推进公共文化服务体系建设、文化惠民服务、文化市场管理与文化产业发展。四年来，全县对文化建设累计投入近4.5亿元，建成了22个乡镇（街道）综合文化站、292家村（社区）文体活动室、292家农家书屋和县文化中心，打造出了“一镇一品”的地方文化特色品牌，形成了县、乡、村三级公共文化服务网络和十分钟文化圈。群众文化事业蓬勃发展，在全县打造了十个文化、体育特色广场与街区，扶持组建了百余个文化能人、业余文艺演出星级协会、团队，组织开展了千余场文艺排练、演出和娱乐活动，累计培训音乐、舞蹈、美术、书法、摄影、体育等爱好者万余人。同时，文化市场、文化产业空前繁荣，全县登记许可发证的文化、体育、新闻出版市场经营单位（户）606家，文化市场从业人员8000余人，2013年生产（营业）总值达44.4亿元，对GDP贡献率达4.55%。全县基本建成了城乡一体的标准化、均衡化、便民化、保障制度化的公共文化服务体系。12月18日，长沙县首次被文化部、人力资源和社会保障部评为“全国文化先进县”。（李志伟）

【创建“零碳县”】 2014年，长沙县与湖南省精细化工研究所所长、享受国务院政府特殊津贴专家雷学军就其发明专利“用速生植物捕碳储碳修复大气环境”展开合作，率先在全国开展“零碳县”创建工作。所谓“零碳模式”，是指通过技术手段将化石能源释放的二氧化碳进行捕获并封存，降低大气中二氧化碳含量，有效抑制二氧化碳排放总量增长，从而实现碳排放量和吸收量的基本平衡。捕获二氧化碳的为一种非洲狼尾草和象草多次杂交生成的速生草，具有捕碳效率高、丰产、耐贫瘠、耐旱等特点，一亩速生草一年能吸收和固化14吨二氧化碳，而同样一亩普通的林地树木吸收和固化的二氧化碳一年只有1吨左右；且速生草可以在被割掉后迅速长出，一年能长五六季。该种速生草林地捕捉二氧化碳的能力是相同面积普通森林的100到150倍。大量的速生草将空气中的二氧化碳固化成为生物碳后，通过机器设备把收割的速生草制成燃料、肥料、建材原料等碳产品。截至2014年年底，通过该方式已封存了6.88吨碳产品，相当于封存了10吨的二氧化碳。中国质量认证中心对该批速生草碳产品封存净碳汇量进行了核算和认证，指出该速生草的种植、使用与碳产品封存可实现对化石能源的替代，并实现二氧化碳的负增长。这一产品可以填补国际碳交易无法准确计量的空白，实现碳交易从虚拟交易到实体交易的飞跃。“零碳县”创建按普查、试点、推广三个阶段来推进，计划在2016年实现封存标准碳产品60万吨，完成100万吨级标准碳仓库的建设目标，并形成一套完善的技术体系。同时，着力推进创建碳产品交易平台，探索进行从虚拟交易到实体交易的“碳汇交易”，进而推广“零碳”模式，实现商业化运作。“零碳县”创建工作引起国内外广泛关注，长沙县应邀参加第十四届中国经济论坛“零碳”对话，县委书记杨懿文获评“2014年度中国创新榜样”。（李志伟）

【挺进全国前十强】 11月1日，第十四届全国县域经济与县域基本竞争力百强县排名公布，长沙县首次挺进全国十强，位列第九，较2004年和2013年分别上升56位和4位，稳居中西部第一。在本次评价中，长沙县多项评价指标位列百强县前茅，其中城乡居民收入比值、地方财政一般预算收入增速、农民人均纯收入增速、城镇居民人均可支配收入增速、全社会消费品零售总额增长率均居第一。本次百强县的评价更加注重县域经济质量和活力，更加注重绿色发展，百强县的相对绿色指数均已达到A级以上，而长沙县更是达到了A+。面对错综复杂的宏观经济形势，长沙县不断加快“退二进三”步伐，多个重大项目相继落地投产，内生动力得到有效释放。全县经济发展无论是增长速度、经济质量，还是运行情况，均继续保持了稳中有进的良好发展势头。2014年，全县地区生产总值突破1000亿元，达1100.6亿元；全县财政总收入突破200亿元，达207.2亿元；全县工业总产值突破2000亿元，达2128.2亿元。（李志伟）

【实施PPP新型投融资模式】 为进一步激发县域经济发展活力，吸引社会资本参与城市基础设施等公益性事业投资，县委、县政府着力释放改革活力，在全国县级率先实施PPP（政府与社会资本合作）新型投融资模式。12月6日，长沙县举办首次PPP示范项目推介会，正式推出21个PPP示范项目，涵盖基础设施建设、公共服务、城镇化建设、棚改等，总投资额高达408亿元，吸引了包括中国中铁股份有限公司在内的300余家来自全国的重量级投资企业。推介会上，5个项目成功签订合作意向书，签约金额达146亿元。（李志伟）

重要会议

【县委十二届五次会议】 12月26日，中国共产党长沙县第十二届代表大会第五次会议召开。长沙县委书记、长沙经济技术开发党工委书记杨懿文代表县委作题为《瞄准最强县，改革走前列，为率先建成全面小康“两型社会”和基本实现现代化而努力奋斗》的工作报告。长沙县在提出以“三个共同”发展理念为指导，以“三个共享”发展愿景为指导的基础上，新提出“三个率先”奋斗目标，即率先建成全面小康社会、率先建成两型社会和率先基本实现现代化。会议全面回顾了2014年各项工作，提出了2015年全县工作的总体要求、奋斗目标和工作任务。县委常委、纪委书记郭润葵代表县纪委作工作报告。四名镇（街）党（工）委书记代表向大会作履行抓基层党建工作责任制情况述职。（李志伟）

【县委常委会议】 2014年县委常委会议共召开20次。县委常委会议深入贯彻落实中央、省委、市委有关会议精神和工作部署要求，正确研判发展形势，部署重点工作，会议涉及经济建设、社会建设、生态建设和党的建设等方面。全年，县委常委会议传达学习中央、省委、市委十八届四中全会、党的群众路线教育实践活动、廉政建设、安全生产等重要会议、重要讲话、重要文件精神；讨论和研究深入开展党的群众路线教育实践活动、现代服务业招商和重点项目引进、党风廉政建设和反腐败、支村两委换届、机构改革、干部选拔任用等有关工作；部署信访积案化解、全国文明县城创建、全面深化改革、“零碳县”创建、行政区划调整等工作。（李志伟）

领导考察与友好往来

【艾力更·依明巴海调研】 6月3日，全国人大常委会副委员长艾力更·依明巴海一行到长沙县，先后到长沙赛普尔自动化工程设备有限公司、三一重工股份有限公司、湘绣城考察，调研归侨侨眷权益保护法及相关法律贯彻实施情况。（李志伟）

【卢展工调研】 6月7日，全国政协副主席卢展工率全国政协教科文卫体委员会调研组来到长沙县，先后到白沙镇石燕村文体活动中心、福临镇综合文化站、福临社区、开慧镇乐和大院考察，开展构建现代公共文化服务体系专题调研。（李志伟）

【徐守盛调研】 7月28日至29日，省委书记、省人大常委会主任徐守盛到长沙县，深入园区、企业、项目工地，调研经济运行、民生保障等情况。徐守盛指出，要立足新起点，发挥新优势，谋划新突破，主动作为、奋力攻坚，并对长沙市提出了“五大课题”。12月18日，徐守盛考察上海大众长沙项目建设情况，他勉励企业用一流的管理和技术建设一流工厂，以信息化为支撑，走绿色低碳发展之路，打造实体经济发展的样板。（李志伟）

【许又声调研】11月20日，省委常委、宣传部部长许又声实地考察了长沙县开慧镇综合文化站、葛家山乐和大院和福临镇综合文化站，并召开了座谈会。他高度评价了长沙县的工作，他强调，长沙县要进一步开拓创新，发挥引领示范作用，力促文化发展繁荣，为推动湖南实现“四化两型”总战略和“两个加快”的总任务做出更大贡献。（李志伟）

【易炼红调研】2月14日，省委常委、市委书记易炼红到长沙县检查城乡管理提质工作。他要求，长沙县不仅要做经济总量的“第一县”，也要争做城乡品质的“第一县”。各级党委、政府要统筹推进发展提质、建设提质、管理提质、服务提质，不断提升人民群众的认同感、舒适感、愉悦感和幸福感。8月21日，易炼红到长沙县调研经济社会发展情况。他强调，长沙县作为“三湘第一县”，要勇当改革发展的排头兵，加快挺进前十强，在全市做出表率，提供示范、经验。12月11日，易炼红参加长沙县项目建设流动观摩现场会，实地调研上海大众长沙分公司30万辆乘用车项目、广汽菲亚特新增产品及配套发动机项目建设推进工作。他充分肯定了上海大众长沙项目建设情况，并指出，长沙县委、县政府以及长沙经开区在征地拆迁工作上效率高，项目建设速度快、水准高，体现了最先进的生产技术。（李志伟）

【胡衡华调研】3月18日，市委副书记、市长胡衡华到长沙县，听取长沙县党的群众路线教育实践活动开展情况汇报并进行指导。胡衡华强调，要结合长沙县的具体实际找准问题、解决问题，做到“两手抓、两不误、两促进”，真正让群众受到实惠，让干部受到教育。5月13日，胡衡华来长沙县调研临空经济及长沙临空综合保税区申报建设工作，进行现场办公。他强调，要统筹规划发展，推进产城融合，大力发展长沙东部开放型经济。

9月3日，胡衡华到长沙县及长沙经开区，深入园区调研产业发展、经济运行等情况。他强调，要创造性推动经济转型升级，政府、园区要做好服务，全力助推企业发展。11月18日，胡衡华调研长沙县重大项目推进情况以及基础设施建设等工作。他肯定了长沙县委、县政府以及长沙经开区在项目建设中所付出的努力和艰辛，他强调，长沙县要以项目为抓手，着力打造精品工程，加快推动项目进程，彰显示范效应，在新一轮改革发展中走在前列。（李志伟）

【长沙市“四大家”领导到建设工地慰问】12月31日，省委常委、市委书记易炼红，市委副书记、市长胡衡华，市人大常委会主任袁观清，市政协主席范小新等市“四大家”领导走进长沙国际会展中心项目工地，看望慰问建设者，为项目建设加油鼓劲。（李志伟）

【娄底市党政代表团到县考察】11月28日，娄底市委书记龚武生率党政代表团到长沙县，先后前往三一集团、住友橡胶、松雅湖项目建设工地，对长沙县新型工业化和城乡一体化等发展情况进行考察。（李志伟）

【湘潭市党政代表团到县考察】12月23日，湘潭市市委书记陈三新，市委副书记、市长胡伟林率湘潭市党政代表团到长沙县，先后前往广汽菲亚特、长沙创芯集成电路有限公司、住友橡胶、松雅湖项目考察。（李志伟）

组织工作

【概况】2014年，全县组织工作紧紧围绕全面贯彻落实中共十八届三中、四中全会精神，以开展党的群众路线教育实践活动为重心，全力推进领导班子、干部人才队伍、基层党组织和党员队伍建设，各项工作取得较好成效。按照中央和省、市、县委的统一部署，围绕“照镜子、正衣冠、洗洗澡、治治病”的总要求，以“为民务实清廉”为主题，紧扣学习教育、听取意见，查摆问题、开展批评，整改落实、建章立制三个环节，有序推进群众路线实践活动的各项工作，大力改进了党员干部作风。建立健全干部人才机制，坚持规范选拔任用程序，充分激发了全县各级干部干事创业活力。干部考察实现全程精细化，针对年轻干部培养实行“一线培养法”，对21名下派挂职的年轻干部开展了挂职期满考核工作，并全部抽调到县委活动办和督导组继续进行培养、锻炼。绿色政绩考核模式得到人民日报社高度评价，在2014年6月举行的首届中国治理创新百佳经验评选中，获评“中国政府创新十佳经验”。省委深改办改革简报以《长沙县：绿色政绩考核推动绿色发展》为题专版刊发，在全省推介；中央深改办对长沙县绿色政绩考核模式高度关注，拟在全国范围内进行宣传推介。干部监督管理实现从严从紧目标。对在社会组织中兼任职的20名市管干部、61名县管干部和在企业中兼职的领导干部全部进行了清理规范。把基层服务型党组织建设作为基层党建工作的总抓手，健全服务机制，提升服务质量，以服务助推发展。圆满完成了“村两委”换届选举工作，有力推进党建强村富民工程，基层组织保障水平达到新高，大学生村官工作获全省推广，党员教育信息化水平全省领先，全国同类网站百度搜索排名中位列第三(第一为全国共产党员网，第二为河北省共产党员网)。《领跑先锋》党建电视专栏播出节目26期，推介了大批先进典型。（李 瑜）

【干部人才工作】县委制定出台了《关于改进和规范县委管理干部选拔任用工作的意见（试行）》，修改完善了县管干部选拔任用工作规程，强化绩效考核结果的反馈应用，进一步提高了选人用人科学化水平。严格干部监督管理，清理规范8名市管干部、102名县管干部在企业的兼(任)职行为，20名市管干部、60名县管干部在社会组织的兼职行为。开展了“干部走读”和“为官不为”的专项整治，“三超两乱”专项整治工作中，13人违规借调、42人“吃空饷”和19人调动工作未转工资关系的情况均得到整改。推动干部教育培训服务县域发展，100多名干部赴浦东、深圳等地进行产业转型升级、综合配套改革和乡村（社区）建设等专题研修，综合开发研究院李津逵等10名专家来我县讲学乡村建设，干部履职水平得到提升。围绕“人才强县”战略需求，共邀请49名国内外顶尖级专家担任科学发展顾问，成功创建2家市级院士专家工作站，选派100名市、县科技特派员到特色农产品种植加工、生态治理等20个领域服务，推动发展的智力资源不断汇聚。（李 瑜）

【基层党建】坚持将创新作为推动基层党建取得实效的催化剂，“分片五联”“五化三强”“党支部+合作社+科技特派员”等模式初具成效，具有长沙县特色的“1+5”村级治理工作机制基本形成。不断加强基层组织和党员队伍建设，圆满完成238个村（社区）“两委”换届选举工作，集中整顿38个软弱涣散基层党组织，处置不合格党员21名，安排县直机关党组织与村（社区）党组织全覆盖结对共建。着力推进大学生村官工作，80名大学生村官进入“两委”班子，成功举办首次大学生村官集体婚礼。持续提高基层保障水平，安排村级运转经费5673万元，村平达23.2万元，下拨村级组织活动场所建设资金600万元，下拨非公经济组织和社会组织党组织经费85万多元，基层基础不断夯实。（李 瑜）

【教育实践活动】长沙县党的群众路线教育实践活动自2014年3月开展以来，全县各级各单位着力对群众关心的热点难题和民生问题对症下药、综合整治，清理清退超编超标公务用车217台，清理调整县直单位办公用房2万多平方米，减少收费项目12项，推出600多项利民便民惠民举措，较好解决了群众有线电视缴费不便、农村居民“看病难”、办事存在“时间差”等难题，62个久拖不决、久诉不息的信访积案基本化解。该县教育实践活动得到了全县党员干部群众的普遍认可，同时也得到了上级的充分肯定。“北山危废项目群众工作典型经验”得到省委守盛书记、市委炼红书记的重要批示，信访积案化解的典型做法在省委活动办第158期简报重点推介，各级媒体多次报道该县整改整治的做法，产生了较好的社会反响。（李 瑜）

宣传工作

【概况】2014年，长沙县宣传思想文化工作以学习贯彻中共十八届三中、四中全会精神、习近平总书记系列讲话精神和社会主义核心价值观为主线，扎实推进理论武装工作，精心打造“星沙讲堂”等系列理论学习平台；全面加强对外宣传工作，全年，全县在中央、省、市三级主流报媒推出重要稿件1200余篇，其中人民日报、中央电视台、新华社内参、中新网等央级媒体30余篇；切实加强“文明城市”和公民道德建设，推进学雷锋志愿服务和诚信体系建设，努力实现从全国文明县城向全国县级文明城市的跃升；不断优化文化惠民服务，创建全国文化先进县；全力提升宣传思想战线队伍素质，大力培育和引进宣传文化人才。用“项目化”思路务实推进宣传思想文化工作，为县域经济发展提供了思想保证、舆论支持、精神动力文化条件

理论武装实现提升。精心打造“星沙讲堂”多位一体理论学习平台，切实抓好县委“中心组学习”“理论沙龙”“板仓书院”“亲子共读经典公益大讲堂”“中国乡村建设（星沙）大讲堂”等系列品牌学习活动，邀请

了国内外知名专家学者、顶级研发团队提供"菜单式"互动式服务，围绕乡村治理、习总书记系列讲话精神解读、传统国学文化等课题，开展各类学习20余期，编写学习参考资料7期。以"书香星沙"为抓手，推动学习型城市建设机制化、常态化，长沙县板仓书院等14个项目（单位/个人）在全市学习型城市建设示范项目创建评比中获奖。举办长沙县第三期宣传干部班和文艺骨干班，举行长沙县"微理论·微宣讲"竞赛选拔赛和主题征文，在市级竞赛中荣获1个二等奖，2个三等奖，2篇理论文章在省委学习办"学习红利与全面深化改革"理论研讨活动中获奖。成立长沙县微宣讲团，创新形式开展各类宣讲活动1500余场，启动长沙县"学习贯彻十八届四中全会精神理论宣讲进基层"活动。

舆论引导跨上台阶。全年在中央、省、市三级主流报媒发表重要稿件2000余篇，其中，央级媒体30余篇，湖南日报、长沙晚报头版、专版报道43篇，互联网转载关于长沙县的稿件达18000余条次。央视《新闻联播》、《新华每日电讯》《人民日报》《湖南卫视》《湖南日报》《长沙晚报》等主流媒体聚焦长沙县群众路线工作、两型"零碳"创建、社会治理之"乐和乡村""十强之路"等推出多篇重点报道。新闻应急稳妥有效，县域舆情整体平稳，组织各类重大事件通气会、新闻发布20余场。"网络问政"县委书记窗口关注度和群众满意率位居全省县域前列。"网络治政"、"政务微博"经验写进《中国城市网络形象报告白皮书》，长沙县获评"全国网络形象十佳县"，"长沙县发布"获评县级政务微博前十佳。县电视台、《星沙时报》持续发力，构建了星沙新闻网、网络电视台、政务微博、官方微信、掌上星沙"五位一体"新媒体平台，形成了"指尖上的宣传"新模式。开展长沙县新闻记者走基层活动，成立百人网评员队伍，制作长沙县2014年度形象宣传片《追梦之旅》。

文明创建开创新局面。文明创建争创国字招牌，长沙县被确定为全国首批县级文明城市提名城市。新创和复查全国文明单位1个，全国文明村3个，省级文明单位3个；创市级标兵单位2个、文明单位7个、文明镇/村（社区）4个。深化"星级"雷锋号志愿者工作站创建活动，全年有30个工作站申报创建，成功创星级站25家，其中省级2家、市级5家；扶持了"工之友""四点半课堂"等一批公益组织发展，开展了"我的中国梦·文化进万家""邻里守望"等系列主题志愿服务活动，省文化志愿者活动、市首届孝文化节未成年人专场活动在长沙县举行。新建城市少年宫5所，7所学校申报创建各级"城乡学校少年宫"，编印了《市民文明手册》，启动长沙县首届道德模范和"新乡贤"评选，跳马镇彭德良获评"中国好人"，泉塘街道王洪德照顾两位九旬义母事迹在中央文明网上推出。开展以诚信为主题的道德讲堂活动280多场次，文明旅游、禁烟宣传、"文明餐桌"等活动持续加强，全方位开展讲文明树新风、社会主义核心价值观、中国梦等系列公益宣传。

文化建设取得新成果。成功创建全国文化先进县，形成了以县级文化中心为龙头，以镇街综合文化站为主干，以村（社区）文化活动室、农家书屋为网点覆盖城乡的"十分钟文化圈"。农家书屋"评星定级"管理办法被全国农家书屋建设领导小组办公室向全国推介。坚持一镇一品，打造了乡村数字电影院、湘绣陈列厅、星沙书画院、"福临之夜"等镇街文化品牌项目。群众文化体育"百千万"工程强力推进。形成了县、镇、村三级公共文化活动品牌，全年开展各类群众文化活动250余场，参加活动3.8万余人次。县级打响"五彩星沙"，镇、村群文活动以文化集市、文化艺术节等形式蓬勃开展。举办2014年全省"文化志愿服务基层行"暨第十届中国艺术节"群星奖"节目巡演启动式。长沙县文联获评全省文联先进单位，《书法报》走进长沙县采风选稿，《星沙城脉——中国作家看星沙》荣获市"五个一工程"图书奖。非遗文化节目《山歌易打口难开》荣获2014年"欢乐潇湘"群众文艺汇演省二等奖、市金奖。做实文化惠民工程，免费送戏、送电影下乡3000余场，各类免费培训深入基层，参训人数达5000余人。（马　搏）

【文化产业提质聚能】 县委宣传部对县域内文化企业进行了调查和摸底，加大文化产业招商力度，引进了中国商业文化研究会资源与生态文化中心研究基地、天赐园生态旅游产业园等4个文化产业项目，总投资达12.24亿元。稳步推进天舟文化产业园、中国联通数字阅读基地、开元博物馆等重大文化产业项目建设。开元天地项目目前正进行项目用地审批；天舟文化创意产业园项目落户黄兴镇，总投资10.49亿元。组织县内20余家企业申报2015年文化产业引导资金和第三批文化和科技融合示范企业。2014年，有10家企业分别获得市文化产业引导资金和"以奖代补"资金支持。

（马　搏）

【乐和乡村建设扎实推进】 组建了长沙县乐和社工协会，印发了《长沙县“乐和乡村”建设试点工作方案》。举办了首届中国乡村建设（星沙）大讲堂，以“乡村治理创新的理论与实践，长沙县乡村建设发展建议”为主题，邀请了来自国家行政学院、中国社科院等10余家机构30余名专家学者来长沙县进行实地考察、主旨演讲、专题讨论等，形成并发表了《中国乡村建设板仓共识》。截至2014年末，试点村扩大到25个，成立村民互助会90个，发展乐和代表655名；开展各类活动150场；组织村民开展修生态路、山塘沟渠等筹资235万元，义务投工1678人次。基本完成了基层社会组织的构建，开展了“三事分流”单体实验和综合探索。“乐和乡村”建设经验先后在第七届中国城市化国际峰会、民政部全国“三社联动”专题研讨会、第二届中国乡村文明建设论坛上进行推介。全国政协副主席卢展工，民政部政策研究中心主任王杰秀，省委常委、宣传部部长许又声，省委常委、市委书记易炼红等多位领导到县考察，对项目给予高度肯定。新华社、《湖南日报》、湖南卫视、《长沙晚报》等十几家中央、省、市主流媒体对“乐和乡村”建设进行集中采访报道。省委办公厅《内参》等刊物刊载了“乐和乡村”项目经验材料。 （马 搏）

【构建“十分钟文化圈”】 长沙县在全省率先建成县、镇、村三级公共文化服务网络，形成了以县级文化中心为龙头，以镇街综合文化站为主干，以村（社区）文化活动室、农家书屋为网点覆盖城乡的“十分钟文化圈”。星沙文化中心建设即将完成，镇街综合文化站、村（社区）文化活动室、农家书屋和社区书屋实现全覆盖和标准化管理，农家书屋“评星定级”管理办法被全国农家书屋建设领导小组办公室向全国推介。形成了县、镇、村三级公共文化活动品牌。县级重点唱响“五彩星沙”群众文化活动品牌，今年组织了“欢乐潇湘”和“校园文化进社区”系列群文活动32场，镇街、村（社区）群文活动以文化集市、文化艺术节等形式蓬勃开展，长沙山歌、锣鼓亭子、滚灯车等民间传统文化节目深受群众欢迎。《山歌易打口难开》荣获2014年“欢乐潇湘——舞动星城·歌涌湘江”大型群众文艺汇演省二等奖、市一等奖。坚持一镇一品，打造了乡村数字电影院、湘绣陈列厅、星沙书画院、“福临之夜”等镇街文化品牌项目。做实文化惠民工程，全年免费送戏下乡46台，送电影下乡3000余场，开展各类免费培训，参训人数达5000余人。扎实推进群众文化体育“百千万”工程，建成了7文化体育特色广场，田汉艺术学校已注册开学。 （马 搏）

【创新开展“网络问政”】 长沙县创新开展“网络问政”工作，打造了民意诉求表达和矛盾问题调处的“网上信访局”。通过整合网络问政平台，建立链式处置回复流程，完善考核保障体系，创新推动从网络问政到理政、从虚拟到实名、从线上到线下的转变，陆续办结网络问政问题2000多个，红网问政湖南县委书记窗口人气达130万，群众满意率和关注度位居全省县域前列。长沙县“网络治政”模式被省、市作为典型经验推广，“网络治政”、“政务微博”经验写进《中国城市网络形象报告白皮书》，长沙县获评“全国网络形象十佳县”殊荣。（马 搏）

【搭建公益互助平台】 长沙县坚持引进与培育并重，在全社会倡导普及志愿公益文化。开展了“我的中国梦文化进万家”活动，省文化志愿者活动、市首届孝文化节未成年人专场、爱心公益博览会等活动在长沙县成功启动。不断完善学雷锋志愿者工作站“星级”评定，全年有30个志愿者工作站申报创建，全县创星级站25家，其中省级2家、市级5家，扶持“工之友”、“4点半课堂”等一批公益组织发展。编印《市民文明手册》，开展了首届长沙县道德模范和新乡贤评选，跳马镇彭德良获评“中国好人”。全县85家各级各类“道德讲堂”开展“诚信活动”280多场次。文明旅游、禁烟宣传，“文明餐桌”进家庭、进社区、进机关等活动持续加强。 （马 搏）

【拓展县域宣传空间】 星沙新闻网、网络电视台、政务微博、官方微信、掌上星沙“五位一体”新媒体平台全面上线，形成了“指尖上的宣传”新模式。长沙县在对外宣传和舆情引导中，充分发挥各个新媒体平台的功能，新闻网站、电视台通过专题宣传集中传播权威声音，微信、微博平台把党委政府声音纵深扩散，掌上星沙从应用层面推动宣传，实现了新媒体与传统媒体联动宣传，构建了立体、多维的宣传格局。此外，2014年长沙县组织成立了百人网评员队伍，为更好地开展网络正面宣传和舆论引导工作发挥了重要作用。 （马 搏）

统战工作

【概况】 长沙县委统战部是中共长沙县委主管统一战线工作的职能部门，属行政单位。定编9名（含侨联2名编制），其中行政编8名，事业编1名，内设综合办公室。职能职责：贯彻落实上级统战部门的工作要求，指导、协调、检查、监督各单位各部门统战工作的落实和开展。保持同各民主党派、党外人士的密切联系，协调关系，指导各项活动的开展，加强统战队伍建设，做好统一战线各方面工作；积极发挥统战优势，调查研究并反映全县非公有制经济代表人物的情况，协调关系，提出政策建议；将新的社会阶层人士统战工作作为新的着力点，为长沙县经济建设凝聚力量；加强宗教管理，维护社会稳定；发挥港澳台胞和海外侨胞资源优势，促进全县经济建设的发展。

深入开展党的群众路线教育实践活动。根据县委统一部署，结合工作和岗位实际，部联合支部（部机关、工商联、台办、侨联）在3月底全面启动教育实践活动。活动中，坚持“走下去”与“请上来”相结合的方式，主动深入人民群众和党外代表人士当中倾听意见建议，邀请他们参加座谈会，诚恳接受他们的批评，自觉置身于他们监督之下，加深统战部门与他们的联系，得到了他们的充分信任和大力支持。11月7日组织召开总结大会，民意测评满意度达100%。全县327个非公组织党组织共2700余名党员积极参与，圆满完成了各项规定动作。

扎实推进“四同”创建活动。成立“同心工程”工作领导小组和“四同”创建活动工作指导小组，负责“同心工程”工作的组织领导和“四同”创建的统筹协调，并明确由县委统战部牵头，有关县直部门单位参与。9月，金井镇惠农村、星沙街道碧桂园社区、星沙产业基地星工场企业基地、黄兴镇长沙南方钽铌有限责任公司分别创建为县级“同心示范乡村”“同心示范社区”“同心示范园区”和“同心示范项目”。11月，惠农村和碧桂园社区成功创建为市级“同心乡村”、“同心社区”。12月，惠农村接受省级“同心乡村”创建工作督查指导，得到了省市督查调研组的充分肯定。为鼓励示范点进一步深化创建活动，采取以补代奖形式给予每个创建点2万元的创建经费补助。

切实加强理论研究和宣传信息工作。全年主动承担市委统战部调度的理论研究课题4个，所承担课题任务为全市9区县市之最。同时充分利用党报党刊、专网专刊以及其他媒体，大力宣传统战工作动态、经验成效、先进典型和统战人物、统战故事，其中《湖南日报》刊发6篇，《湖南统一战线》和《长沙统一战线》刊发9篇，《三湘统战》和“和网”刊发消息与文章150篇，湖南卫视、《长沙晚报》和海峡两岸各大网站等媒体对该县统战工作均有报道。在被采用的信息中，关于第二次中央新疆工作座谈会的建议信息得到了中央首长的重要批示。

着力实施“同心”文化统战工程。湖南辛亥革命人物纪念馆的大型浮雕、陈列布展全部内容设计、进出主干道拓宽、馆内空调系统和电梯设备安装等工作均已完成，黄兴文化广场竣工并投入使用。积极开展了“统战知识大讲堂”、国际国内形势分析报告会、统战文化交流研讨会、港澳台侨经济文化交流中秋座谈会等学习培训和文化交流活动。为纪念黄兴诞辰140周年和逝世100周年，开展了面向海内外华人华侨的“矢志炎黄为振兴”——纪念黄兴“中国梦杯”征文活动，举行纪念黄兴座谈会，邀请省内外和加拿大的12名书画名家在黄兴故居举行纪念书画笔会。切实加强统战理论、统战思想和统战文化研究，汇集该县部分党外领导干部工作经验与意见建议的《同心·同行》和较为全面反映长沙县统战工作成绩的《五十里水路到湘江》两书正式出版。

不断深化合作共事。创新制定了《长沙县党外科级领导干部申请加入中国共产党暂行规定》，建立健全了《县委常委与党外代表人士联谊交友制度》、《县委、县政府领导、县委统战部干部与党外代表人士交友工作实施方案》、《党外代表人士年度履职报告制度》，及时充实党外干部后备人才库，组织开展党外代表人士专题培训。不断完善对口联系和特约人员工作制度，主动聘请党外人士和各界代表人士100余人担任党风政风监督员、司法监督员、法院陪审员和招标采购监督员。

积极开展港澳台海外统战工作。切实深化联络联谊，坚持在重大民族传统节日向港澳台同胞和海外华人华侨问候道贺，走访慰问县内重点港澳台侨属、黄埔老人和国民党起义投诚人员，组织赴台参加“我们都是一家人”主题团拜活动，在黄埔女兵郑淼100岁寿辰之际向其祝寿并借此组织前来祝寿的黄埔老人及相关对象进行座谈交流。县台办被评为2014年中央台办“两刊”对台宣传工作先进单位。大力开展扶贫帮困，为2名抗战老兵争取每人每年1万元的生活困难资助资金，帮助抗战老兵黄刚实现回乡定居心愿，为特困台属、侨眷郑家曙争取各类扶助资金4万元并将低保标准提高到7200元/年，组织双江镇龙华村26名涉侨女童开展“牵手看世界·爱心绘彩虹”活动。积极促进文化交流，由泰国泰玺投资集团捐赠30万元人民币修建的双江镇龙华村“泰玺文化广场”10月竣工并投入使用；3月底和4月中旬，邀请中国台湾国学专家洪淑慧、台湾知名儿童心理学家黄国显在该县分别举办了国学经典读书会、“爱我，请先懂我”大型公益儿童教育讲座，社会反响良好。

大力促进非公经济发展。突出抓好非公党建示范点建设，对长沙众城机械有限公司等6个示范作用明显的非公企业党组织给予经费补助12万元。加强基层组织和服务平台建设，全县18个需要换届的镇街商会全面完成换届工作；湖南青松养老产业投资管理有限公司在上海股权托管交易中心挂牌上市，成为全省首个依靠养老产业登录Q版的上市企业。黄兴商会、县工商联分别被评为全国“百佳”商会、全省“五好县级工商联”。全面开展“信誉建设年”活动，非公经济领域“四信”明显增强。持续深化光彩事业活动，鼓励引导非公经济代表人士开展对接“三区”活动，全年资助特困群众1890余户、贫困学生近300人，累计捐款捐物219万元。

积极实施创业富民战略。全县私营企业达9633家、个体工商户达42416户，分别新办2340家、4679户，分别超过市下达的新办目标值600家、2500户。认真贯彻中央、省、市有关政策精神和全省创新创业大会精神，严格执行《长沙县创业富民专项扶持资金使用管理暂行办法》、项目审核审定程序等制度规范，全年共扶持创业基地、创业项目137个，扶持资金885万元；争取市级扶持项目98个，扶持资金456万元。（吴　琼）

【创新开展“四同”创建活动】2014年，由县委统战部牵头成立“四同”（即同心乡村、同心社区、同心园区、同心项目）创建活动指导小组，负责创建活动的组织领导和统筹协调，在指导小组的精心指导下，创建活动取得了可喜成果。金井镇惠农村、星沙街道碧桂园社区、星沙产业基地星工场企业基地、黄兴镇长沙南方钽铌有限责任公司分别创建为县级“同心示范乡村”“同心示范社区”“同心示范园区”和“同心示范项目”。惠农村、碧桂园社区分别创建为市级“同心乡村”“同心社区”。12月5日和29日，《农民日报》第2版、《湖南日报》头版分别以《“乐和乡村”在湖南落地生根》、《惠农村的“两型”蝶变》为题，对惠农村创建工作成效进行了报道。“四同”创建活动的深入开展，吸引5000余名统战成员积极参加，发现培养宣传党外代表人士近60名，有力推动全县“同心工程”实施，在服务全县经济社会发展、培养使用党外代表人士等方面发挥了重要作用。（吴　琼）

【信息工作】该县统战部门十分重视宣传信息工作，全年在上级统战工作专网上稿150篇，其中《三湘统战》35篇、“和网”115篇，超过市定报送任务数90篇（市委统战部要求上报不少于60篇，且未对上稿任务作明确要求）。在被采用信息中，关于第二次中央新疆工作座谈会的信息得到了中央首长的重要批示。（吴　琼）

【“五个文化”建设】创新文化统战工作，大力加强党政关系“合”文化、民族关系“和”文化、宗教关系“善”文化、阶层关系“义”文化、海内外同胞关系“根”文化的“五个文化”建设夯实筑牢广大统战成员的共同精神家园，为长沙县首次荣获“全国文化先进县”作出重要贡献。一年来，统战部积极开展“统战知识大讲堂”、国际国内形式分析报告会、统战文化交流研讨会、港澳台侨乡经济文化交流座谈会等学习培训和文化交流活动。为了纪念黄兴诞辰140周年和逝世100周年，开展了面向海内外华人华侨的“矢志炎黄为振兴”——纪念黄兴”中国梦杯“征文活动，邀请省内外和加拿大的12名书画名家在黄兴故居举行纪念书画笔会，召开纪念黄兴座谈会等纪念活动。鼓励引导企业加强文化建设，切实增强文化软实力。深入挖掘、科学整理统战文化资源、借助各级媒体宣传推荐，激发海内外华人华侨的“同根同宗”情感。切实加强统战理论、统战思想和统战文化研究，汇聚该县部分当对领导干部工作经验与该县建设的《同心·同行》和建设为全面反映长沙县统战工作成绩的《五十里水路到湘江》两本书正式出版。（吴　琼）

机构编制工作

【概况】长沙县机构编制委员会办公室是长沙县机构编制委员会常设办事机构，又是县委、县政府的工作机构。2014年年底，县编委办领导班子设4名，其中主任、党组书记1名，党组副书记1名，副主任2名，共定编制13名，其中行政编制12名，后勤事业编制1名。2014年县编委办围绕县委、县政府“领跑进军”的宏伟目标，创造性地开展机构编制工作，使机构编制工作服务于全县的经济工作和社会发展大局。（赵　兵）

【机构编制实名制数据库建设】长沙县召开专题会议研究部署机构编制实名制管理数据库建设工作，成立了由县委常委、县委组织部长、统战部长周志远任组长的县机构编制实名制管理系统数据库建设工作领导小组，并制定了工作方案和完成相关设备的采购。县编委办于2013年4月27日组织全县党政群机关和事业单位召开了实名制管理数据库建设工作动员大会，并对各单位政工干部进行了业务培训。同时建立了县机构编制实名制工作群，实时指导各单位开展信息采集工作。至2013年6月30日，全县74家行政机关，651家事业单位所有实名制电子版、纸质版表册收集齐全，由于部分问题没有得到明确答复，决定暂不录入系统中。2013年10月18日，省编办答复了部分问题，启动长沙县实名制数据库的审核录入工作。县编委办积极协同县委组织部、县人事局召开专题工作会议，就如何对收集的表册开展审核进行深入探讨研究，由组织部、人社局将人员信息提供至县编办，县编办联系各单位政工干部结合单位实际情况，交叉核对确认无误后录到系统中。2014年3月，长沙县选定为湖南省实名制数据库试点单位。截至2014年5月31日，所有机构及人员信息已完成录入工作，实名制数据库系统进入试运行阶段。2014年10月16日，长沙县接受中编办机构编制核查和实名制数据库建设工作开展情况督查，实名制数据库建设工作得到中编办的肯定。（赵　兵）

【事业单位分类改革】县编委办按照省、市编委办关于事业单位分类改革工作的统一部署，积极稳妥地推进该项工作。一是2013年11月29日，长沙县召开县委常委会议，专题听取县编委办关于分类推进事业单位改革工作汇报。会议对县分类推进事业单位改革工作进行了安排部署。二是为进一步推进事业单位分类改革工作，成立了以县长为组长的分类推进事业单位改革工作领导小组，且领导小组下设办公室（设县编委办），由县编委办主任任办公室主任，拟定了《关于分类推进事业单位改革的实施意见》，并于2013年12月10日召开了全县事业单位分类改革总动员工作会议，并对各单位政工干事进行了业务培训。三是将行政类单位报市备案。长沙县符合行政类划分标准的有县统计局等12家事业单位，经2013年12月30日县分类推进事业单位改革工作领导小组研究同意，县编委办于2013年12月31日将统计局、长沙县畜牧兽医水产局、长沙县民族宗教事务局、长沙县动物卫生监督所、长沙县渔政监督管理站（长沙县水生动物防疫检疫站）5家单位上报市编委办备案。四是县编委办参照《长沙县事业单位分类指导目录》对全县618家事业单位进行预分类工作。总共分为四大类，其中行政类12家、公益一类304家、公益二类14家、生产经营类16家、教育系统240家（公益一类208家、公益二类32家）、卫生系统32家（公益一类4家、公益二类28家），其中有40家挂牌机构，没有计入机构个数（18个乡镇动物防疫站在公共服务中心挂牌、17个乡镇国土资源所在村镇建设服务中心挂牌、5个堤委会在乡镇水务管理站挂牌）。县编委办已将事业单位预分类情况以文件形式发到各单位，要求各单位认真核对分类情况，有不同意见的可以书面形式上报县改革办。2014年2月26日，县改革领导小组会议研究通过了县分类方案。根据分类方案，县编委办对全县事业单位基本情况进行了分类整理，对于部分需要整合、调整的职能做出了初步规划。（赵　兵）

4月22日上午，原全国政协委员、省政府参事王沛清等一行到长沙县调研事业单位分类改革（赵兵摄）

【干部人事和机构编制领域突出问题专项治理】按照省市关于专项治理工作的总体部署，长沙县成立了由县纪委牵头，县委组织部、县编委办、县人社局、县财政局为成员单位的专项治理工作协调领导小组，重点治理干部人事和机构编制领域“三超两乱”问题。自专项治理开展以来，各成员单位召开碰头会8次，下发整改通知书21份，对发现问题的单位要求整改，验收后合格率100%，成效明显：37名因病不在岗人员有3人已回单位上班，1人辞职，2人退休，其余人员到人社局完善了相关手续，4名无特殊原因不在岗的人员已办理了辞职手续，收回了冒领的财政资金12万余元；1名死亡的退休人员逾期领取的退休金已从死亡抚恤金中扣回；11人调离后未办理编制关系的已全部办理到位。长沙县按照省市专项治理的工作要求，杜绝了超编进人，采取自然消化、空编单位优先从超编单位选调人员等方式消化超编；摸清超职数、超规格配备领导干部的底子；34个超范围党政分设职务的整改到位；切实严把人员进入关，防止出现违反规定程序进人的行为。（赵 兵）

【推进综合执法改革工作】为切实解决行政执法领域长期存在的多头执法、职权重复交叉、机构膨胀且执法力量分散等问题，长沙县正在探索建立综合行政执法运行机制，开展综合行政执法改革。3月底省政府发出的《湖南省人民政府关于长沙县进一步推进相对集中行政处罚权工作的批复》（湘政函〔2014〕46号）下达长沙县后，按照《批复》中“撤销长沙县城市管理和行政执法局，组建长沙县行政执法局，为长沙县集中行使行政处罚权的行政机关”的精神，长沙县政府先后三次召开专题会议研究，提出“反复酝酿、稳妥推进、集约资源、发挥效益”的长沙县行政执法局筹建工作原则。《长沙县行政执法局机构设置方案（草案）》按照重大事项决策程序，已广泛征求23个涉改单位和镇街的意见，召开了人大代表、政协委员座谈会、专家论证会，并通过了县长办公会。在进一步修改完善《长沙县行政执法局机构设置方案（草案）》后，现《方案》已经县人事编制领导小组会议、县政府常务会议、县委常委会议审议通过。目前，县执法局的组建工作已抽调了专门人员成立了组建工作组。（赵 兵）

【推进县功能区建设】长沙县积极推进功能区建设，加强与省、市机构编制部门的沟通协调，在市编委办的大力支持下，批准设立黄兴会展经济区管理委员会（正科级机构）、长沙县松雅湖管理局加挂星沙松雅湖商务区管理委员会牌子、长沙县现代农业创新示范区管理委员会加挂长沙现代农业区管理委员会牌子。6月，省发改委正式作出批复，同意《长沙县功能分区体制机制创新实施规划(2013—2020)》(以下简称《规划》)，并要求长沙县坚持区域差异化发展，加快推进六大功能区建设，全面优化提升县域整体功能和综合竞争力，实现经济社会健康协调可持续发展。按照市委、市政府安排部署，由市发改、民政、法制办等部门认真研究，先期拿出初步意见后再上市委常委会议、市政府常委会议专题研究，三部门正在研究制定初步意见。（赵 兵）

12月31日，长沙县2014年度机构编制统计工作会议召开 （赵 兵摄）

【领导职数清理】按照干部人事与机构编制领域突出问题专项治理工作的要求，县编委办对全县副科级以上领导职数（含高配）进行全面清理。领导职数的核定坚持以上级机构编制部门核准的职数为标准，经过认真细致的清理及与上级机构编制部门的核对，摸清了县党政群机关、人大、政协及事业单位（含内设机构、挂牌机构）领导职数的底子，并将清理情况在县编委会议上进行通报，并就长沙县部分单位领导职数核定偏紧、上级需明确领导职数等方面的问题提出建议，将逐步向上级机构编制部门申报予以明确。（赵 兵）

【编外聘用人员清理】县编委办针对长沙县党政机关、事业单位编外聘用人员问题进行了摸底。目前全县编外人员主要包括政府雇员、大学生村官、编外教师、劳务派遣人员、巡防队员等15个群体，县编委办要求各相关单位报送了编外聘用人员具体情况，摸清编外人员底数，在此基础上会同人社、财政等部门出台编外合同制人员管理办法，加强对编外人员的管理。

（赵　兵）

【行政审批制度改革】按照省、市文件要求，长沙县扎实做好市级经济社会管理权限的承接工作，全面铺开了行政审批事项清理工作。成立了以县长张庆红为组长，县纪委书记、组织部长、常务副县长为副组长，各相关责任单位为成员单位的行政审批制度改革工作领导小组，领导小组办公室设在县编委办。结合长沙县实际情况，制定《关于落实市委办公厅、市政府办公厅〈关于下放部分市级经济社会管理权限的决定〉工作方案》，将具体下放到长沙县的80项权限落实到24家责任部门，顺利承接省市下放到长沙县的经济社会管理权限工作。积极开展行政审批制度改革工作，长沙县县本级行政审批项目目录已经县政府常务会议审议通过并向社会进行公示，长沙县实施的行政审批项目228项，其中县本级行政审批事项167项，垂直管理单位行政审批事项61项。自7月24日起，对县政府及工作部门的行政权力进行全面清理精简，清理精简工作已全面完成并经县政府常务会议审议通过，长沙县实施的12大类行政职权共计3509项。与前期的长沙县行政审批项目目录共同构成长沙县政府“权力清单”。目前由县政府办牵头，县监察局、县政务中心配合，开展优化审批流程工作，已选取县水务局为试点单位进行流程再造工作，试点结束后在全县全面推广。（赵　兵）

【政府机构改革】省政府关于市县政府机构改革动员电视电话会召开后，县编委办作为机构改革牵头单位，召开干部职工会议进行传达学习，并对政府组成部门及直属事业局的“三定”规定进行全面的梳理，制定相关表册，为政府机构改革部门单位重新拟定“三定”规定做好准备。为做好政府机构改革方案，县编委办分别征求县级领导和各分管领导意见，10月13日至20日，分别到涉改部门走访调研、征求意见，召开26个座谈会，在充分考虑涉改部门意见后，结合长沙县实际情况，形成《长沙县职能转变和政府机构改革方案》。同时，县编委办将《方案》也多次向县领导汇报征求意见并与市编委办汇报沟通修改完善。现《方案》已经人事编制领导小组会议、县政府常务会议、县委常委会议审议通过，并于11月中旬上报市编委办。

（赵　兵）

党校（行政学院）工作

【概况】2014年，县委党校、县行政学院以科学发展观为指导，不断加强“培训兴校、科研立校、人才强校、建设美校”的建设步伐，认真开展以“为民务实清廉”为主要内容的党的群众路线教育实践活动，取得干部培训、教学科研、校园建设等各项工作新成效。全年共举办各类会务和培训班182期19000余人次。其中主体班14个19期，培训学员达3530余人次。县内部门班及会务150期，14700余人次。异地培训班13期850余人次。连续三届获得全省党校系统先进单位，获全省节能机关示范单位，获市级文明标兵单位称号，“党校练兵讲堂”获市十大先进学习载体，连续5年荣获全县绩效考核一类单位。（李　杜）

【干部教育培训】按照《2014年全县干部教育培训工作要点》，县委党校、县行政学院与相关 部门协调配合，积极为建设现代化幸福美丽长沙县培养人才服务。

主体班培训　全年举办了包括长沙县科级领导干部学习贯彻党的十八届三中全会和习近平总书记系列讲话精神集中轮训班、文艺骨干培训班、宣传干部培训班等14个19期主体班，培训班课程按照分类与分层、缺需与补学、传统与创新相结合的原则设置，如对基层干部培训班侧重党在农村的政策、法规和实用技术的传授；对公务员素质培训侧重创新思维、依法行政以及公务礼仪等知识的普及；对女干班侧重阳光心态的修炼、良好的沟通、人格魄力与气质提升等知识的宣传，开发了以《努力提升群众工作能力——以长沙危险废物处置中心项目为案例》的“案例式＋情景模拟式”教学专题。

继续推进分校、教学点培训　加强党校分校建设，主动将政策理论送到农民家门口。到2014年年底，县委党校基层分校、教学点、农家课堂设立达到了10个，形成了党校（县级）＋分校（镇街）＋教学点（村、社区）＋农家课堂（农家）”四级培训模式。

理论宣讲　配合县委、县政府中心工作，县委党校精心确立理论宣讲专题，选派骨干教师深入部门和基层单位作报告、专题讲座。成立“十八大精神”宣讲团、“十八届三中全会”讲师团等，围绕主题，深入机关、企业、学校、社区、村镇开展理论宣讲。全年举办宣讲活动近百场次。

学员管理　严格执行中央和省、市党校“从严治校，从严施教，从严管理”的办学方针。一是完善学员管理

4月9日，长沙县科级领导干部学习贯彻党的十八届三中全会和习近平总书记系列讲话精神暨群众路线教育实践活动集中轮训班开班　（杨华宏 摄）

制度。制定并完善了《学员守则》《考勤纪律》《主体班学员管理办法》等规章制度。干部培训到课率、参考率达到95%以上。二是实行主体班跟踪管理制。明确班主任负责，派专人跟班管理；推行培训结业考试考核制度，对学员的作业、心得体会、结业论文、出勤情况、在校表现等进行全面考核。三是拓宽学员管理的途径。大力开发各地教育资源，加强党性教育基地建设，不断拓宽学员管理的平台和途径。在开慧镇建立了“立党为公、执政为民”的教育基地，在长沙监狱建立了警示教育基地，在黄龙新村、印山村、金龙村建立了现场教学基地。四是打造学员培训新载体。该校（院）创新学员培训载体，在培训班举办演讲赛、辩论赛、拔河赛、篮球赛、文艺汇演、拓展训练、体能拉练、学习成果汇报等活动，提高了学员学习的兴趣，收到很好的培训效果。五是建立和完善学员学习培训档案。开展优秀学员评选，及时反馈学员培训情况，注重与送训单位和组织部门的联系沟通。全年没有出现任何学员违法乱纪的现象，党校学员管理得到中组部督查组领导好评。　（李　杜）

【科研工作】 校长罗静良撰写的《建立来自基层一线党政领导干部选拔培养链研究》在第七届中国管理科学大会论文评选中获一等奖；《加快发展社会化养老服务的对策研究——以长沙县为例》和《基于质量导向的新型城镇化发展路径研究——以长沙县为例》等3个课题获省委党校立项；《征地拆迁工作中的矛盾化解机制研究——以长沙县为例》课题上报市情研究会；《提高长沙县城镇化建设质量的若干建议》、《加快长沙县农业转型发展的相关建议》等5个县级课题得到县委县政府主要领导批示；协助完成了县纪委和县委组织部课题，得到省、市、县相关领导的高度认可和批示；参加县委宣传部组织的“微征文”活动，获二等奖1篇、三等奖1篇。　（李　杜）

【学校发展】 **规范管理** 一是修订完善《权利运行制度》，坚持民主决策，用制度管人管事。制定完善《中共长沙县委党校教职工绩效考核办法》。二是每周定期召开校务会议、每月召开教职工大会，及时对工作进行总结点评，进行全面部署安排。三是严格执行党风廉政制度，坚持对制度执行情况进行督查。四是组织全体教职员工坚持每月开展一次中心组学习，每月开展一次“党校讲堂”，举办“读书汇报会”和“调研成果汇报会”，参加“假日讲坛”活动，提高全体教职工理论修养。

开展校园文化建设 （1）在报告厅、教室、走廊和学员宿舍等地方张贴文明礼仪和名言警句100条，宣传党的知识，营造文化氛围。加强网站管理建设，宣传学校各项工作，全年刊发新闻稿件100多条，对外影响不断扩大。（2）举办各类活动凝聚人心，组织庆“七一”的“六个一”活动、调研汇报会等；对“优秀党员”、“明星教师”进行总结表彰；结对帮扶困难群众、困难学生。

学校改扩建 投资400多万完成五楼报告厅升级改造、饮水系统提质、学员自助用餐、校内外路灯建设、学员房间改造等，同时正在抓紧对入校道路手续办理。

两型社会建设 实施节能改造项目，学员宿舍实现插卡取电，人走电关，在干训楼内张贴节能小标识；推行无纸化办公，文件全面实现双面打印；开辟校园生态菜地，科室分块管理，教职工亲手种菜。全年实现节能节电节约开支10多万元，积极创建两型机关，获省节能机关示范单位，县委政府将我校作为零碳机关创建示范工程。

文明创建工作 一是成立党校志愿者服务队，全员参与志愿服务，开展学雷锋扶贫帮困等活动。二是在党校设置道德讲堂，邀请未成年人参加，关心未成年人健康成长，全年开展道德讲堂活动两次，下基层宣讲道德建设课10余堂。三是积极创建市级文明标兵单位，按照文明创建五个一要求

落实各项工作。今年获市级文明标兵单位称号。（李 杜）

【机关党建】认真开展党的群众路线教育实践活动，加强领导班子自身建设，重点突出机关党建引领示范作用。发挥党校优势，重点搞好与陶公庙社区的结对共建工作，开展了在职党员进社区活动；建立“党员先锋岗”、“党员模范岗”，划分党员责任区，确立了党支部的战斗堡垒作用和地位；严格把好发展党员工作的各个环节。（李 杜）

史志工作

【概况】2014年，长沙县史志部门充分发挥存史、资政、育人功能，积极开展各项工作。加强史志编研，编撰出版《长沙县通史》和《长沙县年鉴（2013卷）》，《长沙县年鉴（2014卷）》编纂工作有序开展。收集整理1949年至2013年期间党和国家领导人视察长沙县的相关图片100余幅，形成文字资料1万余字。金井镇东山村编纂《东山村史》，形成20万字初稿。在全县广泛宣传国务院《地方志工作条例》精神，继续在《星沙时报》连载《长沙县史话》，全年连载110期。积极推进党史“八进”活动，向联系点阳雀新村党支部等地捐赠各类党史书籍，扩大党史宣教的受益群体。定期回访长沙县革命先烈后代困难家庭“幸福计划”实施情况，推介其经验。“幸福计划”重点工程长沙县烈士陵园建设项目全面铺开，完成一期工程投资2000万元，全县迁入烈士陵园的烈士墓达380余座。做好《长沙年鉴》2013年度人物和年度事件推选工作，姚庆龙、卜克获评《长沙年鉴》2013年度人物，“黄花机场跻身全球机场百强”“上海大众湖南（长沙）项目开工建设”获评《长沙年鉴》2013年度事件。（朱立辉）

【《长沙县通史》出版】《长沙县通史》编纂工作于2012年3月启动，以湖南省社科院和中共长沙县委、长沙县人民政府为主体，成立长沙县通史编纂委员会，在系统收集、挖掘、整理史料的基础上，潜心研究，精心编纂，数易其稿，形成定稿100万字。全书采用通史体例，将长沙县历史分为古近代、现代、当代三卷撰写，共22章。这是全国首部由地方党委政府主持编纂的县级通史，也是湖南省首部县级通史。2014年9月26日，《长沙县通史》首发座谈暨新闻发布会举行，新华网、人民网、红网等主流媒体竞相报道。（朱立辉）

【刘少奇天华调查纪念馆成为党的群众路线教育基地】刘少奇天华调查纪念馆是县史志档案局代管的党史陈列纪念馆。2014年3月，中共长沙县委将该馆确立为全县党的群众路线教育实践活动教育基地，在全县党员干部中开展“五个一”专题活动，即参观一次刘少奇天华调查纪念馆、观看一部《刘少奇的44天》专题片、学习一本党史读物《刘少奇在天华——小故事大情怀》、开展一次“学天华调查精神，做群众贴心人，当发展引领者”的专题讨论、科级以上党史领导干部撰写一篇学习心得体会。该馆全年累计接待4万余人次，参观团队900多个。2014年4月28日，刘少奇女儿刘爱琴等23位革命元勋后代莅临参观，纪念馆的影响力与日俱增。（朱立辉）

【《长沙县年鉴（2013）》出版】5月19日，由县人民政府主办、县史志档案局编纂，方志出版社审核批准的《长沙县年鉴（2013）卷》出版发行。该书总计70余万字，100余张图片，图文并茂地展示2012年长沙县各单位、各镇（街）及各行各业的基本情况、主要工作、重要事件，反映了全县经济社会发展的新进程、新成果、新经验，是社会各界了解长沙县的权威工具书。该书是长沙县年鉴编纂实行“一年一鉴”以来的首部年鉴，采用全彩印制，进一步调整优化了篇目结构，并首次增设英文总目录，新设立“人文拾萃”栏目，史志结合，增强可读性和趣味性。（朱立辉）

老干部工作

【概况】2014年，全县共有离休干部69人，年龄最大的91岁。县处级以上退休干部133人，年龄最大的85岁。2014年全县老干部工作以落实老干部“两项待遇”为重点，不断完善离休干部“三个机制”，全面落实离退休干部各项待遇，创新活动载体，丰富活动内容，坚持求质求效，老干部工作取得了显著成绩，为推动长沙县科学发展跨越发展做出了积极贡献。（王洪勇）

【抓好“两项建设”】一是加强离退休老干部党支部建设。每年为离退休干部党支部阵地建设安排专项经费，组织全县离退休干部党支部书记参加培训，提高党支部战斗力。近三年来全县新成立离退休干部党支部18个，其中农业局老干党支部、凉塘路离退休党支部、果园镇离退休党支部被评为市级离退休干部示范党支部。二是加强离退休干部思想政治建设。坚持为离退休干部免费订阅学习资料、组

长沙县县离退休老干部代表座谈会　（王洪勇 摄）

织老干部集中阅文和定期集中学习等三项制度，开展老干部理论大讲堂学习活动，组织老干部代表参加市县政治理论学习，使他们始终保持思想常新、理想永存。（王洪勇）

【落实 “两项待遇”】一是切实抓好政治待遇的落实，让老干部心齐气顺。组织召开县委党的群众路线教育实践活动老干部征求意见座谈会、老干部重阳节座谈会、老干部春节座谈会，充分调动老干部参政议政的积极性。组织老干部参观黄花镇城镇建设、春华镇现代农业生产、湘龙街道城市建设、干杉上海大众汽车项目、白沙镇乐和乡村建设和宁乡关山新农村建设等，让老干部开阔视野，及时了解全县及长沙的改革发展变化。二是切实抓好生活待遇的落实，让老干部安享晚年。落实离退休干部共享改革发展成果和副县级以上退休干部春节慰问等经费按地方一般预算收入同比增长机制，2014 年分别达到 2800 元 / 人和 3200 元 / 人。春节及重阳节上门走访慰问老干部 450 人次；离退休干部生日慰问 89 人；到医院看望住院离退休干部 120 人次；协助老干部家属为离休干部办理丧事 11 次；慰问特困离休干部和已故离休干部遗孀120人次，发放帮扶资金 21 万多元；对离休干部中的特殊群体，如南下干部、伤残军人给予 3—4 次走访慰问。组织老干部开展钓鱼、棋牌等休闲活动，陶冶情操，增进友谊。（王洪勇）

【加强“两个阵地”建设】进一步加强老干部活动中心和老年大学两个阵地建设，积极引导老干部发挥作用。全年新建老干部“四就近”工作站 17 个，全县社区建站率达 50% 以上，为离退休干部创造了舒适的学习环境和活动场所；“五老四教”工作常态化，“五老”志愿者队伍人数达到 7600 多人，组织 4 次“五老”宣讲员经验交流会，开展宣讲 220 场次，听众 3.5 万人，在条件成熟的社区建设 10 个老干部网络课堂示范站点；2014 年度县老年大学继续保持省级示范性学校品牌，成功举办“如诗夕阳红”欢度重阳文艺晚会。（王洪勇）

【县关工委工作】广泛开展读书、征文、演讲等系列主题活动和“美丽星城”摄影比赛，建立青少年校外活动示范阵地 130 个，2014 年县关工委被市关工委评为关心下一代工作十佳载体，青山铺镇天华村彭建均被评为长沙市第二届“十佳”五老。县老年书画协会建立书画创作研究员队伍，编辑出版《长沙县书画作品集》第三集，长沙县继续保持全省“书画之乡”称号。老年保健协会组织开展 7 场针对性的老年保健知识讲座。（王洪勇）

对台工作

【概况】长沙县是湖南省对台工作大县之一，工作对象多，1949 年前后随国民党去台人员 2100 余人（不含第二、第三代），其中有原国民党中常委袁守谦、原国民党中将后任台湾“国防部长”黄杰等；涉及的台属有 2000 多户，6000 余人。2014 年年末，长沙县有台资企业 28 家。县域内暂住台胞 85 人，其中驻厂台商 48 人（动态），涉台婚姻 94 对。2014 年，该县去台湾探亲、观光、考察达 3247 人次，台湾到该县投资、观光、考察达 2525 人次。3 月 18 日至 25 日，县台办主任李红军赴台进行入岛联络，进一步搭建联络、交流交往的平台；同时考察台湾现代农业项目，助推长台农业企业合作。4 月 15 日，台湾国民党前副主席郝柏村到长沙县福临镇参观长沙会战遗址。4 月 16 日，台企长沙创芯集成电路公司正式量产，首批产品优良率高达 98%，达到国际一流水平。4 月 21 日，香港珠海学院新闻及传播学系师生一行 35 人参观星沙台企长沙创芯集成电路有限公司。5 月 27 日，台北湖南同乡会一行参观黄兴故居。9 月 3 日，花之林餐饮管理有限公司总部—远见嘉华项目举行奠基仪式。10 月 25 日，协办“中国梦”杯纪念黄兴先生诞辰 140 周年征文比赛。11 月 6 日，长沙市台湾同胞投资企业协会星

郝柏村（左四）一行与省市台办负责人在杨汉域将军勒石刻前合影

（县台办 提供）

沙分会座谈交流会，邀请30多位台商以及县工商联、工商局、出入境管理大队负责人召开座谈交流，促进职能部门与台商、台企对接，现场答疑，共谋发展。11月16日，台湾海峡交流基金会董事长林中森一行参观黄兴故居，并题写“革命先锋、无我典范”留念。2014年，先台办上报信息稿件共80篇，其中65篇被采用，县台办被评为2014年中央台办“两刊”对台宣传工作先进单位。（郭小杰）

【郝柏村到长沙县参观长沙会战遗址】 4月15日，95岁的抗战老兵、原中国国民党副主席郝柏村到长沙县福临镇，参观长沙会战抗战纪念遗址，省市县台办负责人陪同参观。郝柏村一行首先参观了位于天华村的杨汉域将军勒石刻等抗战遗址，在杨汉域将军勒石刻前，郝柏村先生兴奋地讲起长沙会战的历史并表示这个石刻记录了在抗战历史上很重要的一段，这个在中华民族的抗战历史上永垂不朽。接着，登上影珠山顶，参观影珠山抗战遗址群，仔细地察看抗日阵亡烈士墓，倭寇万人冢，抗战指挥所，瞭望台等。第三次“长沙会战”遗留下来的抗战遗址。郝老指出，这些遗址对研究抗日战争时期“长沙会战”战史和当时军事设施构筑，具有重要的历史价值和艺术价值。（郭小杰）

【长沙市台湾同胞投资企业协会星沙分会举行座谈交流会】 11月6日，长沙市台湾同胞投资企业协会星沙分会举行座谈交流会，联谊会会长及各位理事、成员相聚一堂，畅所欲言，展望未来。长沙市台办经济处、长沙县台办、县工商局、县工商联、县出入境等部门负责人获邀参加。

会上，市台协常务副会长、星沙联谊会会长、长沙统力兴业房地产开发有限公司陈俊任先生，回顾了近年来长沙县台资在长发展的良好态势，感谢长沙县各级各部门对台胞、台商的关怀与帮助。获邀的市台办、县台办、县工商局、县工商联、县出入境等部门负责人就如何更好地服务好在长台胞、台商、台企等发言。座谈会上，与会台胞、台商畅所欲言、共话友谊，整个会场充裕着深深的情谊和浓浓的祝福。（郭小杰）

【林中森一行参访黄兴故居】 11月18日，海基会董事长林中森一行在海协会到木薯张邓子超。省台办主任冯波和市县台办负责人陪同下到黄兴镇参观黄兴故居并出席座谈会。

林中森一行参观了黄兴故居堂屋、厢房、谷仓等陈列室，详细了解黄兴一生的革命历程，并题写“革命先锋、无我典范”留念。

座谈会上林中森表示，海峡两岸扩大双向交流，推动两岸关系纵深发展已是必然趋势和客观要求，必使两岸关系和平进步、民众消除认知误解，为两岸互信互惠“加分”。（郭小杰）

【陈川青一行参访长沙县农业园区】 12月18日，台湾公务人员协会荣誉理事长陈川青一行对长沙县农业园区进行考察，并先后参观了九华山蔬菜

11月6日，长沙市台协星沙联谊会座谈交流会现场（县台办 提供）

示范基地、国进食用菌有限公司、湘丰飞跃基地万亩有机茶示范基地，省市县台办相关负责人随同参加。县委常委、组织部部长、统战部部长周志远陪同考察并出席座谈会。

考察中，陈川青对长沙县发展具有有机生态特色的现代农业给予了充分肯定，对长沙县已基本形成的“一个核心、两大走廊；三条主轴、六大园区；七大产业、八个片区；九大工程、百个农庄”的国家现代农业示范区发展格局表示赞赏。

座谈会上，陈川青表示，两岸扩大农技互动交流十分必要，将为两岸注入现代农业新活力，打造“绿色银行”。 （郭小杰）

县直机关党务工作

【概况】 2014年，县直机关工委共辖党总支21个，党支部156个，党员3112名。县直机关各单位在县委、县政府的正确领导下，认真落实中共十八届四中全会及县委第十二届四次会议关于保持党的先进性、党的群众路线教育实践活动的精神要求，以服务大局，规范管理，打造队伍为着力点，充分发挥机关党组织的战斗堡垒作用和共产党员的先锋模范作用，有效推进了自身建设、作风建设和党建工作的科学化。 （陈司笛）

【机关党组织建设】 完善机关党组织设置。县法院、县林业局等18个党（总）支部进行了换届选举或支委会支委的补选或改选，新增党支部6个。至此，机关工委所辖党总支21个，一级、二级机构党支部156个。结对共建为村（社区）注入活力。按照省、市要求，县直机关136个支部与共建村（社区）签订协议，挥职能优势，以出谋划策、协调项目、出资出物，及兴建健身娱乐场所和兴修水利、公路和其他基础设施等多种形式，帮扶共建村。特别是县环保局等部门在医疗危废处理项目村积极作为，使得项目顺利开工，其《和谐推进危废项目建设的做法》得到省委书记徐守盛、市委书记易炼红的高度肯定，并在《长沙晚报》等媒体上专题推介。县直机关党员进社区排忧解难展现良好风貌。县直机关共有67个单位2176名在职党员已完成进社区报到，并开展义务服务。加强党员管理教育。2014年共转正预备党员27名，组织培训入党积极分子72人。4月份以来，县直机关组织多次阅读、学习比赛，并定期举行淡泊名利、敬业守德多次学习教育活动，全县构造了“书香长沙·板仓学院”国学讲座、道德大讲堂、理论沙龙等学习品牌。机关形成了学风浓厚、干事奋进的良好氛围。 （陈司笛）

6月26日，在天华村刘少奇调查纪念馆举行新党员入党宣誓仪式（佘浪 摄）

【机关党风廉政建设】 分解任务责任上肩，建立分片联系制度，层层落实党风廉政建设任务，督促县直机关各单位主要负责人签订责任状，细化任务，正确履职。督促执行勤政廉政制度，推进党务工作的透明化，对74个县直机关各单位党务公开工作进行检查。推进廉洁从政，开展县直机关《中国共产党党员领导干部廉洁从政若干准则》贯彻执行情况抽查、权力规范运行专项行动的督查，对50多个工委辖管单位党组织建设工作进行巡查并通报检查情况。推进规范化管理，督促县直机关各单位健全完善财务管理制度，规范财务审批程序；明确开支权限和接待标准，从严控制“四项费用”；落实重大事项集体决策制度，做到决策透明；按要求完成规范权力运行制度、领导干部重大事项向县纪委报告制度。抽查10余个机关单位，指导及纠正工作纪律及公车、财经、管理事项24件次。 （陈司笛）

【机关作风建设】 及时传达、学习中央、省、市作风建设各项规定，与有关部门研究出台《关于改进工作作风密切联系群众的规定》《规范公务活动的“六项规定”》《严格廉洁自律的“十个不准”》等相关规定。在重要时段节点，下发关于上班纪律、公车管理、红包礼金等意见、通知5次。

围绕服务群众，4月上旬至5月上旬扎实开展“联系群众办实事，勤廉务实转作风”作风建设主题月活动。全县累计走访群众63952户，接收群众反映问题2934件，已解决2817件，问题解决率达96%。同时编发主要反映基层服务工作突出情况的《作风建设动态》简报三期。加强明查暗访，严格查究问责。开展“门难进、脸难看、事难办”、“慵懒散”和“群众办事难”3项专项整治，会同县纪委共组织13次明查暗访，查处庸懒散拖问题9起16人，对单位问责4个，受理并办结有效投诉4件，窗口超时办结延时4人，履职处理问题不力3起，在县电视台、星沙时报、《作风建设动态》上通报情况13次。同时配合县纪委与媒体协作，从新闻行业聘请一批特邀监察员，通过不定期、不打招呼的巡查和暗访，将少数干部的不良作风拍摄制作反面教材录像片。（陈司笛）

【机关工会联合会工作】加强工会组织建设：根据《中华人民共和国工会法》、《中国工会章程》有关规定，经县总工会批复同意，县检察院工会、县烟草局工会完成基层工会换届工作，县食安检测中心、暮云工业园、县气象局、现代农业示范区等完成工会组建工作。到2014年底，县直机关工会联合会共辖基层工会61个，工会会员1800余名。积极开展工会活动：开展庆“三八”女职工松雅湖竞走比赛，共吸引来自县直机关60余个单位420余名女职工参加，县电视台、《星沙时报》进行专题报道。组织县司法局、县编办、县直机关工委等单位女职工参加长沙县第三届女职工采茶比赛。组建机关男、女职工乒乓球队参加全县“体彩杯”乒乓球赛取得男子团体第5名、女子团体第4名。举办县直机关联合工会第3届男子篮球赛，共有22个单位200多名干部职工组成15支队伍参加，县电视台队获得冠军，县宣传部队、县法院队、县政府办发改局队等分别获得第2–8名。组织县直机关联合工会男子篮球队参加全县职工男子篮球赛获得第8名。慰问劳模及困难职工：配合上级工会对22位市级劳模、34位县级劳模进行慰问。据不完全统计，全年县直机关联合工会及所属各基层工会共慰问困难职工、群众共计111人（户），共计慰问金128580元（不含物资）；共慰问、资助困难学生（含大学新生）约48人，合计慰问金约49100元。（陈司笛）

【县直关工委工作】组织多项益智、益身的少年儿童活动。寒假期间与县文广局共同举办第六届迎新春青少年有奖猜谜活动，县交通局、县国税局、县城管局、县工信局等18个单位120余名家长和学生参加。与县文联联合举办“美丽中国．幸福生活．文明星沙”书法绘画比赛，共收到45个单位113幅作品，其中21幅作品被推荐参加市关工委举办的书画大赛。开展“诵读爱国经典，传承中华文化，放飞中国梦想”为主题的国学经典诵读比赛，县直机关39名选手参赛，县卫生局张若瑜小朋友获一等奖。举办综合知识竞赛，60多个县直单位383名学生参赛。在县直机关青少年中开展“爱心放飞梦想，真情点燃希望”主题活动，特别是“关爱脑瘫儿，同庆‘六·一’节”活动反响强烈，共募得爱心捐款12.37万元，向长沙县籍30名脑瘫患儿捐赠6万元，同时向正在湘雅康复医院治疗的来自全省十四个地州市的620名儿童派送了“六一”节日礼物，12月上旬，继续向患儿家庭赠送价值3万余元的生活物资，针对10户特别困难的家庭慰问现金和物资合计4万余元。到11月底，县直69个单位共帮扶十类困境少儿150多人，共慰问20多万资金和价值4万多元的玩具及学习用品。（陈司笛）

信访工作

【概况】2014年，长沙县信访工作以贯彻习近平总书记系列讲话精神为指导，以开展“党的群众路线教育实践活动”为契机，重点开展信访积案化解百日行动，深入推进领导干部公开接访，畅通信访渠道，及时解决信访问题，建立健全信访工作长效机制，有效维护了该县社会和谐稳定，创造和谐稳定的社会环境。

2014年，接待群众来信来访1366批5005人次，同比2013年批次下降11%，人次下降25%。其中集体上访239批3327人，人次下降30%，个访1127批1678人次，人次下降13.5%；进京非访47人次，非访量下降56%；赴省上访243批497人次；去市上访214批853人次；到县上访868批3608人次。2014年，长沙市处理信访突出问题及群体性事件联席会议授予长沙县“全市信访工作讲评积案化解先进单位”和“全市信访工作讲评红旗单位”称号。

硬性举措合理施压，有效抑制信访量攀升。为有效地推进信访工作，信访局对信访量实行一月一排名、一月一通报，每季度针对信访量较多的前10个村（社区）进行黄牌警告，并启动行政约谈机制。同时，明确对化解信访矛盾不力的镇（街道）或村（社区），其范围内申报项目可行限批，全面实现责任重心下移，积极有效推动信访问题处理。

创新工作方法，全面开展信访积案百日行动。为进一步强化信访积案化解力度，县委、县政府高度重视，并结合群众路线教育实践活动，举全县之力开展“信访积案化解百日行动”。一是创新积案化解工作方法。明确所有积案均由县级领导牵头化解，对每件积案要求实行“七个层级”、“三个环节”化解模式，即组、村、联村干部、镇政法委员、镇长、党委书记、联系积案县级干部分别上门处理，七级联动。化解过程中要求充分发挥村民议事会、镇党政办公会、县信访联席会“三个环节”的作用。二是落实积案化解工作举措。成立县、镇(街道)信访积案化解百日行动两级指挥部，负责协调指挥积案化解工作。县指挥部对积案化解整个阶段实行一周一调度，一周一通报，一月一督查。三是积案化解成效明显。5月14日至8月20日百天时间，成功化解积案62件，完成目标任务的100%，成效十分明显，得到了省、市有关部门，各级领导的充分肯定，多次在湖南日报、长沙晚报、凤凰网、星沙时报等媒体上宣传报道，成功经验也在多个地区进行推广。积案化解百日行动，提前化解了大量不稳定因素，有效减少了重信重访和非正常上访“存量”，保持了全县信访量持续下降的良好态势，全面完成了省、市下达进京非访下降50%的目标任务。

深入推进领导接访包案，全面畅通信访渠道。2014年，该局对市委书记易炼红和市长胡衡华、省委督导组、市交办的26件重点信访案件，切实按照“四个重新”（重新受理、重新接访、重新调查、重新答复）等要求，全部实行县级领导包案，认真落实“五包责任制”，包案的县级领导全部要求深入基层一线，现场依法依规按政策解决群众上访问题，亲自协调有关部门化解处理。成功化解26个，限时办结率100%，督办率100%。

着力夯实基础，努力将矛盾纠纷化解在初始阶段。一是全面构建工作体系。全面畅通民意诉求表达渠道，形成“信、访、网、电”四位一体的工作体系，借助领导接访、领导包案、现场协调、督查督办、信访救助等手段，综合运用法律、行政、社会等措施，全力化解群众反映的信访问题。二是定期梳理排查。县信访局定期对重点群体、重点对象进行全面摸底排查，对上级交办和排查的173名重点人员，逐一建立台账，实行“五包”(包掌握情况、包解决问题、包教育转化、包稳控管理、包依法处理)责任稳控工作。三是加大初信初访和协调会调处力度。县信访局对全县452件初信初访进行了交办处理并及时回复信访人，交办率达100%。全年组织召开62次信访问题协调会。共受理、办理信访案件254件，办结率100%。四是开展“疑难积案听证化解”活动。县信访局针对黄兴镇黄枝葵等重点信访积案，实行信访听证，争取运用群众力量化解信访难题，取得了良好效果。（范 沙）

【签订信访工作目标管理责任书】为量化工作指标，进一步完善信访工作责任体系，确保工作落到实处，县委、政府与镇（街道）签订了信访工作目标管理责任书。2014年的信访工作考核将严格按照责任书的要求，切实加大责任倒查和追责力度，对连续两个月信访问题突出，信访总量或进京上访、重复非访排全市前十位或全县首位的镇（街道）进行重点管理，由县联席会议召集人约谈镇（街道）分管领导，并通报全县；对两次进入重点管理及全年累计六个月信访总量、进京上访、重复非访排全市前十位或全县首位的镇（街道），实行年度社会管理综合治理一票否决。（范 沙）

【开展领导干部公开接访包案】为全面畅通信访渠道，密切干群关系，切实转变工作作风，按照中央、省、市要求，县信访局重点推进县级领导干部接访包案工作，并纳入到“为民、务实、清廉”为主要内容的群众路线教育实践活动中，让领导干部接访成为维护群众利益、化解社会矛盾的重要平台。制定并实施《长沙县县级党政干部2014年公开接待群众来访工作方案》，县委书记、县长亲自参与接访，并保证每周一、周四两天县级党政领导在县信访接待大厅公开接访。2014年，县级领导接访已接待群众144批657人次，有力化解一批信访问题，为解决群众诉求打开方便之门。在县级领导公开接访基础上，我县同步开展县级领导包案处理重点信访问题，对市委书记书记易炼红和市长胡衡华及省、市交办的26件重点信访案件，全部由县级领导包案，26件信访案件成功化解，办结率100%。（范 沙）

【启动行政约谈机制】为维护一方稳定，夯实责任，加强信访责任追究。2014年，县信访局对信访量实行周通报、月排名、季警告，针对信访量较多的前10个村进行排名通报和黄牌警告，并对两次黄牌警告村，启动行政约谈机制，由县纪委书记、县委政法委书记约谈村所属镇的镇党委书记和政法书记，指出工作中存在的问题，提出整改意见和要求。同时，将约谈情况进行登记备案。被约谈单位在约谈后五日要制定整改方案，分别报县纪委、县委组织部、县信访局，明确整改措施，抓好工作落实。约谈后，工作措施不力，整改成效不明显的实行问责或组织处理。该制度的出台，引起了全县党员干部的高度重视，对信访稳定工作起到积极作用。同时，明确对化解信访矛盾不力的镇（街道）或村（社区），其范围内申报项目可行限批，全面实现责任重心下移，镇村责任上肩，积极有效稳妥推动信访问题处理。（范　沙）

【开展信访积案化解百日行动】为进一步强化信访积案化解力度，县委、政府高度重视，并结合群众路线教育实践活动，举全县之力开展“信访积案化解百日行动”。一是创新积案化解工作方法。明确所有积案均由县级领导牵头化解，对每件积案要求通过“七个层级”、“三个环节”的新模式依次推进，即“①组干部上门处理→②村干部上门处理→③联村干部上门处理→④镇分管政法领导带队上门处理→⑤镇长带队上门处理→⑥镇党委书记带队上门处理→⑦联系积案县级干部牵头协调处理”。化解过程中要求责任单位要充分发挥“三个环节”的作用（即村民议事会、镇党政办公会、县信访联席会）。二是落实积案化解工作举措。成立县、镇（街道）信访积案化解百日行动两级指挥部，负责协调指挥积案化解工作。长沙县信访局对积案化解实行一周一调度，一周一通报，一月一督查。县委书记杨懿文亲自组织召开两次积案化解推进会，听取汇报、点评案例、剖析原因、共寻对策。信访局组织责任单位每周定期召开调度会，共召开15次调度会。针对每件积案，认真分析原因，及时总结经验，印发《简报》14期。县委督查室、政府督查室、信访局负责对化解情况进行督查督导，严格督促各项工作的落实。三是领导带头亲自处理疑难积案。县委书记杨懿文包案处理谭长玲信访积案，通过案情重新梳理，方案专题研究，制定化解举措，亲自约访接谈谭长玲及其家属，与他们面对面接谈、心与心交流，切实做好思想转化和情绪稳定工作，成功将积案化解。县长张庆红、县人大主任李建章、政协主席王益枝、政法委书记常利民等县级主要领导都亲力亲为，亲自指挥，亲研对策，信访局干部参与协调与调度，真正做到对信访人诉求合理的主动解决到位、诉求无理的解释教育到位、生活确实困难的帮扶救助到位。四是积案化解成效明显。5月14日至8月20日百天时间，成功化解62件，完成目标任务的100%，成效十分明显，得到了省市有关部门的充分肯定，多次在《湖南日报》《长沙晚报》、凤凰网、《星沙时报》等媒介上报道宣传。通过信访积案化解百日行动，提前化解了大量不稳定因素，有效减少了重信重访和非正常上访“存量”，保持了全县信访量持续下降的良好态势，全面完成了省、市下达进京非访下降50%的目标任务。（范　沙）

【推进“事要解决”】围绕“事要解决”这个核心，该局采取了四项措施。一要积极预防和处置群体性事件。进一步加强矛盾纠纷排查调处体系建设，努力把触角延伸到村（社区），覆盖全县基层；坚持落实领导干部亲自阅批群众来信、接待群众来访、包案督办重点信访案件等制度；二是认真开展好县级领导公开接访活动，落实好领导包案制度；三是对排查出的重点苗头隐患，要按照工作分工，逐案进行分解，定包案领导、定解决措施、定处理时限，一次性办结；四是着力解决群众反映的热点、难点问题。注意掌握政策界限，对有法律政策依据应解决的问题，坚持原则，不等不推不靠，及时彻底解决；对一时解决有困难的，做出解决问题的具体承诺，限期解决，并切实做好信访群众的思想疏导和稳定工作；对复杂疑难问题，理清脉络，将合理的与不合理的分开，采取有针对性的措施有序解决；对超出协调范围和不便协调督促的问题，耐心解释，合理指导，协助解决。2014年，全县受理、办理信访案件254件，办结254件，办结率100%。针对安沙镇陈庆兰、黄兴镇黄枝葵信访问题，认真组织开展“疑难积案听证化解”专项行动，利用信访听证会来调动对化解矛盾有利的一切因素，用群众工作的理念和方法，多渠道、多形式做信访人工作，取得了良好效果。（范　沙）

党的群众工作

【概况】2014年，长沙县委群众工作部始终坚持把群众工作放在一切工作的重中之重，组织干部深入村组农户，调查走访，梳成辫子，逐项落实。群工队员全年走访群众249875户，召开群工站座谈会1484场次，收到群众建议、意见3798条，收到群众反映问题4280个，解决群众反映问题4165个，化解矛盾纠纷2577件，为群众办实事4477件，开展群众活动712次，群众工作帮扶困难群众6044人，联点驻村单位提供帮扶救助建设资金1196.8万元。全年开展专题研究群众工作4次，召开群众工作专项部署会议6次，结合本地实际制订下发群众工作指导性文件2份，安排群众工作经费400万元。组织人员策划编辑群众工作书籍《地气》《家风》。举办“强化群众服务意识、提升群众工作能力”群众工作培训班，对县直派驻单位带队领导及队员、镇街分管领导及联络员共248人进行培训。2014年上半年在全省社会管理综合治理民意调查中，长沙县的成绩排名全市第一。（黄大乐）

【为民办实事】2014年，全年安排重点建设项目73个，续建项目41个；新建项目23个，开工项目12个；筹备项目9个。群工队员参与到80%的项目推进工作中，并且发挥巨大的作用。群工队员围绕县、镇、村的项目建设、纠纷调处、环境整治、民生改善等重点工作任务开展工作，助推经济社会各项事业发展。特别是在北山镇危废处置中心项目、长沙国际会展中心项目、湖南农产品物流中心项目和国防科大新征地一期项目等群众牵涉面广、拆迁任务重的项目推进过程中，群工队员始终坚持在思想上尊重群众，在感情上贴近群众，在工作上依靠群众，通过广大领导干部和群工队员的共同努力，确保项目顺利开工建设，实现零上访、零强拆、零阻工的良好工作局面。项目建带动就业，全年全县城镇新增就业19500人，职业培训10452人，下岗失业人员再就业2927人。（黄大乐）

接待工作

【概况】2014年，长沙县接待办公室共有工作人员11人，内设科室调整为综合管理科、接待科。全年完成接待125批次，6439人，平均每星期接待2.4批次，其中，外地团队到县考察58次。

2014年，为提高接待质量努力在工作上创新。一是转变接待方式。一方面把接待主体由以接待办为主转变到以科局、镇（街道）为主，接待办重在指导；另一方面将接待场所由之前的酒店、宾馆转移至机关食堂，公务接待原则上要求安排在机关食堂。二是调整接待思路。作风建设以来，该办在接待思路上有明显调整，在接待过程中，注重“简约、规范和细心”，不再过于强调接待规模档次，以提高宾客满意率为最高标准。三是加强接待管理。在规范接待工作，严控接待费用，长沙县出台了《长沙县党政机关国内公务接待实施办法》（长县办发〔2014〕24号）、《中共长沙县委办公室长沙县人民政府办公室关于进一步加强镇（街道）机关建设和管理工作的通知》《关于规范县直机关食堂建设管理工作的通知》《关于规范全县机关食堂用餐标准的通知》。四是开展专项检查。县接待办公室加强对全县公务接待规定执行情况的监督和检查。9月10日至12日，10月20日至24日，分两轮对部分县直机关和镇（街道）的公务接待执行落实情况进行了抽查，检查结果在《今日星沙》报上进行通报。五是控制接待费用。在账务处理上，做到了严格凭据报销，每一笔接待费用支出都必须有详细的报销凭证，包括财务票据、派出单位公函、公电记录和接待清单，不得报销任何超范围、超标准以及与公务活动无关的费用。同时，组织财务人员开展财务“回头看”，加强财务整改，严肃财经纪律，完善财经制度，由于各项措施落实到位，2014年长沙县的接待费用继续大幅下降。（陈柏安）

【接待外地考察团队】2014年，县接待办公室先后接待了湖北省浠水县党政代表团、海南省琼中县党政代表团、内蒙古乌兰浩特市党政代表团、岳阳市平江县党政代表团、益阳市安化县党政代表团、常德津市党政代表团、邵阳新宁县党政代表团、株洲荷塘区党政代表团、浏阳市党政代表团等共计38批次。（陈柏安）

【做好节会后勤保障工作】2014年，县接待办公室参与完成了“重走茶叶之路，湖湘溯源行”系列活动、松雅禅院奠基典礼、长沙县PPP项目重大招商活动等重要节会的后勤保障工作。（陈柏安）

三湘门户 活力星沙
XINGSHA 星沙
湖南·长沙县 全国十八个改革开放典型地区

长沙县人民代表大会常务委员会

综述

【概况】2014年，县人大常委会机关设办公室和财政经济、科教文卫、选举联络、内务司法、农业、城乡建设环境与资源保护6个工作委员会。是年，举行人大常委会会议8次，主任会议27次，听取和审议“一府两院”及其部门专项工作15次，组织开展调研、视察10次，发出审议意见书5份，作出决议决定7项，任免国家机关工作人员135人次，接受市、县人大代表辞职4人次，补选县人大代表8名，圆满完成县十六届人大三次会议确定的各项目标任务。

服务全县工作大局。全力支持功能区建设，推进综合行政执法改革、综合治税试点等改革措施的落实，促进“零碳县”创建和“两型社会”建设；组织市人大代表长沙县联组视察人民东路、万家丽北路等项目建设；依法对暮云街道、南托街道、跳马镇区划微调工作进行认真审议并作出决议；专题听取和审议2014年全县国民经济及社会发展计划执行情况，选取18个重大民生项目开展专项督查；加强对松雅湖、上海大众等重大项目建设的联系协调，深入北山危废项目建设现场开展群众工作，组织到中联重科、开元仪器、印山水泥和部分中小企业进行调研走访；专项审议投融资工作，审慎批准土地融资议案。

增强依法监督实效。审查批准2013年财政决算和2014年预算调整方案，将长沙经济技术开发区政府性债务纳入审查范围，听取和审议审计工作和审计问题整改情况的报告；专题视察基层医疗卫生机构运行情况，审议计生抚养费征管工作，专题调研民政工作；继续开展“三湘环保世纪行”“三湘农民健康行”“农产品质量安全行”“民族团结进步行”等活动；组织对禁毒法实施情况进行专题调研，听取和审议全县禁毒工作；推进“司法公正长沙行”活动，依法备案审查规范性文件12件，受理群众来信来访20件127人次；围绕纪念人民代表大会制度确立60周年和全国首个宪法日开展主题征文活动；组织对县环保局、县教育局、县电力局开展工作评议，首次组织人大常委会组成人员和人大代表开展城市规划建设管理工作专题询问。

发挥代表主体作用。以“双联”活动为载体，深入走访代表，邀请代表列席会议、参加活动；继续推进代表活动阵地建设，组织开展代表活动室观摩活动，全力打造环境优、管理优、保障优、服务优、作风优的“五优”代表活动室；丰富“12345”代表主题活动形式，在代表走基层、访群众、办实事的基础上，重点开展好代表小组活动，组织省、市、县各级人大代表专题调研开慧镇休闲农业，实地考察梅花校车生产线，集中视察县城建城管工作；在全县开展代表向选民述职活动，建立代表履职信息公示制度；认真督办县十六届人大二次会议所立的《关于强化规划引领、提高城市品味的议案》《关于现代农业示范区干线公路网络建设的议案》和县十六届人大三次会议期间和闭会期间收集的125件代表建议。

在提升履职能力水平上，深入开展党的群众路线教育实践活动，“文山会海、公务用车、机关化现象严重”等一批“四风”突出问题得到有效解决；严格落实会前学法制度，组织开展监督法、预算法等专题学习，积极参加省、市人大常委会举办的城乡规划法专题讲座、乡镇人大主席培训班等学习活动；研究制定了《长沙县人大常委会专题询问暂行办法》《长沙县人大常委会监督问责暂行办法》，切实加强了对代表建议、审议意见、询问答复等落实情况的跟踪监督；积极配合省、市人大常委会开展调研、视察和督查工作，组织赴浏阳市、天心区、望城区考察学习，加强对镇街人大工作的指导。 （卢文杰）

重要会议

【概况】2014年，召开长沙县第十六届人民代表大会第三次会议，举行人大常委会会议8次，主任会议27次。节俭办会，全年精简各类会议30%，各类文件减少20%。（卢文杰）

【长沙县第十六届人民代表大会第三次会议】会议于2014年2月19日至21日在星沙开源剧院召开。全县296名人大代表参加了会议。大会认真审议批准县人民政府计划和财政、县人大常委会、县人民法院、县人民检察院的工作报告，明确了全县2014年的目标任务和工作重点。大会期间收到代表书面建议、批评和意见105件。

（卢文杰）

【长沙县第十六届人大常委会第九次至第十六次会议综述】长沙县第十六届人大常委会从2014年1月到2014年12月共召开常委会会议8次，其中有关人事任免的会议共5次，任免国家机关工作人员135人次，其中任免人大系统工作人员11人次、政府系统工作人员4人次、检察院系统工作人员13人次、法院系统工作人员107人次，接受市、县人大代表辞职4人次，补选县人大代表8名。其中，第十次常委会会议决定任命陈计伟为县人民政府副县长，决定免去王国良的县人民政府副县长职务；第十三次常委会会议决定接受张剑飞辞去长沙市第十四届人民代表大会代表职务的请求，决定李洪波的长沙县十六届人大代表职务自行终止；第十四次常委会会议决定任免黄波为县人民政府副县长；第十六次常委会会议决定郭小棋的长沙县第十六届人民代表大会代表职务自行终止，决定接受李命命辞去长沙县第十六届人民代表大会代表职务的请求。

县人大常委会坚持服务全县工作大局，坚持依法按程序办事和集体行使职权，对“一府两院”的工作依法开展监督，有3次常委会会议听取审议全县财政预算执行情况及预算调整情况和全县国民经济和社会发展计划执行情况，第十二次常委会会议听取县审计局关于财政预算执行和其他财务收支的审计报告；常委会十分关注全县经济运行质量，第十一次常委会会议专题听取投融资工作情况的汇报，了解和掌握投融资公司的年度项目安排、资金筹措计划及执行情况；为落实长沙市委、市政府的决策部署，第十五次常委会会议依法审议通过《关于〈长沙县部分行政区划调整方案〉》的议案，作出相关决议，同意将暮云街道、南托街道划归天心区管辖，将跳马镇划归雨花区管辖；另有3次常委会会议分别听取和审议长沙县禁毒工作情况、长沙县基层医疗卫生机构运行情况、长沙县计划生育抚养费征收使用情况。（卢文杰）

主要工作

【概况】2014年，县人大常委会认真履行宪法和法律赋予的职责，精心搭建人大代表履职平台，组织代表开展视察、调研，着力加强财政监督，深入开展工作评议，首次开展专题询问，增强建议办理实效，为推进经济社会发展和民主政治建设发挥积极作用。

（卢文杰）

【加强财政监督】加强政府全口径预决算的审查，在部门预算编制工作中全面推行零基预算。先后3次听取审议财政预算执行情况，审查批准2013年财政决算和2014年预算调整方案，支持政府实施部门预决算公开，将长沙经开区政府性债务纳入审查范围，实现对财政预算编制、执行、调整情况的全方位监督。听取和审议审计工作和审计问题整改情况的报告，督促部门单位通过审计问题的整改，规范财经管理，提高财政资金的使用效益，实现对财政资金使用的全过程监督。

（卢文杰）

【开展工作评议】通过征求代表和群众意见，县环保局、县教育局、县电力局被列为2014年评议单位。经过全县600多名县、镇人大代表的走访调研，收集选民意见建议6900多条。通过评议，督促被评议单位就群众反映较为突出的畜禽养殖污染、污水处理厂建设、城区中小学大班额、教师周转房管理以及电力规划布局、农网改造等问题，进行集中整改。“两所一队污水直排”“北山、高桥、白沙等镇缺乏公办幼儿园”“青山铺镇深远路高压电杆存在安全隐患”等一批问题得到及时解决。（卢文杰）

【开展专题询问】县人大常委会首次组织开展城市规划建设管理工作专题询问。县人大常委会组成人员在询问前，通过三个月的深入调研走访，从收集的800多条意见建议中，确定星沙城区规划布局、老城区秩序管理、建设工程质量的监管以及渣土管理、噪音扰民等7大类18个群众较为关注的热点问题，作为询问的主要内容，通过“一问一答”的方式回应群众关切，既强化各部门单位在城市规划建设管理工作上的职能职责意识，又较好地化解工作疑问、达成共识，在全社会营造共同支持、参与城市规划建设管理工作的浓厚氛围，为提升城市

品质、打造宜居宜业环境奠定良好基础。（卢文杰）

【搭建代表履职平台】县人大常委会以“双联”活动为载体，深入走访代表，邀请代表列席会议、参加活动，加强常委会与代表、代表与选民的密切联系。继续推进代表活动阵地建设，组织开展代表活动室观摩活动，在建设“五有”活动室的基础上，对接待选民的时间、方式以及意见的办理等进行规范，进一步明确活动室的建设要求，完善制度机制，全力打造环境优、管理优、保障优、服务优、作风优的“五优”代表活动室，开慧、白沙、金井、泉塘等镇街代表活动室的建设管理水平明显提升。2014 年各代表活动室共接待选民近 5000 人次，收集建议 1500 多条，化解各类矛盾纠纷 460 余次，维护社会和谐稳定，成为代表依法履职的平台、反映民意的窗口、联系群众的纽带。（卢文杰）

【建议办理】县十六届人大三次会议共收到代表建议 105 件，闭会期间收到建议 20 件。为增强建议办理实效，常委会采取委室分线交办、主任牵头领办、跟踪回访督办相结合的方式进行办理，专题听取和审议建议办理工作，确保代表所提建议均在规定时间内办复。为提高办理满意率，选取“迅速完善新龙大桥断头路”等 18 件涉及面广、群众较为关心的建议，由主任会议成员进行重点督办，并及时征询代表对建议办理的意见，对个别反馈不满意的，督促相关单位重新办理，避免“被满意”现象。县人民政府及其工作部门高度重视建议的办理工作，落实力度大、办理效果好，特别是在办理高桥镇桐仁桥困难村民移民的建议中，由县长亲自牵头办理，深入走访调查，多次组织调度，促成这一群众期盼多年的愿望得以落实。（卢文杰）

【人大代表开展视察、调研】5 月 28 日，县人大常委会组成人员及部分县人大代表，对 2013 年被评议的县国土资源局、县畜牧局、县电信局三个单位工作评议整改落实情况及全县基层医疗卫生机构运行情况进行实地视察，通过“回头看”的方式进一步督促整改工作的持续进行。县人大常委会主任李建章，副主任周安伟、柳铁强、曹艳萍、彭军其、唐俊兴参加视察，县人民政府副县长邹春林、陈计伟陪同视察。

6 月 24 日，县人大常委会主任（扩大）会议成员一行视察调研全县禁毒工作。县人大常委会主任李建章，副主任柳铁强、曹艳萍、彭军其、唐俊兴参加调研，县人民政府副县长、公安局局长曾卫国陪同调研。

10 月 22 日，长沙市第十四届人大代表长沙县第二小组开展视察校车管理工作活动。县人大常委会主任李建章，副主任唐俊兴，县人民政府副县长黄梁，及长沙市第十四届人大代表长沙县第二小组代表参加活动。

10 月 24 日，长沙市第十四届人大代表长沙县第一小组开展视察城管工作活动。县委书记、经开区党工委书记杨懿文，县人大常委会主任李建章，副主任唐俊兴及长沙市第十四届人大代表长沙县第一小组代表参加活动。

10 月 29 日，县人大常委会主任（扩大）会议成员一行围绕县交通公路建设情况开展视察调研。县人大常委会主任李建章，副主任周安伟、柳铁强、曹艳萍、彭军其、唐俊兴参加调研，县人民政府副县长黄梁及县政府办、县交通局负责人陪同调研。

11 月 13 日，县人大常委会主任（扩大）会议成员专题视察调研全县民政工作。县人大常委会主任李建章，副主任周安伟、柳铁强、曹艳萍、彭军其、唐俊兴参加调研，县委常委、副县长邹春林及县政府办、县民政局负责人陪同调研。

11 月 27 日，湖南省十二届人大代表长沙县代表小组开展视察长沙县小城镇建设活动。县委书记、长沙经开区党工委书记杨懿文，县人大常委会副主任唐俊兴参加视察。（卢文杰）

5 月 28 日，县人大常委会主任李建章（左一）在视察活动中走村入户，问计于民，听取意见建议（卢文杰 摄）

长沙县人民政府

综述

【概况】2014年，在县委的正确领导下，县人民政府坚持“三个共同、三个共享”发展理念，按照“稳中求进”的工作总基调，稳增长、促转型、惠民生，千方百计扩总量、提质量、增均量，圆满完成全年各项目标任务，县域经济基本竞争力挺进全国十强。全县实现地区生产总值1100.6亿元，同比（下同）增长11%；完成财政总收入207.2亿元，增长15.1%；完成农林牧渔业总产值106.4亿元，增长6.1%；完成工业总产值2128.2亿元，增长12.5%；完成社会消费品零售总额290.1亿元，增长12.5%；完成固定资产投资762亿元，增长17.2%；城乡居民人均可支配收入达28504元，增长9.8%。

一年来，县人民政府主要做了六个方面的工作：

一是保持经济稳定增长。面对复杂多变的外部经济环境和县内工程机械产业产能过剩、几大工业项目仍处于培育期，及时制定出台了一系列促进工业经济、房地产业、城乡一体化等发展的政策措施，夯实了投资、消费、出口“三驾马车”对稳增长的基础性地位。固定资产投资拉动GDP增长6.5%，房地产业量价保持稳定，汽车销量增长13.9%，外贸进出口总额达30.5亿美元，增长16.4%。星沙海关和出入境检验检疫局正式启用。商事登记实行“先照后证”，新设立商事主体1.34万户，增长40%。推进企业“营改增”试点，企业平均税负下降8%。率先全省试点PPP模式，项目意向签约金额196亿元。强化项目综合管理和全程服务，73个重点工程、245个政府投资项目分别完成投资87.4亿元、66亿元。引进项目40个，实际到位外资5.7亿美元，引进市外境内资金形成固定资产投资154.5亿元，总投资58亿元的克莱斯勒吉普车项目顺利落户。融资108.2亿元，批回建设用地1166.67公顷，拆迁腾地866.67公顷，保障了长沙国际会展中心、长沙农产品物流中心、黄花机场飞行区东扩等省市重点项目用地。帮助企业招聘工人2.5万人。

二是加快产业转型升级。长沙经开区获“国家知识产权示范园区”称号。全县投入工业技改资金227.3亿元，增长14%，新增2个院士工作站、4家省级工程研究中心，新获授权专利1967件，新增商标370件，高新技术产业增加值占GDP比重达37.6%。上海大众首台样车下线，广汽菲亚特、广汽三菱年产量分别达6.9万台、6.6万台，蓝思科技、梅花汽车等项目全面推进，汽车及零部件、电子信息、新材料等新兴产业集群迅速壮大，“多点支撑”格局日益显现。实现旅游综合收入80亿元，电子商务销售收入、现代物流总收入分别实现3.12亿元、143.5亿元。开通法兰克福、旧金山直飞航班，长沙国际会展中心、长沙农产品物流中心等项目启动建设，长株潭广联生猪交易市场等平台投入运营。成功创建国家级出口食品农产品质量安全示范区，新增规模以上农产品加工企业4家，培训新型职业农民5.3万人次，获评“全国粮食生产先进县”，飞跃有机茶园荣获“中国美丽田园”称号。通过产业转型升级，工业增加值对GDP的贡献率达63.9%，服务业拉动GDP增长2.7个百分点，三产业占GDP比重同比上升0.4个百分点，一、三产业增速在全市领先，地方财政收入占GDP的比重达12.8%。

三是推进城乡品质提升。实施“清洁城乡”工程，推进最严城管执法，城区基本实现数字化、网格化管理，主要道路实现机械化保洁，实施“门前三包”，农村开展环境卫生整洁行动和垃圾分类减量，“三点一线”综合整治工程基本完工，控违拆违、交通秩序规范、市容市貌整治、裸露黄土覆绿等工作卓有成效。实施“绿色城乡”工程，大力推进“三年造绿”

大行动，完成植树造林2000公顷、绿化造景1334万平方米，新建社区公园、林荫广场4个，开元东路、星沙大道等10条道路部分路段实现高品质绿化，人民东路获评全省通道绿化示范工程。实施“靓丽城乡”工程，率先全省出台县级城市整体风貌规划，完成开元路和滨湖路两厢城市设计。县级城镇化试点在设施配套、绿化美化、集中居住等方面取得新突破，开慧镇、白沙镇等优美小镇、特色小镇风貌逐步凸显，金井镇、黄花镇被评为全国重点镇，浔龙河生态小镇及30个农民集中居住点顺利推进。G107（星沙—安沙）、S207（黄花—金井）、S103（东八线－华湘安置区）及城区9条道路实现“白改黑”，完成长永高速星沙收费站区域排水改造工程，松雅湖环湖“四路一桥一隧道”完工。供水管网基本实现城镇全覆盖，供气管道延伸至13个镇街。实施“畅通城乡”工程，沪昆高铁（长沙县段）建成通车，中低速磁悬浮专线、地铁3号线、黄江大道、北山大道等重点项目进展顺利。交通信号灯、指示牌等交通设施实现主干道全覆盖，开通星沙至开慧红色旅游专线。建设生态路120千米，硬化农村公路497千米，改造危桥38座。

四是改善生态环境面貌。长沙县排名中国十佳“两型中小城市”首位。开展“清霾”行动，27家企事业单位改烧清洁能源，2家水泥公司完成脱硝改造，4家企业完成挥发性有机废气治理，淘汰黄标车1369辆，万元GDP能耗下降6.03%，主要污染物排放减少2%。率先全国开展“零碳”县④发展模式试点。实施可再生能源建筑应用示范项目50个。开展“碧水”行动，拆除农田养殖栏舍18.4万平方米，17家集镇污水处理厂日处理量达2.4万吨，获批全国首批畜禽养殖废弃物综合利用、病死动物无害化处理试点县。白石洞水库、湘江航电枢纽库区长沙县段、水渡河闸坝一期等工程进展顺利，治理中小河流9条、病险水库39座，建成生态湿地3处。开展“净土”行动，在全省率先推行生态保护型土地综合整治，2.85万公顷耕地实施重金属污染修复治理。进一步完善生态补偿机制，全县非公益项目土地出让每亩计提6万元用于生态环境保护。全面加强乡村规划管理，严厉打击违法采砂、违规建房、违章搭建等行为，乱砍滥伐、开山采矿得到有效遏制。

五是增进社会民生福祉。坚持新增财力的80%用于民生，全年民生支出达76.3亿元。教育事业支出12.28亿元，着力缓解班额大、师资弱等突出问题，完成中小学新建4所、改扩建14所，在建中小学16所、公办幼儿园12所，新增学位6000个，农村义务教育学校发展实现基本均衡，引进教育人才249名，引入北师大等优质教育资源合作办学，三所高等院校实现专升本，教育质量稳中有升。医疗卫生事业支出6.76亿元，县妇幼保健院建设加快，1个社区卫生服务中心、7个镇卫生院新改扩建工程竣工，引进中高级卫技人才50名，完善基本药物制度，推进乡村医生签约服务，基层医疗机构改革经验在全省推介，卫生服务体系更加健全。落实“单独两孩”政策，计生服务水平进一步提升。文化体育事业投入1.5亿元，星沙文化中心主体竣工，镇街综合文化站、村（社区）文体活动室、农家书屋建设进一步完善，城乡居民人均体育场地面积1.44平方米，文化体育普惠基层活动蓬勃开展，获“全国文化先进县”称号。城乡社区事务支出14.97亿元，村（社区）运转经费得到有力保障，完成102个村（社区）标准化、规范化建设。社会保障与就业支出6.66亿元，58.1万人享受社保待遇，新增城镇就业2.2万人，农村劳动力转移就业9536人。完成危房改造1798户、棚户区改造960套（间），新建公租房1650套，救助工作站实现镇街全覆盖，县烈士陵园一期工程完工。从2014年起每年新增财政预算5000余万元实施七大惠民政策。建成9个公益性农贸市场，扎实开展十项食品安全实事工程，查处案件756起，曝光违法企业625家。获全国“县级文明城市”提名，率先全省创建“国家智慧城市”，4G无线宽带网络覆盖全县，重要场所的无线局域网和安全防护设施基本全覆盖。运用法治思维和法治方式处理社会矛盾，有效化解一批信访积案，基本解决4号、5号令、60号令、103号令拆迁历史遗留问题，市医危废处置中心主体工程基本竣工。深刻吸取“7·19”沪昆高速特大交通事故教训，深入开展安全生产专项整治，扎实推进企业安全标准化建设。综治民调蝉联全市第一，社会大局保持和谐稳定。

六是提升政府服务效能。扎实开展党的群众路线教育实践活动，认真查摆“四风”方面突出问题，清理办公用房11万平方米，撤并政府序列议事协调机构298个，“四项费用”同比下降46.03%，进一步精简文件会议，基本杜绝索拿卡要、公车私用、超标接待、公款大吃大喝等问题，获评“全国网络形象十佳县”。主动向人大报告工作，向政协通报协商重大事项，认真接受人大、政协和社会各方面的监督，承办省、市建议提案16件，人大代表建议批评意见124件，政协委员提案157件，及时办理各类社情民意件。深化行政审批制度改革，公布政府“权力清单”，推进新一轮政府机构改革、事业单位分类改革、行政执法体制改革，完成村委会换届选举及跳马镇、南托街道、暮云街道行政区划调整。探索绿色政绩考核，获评首届中国“政府创新十佳经验”。严格实施城乡规划审批、执行制度，落实工程代建制和质量精细化管理。严肃党风政纪，严格责任追究，全年共有37名干部受到行政问责，查处各类违纪案件120件，19人被移送司法机关依法追究刑事责任。（余青燕）

政务纪要

【概况】2014年，县人民政府召开2次政府全体会议和10次政府常务会议，对需要由县人民政府进行决策和实施的有关全县的重大问题进行了研究，作出了相应的决议。（余青燕）

【县政府全体会议研究事项】2014年2月13日，县政府召开了长沙县第十六届人民政府第一次全体（扩大）会议，讨论和审定了下列事项：1. 通报2013年全县审计工作情况；2. 通报2013年全县项目建设进展情况；3. 通报2013年全县政令畅通工作情况；4. 讨论通过《政府工作报告（草案）》。

2014年2月24日，县政府召开了长沙县第十六届人民政府第二次全体（扩大）会议，讨论和审定了下列事项：讨论通过《2014年〈政府工作报告〉主要目标任务责任分解表（征求意见稿）》（余青燕）

【县政府常务会议研究事项】2014年1月21日至12月19日，县政府共召开常务会议10次。

1月21日，召开长沙县第十六届人民政府第十三次常务会议，研究审议《长沙县农村因征地少地农民基本生活指导意见（送审稿）》；听取关于长沙县2014年政府投资项目计划编制情况的汇报；研究审议《长沙县2014年重点工程项目计划（草案）》；听取关于2013年财政收支结算及2014财政收支预算安排的情况汇报；研究有关人事任免问题。

3月12日，召开长沙县第十六届人民政府第十四次常务会议，审议长沙县国有建设用地监管领导小组会议暨2014年长沙县第一次国土会审会议有关事项；听取关于星沙国际卡丁赛车城项目补充合同谈判有关情况的汇报；审议《关于〈2013年组织对县畜牧水产局、县国土局、县电信分公司开展工作评议的审议意见书〉的复函》；研究县政府领导分工及有关人事任免问题。

3月24日，召开长沙县第十六届人民政府第十五次常务会议，研究《长沙县农贸市场管理办法》（送审稿）；听取关于承接市级经济社会管理权限和开展行政审批事项清理工作的情况汇报。

5月21日，召开长沙县第十六届人民政府第十六次常务会议，审议长沙县国有建设用地监管领导小组会议暨2014年长沙县第二次国土会审会议有关事项；听取关于湘江综合枢纽长沙库区水利建设项目长沙县二期（二标）工程变更增补的情况汇报；听取关于开元东路绿化提质改造等5个项目变更的情况汇报；听取关于投融资工作的情况汇报；研究《长沙县人民政府债务管理办法（试行）》；听取关于将S207、G107、远大路三条道路提质改造项目纳入与中国中铁合作建设范围的情况汇报。

7月25日，召开长沙县第十六届人民政府第十七次常务会议，听取关于创建国家级出口食品农产品质量安全示范区的情况汇报；研究审议《长沙县行政审批项目目录》；研究城乡一体化市级试点镇有关优惠政策调整事项；听取关于春华镇龙泉路项目变更的情况汇报；研究“县人大常委会审议意见书复函”；研究重点安全生产隐患限期整改工作。

9月4日，召开长沙县第十六届人民政府第十八次常务会议，听取关于商事登记制度改革及有关工商工作的汇报；听取关于星沙文化中心项目变更的情况汇报；研究关于《长沙县2013年财政收支决算（草案）和2014年元至6月财政预算执行情况的报告》审议意见的复函；研究关于《长沙县人大常委会关于对我县投融资工作的审议意见》的复函；听取关于汪树根违纪案件的情况汇报；听取有关行政问责事项的情况汇报。

10月30日，召开长沙县第十六届人民政府第十九次常务会议，审议长沙县国有建设用地监管领导小组会议暨2014年长沙县第三次国土会审会议有关事项；听取关于确定新建白石洞水库库容的情况汇报；研究有关项目变更事宜；研究长沙边防检查站营区主体搬迁项目用地问题；听取2014年1月至9月财政收支执行情况及审议2014年预算调整草案；讨论县乡财政体制；听取2014年1月至9月国民经济和社会发展计划及政府投资项目计划执行情况；听取关于县政府序列议事协调机构清理的情况汇报；关于世景广场项目容积率调整问题的情况汇报；研究县政府职能转变和机构改革方案及行政执法局机构组建方案；听取关于行政审批事项清理的情况汇报；研究有关人事任免事项。

11月6日，召开长沙县第十六届人民政府第二十次常务会议，审议长沙县国有建设用地监管领导小组会议暨2014年长沙县第四次国土会审会议有关事项；研究有关项目变更事宜；听取万志辉违纪案件的情况汇报；研究有关人事任免事项。

11月27日，召开长沙县第十六届人民政府第二十一次常务会议，研究长沙县行政区划微调工作；研究《长沙县全民共享改革发展成果普惠民生实施方案》；研究有关项目变更事宜；听取关于清理评比达标表彰和规范考核评定工作的情况汇报；研究《关于推广运用政府和社会资本合作（PPP）项目试点的指导意见》；研究长沙县与中国中铁PPP模式合作相关事宜。

12月19日，召开长沙县第十六届人民政府第二十二次常务会议，研究白石洞水库建设方案；听取2015年政府投资项目计划（草案）编制情况汇报；听取2015年经济社会发展计划指标编制情况汇报；研究县政府机关大院节能改造方案；听取关于加快现代服务业发展的若干优惠政策延期的情况汇报；研究有关人事任免事项。

（余青燕）

【县长办公会议研究事项】 2014年1月6日至2013年12月31日，县政府共召开县长办公会议19次。

1月6日，召开第一次县长办公会，听取关于长沙县2014年政府投资项目计划编制情况的汇报；研究有关项目申请免标事项；听取关于建设灰埠生态型公交首末站的情况汇报；听取关于城镇化特色镇评选结果的情况汇报；听取2013年财政收支结算及2014财政收支预算安排情况汇报。

1月14日，召开第二次县长办公会（县长务虚会），听取各位县长关于2014年工作思路及有关建议。

2月13日，召开第三次县长办公会，研究审议《2014年稳定发展粮食生产的八条措施》；研究审议《关于加强“三公”经费审计监督的工作方案》；研究有关项目申请免标事项；听取关于“汇新纸业”和“欧米茄”两宗地溢价返还的情况汇报；听取关于返还“梓宏科技”用地成本费用的情况汇报；听取关于返还黄兴镇商贸小区土地拍卖收入的情况汇报；听取关于出租汽车延续经营的情况汇报；听取“鑫业建投”参股与合作建立融资平台公司的情况汇报；通报德泽苑商住小区综合楼补交报建费的相关情况。

3月6日，召开第四次县长办公会，听取关于延长创业富民有关政策执行期限的情况汇报；听取关于榔梨街道、星沙街道限价房分配选房的情况汇报；听取关于支持安沙镇拆迁户团购房源建设的情况汇报；研究报建环节收费工作及整改方案；听取关于支持建设长永高速“紫气东来”职工住宅小区城市基础配套设施的情况汇报；研究京港澳高速公路湖南段板仓港接驳站建设等有关问题；听取关于落实征地拆迁责任制的情况汇报；研究促进临空经济发展、积极引进航空公司的优惠政策；审议《长沙县有机肥厂建设和病死猪无害化处理试点建设资金预算方案》及《生态建设环境治理2014—2015年实施方案》。

3月20日，召开第五次县长办公会，研究行政问责案件的处理意见；研究星安片区司法强拆执行方案；研究长沙县固体废弃物处理场封场项目相关问题；研究《湖南腾泰置业发展有限公司申请退出国有土地使用权的拟处理方案》；听取关于合资成立长沙瑞鸿达文化传媒有限公司的情况汇报；研究金井镇引入社会资本参与中心镇建设相关工作。

4月15日，召开第六次县长办公会，听取有关项目申请招投标特殊情况的处理事项；听取关于松雅湖游乐港口及水幕电影项目开发工作的情况汇报；听取关于星城投参股湖南华星通用航空有限公司的情况汇报；听取关于白沙镇请求返还土地收益的情况汇报；听取关于“泊林晶城”有关事项的情况汇报；听取关于暮云经开区调整道路可研批复估算及南四线西延线、南湖路东延线二期一并纳入东三线等五条道路实行法人制模式招标、分期建设的情况汇报。

4月23日，召开第七次县长办公会，听取关于建设项目审批收费相关情况的汇报；审议《中共长沙县委领导班子贯彻落实“三重一大”事项集体决策制度的实施办法（送审稿）》；研究《关于引导农民集中居住建设暂行办法（试行）》；研究《长沙县市政和地下管线工程档案管理实施办法》；听取关于县社会福利中心筹备建设情况的汇报；听取县妇幼保健院土地出让收益返还的情况汇报；听取关于湖南世坤投资置业签订出让合同的情况汇报。

5月19日，召开第八次县长办公会，布置学教活动整改工作；听取关于一季度经济形势分析的情况汇报；听取关于住房货币补贴增补工作有关问题的汇报；研究《改善农村人居环境建设美丽乡村实施方案》；听取关于先行启动暮云经开区南四线西延征地拆迁安置的情况汇报；听取关于“盛地尊域”项目微调容积率的情况汇报；听取关于“易通新城”限价房申请补贴款的情况汇报；听取关于奥凯航空长沙营运基地项目代征的情况汇报。

6月5日，召开第九次县长办公会，听取有关项目完善招投标手续事项；听取关于星沙核心区旧城改造的情况汇报；听取关于2012年度长沙县现代服务业优惠政策兑现的情况汇报；听取关于星沙商务写字楼项目债权债务转让问题的情况汇报；听取关于㮾梨街道园区道路监控系统有关问题的情况汇报；听取关于对长沙市轨道交通1号线尚双塘车辆段项目用地进行划拨的情况汇报；听取关于长沙县2013年城镇保障性安居工程审计整改工作的情况报告；听取关于市审计局《2011年至2013年生猪生产专项资金审计报告》的整改情况；研究县就业和社保服务中心项目问题。

6月27日，召开第十次县长办公会，研究金阳大道建设有关事项；听取关于对长沙县北部乡镇管道天然气授权的情况汇报；听取关于拆除承包经营农田畜禽养殖栏舍工作的汇报；研究湘研种业有限公司资产重组工作；听取关于水渡河河坝改造工程项目法人招标的情况汇报；审议暮云经开区东三线等七条道路法人招商（招标）方案；听取关于整体拆迁黄花镇回龙村莲花塘组的情况汇报；听取关于成立长沙县果中圆城镇建设投资开发有限公司的汇报；听取关于收购LG土地过程中产生的土地增值税处理的情况汇报；研究湖南枫林置业退出国有土地使用权有关事项。

8月6日，召开第十一次县长办公会，研究长沙县水渡河河坝改造工程法人招商方案；研究长沙县“天网工程”二期工程建设工作；听取关于南托岭铁路跨线桥隐患整治的情况汇报；听取县法院审判法庭项目变更的情况汇报；听取有关项目完善招标手续事项的情况汇报；听取关于15座乡镇污水处理厂进入商业运营的情况汇报；研究省国安厅配套用地项目地价款结算相关事宜；研究安沙镇拆迁安置团购房源项目缴纳报建费相关事宜。

8月20日，召开第十二次县长办公会，审议《长沙县闲置土地清理处置工作方案》；研究调整土地收益专项资金计提比例工作；研究长沙县市政绿色照明改造工程实施方案；听取关于基本药物短缺问题的情况汇报；研究经沣建材公司股东股权转让相关事宜；听取关于启动高桥镇桐仁桥村生态扶贫移民工作的情况汇报；听取关于统一全县政府建设项目建筑垃圾处置服务费征收和使用方式的情况汇报；听取关于罗代黑猪地理标志保护产品专用标志授权使用的情况汇报；研究石子片区部分居民代征工作。

9月4日，召开第十三次县长办公会，听取关于政府财政投融资类项目报建费的情况汇报；听取关于减免长沙市轨道交通1号线尚双塘车辆段项目（长沙县部分）划拨供地相关费用的情况汇报；听取关于紫华郡一期限价房置换的情况汇报。

9月16日，召开第十四次县长办公会，听取安全生产工作情况汇报；研究《关于进一步加快蔬菜产业发展的意见》；研究金山大道项目融资建设招商方案；听取关于将黄兴现代市场群四条道路纳入长沙县与中铁公司“融资加施工总承包”范畴打捆建设的情况汇报。

10月11日，召开第十五次县长办公会，听取关于2015年市重大项目计划申报的情况汇报；研究星沙联络线（捞刀河东岸—月形山立交段）建设工程项目投资建设模式；研究有关项目完善招标手续事项；听取关于预拌混凝土场站建设工作的情况汇报；听取关于校车安全管理工作的情况汇报；研究暮云莲云公路道路硬化工程相关事项；研究湖南生物机电职院用地开发费相关事项；研究长沙国际会展中心土地收益相关事项；研究金利屋公司报建费滞纳金相关事项。

11月16日，召开第十六次县长办公会，研究60号令生产留地招商项目有关工作；研究《长沙县富余限价房处置方案（草案）》；研究《关于促进房地产持续健康发展若干意见》；听取关于授权市国土局经开区分局履行经开区项目征地补偿安置相关职责的情况汇报；研究推广应用经沣欧美砖有关工作；研究省中南地区工程咨询产业基地项目拆迁补偿资金相关问题；研究《长沙县校车公司化运营管理办法》。

11月27日，召开第十七次县长办公会，听取关于星沙、湘龙、泉塘街道4号、5号令生活费，60号令生产留地工作的情况汇报；听取关于黄金大道（S207南延线空港城段）道路工程（黄江大道—机场高速段）项目用地协议拆迁的情况汇报；听取关于将春华镇长松公路等项目打捆进入S207改造项目预算的情况汇报；听取关于支持解决金井综合大市场历史遗留问题的情况汇报；听取关于东四线连接地铁地下空间协商情况的汇报。

12月10日，召开第十八次县长办公会，通报市述廉会相关情况及“两节”前后县委县政府重要活动安排；听取关于碧桂园小区东岸河堤整治工作的情况汇报；听取关于2015年政府投资项目计划（草案）及重点工程计划（草案）编制情况的汇报；研究有关项目完善招标手续事项；研究治理车辆超限超载工作方案；听取关于我县出租汽车“融城”的汇报；研究瑞农公司竞拍土地契税和交易服务费返还事项；听取关于空港城天祥东路、大元东路、合心东路项目用地先期启动协议拆迁的情况汇报。

12月31，召开第十八次县长办公会（县长务虚会），听取各位县长关于2015年工作思路及有关建议。

（余青燕）

人事人才工作

【概况】 2014年，长沙县开展了12批次的机关事业单位选调招聘考试，共选调招录工作人员451名。其中考录公务员（参公）9名，于2014年8月份全部到岗工作；共选调招聘编内外工作人员442人，其中编内选调招聘233人，编外招聘209人，为乡镇、教育、卫生、交通、住建、城管、法制办等各部门选拔了一批优秀人才。从2014年起，全市事业单位岗位设置核准权下放至县级，县人社局为5000余人办理岗位异动，完成75家事业单位岗位设置工作，基本完成县直机关事业单位的岗位设置。人事档案全部进行数字化转换管理，创新人才培训方式，加强人才测评和人才交流工作。

（陈晚霞）

【开展专项整治】 2014年，长沙县针对评比达标表彰不规范、违规进人、大规模编外用工、违规借调工作人员等问题，开展专项清理整治工作，制订专项方案，狠抓落实到位。一是做好全县行政奖励项目的清理。参照长沙市公务员局具体做法，严格区分行政奖励项目以及评比达标表彰项目，对行政相对人的举报类奖励及“急、难、险、重”类奖励列为行政奖励项目收集行政奖励项目187条，经专家论证，审核，长沙县保留行政奖励21项；二是督办好机关事业单位违规长期借调工作人员清理规范工作，清退违规借调党政机关、事业单位人员13名；三是重点清查公务员公开招考、事业单位工作人员公开招聘、机关和事业单位人员调动等方面违反政策纪律和规定进人的行为及以“人才引进”为名规避机关事业单位进人相关规定和程序进人的行为；四是对编外聘用人员进行全面清理，通过摸底，对超出实际工作需要、不符合规定要求的编外聘用人员及时予以清退。（陈晚霞）

【人才引智出成果】 加大力度宣传省、市人才引智政策，着力引进海外高层次急需、紧缺人才以及先进技术、品种，积极组织县域内企业做好引智项目申报立项工作。2014年该县成功申报省级引智项目6个，市级引智项目14个，省、市共下拨引智资金60万元。回龙湖现代农业科技有限公司、湖南顶立科技有限公司分别被确定为首批长沙市引进国外智力成果示范推广基地、长沙市引进国外智力示范单位。（陈晚霞）

【人事代理信息化】 2014年，全部档案按照《中华人民共和国档案法》和《档案实施条例》的要求进行管理，对所有档案进行数字化转换管理，进一步提高了信息传递速度，确保了人事档案安全，大大提高了档案查询利用效率。人事档案服务再上新台阶。截至12月底共办理人事代理2000人次，代管户口25人，档案转入842人次，转出149人次，审批工资1500人次，接待档案查询600多人次，办理编内编外续聘200余人次。（陈晚霞）

【人事业务综合管理信息系统软件开发】 2014年年初，为进一步加强机关及事业单位人员管理，提高人事管理的信息化、科学化、规范化水平，提升人事业务工作的办事效率，县人社局开发了一套人事业务综合管理信息系统软件，并举办培训班，对全县镇（街道）政工干部进行软件使用培训。现已基本完成镇街人事信息数据采集工作，预计从2015年6月起，各镇街有关人事业务办理均可通过系统来完成审批流程，并计划在政府机构改革完成后，进一步推广到县直机关有关单位。（陈晚霞）

【人才培训模式创新】 长沙县结合群众路线教育实践活动，将公务员普训分为实体班、在线学习班两个部分，开展“提高新时期群众工作能力”公务员培训活动，参训率100%。在县委党校举办新聘人员上岗培训一期，结合作风建设和群众工作能力提高，创新培训模式，将军训、情景模拟等带入课堂，学员评价高，其培训模式被县电视台、《星沙时报》和省纪委三湘风纪网站专题报道。考试、考务和人才引进工作规范安全。（陈晚霞）

【军转干部安置】 2014年，长沙县接收计划安置军转干部16名，除1人自愿放弃选岗安置，档案移交市人社局退档外，其余15人已全部安置到位，安置率100%。在军转安置中，长沙县坚持公平公正的安置原则，按市人社局核定的档案量化考核分数排名由军转干部自主选岗，并按行政编制、全额事业编制各占50%的比例安置至镇街。

（陈晚霞）

电子政务

【概况】抓好电子政务项目管理审核。按照“统筹规划、指导协调和监督管理”的工作思路，扎实推进电子政务建设，重点抓好电子政务项目管理审核工作。全县信息化平台建设采用集中建设、统一归口管理、应用分级、资源整合的模式，节约了信息化资金的总体投入，并与公共系统实现互联互通、资源共享，既避免重复建设，又规范了信息化建设管理。

*加强信息系统及网络安全管理。*全县使用入网规范系统，有效杜绝各部门因上网私接现象，县直科局通过千兆光纤，各乡镇、街道通过专线连接到县电子政务办公室网络，各单位接入点由电子政务办统一配置交换机等设备，100%的单位都建成比较完善的内部局域网络。全县各级政府建立300多个网站，有近100套联网系统在政务网上运行，有6000余台计算机接入县政务网络，各系统运行情况良好，网络运行稳定。按照布局合理、技术先进、操作方便、管理科学的原则，拟定了《长沙县新增核心网络设备规划方案》，对核心机房进行了整改，使机房在功能和美观上都上了一个档次。为保障县内重要信息系统及网站安全，2013年12月该办制定《长沙县政务网络平台安全加固及改造方案》，并顺利组织实施，2014年6月对项目进行验收，有效提升全县网络的稳定性、高速性。做好县直各单位、各镇（街道）电子政务网的维护管理工作，对县委、政府两办大楼终端接入网络进行了提升改造，使运行更稳定，截至11月两办大楼终端网络运维348次，服务满意度为100%。对全县电子政务内外网实行定期检查，发现问题及时处理，确保网络安全、稳定、有序的运行，全年无重大网络安全事故及泄密责任事故发生。

*做好政府门户网站的全面改版及运维管理。*对门户网站进行改版、整合及英文版的设计、建设工作，综合门户网站于11月15日顺利上线。采用先进的网站内容管理系统，将门户网站建设成为网站集群，为各镇（街道）科局提供网上展示的平台，对现有栏目中的资料进行了填充拓展，各单位上网资料内容丰富全面，不仅包含文字、图片还有音视频等动态资料。

*注重县政府门户网站的建设及运维管理。*该办改变以往重建设轻管理、旨在建站而不关注信息保障的误区，坚持以信息内容保障为本、以制度体系为标、以持续技术服务保障为核心的理念，加强培训，完善管理，打造电子政务专干队伍，着重落实网站运行及维护管理工作。为进一步丰富网站内容，保障网站信息量，该办抽调专人负责落实网站内容保障工作，通过采用网站日常监测、定期跟踪、年度评比考核模式，充实网站各栏目内容。网站日点击率达1.9万人次，网站访问量达2678多万次，网站共发布信息26026条，上报市政府门户网站信息5344条。实现全县100%行政审批项目网上办理。同时抓好“领导信箱”栏目建设。按照上级相关要求完善了人民网、红网、省长信箱、市长信箱等来信的回复审核流程。该办抽调专人负责信件办理工作，共收到来信2329封，其中有效信件2059封，回复率达100%。事关群众难点、热点问题及时得到解决。通过大力推进政府网站建设，2014年，长沙县政府门户网站被评为“中国政务网站领先奖”第三名、中国政务网站外文版国际化程度领先奖第二名、管理创新型政务平台第七名。

*推进电子政务项目建设。*长沙县电子防控系统是该县电子监察建设的重要组成部分，由电子政务办具体牵头实施。在做好电子防控项目一期、二期的日常运行监管工作的同时（包括设备周查、月查、地铁施工等项目建设导致设备拆移），完成交通治超电子监察的建设及檀香电子警察项目的挂网及一期标清升高清的立项工作。完善在线办理系统、OA系统，梳理办事事项，确保高效、有序开展各项审批工作。进一步加快推进智慧城市其他项目的建设工作。（张应军）

外事侨务

【概况】2014年，长沙县侨务工作充分发挥职能优势，真抓实干、开拓创新，不断提高外事侨务服务和管理水平，服务县域经济和社会发展。

*外事接待。*全年接待到长沙县进行友好访问、旅游观光、经贸考察的国（境）外客人10批72人次。其中规格较高的有：4月10日，东帝汶环保部长康西高先生一行考察该县自来水厂和污水处理厂；9月18日，印度印共马干部考察团一行20人参观该县黄龙新村；5月和10月泰国中华语文学院院长，泰中文化人联合会副主席，泰玺投资集团高级顾问李自珉女士两次到访长沙县，受泰国泰玺投资集团委托，为长沙县侨务示范村—双江镇龙华新村兴建“泰玺文化广场”捐款30万元，到双江中学和县实验中学向

全体师生作“祖国在我心中”和“祖国情缘”的演讲。7月，参与接待美国爱世界组织到长沙县春华镇开展为期一周英语夏令营活动的接待、联络、迎送工作。

出国（境）手续办证。2014年外事侨办共办理11批共20人次的因公出国（境）手续，因私出国（境）备案手续111批共136人次。

友城交往。4月和11月，美国理查森友城代表介绍人汪大卫先生两次到长沙县就教育文化方面学生交流和教师培训等进行座谈和磋商。

联络友谊。全年走访慰问重点侨务对象、困难归侨侨眷共30余人次，发慰问信、贺年片120封，为困难侨务社区双江镇双龙村争取扶贫资金2.2万元，为高桥镇特困侨眷郑家曙家解决病救助资金3200元。（涂香兰）

政务督查

【概况】2014年围绕县委、县政府重大决策部署开展政务督查，共组织开展督查活动100余次。围绕全局督大事。对《政府工作报告》主要目标任务，以及政府常务会、县长办公会和专题调研会议定事项的执行情况明确责任主体，定期全面督查。抓住重点督难事。对征地拆迁、政府投资项目建设、白石洞水库建设、北山大道建设、盘古庙弃土场修复工程恶意阻工事件、畜禽禁养区养殖清零、取消行政审批事项和承接市级下放管理权限等20多项工作开展专项督查。关注民生督热点。对安全生产工作、集镇污水处理、食品安全、中秋国庆期间农村环境卫生整治、春节慰问费发放、道路亮化、土地卫片执法检查拆违、三润燃气安全隐患整改、生活垃圾运输等领导批示的重要事项开展专项督办。通过督办春节期间全县城乡路灯实现98%的亮化率，让老百姓切实感受到了系列惠民工程的实惠，督查事项做到了件件有结果，事事有回音。（戴丰伟）

综合信息

【概况】发挥政务信息作用，积极推介县政府工作、服务领导决策。全年累计收集各镇街、科局上报信息2231条，其中采用478条，上报省市政务信息297条，其中省、市政府采用信息94条，总分301分，在全市政务信息目标任务考核中位居第一；县政府办获评2014年市政务信息工作先进单位，王蓉获评市政务信息工作先进个人。编发《政府公报》12期、《信息参阅》45期、《政府要情》8期，刊登政务动态信息及各类文章394条（篇）。印发《长沙县人民政府办公室关于下达2014年政务信息工作目标任务的通知》（长县政办函〔2014〕12号）和《全年政务信息编辑要点》，并通过座谈交流、跟班学习等方法加强业务培训提升信息报送质量。继续实行《信息参阅》轮流编辑制度，召开两次编辑交流会议，组织一批原创稿件提升刊物质量。配合经济研究室认真收集部门总结，参与半年度政府工作总结、第十七届政府工作报告的调研起草。通过调研形成的《长沙县：探索食品安全监管的“长沙县模式”》、《长沙县“四抓四促”做好农村残疾人扶贫工作》《长沙县现代农庄发展的主要成效及存在困难》等文在《长沙晚报》、省政府《湖南快讯》等刊物发表。（龙 也）

政府招标采购

【概况】2014年，长沙县招标采购局坚持公开、公平、公正、择优的原则，以深入开展党的群众教育实践活动为契机，着力加强作风建设，深化服务管理，确保了招标采购工作顺利开展。一是完善招标监管，试行新评标办法，加大打击弄虚造假力度，强化代理机构优选库监管，协助加强标后监管工作。二是规范采购程序，强化采购内部管理，建立供应商信息库，积极推行两型采购制度。三是改善交易环境，积极建设电子信息系统，加

1月16号，长沙县招标采购局举行招标代理机构培训。（赵群芳 提供）

强中介库抽取管理，改进交易服务。四是结合群众教育，全面推进各项工作，加强作风建设，拓展监督平台。2014年监管工程招投标项目356个，节减资金67737.41万元，平均中标优惠率为7.77%。全年办结政府采购项目共3519项，预算金额88454.91万元，节减财政资金10303.38万元，平均节减率11.65%。（赵群芳）

【分类探索新评标办法】加强与长沙县各行业部门的对接，逐步实现全县各类项目评标办法与省市办法接轨。水利及园林绿化项目适用“综合评估法”，公路项目适用“分类资审合理低价法”，缩小“定价抽取法”适用范围，扩大了优秀企业中标概率，加快推进了全县诚信评价结果在招投标过程中的运用。通过争取省、市支持，广泛听取各方意见建议，房建、市政项目适用的合理定价抽取法将给予诚信优质企业更多的中选机会，综合评估法给予诚信加分。评标办法的创新调整将逐步实现施工现场与招投标市场的良性互动，促进企业严格履约、诚信经营，提高工程项目建设质量。（赵群芳）

【打击弄虚造假行为】通过关键岗位人员社保查询、投标人员身份识别、投标文件比对、业绩网上核对等，对4家违规单位进行一定时限的市场禁入处罚，对涉嫌挂靠、围标、资料造假的3家建筑企业移交建设执法大队进行调查处理，维护市场秩序。（赵群芳）

【开展标后监管工作】全年配合县建设局对政府投资的重大项目标后履约情况进行了定期联合检查13次，抽检项目31个，下达联合检查整改通知单6份，由分管项目的职能部门全程督促整改并报送整改结果，收到详细回复8份；根据项目问题的整改情况，组织现场复查2次共4个项目。通过完善标后监管手段，严肃清理整顿了标后买标卖标行为，净化了建筑市场。（赵群芳）

【推进“阳光采购”】重大项目要求法定代表人亲自参与开标会议，减少串围标。扩大采购招标文件专家评审覆盖面，对300万元以上及技术复杂的项目组织专家评审和网上征求潜在投标人意见，确保技术参数合理、招标文件合规。（赵群芳）

【实行两型采购制度】为鼓励和支持政府采购资源节约型产品和环境友好型产品，结合该县实际，积极推行两型采购。对公务车辆、中央空调等特殊产品的政府采购项目采用协议定向采购，按不高于省市协议价格将政府采购合同直接授予两型产品的供应商；对其他货物类采购，在招标采购过程中优先采购两型产品，采用综合评分法评标的项目，增加两型产品节能、环保评审因素，在满足基本技术条件的前提下，对价格、技术和商务项目给予4%—8%幅度的加分，采用最低价格评标法时享受5%—10%的价格扣除。（赵群芳）

【建设电子信息系统】制定电子招投标实施方案，先从网上入场交易、审批项目和投标保证金托管等环节开始实施电子信息化。9月，向长沙县电政办申请开通了交易中心新账户，将全局网站上传业务信息方式进行更新，由各招标代理公司上传，交易管理科仅负责审核，提高信息发布工作效率，进一步明确了信息发布主体的各方责任。（赵群芳）

【加强中介库抽取管理】理清程序，统一不同中介机构库抽取管理。截至2014年年底，移交到长沙县公共资源交易中心平台抽取中介服务机构的中介库有7个科局的12个中介机构库。全年中介机构库共抽取服务项目444个。（赵群芳）

【拓展监督平台】结合党的群众路线教育实践活动，每月成功举办一次“长沙县招标采购公开日”活动，来自社会各界的群众作为社会监督员，全程参观了项目招投标过程，并提出了宝贵意见。进一步完善了“招标采购开放日”活动机制，每月第三周的周三(节假日顺延)固定为招标采购开放日，为广大干部群众了解和认识招投标工作提供一个有效平台。全年举办12期，开放招标采购项目50多项，邀请社会监督员100余人，收到反馈意见达210多条。（赵群芳）

【开展作风建设督查】为进一步加强作风建设监督检查，落实党组的主体责任和纪检组的监督责任，加大执纪问责力度，成立作风建设督查领导小组，完善日常巡查、抽查、信访核查和集中考查制度，将督查结果作为绩效考核、表彰奖励等重要依据。

（赵群芳）

机关事务管理

【概况】长沙县机关事务管理局为县政府办管理的正科级事业单位，主管县机关后勤服务工作。在编人员45

人，本科学历12人，专科学历16人。2014年，该局紧扣机关后勤管理和优质服务主题，积极为机关各单位和干部职工做好服务工作，圆满完成全年工作任务。

加强安全保卫和车辆管理。制定严格的安全保卫制度、门卫制度和值班制度，工作日和节假日坚持24小时值班，专人巡逻，县直机关大院、县政务中心、县人武部办公楼、县教育培训中心、县畜牧水产局培训中心等均未发生任何安全事故。及时与县委办、县政府办和政法部门配合，做好来访群众秩序维护工作。在机关大院安装视频监控系统，所有门岗、守栋岗、巡逻岗、停车场岗均落实双人制，加强巡逻检查，对外来人员、外来车辆进行盘查登记，确保县机关大院30余家单位办公秩序正常和宿舍区安全。对机关大院、县政务中心、县人武部大院、县政府原大院等处的消防设施设备全部例行年度维修保养等。督促物业公司加强对保安人员的消防技能培训，包括消防队组织的网络化培训，每天实时更新机关大院的消防网络信息。通过发放"温馨提示"等形式，加强全体机关干部职工及住户的消防安全意识，全年无任何消防责任事故。交通安全联组认真做好县直机关车辆及驾驶员的年检年审、补牌补证、车辆日常停放管理和县委、县政府大型活动的秩序维护工作。

维护保养水电空调。负责县委、县政府办公大楼以及县政务中心等场所的水、电、冷暖气供应工作。高压配电班坚持24小时值班制度，供应办公楼、政府新老宿舍的冷暖空调，保证冷热水的正常供应，对电路、水管等设施设备及时维修和更换节能设备，并为用户提供水电购置服务。采取签订合同整体打包方式，对机关大院、县政务中心的空调主机及管道系统进行保养、清洗，保证空调效果。对县政务中心和县委、县政府两栋办公大楼的电梯进行维修保养，及时进行防雷检测，保证应急发电机组在最短时间内供电。认真履行对潘家坪原县政府机关大院的国有资产管理职能，维修、维护好房屋和公用设施，保障院内住户、租佃户生产生活秩序正常。

加强园林绿化和卫生保洁。园林绿化班负责县直机关大院环境卫生、环境美化及园林绿化工作。对草坪适时修剪、施肥和清除杂草，定期对各种观赏类植物浇水、修剪、美化和病虫害防治。物业管理科负责对县政府机关大院及新老宿舍区、县政务中心、县人武部、县教育局培训中心和湘龙家园等处的保洁、除四害等工作进行全面跟踪检查。规范管理物业公司，对所属管理区的化粪池、流泥井及时清理；对大院垃圾站及垃圾箱进行油漆护理；配合县爱卫办进行灭"四害"的检查和宣传；坚持每周小检查、每月大检查、每季一次卫生工作讲评。

1月21日，县机关事务局领导班子及部分干部到南托街道沿江村走访慰问困难群众
（县机关事务局　提供）

开展计划生育和医疗服务。该局计生办负责县直机关计生工作，认真做好基层基础工作，确保辖区管理对象人口信息准确、齐全，变更及时。协助星沙街道计生办及时核查、反馈、处理"实时通"信息。开展全员人口个案与公安户籍信息比对问题数据核查、独生子女父母奖励对象摸底和"单独二孩"政策宣传工作，确保新政策有序实施。全面深化"生育关怀行动"，大力推进计生家庭意外伤害保险，慰问机关计生困难家庭和失独家庭。开展城管等单位计生专（兼）干业务培训。按照县绩效考核办要求，配合县人口和计划生育局制定年度考核细则，并于2014年11月底对归口管理的83家县直单位计生工作完成总结考核评分。机关卫生所医务人员积极开展上门就诊，全年就诊近2000人次，同时做好流感高发期的预防及保健常识宣传。

建设"两型机关"。严格所属服务区内水、电、气、油的管理。张贴节能标语、发放温馨提示等，从源头上厉行节约。推行无纸化办公、实行双面打印文件，使用低能耗、低污染型办公设备，全面降低能源损耗。严格执行办公室空调冬季不超过20℃、夏季不低于26℃的标准，全年节约能源经费25万元。

开展节能降耗。公共机构节能监督管理科负责做好全县公共机构能源资源消耗数据统计、节能管理等日常工作，印发节能宣传小标语，全力推动公共机构节能降耗。积极开展公共机构节能示范单位创建，发挥机关节能表率作用；开展节能项目改造，推广使用高技术新能源材料。实现在2013年基础上节电、节油、节水4%的目标。

规范工作用餐和清理办公用房。根据县委常委会议关于取消县直机关单位工作用餐围桌就餐，实行分餐或自助制就餐的要求，该局迅速制订方案，向机关各单位发放工作用餐情况调查表80余份，根据就近、集中、分餐原则，把无食堂或租房办食堂以及在定点饭店用餐单位全部调配到有食堂单位就餐，涉及单位40余家，800余人，制定食堂就餐管理制度及伙食标准。配合县纪委、县委督查室全面清理机关单位办公用房，清理办公用房面积11万多平方米，2795间，调出面积3124.6平方米，168间；调配面积2521平方米，132间。

开展零星工程的维修、维护。对县政务中心电梯和前坪停车场，机关办公大楼公共卫生间等公用设施设备进行改建。对县机关大院700余台空调内机及部分空调管道进行清洗和维护，更换存在安全隐患的空调70余台，对县委、县政府两栋办公大楼内的卫生间进行改造。对院内重点区域加强安防、技防改造，更换检测消防设施。维修维护县政务中心空调内机190余台，外机120余台，更换空调10余台；对1500多平方米的停车坪进行改造；更换存在安全隐患的电梯。

此外，积极参与群众工作、“两帮两促”等县内中心工作。组织局内党员干部职工捐款5000余元，与黄兴镇沿江村贫困学生结对，帮助4名特困家庭学生就读，向该村6名困难党员家庭送上关爱。（黄艳娟）

政务公开与政务服务

【概况】2014年，入驻县政务服务中心的34个窗口共受理并办结各类政务服务事项711148件，资金流达77.3亿元。群众满意度测评均达到99%。为县域经济又好又快发展做出了积极的贡献。

大力推进简政放权。2014年，县审改办牵头、县政务服务中心积极参与，对全县的行政审批事项进行清理，最终保留行政审批事项227项，由政务服务中心正牵头，全面推进审批流程优化工作，实现审批环节减少和办结事项提速。

有序公开政府信息。加大对行政权力运行、财政资金、食品安全、环境保护、安全生产、征地拆迁、住房保障、价格和收费及以教育、卫生为重点的公共企事业单位信息等重点领域政府信息的公开力度，全县97个部门在县政府门户网站共上传信息26064条。不断完善依申请公开制度，对于重点问题，敏感问题进行妥善处理，提高回复质量。全年依申请公开受理33件，回复33件。

全力打造热线品牌。“12345”市民服务热线在2013年试运行一个月的基础上，2014年县政务服务中心加大资源整合力度，加强与有关部门的协作配合，不断提高协调指挥、处置办理的工作效率，提升服务意识，增强服务能力，全年累计签收有效工单4510件，按时承办结案4509件，按时办结率99.99%，办理事件做到“事事有回音，件件有着落”。自“12345”热线建立以来，长沙县工单数量稳居区、县（市）榜首，工单办理质量处于全市先进行列，也得到了群众的好评。

拓展标准化平台建设。继2013年6个镇（街）作为全市第一批标准化建设乡镇政务服务中心顺利通过验收后，2014年申报的江背镇、白沙镇、开慧镇、路口镇、干杉镇、春华镇、南托街道、泉塘街道、暮云街道等9个镇(街)政务服务中心顺利通过验收。

积极创新大厅管理。完善和新建窗口各项管理制度，以人防和技防相结合，科学量化考核标准，完善激励机制，采取刚柔相济的管理模式，既增强了窗口工作人员的积极性、主动性，也大大提高了办事效率。2014年，该中心实现零投诉，电话回访服务对象1110人次，满意率100%。（谢艳兰）

【宣传“12345”公众服务热线】2014年，为了让更多的群众知晓、认可、拨打“12345”公众服务热线，提升热线的覆盖面和影响力，该中心在全县城区、各镇（街）、村（社区）开展为期七天的宣传工作（11月3日至11月10日），以悬挂横幅标语、LED大屏幕滚动播放、电视台、星沙时报、宣传展板、宣传海报、宣传资料、设置咨询台等形式开展宣传，使城乡居民了解“12345”公众服务热线受理范围、拨打方式、工作流程等相关内容，正确使用公众服务热线。（谢艳兰）

【开展党的群众路线教育实践活动】2014年，党的群众路线教育实践活动从动员、征求意见、梳理问题、民主生活会、查摆问题、整章建制到最后的回头看，开展得有条不紊，取得了实实在在的效果。在群众路线教育活

县政务服务中心群众路线工作征求全体窗口人员意见（李 超 摄）

动中，县政务服务中心为办事群众和企业解决了一系列问题，如增加大厅软硬设施、解决厅外停车难问题各窗口多措并举优化办事流程、热情为办事群众和企业服务。同时，主题征文活动、户外拓展训练、礼仪修养讲座以及专业业务培训在窗口工作人员中有效开展，“活雷锋”在中心也不断演绎，受到办事群众的好评和上级的认可。（谢艳兰）

【建立与市级无缝链接“12345”市民服务热线平台】自“12345”市民服务热线在长沙县开通运行以来，全县受理的工单和办结的质量一直名列全市前茅。为进一步规范该县热线工单的办理，提高承办效率，2014年，经过筹备搭建与市级无缝连接长沙县“12345”市民服务热线平台。此举措更大程度上方便县内各个部门受理“12345”诉求事件，所有热线工单均可通过“12345”热线平台派发至相关部门，从而告别此前以纸质传真、扫描等方式向各部门派发热线工单的诸多烦琐。（谢艳兰）

【拓展全县镇（街）政务服务中心标准化建设】继2013年该县6个标准化镇（街）政务服务中心达标验收之后，2014年长沙县又申报了江背镇、白沙镇、开慧镇、路口镇、干杉镇、春华镇、南托街道、泉塘街道、暮云街道9个镇（街），从标准化软硬件的筹划、经费的落实到各项业务工作的指导，都有条不紊的进行，达到市级验收标准，2014年年底申报的九个镇（街）顺利通过市级验收。（谢艳兰）

【政务服务中心新址建设座谈会召开】12月29日，县领导郭润葵、杨忠文、张晓春以及相关单位负责人出席座谈会，调研县审改及政务服务中心新址建设工作，力求将新址建成一流的政务服务中心，打造一流的办事流程，使用一流的科技手段，形成一流的服务体系。正在新建的服务中心大厅将划分为企业注册登记区、投资建设审批区、社会事物管理区、中介配套服务区、便民服务区五大功能区，同时，新中心将建行政办公、综合业务、视频监控、运行管理等系统，实现网上申报、排队叫号、工作评价、办件查询、实施监察功能。同时，将全面推行行政审批“两集中两到位”工作，建设与市级无缝对接的政务服务一体化管理平台，建立健全全县、镇（街）、村（社区）三级服务平台，全方位为群众和企业服务。（谢艳兰）

10月，市政务服务中心副主任李祥龙（右三）到长沙县开慧镇政务服务中心指导工作（李 超 摄）

三湘门户 活力星沙
XINGSHA 星沙
湖南·长沙县 全国十八个改革开放典型地区

政协长沙县委员会

综 述

【概况】坚持“围绕中心、服务大局、创新履职、强化队伍”总体工作思路，认真履行政治协商、民主监督、参政议政三大职能，全年召开政协常委会议5次、主席会议21次、专题对口协商会议18次，全力助推县域经济社会发展。

献计“发展现代服务业”。确定“加快发展现代服务业”为政协常委会重点调研课题，组建生产性服务业、生活性服务业、文教卫旅产业等三个情况调查组，结合全国及省市现代服务业布局规划，以现代服务业的定位、布局、要素、产业为切入口，深入研判当前现代服务业发展形势，分析全县现代服务业的现状特点、问题难点、导向重点、布局要点以及支持举措。首次召开调研成果汇报会，提出构建农业社会化流通服务体系、现代都市服务产业体系、临空经济服务体系等31条意见建议，杨懿文、张庆红分别批示，要求有关部门研究采纳。《以现代服务业引领东长沙转型创新发展》的调研报告获全省政协系统优秀调研报告一等奖。

关注“安全饮水工程”。基于广大人民群众对饮水安全的强烈愿望和迫切要求，将委员袁灿、何学东、王心旭关于“饮水安全”的提案合并为《关于县区联建独立饮用水管网提高饮用水质量》的重点提案，首次以视察与评议结合方式推进提案办理。组织政协常委视察县域自来水厂，提出解决问题的具体措施，视察报告得到县委、长沙经开区、县政府主要领导肯定，深化自来水企业管理体制改革，组建星沙水业集团已提上议事日程；长沙经开区、县政府联席会议明确择址新建星沙水厂；星沙水厂应急管网拉通，实现星沙水厂和廖家祠堂水厂联合供水，株树桥水库国家一级生活饮用水惠及星沙更多居民。组织政协委员集中评议集镇污水处理厂管理与运营，提出整改意见和建议；县环建投制定《集镇污水处理厂管网维护管理办法》，县环保局建立远程监控平台，各镇街对支管网进行续建和配套完善，集镇生产生活污水达到国家一级B类排放标准。

助推构建“两型”生活方式。推进《构建两型生活方式》调研报告成果转化，围绕《长沙县两型生活方式构建实施方案（试行）》召开专家论证会，向县委、县政府提交议案。县委书记杨懿文亲自主持召开工作推进会，积极倡导开展“两型”生活运动，县委办、政府办联合印发《长沙县构建两型生活方式试行方案》，县委组织部将“构建两型生活方式”指标补充纳入绩效考核，县发改局印发系列具体操作性文件，构建“两型”生活方式的氛围日益浓厚。

重点改善民生。八届三次会议期间，5位委员围绕中小微企业转型发展、物业管理、新型城镇化融入文化元素、生猪养殖污染治理、残疾预防等议题，坦诚建言、积极献策。围绕“中小微企业转型发展”的发言，县工商联、县工信局、县台办联合举办中小微企业融资上市培训班，委员杨松青的青松养老、委员陈学云的旺达农业科技在上海股权托管交易中心挂牌，委员唐军的开心农业在湖南股交所挂牌。围绕“加强物业管理”的发言，县住房保障局编印《长沙县物业管理服务指南》，针对94个具体问题解疑释惑，为广大业主依法维权提供参考依据。围绕“新型城镇化融入文化元素”的发言，县文广局在星沙文化广场开设民乐广场、槼梨陶公庙广场开设民艺荟萃园、泉塘公园开设综艺广场等7个文化体育特色广场与街区，为市民文艺展演提供场所；试点推行《长沙民间婚丧礼仪》，成立浔龙河生态小镇农民艺术团，购置花轿等婚庆用品，进行婚庆礼仪培训，全力助推乡风文明建设。围绕“生猪养殖污染治理”的发言，县执法办、县环保局对规模以上生猪养殖场实行动态监管，有效整治生猪养殖污染。

畅通民意渠道。力推提案办理，办结提案165件。围绕《打造农耕文化展示园》的提案，县政府形成专题会议纪要明确支持事项。围绕《加强食品生产和消费环节监督》的提案，县执法办、县食安办开展专项联合执法，确保"舌尖上的安全"。围绕《全力破解城区"停车难"》的提案，县城管局改造背街小巷、增设路边停车位，最大限度挖掘停车位资源。充分发挥社情民意直通车作用，征集社情民意信息99条。唐杨松高度关注长沙雾霾天气，成立课题组，在以专业仪器测量京港澳高速长沙段车流量、噪音、尾气数据，分析得出每天10万车次流量的尾气排放量，是产生雾霾的一个重要因素，向市委、市政府提交《京港澳高速长沙段改道东移绕开长沙城区》的社情民意，由两位副市长批办，省、市交通部门高度重视，开展可行性调研，基本确定京港澳高速东移绕道走向和基本线型（长攸高速）。委员王希宁《从体制上破解基层临床医学学科带头人引进困局》的信息，获得易炼红、胡衡华、范小新批示，市卫生局研究制定相关文件，产生积极效果。深入推进委派民主监督员工作，广泛收集社情民意，及时向受派单位反映群众意见、建议57条，促进一批民生问题解决。

搭建服务平台。丰富活动载体，开展走基层、访委员活动。精心组织坚持"三个共同"、实现"三个共享"暨县政协成立30周年座谈会，委员代表围绕县域经济社会发展积极建言。组织"三服务·委员履职在行动"主题活动、"献爱心·送温暖·惠民生"走访慰问活动，广大政协委员累计捐款200余万元。榔梨街道政协联络处联合榔梨商会举办"新春招聘会"，为30余家企业解决用工难题，招聘工人3000多人。黄兴镇政协联络处联合向日葵义工团，开展"大手拉小手、走向新生活"主题活动，走访慰问贫困、残疾儿童12人。泉塘街道政协联络处建立委员网络工作室、移动民情接待站的"泉塘模式"在全省推广。

发挥界别作用。制定下发《关于界别委员分组的通知》，建立界别组召集人制度、界别组提案跟踪办理制度、界别组反映社情民意制度。组织召开各界别组座谈会，广泛讨论参政议政发言、集体提案。先后组织经济界、农业界委员赴中铁五新、开心农业等委员企业交流经验，围绕工业企业转型升级、现代农业华丽转身建言献策。注重联谊交流。与福建漳州、浙江海宁、山东淄博等地开展经验交流，进一步开拓工作视野。先后接待全国政协、省市政协以及兄弟县市区政协到县视察调研9批180余人次。先后编印《岁月真情——长沙县政协成立三十周年》《大写的黄兴》丛书。发挥委员主体作用，尊重委员首创精神，激发委员履职意识。杨德品借助历届承办湖南国际农博会的平台优势，联合县内农业龙头企业创建农博会电子商务平台，为全县农产品走出长沙、走向全国拓宽渠道。委员杨松青被评为全国爱老敬老先进个人、全国基层"优秀共产党员"，委员杨胜伟被评为全国"光彩事业"先进个人，委员杨德品被评为全省"最美政协人"。

加强作风建设。通过调研，广泛听取各方意见的基础上，研究制定了《政协长沙县委员会工作制度》《政协长沙县委员会机关管理办法》，着力构建作风建设长效机制。同时，制定《政协长沙县委员会关于制定年度协商计划的办法》、《政协长沙县委员会2015年调研、协商、评议、视察工作计划》，工作体制进一步完善。

重视基层工作。充分调动镇街政协联络处、县直机关委员小组履职积极性。春华镇政协联络处成立全省第一个乡镇书法家协会，举办官塘村文化艺术节。星沙街道政协联络处民主评议招商引资、创业富民等工作。县直机关委员小组围绕地产经济、药品安全、现代农业经营体系等13个主题开展调研，积极建言献策。积极推进委员个人工作室建设，建立唐军、杨德品、陈铮、刘奇"联合工作室"，易术平"书画工作室"，易兴伟"法律服务工作室"，韦再奇"工商界别工作室"，委员履职平台不断拓展。

（王行楚）

【协商议政】 八届三次会议期间，5位委员围绕中小微企业转型发展、物业管理、新型城镇化融入文化元素、生猪养殖污染治理、残疾预防等议题，坦诚建言、积极献策，提交参政议政发言5篇。县工商联、县工信局、县台办、县住房保障局、县文广局、县环保局、县执法办等单位积极推进相关建议落实，社会效果良好。精心组织"政协三十年"征文活动和坚持"三个共同"、实现"三个共享"暨县政协成立30周年座谈会，委员代表围绕县域经济社会发展积极建言。县委、县政府高度重视委员建言，要求相关部门积极办理落实。（王行楚）

【民主监督】 围绕集镇污水处理厂管理与运营开展民主评议，召开民主评议大会，客观指出存在不足，提出整改意见和建议，《评议报告》获县委、县政府主要领导重视。县环建投制定《集镇污水处理厂管网维护管理办法》，县环保局设立远程监控平台，桑德水务对主次管网进行完善维护，镇街对支管网进行续建和配套完善，集镇生产生活污水处理后达到国家一级B类排放标准。深入推进委派民主监督员工作，广泛收集社情民意，及时向受派单位反映群众意见、建议57条，力促一批民生问题得到解决。突出“政府会议交办、主席会议督办、现场视察办案、面对面协商办案和跟踪督办”办理方式，建立县政府向县政协常委会通报提案办理情况制度。政协八届三次会议期间，提案审查立案165件，办复率100%。重点督办打造农耕文化展示园、加强食品生产和消费环节监督、加强中小学生托管服务管理、提高饮用水质量等重点提案。（王行楚）

【调查研究】 围绕全县重点项目建设、交通公路建设和重点提案办理工作开展主席会议视察，围绕县域自来水厂建设情况开展政协常委会议视察。围绕“加快发展现代服务业”开展重点课题调研，《以现代服务业引领东长沙转型创新发展》的调研报告被市委《长沙通讯》、市政府《决策咨询》全文刊发，并获全省政协系统优秀调研报告一等奖。（王行楚）

【反映社情民意】 充分发挥社情民意直通车作用，全年征集社情民意信息99条，省、市政协采用18期，市委、市政府以及县委、县政府主要领导批示办理7期。（王行楚）

重要会议

【政协长沙县第八届委员会第三次会议】 2月18日至21日，政协长沙县第八届委员会第三次会议在星沙开源剧院隆重举行。县政协主席王益枝作政协长沙县第八届委员会常务委员会工作报告。县政协副主席郭艳红作长沙县第八届委员会第二次会议以来提案工作报告。潘海云、雍佩林、向敏、向宇、阳群5名委员作参政议政发言。法制提案委主任童树国报告政协长沙县第八届委员会第三次会议提案初审情况。委员听取和讨论政协工作报告、政府工作报告及其他工作报告。张小春、王章华、何学东增选为第八届县政协常委。张小春当选第八届县政协副主席，毛武林当选第八届县政协秘书长。县委书记杨懿文致大会闭幕词。（王行楚）

【常务委员会会议】 2月11日，政协八届委员会举行第六次常委会。会议听取各讨论小组关于全会工作报告与提案工作报告讨论情况汇报。审议通过增选的县政协常委候选人名单，副主席、秘书长候选人名单。

3月10日，政协八届委员会举行第七次常委会。会议通报政协委员辞免及异动情况；审议通过“评议调研”工作方案、“三联”工作方案、界别委员分组方案、县政协成立30周年系列活动筹备方案、镇街政协工作联络处和县直机关委员小组工作考核细则。

7月10，政协八届委员会举行第八次常委会。会上，县政府、县政协通报上半年度工作情况。会议听取统一委派民主监督员工作情况汇报，围绕《以现代服务业引领东长沙转型创新发展》调研报告征求意见。

10月9日，政协八届委员会举行第九次常委会。会上，县政府通报八届三次会议提案办理情况，县政协通报社情民意工作、民主评议集镇污水处理设施管理与营运评议报告、政协常委会视察全县安全饮水工作报告、八届四次全会参政议政发言课题相关情况。会议审议通过《政协长沙县委员会常务委员会关于“构建两型生活方式”向中共长沙县委、县人民政府的建议案》《政协长沙县委员会关于制定年度协商计划的办法》。

12月30日，政协八届委员会举行第十次常委会。会上，县政府通报2014年经济社会发展情况和2015年主要工作安排。会议审议通过县政协2015年度工作要点，县政协2015年调研、协商、评议、视察工作计划，县政协第八届常委会工作报告，县政协八届三次会议以来提案工作报告、县政协委员辞免和增补名单，《关于召开政协长沙县第八届委员会第四次会议的决定》以及议程、日程。

（王行楚）

纪检·监察

综述

【概况】2014年，长沙县各级纪检监察组织认真贯彻落实党的十八大和十八届四中全会精神，围绕中心、服务大局，扎实推进全县党风廉政建设和反腐败斗争，为县域经济又好又快发展提供了坚强的纪律保障。

严格落实“两个责任”。出台了一系列督促党（工）委（组）落实党风廉政建设主体责任、纪（工）委（纪检组）落实党风廉政建设监督责任的规范化举措，对12名党政主要负责人和71名纪检负责人开展廉政谈话。召开了县委落实“两个责任”暨领导干部述廉评议工作大会，安排8名领导干部进行公开述廉，接受现场提问质询，并进行现场廉政测评。出台了《长沙县纪检监察“一案双查”暂行办法》，在查清当事人违纪违法问题的同时，对当事人所在单位及其领导干部在履行党风廉政建设主体责任等方面是否存在失职渎职问题一并进行调查，对负有责任的领导班子和领导干部实施责任追究。2014年，对星沙产业基地系列违纪案件实行“一案双查”，追究了相关负责人的党风廉政建设领导责任。

切实强化作风建设。制定实施了《长沙县作风建设监督检查实施办法》，实行分层级地监督检查，对工作纪律、公车管理等9个方面开展专题督查18次，在“双十一”和“双十二”等“网购日”对县政务网的使用情况进行了全天监控。在长沙县电视台、《星沙时报》、长沙县纪检监察网开设“作风建设永远在路上”专栏，刊发督察通报19期。2014年，共办理行政问责案件47件次，办结行政效能投诉案件33件，对20个单位、37人进行行政问责，其中正科级干部4人、副科级干部5人。结合群众路线教育实践活动，对违规职务消费、违规用车、“庸懒散”、参赌涉毒等群众反映强烈的问题开展专项整治。从严查处了果园镇卫生院违规设立“小金库”、暮云卸土区管理混乱、县农业局在土壤重金属防治过程中损害群众利益等问题。查处党员干部赌博违纪案件18件。严格执行婚丧嫁娶有关规定，对大操大办、借机敛财行为，依纪依规严肃处理，全年共上交红包礼金194.19万元，通过动真碰硬、常抓不懈，全县干部队伍的作风有了明显好转。

严肃查办腐败案件。2014年，共受理群众信访举报267件次，比去年同期增加203%，共查处各类违纪案件120件，查处正科级干部1人、副科级干部5人，19人被移送司法机关，收缴违纪金337万元，挽回经济损失1000余万元，重点查处了星沙产业基地征地拆迁系列案、暮云卸土区系列案和村级换届选举过程中的违纪行为等。

积极加强源头防腐。开展第三届党风廉政宣传教育月系列活动，邀请省纪委专家讲授廉政党课，举办重点岗位人员专题廉政培训班，为各镇（街）及村（社区）党员干部免费编印和发放了《长沙县农村党风廉政建设读本》，高标准创建了农村党风廉政建设示范村。在星沙特立公园建设了以展现长沙县历史文化名人勤廉事迹为重点的长沙县廉政文化园。开通上线了长沙县纪检监察网，将网络信息与纪检监察工作进行了有机融合，实现了廉政教育、案件通报、干部监督和信访举报的网络化。发挥办案治本功能，结合具体案件查办，开展了征地拆迁领域警示教育活动，深入剖析案发原因，推动廉政风险防控机制建设，督促相关单位整章建制，同时，拍摄了专题警示教育片《禁区》。加强对财政资金使用的监管，督促出台了《长沙县党政机关国内公务接待实施办法》等规定。完善国有投资监管领域制度建设，构建了涵盖标前、标中、标后的监管体系。规范政府采购行为，严格招标程序，加强对财政性建设项目的投资评审监督，规范土地交易“招拍挂”流程，营造了公正公平公开的交易环境。

打造过硬干部队伍。突出主职主业，全面清理议事协调机构，共清理2006年以来县纪委监察局牵头或参与的议事协调机构290个，仅保留33个，并全面退出工程建设、财务检查等一线领域，着力强化对主责部门监督的再监督。对纪检干部在企业和社会组织

任职、兼职情况进行全面清理，共有4人辞去原在国有企业中所担任的7个职务。扎实开展了党的群众路线教育实践活动，认真进行批评与自我批评，结合活动开展，虚心听取社会各界对纪检干部的意见和建议，并切实加以整改。加大干部培训力度，加强队伍管理，制定了《中共长沙县纪委常委会议事决策规则》《中共长沙县纪委书记办公会议制度》《县纪委负责人同下级党政主要负责人和纪（工）委（纪检组）负责人谈话制度》以及学习制度、请休假制度等10多项规章制度，对干部职工的学习、工作、作风、生活等方面进行严格要求和管理。在长沙县纪检监察网设立“纪检监察系统网络监督与评议”专栏，县纪委机关全体干部全天候接受网络监督和评议，切实解决“灯下黑”问题。

（瞿文斌）

重要会议

【中共长沙县十二届纪委第二次全会暨全县反腐工作会议】 2月16日上午，中共长沙县第十二届纪委第二次全会暨全县反腐败工作会议召开。会上，县委常委、县纪委书记郭润葵作工作报告；县委常委、县委办主任、副县长王国良宣读了2013年全县党风廉政建设工作先进单位表彰通报；县委副书记李洪波主持会议；县委书记、经开区党工委书记杨懿文作重要讲话。在家厅县级干部，各镇（街道）、县直机关各单位党政主要负责人、纪（工）委书记（纪检组长），县纪委常委、监察局（预防腐败局）副局长、委局室主任，垂直管理单位主要负责人、纪委书记（纪检组长）参加会议。

（瞿文斌）

【召开党的群众路线教育实践活动集中学习暨“党风廉政宣传教育月”启动大会】 3月21日下午，长沙县以“为民务实清廉，坚决纠正‘四风’”为主题，召开群众路线教育实践活动集中学习暨“党风廉政宣传教育月”启动大会。县委、县人大、县政府、县政协四大家所有在家领导，全体副县级以上干部，各镇（街道）、县直机关各单位党政主要负责人、纪（工）委书记（纪检组长）、县纪委常委、监察局（预防腐败局）副局长、委局室主任、垂直管理单位主要负责人、纪委书记（纪检组长）共计300余名领导干部参加启动式。启动式上，省纪委常委刘大放以“学习习近平总书记关于反腐倡廉重要讲话和十八届三中全会有关精神的领会”为题，向与会人员讲授廉政党课。与会人员还观看了警示教育片，通过反面典型案例，党员干部们受到了深刻的警示和教育。在宣传教育月活动中，县纪委还集中展播了廉政公益广告，编印了《长沙县农村基层党风廉政建设读本》，赠送给镇街和村（社区）进行学习。

（瞿文斌）

【长沙县召开落实党风廉政建设“两个责任”暨述廉评议工作会议】 12月3日上午，长沙县召开落实党风廉政建设“两个责任”暨述廉评议工作会议。开慧镇党委书记冯赛军、泉塘街道党工委书记陈小虎等8名镇（街）、县直机关单位领导干部进行公开述廉，就落实党风廉政建设责任制情况和遵守廉洁从政规定、落实作风建设规定与本人廉洁自律方面的情况进行述职，并接受现场民主测评。述职评议会召开前，县纪委组织述廉评议组到8名述廉评议对象所在单位召开述廉评议动员会，通过到单位听汇报、与领导班子成员及干部职工个别谈话、走访基层单位、查阅相关账务、召开服务对象座谈会、发放“征求意见表”、抽查个人报告事项等多种方式，广泛收集干部群众对评议对象的意见和建议，形成综述意见在评议大会上进行现场点评。全体厅县级干部，市纪委相关领导，部分党代表、人大代表、政协委员，县纪委委员、特邀监察员，全县各单位党政主要负责人、纪检监察组织负责人等参加会议。

（瞿文斌）

主要工作

【长沙县征地拆迁领域廉政风险防控工作】 2014年，长沙县纪委在大力查办征地拆迁领域腐败案件的过程中，牵头组织开展了征地拆迁领域廉政风险防控专题调研，重点分析征地拆迁领域的廉政风险突出问题、产生原因、防控对策，将执纪与巡查有机结合、将督查与调研有机结合、将制度与科技有机结合、将惩治与预防有机结合，充分发挥基层纪委“巡视组”的职能作用，通过问题查找、整改提高、完善制度、加强警示教育、探索建立长效防控机制等举措防治征地拆迁领域的腐败现象，并形成专题调研文章。征地拆迁领域的廉政风险防控工作得到了县委、县政府主要领导的高度肯定。市委常委、市纪委书记李军两次作出批示，充分肯定长沙县征地拆迁领域的廉政风险防控工作并要求总结推介长沙县的经验。8月14日，省预防腐败局专职副局长凌升山到长沙县就征地拆迁领域廉政风险防控作专题调研。

（瞿文斌）

【《长沙县领导干部任前廉政谈话制度》等3项谈话制度出台】 2014年7月，为进一步督促各单位党（工）委（党组）、纪（工）委（纪检组）落实“两个责任”，加强对拟新任和调任领导干部的任前廉政教育，县纪委出台《长沙县纪委负责人同下级党政主要负责人和纪（工）委（纪检组）负责人谈话制度》《长沙县领导干部任前廉政谈话制度》《长沙县领导干部诫勉谈话制度》三项谈话制度，对领导干部在工作生活中存在的一些苗头性、倾向性违纪违规问题，做到抓早抓小、关口前移，防范廉政风险。三项谈话制度分别涉及3类谈话对象：镇（街）、县直单位的党政主要负责人以及纪（工）委书记（纪检组长），县管新提拔的副科职以上领导干部，需要进行诫勉谈话的县管领导干部。三项制度明确规定了对每类谈话的谈话人、谈话对象、谈话目的及要求、谈话内容、谈话程序、结果处理等具体内容，确保谈话实效。（瞿文斌）

【打造"一园一网两片"廉政文化精品工程】 2014年，长沙县深入挖掘本地历史廉政文化资源，打造"一园一网两片"廉政文化精品工程。"一园"即廉政文化园，文化园位于长沙县廉政文化主题公园——徐特立公园内，以宣传、弘扬长沙县历史文化名人的勤廉事迹为主线，结合公园特点将自然景色、人文景观和廉政文化相融合。"一网"即长沙县纪检监察网（jw.csx.cn），网站于2014年7月开通上线，设置廉政要闻、案件追踪、举报等八大板块，重点突出执纪监督和问责职能，涵盖纪检监察新闻宣传、党风廉政政策解读、案件通报、工作动态发布等功能，在首页显著位置设置了"我要举报"栏目，网站还开设了"作风建设永远在路上"、"纪检监察系统网络监督和评议"、"廉政教育基地"等专栏。"两片"即作风建设警示教育片《向"为官不为"亮剑》和腐败案件警示教育片《禁区》，两部警示教育片分别以长沙县作风建设深层次问题的具体表现和近年查处的征地拆迁领域典型腐败案件为素材拍摄制作，深入剖析具体案例，倡导广大党员干部积极作为。"一园一网两片"廉政文化精品工程增强了廉政教育的吸引力和影响力，为反腐倡廉建设提供了坚实的思想基础和良好的社会氛围。（瞿文斌）

【建立健全作风建设长效机制】 10月10日，县纪委出台了《关于加强作风建设监督检查的实施办法》（以下简称《办法》），《办法》以深入治理干部庸懒散奢为重点，着力监督检查工作纪律、公务用车纪律、群众工作纪律、"三公经费"纪律、干部形象、履行职责等方面情况。县纪委还建立健全作风建设监督检查台账登记、督查实录、通报讲评、限期整改等长效机制，将督查实录和整改落实的情况及时在新闻媒体上进行通报，每季度对违反作风建设有关规定的典型案件进行通报，年底组织对全县各单位作风建设情况进行测评。（瞿文斌）

【举办纪检监察干部党纪条规教育培训班】 9月11至12日，长沙县纪委举办纪检监察干部党纪条规教育培训班，县委常委、纪委书记郭润葵作开班动员。培训过程中，省监察厅副厅长胡旭晟围绕"以'三转'为契机，进一步改进纪检监察工作"主题，从纪检监察机关为什么要"三转"、怎样转职能、转方式、转作风等四个方面，为学员授课。县纪委相关负责人分别从加强国有投资项目监管、《中国共产党纪律处分条例》信访举报及案件查办、《党政机关厉行节约反对浪费条例》、强化行政问责推进依法行政等方面，为学员解读党纪条规及相关业务知识。县纪委、监察局（预防腐败局）全体机关干部，各镇街、县直机关单位、垂直管理单位纪检监察干部共计189人参加培训。（瞿文斌）

【举办重点岗位人员廉政培训班】 12月9—11日，长沙县举办重点岗位人员廉政培训班，以进一步强化重点岗位人员的组织纪律观念和廉洁从政意识，切实提高拒腐防变的自觉性和主动性。县委常委、纪委书记郭润葵作开学动员，各镇街、县直相关单位从事"人、财、物"管理和行使行政审批职权等重点岗位的领导干部和中层干部117人参加培训。（瞿文斌）

12月9—11日，长沙县举办重点岗位人员廉政培训班（黄艳 摄）

社会团体

长沙县总工会

【概况】2014 年，新建基层工会 342 家，发展会员 5048 人，完成市总任务的 104%。县总工会下辖 39 个工会联合会（镇、街道 22 个，县局 16 个，企业 1 个），直属基层工会 11 个，全县有基层工会 2176 家，工会会员 8.3 万人。认真落实总工办发〔2014〕年 23 号文件，进一步健全完善经费管理使用制度，确保工会经费的合理使用和各项活动有效开展。全年全县签订工资集体协议和集体合同 852 份，职工生产生活条件和工资福利待遇得到改善。全县共有 112 个机关单位帮扶困难职工群众，落实帮扶资金 89 万元；金秋助学项目为 122 名困难职工子女发放助学金 30.7 万元；大病救助 116 人，共计 24.8 万元；救助职业病重症患者 6 人，共计 2.4 万元。以开展高温慰问活动为重点，关爱一线职工身体健康。全年县总工会志愿走访困难职工 558 人，落实慰问物资 12 万元。完成女职工特殊疾病保险投保金额共计 13.9 万元；启动临时救助和春节困难职工慰问 832 人，金额 26.8 万元。搭建活动平台，在“五一”“七一”“十一”等重大节日组织各级工会开展劳模评选、技能比武、篮球赛比赛、工间操比赛、职工大众运动会、趣味运动会等 150 余场次。加强宣传。有效运用长沙县工会网、《星沙时报》、长沙县电视台等新闻媒体渠道，对工会工作相关的政策法规、工作动态和各类活动开展情况进行整体报道。（于丽君）

【开展长沙县第三届采茶比赛活动】4 月 17日，长沙县总工会在湖南湘丰茶业有限公司的标准茶园—飞跃基地开展县第三届女职工采茶技能大赛。本届采茶比赛以“探寻茶乡美景、采茶健身养生”为主题。比赛共有来自全县直机关、县各镇（街道）的 100 余名女职工参加。采取 3 人一组，以采茶的数量与质量来进行综合评分，经过 1 小时的紧张角逐，天鸿投资有限公司代表队获胜并获得一等奖，白沙镇、开慧镇代表队获二等奖，金井镇、双江镇、青山铺镇、县农业局、县畜牧局代表队获三等奖。（于丽君）

【开展公安三项技能比武】6 月 26 日，县总工会与县公安局工会联合会在长沙市警察学校开展公安三项技能比武竞赛。此次比赛由来自全局各个单位的 67 名同志组成，一共 40 个代表队。比武分设三个项目，分为男子 1000 米跑和女子 800 米跑、警用手枪实弹射击和计算机信息化应用三大项，并邀请长沙市警校的老师担任评委。比武过程中，参赛队员严格按照规定流程完成三项技能比武项目，充分发挥自身的真实水平，展现苦练基本功的成果，体现了“贴近实战，强调实用，查找问题，促进工作”的原则。最终巡警大队、星沙派出所、指挥中心夺得单位团体奖前三名；罗米、周尚、沈国华、汪展、杨鑫杰、李洪建获得民警组个人全能奖（体能、信息化、射击）前六名；梁武书、卢胜、林涛获得职工、巡防队员组个人全能奖（体能、

4 月 17 日，长沙县总工会在湖南湘丰茶业有限公司的标准茶园—飞跃基地开展县第三届女职工采茶技能大赛 （于丽君 摄）

信息化）前三名；沈国华、周尚、罗米获得个人射击前三名；熊稳、周志斌、王杜获得个人体能前三名。（于丽君）

【举行金秋助学“三个一”活动】8月21日，长沙县总工会2014年金秋助学“三个一”活动在县住建局八楼会议室举行。金秋助学“三个一”活动，是对参加2014年全国高考（应届生）并被大学本科（二本及二本以上，特殊情况放宽到大专）录取的困难职工子女就学所进行的项目帮扶，旨在帮助困难职工解决生活中遇到的特殊困难。活动包括：一份助学金、一场励志报告、一份入学礼物。此次捐助的对象共计122名，其中接受长沙市总工会捐助的特困学生26名，每人4000元；接受县总工会捐助的困难学生50名，每人2000元。县总工会积极发动县域30家企业社会责任创建单位和10位爱心人士进行爱心捐资，共筹集善款12.6万元，将对46名211工程学校的在读困难大学生进行资助，以及救助6名职业病患者2.4万元和捐助特殊教育学校困难学生1万元。此次助学活动共计30.7万元，这次金秋助学活动的开展得到了县直各部门、爱心企业和爱心人士的大力支持，它发扬了工人阶级团结互助的优秀品质，体现了全县工会组织对困难职工和农民工的关爱。（于丽君）

【举办长沙县职工篮球赛】10月14日，长沙县总工会和长沙县文化体育广播电视剧联合在松雅湖中学体育馆举办2014年长沙县职工篮球赛。长沙县人大常委会副主任曹艳萍、副县长陈计伟、县政协副主席郭艳红出席开幕式。11天的赛程中，来自全县各条战线、各个行业、各个单位的38支代表队伍进行激烈角逐，22支啦啦操队伍也呈现出行精彩的表演，比赛丰富了长沙县广大职工的文化生活。

（于丽君）

共青团长沙县委

【概况】2014年，共青团长沙县委下辖一级机构团组织63个，非公企业、新社会组织以及镇街直属团组织等634家，联系和管理县青年联合会、县青年志愿者协会、市青年企业家协会星沙分会3家青年社团组织。年末，全县有35岁以下青年15万人，其中团员7.6万人，专兼职团干部993人，团员青年比例1 ∶ 1.97。

以理想信念培育当代新青年。一是用科学理论武装青年。开展“送团课下基层”系列活动，组建大学生村官群众路线教育实践活动宣讲团，将理论触角延伸到青年身边。二是用共同理想感召青年。开展“我与国旗合影”、团中央优秀中职毕业生成功梦想分享会、少先队知识竞赛等活动，深化“我的中国梦”主题教育实践活动；开办“亲子共读”周末国学诵读班，传承经典文化；纪念红军长征80周年，组织“重走红军路，再上井冈山”活动；结合全团援藏30周年，通过“爱心图书进贡嘎”、募集100万元援建贡嘎中学爱心食堂、与县残联3年资助30万元开展助残“阳光行动”，加强民族团结教育。三是用核心价值引领青少年。在县人武部指导下，与国防科大合作成立首家少年军校，开展爱国主义和国防教育；开展敬老爱幼等学雷锋活动，力推“文明、和谐、诚信、友善”新风；开展国家宪法日宣誓活动，提升青年干部“公正、法治、敬业”意识。四是用先进典型激励青少年。浔龙河控股有限公司董事长柳中辉被推荐并当选第九届全国农村青年致富带头人正式候选人；在省市各类评选中彰显全县青年创优创效的典型示范：创建省市级青年文明号5家、省市级雷锋号3家，获评市级青年岗位能手5人、全市首届乡村好青年1人、全市“十佳”校外辅导员1人、全市“十佳”少先队员1人。

以青春力量创造时代新业绩。一是投身中心工作。结合“六个走在前列”要求，开展“清洁城乡——环保世纪行”“保护母亲河”志愿服务活动，累计开展志愿活动300余次，参与志愿者5000余人次；实施“青年林三年种植计划”，植树2000余株。结合全县支柱产业发展，联合园区团委开展机械类青工技能大赛，号召青年服务岗位、提升产能；开展汽车团购，活动期间成交汽车30余辆；协助台湾青年企业家到县投资商贸项目。结合文明城市创建，开展广场文明劝导、文明出行、公益漫画等活动，年内注册志愿者5.3万余名，拓展文明志愿理念。结合“乐和乡村”建设，对接3所高校志愿者赴5家乐和村开展暑期义务培训、义务劳动；组建乐和社工青年工作委员会，加强工作联系与团队建设。结合县人大、县政府禁毒工作会议精神，组织机关青年赴禁毒基地开展警示教育；与9所高校团委招募6000余名志愿者连续11个周末在星沙城区主要路口开展禁毒宣传；开展禁毒进课堂与知识竞赛，号召全民禁毒。结合全县两会、PPP项目推介会等重大会议，组织志愿者或讲解员服务。二是倡导社会风尚。着力推进社区“雷锋号”志愿者工作站星级评定、创建升级和项目运行，推进志愿服务工作规范化、制度化、常态化发展。

着力提升共青团宣传影响力。开设官方微信，浏览量3万余人次。在国家级媒体上刊登信息16篇，在省、市级媒体上刊登信息180篇，信息采用量居全市团系统首位。开发“正能量书签”等青年文化产品，邀请团中央、司法部、省话剧团打造6部廉政普法情景剧，邀请13个高校进社区演出文艺节目。

以高能高效服务青年新需求。一是关爱青少年成长。纪念希望工程25周年，承办全市爱心公益项目博览会，全年骄阳爱心基金入账140余万元。开展爱心助学，募集爱心款25.2万元，帮扶贫困学子63人，帮扶人数和资助金额均为全市第一。面向重点青少年群体开展分类创新管理，作为全团重点青少年群体服务管理和预防犯罪工作第一批试点区县，通过团中央验收，是全市唯一一家获评优秀等级的区县。二是促进就业创业。承办全省五四“奋斗的青春最美丽”创业分享会主题团日活动，团省委副书记、党组副书记汤立斌莅临指导。成立农村专业合作社团组织，为创业青年提供政策扶持、金融支持和能力提升等服务。所推介的长沙县职业中专作品“高空采果剪”获评全国职业学校创新创效创业大赛二等奖。对接北京大学、长沙学院等10余家高校开展“见习促创业，牵手大学生”高校学子见习调研活动。三是回应青年诉求。开展“调研实际、访谈实情、办好实事”活动，与75名青年一对一访谈，解决青年实际问题16件。开展“村官青春情，幸福中国梦”大学生村官集体婚礼、“村官青春团，畅行中国梦”汽车团购等活动，既倡导两型新风，又对接青年生活所需。结合青年文明号20周年，与长沙经开区团委开展青年文明号、青年岗位能手友谊青春汇活动，服务青年婚恋需求。

以强根固本激发组织新活力。一是扩大有效覆盖。推动区县团委大融合，积极与广汽三菱、北汽福田等园区团组织联合开展活动；推动基层团组织规范化建设示范工程，打造2个省级示范街道团工委，星沙街道团工委在全国区域化团建工作推进会上作经验介绍；6家青年社会组织承接团校、校外活动中心项目，开展流动儿童暑期夏令营、亲子共读、公益电影、保护母亲河水源调查等活动，整合优质社会资源，团结更多青年参与社会建设。推介工之友服务中心“活力·共融儿童空间”项目，参加团中央首届中国青年志愿服务大赛并获全国银奖。服务青年社会组织工作，在全团青年社会组织交流会上作经验介绍。二是增强基层活力。与全县村支两委换届同步推进团支部换届，夯实基层基础；加强机关团建，在全市机关青年足球赛获全市第二名；以少年军校、“雷锋号”志工站和高校“三下乡”为抓手，促进校地合作、校校对接。支持基层发展，通过以奖代投方式支持基层团组织建设经费50余万元。三是规范自身建设。组织团县委干部赴井冈山团中央教育基地学习培训，提升干部综合素质。全面推进以“五四清廉节”为代表的“五个一”清廉主题活动，开办廉政公开课2次、走进教育基地3家、推广宣教平台1个、打造廉政短剧6个、践行公益廉政活动3次，营造学廉践廉良好氛围。开设团费专项账户，建立全县团费规范化管理制度。

通过以转型引路、走群众路线、用系统方法推进工作提质升级。团中央书记处书记汪鸿雁将长沙县作为联系点，开展蹲点调研、给予指导和支持。年内，在全团战线会议上两次作经验推介，在《中国青年报》上两次专题报道，2011年起连续四年蝉联全市“五四红旗团委标兵单位”与“共青团工作考核一等单位”。（叶　柱）

【全县首家少年军校成立】3月14日，团县委与国防科技大学指挥军官基础教育学院学员四大队共同发起，在安沙镇时中小学成立全县首家少年军校，双方签约共建。在签约仪式上，国防科技大学孙安敏与时中小学校长彭伟兰签订并交换共建协议，国防科技大学学员与时中小学学生开展爱心对接，向小朋友们送上学习用品等爱心礼物，并表演刺杀操。县委常委、县人武部部长李武，县人武部政委刘立如，副县长、县少工委主任陈计伟等出席活动。（叶　柱）

3月14日，国防科大九院学员四大队与安沙镇时中小学少年军校签约共建仪式举行　（安沙镇 提供）

【长沙市第五届爱心公益项目博览会】 5月30日上午，由市委宣传部、市少工委、市文明办、团市委共同主办，市青基会、市青少年宫、中共长沙县委宣传部、长沙县少工委、长沙县文明办、共青团长沙县委共同承办的“杜鹃花开·情满星城”长沙市第五届爱心公益项目博览会在星沙通程文化广场举行，社会各界爱心人士、困难青少年汇聚一堂，共庆“六一”儿童节。全县24个镇街、8个志愿服务团队等组织爱心义卖展台，参与义卖的商品包括爱心企业和个人提供的各色农产品、书籍、字画、手工作品等。此次活动募集善款12万元，全部用于帮扶全县困难青少年和援建爱心项目等。（叶 柱）

【“我的中国梦——奋斗的青春最美丽”青年创业主题团日活动】 5月5日，团县委在金井镇举办“我的中国梦—奋斗的青春最美丽”青年创业主题团日活动分享会。团省委副书记、党组副书记汤立斌，团市委书记喻志军，副县长陈计伟出席活动。汤立斌一行查看金井茶园，询问茶园的农工、种植、销售等情况，并视察长沙沃园生态农业科技有限公司生产线。会上，7名优秀农村青年创业者畅谈各自创业经、致富经。参与活动的30余名青年代表纷纷向优秀青年创业者提问、取经。（叶 柱）

【爱心资金（物资）对口援助西藏山南地区贡嘎县】 为积极响应9月团中央对口支援西藏工作会议关于教育援藏的号召，结合共青团和残联关于青年志愿者助残“阳光行动”工作，帮助和促进藏区各族青少年健康成长，共青团长沙县委联合县残联，共同筹集爱心物资和爱心款32万元，赴西藏山南地区贡嘎县开展对口帮扶活动，并签订对口援助项目协议书，从2014～2016年连续三年资助西藏山南地区贡嘎县智力残疾、视力残疾、听力残疾三个类别的残疾学生200名，为残疾学生提供义务制阶段教育生活费1000元／人次，同时还为山南地区送去5台爱心电脑，以发展当地青少年事业。（叶 柱）

【“村官青春情，幸福中国梦”大学生村官集体婚礼】 8月2日，由县委组织部、县委宣传部主办，县文广局、团县委、开慧镇承办的“村官青春情，幸福中国梦”大学生村官集体婚礼在开慧镇杨开慧纪念馆举办。8对新人举行简朴而庄重的结婚仪式，每对新人中至少有一方是在长沙县工作的大学生村官。此次活动旨在让大学生村官安心扎根基层，解决其婚恋需求，以使他们全心投入农村建设。县领导杨懿文、周志远、彭勇、曹艳萍、陈计伟、郭艳红等出席婚礼。（叶 柱）

【“青春与国旗共飞扬，我向祖国献祝福”活动】 9～10月，为庆祝新中国成立65周年，团县委举办“青春与国旗共飞扬，我向祖国献祝福”活动。此次活动采取线上线下同步进行的方式。线下在学校团、队组织中举行庆祝新中国成立65周年升国旗仪式，各校可自由添加特色内容。线上通过征集“我与国旗合影”的创意合影和祝福语，在长沙县共青团微信平台、微博、QQ群内进行转发、评论，同时借鉴“冰桶挑战”模式，让上传合影的青少年点名，邀请好友参加，保持活动的热度与力度。活动在全县范围内掀起与国旗合影的热潮，机关青年、社会志愿者、社区干部、少先队员、武警战士、环卫工人、外国友人等均与国旗合影并写下对祖国的祝福。（叶 柱）

【禁毒宣传】 为进一步净化社会环境，增强人民群众禁毒意识，9月底起，在县政法委、县禁毒委指导下，团县委组织实施大型禁毒志愿宣传活动。每逢周末上午，县内高校大学生志愿者6000余人走上街头，站立在星沙主城区设有红绿灯、人流量较大的75个交通路口，头戴印制“无毒梦，中国梦”的文化帽，挥动印有“赢得一时刺激，输掉整个人生”等禁毒宣传标语的大红旗。（叶 柱）

【庆祝少先队建队65周年活动】 10月，县少工委、团县委、县教育局联合开展“红领巾相约中国梦”少先队基本知识学习竞赛活动。此次活动主要有少先队基本知识网络竞答和少先队基本知识学习普及等内容，通过升国旗仪式、红领巾广播站、学校宣传栏、文化长廊、中队壁报等教育活动引导广大少先队员和少先队辅导员学习理解少先队基本知识，践行少先队队章要求和队礼精神，营造良好的少先队知识学习氛围，不断培养和增强少先队员的组织归属感、荣誉感。（叶 柱）

【“两型生活周·五四清廉节”青年廉政文化趣味活动】 5月，共青团长沙县委在“五四”青年节期间开展“两型生活”廉政文化趣味活动，活动设趣味运动和知识竞答两个环节。此次活动是为进一步加强全县青年干部的党风廉政建设和反腐败宣传教育意识，通过多种形式向参与活动的青年群体宣传廉政知识，倡导廉政文化，引导

5 月，长沙县“两型生活周·五四清廉节”青年廉政文化趣味活动举行
（团县委 提供）

广大青年干部树立廉洁自律的高尚情操，营造清正廉洁工作氛围。县人大常委会副主任曹艳萍、团市委副书记詹萍萍、县政协副主席郭艳红出席活动。（叶 柱）

长沙县妇女联合会

【概况】县妇联编制 6 名，干部职工 8 名（含劳务派遣人员 1 人）。2014 年，全县妇联各项工作长足发展。是年，县妇联被湖南省妇联授予宣传工作先进单位。

*引领妇女参与经济建设。*开展“迎新春，庆三八，送岗位”为主题的“春风行动”，切实帮助广大妇女在家乡就业。做好妇女小额担保贷款工作，30 名受益女性获批贷款 258 万元，占总额的 55.8%。开展创业就业培训，组织育婴师、家政服务培训、婴幼儿护理奶奶外婆培训班，深受妇女群众好评。积极创建巾帼现代农业示范基地，路口镇曹宇成功创建市级巾帼现代农业科技示范基地。开展“巾帼促农”行动，在金坑桥村开展城乡妇女共建、结对帮扶活动。开展“四百结对”帮扶活动，组织女企业家与女大学生结对帮扶，为女大学生创业搭建平台。

*组织妇女开展文明创建。*开展“最美家庭”“五好文明家庭”“和谐示范家庭”“两型家庭”评选活动，评选“最美家庭”35 户，评选表彰市级五好文明家庭 10 户，县级五好文明家庭 100 户，泉塘街道星港社区李曼平家庭被评为市级“两型”示范家庭，江背镇罗燕华家庭被评为省级“两型”示范家庭。加大宣传力度，培养树立一大批“三八红旗手”“三八红旗集体”“巾帼示范村”“巾帼文明岗”“巾帼文明社区”等优秀典型。开展传承优良家风、家训、家规相关的宣传展示活动，开展全县第五届“优秀家长”评选活动，深入实施“母亲素质工程”，全县各级妇联组织累计举办各类培训班 950 余次，受训 5 万余人次。扎实开展家庭教育指导服务体系试点县建设工作，9 月，长沙县代表中部六省在全国妇联召开的全国家庭教育指导服务体系建设工作推进会上作典型发言，获一致好评。

*维护妇女儿童权益。*全年接待、受理群众来信来访 76 件，结处率 100%。积极发挥妇联人民陪审员作用，陪审侵害妇女儿童权益案件 100 多件。深入推进妇女病普查普治和农村妇女“两癌”（宫颈癌、乳腺癌）检查项目，33 位贫困“两癌”妇女人均获得中央专项彩票公益金救助金 1 万元，开展“六一”走访慰问、结对帮扶、共植爱心树等关爱活动，在全省率先完成全县留守儿童信息采集工作，在“工之友”率先成立外来务工人员家庭教育指导服务中心，开展“蓝天春蕾”女童班资助活动，全县妇联系统开展关爱留守儿童特色活动 69 次，参与留守儿童 7243 人次。实施“伴随成长”项目，为县域内 6.2 万余名 0 ~ 6 岁孩子家长发送每周一信，提供量身定制的八大板块家庭教育知识。实施国际计划社区儿童保护机制建设项目，在金井镇打造的 5 个儿童幸福家园受到国务院妇女儿童工作委员会好评。

*加强妇联组织自身建设。*积极推动女性进村（社区）两委，换届后有 457 位女性进入村支两委任职，有 40 名女性担任村（社区）支部书记、主任，有 36 名女大学生村官通过选举进入村支两委。开展“示范妇女之家”创建活动，年内有福临镇双起桥村、金井镇九溪源村、星沙街道碧桂园社区获市级“示范妇女儿童之家”称号。召开“话成长、促发展”女大学生村官座谈会，举办基层妇女干部能力提升暨生态文明“两型”建设培训班并组织 340 名女干部参训。开展“少年儿童托管现状”“家庭美德建设”等工作调研，致力开展黄花路社区的“家文化”、望仙桥社区“时间银行”“阳光驿站”、湘绣社区“四点半课堂”、泉塘街道的工之友家园等品牌活动。

（阳迎军）

【评选表彰“三八红旗手”“三八红旗集体”等先进典型】3 月 6 日，长沙县庆祝“三八”妇女节大会在开源鑫城四楼国际厅举行，全县各行各业

黄利霞等55人获“三八红旗手”称号　（县妇联 提供）

的260多名妇女代表欢聚一堂，共庆“三八”国际劳动妇女节104周年，各战线涌现出来的一大批先进个人和先进集体受到表彰。市妇联副主席曾丽、副调研员陈准莲，县人大常委会副主任曹艳萍、副县长邹春林、县政协副主席郭艳红出席会议。会上授予黄利霞等55名同志“三八红旗手”称号；授予长沙县城乡建设档案馆等3个单位“三八红旗集体”称号；授予福临镇双起桥村等2个村“巾帼示范村”称号；授予长沙县法院立案庭等15个单位“巾帼文明岗”称号；授予春华镇春华社区等12个社区“巾帼文明社区”称号；授予黄兴镇等6个镇为城乡环境整治暨生态文明建设先进集体；授予跳马镇关刀村等44个村（社区）家长学校（家庭教育指导中心）“家庭教育工作示范基地”称号。汤昭、黄利霞等4位优秀典型作典型发言，其自强不息、无私奉献的感人事迹充分展示了新时期长沙县妇女的时代风采，为全社会特别是广大妇女树立榜样。（阳迎军）

【“话成长促发展”女大学生村官座谈会】为扎实推进群众路线教育实践活动，进一步加强女大学生村官队伍建设，促进女大学生村官健康成长，4月23日上午，县妇联举办“话成长促发展”女大学生村官座谈会。省、市、县有关部门负责人，以及女大学生村官代表等60人参会。会议由长沙县委副书记李洪波主持，省妇联主席、党组书记肖百灵出席会议并讲话。会上，朱莎莎等8名女大学生村官代表畅谈各自在参与村级治理和新农村建设中的酸甜苦辣，共同分享成长经历与感悟。她们立足农村，虚心学习，尽快适应环境，通过从“高跟鞋”到“运动鞋”的转变，从“连衣裙”到“T恤牛仔裤”的转变，从“娇娇女”到村民信任称赞的“女汉子”的转变，赢得群众信任和喜爱。肖百灵充分肯定长沙县女大学生村官的工作成绩，殷切寄语女大学生村官勇敢地担当起村官这份责任，在农村工作艰苦环境中，发扬吃苦耐劳和“巾帼不让须眉”的精神，以满腔的热情和饱满的精神状态投入到基层工作中去。长沙市委组织部、市发改委、市农业局、市扶贫办、市科技局、市林业局等部门负责人在会上与女大学生村官对接交流，并表示将在项目、资金、政策等方面对大学生村官给予倾斜和支持。（阳迎军）

【举办基层妇女干部能力提升培训班】为进一步提升基层妇女干部理论素养，提高管理和处置村级事务的能力，更好地服务长沙县经济社会发展，11月27日～28日，长沙县妇联在县委党校举办了基层妇女干部能力提升暨生态文明“两型”建设培训班，全县各镇、街道妇联主席及各村（社区）妇代会主任等340多人参加培训。市妇联主席谭慧慧、副县长陈计伟、县政协副主席郭艳红等领导出席开班仪式。大会为10名荣获市级五好文明家庭的代表及7名《长沙市好家规、好家训家长教子故事集》作品获奖者代表颁奖，白沙锡福村村主任兼妇代会主任林隐君、金井镇九溪源村妇代会主任郑宇两名优秀代表作典型发言。培训班上，市妇联主席谭慧慧为妇女干部讲授基层妇联工作实务；县生态办副主任谢志宏就城乡环境整治暨生态文明两型建设工作作业务培训；市委党校讲师余敏进行《幸福女人的自我提升》的专题讲座；金井镇党委副书记、金龙村党支部书记宋海晏与大家一起分享如何做好基层妇女工作的秘诀；铁路科技职业技术学院副教授、国家一级心理咨询师马丽华进行“女性心理压力缓解”的讲座。此次妇女干部培训班内容丰富，老师授课精彩、互动，专业性、指导性、实用性强，深受基层妇女干部欢迎。（阳迎军）

【长沙县家庭教育工作经验在全国家庭教育指导服务体系试点工作调研交流会上推介】9月2日，由全国妇联儿童工作部举办的全国家庭教育指导服务体系试点工作调研交流在浙江省嘉兴市嘉善县举行，县妇联主席阳智参加活动并在会上作题为《把握重点整合资源推动处境不利儿童家庭教育实现“零盲区”》的发言。长沙县地处长株潭“两型社会”综合配套改革试验区核心地带，是全国十八个“改革开放典型地区”之一，总人口81.89万人，0～18岁儿童14.38万人。该县从1983年起力抓家长学校建设，在家庭教育方面一直有良好的基础和浓郁的氛围，2012年获评全国家庭教育工作示范县。2013年5月，该县被确定为全国20个家庭教育指导服务体系试点县以后，积极发挥县家庭工作领导小组办公室作用，在全县构建七大普惠性家庭教育产品平台的同时，积极探索，多措并举，重点推进8300余名处境不利儿童的家庭教育工作，全县家庭教育“零盲区”的指导服务体系初步完成。（阳迎军）

【“伴随成长”公益项目】6月27日，试运行一周的长沙县“伴随成长”公益项目正式启动。在此后的一年里，每位0至6岁孩子的家长每周均可以通过手机接收按照孩子周龄“量身定做”的早教指导信息，此举意味着全县6万余名该年龄段的儿童将免费接受“个性化”早期教育。“伴随成长”公益项目由中国家庭教育学会、中国下一代教育基金会、全国妇联儿童工作部共同发起，主要着眼于儿童早期教育和家庭，应用当前比较成熟的通信技术、依靠权威育儿专家，传播先进育儿理念、科学育儿方法，开展个性化的育儿服务，帮助家长树立正确的教育观念，掌握科学的教育方法。该项目聘请专家团队，将0~6岁孩子成长中家长需要了解的5000个关键知识点，按照孩子不同的成长年龄段，精心编辑成312条指导信息，与312个星期相对应，在孩子成长的每周，通过网信的方式，发送“每周一信”到家长的手机上。“每周一信”下设“我在长大”“营养饮食”“亲子活动”等8个栏目，其内容涵盖营养学、护理学、保健医院、教育学、心理学以及脑科学、生命科学等多个领域，为家长教育孩子提供全方位的个性化指导。县妇联积极探索创新家庭教育工作载体，先后通过实施“母亲素质工作”，开展家庭教育送课下基层，创立星沙家长课堂、外来务工人员家庭教育指导中心、村（社区）家庭教育工和示范基地等一系列举措推进全县家庭教育知识的宣传普及。2014年，该县成为全国29个“伴随成长”公益项目试点县之一，希望通过项目实施能为全县0~6岁儿童及家长带来实实在在的帮助。（阳迎军）

【国际计划社区儿童保护机制建设项目】作为全国两个实施国际计划社区儿童保护机制建设项目县，2014年，长沙县政府妇女儿童工作委员会办公室扎实推进项目实施。争取县委县政府高度重视，确立“健全组织保证项目实施、强化责任落实项目工作、广泛宣传营造项目环境、协作配合形成项目合力、严格管理确保项目效果”的工作机制。强化组织保障，成立以县政府妇儿工委主任、分管副县长为组长，12个县直部门为成员单位的领导小组。强化制度保障，出台《长沙县2014年实施国际计划社区儿童保护机制建设项目工作方案》，和《长沙县儿童幸福家园目标管理考核实施办法》和《长沙县儿童幸福家园目标管理考核细则》，县政府将项目配套资金列入县财政预算。强化质量保障，妇儿工委办定期组织开展交流督导工作。高标准建立五个儿童幸福家园，组织主题活动270次，开放563次，服务儿童12000余人次，服务家长4200余人次，充分发挥儿童保护预防和早期干预平台作用。利用家园平台，开展特殊境遇孩子个案辅导服务，开展为期15天的大学生志愿者暑期服务活动、“精彩一瞬”摄影比赛和处境不利儿童信息采取工作，并招募家长志愿者，经培训后，分别对区内583名处境不利孩子家庭进行儿童保护知识走访分享活动。聘请专家开展家园巡讲活动，为5个家园近700名家长提供积极教育的原则、方法以及实践指导。提升项目核心工作人员的专业素质和开展儿童保护宣传、开展活动

国际计划社区儿童保护机制项目儿童参与和建立儿童委员会专题培训
（县妇联 提供）

的能力，在国际计划项目支持下共同组织家园运行管理，开展教育方法、儿童参与和儿童委员会建立，儿童自我保护，家长志愿者、大学生志愿者社会心理支持、多学科小组、社会工作知识普及等专题培训10期，参与人数400余人次。营造氛围，广泛宣传，在报纸上刊发19期，在妇儿工委系统网站、《两纲工作通讯》刊发文章60多条。开通长沙县儿童权益咨询热线。编印国际计划2014年年历画、《学生自我保护手册》、家长学习图册《积极教育方法》、家长学习资料《假如我犯了错》并免费发放3.25万份，使国际计划进入全县公众视野，进一步增强儿童权益及儿童受保护意识。加强部门协作，初步构建基于社区的儿童保护体系。年底，国务院妇女儿童工作委员会办公室相关领导、国际计划项目官员对该县项目实施情况进行督导并给予高度评价。（阳迎军）

长沙县工商业联合会（商会）

【概况】 2014年，长沙县工商联下辖镇（街道）商会21个、行业商会9个和女企业家商会1个，会员2099人。长沙县私营企业9633家，新办2340户，个体工商户42416户，新办4679户，非公经济生产总值占地区比96.3%，吸纳从业人员20.4万人，完成投资占全县社会投资比67%。完成18个镇街商会〔除星沙、湘龙、泉塘商会（2011年成立），长龙商会（2013年成立）〕换届工作，选优配强基层商会领导班子，实现基层组织全覆盖。注重行业商会标准化建设，对商会办公、财务等工作制度进行规范，并形成长效机制。开展《汽车业质量管理培训》《TOC瓶颈管理训练班／企业新三板培训》《未来十年：趋势与战略选择》《十八届四中全会助推法治经济》等五次专题讲座；配合长沙市工商业联会组织部分会员赴浙大学习培训；组织会员参加省、市工商联系统举办的“2014中国（长沙）科技成果转化交易会”、“2014中国（长沙）投资理财博览会”。县联和槊梨商会组织28名汽配行业企业家赴上海大众及其4家一级配套商学习。在《星沙时报》开辟非公经济宣传专栏3期，对基层商会、非公经济企业和人士中的优秀典型进行宣传报道，同时充分利用互联网等现代通信手段，不断创新网站、QQ群、企信通等信息平台建设，及时发布政策政情、法律法规、招商引资、经贸合作、人才招聘等信息，全面实现信息互通、资源共享。做好信息上报工作，超额完成上级工商联和县委、县政府两办的信息任务，编发《工商联通讯》12期，报道全县工商联系统重要工作和重大活动，全年上报各类信息172条。积极参与全县创业富民活动，共扶持创业基地、创业项目137个，总计885万元。争取到市级创业富民专项资金扶持项目98个，扶持资金456万元。同时对2013年政策范围内的10家创业企业给予18.3686万元的税收返还奖励。民营企业投诉处理中心全年受理来信来访13件，并予以回复和解决，有效促进社会和谐稳定。长沙县工商联被评为2014湖南省“五好”县级工商联。（胡彦）

【长沙县工商联界别政协委员组建全省首个县级政协委员工作室】 3月，长沙县工商联副会长、县政协常委湖南鲜开心农业发展有限公司董事长唐军，邀请长沙县工商联副主席、县政协常委、长沙众城机械有限公司总经理杨德品和长沙县工商联执委、县政协委员、湖南天府生态农业有限公司总经理刘奇等委员，组建长沙县政协委员工作室，这是湖南省成立的首个县级政协委员工作室。工作室的主要职责是服务现代农业，为农业企业传达有关农业政策、政情，帮助他们出谋划策，同时向政府及时反映农业企业的诉求，提供农业产业发展的相关数据，为政府决策提供参考依据，搭建政府与农业企业双向沟通交流的平台。（胡彦）

【长沙县两家企业荣获全国科技创新企业奖】 2月18日，湖南长沙果福车业有限公司、长沙湘丰茶叶机械制造有限公司荣获全国工商联颁发的“科技创新企业奖”。（胡彦）

【长沙县职业经理人协会成立】 11月23日，长沙县职业经理人协会第一次会员大会在绿世界生态农庄召开，标志着长沙县职协正式成立。这是湖南省继宁乡县职协、新化县职协后的又一个县级职协诞生。湖南省工商联执委、省职协执行会长孙朝阳，原湖南省政协社会和法制委员会主任欧阳耀祥，以及长沙县政协副主席、县工商联主席李楚屏出席大会。（胡彦）

法治

综述

【概况】2014 年，全县政法系统在县委、县政府的坚强领导下，全力维护社会稳定，确保人民安居乐业，促进经济社会发展，取得了明显的工作成效。在 2014 年全省综治民调中长沙县排名全市第一。

推进矛盾化解，营造了社会和谐稳定新环境。一是矛盾纠纷排查化解得力。全县各级调解组织共调解各类矛盾纠纷四千余起，有效地维护了一方稳定。二是信访积案解决到位。积极开展“百日大走访”活动，及时有效调解各类涉农、涉企纠纷；大力开展“信访积案化解百日行动”，全县 62 个信访积案得到化解；成功化解省市交办的信访积案 23 件；三是突发事件处置得当。成功处置多起群体性集访、堵路、阻工等突发性事件，妥善化解了一大批因交通事故、征地拆迁、医患纠纷、安全事故、房地产纠纷引发的不稳定问题。妥善处理了一批涉众型经济纠纷（犯罪），如：万川投资和六合鑫众投资担保公司的跑路问题，由于处置及时，未造成进京赴省到市的集访事件。

深化平安创建，取得了社会管理综合治理新成效。一是打击犯罪强势推进。始终保持对刑事犯罪活动的高压态势，各类刑事案件破获率逐年上升，全县全年发案率下降 9.27%。二是专项整治成效显著。全县共端掉“黄赌毒”窝点 226 个。其中查破涉黄案件 81 起；查破涉赌案件 130 起；查破涉毒案件 464 起。全县共查破涉枪涉爆案件 30 起，刑事拘留 10 人，治安拘留 13 人。三是治安防控体系不断完善。新增治安视频监控摄像头 900 个，与天网一期和前期的监控系统融合，实现全县“城区街道全覆盖、视频监控无盲区、社会管理联成网、侦查办案有证据、维稳防控有实效”的建设目标。成立了社区巡逻防控中队，在重点路段、重点区域、重点节点实行全天候不间断巡防，全县侵财型案件发案率全年下降 16.68%。四是禁毒宣传全面展开。在全县 24 个街（镇）开展禁毒宣传“三进”（进社区、进企业、进校园）活动文艺巡演，让广大群众在欣赏文艺表演的同时，深刻感受到毒品的危害性及禁毒的必要性，共同认识毒品危害、抵制毒品。组织高校 6000 余名大学生志愿者组成禁毒宣传队伍，利用周末到星沙城区的 75 个红绿灯口进行禁毒宣传。在全县部分镇（街）、村（社区）以及城区部分楼盘设置“黄赌毒”举报箱。通过以上工作举措，在全县掀起了禁毒宣传的高潮。

创新管理机制，构建了社会治理工作新格局。加强社区警务建设，实施网格化管理，加强社会面上的管控，进一步提高了人民群众的安全感。加强学校及周边治安综合治理，营造安全文明学校环境。推进道路交通安全社会化管理，夯实道路交通安全基础工作，不断增强群众道路交通安全意识。开展无邪教创建活动，反邪防控措施落实到位。强化预案演练，加强督促检查，切实做好消防安全工作。禁赌、禁毒、扫黄打非，有效遏制黄、赌、毒等违法犯罪活动的滋生与蔓延。

目前面临的形势：平安建设面临复杂现实；反恐防暴面临空前挑战；维护稳定面临严峻考验；治安管理面临新的难题。（谭小花）

【维护社会政治稳定】 围绕党的十八届四中全会，全国、全省两会、APEC 会议等敏感节点，坚持情报为先，进一步拓宽情报信息网络，延伸关注敌对势力、“法轮功”邪教顽固分子以及重点领域、重点群体、重点人员的动态，先后收集、上报各类深层次、内幕性、前瞻性情报信息 110 余条，及时跟踪掌握各类利益诉求群体赴省进京集访 15 次，为党委、政府提前采取化解措施提供了及时、翔实的信息支撑。针对不法分子利用新型禽流感、“3·01”“4·30”“5·22”新疆暴力恐怖袭击案、“3·14”长沙伍家岭故意伤害案等借题发挥，妄图制造恐慌，迅速组织力量加大网上巡查力度，正确引导群众科学认识疫情、

案情，克服恐慌心理，并远赴广州将"3·14"案造谣人员廖某抓获。（谭小花）

【组建反恐防爆中队】在警力极为紧张的状况下，精心挑选了5名民警与6名巡防队员组建了反恐防暴中队，每日早上7时至晚上10时在汽车站、通程广场和星沙大道周边等重点部位进行巡逻防控。全年成功组织两次反恐演练。7月30日，反恐防暴中队民警接到"110"指令后快速出击，在第一时间内赶到星沙中南汽车世界奔驰4S店，将两名提着"汽油"准备闹事的嫌疑人及时控制。（谭小花）

【抓好警卫安保工作】全县政法干警以高度负责的态度圆满完成国家六部委考察调研、星云大师长沙行、长沙县第三届自行车比赛暨自行车健康骑行活动、第十届中国金鹰电视艺术节等要员保卫、开工庆典、大型赛事等警卫安全任务149趟次。（谭小花）

【打击食品药品安全违法犯罪行为】2014年6月6日成立了长沙县公安局治安大队食品药品侦查中队，该中队全面履行打击食品药品安全违法犯罪行为的职能，保障民生安全。全年共捣毁生产销售有毒有害食品窝点8个、生产销售假药窝点7个、生产销售假烟窝点3个，破获该类案件12起，刑事打击处理45人。（谭小花）

【严厉打击经济犯罪】全年共侦破经济犯罪案件60起，刑事拘留犯罪嫌疑人88名，逮捕51人，移送起诉105人，其中直诉41人。通过侦查破案，追缴损失、非法所得2200余万元。侦破了"3·17"、"4·25""7·21"三起组织领导活动专案，摧毁以安徽省阜南县籍、江苏省徐州、沛县籍、福建省连江县籍的3个2100余人的特大传销团伙；及时侦破了山河智能公司、蓝思科技公司等单位职工商业受贿、职务侵占案、挪用资金案17起，为企业挽回经济损失400余万元，实现了执法效果、经济效果与社会效果的有机统一。（谭小花）

【化解信访积案】从2014年5月14日开始，在全县范围内开展了"化解信访积案百日大行动"，明确62个信访积案由县级领导牵头化解，按照"七个层级"依次推进，实行"一周一通报、一周一调度、一月一督查"，全力推动及时就地解决各类信访问题，通过3个多月的集中攻坚，至8月20日，62个信访积案基本解决。为进一步巩固活动成果，突出整改实效，从9月中旬开始，针对省市交办的信访积案再次进行排查梳理，共梳理积案26件，至10月20日，成功化解23件，化解率88%。（谭小花）

【防控系统信息化建设】在"电子防控系统建设"两期工程与"天网工程"建设中，投入资金1.1亿元，安装摄像头3700个，卡口摄相机49个，电子围栏25个；在6个治安复杂的重点派出所建成高标准综合警务指挥室，将各辖区所有监控摄像头调度上墙，将应急联动指挥系统、电子卡口系统、数字对讲指挥系统、基础工作平台、群发短信平台、DQB平台等信息化系统科学整合、优化共享、集成应用，大幅提升了派出所警务工作的效能和核心战斗力；通过以街镇购买社会保安服务的方式组建了社区专职防控队，将占全县发案数三分二的5个治安复杂的派出所辖区细分为23个巡逻防区，由专职防控民警带领社区防控队员在各背街小巷开展巡逻，有效弥补了街面车巡与点巡的空档，成立巡逻防区后的7至10月，全县的侵财型案件同比去年下降25%。长沙县星沙派出所与新安派出所防控工作的典型经验均被《人民公安报》、《新浪网》、《红网》、《中国长安网》等多家媒体报道。（谭小花）

【"红袖章"工程建设】进一步推进"红袖章"工程建设，并将其与治安义务巡防工作有机结合，按照"三统一"、"四级巡"、"五到位"的工作方式，广泛动员人民群众参与到"红袖章"工程，当好"五大员"，落实"五必须"，实现了"民警带队、看门守栋、错时巡防"。为全县1000多名治安义务巡防队员配齐了服装和装备。（谭小花）

【建立健全维稳网络】在全县范围内进一步加强了综治维稳中心建设、社会矛盾调处中心建设、维稳情报信息员队伍建设，全县共有调解员、信息员1000余名，全部分布在村（社区）和组（居委会）基层工作一线，在全县形成了一个专群结合的情报信息网络。并建立了联席会议、排查化解、信息研判和工作联动等机制，确保了组织规范、管理有序、运转顺畅、保障有力。（谭小花）

【加强隐蔽战线斗争】按照中央"什么邪教比较活跃，就专项整治什么邪教；哪个地区邪教组织比较猖狂，就在哪个地区开展专项整治"的工作思路，继续强化"一墙一窗"阵地，建立文化反邪阵地，深入开展"无邪教创建工作"，对全县潜在具有现实危害的邪教组织活动开展专项打击活动，开展针对"法轮功"首要分子、职业

县政法委书记常利民在2014年县委综治工作会议上布置全年度工作。
（县综治办 提供）

分子、顽固分子的专项打击行动，破获“F1307”案，抓获“法轮功”骨干人员数名，确保了“一条高压线、三个零指标、五个严防”目标实现。

（谭小花）

法治政府建设

【概况】 2014年，县政府法制办公室对全县政府法制工作进行规划、指导、监督、协调和服务；承办政府一般经济合同的备案审查工作，负责对重大经济合同、特别重大经济合同的谈判、磋商、签订、履行等进行监督管理，调处履行过程中的争议、纠纷；拟定行政执法监督、行政执法责任制工作方案，组织年度行政执法责任制考核，实施行政执法评议考核制度和过错追究制度，指导、监督县直行政执法机关行政执法活动，协调执法矛盾争议，承办重大行政处罚决定备案，指导、协调该县相对集中行政处罚权，承办全县行政执法人员的培训考核、资格认定和发证、管理工作，协助管理行政执法监督证件工作；起草或组织起草县政府规范性文件草案，审查县直各部门以县政府名义制定的规范性文件草案，并向县政府提出审查报告，承办县直各部门和乡镇规范性文件的备案、审查，承办县政府的规范性文件清理、修改、废止工作，承办县政府规范性文件向市政府备案；研究行政诉讼、行政复议、行政赔偿、行政处罚、行政许可、行政收费等涉及政府行为规范的法律、行政法规实施情况以及行政执法中带普遍性的问题，向县政府提出完善制度和解决问题的建议，拟定有关配套文件和答复意见，承担依法由县政府受理的行政确权、行政复议、行政赔偿案件的审理，受县政府委托办理应诉案件，办理行政赔偿案件，指导、监督、协调全县的行政复议、行政应诉、行政赔偿工作；组织开展指导县政府法制工作的宣传，政府法制理论研究与交流，提供政府法制信息、法律咨询服务，承办法律、法规、规章草案的征求意见工作，收集、整理法律、法规、规章执行的反馈意见；承办县委、县人民政府和上级主管部门交办的其他事项。

政府重大事项合法性审查。政府重大行政决策须由法制办进行合法性审查，法制办工作人员列席政府常务会、县长办公会，以指挥部名义下发的会议纪要和县内所有的政府常务会、县长办公会等重要会议纪要都需经法制办审查。2014年，办理县委县政府交办件54件，为领导决策提供法律意见100余条。全年法制办专人参加22次政府常务会、县长办公会，对政府常务会、县长办公会以及各类专题会议等37个会议纪要进行合法性审查，出具法律意见100余条。

政府合同管理。参与重大经济合同的谈判、磋商，审查政府重大合同文本，督查全县政府合同签订、履行、备案情况，对经过法律审查的合同都建立了合同电子台账实施动态管理，2014年审查政府合同70余件，其中17件出具书面审查意见52条，其中审查把关的重要合同包括：《关于支持松雅湖住宅项目的协议》《定向定价供应商品房协议》《长沙县城乡公交一体化PPP项目投资合作框架协议》等；开展合同督查1次，共督查1237个合同。维护了合同双方的合法权益，确保了政府财政性资金依法、合理、高效使用。

行政执法监督。2014年，组织对全县31个行政执法单位开展案卷评查1次，评查案卷60卷，指导单位自查400多卷，及时总结、分析并通报执法单位存在的问题和不足，督促其整改；发布指导案例3个，规范执法行为；对旅游局、价格监督局、能源局、民政局、执法办、卫生局、档案局等单位组织了7次执法证考试，新发执法证64本，换发执法证4本；协助人大开展人大评议工作，对教育局、环保局的依法行政工作进行评议，每年发布一次全县依法行政年度报告。组织各类依法行政培训10余次。推进相对集中行政处罚权，完成全县行政审批项目、行政职权事项清理。

7月11日，县委副书记、县长张庆红（主席台右一）在全县依法行政培训班上作动员讲话　　（颜　海　提供）

规范性文件管理。全年审查各类规范性文件共19件，出具审查报告19份，统一登记、编号、发布并备案规范性文件15件，无一件被撤销，共统一登记、编号部门规范性文件3件。

业务案件办理。2014年全县行政诉讼案件32件；接收行政复议申请36件，受理16件，办结12件；行政答复案件9件，其中办理3件，协助省（市）办理或协调解决6件；土地、林地确权案件17件，受理土地、林地、林木权属争议案件9件，协调解决6件；处理土地承包经营权纠纷4件，均进行了实地调查。　（谷　晶）

【加强政府合同督查】2014年9月对镇（街道）、县直机关各单位、国有投资公司共72个单位开展政府合同督查，督查范围包括重大项目合同（星沙公园项目、恒广项目、松雅湖项目、长沙黄花国际机场飞行东扩工程项目等）、送县法制办审查的合同和2014年签订的政府合同以及2014年以前签订但仍在履行的政府合同共计1237个，其中192个合同履行完毕，1045个合同仍在履行，通过合同梳理分类，加强了对各级各部门合同管理工作的指导监督。　（谷　晶）

【强化依法行政指导监督】2014年，组织对全县31个行政执法单位开展案卷评查1次；发布指导案例3个，每年发布一次全县的依法行政年度报告。2014年7月，举办了2期领导干部依法行政专题研讨班，邀请了国务院法制办政府法制协调司司长青锋、北京大学法学院副院长王锡锌、县法院院长何文哲、县检察院检察长石华围绕当前行政执法的理念、体制和实践、依法行政的现实障碍、行政执法改革的探索与实践以及行政执法的司法监督等内容开展专题辅导与互动交流。来自24个镇、街道，55个县直机关单位及4个联合执法大队的177位党政主要负责人和法制工作人员参加了专题研讨。2014年11月、12月，分别对镇街开展了两期长沙县镇街法制工作人员培训，组织法制办业务骨干对镇街法制工作人员就《新形势下的基层政府法制工作》、《规范性文件、领导交办件审查中的几个问题》、《关于合同管理工作的几点体会》及《行政复议和行政诉讼典型案例分析》等专题进行授课，提高法制工作人员对法制工作包括对规范性文件、合同管理等方面的认识，提升镇、街道法制工作人员的守法、用法意识。（谷　晶）

【推进相对集中行政处罚权改革】2014年3月，省人民政府批复同意长沙县相对集中行政处罚权工作方案。收到批复后，县政府组织召开多次综合行政执法调研会议，制定了《长沙县行政执法局机构组建方案》，2014年7月11日，组织《长沙县行政执法局机构组建方案》专家论证会，邀请了国务院法制办政府法制协调司司长青锋、北京大学法学院副院长、教授、博士生导师王锡锌，北京大学法学院教授、博士生导师陈端洪等专家参加，听取多方意见，对《长沙县行政执法局机构组建方案》进一步修订完善并上报市委、市政府。为提升执法人员业务水平，为即将组建的县行政执法局顺利开展执法工作培养执法力量，2014年12月16日至18日期间，组织19个县直单位的200名行政执法人员开展了为期三天半的综合执法培训，邀请了来自省政府法制办、县人民法院、县法制办、县安监局、县环保局、县商务卫生和食品药品行政执法大队的多位专家进行授课，对行政执法程序与技巧、司法审查中发现的执法问题、行政执法局工作方案和我县建设、安监、环保、食品药品等重点执法领域的操作知识进行了详细讲解。通过培训，参训人员对该县行政执法工作状况和行政执法局的建立和运行有了更深入的了解，为行政执法局组建工作的顺利推进奠定了基础。　（谷　晶）

【开展行政审批项目与行政职权事项清理】2014年8月完成全县行政审批项目清理工作，经审核保留行政审批事项共计228项，其中行政许可152项，非许可审批76项，县本级行政审批事项167项，垂直管理单位行政审批事项61项；2014年10月，完成全县职权事项清理工作，清理县级政府及57个部门单位的行政处罚、行政强制、行政确认、行政征用、行政裁决、行政检查、行政征收、行政给付、专项资金分配、行政奖励、行政备案、其他职权等12类行政职权事项，共计3511项，其中县本级19项，县直部门3492项。（谷 晶）

【严格规范性文件管理】2014年审查把关了《长沙县建设项目审批收费管理办法》《长沙县城乡困难居民医疗救助办法（试行）》《长沙县农贸市场管理办法》《长沙县政府性债务管理办法（试行）》等规范性文件，规范审查程序，加强备案管理，严格执行“三统一”制度。（谷 晶）

【创新业务案件办理机制】创新行政复议应诉确权工作，一是建立典型案例汇编制度，以基本案情、审理结果、争议焦点、学习要点为架构，对全年典型案例进行汇编，总结办案经验，指导行政执法。二是践行重大案件审查咨询、行政负责人出庭应诉、行政复议建议、行政败诉备案以及行政复议案件、行政复议答复、应诉通报制度。三是理顺工作机制、规范工作程序。制定下发了《关于做好行政应诉和行政复议工作的通知》，构建了三位一体格局，即县政府法制办指导把关、承办部门负责、镇街协助，提高了工作效率。精细规范程序，制作《行政复议工作制度》以规范办案流程，制定《行政复议申请书》等文书模板以方便群众，完善重大案件集体讨论机制，凡有异议必采纳并复核。（谷 晶）

公安

【概况】2014年，全县公安机关紧紧围绕“把长沙县建设成为最具安全感地区”的目标，全面深化“六大警务”，在维稳保安和管理服务工作中，全县共立各类刑事案件6708起，同比下降11%；破获1692起，同比上升5.2%；受理行政案件9980起，同比上升21%；行政结案2855起，同比上升64.2%；抓获违法犯罪嫌疑人5147人，同比上升16.3%，其中刑事拘留1071人，逮捕686人，直诉516人，治安拘留2874人。参与调解各类纠纷15290起，受理群众信访528件，已办结528件，办结率为100%。取得了“春雷行动”排名全市第一，综治考核排名全市第一，年度民调测评排名全市第一的良好成效。圆满完成警卫任务152次。共346个集体和个人受到上级部门的表彰奖励。（喻泽兰）

【专项行动】**“春雷行动”** 为严厉打击各类违法犯罪活动，集中整治社会治安突出问题和安全隐患，切实维护全县良好的社会治安秩序，按照长沙市公安局统一部署，从2014年2月25日至5月15日，组织全县公安机关开展为期80天的“春雷”行动。行动期间，全县共摧毁涉恶团伙2个，摧毁侵财犯罪团伙23个，五人以上涉毒团伙2个，传销团伙1个，查处食品药品犯罪窝点十余个；破获侵财刑事案件392起，刑事拘留351人，逮捕221人，直诉202人，行政处罚983人（其中行政拘留744人），完成或超额完成长沙市公安局下达专项行动6大项36个小项中的23个，各大项完成情况都达到预期目标，各项数据与去年同比有大幅提升，其中刑事拘留同比2013年上升21.6%，行政拘留同比上升17.8%，有力保障了全县社会大局持续平稳，人民群众安全感持续增强。

“三打三整三查”专项行动 为严厉打击各类违法犯罪活动，集中整治社会治安突出问题和安全隐患，切实维护全县良好的社会治安秩序，县公安局从2014年7月1日至10月31日组织全县公安机关开展为期4个月的“三打三整三查”专项行动。行动期间，全局共刑事拘留418人，同比上升4%；治安拘留900人，同比上升38%，逮捕125人，直诉254人，摧毁侵财犯罪团伙21个，新认定打击恶势力团伙6个，破获八类恶性案件29起，强制隔离戒毒63人，社区戒毒74人。（喻泽兰）

【公安行政服务】破解人口管理新难题 以推进居住证“一证通”和“三防三治三优”工作为主线，全面开展实有人口、流动人口、实有房屋信息、出租屋信息的集中调查、核对、采集工作。全年共采集录入流口信息9万余条，出租屋信息8000余条，办理居住证3万余张，查处整治存在各类安全隐患的出租屋800余间。迎接旅馆管控新挑战 全县共有行政许可的联网旅馆721家，家庭旅馆489家。共办理旅馆业违法案件274起，当场处罚不按规定登记上传旅馆151家。应对内部安保新情况 积极开展安全生产大排查、大整治工作，共检查金融单位56家，商场超市6家，油气单位136起，供水公司3家，珠宝柜台独立门店6家，学校、幼儿园397所，医疗机构35次，发现安全隐患118处，督促整改53处，下发整改通知书31份，警告34家次。办理行政案件2起，罚款3万元。解决疏堵保畅新问题 坚持“抓优化、抓科技、抓见警、抓禁停、抓治乱、抓督查”，共查处交通违法行为220026起，共查处酒驾425起、醉驾12起，毒驾2起，查扣违法车辆7878台，其中摩托车

6466台、汽车1412台。开创消防监管新局面 消防大队共接警出动810次，出动警力8400人次，出动车辆1260台次，全县共发生一般火灾546起，死亡1人，伤1人，火灾造成直接财产损失1061.04万元。督促整改火灾隐患876处，办理行政处罚案件114起，责令三停26家，临时查封15，罚款133.05万元，行政拘留2人，对7家存在重大火灾隐患的单位实施挂牌督办，其中县人民政府挂牌督办6家，市人民政府挂牌督办1家。（喻泽兰）

【基层基础建设】“电子防控系统建设”二期工程与“天网工程”建设，共投入资金1.3亿元，已安装摄像头4600个，建设了37个电子围栏、14个电子卡口和23个卡口式电子警察。在6个治安复杂的重点派出所建成高标准综合警务指挥室，将各辖区所有监控摄像头调度上墙，将应急联动指挥系统、电子卡口系统、数字对讲指挥系统、数字巡更系统、基础工作平台、群发短信平台、DQB平台等信息化系统科学整合、优化共享、集成应用。以街镇购买社会保安服务的方式组建了社区专职防控队，将占全县发案数三分二的5个治安复杂的派出所辖区分为23个巡逻防区，由专职防控民警带领社区防控队员在各背街小巷开展巡逻。县公安局及星沙派出所、新安派出所防控工作的典型经验均被《人民公安报》、《新浪网》、《红网》、《中国长安网》等多家媒体报道。（喻泽兰）

【公安队伍建设】以习近平总书记提出的党的群众路线教育实践活动为抓手，结合全省公安机关“为何从警、如何做警、为谁用警”大讨论活动，深入开展忠诚教育和形势政策教育，打牢民警“立警为公、执法为民”宗旨意识。进一步突出督察抓队伍、促工作的职能作用，坚持现场督察和网上督察相结合，对系列专案、执法办案区管理、涉案物品管理、设卡清查等全局性工作与节假日作风建设开展了强力督察。加大宣传工作力度，在中央、省、市、县主流媒体发稿512件（篇）在星沙时报成功推出了12期公安宣传专栏《警视窗》，在县公安局公安内网宣传报道了各单位工作485（篇）次。先后组织开展了警综平台应用专题培训，毒品案件办理专题培训、消防业务培训、社区警务工作培训、政工干部专题培训等各类专题培训69期，参训人数为1056人次，联合县总工会组织了男子1000米跑和女子800米跑、警用手枪实弹射击和计算机信息化应用三项技能比武。举行了“第二届卫士杯”篮球赛，积极组织民警参加了市县组织的篮球赛、足球赛、羽毛球赛、游泳比赛等各项文体竞赛。（喻泽兰）

【组建反恐防暴中队】在警力极为紧张的状况下，精心挑选了5名民警与6名巡防队员组建了反恐防暴中队，每日早上7时至晚上10时在汽车站、通程广场和星沙大道周边等重点部位进行巡逻防控。该局成功组织了两次反恐演练。7月30日，反恐防暴中队民警接到“110”指令后快速出击，在第一时间内赶到星沙中南汽车世界奔驰4S店，将两名提着“汽油”准备闹事的嫌疑人及时控制。（喻泽兰）

【成立食品药品侦查中队】2014年6月6日成立治安大队食品药品侦查中队，该中队全面履行打击食品药品安全违法犯罪行为的职能，保障民生安全。共捣毁生产销售有毒有害食品窝点9个、生产销售假药窝点7个、生产销售假烟窝点3个，破获该类案件16起，刑事打击处理58人。（喻泽兰）

【引进两台智能钥匙管理系统】年初，引进两台智能钥匙管理系统，在局机关大楼安装两台柜式钥匙管理设备，强化公务用车管理。所有可以用车的警员、职工均将指纹录入系统，需要用公车时，经过部门审批后，通过唯一的编号和刷指纹领取车钥匙。归还钥匙时还要刷卡。除警务执勤用车，局机关的61台公务车钥匙全部通过智能系统进行集中管理。（喻泽兰）

【侦破“4·23”生产销售假药案】4月23日，县公安局治安大队经过近9个月缜密侦查，成功摧毁一个生产销售假药团伙，刑事拘留19人（其中1人在逃）、取保候审2人，捣毁生产仓储窝点7个，扣押假性药成品19万余盒、半成品64万余粒、生产设备25台、涉案车辆3辆、用于生产假药的原料2000余公斤，涉案价值1000余万元。6月12日，该案被公安部列为“公安部2014年深化‘打四黑除四害’工作第二批157起督办案件”之一。该局从7月29日开始对案件开展集群战役，与全国26个省、市、自治区的公安部门，对假药的销售情况进行全面核查。通过协查，外地公安机关共抓获涉案人员50余人。（喻泽兰）

【侦破湖南省“2014—126”毒品目标案】2014年9月份，群众举报，一外号叫“久哥”的男子在长沙多个区县贩卖毒品。县禁毒大队经初查，发现该案以廖某贵、姚某辉为首，在广州上线手中购买到毒品冰毒、麻古后，再通过手下马仔将毒品分销至长沙各区县的其他吸、贩毒人员，且有专人对每次毒品的分销情况进行登记。鉴于以上情况，县公安局决定成立专案组对该案进行侦查，该案被湖南省公安厅确立为湖南省“2014-126”毒品目标案件。专案民警历经4个月的专案侦查，转战广州、湖南两省，成功破获此案，彻底斩断了一条由广州通往湖南长沙的贩毒链条，共抓获犯罪嫌疑人9人，共查获冰毒3996.58克、麻古2809.4克、毒资6万余元及电子秤、毒品分装工具等。（喻泽兰）

【破获一起信用卡诈骗案】2014年2月24日，群众易某某遗失了一张建设银行信用卡，并被盗刷10000余元。接警后，经侦大队联合春华派出所成立专案组对案件全力展开侦破。6月23日，专案民警通过蹲守布控在长沙县三一路快乐惠酒店内将犯罪嫌疑人柳某抓获归案，并当场从其身上查获盗窃得来的信用卡80余张和数张假身份证。经审讯查明，自2014年2月以来，犯罪嫌疑人柳某窜至星沙部分住宅小区将业主的信箱撬开，盗得他人信用卡后，以电信、天然气员工的名义打电话至小区物业公司，获取信用卡持卡人身份信息，再冒充持卡人将信用卡电话激活进行盗刷或套现。其先后持易某奇、蒋某平等10余名受害人的信用卡在超市、ATM自助取款机等盗刷或套现作案10余起，非法获利近20万元。（喻泽兰）

检察

【概况】2014年，县检察院在县委和市检察院的领导下，紧紧围绕全县工作大局，忠实履行宪法和法律赋予的职责，不断加强和改进检察工作，为促进和保障全县经济社会发展做出了积极贡献。

查办职务犯罪成效明显。共立案侦查各类职务犯罪案件31件36人，均为大案，其中涉嫌犯罪的处级干部4人、科级干部12人；贪污贿赂案件19件20人，渎职侵权案件12件16人；已办结提起公诉33件36人（含积存），均获有罪判决。与2013年相比，立案件数、人数分别上升82.3%、71.4%，办案规模位居全省基层检察院前列。积极融入侦查一体化办案模式，依法查办了省有色地质勘查研究院原院长程某（正处级）涉嫌受贿、私分国有资产案，长沙市城乡规划局原副调研员谭某（副处级）涉嫌受贿案，长沙市科技局发展计划处原处长范某某（副处级）涉嫌玩忽职守、受贿案。坚持挖窝打串，依法查办了星沙产业基地相关工作人员在征地拆迁中的贪贿系列案10件11人，暮云街道渣土管理中相关工作人员受贿、渎职系列案3件3人。坚持“守土有责”，优化县域经济发展环境，依法查办了县农业局土肥站原站长肖某某涉嫌受贿案、湘龙派出所民警黄某涉嫌滥用职权案等县域内职务犯罪案件23件24人。

预防职务犯罪同步推进。坚持既“除虫”又“护花”，结合办案开展预防，向职务犯罪高发、多发、易发单位和领域提出检察建议9份，督促完善制度，规范管理。争取县人大常委会及有关部门支持，完成了对全县土地整理、农村危房改造资金管理情况的预防调查报告，为县委、县政府决策提供参谋。继续促进党风廉政建设和社会诚信体系建设，完成对招投标活动的现场监督25次，开展工程建设现场监督112次，提供行贿犯罪档案查询565次。加强与星沙产业基地、建设银行星沙支行、县烟草公司等单位的联系，开展职务犯罪预防警示教育10次。

打击刑事犯罪宽严相济。共受理各类审查批捕案件723件1084人，批准逮捕722人；受理移送审查起诉案件801件1298人，提起公诉1050人。始终保持打击严重刑事犯罪的高压态势，严厉打击故意杀人、故意伤害、强奸等侵犯公民人身权利、民主权利犯罪，批捕犯罪嫌疑人59人，起诉81人；严厉打击抢劫、盗窃、诈骗、职务侵占等侵犯财产犯罪，批捕犯罪嫌疑人337人，起诉393人；严厉打击“黄赌毒”等妨害社会管理秩序犯罪，批捕犯罪嫌疑人182人，起诉219人；严厉打击生产、销售伪劣商品、妨害公司企业管理秩序等破坏社会主义市场经济秩序犯罪，批捕犯罪嫌疑人57人，起诉83人。对陈某等6人贩卖毒品案，张某兴等24人盗窃摩托车、电动车案，陈某勇等47人开设赌场案等一批有影响的团伙犯罪案件，从快作出批捕、起诉决定，确保了打击力度和效果。坚持慎捕少押，认真贯彻宽严相济刑事司法政策，对涉嫌轻微刑事犯罪和犯罪情节较轻的人员，依法作出不批捕决定342人，不起诉74人。

诉讼监督工作稳步发展。强化对刑事立案、侦查和审判活动的监督，对侦查机关该立案而未立案或不该立案而立案的刑事案件，监督立案19件、撤案18件；对应当移送审查批捕、审查起诉而未移送的，纠正漏捕16人、漏诉13人、漏罪77条；监督改变法医文证审查意见2件；对侦查活动中的违法情况提出纠正意见48件，发出检察建议24份；对认为确有错误的刑事判决提请抗诉4人，已获改判2人。强化对民事、行政诉讼活动及行政机关怠于履职行为的监督，立案审查民事审判、行政申诉案件56件，其中依法支持起诉48件，开展执行监督、督促履职2件，提出再审检察建议2件，开展渎职行为调查1件。强化对刑罚执行和监管活动的监督，扎实开展“司法公正长沙行”主题活动，提出羁押必要性审查建议7件，已被采纳5件；对看守所监管活动中的违法情况提出纠正意见4件，提出检察建议2件；对2013年刑事判决财产刑执行情况、县域内5名保外就医对象进行专项检察并提出了检察建议；对全县442名纳入社区矫正范围的监外执行罪犯逐一核查，提出书面纠违23份，对严重违反社区矫正管理规定的缓刑犯廖某某监督收监执行原判刑罚。（孙 敏）

【建立预防职务犯罪新机制】 2014年，县检察院坚持把查办职务犯罪作为服务经济建设的重要手段，紧紧抓住人民群众反映的热点问题，着力查办发生在工程建设、征地拆迁等领域的职务犯罪案件，保障民生、维护民利，促进反腐倡廉建设。一年来，县检察院查办职务犯罪工作，一是扩大战果。与去年同期相比，立案数翻了一倍，立案人数上升83.3%。其中，贪污贿赂犯罪案件同比立案数和人数分别上升45.5%、30.8%；渎职侵权犯罪案件同比立案数和人数分别上升300%、220%。二是巩固成果。查办的窝案、串案占全部立案数的92.9%，“挖窝打串”效果明显。三是强化效果。更加注重“守土有责”，查办县域内职务犯罪案件23件24人，占全部案件的82.1%，其中，查办镇（街道）干部17人，村干部1人。共立案侦查各类职务犯罪案件29件33人，均为大要案；现已侦查终结21件25人；提起公诉19件23人，法院判决13件16人。其中，贪污贿赂犯罪案件17件17人，渎职侵权犯罪案件12件16人。开展职务犯罪警示教育6次，受理单位及个人行贿犯罪档案查询210次，参加招投标现场监管25次。对中国太平洋人寿保险中南基地等4个重大公共建设项目进行同步预防，对全县土地开发整理、农村危房改造补贴及资金管理进行专项预防调查，与广汽菲亚特、广汽三菱、北汽福田等企业加强预防工作，率先全省在中外合资企业建立“检企联防”机制。进一步完善“检校”“检企”“检社”预防平台建设，提高全民法治意识，推动了预防犯罪立体网络的形成。（孙 敏）

【实施“一部门一品牌”工程】 2014年，县检察院创新检察工作，大力实施“一部门一品牌”工程，全院13个内设部门，紧紧围绕工作职责，制定品牌方案，固本强基、提质增效，科学开展创建工作。预防科首创“深化服务企业职务犯罪预防”品牌，开展“检察送法进企业”等警示教育讲座6次，参加招投标现场监管25次，对中国太平洋人寿保险中南基地等4个重大公共建设项目进行同步预防，与中外合资企业广汽菲亚特、广汽三菱、北汽福田等建立“检企联防”工作机制，对于重大投资、工程建设、销售、采购项目及其他重大事项，采取教育、制度、监督相结合的方式开展预防工作，促进企业健康发展。反渎职侵权局确立“查办辖区内渎职犯罪，服务县域经济社会发展”品牌创建目标，密切关注群众反映强烈的“重灾区”，查办辖区内渎职犯罪案件11件11人，查处了县公安局湘龙派出所黄某涉嫌徇私枉法案，湘龙派出所金某涉嫌帮助犯罪分子逃避处罚、受贿案，县安监局柳某某、胡某某及龙某在“7·19”事故中涉嫌玩忽职守案等，努力实现人民群众“看得到的正义”。公诉科设立“未成年人刑事检察工作办公室”，引入心理咨询，推出“话疗”项目，在辖区内选择优秀企业或职校建立未成年人帮教基地，引导其重新融入社会。（孙 敏）

【强化诉讼监督】 一是强化对刑事立案、侦查和宣判活动的监督，对侦查机关该立案而未立案，或不该立案而立案的刑事案件，监督立案19件，撤案18件；对应当移送审查批捕、审查起诉而未移送的，行政漏捕16人，漏诉13人，漏罪77条；对侦查活动中的违法情况提出纠正意见48件，发出检察建议24份；对认为确有错误的刑事判决提请抗诉4人，获改判2人。二是强化对民事、行政诉讼活动及行政机关怠于履职行为的监督，立案审查民事审判、行政申诉案件56件，其中依法支持起诉48件，开展执行监督、督促履职2件，开展渎职行为调查1件。三是强化对刑罚执行和监管活动的监督，扎实开展“司法公正长沙行”主题活动，提出羁押必要性审查建议7件，已被采纳5件；对看守所监管活动中的违法情况提出纠正意见4件，提出检察建议2件；对县域内5名保外就医对象进行专项检察并提出了检察建议；对全县442名纳入社区矫正范围的监外执行罪犯逐一核查，提出书面纠违23份。（孙 敏）

【柯汉民到县检察院调研】 2014年1月17日，高检院党组成员、副检察长柯汉民率高检院刑事申诉厅厅长夏道虎、技术信息中心副主任赵志刚、刑事申诉厅办公室主任吴旭明及秘书郭全新一行，到他所联系的基层院联系点长沙县检察院看望慰问干警，并视察调研工作。省检察院党组副书记、副检察长卢乐云，市检察院党组书记、检察长陈绍纯，县委副书记李洪波，县委常委、政法委书记常利民等领导陪同调研。在调研中，柯汉民对长沙县检察院近年来

最高检党组成员、副检察长柯汉民（前排右一）到县法院调研，（张吟丰　摄）

以“文化”建设为抓手，以服务大局、维护公平正义、强化法律监督、争创一流业绩为目标，各项工作所取得的丰硕成果便是赞赏。（孙　敏）

法　院

【概况】2014年，公平正义倍受社会关注，司法改革寄望群众需求，面对案件数量急剧增长的压力，县法院力克办案力量不足、审判资源有限等困难，在县委的正确领导下，全体法官和其他工作人员努力拼搏，坚持司法为民、公正司法，全年受理各类案件8601件（含旧存511件），审执结各类案件7308件，与2013年同比分别上升31.54%和20.51%。审判人员人均结案首次突破100件，个人结案最多的达325件，案件质量进一步提升，办案周期相对缩短，队伍风纪显著改善。在2014年上半年、下半年两次民调排名中，该院均位列全市法院第一名。（刘曦阳）

【刑事审判】刑事审判充分发挥打击和预防犯罪职能，积极参与社会治安综合治理。审结各类刑事案件614件1088人，结案数与上年同比增长7.72%。

重拳打击严重暴力犯罪，审结故意伤害、非法拘禁等严重危害社会公共安全和他人人身安全的犯罪案件147件167人，审结“两抢一盗”等多发性侵财犯罪案件230件382人；坚决惩处破坏市场经济秩序犯罪，审理在长沙县影响较大的石某中集资诈骗、非法吸收公众存款案，审理的姚某、杨某假冒“國窖”注册商标罪一案被香港《中国知识产权》杂志列为年度知识产权保护典型案例；从严惩处妨害社会管理秩序犯罪，判处走私、贩卖、运输毒品及非法持有毒品案45件79人，审理了谭某荣谎称在黄花机场、株洲火车站安装炸弹的湖南首例编造虚假恐怖信息案；依法惩治国家工作人员职务犯罪，审结贪污贿赂、玩忽职守案14件19人，其中判处5年以上有期徒刑的14人。

积极开展“司法公正长沙行”活动，紧紧围绕“全力推进社区矫正工作”主题，强化社区矫正人员判后回访帮教，通过开展集中教育讲座等方式帮助他们悔过自新，弃恶从善；加大刑事案件程序审查力度，及时发现郭建辉、谢里杰涉嫌容留、介绍卖淫罪一案存在被告人身份错误、“顶罪”、“漏罪”等多个严重问题，有效防止了一起错案发生；率先启动“轻刑快审”机制，依法简化审判流程，快审快结轻微刑事案件21件，平均结案时间6天，如梁初中持有假币一案4天内审结。（刘曦阳）

【民事审判】关注民生、服务群众是民事审判工作的基本理念。县法院切实发挥司法裁判的引导作用，努力保障和服务民生，弘扬良好道德风尚，促进社会诚信建设，全年审结各类民商案件5067件，与2013年同比增长23.25%。

妥善审理婚姻家庭、继承及权属、侵权等民事纠纷，倡导忠诚和谐、尊老爱幼、互助互让等良风益俗，共审结此类案件1637件；加大对虚假债务的审查力度，审慎排查各种形式的高利贷，保护合法的民间借贷行为，审结民间借贷案件530件；注重维护诚信的房地产市场交易秩序，引导当事人树立正确的市场风险意识，审结房地产开发经营合同纠纷案件414件；坚持保障企业生存发展和维护劳动者合法权益并重的理念，推动建立和谐稳定的劳动关系，审结劳动争议案件353件；加大对失信行为的制裁力度，保护诚实守信者的合法权益，审结买卖、运输、建设工程等合同纠纷案件1968件。

积极化解经开区各类涉企纠纷，将经开区案件按类型调整为经开区法庭、榔梨法庭和民三庭分别管辖，进一步充实审判力量，服务园区经济发展，共审结各类商事案件652件。对经开区经泮小额贷款有限责任公司、经开区投资控股有限公司的借贷案件快审、快结、快执，为企业收回贷款5000余万元，极大地缓解了公司的资金压力。

农村法庭明确职能定位为服务新

农村建设，妥善处理婚姻家庭、邻里纠纷及外嫁女土地征收补偿等涉农案件，及时审理辖区企业合同纠纷，审结各类案件1994件，占全院案件总数的近1/3。坚持能动司法，当好镇、街道党委政府的参谋助手，福临法庭审理了福临镇政府诉7名养殖户生猪退养合同纠纷案，为当地治理污染、保护生态提供了有力的司法支持，媒体将福临镇政府通过诉讼途径化解"官民矛盾"的行为誉为现代政府依法执政的典范。加强与镇（街道）、村综治、司法、治安调解组织的协调配合，形成联动调解机制，参与化解了黄花镇美轩印务公司因法定代表人自杀引发债权人闹事等多个矛盾纠纷，避免了矛盾激化和群体性事件的发生。榔梨法庭被评为"2014年度全省人民法庭工作先进集体"。（刘曦阳）

【行政审判】 行政审判坚持"监督与支持并重"原则，既支持行政机关依法行政，又注重维护行政相对人的合法权益，全年审理行政案件19件，与2013年同比下降45.71%。其中判决维持行政机关行政决定2件，判决撤销或部分撤销行政机关行政决定4件，判决确认行政机关行政行为违法2件，判决驳回原告诉讼请求2件，裁定驳回原告起诉3件，经协调原告撤诉6件。助推政府信息公开，依法保障公民的知情权和监督权，县法院审理的彭志林诉县国土资源局信息公开一案，入选最高人民法院政府信息公开十大典型案例。

规范非诉行政案件的审查和执行，裁定准予执行非诉行政案件190件，有力地保障了行政机关依法履行社会管理职能。加强与行政机关的交流互动，协助行政机关规范行政执法行为，多次受邀在全县依法行政培训班、重点岗位人员廉政培训班、行政人员执法培训班上解读行政法律法规，结合具体案例分析行政执法过程中应重点注意的突出问题，进一步强化了行政执法人员的程序意识、证据意识和责任意识。（刘曦阳）

【执行工作】 开展"转变执行作风、规范执行行为"专项活动，充分运用湖南省高院执行指挥系统进行网络财产查控，想尽一切办法确保生效判决及时执行到位，全年执行案件1418件，与上年同比增长8.33%，执行标的3.76亿元。开展了"小额民生案件"专项集中执行活动，对道路交通事故赔偿、追索劳动报酬、民间借贷等小额民生案件及金融债权案件集中清理、专项执行，执结案件689件，执结标的1.53亿元。开展了社会抚养费征收专项执行活动，执结案件171件。积极推进失信被执行人信用惩戒制度，将471名失信被执行人信息纳入最高人民法院失信被执行人名单库，公布其不良社会信誉。坚持思想疏导与强制执行相结合、严肃执法与文明执行相结合，着力化解双方当事人矛盾，促使被执行人自觉履行法律文书确定义务，全年自动履行和执行和解226件。积极开展司法救助工作，对申请执行人确有生活困难而被执行人又确无履行能力的，给予司法救助，彰显人文关怀，全年共司法救助42人，救助金额60万元。（刘曦阳）

12月5日，县法院未成年人案件综合审判庭正式挂牌成立（县法院 提供）

【非诉执行】 非诉执行工作着力服务重点项目建设，助推阳光拆迁、和谐拆迁。积极延伸审判职能，加大法制宣传力度，促成拆迁户自愿签订补偿合同、主动拆除房屋，并以此带动了周边一批拆迁户签订补偿协议。依法对松雅湖、恒广物流、师范学院二校区、马王堆农产品物流中心等项目进行司法强拆，强制拆迁21户，确保了省、市重点项目建设进程，较好地实现了法律效果和社会效果的有机统一。（刘曦阳）

【司法为民】 畅通诉讼渠道，回应民生需求。畅通立案渠道，及时审查立案，加强诉讼指导，杜绝群众"告状难"；畅通审判渠道，加强速裁便捷通道建设，对事实清楚、法律关系简单的案件快速审理，给老百姓带来"真正感受得到的便利"；畅通信访渠道，认真答复、及时办理当事人合理诉求，如黎某某来信反映无法联系执行案件承办法官一事，院长信箱收信后1小时内该案执行法官即主动打电话联系上了来信人；畅通执行渠道，实行案件进程告知制度和重大执行案件回访制度，保障当事人的执行参与权和对执行人员的监督权。成立未成年人案件综合审判庭，研究、探索、推行适合未成年人身心发展特点的审判方式，对青少年权益给予特殊保护。

推进自觉接受监督常态化。认真落实最高人民法院人民陪审员“倍增计划”，2013年再次增选97人，人民陪审员总人数增至233人，让人民群众更好地参与司法、见证司法，彰显了司法民主，全年人民陪审员参审率98%。（刘曦阳）

【审判管理创新】 推行裁判文书改革试点工作。扎实稳妥推进裁判文书改革，制作完善7个文书改革样本，于2014年3月1日起在民事简易程序案件中全面推行，改革成效初显，案件审理平均周期相对缩短，案件质量进一步提高，改判和发回重审率同比降低53%，得到了社会各界的高度肯定。去年8月，该院裁判文书改革被指定为全省法院重点调研课题，并受邀在中国行为法学会“裁判文书语言与说理研讨会”上进行经验介绍。

继续推行企业法人民事责任能力等级认定制度。对三一重工集团和湖南望新建设集团的民事责任能力等级予以续认，并增加认定山河智能装备股份有限公司为一级民事责任能力法人。

全面推行“法官+法官助理”制度。新聘了18名法律专业的高学历法官助理，实现全院“一审一助”的审判组织配置，有效缓解了当前审判力量不足问题，提高了审判效率。（刘曦阳）

【司法公开】 推进审判执行工作公开化。一是公开诉讼程序。公开立案标准、立案流程、法律文书样式、诉讼（执行）费用标准、当事人权利义务、诉讼（执行）风险提示等，积极做好诉讼指引。二是公开案件审理。通过法院大门口电子显示屏滚动播放排期开庭公告，对法律规定应当公开审理的案件一律公开审理。三是公开执行流程。公布执行案件的立案标准和启动程序，第一时间告知当事人执行案件承办人姓名和联系方式，及时将执行进展情况通知当事人。四是公开组织听证。对符合条件的申请再审案件，以及执行案件中涉及当事人重大权益的案件实行公开听证，全年组织听证会18次。

推进司法公开平台多样化。加大网站平台建设力度，及时更新工作动态，主动接受社会监督和群众评判；建立新闻发言人制度，全年召开新闻通气会2次；网络图文直播庭审4案，点击量达到1万余人次；推进裁判文书上网，公布生效法律文书2600余篇；开展宪法宣传日和法院公众开放日活动，让人大代表、政协委员、社区群众零距离感受司法、监督司法；加强与媒体的宣传互动，在新闻媒体发表稿件180余篇，不断向社会传递推进法治建设的“正能量”。2014年，县法院再次被最高人民法院评为“全国司法宣传工作先进集体”。（刘曦阳）

司法行政

【概况】 2014年，长沙县司法局以“打基础、强基层、促规范”为目标，以人民调解为重心，全面铺开“人民调解专家库”，全县共排查各类矛盾纠纷2686起，调处成功2672起，调处率100%，成功率99.5%以上；以特殊人群管控为抓手，强化社区矫正技术监管，做到全县在册矫正人员424人零脱管；进一步加强法律服务职能，全面启用综合法律服务大厅，全年共办理法律援助案件309件，完成率103%，其中民事案件244件，刑事案件65件；共接待“148”法律咨询500余起。年末，长沙市行政区划微调，暮云司法所、南托司法所、跳马司法所分别划归长沙市的天心区和雨花区，全县镇、街道共设立21个司法所。（陈丹丹）

【建立人民调解专家库】 在2013年年度人民调解专家组试点的基础上全面铺开，至2014年11月，长沙县24个镇街有23个成立了人民调解专家组，共聘请调解专家109名。专家组参与调处的一般是当地的重特大矛盾纠纷，往往人数较多或案情复杂，全年调解专家们凭借丰富的社会经验和德高望重等社会影响力有效地推动了219起疑难案件的调处。（陈丹丹）

【率先创建“以奖代补”机制】 2014年1月，在全市率先采取奖金直接发放给调解员的“以奖代补”模式，对各类别人民调解员在重大矛盾纠纷调解过程中的交通、伙食给予补助，对参与矛盾调解的非公职人员给予误工补助，全年人民调解专家组经费投入达30余万元。（陈丹丹）

【建设示范性人民调解委员会】 2014年6月，在全县范围内选定26个村（社区）作为人民调解示范村（社区），按规定配齐人民调解庭的设备，对人民调解委员会的标牌、印章、标识（徽章）、制度、程序、文书进行规范统一制作并发到示范村（社区）。（陈丹丹）

【建立社区矫正实时监控平台】 该局建立集远程实时监控与工作调度于一体的社区矫正实时监控平台，安排专人通过终端设备全时段查看全县社区矫正人员的活动开展情况，有效地防止了脱管漏管。重点对社区矫正人员擅自出县，不按规定请销假及不接受手机定位情况进行查处，全年共给出警告处分 90 余人次，分别给予 1 人行政拘留处分，1 人收监处分。（陈丹丹）

【启用法律服务大厅】 2014 年 1 月，正式启用长沙县法律服务大厅。该大厅有完善的配套设施，配备了全新办公设备，设立了残疾人绿色通道，并设有等候区、接待区、饮水处等。该大厅的启用从根本上改变县司法局窗口分散、空间局促、设施简陋的办事环境。该局还挑选了两名专业律师在便民窗口每日值班，以确保来电咨询、来访咨询及申请法律援助的当事人能够得到专业、及时的回复。（陈丹丹）

【提升法律援助水平】 该局打破以往的“单一承办人负责制”，组织起多名援助律师协同作战，简化申请审批程序，开展农民工讨薪专项行动，重点做好物业管理纠纷援助，帮助农民工、小区居民解决了“起诉难”问题。全年共办理法律援助案件 309 件，完成率 103%，其中民事案件 244 件，刑事案件 65 件。共接待“148”法律咨询 500 余起。（陈丹丹）

【建立法律援助联络点】 大幅度引入社会律师参与办案，在县内四家律师事务所建立法律援助联络点，办案人员做到热情接待、及时指派、高效办理，前三季度受理的 289 件案件中，律师办理 230 件，律师办案比例达 79%。（陈丹丹）

【加强法律宣传】 在“法律六进”中，针对物业纠纷日益增多的情况，举办“如何防范、化解物业纠纷”为主题的专题讲座 15 场次，现场咨询活动 12 场次；聘请省未成年犯管教所干警在四所学校举办法治教育专题讲座，开展以“法治阳光照我成长”为主题的青少年法治有奖征文活动；围绕“加强农村法治宣传，推进基层法治建设”主题，对村（社区）干部进行了集中培训，全年集中培训及法制专题讲座 48 场次。（陈丹丹）

【推行无纸化普法考试】 2014 年 11 月，在全县推行无纸化普法考试，除公安等 24 个县直单位因涉及安全保密等特殊情况外，有 24 个镇街、65 个县直机关单位、县卫生局下属 28 个县级医院及镇街卫生院等 117 个单位申报无纸化考试，参考人员达 11000 余人。（陈丹丹）

【规范法律服务管理】 开展法律服务市场整顿规范工作。落实对基层法律服务所以及基层法律服务工作者的“一人一档”和“一所一档”管理；组织各律师事务所从民主管理情况、业务管理情况、服务质量管理情况、财务管理情况、律师业务档案管理情况、律师执业活动监管情况七个方面全面自查，按规范化要求进行整顿，对湖南湘正律师事务所和良光律师事务所的违规行为进行了处理。（陈丹丹）

【开展法律服务专项整治】 通过听汇报、查台账、看案卷等方式，重点清理和整治了社区矫正工作审前调查、请假迁居审批、定位管理等各执法环节是否依法、公正；重点清理和整治了公证员在收证、办证、出证、收费等各环节是否存在枉法办理、违规收费等问题；重点清理和整治了法律援助工作，是否有应援不援、违规援助的情况，是否有接受过当事人的财物、吃请等问题。（陈丹丹）

【加强公证案件的质量监督】 建立疑难案件集体讨论制度、案卷评查制度，进一步提升了办案质量。通过确定专人统一负责档案管理，提升了案卷质量，在市司法局检查中，做到各类案卷无一例错证、假证，卷宗装订整洁、齐备；对大厅工作人员的言行举止进行规范，采取了首问责任制、一次性告知等工作措施。全年共办理各类公证 7742 件，其中民事公证 5713 件，经济类公证 1495 件，抵押公证 519 件，涉台公证 15 件。（陈丹丹）

武 装

地方武装

【概况】2014年是全面学习贯彻习主席系列重要讲话精神和深入开展第二批党的群众路线教育实践活动之年，长沙县人民武装部在上级首长机关和警备区党委的坚强领导下，围绕凝神铸魂、服务中心、正风肃纪，加强和改进政治工作，努力汇聚发展正能量，班子向心力、凝聚力不断增强，促进了各项工作任务的圆满完成，人武部全面建设呈现出良好发展势头。

凝神铸魂强根本确保部队建设的正确方向。紧贴形势任务，搞好引领，确保官兵任何时候听党话、跟党走。一是注重理论武装。坚持把学习贯彻习主席系列重要讲话精神作为第一位的政治任务，组织党员干部全面系统学、联系实际学，正副书记带头上辅导课，组织学习笔记、心得体会展评，真正使大家学深悟透。着力将学习成果融入工作实践，结合学习搞调研，结合工作写报道，县人武部在省以上媒体刊物上稿19篇，在县市电视媒体发表工作报道36条。二是注重建强班子。始终把开展创建学习型党组织和创先争优活动，作为推进班子建设的重要环节紧抓不放，建立健全学习与评先评优考核机制。特别注重抓民主集中制的学习贯彻，利用党日活动组织民主集中制原则的集中学习，利用专题民主生活会深化认识理解，进一步规范民主决策和权力运行监督，班子的凝聚力战斗力明显增强。

三是注重筑牢基础。坚持战斗力建设根本标准，跟进训练中的思想政治工作。突出“两个经常”，全面掌握官兵思想动态，及时开展形势政策宣传和思想道德教育，加强意识形态领域和“四反”教育工作，确保官兵在错综复杂的局势面前，头脑特别清醒、立场特别坚定。

聚焦中心谋打赢，确保主要任务的圆满完成。按照“能打仗、打胜仗”要求，紧紧围绕使命任务，狠抓战斗力建设。一是坚持军事训练主导地位不动摇。军事训练是龙头是中心，任何时候都不能放松。紧紧围绕提高战斗力，充分调动大家的积极性，提升思想认知和行动自觉，形成党委统揽、部门合力、人人主动参与的浓厚氛围，促进民兵整组和军事训练的有效落实。4月份按照省民兵会议精神和上级指示精神，在改进编组方法、拓展编组范围、规范编组秩序上下功夫。确保基层民兵队伍组织健全、人员编满、装备配齐、队伍建强。全年共完成四期280人次的民兵专业分队训练。强化干部在职训练。以省军区示范讲座为平台，组织干部结合工作实际，开展课题研究，在相互学习中提高能力。二是坚持重要工作重点聚力不懈怠。如非战争军事行动演练，聚全县之力，短时间动员民兵预备役人员和普通群众近300人参演，各类报刊、电台全方位宣传报道，军地反响大；国防教育在全县中小学普及国防教育读本的同时，充分利用县国防教育资源，先后拍摄4个专题片，在省国防教育频道播放，辐射范围广；征兵工作针对征兵冷兵员难征集，注重把宣传造势贯穿全年，应征报名人数居全市之首，县以上媒体关于征兵工作的报道就有21篇。三是坚持依法治军从严管理不松劲。把安全稳定工作作为年度工作的“保底工程”紧抓不放，落实逐级管理责任制，层层签订《安全工作目标管理责任书》。抓好人员、车辆、枪弹、涉密载体、营院的管理，确保“四个”秩序正规。安排三名常驻分队队员负责营院大门的警卫和巡逻，对出入营院的车辆进行盘查登记，对进出人员和车辆实施严密监控，防止丢失被盗等问题发生。坚持每月召开一次安全分析会，及时掌握和分析存在的安全隐患，把可能出现的问题消灭在萌芽状态。落实“三个严禁”和“六个从严”要求，加大安保设施的完善。对营院和出租场所配备了消防器材，对民兵武器装备仓库进行升级改造，增设了红外报警、震动报警等先进设备，形成了以人防物防技防联防相结合的防护体系。

融合对接求深入，确保党管武装的有效落实。人武部作为地方党委政府的军事工作部和兵役机关，许多工作离不开地方的支持，只有深入对接，党管武装才能落到实处。一是在营造管武氛围上求深入。强化观念造氛围，将上级党管武装的文件指示，利用议军会、述职会、全县武装工作全会等时机集中学习，让地方党政领导熟政策明责任知作为。主动汇报造氛围，我们坚持向地方主要领导日常工作每月报、全面工作每季报、重点工作随时报制度，使地方主要领导掌握人武部工作动态。开展活动造氛围，“八一”前后，组织县级领导参观武警湖南总队直属支队，在观摩反恐先进装备的同时，让他们了解兵的生活；组织党政领导过军事日，安排18个驻军单位集体座谈，通过活动增进了解、增加感情、融洽关系，解决了许多实际问题。二是在完善制度机制上求深入。人武部协调党委政府先后出台了一系列党管武装法规文件，党管武装工作逐步规范，但覆盖面还不广。如针对退役士兵不带编安置，全都安排在县城管队的问题，人武部与地方有关部门反复协调，严格落实安置政策，出台有关规定将未进编的士官全部纳编，符合安置条件的退役城镇兵，县里每年拿出一定的编制逐年消化。还有针对2013年专职武装干部招录不落实的问题，及时协调有关部门根据上级文件形成纪要抓落实。三是在引领作用发挥上求深入。共计出动民兵1200余人次，参加地方应急维稳、治安巡逻和抢险救灾。发动驻军开展军民共建和建整扶贫，走访特困群众22户。大力扶持福临镇同心村进行农村产业结构调整，加快推进新农村建设进程。积极开展涉军维权工作，协调地方政府到部队调解征地拆迁纠纷等4起，受理涉军维权事件11起，处理部队和军人家庭来信来访13次。扎实做好退役人员的稳定工作，接待处理退役军人上访15起43人次。发动驻军开展军民共建和扶贫帮困活动，走访特困群众22户，军人军属困难家庭19户。深入开展“双带双促”活动，在北山镇的镇、村两级抓了“退役军人之家”先行试点；依托“老兵创业园”，开展花卉苗木种植培训，来自广东、贵州等地100多名退役老兵参加。

正风肃纪抓整改，确保作风建设的深入推进。坚持防微杜渐，坚持问题导向，以群众路线教育实践活动为切入点，努力在改作风纠“四风”上下功夫见实效。一是注重思想引领。针对少数党员干部在教育实践活动中，存在的“想随波逐流、有等待观望、盼侥幸过关”等模糊认识，把思想发动和教育引导贯穿始终，党委5次组织集体学习，教育办公室紧贴活动进程反复动员部署，多次组织理论考核和讨论交流，使习主席“三严三实”等重要理论观点深入人心，持续激发了抓活动改作风的内在动力。二是突出问题整治。区分党委机关、普通干部、职工和专武干部等不同层面，5次召开座谈会，发放调查问卷168份，共查找梳理出6个方面的19个具体问题。围绕这些问题，对照省军区下发的《对照检查问题总目录》，专门召开党委会，逐条分析，逐项整改，这些问题都得到了有效纠治。三是强化制度落实。这次教育实践活动中，人武部修订完善了行政管理、经费使用、公务接待、物资采购等系列制度规定，这是人武部规范管理的基本遵循和依据。实际工作中，我们坚持用制度管人管物管钱，秩序更趋正规，操作更加透明，运行更加规范，保障更加有力，各项开支得到了有效控制，仅行政开支就比去年同期下降了30.6%。（禹　丹）

【李武到福临镇开物村参加党小组组织生活会】8月28日，长沙县委常委、县人武部部长李武来到福临镇开物村，全程参加指导村支部两个党小组专题组织生活会暨民主评议党员大会。会上党员们敞开心扉开展自评和互评。所有党员深刻剖析自身问题，批评意见中肯、切中要害，提出的意见和建议也贴近实际，并为村的发展建言献策。李武对此次组织生活会表示充分肯定，他认为大会开得客观、真实、诚信，这也是对党员的一种教育和鞭策。他要求党支部加强组织建设、强化组织观念，助推加强村级管理，提升村级文化和村民文化修养。同时加强村级道路建设，加强对公共设施破坏行为的监督。党员更需加强作风建设，充分发挥基层党员的先锋模范作用。（禹　丹）

【杨懿文慰问驻县部队】7月30日，在“八一”建军节即将来临之际，长沙县委书记、长沙经开区党工委书记杨懿文率县委、县政府走访慰问驻县部队，杨懿文代表县委、县人大、县政府、县政协向驻地部队官兵致以节日的祝贺和崇高的敬意。他说“在建军87周年即将到来之际，我们来慰问、走访，感谢大家一直以来为长沙县经济社会发展作出的重要贡献。”杨懿文一行先后来到国防科技大学指挥军官基础教育学院、武警湖南总队直属支队，为官兵们送上节日祝福。座谈会上，杨懿文详细了解部队建设等情况，并就需要地方协调支持的问题进行交流探讨。（禹　丹）

【县委召开议军会议】7月30日，长沙县委书记、经开区党委书记杨懿文主持召开县委议军会议。人武部就长沙县圆满完成征兵任务，并发动民兵参加地方应急维稳和抢险救灾，提高各级应急处突能力的情况向会议作详细的汇报。杨懿文等与会人员听取了县人武部工作情况汇报后，充分肯定了县人武部工作中取得的成绩。他说，县委、县政府对国防和军队建设一直十分重视与支持，人武部要代表县委、县政府与驻地部队多沟通、协调，积极帮助解决驻军的难点问题；提高兵源质量，严格把关、加强监管，认真做好征兵工作，充分调动适龄青年的参军积极性；有效组织民兵队伍以及转业复员退伍军人等力量，参与到地方经济建设和社会维稳工作中，发挥积极作用。会前，杨懿文就“零碳县”创建有关工作进行授课；县委常委、宣传部部长彭勇传达学习贯彻了市委关于深化文明创建暨城市管理工作会议精神。县领导张庆红、李建章、王益枝、郭润葵、周志远、杨忠文、常利民、李武、王国良、刘立如、邹春林等出席议军会议。（禹　丹）

【县民兵应急连集结接受点验】4月3日，由长沙警备区司令部参谋长赵钺带领长沙警备区工作组对长沙县民兵应急连进行了集结点验。长沙县民兵应急连125名民兵在长沙县人武部军事科参谋周跃飞、吴俊带领和指挥下，身着整齐迷彩服的民兵们，按命令列队集合，接受整组点验。在点验现场，长沙警备区对各分队进行人员呼点，还对民兵进行了验证编组等。此次集结点验是为更好地训练民兵，提高组织性和纪律性，进一步增强民兵的使命感，强化自身素质和应对突发事件应急处理能力。长沙警备区参谋长赵钺，长沙县委常委、县人武部部长李武，县人武部政委刘立如出席了长沙县民兵应急连集结点验。（禹　丹）

4月3日，长沙县民兵应急连在县人武部集结接受点验（县人武部　提供）

【戴焕到长沙县检查工作】7月13日，湖南省军区副司令员戴焕带领省军区司令部工作组一行到长沙县人武部检查指导工作，人武部部长李武、政委刘立如向省军区领导作了关于人武部近期工作的汇报。戴副司令员对长沙县人武部全面建设、党管武装、征兵工作、民兵整组以及支持和参加地方两个文明建设等各项工作取得的成绩，表示充分肯定，并要求人武部官兵再接再厉重点抓好年度征兵工作，认真落实民兵整组，维护地方和部队安全稳定。按照上级首长机关部署的工作扎实完成任务，争取更大的成绩。（禹　丹）

【黄勇到福临镇走访慰问困难村民】2月6日，长沙县人武部副部长黄勇，到长沙县北部乡镇福临镇走访慰问困难村民，在村组刘立如详细了解了部分困难群众的生产和生活情况，并亲手把慰问款送到困难群众手中。鼓励他们战胜目前困难，千方百计想办法用自己的智慧、勤劳的双手发家致富，共同奔向小康大道。随同黄勇走访慰问的还有县人武部政工科科长唐国良。（禹　丹）

武装警察

【概况】长沙县中队隶属中国人民武装警察部队湖南省总队长沙市支队。中队主要担负长沙县看守所武装看守任务。前身系广州军区独立营某连，曾被广州军区授予“兰山红哨”光荣称号。中队（连级）有中队长、政治指导员、排长。全队官兵分别来自湖南、四川、安徽、广东、云南、河南、山东、贵州、黑龙江等10省份。有汉族、彝族、苗族、侗族、瑶族等5个民族。中队官兵军政素质过硬，作风纪律严明，完成任务圆满，2014年，该中队，被武警湖南省总队评为“基层建设先进中队”。（全伟宾）

【党支部建设】一是注重支部班子建设。支部书记、副书记，支委各成员能够做到团结共事，心往一处想，劲往一处使。在党的群众路线教育实践活动中，班子成员认真开展批评和自我批评，虚心接受官兵的意见建议，在改作风的“四风”上狠下功夫，在整改落实上求实效。官兵对活动满意率达到95%以上。二是严格落实组织制度。支部坚持党管干部、党管党员的原则，落实党内制度，认真开展党课教育、思想汇报、党日活动等，不断强化组织功能，增强支部活力。在关系官兵切身利益等敏感问题上严格按照程序，做到公平、公正、公开。（全伟宾）

【政治建设】第一，建强先进军事文化这个阵地。中队把它作为“亮点工程”，用先进军事文化引领官兵思想，点亮信念灯塔。重点抓好主体文化、大众文化和营区文化景观建设，进一步完善“以一条路、一个园、一面墙为中心”的营区特色文化景观，改善文体活动室、荣誉室、图书阅览室、网络学习室，篮球场等文体活动场所，将舞龙队作为“一队一品”特色节目发扬传承，实现以文化人、凝魂聚气、陶情励志的目标，形成具有一定特色的忠诚卫士文化效应。第二，抓住思想教育这个根本。把知兵爱兵、拥政爱民、遵纪守法等教育作为重点抓紧抓实。组织官兵慰问长沙县光荣院，开展敬老活动；牵手小学生，共植“爱心林”；帮助驻地村民忙“双抢”，清扫乡村道路等；多种形式广泛开展拥政爱民活动，进一步密切警政警民关系。

搞好广播、黑板报、网络等宣传，小课辅导、讨论发言、书写心得体会、岗位实践等开展活动，使教育生动活泼、富有成效。第三，用好实践活动这个载体。积极开展唱红色歌曲、看红色书籍、观红色影片，组织官兵开展练字、书评活动，使战斗精神和战斗力标准真正浸入官兵思想，以成果转化来激发内在动力。（全伟宾）

【安全管理】认真贯彻依法从严治警要求，充分运用“三互”“双四一”等有效载体，深入开展“深知兵、真爱兵”活动，狠抓经常性思想工作落实。严格落实工作制度，抓好官兵的言行举止和点滴养成，各项秩序正规，内部安全稳定。（全伟宾）

【军事训练】该中队着眼形式任务需要，从贴近实战出发，突出军事训练。中队干部在训练场带头垂范，特别是士官许晓东参加上级比武集训，获得“勇士勋章”，为中队争得巨大荣誉。（全伟宾）

【提高保障能力】严格执行标准，落实伙食管理制度，深入开展“节约电、节约水、节约粮食、节约燃气、节约经费”活动。大力开展农副业生产，努力培训种植“小行家”，全年农副业生产收益良好。科学调剂伙食，合理安排食谱，做到色香味美，让官兵吃好吃饱。（全伟宾）

消 防

【概况】2014年，长沙县消防大队在县委、县政府的正确领导下，以“建官兵满意班子，带人民满意队伍”为目标，认真实践长沙消防品牌战略，确保了队伍管理和火灾形势两个稳定。全县共发生一般火灾458起，死亡1人，受伤1人，直接经济损失286.41万元。中队共接警出动766起，出动消防车1203辆次，出动警力7961人次，未发生重大人员伤亡和财产损失的火灾事故。大力开展居民小区疏散通道、非法违法既有建筑、第二次“清剿火患”战役、区域性火灾隐患整治及重大火灾隐患专项整治等各类消防安全专项整治行动，全年共计检查单位1467家，督促整改火灾隐患或违法行为1235处，下发责令改正通知书612份，对139家存在火灾隐患、违法行为的单位实施行政处罚，临时查封严重威胁公共安全的隐患单位17家，责令“三停”33家，对7家重大火灾隐患单位实施政府挂牌督办。（陈 扬）

【黄兴镇第二消防站开建】2014年，县人民政府先后召开两次县长办公会、一次政府常务会、两次专题研究会推动黄兴镇第二消防站建设工作。工程于2014年10月正式动工，列入2014、2015年政府建设项目投资计划，2014年完成投资546.9万元，预计2015年6月完工。（陈 扬）

【营房提质改造】大队投资98万元完成对大中队营房的学习生活区、运动训练区、绿化休闲区等各功能区室的改造和标示标牌的全面更新，投入25万元对大队办公室和档案室进行调整改造。（陈 扬）

【消防经费保障】2014年，消防大队基本业务经费预算由2013年的403万元上升到598万元，增长48.3%，装备专项经费29.77万元，宣传专项经费30万元，追加预算经费111.76万元，全年经费总量达到769.46万元。（陈 扬）

【单于广到长沙县督察调研消防工作】2014年，公安部消防局副局长单于广将军，在省委政法委书记、省公安厅厅长孙建国，省公安消防总队政委詹寿旺大校，总队长马维光大校，市消防支队政委粟平大校，支队长宋利军大校，县委书记杨懿文，县委副书记、

县长张庆红，县委政法委书记常利民，副县长、县公安局局长曾卫国等领导等陪同到长沙县对消防工作开展督察调研。 （陈 扬）

【消防行政审批工作】2014年，大队将审批关口前移，缩短办理时限，对规模较大的建设工程项目实行前期介入服务，在进窗之前，由大队技术骨干和辖区参谋共同参加县规划、住建等部门的联合评审会或由建设单位直接提供设计资料进行前期技术把关，提升服务水平的同时也提高了行政许可审批效率。全年办理审核验收项目120个，备案抽查项目86个，公众聚集场所消防安全检查项目43个，参加“前期介入服务会议”63次，审查项目111个，出具初评意见111份，审定反馈意见110份，申报支队专家会审项目14个。 （陈 扬）

【优化消防行政审批服务工作举措】2014年，县政府突破行政审批工作瓶颈，就当前长沙县大量存在的将居民安置房、农村村民自建房等住宅类建筑作为商业场所使用无法办理消防行政审批手续的问题组织相关部门和街镇反复研究，出台了关于进一步优化消防行政审批服务工作的措施，形成了《关于优化消防行政审批服务工作有关问题研究的会议纪要》（长县政纪〔2014〕127号），这一惠民利民措施的推广实施，有效解决了全县数千家小型宾馆、饭店、网吧等场所非法经营的窘状，也使得这些场所在相关职能部门的监督管理下，依法安全有序地开展生产经营活动。 （陈 扬）

【开展消防知识宣传教育活动】以安全生产月、重大火灾隐患集中整治专项行动、119消防宣传周等活动为契机，深入辖区重点单位开展消防知识讲座、灭火疏散演习，播放消防公益公告。全年，各级新闻媒体报道该县消防工作45次，免费发放消防宣传资料10万余份，火灾防范通告8000余份，悬挂消防宣传横幅、标语1800余幅。组织全县360家劳动密集型企业和物业服务企业负责人、乡镇长、村两委和公安派出所民警分批集中开展消防培训，开展卫生、教育、文化系统和企业消防知识讲座63次，在黄兴、果园、安沙、双江等重点镇建立农村消防宣传服务站5个。发动党政领导、职能部门和重点单位管理人安装使用“掌上消防”APP，发送QQ和手机防火提示短信4000条。消防站开放活动12次，接待参观群众5000余人次。 （陈 扬）

人民防空

【概况】2014年，全县人防工程建设有效推进。全程参与新项目的规划评审，强化人防工程建设监管，严把工程竣工验收许可关，建设环境不断优化，人防工程面积位列全省县级城市之首。政务中心人防窗口严格按照流程做好审批工作，全年办理批件171个，批复建设的“结建”防空地下室项目22个，收取人防易地建设费862万元。竣工验收人防工程11个。全县累计建成“结建”防空地下室工程112个。人防宣传教育全面普及。深入开展人防宣传教育“五进”活动（进机关、进院校、进企业、进社区、进媒体），人防宣传教育不断走向常态化和规范化，公众人防意识不断提高。以10个人防宣传教育试点社区为模板，采取“十个一”的宣传模式（即成立了一个人防宣教小组，一支志愿者队伍，一个人防宣教规划、总结，配备一个人防宣传活动室，一个专门书柜，一个人防宣传橱窗，一个防空防灾宣传展示柜，一个电子显示屏，一个短信平台，一户一本人防知识手册）。实现县城区域的星沙、湘龙、泉塘3个街道39个社区全面普及。各社区通过文艺节目、政策咨询、展板展出、发放资料、人防演练等方式开展人防知识宣传，社区队伍建设、阵地建设、组织建设和经费保障等方面都取得了较好成效。向全县35所初中、高中学校发放人防知识教材及光碟，开展教学、培训、演练。同时积极利用节会开展大型主题宣传活动。组织指挥建设不断加强。充分利用人防指挥通信车、短波无线通信电台、防空警报报知系统等人防指挥通信设备设施积极参与政府应急救援。配置海事卫星3G无线视频系统，2014年安装6台防空警报器，总数达40台。加强防空警报器的维护管理，确保设备状态良好，圆满完成“11·1”防空警报鸣放工作，警报鸣响率、覆盖率实现“双百”动态达标。加强结建人防工程后期维护管理。下发《关于开展2014年结建人防工程后期维护管理监督检查的通知》（长县人防发〔2014〕34号），重点对2013年存在问题的人防工程进行全面检查，要求维护管理责任单位认真做好后期维护管理工作，完善工作台账，确保人防工程处于良好状态。

（刘 娟）

园区建设

长沙经济技术开发区

·综述·

【概况】 **园区经济平稳增长。**2014年，长沙经济技术开发区（以下简称长沙经开区）全年实现规模工业总产值1650.60亿元，同比增长10.7%；实现工业固定资产投资110亿元，完成税收96亿元。完成到位外资3.8亿美元，完成市外境内资金形成固定资产投资42.8亿元。加快产业结构调整，汽车制造产业、电子信息分别保持超30%、50%的增速，工程机械产业占比由80%下降到55%，汽车制造产业产值突破320亿元，占比由12%上升到20%。

转型升级初见成效。管委会紧紧围绕转型升级新目标，相继出台促进集成电路、支持电子商务、促进小微企业、支持专利驱动创新等系列政策，促进转型升级释放政策红利，转型升级成效初显：一方面传统产业实现转型升级，引导工程机械、汽车产业进一步瞄准需求，细分市场，进一步调整产品结构，如铁建重工高端盾构机、众泰“云100”新能源汽车，均保持较快的增速，焕发出新的生机；另一方面，新兴产业方兴未艾。全力支持发展集成电路、电子商务、高端服务业等，找到转型升级的着力点，湖南省电子商务协会、湖南电商创新创业基地、深圳集成电路设计产业化基地长沙基地先后落户。

重大项目全面推进。园区坚持重大项目领导联点、“学习与服务”、督查考核等制度，领导干部深入项目一线，及时协调解决困难，为重大项目开建、竣工提供有力保障。全年新开建项目23个，竣工投产项目20个，完成工业固定资产投资110亿元。蓝思科技榔梨工业园、广汽菲亚特二期、恒天九五二期、中国通号等重大项目全面推进。广汽三菱扩产项目、国科微电子（一期）、长沙创芯科技6英寸集成芯片项目等项目相继竣工投产。上海大众（长沙）项目累计完成投资51亿元，12月样车下线，2015年5月全面投产，将为实现打造“中国汽车产业集群新板块”注入强劲动力。

基础建设扩容提质。园区坚持高起点规划、高标准建设、高品质配套，加快推进基础设施和生活商业配套设施建设。全年完成基础设施投入7.68亿元，平整场地224.4公顷，实现拆迁腾地208.2公顷，动迁人口1260人。完成核心区控规提升，对产业布局、公共服务设施、商业设施、道路交通、市政设施等进行专项规划。全面启动绿化亮化、道路改造、公租房建设、交通设施优化等提质工程，完成星沙供水应急管网、星沙污水处理厂扩容提质建设。星沙海关、长沙出入境检验检疫局相继开关开检，加快开放型经济构建平台。持续推进“以区带园”，不断拓展发展空间，星沙产业基地实现工业总产值34亿元，汨罗工业园、新疆鄯善工业园等“飞地园区”建设顺利推进。

生态环境不断优化。园区着力构建“两型社会”，坚持创建“国家级生态工业示范园区”目标，不断提升城市品质。始终把住项目环评准入关、验收关，坚决拒绝高污染、高耗能的项目入区。全面启动“三年造绿行动”，新增绿化面积43.5万平方米。着力打造人民东路优质亮化工程，园区生态绿化环境有较大改观。完成星沙污水处理厂扩容提质改造工程，不断完善园区雨污管网路网建设，污水处理率95%以上。创建“国家生态工业示范园区”通过省级审核验收。

自主创新加快推进。2014年年初，长沙经开区顺利获批为湖南省首个“国家知识产权示范园区”。并出台《专利驱动创新发展鼓励办法》，拟3年投入1.5亿元，重点鼓励园区企业技术创新和知识产权保护。全区省级以上技术中心达29家，三一重工、三一汽车分获中国专利金奖1项、中国专利优秀奖1项。

社会管理成效显著。加大社会管

理创新投入，大力推进公共服务项目建设，全年建成1878套公租房，解决部分企业员工住房难的问题。强化企业员工集中居住小区的管理服务，提升企业员工生活品质。新开通3条园区穿梭巴士线路，改善部分企业产业工人的出行环境。完善公共设施配套，新一轮控规提升中，规划建设“一主三次”商业中心，满足产业工人生活居住需要。加强安全生产管理和安全隐患大排查、大整改，全年没有发生重大安全生产事故。

服务保障坚强有力。管委会推动“招才引智三年行动计划”，吸纳国内外高层次人才294名，举办国家“千人计划”专家经开区行活动。全年举办现场综合招聘、企业专场招聘和“企业校园行”等招聘活动52场次，招揽人才1000余人；完成领导干部在企业和社会组织兼职任职、领导职数配备、“三超两乱”等11项专项治理、检查工作。出台《集团公司人事管理暂行规定》，完成干部三年轮训计划；继续深化互联共建工作模式，构建区“微党建”动态管理平台。开展“上企业、到一线、问情况、解难题”活动，成立劳动争议调解委员会。开展慰问困难职工活动。全面优化审批流程，加快审批进度，推行全程代办，缩短项目落地周期，推动企业诚信体系建设，营造公平竞争的营商环境。

（长沙经开区志办）

长沙经济技术开发区办公楼全景　（长沙经开区志办 提供）

【马凯视察长沙经开区】 3月28日，中共中央政治局委员、国务院副总理马凯到长沙经开区园区企业蓝思科技、广汽菲亚特、三一重工等企业视察，广泛听取企业的意见和建议。马凯强调：要坚持稳中求进的总基调，以科学发展为主题，以加快转变经济发展方式为主线，坚持改革开放，坚持科技创新。要以市场为导向调整经济结构，以改革为动力增强经济活力，以创新为核心提高竞争力，以管理为基础降低成本，金融企业要创新服务方式，增加服务品种，不断提高服务实体经济发展的水平，政府要为企业发展创造更好条件，营造更加有序的市场环境。（长沙经开区志办）

【艾力更·依明巴海视察长沙经开区】 6月3日，全国人大常委会副委员长艾力更·依明巴海在全国人大常委会副秘书长、华侨委员会委员刘水生、省人大常委会副主任刘莲玉的陪同下，到长沙经开区就归侨侨眷权益保护法及相关法律贯彻实施情况进行视察调研。艾力更·依明巴海指出：企业和政府各部门要进一步增强做好侨务工作的责任感和使命感，加快侨务政策法规的制定出台，探索为侨服务的新思路，不断凝聚侨心，发挥侨力，推动湖南对外开放和经济社会发展。

（长沙经开区志办）

【王钦敏视察长沙经开区】 2月25日，全国政协副主席、全国工商联主席王钦敏到长沙经开区园区企业远大集团、蓝思科技、千山药机，就中小微企业技术创新等内容视察调研。王钦敏实地考察远大集团、蓝思科技、千山药机三家企业，了解企业发展状况，并在座谈中听取公司高层就“中小微企业技术创新”等内容的汇报，充分肯定企业在技术创新上做出的大力贡献，并就技术创新现状向企业及政府部门提出意见建议。王钦敏在调研中指出，中小微企业技术创新涉及服务体系、科技创新、投资环境、知识产权等诸多问题；特别是公共服务平台的建设，对中小微企业的发展至关重要，中小微企业的发展既涉及民生问题，从发达国家经验来看又关系着国家和区域竞争能力，政府部门要进一步转变职能，打造优良的投资环境，促进新的业态不断产生。要进一步促进职能下放，建设好公共服务平台，降低小微企业的生产、运营成本，要加大对中小微企业的支持力度，进一步提高服务水平，解决部门、企业之间的信息不对称等问题，进一步加强信用体系建设，加速科技成果转化，促进企业做强。（长沙经开区志办）

【徐守盛观摩样车组装】12月18日，省委书记、省人大常委会主任徐守盛在省委常委、省委秘书长韩永文，省委常委、市委书记易炼红，副省长黄兰香陪同下，到上海大众汽车长沙工厂观摩首台样车组装，考察项目建设情况。徐守盛勉励企业，用一流的管理和技术建设一流工厂，以信息化为支撑，走绿色低碳发展之路，打造实体经济发展的样板。要求长沙市和省有关部门全力以赴为上海大众项目做好保障服务工作，确保项目尽快建成投产。（长沙经开区志办）

【许又声调研文化产业企业】2月19日，省委常委、省委宣传部部长许又声到长沙经开区园区文化产业综合型企业明和集团调研，听取公司高层关于文化与科技融合为主题的汇报。

（长沙经开区志办）

【易炼红考察广汽三菱】2月14日，省委常委、市委书记易炼红到长沙经开区实地考察广汽三菱改扩建项目工程，了解项目基本情况和工程进度。

（长沙经开区志办）

【胡衡华考察国科微电子等企业】9月3日，市委副书记、市长胡衡华到长沙经开区调研项目建设、产业发展、经济运行等情况。考察建设中的湖南国科微电子有限公司工地直播卫星电视芯片设计及增值业务项目。该项目一期建设已接近尾声，正在做内部装修。胡衡华还到长沙创芯集成电路有限公司、湖南云箭科技有限公司、山河工业城调研。（长沙经开区志办）

【举办集成电路产业政策发布会暨深圳IC基地长沙基地合作协议签约仪式】10月15日，长沙经开区举办2014长沙经开区集成电路产业政策发布会暨深圳IC基地长沙基地合作协议签约仪式。89家集成电路产业企业，105名代表参加会议。长沙经开区发布《长沙经济技术开发区促进集成电路产业发展试行办法》。该办法将从2015年起由经开区财政每年安排1亿元，设立集成电路产业发展专项资金，重点对产业培育、税收、研发、投资并购、贴息贷款、上市、人才引进等进行扶持。长沙经开区管委会与深圳集成电路设计产业化基地管理中心还签署合作协议，共同建设深圳IC基地长沙基地。长沙经开区将依托现有产业基础，在深圳市科技创新委员会和深圳集成电路设计产业化基地管理中心的全力指导下，在三年内完成深圳IC基地长沙基地的初期建设，培育一批骨干龙头企业，形成一批特色优势产品，造就一批高端产业人才，形成集成电路产业集群发展新格局，打造集成电路产业湘军。（长沙经开区志办）

2月14日，省委常委、长沙市委书记易炼红（左二）到园区企业广汽三菱调研（长沙经开区志办 提供）

【承办中国（长沙）科技成果转化交易会】10月23～24日，长沙经开区承办的中国（长沙）科技成果转化交易会新能源汽车行业产学研对接暨众泰纯电动汽车发布会专场活动在众泰汽车基地举行。主要活动包括新能源汽车产学研对接以及众泰云100纯电动汽车上市发布会。活动签约项目25个，金额超过3亿元。投资过亿元的陕汽重卡与LNG天然气站一体化项目建设、国产机器人示范应用服务与科普中心、湖南省全承载客车工程技术研究中心、中科院电工所产学研基地等新技术应用平台项目举行了现场签约仪式。以众泰汽车工为依托的湖南省首家新能源技术研发中心、首家新能源汽车监控中心，首家新能源汽车校企联合实验室也在本次专场活动上启动。（长沙经开区志办）

【国家生态工业示范园区创建工作通过省级验收】11月5日，长沙经开区国家生态工业示范园区创建工作通过省环保厅、商务厅和科技厅组织的省级考核验收。省环保厅科技处处长张志光主持考核验收，中国环保产业协会副会长刘启风和中国环科院等单位专家，省环保厅副厅长王会龙及省环保厅、商务厅、科技厅和市环保局的相关领导参加，管委会主任李科明、副主任黄瑶及区生态园建设工作领导小组成员单位负责人出席。2008年，长沙经开区启动国家生态工业示范园区的规划建设工作；2010年12月，《长沙经济技术开发区国家生态工业示范园区建设规划》和《长沙经济技术开发区国家生态工业示范园区建设规划技术报告》通过环保部、商务部和科技部组织的专家论证；2011年4月，环保部、商务部和科技部正式发文批准长沙经开区创建国家生态工业示范园区。6年来，长沙经开区大力推进国家生态工业示范园区建设工作。为保障创建工作的有效开展，成立创建国家生态工业示范园区领导小组，由管委会主任担任组长，管委会相关领导担任副组长，管委会相关局（室）为领导小组成员单位。出台《长沙经济技术开发区创建国家生态工业示范园区五年行动计划（2011－2015年）》、《长沙经济技术开发区关于推进国家生态工业示范园区建设的若干意见》和《长沙经济技术开发区生态文明建设专项资金管理办法》，逐步建立国家生态工业示范园区的运行机制和框架，提高园区企业资源利用效率和清洁生产水平，初步形成经济高效型、资源节约型、环境友好型的国家生态

11月18日，星沙海关开关　　（长沙经开区志办 提供）

工业示范园区，在生态建设和工业发展共生共建方面在湖南省树立一面崭新的旗帜。（长沙经开区志办）

【星沙海关建成开关】11月18日，星沙海关建成开关。星沙海关（含中国电子口岸数据中心长沙分中心）综合楼位于长沙经开区东十线以西、漓湘路以南。占地面积1.44公顷，总建筑面积14883.26平方米，地上八层，地下一层，总投资约6500万元。该项目于2012年9月正式奠基开建，历经2年多时间建成开关，开始对外办理海关业务，星沙海关将充分发挥属地管理职能优势，成为长沙经开区坚实的产业基础和强劲的经济支撑。

（长沙经开区志办）

10月15日，2014年长沙经开区集成电路产业政策发布会暨深圳IC基地长沙基地合作协议签约仪式在经开区举行。　　（长沙经开区志办 提供）

【举办2014年度人力资源工作会议暨千人计划专家经开区行活动】12月5日，长沙经开区举行“2014年度人力资源工作会议暨千人计划专家经开区行”活动。活动分为“人力资源工作会议”“参观区规划展馆及园区企业”“千人计划网·智汇邦·创业在中国——千人计划专家长沙经开区集成电路产业合作沙龙”三个环节。省委统战部副部长、湖南欧美同学会常务副会长崔永平，省人社厅副厅长、省外专局局长黄赞佳，市委组织部常务副部长袁黎明及省市组织、统战、人社、外专、教育部门领导，党工委书记杨懿文，管委会主任李科明及全体工管委班子成员，创新创业高层次人才及部分园区重点企业负责人，相关技职院校负责人，千人计划网负责人及千人计划专家、企业家，欧美同学会负责人、专家等300余人参加，会上，总结“新政”实施后的阶段性成果，共话人才引领驱动创新“新常态”。为博世汽车等6家企业外籍员工的14名子女提供补贴奖励，为三一集团等4家企业提供总额80万元院士专家工作站建站资助，为黄昆等9名“招才引智三年行动计划”培养对象颁发证书，为“碳－13同位素标记研制”等7个创业创新项目奖励630万元资金支持。

自《招才引智三年行动计划》和《加快引进和培养技能型人才三年行动计划》出台以来，长沙经开区力推“新政”落地生根。（长沙经开区志办）

【上海大众首台样车组装成功】12月18日，上海大众长沙工厂首台样车组装成功。上海大众长沙项目2013年5月开工，计划生产30万辆中档乘用车，2015年建成投产，2017年达产主机厂年产值约600亿元，项目全部建成后将成为世界上一流汽车整车生产线，可实现年产能60万辆，产值1500亿元。（长沙经开区志办）

【国产首台大直径全断面硬岩隧道掘进机下线】12月27日，铁建重工主导研发的国产首台大直径全断面硬岩隧道掘进机（敞开式TBM）在长沙经开区顺利下线，该产品拥有自主知识产权，是国家“863计划”重点支持项目，打破了国外长期垄断，填补了中国大直径全断面硬岩隧道掘进机研制的空白。（长沙经开区志办）

·基础设施建设·

【概况】长沙经开区全年完成基础设施投入7.68亿元。平整场地224.4公顷，硬化改造道路18.78千米，铺设道路排水管道近20千米，绿化面积43.5万平方米，完成核心区控规提升，完成星沙供水应急管网（管径DN1200），全长11.2千米，星沙污水处理厂扩容提质建设。星沙海关、长沙出入境检验检疫局已相继开关开检。持续推进“以区带园”，汨罗工业园、新疆鄯善工业园等“飞地园区”建设顺利推进。（长沙经开区志办）

【供水】2014年，长沙经开区全年完成供水6206万吨（包括引水公司供水量），同比增长11.62%；收回水费（含税）7335万元，同比增长10.83%；实现经营收入8285万元，同比增长6.7%，净利润664万元，同比增长8.50%，上缴税金425万元，保证抄表率100%，收费率98.45%，设备完好率98%。完成市政给水管道的建设和改造任务。全年完成单位进户安装52户，工程总价513万元；居民进户101户，工程费12.7万元；临时用水33户，工程费12.8万元。完成市政给水项目新建、续建16项，总长度32.54千米，投资1435万元。改造项目4项，管道总长度4.1千米，投资500.3万元。完成大型管道抢修67处，新装远传水表550块，完善星沙城区市政重点部位消防栓的维修和增补854台（包括2014年增补300台）。星沙应急供水管道工程是区、县一项重点民生民心工程。该管道从廖家祠堂水厂沿西冲路、东十线、南二路、东八线、滨湖路至星沙水厂，全长11.2千米，管径DN1200，由区、县共同投资约7100万元。在规定的时间节点顺利竣工。该管道向星沙主城区供廖家祠堂净水7万吨/天，有效地解决多年困扰供水公司的枯水季节水质难题。规范客户服务流程，完善907个用户的信息收集及档案的归整，做好17000个居民用户的标牌标识工作，及时完成87家用户的开户、过户、水表增容、变更用水性质等服务工作。（长沙经开区志办）

【排水】全年完成处理污水8816.8万吨，COD减排14186吨，NH_3-N减排约1067吨，纳污范围内污水基本实现截流处理，污水处理收费3848万元，3个污水处理厂扩容提质改造工作稳步推进。星沙水厂扩容提质项目主体工程10月竣工，实现“系统通水运行”的既定目标。总投资1.7936亿元，建设内容包括升级改造现有12万吨/天的深度处理系统，新建处理能力6万吨/天的A2/O工艺处理系统和处理规模18万吨/天的深度处理系统，出水执行《城镇污水处理厂污染物排放标准》GB18918-2002的一级A类标准。项目投运后，每年将削减COD 22995吨，氨氮1314吨，有效减轻地下、地表水资源的污染，提高水资源的综合利用价值。城北厂扩容提质工作获得环评、节能、可研、初步设计批复，完成上限价制作。城南厂提质改造项目完成环评、可研专家评审，加大排水设施建设，铺设明月路、大众西路、秋江路等道路排水管道近20千米。（长沙经开区志办）

【道路桥梁】长沙经开区大力推进道路工程建设，续建人民路黄兴大道桥（双向双幅，单幅宽度12.5米，孔径布置为230）、人民路东六线跨线桥（双向双幅，单幅宽度12.5米，孔径布置为210）、东十线跨线桥（全长53米，桥宽43米）、东十一线跨线桥（全长213.米，跨径组成为210米）桥梁4处，完成投资额323万元；新建与续建道路工程43处，硬化红树坡路（东十线－东十一线）、长桥南路（人民路－红树坡路）、东十一线（西冲路－国防科大围墙）、大元路（东八线－东十一线）、东十线（人民路－支路九）及远大路、东二线、东九线、319南辅道等道路改造18.78千米，完成投资额24690万元。（长沙经开区志办）

【安居工程】大力推进安置区建设，积极协调相关企业员工宿舍租赁工作。

龙华二期安置区建成，占地8.87公顷，建设35栋安置房，建筑面积13万平方米。上海大众龙峰安置区完成场地平整和管网施工。续建榔梨公租房一期一批次（一期总建筑面积19.2万平方米，3356套。其中一批次建筑面积8万平方米，1851套）、榔梨公租房一期二批次（二批次建筑面积11.2万平方米，1505套）、板桥公租房（新建公租房1060套，总建筑面积48720平方米）、榔梨公租房附属工程4处房屋建筑工程，新建榔梨公租房小区二期建设工程（位于东十线以西，机场高速北辅道以北，新建公租房1184套，总建筑面积68985平方米，分七标和八标，1栋食堂，4栋6层公租房，1栋高层公租房）、榔梨公租房小区智能化工程、板桥公租房小区智能化工程3处房屋建筑工程。全年有1878套公租房投入使用，解决部分企业员工住房难的问题。强化企业员工集中居住小区的管理服务，提升企业员工生活品质。新开通3条园区穿梭巴士线路，改善部分企业产业工人的出行环境。（长沙经开区志办）

【电力】 完成电力投资超2亿元。2014年是改迁高压杆线最多，完成投资最大的，工作难度最强的一年。完成10千伏线路建设20千米；改迁110千伏以上高压杆线12条，完成110千伏大众变电站建设，110千伏榔明线、明航线的杆线迁移，完成110千伏榔新线、榔广线、榔乐线改迁，榔航线、曹大线的杆线新建，为上海大众厂房建设扫除障碍，投产运行提供电力保障；220千伏高压杆线6条，完成220千伏曹星线、曹榔线、星芙线、沙梨线改迁，建设的220千伏沙榔线改迁为蓝思科技项目的建设提供便利；500千伏高压杆线1条，完成500千伏沙星线和正在进行的220千伏沙榔线改迁将为东十一线和东十二线片区的大量项目落地扫除障碍。完成110千伏扬长线(海伦春天下地段)的改迁。完成华湘、龙华、泉塘3期三个安置小区高低压配电工程，完成路灯建设14公里。（长沙经开区志办）

【燃气】 9月，星沙新奥燃气公司与大众长沙项目物流管理部就大众配套项目的开发模式达成协议，于11月顺利实现配套园区燃气管道的置换通气；成功与延锋彼欧（8000立方米/日）、众泰汽车（7672立方米/日）、湖南大力电建热镀锌（5120立方米/日）、晟天酒店（4521立方米/日）等用户签约；中小工商户的开发取得突破性进展，全年完成下达233家；成功签约9家煤改气单位（共9391立方米/日）；与省交警总队、三景韦尔斯利酒店签订能源服务框架协议；在春华、江背镇进行管道敷设，为后续的市场开发打下坚实基础。增设专门的安全管理部门，健全公司安全组织架构，并梳理、完善安全管理流程、制度及考核标准。分别对3614小区、湘龙家园、凤凰城、中南汽车世界、金鹰小区、金色比华利进行安全宣传，悬挂安全横幅285条，发放安全宣传资料3700余份、物业大会通知155份、三电油气宣传资料80份；推广金属波纹管187根，消除安全隐患140处。

（长沙经开区志办）

【环保建设】 加大污染治理力度和投入，加快基础设施建设。投资约2亿元建设星沙污水处理厂扩容提质改造工程；不断完善园区雨污管网路网建设，污水处理率95%以上。投入3500余万元对企业申报的18个工程类，5个非工程类环保项目进行补助奖励。加强企业污染治理，企业全年投入升级改造资金约2.6亿元，对废水重点污染源企业污水治理站进行升级改造。推进企业强制清洁生产审核、环境管理体系ISO14001认证和环境标志产品认证工作，对有机挥发性污染物排放企业进行整治。实现园区废乳液、废矿物油特征危险废物的“封闭运行”处置，加大生态园建设宣传力度，提高公众的知晓率，促进园区生态化、低碳化发展，环境质量得到改善。

（长沙经开区志办）

【绿化工程】 续建东八线（映霞路—人民东路）绿化及人行道工程、东八线（人民东路—机场高速桥）绿化及人行道工程、东八线（319—远大路）绿化及人行道工程、东六线(映霞路—大元路)绿化及人行道工程、东六线(大元路—南污）绿化及人行道工程、阳光东路绿化及人行道工程、国阳工业园绿化工程、中轴路(漓湘路—大元路）绿化及人行道、楠竹园路绿化（东十至—东十一）、螺丝塘路绿化、泉塘街道零星绿化及人行道工程等11项道路绿化工程；新建东十线绿化一标(映霞路—大元路)、东十线绿化二标(大元路—机场高速桥)、大元路绿化(东八线—东十一线)、新安路、小塘路道路景观工程、人民路绿化一标、人民路绿化二标、榔梨公租房一期园林景观工程等7项道路绿化工程。续建和新建全年43.5万平方米，栽种乔木18262株，完成投资额4878万元。

（长沙经开区志办）

·招商引资·

【概况】 完成省外境内到位资金19.5亿元，同比增长21.6%；完成市外境内资金形成固定资产投资42.8亿元，同比增长18%。完成实际到位外资3.86亿美元，同比增长16%。累计进出口额27.54亿美元，同比增长19.12%。

出台园区招商新规，转型升级凸显实效。制定招商引资活动管理办法和规范因公临时出国（境）的实施意见，完善充实项目引进合同。实行重点项目领导负责制，开展小分队招商，重大项目招商。与亿达集团、金科地产签订长沙科技新城项目框架协议，该项目将以产城融合的建设和运营方式创新产业生态体系，带动和促进园区产业经济升级转型，总投资300亿元，一期投资30亿元。抓住《国家集成电路产业发展推进纲要》发布契机，制定长沙经开区相关政策。在深圳成功举办2014年长沙经开区集成电路产业政策发布会暨深圳IC基地长沙基地合作协议签约仪式，发布《长沙经济技术开发区促进集成电路产业发展试行办法》；并与深圳集成电路设计产业化基地管理中心签署合作协议，共同建设深圳IC基地长沙基地。电子商务发展提速，出台《长沙经济技术开发区关于支持电子商务发展的若干政策》，全年新引进电子商务企业20家。

加大项目帮扶力度，切实推进项目建设。全年为14家企业提供注册类全程代办；为12家企业提供报建类全程代（领）办服务，其中7家基本完成。通过待建项目领导联点责任制和督查督办制，建立待建项目动态管理台账，各部门齐心协力，紧密配合，有力地促进待建项目建设。有21个待建项目开发建设，占地面积137.08公顷，预计总投资61亿元以上，年产值将超过100亿元。积极推进上海大众湖南（长沙）项目建设，11月12日，上海大众（长沙）工厂冲压车间举行压机上梁仪式，作为该工厂第一条高速冲压线，代表着当今世界上最先进的冲压技术。12月18日，完成第一台样车组装，进入试生产阶段。

提高外经贸实力，调动企业积极性。各项申报工作有序开展，恒天九五液压静力压桩机、液压挖掘机、瑞翔新材钴酸锂，锰酸锂等产品认定为“湖南省国际知名品牌”。三一集团、蓝思科技、博世汽车、广汽三菱、广汽菲亚特等15家企业获得2014年省级进口贴息资金补贴约400万元。加强人才培养，提高人员素质。举办国际贸易政策与实务操作培训班，约80名企业负责人参加培训。

（长沙经开区志办）

·管理与服务·

【概况】 以发展提质为主线，以转型升级为目标，以改革创新为动力，进一步加强园区规划、国土资源、安全生产、能源、质量安全监理、工商、质监、财政、税务管理与技术、投资评审、政府采购与招投标等服务，不断优化环境，促进园区经济社会持续、健康、稳步发展。（长沙经开区志办）

【规划管理】 加快控规编制、完善法规依据；强化内部管理，完善审批程序；配合园区工作，服务招商引资；主动服务企业，加强规划宣传；整理历史档案，实现信息共享。一是加快控规编制、完善法定依据。以长沙市城市总体规划（修改）获得国务院批准为契机，紧紧围绕园区中心工作，加大控规编制力度。以完善控规编制为核心、以完成经开区控规全覆盖为目标开展工作，对老园区规划进行全面改进。逐步完善经开区控规一张图，使规划审批工作做到依法依规、有据可依。全年重点委托编制经开区42平方千米控规和星沙产业基地东片22平方千米控规，包括之前编制的产业基地西片、黄花片、榔梨片控规，园区105平方公里范围内控规基本编制完成。经开区42平方公里控规、产业基地西片控规和黄花片控规已通过市规划委员会审查，待市政府最终批复。完成园区重点地段路网线型及宽度论证，研究以盼盼路和远大路为核心的路网线型及宽度，为远大路沿线用地开发创造条件，并落实到控规成果当中。配合省住建厅和市规划局完成住建部对金科项目违规占用总规绿地案件的调查工作，并按住建部要求将相关材料上报。完成住建部图斑核查的相关工作。二是强化内部管理，完善审批程序。依据城乡规划法的基本要求，结合住建部驻长沙督察员对经开区的督查要求，及时启动审批程序的修改工作，将过去与法律法规相冲突的程序进行彻底的修改，新的审批程序在9月份获得市规划局同意，国庆节后试运行。新程序减少两个环节，一是将定点蓝线和调查蓝线合二为一，简化调查蓝线这个环节；二是将过去发放“建设用地规划许可证”由进窗口办理需要4个工作日改为即办制，只要建设单位能够提供合法的依据和相关材料就可以在分局窗口及时办理“建设用地规划许可证”；三是在新程序中增加一个总图审批与报建图审批合并的阶段，主要是针对一些中小项目和符合条件的项目可以一次性进窗办理，无须像以前那样需两次进窗口先审总图、总图审查通过后再审报建图的做法。新程序的启用提高了办事效率，减少建设单位多次往返规划部门的麻烦，获得建设单位的好评。全年接待建设单位及个人1600

余人次。办理建设用地规划许可证60本，批准面积326.6万平方米。下达规划要点86份，市政要点10个。办理建设工程规划许可证82份，批准建筑面积435.79万平方米，办理市政工程证5本，批准管线长度7.79千米，发放选址意见书36份。建设工程规划竣工验收合格证正本26本，验收面积113.49万平方米。验线23次，正负零验收21次，竣工验收21次，批后巡查464次，发放询问调查通知书17份，限期改正通知书22份。办卷正点率、合格率100%。三是主动服务企业，加强规划宣传。服务好园区重点企业，对重大项目实行专人负责制，完成上海大众（长沙）项目40多万平方米核心厂区的规划审批，配合做好上海大众（长沙）项目市政对接规划服务；完成蓝思科技国际工业园选址周边道路调整和用地整合方案，为企业高效集约用地出谋划策；针对广汽菲亚特申请修改远大路线型、要求在总规中规划的远大路上兴建科研楼的申请，积极宣讲政策，为企业出谋划策，帮助企业解决实际困难；针对远大公司申请兴建远大小天城超高层综合楼的重大诉求，与民航部门协调，在确保民航安全的前提下协调建筑高度的调整。严格按程序办事，及时向市局和市政府请示汇报，同时采取主动上门沟通协调的方式，消除误解，认真履行职责。主动配合招商局服务于招商引资工作。多次与万豪酒店、科技新城、通号、工程机械展示中心等项目进行对接、沟通，确保项目既要符合规划要求又要保证项目的落地。配合管委会和相关单位多次现场踏勘，完成应急水网的建设。开展规划进社区的试点活动，在泉塘街道办事处12个社区建立规划宣传栏，让老百姓了解相关的规划知识、对控规及重大建设项目进行公示。并将长沙市总体规划作为第一期宣传内容推出。在控规编制过程中，通过审查会、汇报会、网上公示和专函征求意见等多种途径，全方位向各级领导、各部门以及社会各界广泛宣传控规方案和规划法规知识，增强规划工作透明度，提高公众参与度，扩大城乡规划影响力。四是整理历史档案，实现信息共享。所有档案资料进行数据化管理，统一纳入市局信息化平台，实现信息共享。五是查处违法建设，实施常态化管理。与长沙县城管部门紧密配合，加强对建设工程项目的监督检查，从严查处违法违章建设行为，实施常态化管理。接受纪检部门的监督，依法依规依程序办理，做到公开、公平、公正。严肃查处90公馆、金科地产、中茂城、海伦春天、远大小天城等一批违章建筑，拆除违章建筑面积约2.6万平方米，维护规划的严肃性。

（长沙经开区志办）

【国土资源管理】 围绕服务社会经济发展主题，面对保发展、守红线的双重压力和两难命题，坚持用发展的实效体现政绩，做好国土资源管理工作。土地征用。2014年，经开区年度建设用地指标为120公顷，上报省厅140公顷，批回用地74.53公顷。全年征地补充耕地79.27公顷。组织蓝思科技三期项目用地报批，征地资料准备完毕，正在落实用地指标。土地供应。全年挂牌出让土地55宗326.26公顷，土地价款29.64亿元，其中成交47宗261.32公顷，成交价款17.72亿元。土地批后管理。上报2013年度开发区园区集约节约用地先进单位的申报材料，完成集约节约用地考核工作。完成集约节约用地评价工作中的发展方向区划定、资料收集工作。开展低效用地调查摸底工作。对园区涉嫌闲置土地进行初步清理，收回北汽福田用地53.33公顷。协助长沙县国土资源局完成2014年度卫片执法工作。拆迁腾地。承担远大路改造、东十一线道路建设工程所涉及的省公路运输发展总公司、大力变电、李雪辉、长沙市警察学校、长沙县机关事务局、长沙县畜牧局、花港建材公司共7家国有企业单位和个人拆迁工作，拆迁腾地约1.51公顷，拆除建构筑物7248平方米，涉及补偿金额约2100万元。

（长沙经开区志办）

【建设工程管理】 长沙经开区围绕年度工作目标，加强建设工程管理。创新工作方法，实施公司化运作，及时掌握工作动态，为项目推进做好服务。投资经营：全年总收入4108万元，财务支出2279万元，实现净利润1829万元。总资产6.9亿元，较2013年同期增长67%。内部经营情况：完成榉梨公租房1878套房屋建设工作以及小区食堂、外围门面公开配租，累计实现租金收入762.17万元；主动接手板桥生活区相关工作，妥善解决小区宿舍及配套的食堂、网吧、理发店、超市等经营用房的租赁工作，在服务好蓝思科技的同时，累计实现租金收入95.01万元；加强工程代建管理，全年实现代建收入765.24万元；积极向省市争取资金支持，全年累计申请并到位公租房补贴资金4300万元。对外投资情况：利用自身优势，努力拓展经营范围，参股成立长沙福邦置业有限公司、湖南盛淇园林开发有限公司，公司多元化发展方面实现突破。湖南盛淇园林取得园林三级施工资质，并开始对外承接业务。2013年参股成立的长沙祥原动力供应公司能源中心设施调试完毕，并开始承接上海大众

（长沙）厂区强弱电及动力管道安装项目施工。项目建设：全年铺排建设项目98个，其中新开工项目43个，续建项目55个。全年完成基础设施投资总额7.68亿元（其中市政基础设施4.23亿元，房建项目3.45亿元），较2013年同期增长24%。建成榔梨公租房一期、板桥公租房、星沙海关、出入境检验检疫局等房建项目，建筑面积21.9万平方米；在建榔梨公租房一期、二期、板桥公租房、泉塘中学、榔梨消防站等房屋项目建筑面积15.27万平方米。板桥公租房完成1至6栋（1060套）主体建设；星沙海关、出入境检验检疫局、榔梨法庭完工并按时间节点交付使用；泉塘中学进场施工并完成桩基础施工；榔梨消防站完成主体施工。硬化改造道路18.78千米，铺设排水管道近20千米，场地平整224.4公顷。对园区绿化进行提标提档，道路绿化43.5万平方米，栽种乔木18262株。完成安置小区及其他配套项目两厢围墙8774米。管理服务：1. 数字化城管结案率稳步提升。严格按照管委会和县城管局数字化城市管理规定的要求，加大人力、财力、物力投入，加快项目移交速度，安排专人及时联系相关部门整改结案，结案率由上半年的不到10%提升至90%，改善园区的基础配套环境。2. 全程代办服务提质增速。全年委托代办12家企业前期手续，完成7家企业全程代办工作，其中上海大众一期厂房在不到100天的时间里完成该项目选址、立项、设计、国土、规划、招标、施工许可证等各项代办工作，在全程代办时效性上取得新的突破。3. 公租房管理初显成效。制订《长沙经济技术开发区工程建设公司公租房管理办法》（试行），同时提升小区硬件及软件设施，引入中国联通等其他社会资本参与公租房建设管理，尝试实现小区智能一卡通（集出入、用餐、门禁等一体化）管理模式。4. 牵头成立“三年造绿”行动领导小组，超额完成市对区下达的全年新建绿地40公顷的目标，积极推进园区立体绿化、林荫大道、林荫停车场等新型项目建设，开创园区造绿行动暨发展提质工作新局面。5. 内部管理提质增效。转变思路，制定一系列管理程序和制度，并严加落实，推动公司按照现代企业管理制度方向运行发展。

（长沙经开区志办）

【安全生产管理】严格履行监管职责，全力推进各项工作，全年园区发生生产安全事故1起、死亡1人，安全生产形势总体稳定。一是抓宣教培训，积蓄安全稳定“正能量”。多渠道普及安全法规知识、多角度开展安全文化创建、多层面组织安全教育培训。积极宣传党和国家安全法规文件，印制新《安全生产法》单行本2000本免费赠送各单位。承办全省2014年《职业病防治法》宣传周活动启动式。开展安全生产月活动，区县开展的“平安大舞台·安全生产全民秀”竞赛活动，获评全省“安全生产月”活动“创新奖”。安全培训有新的进展。先后举办工商贸企业安全管理培训班1期，培训企业安全管理人员118名；结合企业安全生产标准化工作，聘请安全专家在达标申报企业上好“电气火灾、机械安全、职业卫生”三堂安全课，培训企业职工1000余人次；联系专家到云箭集团、上海大众、住友橡胶、山河智能等企业进行安全生产讲座5场次，培训职工近万人次。选树典型，组织企业负责人观摩住友橡胶、博世汽车等安全文化示范企业。创新安全载体，引导有关企业完善安全生产示范墙、班组安全早会等安全文化平台和产业工人艺术团等安全志愿者服务队伍，推动安全文化活动深入开展。二是抓监管执法，检查企业100家，下达责令改正指令书60份，排查安全隐患257条，排查职业卫生方面的隐患100条，均督促企业限期进行整改。建立打非治违长效机制，实行部门联动，重点对冶金等八大行业不遵守“三同时”规定、违法组织生产经营建设等行为进行整治，下达整改指令书7份，限期进行整改，有效预防事故的发生。在冶金机械等八大行业大力推行隐患排查治理自查自录自改工作，实现对企业安全生产事故隐患“分类排查、评审挂账、整改销账”的动态监管，有效落实企业安全生产主体责任。督促180多家企业按要求录入数据，网上核查率均为100%，动态整改率为100%。认真吸取“8·2”昆山工厂爆炸和“7·19”交通事故危险化学品燃爆等事故教训，开展粉尘爆炸危险场所和危险化学品生产经营企业专项整治。并组织涉及粉尘爆炸危险的企业和危险化学品企业进行粉尘爆炸知识讲座和八大危险作业专项知识培训。三是按照“一级企业抓巩固、二级企业抓提升、三级企业抓改进”的思路，继续采取整体动员部署、任务分解到镇、分线推动实施、行业集中培训、企业组织自评、聘请专家指导、行业组织评审、结果张榜公示、协会发证授牌、政府以奖代投工作步骤，积极推进以“四化一加强”为主要内容的企业安全生产标准化“回头看”工作。2014年32家企业达标升级，全区有安全生产标准化企业111家，企业本质安全水平有效提升。经验得到推介，市安委两次在经开区召开工贸行业安全生产标准化经验交流会，各区县主要负责人及企业负责人约300人观摩博世汽车、住友橡胶、广汽菲亚特等3家企业，推介企业达标和安全生产管理经验。开展用人单位职业卫生基础建设。建设项目职业卫生“三同时”备案率达100%。举办两期职业卫生培训班，培训职业卫生管理和从业人员308人。广泛宣传职业病防治法律法规及防治常识，同时在全区企业组织职业病知识竞赛活动，发放竞赛试题6000份。园区有40家企业通过职业卫生验收，博世汽车、蓝思科技两家企业成为职业卫生管理示范单位。依托县城安全网格化管理体系，深入推进城市工业灾害防治工作，强化对安全隐患和危险源精细化监管。（长沙经开区志办）

【能源管理】 园区规模以上工业企业以391885万吨标准煤的能源消耗总量支撑1650.60亿元的工业总产值。综合能耗总量同比增加2.62%，其中电力增加15.85%、天然气下降8.85%；万元产值综合能耗0.0239吨标准煤，同比下降7.19%；规模工业总产值同比上升10.56%。能源消费结构仍以电力和天然气为主，二者占综合能耗总量的80.53%。从能源单耗来看，全年消耗电力14.18亿千瓦·时、消耗天然气4212万立方米、消耗汽油4942吨、消耗柴油13492吨，占总能耗的比值分别为60.95%、19.58%、2.54%和6.87%（能源单品消耗及占比均剔除惠明环保）。一是试行开展竣工节能验收工作，确保项目节能成效。以山河智能国家战略性新兴产业项目为契机，试行开展固定资产投资项目竣工节能验收，设计竣工节能验收报告模板，确定竣工节能验收的程序，明确竣工节能验收的试点范围，申请管委会专项工作经费，拉开全市固定资产投资项目竣工节能验收工作的序幕，为固定资产投资项目竣工节能验收的常态开展探索了经验，并得到省、市能源主管部门的认可。二是简化节能备案程序，落实节能评审经费。按照国家发改委第6号令关于节能评估审查工作经费由节能审查机关的同级财政安排的要求，节能专家评审费列入部门专项工作经费，同时，编制固定资产投资项目节能评审制度（试行），资金的安排和使用上实现与国家和省的对接。产业环保局改革节能备案审查三级审批制度，三级改两级审批，只需产业环保局分管副局长签发，即可出具节能备案意见，简化内部办事流程，提高办结效率。园区12个固定资产投资项目开展节能评估与审查，其中工业项目7个，建筑类项目4个，其他项目1个。三是推进光伏电站建设，创建低碳产业园区。继2013年总投资1.2亿元，总装机容量12.9兆瓦的山河智能、胜通汽配和蓝思科技太阳能屋顶电站项目的相继投入使用后，2014年，引进湖南天合太阳能电力开发有限公司，投资开发分布式光伏电站项目，上海大众长沙公司13兆瓦、恒天九五1兆瓦和万容科技2兆瓦分布式光伏发电应用示范项目完成市发改委的备案程序。园区太阳能屋顶电站项目总装机容量达30.5兆瓦。四是指导项目申报，争取专项资金。全年分12个批次初审推荐长沙市2014年节能示范单位、2014年清洁低碳技术推广示范项目、国家发改委第二批资源综合利用“双百工程”骨干企业、2014年省节能专项资金项目、长沙市节能技术产品导向目录、市节能技术研发及成果转化项目、市2014年和2015年节能专项资金项目、自主创新与节能环保产品认定、工信部节能服务公司、国家重点节能技术和省节能新技术新产品。下达节能（两型、环资）资金2045万元。湘联等4家企业产品入长沙市节能产品导向目录、广汽菲亚特和万容科技产品入长沙市政府采购目录、远大等3家企业的产品被认定为省节能新技术新产品。

（长沙经开区志办）

【工程安全监理与监督】 2014年，建筑工程质安监站监督项目103个，其中房建工程76个，总建筑面积252.18万平方米，市政工程27个，全长约32.8千米；全年监督人员下工地检查1000余次，对10多家企业负责人进行安全生产管理约谈；起重机械设备使用登记备案86台；下发整改通知书171份、设备限制使用通知书16份、不良行为告知书3份，停工函12份；办理项目开工条件审查项目46个；办理竣工备案项目30个；办理档案合格证24份。在建工程质量安全受监率100%、工程竣工质量安全合格率100%，全年未发生一起重大安全责任事故。一是完善站内组织机构，规范内部工作程序和制度。依据管理能力、业务素质，将站内人员划分为4个监督小组，均衡合理安排监督项目，落实监督工作责任，实施重点项目主管局长和站长督查制度，成立重点项目工作站，提高执法水平、工作效能和服务意识。加强对监督人员廉政教育，虚心接受社会各界对质安监站工作的监督。做到人员齐备、分工明确、管理制度健全。明确专人负责监督站内勤工作，建立工程开工安全条件审查、机械使用登记、竣工验收备案制度；严格施工企业安全生产两项许可审查程序；规范质量安全隐患报告程序；加强监督站内部文件档案管理；建立和完善工程项目台账，造册登记。二是优化行政审批手续，细化现场监督管理程序。方便企业及时进行建设工程报建，经过认真筛选，将开工安全生产条件评审的26个子项分成4个批前审查、21个过程审查和1个企业自行审查，保证监督，又缩短企业报建审批时间，提高工作效率。三是规范在建工程质量安全监管程序，严格执行施工现场质量安全监管执法标准，将日常检查、季度巡查、专项检查、站长督查相结合，全面开展施工安全质量标准化达标验收工作，使停工、不良行为告知等处罚措施更具操作性，确保隐患整改措施落实到位，并确保监督人员对有关责任主体安全生产违法行为能及时有效的依法查处，从而实现质量安全生产现场监管执法规范化。四是强化工作人员培训，提高业务水平。建立业务学习培训机制，组织参加省市组织的业务培训学习。选派5人参加省建设厅组织的质量安全监督工程师新进人员培训，4人参加安全监督培训，1人参加质量监督培训，全部考核合格取得监督工程师证书。选派包括副局长在内4人参加市建委组织的建设行政执法人员培训，积极提高工作人员依法行政能力。开展站内自学、专家讲授及现场观摩等学习活动：由业务素质较高的职工进行内部讲课，共同探讨监督管理中普遍性、共性问题；外请专家针对全站工作需求进行专业讲授，突破监督难点及盲点；组织全体职工到质量安全问题突出工程、各类建筑机械使用场地、优秀标化工地进行现场观摩。

（长沙经开区志办）

【工商行政管理】 服务经济发展。全面深化商事登记制度改革。投入近6万元对业务科室的办公电脑进行更新，开通短信服务平台和公众微信号。加大政策的宣传力度，向园区企业印制发放商改宣传资料2000余份；提升素质，配强人员。组织参加省、市局商改培训和自行组织业务培训10次，培训人数290人次，将分局业务尖子选配到登记窗口，确保商事登记制度改革在分局顺利展开。严格规范登记工作。根据商事登记要求和管委会贯标认证标准，出台新的登记注册操作规程，对登记流程、工作时限、岗位职责、监督检查以及责任追究作出明确规定。缩短办照时间，承诺当场办结，提高登记效能；完善登记窗口政务公开内容，提高服务标准。出台《长沙市工商局经开区分局深化服务助推发展若干措施》，在落实《若干措施》中，分局制定实施细则，重点突出当场办结和模拟负面清单，极大地方便园区企业。新设立商事主体415户，同比增长31.3%，园区企业总数1601户，其中内资企业1456户，外资企业145户；变更登记622项，注销登记企业15户。商标、合同管理。充分发挥“商标品牌指导中心”的作用，引导企业申请注册商标、著名商标、驰名商标和马德里商标国际注册，出台《长沙经济技术开发区商标品牌补助奖励办法》，对注重品牌的企业最高给予50万元的奖励，激发园区品牌兴企、品牌兴区的活力。园区新申报省著名商标13件，马德里国际商标1件，驰名商标9件，著名商标33件，马德里国际商标15件，企业注册商标总数2474件。深入开展“守合同重信用”活动，培育“守合同重信用”企业省级30户，市级35户，向国家工商总局推荐国家级“守合同重信用”企业3户。市场监管。组织执法一线工作人员对园区企业开展两次全面摸底清查，对2014年新办企业进行回访，应访452户，实访423户，回访率93.6%。抄告63户，电子地理标注1483户，标注比例98%，发现下落不明企业263户。积极拓展办案领域、加大执法力度，不断优化市场环境。立案12件，结案12件，罚没入库26.3万元。开展行政指导78次，行政约谈企业负责人6次，对35家首次轻微违法企业免于行政处罚。抓好协会工作。经开分局个协分会现有会员405人。分局充分发挥个私协会的桥梁和纽带作用，园区机械制造、电子信息、宾馆酒店、食品生产等行业建立定点服务单位，组织会员参加2场人才招聘会和3次银企洽谈会，参加会员60多人。消费者权益保护。依托市局12315消费维权网络，完善以园区各大企业为骨干的消费维权社会监督网络，通过持续开展12315“五进”工作，不断提高申诉举报的办结率和满意率。全年受理各类消费投诉134件，均调处成功，“12315”投诉处理率一直名列全市系统前茅。企业信用体系建设。组织赴北京中关村、苏州工业园区等地参观考察，学习借鉴企业信用建设方面的先进经验，邀请北京中关村信用促进会秘书长刘英对企业信用建设作专题讲座。成立企业信用建设领导小组，确定将40家工业企业重点纳入信用体系建设范畴。企业信用信息采集主要查看企业与园区管委会之间履约的情况、企业依法经营的情况以及企业履行社会责任的情况。园区选定第三方权威机构——湖南省信用评价中心作为园区企业信用评级机构，并编制具有园区特色的《企业信用评分规范》，为进行信用体评级打下坚实基础。按照《信用评分规范》，将评价结果分为AAA、AA、A、BBB、BB、B和C，3档7个等级。企业信用等级为A级以上的为守信企业，企业信用等级为C级的为失信企业。形成具有经开区特色的评信体系。出台《长沙经开区守信激励和失信惩戒措施》，土地资源配置、政府采购、评先评优、优惠政策兑现及资金补贴奖励中，自觉运用信用评价结果，区别对待诚信企业和失信企业，建立一种“支持诚信者、惩处失信者”的导向机制。（长沙经开区志办）

【质量技术监督】提升能力，搭建服务平台。投资2700万元的长沙经开区质量监督检验检测中心6月投入使用，检验检测能力大幅提升。省特检院星沙事业部落户经开区质量监督检验检测中心。与省特检院联合开办的特种设备作业人员星沙培训基地10月运行，举办两期培训班，园区企业选送71人参加考证培训。送省、市培训考证405人。建设并完善质监综合信息公共服务平台。收集企业相关信息，加强对企业的监管和服务，完成17097条基本信息、9594条特种设备信息和612条计量信息的收集、整理、录入工作。与深圳标准化院信息数据库对接，帮助企业查询最新标准信息文本。为企业提供标准文本免费查询和下载业务558次。优化服务，推进质量兴区战略。根据企业自身意愿，协助铁建重工申报“湖南省省长质量奖”，对广汽长丰等9家企业13个“湖南名牌”产品进行复评。协助企业进行产品企业标准制（修）订16个，组织8家企业申报第三批“中小微企业标准化战略推进工程”试点，支持、帮扶5家企业参与申报第二批标准化试点工作。检定计量器具17244台（套），减免企业检验检测费200多万元，筹集80万元经费购置加油机检测车和大衡检测车各一台，提升计量检测能力。动态更新经建立质量档案的140余家企业台账和质量档案，及时掌握辖区内工业生产企业的产品种类、企业分布、执行产品标准等基本情况，建立企业管理长效机制。加强监督，确保质量安全。对获证的18家企业生产许可证进行年审，建立获证食品企业的监督管理档案。开展监管巡查50余次。完成监督检验77批次，完成委托检验185批次，合格率100%。按照省财政、物价为质监系统确定的平均收费1816元/批次计算，为经开区食品企业免除检验费近50万元。开展6次专项行动，对112家特种设备使用单位进行安全检查，发现各类问题358个，下达监察指令书4份，查封4家单位存在隐患的在用特种设备。重点开展对食品、农资、建材、汽配、消防产品打假专项整治行动，立案46起，其中食品案件40件，现场处罚案件40余起，下达行政处罚决定书43份。受理举报投诉145起，处理128起。深刻汲取“7·19”特大安全事故教训，对辖区内湖南金河包装有限公司等4家企业生产的危险化学品及包装物、容器产品质量进行专项监督检查。一家停产，其余三家企业生产的危险化学包装物、容器产品质量控制总体良好。通过对列入工信部门“公告”内的广汽菲亚特、三一重工等9家汽车生产、改装企业的专项监督检查发现，个别企业存在无证生产、3C认证不符的现象。当场下达“责令整改通知书”，跟踪复检，帮助整改到位。（长沙经开区志办）

【财政】促进财源建设，确保税收稳步增长。全年实现税收96.38亿元，是全年任务102亿的94.49%，同比2013年增长7%。开展区县新一轮税源企业认定工作；启动星沙产业基地税收纳入园区管理相关工作。

加强行政经费管理，部门经费支出大幅下降。一是预算把关，继续完善部门预算，大幅度降低经费标准。二是制度落实。先后修订《会议费管理办法》等管理制度，对经费支出标准和范围进行明确。三是严格审核，确保费用支出合理规范。四是加强核算，及时掌握预算进度。全年支出约5000万元，是全年预算6317万元的79%。

克服困难，全力推进园区金融管理工作。多次召开专题会议研究债务工作，对《区政府性债务管理实施细则》进行修订完善；按要求报送债务报表等资料。牵头编制《经开区金融业发展空间布局规划》，对金融发展的路径、举措提出建设性意见。配合完成小额贷款机构和担保公司的调查；开展打击非法集资等一系列工作。

积极争取上级资金，加大对企业的财政支持力度。全年争取上级资金1.33亿元，经开区财政认真落实园区财政政策，积极为企业提供财政资金支持，向企业拨付区级财政资金2.25亿元。

多措施并举，不断提高财政资金监管水平。制定《区国有土地使用权出让收支管理办法》，完成国有企业的产权登记工作，启动机关固定资产清理工作。对独立核算的10家单位进行财务检查。对2013年度生态园建设资金等6项财政专项支出绩效进行评价。（长沙经开区志办）

【国税】全年入库税收收入55.68亿元，稳步推进“营改增”工作，确保原有基础上铁路运输、邮政业、电信业营改增工作的平稳过渡，做到基础工作、技术保障、宣传辅导、应急预案、跟踪督导五个到位。全区营改增2141户。深化税收征管改革，实行税源专业化管理。堵塞漏洞，着力强化税源管理，风险应对。约谈部分重点企业，专题培训辅导税收高风险企业，督促纳税人进行自查自纠，提高申报准确率。强化纳税评估和稽查，开展股息、红利非居民税收专题检查，补缴税款2100万元；对重点企业进行专项稽查和评估。全年完成纳税评估95户，评估入库税款11837万元；完成稽查53户，查补入库税款15612万元，有力打击税收违法行为。

开展“便民办税春风行动”，“百日千人进税户”大走访活动，走访企业3398户，收集问题166个，解决80个，基层无法答复报市局解决问题86个。以全面推行《全国县级税务机关纳税服务规范》为契机，为纳税人提供标准化的办税服务。将办税大厅电脑客户端优化配置，完成货物运输业增值税专用发票、机动车销售统一发票一体化发售升级，确保增值税专用发票升级版的上线运行。充分利用网站、手机短信、微信、QQ群等新兴平台及时更新税收优惠政策、发布涉税提醒、公开举报电话，接受社会各界的监督。建立专家咨询团队，选拔一批年轻干部到大厅工作锻炼，充实一线岗位力量，为纳税人提供专业优质高效服务。推荐评定铁建重工、广汽三菱、蓝思科技等46户纳税信用等级A类企业，并在星沙时报建立专栏广泛宣传，激发诚信纳税的正能量。

强化人才培养和业务技能培训。全年开展大小培训16场次，分两批在税专开展为期5天的全员培训，组织青年干部开展“融入税收现代化争做书香国税人”读书征文活动，干部队伍的综合素质业务能力得到有效提高。提振干部的精气神，弘扬正能量。评选星沙分局、纳税服务科两个先进党支部和杨明等15位优秀共产党员；开展“讲述身边的故事—寻找最美国税人”选树活动，评选出肖自立等4位最美国税人；大力宣扬潘平波等5位同志的善行义举；举办4次责任国税、幸福星沙的职业操守道德讲堂。

（长沙经开区志办）

【地税】 全年入库各项收入705991.78万元，同比增收75873.46万元，增长12.04%。其中，完成省市局考核的计划口径收入681140万元，为年计划的101.66%，同比增收12.51%。

以规范滞纳金加收为核心加强申报入库管理，全年滞纳金加收8218笔473万元，全年申报率98%，申报入库率100%；组织企业自查，自查补税2582万元；开展稽查，全年入库稽查税款10138万元。依法查处特大假发票案1件，移交司法机关；重点行业营业税清零，澄清税源底子，清理应缴营业税额32191万元，入库营业税24295万元。

不断深化税收服务，提升服务质量。依法依规办理各类减免税审核审批备案事项，落实各项创业富民政策，全年计受理减免税申请113笔，减免税收5936万元。全年举办纳税人学校17期，3万余人受益；税企QQ群、网上纳税人之家等特色举措不断深化、广受好评；税收宣传讲求实效，开展事业单位涉税讲座等八大类贴近需求的活动，利用短信平台提供政策点播，问题答疑等个性服务；首次逐户上门为A级信用纳税人授牌。开展便民春风行动，简化办税流程4项、精简涉税资料7件，探索完善网上办税厅和自助办税厅。按照市局“360服务模式”，结合《全国县级税务机关纳税服务规范》相关要求，实现83项涉税业务即时办结、35项业务限时办结，“免填单”制度全面推行。制定六项办税服务标准制度，明确责任、落到实处。办税服务中心共办理业务近30万笔，业务数量和服务质量均创新高。持续开展帮扶活动，多次召开税企联谊、税企座谈，开展“千名税干走访万户纳税人”活动，走访纳税人达到500余户次。及时处理答复各类问题咨询、意见建议。

抓好廉政建设，强化党组主体责任和纪检监督责任，推行定期督查与明察暗访相结合的作风督查制度，全年开展作风督查8次，出督查通报6期，通报处理违纪情况7人次。开展税务中介代理涉税鉴证专项清理检查，全局拒收、上交礼品礼金折币16.9万。严格规范财务、公务用车和公务接待管理，三公经费同比下降21.03%。

（长沙经开区志办）

【技术服务】 全年完成定位放线工作58项，放线费32万余元，完成竣工资料审核107项，参与验收84次。

核查设计30余项：大众西路与长株高速榔梨东收费站连接工程、大众北路、星沙水厂应急供水管道、青园路改扩建工程、广汽三菱东四线地道等。完成场地测绘、计算40余项：榔梨公租房二期场地、吉美高新场地、大众安置区场地、大众公租房场地、黄兴大道（盼盼路—远大路）排水改造工程测量等。为园区企业提供翔实、可靠的市政设置技术资料50余次：中国通号、沃霖冷链、广汽日邮、吉美高新、东兴食品等企业周边市政情况查询，保证企业与市政对接的准确性。参加建设项目设计评审会，为园区建设提供合理化建议；科力远新城项目评审、职工之家评审等；还为原由技术服务中心负责的市政项目提供及时的技术服务；并为在建工程现场计量

300余次，为工程签证提供准确的计量数据。

参与上海大众项目现场协调，处理京珠高速东辅道严重积水问题，提出长永高速北辅道三一工厂段积水问题解决方案。为星沙水厂应急管网建设提供技术服务，解决韶光社区排水和远大新方舟区域内涝问题。参与远大路改扩建工程，为合理扩宽路幅及保护原有树木提出积极的意见。为星城－榘梨、沙坪220千伏线路改迁多次提供技术服务，协调国防科大放射源问题、长沙市磁悬浮项目。实施地下管网调查，编制2015年绿色城市建设计划，为生态园建设提供技术资料。

成功申请测绘丁级资质，取得测量收费证，完成资质与收费证复审，为定位放线工作的开展提供合法依据。

（长沙经开区志办）

【投资评审】 全年评审项目280个，金额11.01亿元，其中预算项目186个，金额8.58亿元；结算项目94个，送审金额2.43亿元，审定金额1.94亿元，审减额0.49亿元，核减率20.16%。

顺关系，合理对接。2014年，管委会和电力系统达成一致意见。1万伏以上的电力工程套用电力行业定额，1万伏以下的套用安装定额。

强外委中介机构管理，实行项目抽签制。2013年外委的评审费用80多万元，委托6家造价事务所。2014年实行所有项目抽签制，减少自由裁量权，并且对事务所的质量、完成的进度进行细化考核，每一个项目都实行打分制，年底综合排名。长沙县投资评审中心召开的投评工作会议上，经开区作经验介绍，获得一致好评。

实行定期督促，提高工作效益。每月初召开会议，会上每人通报上月完成的任务情况（中心每人至少完成3个结算项目，预算项目随到随做，必须完成）。大家相互督促，没有完成的下个月补齐，制度实行后，由于有一个量的考核，评审进度也有提高，所有预结算项目全部做完，工程上的一些棘手问题，共同商量，群策群力，统一标准，解决问题，公平公正。

（长沙经开区志办）

【政府采购与招投标】 坚持效率优先，招标提速增效。全年开标121批次，累计147个标段，开标金额10.62亿元，中标金额9.42亿元，节约资金1.2亿元，节约率11.3%。

履行监管职能，强化场内监督。所有公开招标项目全部使用湖南省综合评标专家库网络抽取终端系统；公开招标项目实行资格后审方式和无业主评委进行的专家评审活动；建设工程公开招标项目录入湖南省建设工程管理信息系统网，对关键岗位人员的在建项目信息进行查询。

创新交易规则，完善运作体系。扩大中标公示内容加大社会监督力度。中标候选人公示范围：除公布中标信息公示表外，再增加关键岗位人员配备公示表和主要工程业绩汇总公示表等公示内容，有利于中标候选人接受社会各界监督，遏制投标单位弄虚造假行为，督促参与投标各方诚实守信，促进合同的全面履行。改进评标办法：推行科学、公正、合理的评标方法。全面实行工程量清单计价方式招标，针对项目特点推行合理定价抽签法、综合评估法1等评标办法，制定科学合理的评标办法，保证评标质量。

发挥监管职能，探索长效监管机制。探索标前管理新办法，会同有关部门加强对招标代理机构工程量清单、招标文件编制的监督；防止招标人排斥潜在投标人等不符合法律法规规定的行为的发生。以完善招投标项目开标评标程序为重点，认真做好招标项目现场监督工作，严格监督各代理机构按规定程序组织开标、评标活动。严肃开评标纪律，保障各招投标当事人依法履行各自职责并及时解决开、评标中遇到的问题。探索建立资深专家复评制度，接受纪检监察部门和社会各界的监督。实行合同备案，督促中标单位全面履行合同；实行项目经理押证管理；落实施工管理业主负责制，对中标企业的合同签订、关键岗位人员到位到岗，是否存在转包、挂靠现象等进行跟踪，探索评价结果运用制度；查寻其资金拨付有无委托转付行为；健全工程建设领域诚信体系，推行企业不良违规记录管理制度，配合纪检监察部门，通过不定期巡查，及时发现标后违法违规行为，开展招投标领域突出问题专项治理工作。

改造交易场所监控系统。加大资金投入，在开标区域、评标区域、专家抽取办公场所、过道等招投标当事人活动场所安装先进监控设备和手机屏蔽设备，实现招投标交易过程的全方位监控，有效地预防和制约招投标当事人串标、违规接触等行为的发生。着力在服务效率上有突破，在严格按规办事的前提下，着力求“效”。继续对重大项目实施全程“保姆式”服务，坚持完善、特事特办、并联作业等行之有效的工作方法。加强招投标工作的软硬件建设，着力打造“学习型、精细型、操作型、效率型、廉洁型”的队伍，实现项目“进得来、办得快、效果好”的目标，努力把政府采购与招投标办公室打造成“统一开放、竞争有序、服务到位、监管有力”的公共资源交易平台。

（长沙经开区志办）

·人才交流与创业服务·

【概况】长沙经开区加强人才市场建设，做好人才引进、人才培养、人才服务，落实人才奖励政策，组织企业开展校园巡回招聘活动，进一步规范人事代理服务，人才引进工作扎实推进。进一步加大小微企业创业服务扶持力度，健全孵化服务体系，加快高新技术成果转化，提升区域创新能力。

（长沙经开区志办）

【人才交流服务】人才引进。组织“才聚星沙，成就梦想”现场招聘会。加大对中小微企业的扶持力度，人才市场从9月开始增加每月28日一场现场招聘会，实现每月逢“8”举办招聘会，全年举办27场，参会企业近2000余家次，达成招聘意向近7000余人。开展“长沙经开区企业校园行”活动。全年开展2次校园行招聘活动，举办招聘会25场，300多家次企业参加，达成招聘意向人数3000余人，与湖南文理学院达成“人才供应基地”协议。组织劳动力招聘。先后3次带领园区54家劳动用工“大户”到岳阳、株洲、湘西吉首、凤凰、花垣、龙山等地开展劳动力招聘，并与湘西州、县建立良好的劳动力供需关系。精心策划校企对接活动。确保校企对接活动出实效，活动前走访岳阳、常德、怀化、邵阳、衡阳、湘西州、张家界等地部分技职院校，宣传政策，增进了解，4月11日校企对接活动，57家省内技职院校（其中外地州市41家）和100多家园区规模企业参会，活动以学校设摊、企业主动上前交流的方式，让校企双方无缝对接。

人才培育。全年培训12场，培训3200余人。先后有著名军事专家马鼎盛、企业培训师柳青、生产计划与物料控制顾问陈锦河、人力管理专家金剑峰等专家授课。组织3期高技能人才免费晋升培训。1042名技能人才参加，其中为上海东昌新泰克、广汽江森、开元仪器、三一集团、远大集团、山河智能等企业单独开班7个，通过考证367人；提供专业技术人员服务。组织2013年职称评定服务877人，2014年职称评定服务802人。分别组织开展职称外语、计算机、继续教育等政策性培训考试，549人次参加。加大平台建设。以《长沙市高技能人才振兴计划实施方案》为契机，大力鼓励企业建立名师带高徒机制，组建技能大师工作室，3家单位获批市技能大师工作室，并与多家国内知名、专业性强的人力资源服务机构建立稳定的联系。为鼓励周边技职院校为园区企业提供对口培训，积极筹建高技能人才培训基地，为湖南机电职院和三一工学院申报长沙市“培训基础能力建设项目”。

服务重点企业。年初，为解决蓝思科技招工问题，成立7个工作组分别赴高桥、路口、金井、双江等8个周边乡镇及湘西、常德、邵阳、岳阳、江西萍乡等偏远地州市招聘，通过多种渠道和途径解决普、技工需求约2万人，缓解了企业的用工压力；针对上海大众长沙公司的用工需求，人才中心全方位协助，分两批面向7家高职院校招聘2517人，其中录取的湖南机电职院的焦喜春参加上海大众集团技能比武，获第一名；针对广汽菲亚特在年后增加半个班的特殊情况，采用预备役员工制的方式，先后带该公司到望城、浏阳、长沙县职中、长沙汽车职院及怀化职院、怀化万昌职中成功招聘400余人。

（长沙经开区志办）

【创业服务】创业基地建设。开建工业地产项目12个，建成标准厂房面积67.81万平方米，引进企业244家，其中生产型企业163家。整合创业平台资源，创业服务中心被评为湖南省第一批省级创业基地。积极组织工业地产申报省市各类建设资金补贴，其中，中部智谷争取省发改委民间投资示范引导专项建设资金100万元。

留学人员创业园。积极组织留学人员企业进行各类项目申报。湖南安普诺环保科技公司被评选为国家人社部2014年度“最具成长潜力的留学人员企业”（湖南省仅此1家）；长沙艾尔丰华科技公司入选国家人社部2014年度“留学人员科技活动择优资助”重点类项目，享受资助经费最高额10万元支持（湖南省仅此1家）。

小微企业服务。企业服务站在产业园开展一系列服务活动，其中企业开展活动10多场次，“一对一”走访100余次。创新融资方式，举办“2014中小微企业融资服务直通车活动”，邀请8家金融服务机构，为参会的120多家小微企业量身打造19种不同的金融服务产品，进行现场推介。活动后，金融服务机构积极对园区122家企业进行上门走访对接。入驻的融资机构银行累计为小微企业发放贷款3.2亿元，授信额4.1亿元；小额贷款公司累计为10多家园区小微企业发放短期流动资金贷款30余笔，金额7000万元；担保公司累计为园区42家小微企业融资服务，贷款业务60笔，发放贷款2.5亿元。创新创业工作稳步推进，积极为新能源企业湖南中上汽车有限公司、湖南中智远科技有限公司、新材料企业湖南中坚科技有限公司、留学人员创业项目长沙贝塔医药科技有限公司等4家企业争取人才、创业厂房资金支持875.6万元，提供合适的创业平台面积 11853 平方米。项目相继进入企业运作阶段，部分企业经投产。组织园区 50 多家小微企业申报 2014 年创业富民专项资金项目，完成项目的申报、面审、初审、联合审查和实地考察等相关工作，31 家项目单位推荐为市级创业富民专项资金扶持对象。出台《长沙经济技术开发区关于促进小微工业企业发展的试行办法》，经开区财政每年安排预算 1000 万元设立小微工业企业专项发展资金，从生产厂房租金补贴、入规企业奖励、地方贡献支持、企业服务平台支持等四个方面扶持小微企业，有效帮助小微工业企业在园区创业发展。园区管理工作有序进行。全年各返租科技园厂房出租率 100%。

配合纪检监察审计室、财政局，完成国顺科技园厂房租金、税收返还等清算工作。与各工业园签订安全生产目标责任书，建立工作台账，强化安全监管责任；由管委会主任李科明及相关领导带队，联合安委会、消防大队等部门，不定期地分组对中部智谷、和祥科技等产业园内 74 家企业进行安全生产大检查，发现问题，及时督促整改，杜绝重大事故发生。积极与各工业地产进行对接服务，全年组织各园区进行4场次的交流学习活动，帮助协调解决各园区在招商和企业入驻方面遇到的各类问题，为各工业园区建立提供良好的资源共享平台。

（长沙经开区志办）

·主导产业发展·

【概况】 长沙经开区主导产业持续稳步发展，形成以工程机械、汽车及零部件、电子信息为主导，新材料、食品饮料等为补充的产业发展格局。规模以上企业中，工程机械产业实现产值 920.35 亿元，占规模工业总产值的 56、23%，汽车制造产业实现产值 320.81 亿元，占 19.60%，电子信息产业实现产值 164.39 亿元，占 10.04%，新材料产业实现产值 35.52 亿元，占 2.17%，食品饮料实现产值 31.87 亿元，占 1.95%。 （长沙经开区志办）

【工程机械制造】 中国工程机械产业是全国装备制造业领域最具优势的产业之一，国产产品满足中国市场 90% 的需求，出口占销售收入的比重达 20% 左右，然而从 2013 年开始，工程机械行业出现收入下降、费用上涨、应收款增加，资金周转困难、利润下滑的态势。2014 年，经开区工程机械制造产业大体延续 2013 年的平稳发展态势，但也面临着一些不利因素：工程机械产品进一步扩大出口的难度加大，企业资金压力增大，人力和环境资源成本也进入快速上升通道，挤压企业的利润空间，而订货增长乏力、需求不旺也是 2014 年经开区工程机械企业面临的主要困难之一。三一集团、山河智能、中联工起为代表的工程机械制造业，全年实现规模工业总产值 920.35 亿元，占园区规模工业总产值的 56.23%，同比下降 6.07 个百分点。

（长沙经开区志办）

【汽车制造及零部件】 经开区园区汽车制造及零部件产业继续保持着高速的发展。以北汽福田、广汽三菱、博世汽车为代表的汽车及零配件制造业，全年实现规模工业总产值 320.81 亿元，同比增长 30.63%；占园区规模工业总产值的 19.6%。随着广汽菲亚特新增产品及产能补充项目的实施，上海大众长沙工厂冲压、车身、油漆、总装车间以及技术中心的建成，第一款车型即将于 2015 年 5 月批量投产，38 家零部件、物流配套供应商相继入驻，这些都将延伸产业链条，带动相关配套产业特别是本土企业的抱团发展，培育形成长沙经开区汽车制造及零部件产业新的经济增长点。

（长沙经开区志办）

【电子信息】 长沙经开区园区电子信息产业全年实现规模工业总产值 164.39 亿元，增长 40.72%，占园区规模工业总产值的 10.04%。蓝思科技蓝宝石项目、国科微电子的直播卫星电视芯片项目以及创芯集成电路公司的 6 英寸集成电路生产线等项目产能将在 2015 年获得更大程度的提升；2014 年深圳 IC 基地长沙基地的设立以及《长沙经济技术开发区促进集成电路产业发展试行办法》的出台，也使得该产业在园区的产值比重将逐年增大。

（长沙经开区志办）

【新材料】 随着湘江关西扩产项目的达产及获得上海大众公司产品牌照的准入，该公司产能得到进一步释放；同时，产业发展稳中求进。瑞翔新材、长沙飞尔特为代表的园区新材料产业实现规模工业总产值 35.52 亿元，同比增长 8.05%，占园区规模工业总产值的 2.17%。 （长沙经开区志办）

【食品饮料】 园区食品饮料企业全年实现规模工业总产值 31.87 亿元，同比下降 8.52%，占园区规模工业总产值的 1.95%。随着中国经济的快速发展，中国居民食品消费升级、农产品产业升级、食品安全形势受到国际社会的广泛关注和全体民众的高度关注，一系列的食品安全政策法规相继出台并得到有效实施，中国食品安全形势将在未来呈现出更加稳定的向好发展态势。 （长沙经开区志办）

省、市、县级开发园区

·暮云经济开发区·

【概况】暮云经济开发区（以下简称暮云经开区）紧邻湖南省政府新址，处“长株潭”三市融城中心，是长株潭“两型社会”建设试验区、长株潭国家自主创新示范区的核心区域，距离长株潭三市均为18公里，临近长株潭广阔的消费市场。区域建设规划用地30平方公里，禁止开发区28平方公里，基本农田813公顷，既有广阔的产业承载用地，又有净化城市环境的“绿心”、“绿肺”，还有生态动物园、湘江风光带、兴马洲、昭山风景区及城郊花卉果园基地等成片的生态旅游资源。区域内“五纵四横”主干道路、正在建设的城市地铁、长株潭城际轻轨无缝对接长沙市中心城区和株洲、湘潭两市，京珠、沪昆高速以及京广、沪昆高铁连通全国东西南北，黄花国际机场通达海内外。2001年8月，暮云工业园正式成立；2002年，园区晋升为“国家级乡镇企业科技园区”；2006年，被国家发改委、湖南省人民政府批准为省级开发区；2013年3月，长沙暮云工业园更名为湖南长沙暮云经济开发区；同年12月，暮云镇完成撤镇设街。

至2014年年底，暮云区域总面积64.07平方千米，总人口近16万人。辖南托街道、暮云街道共11个建制村、4个社区。区域内共有企业单位232个，其中工业企业139个（36家规模工业企业，国家级研发机构1家，省级研发机构3家），房地产企业28家，垂直工程项目8个，省市部门驻区单位15个。是年，园区完成税收总额10.1亿元；规模工业总产值59.84亿元，规模工业增加值15.68亿元，高新技术产业产值20.04亿元；固定资产投资80.18亿元，实际到位外资3675万美元。各项经济指标保持稳定增长。

加快产业转型。突出“两型”导向，加快产业转型，推动先进制造业和现代服务业融合发展。推进慕名家居（原长沙晶尊玻璃有限公司）、鑫根科技等企业的产业转型，其中友文槟榔已转型为友文地产。融城国际汽车城项目签约落户，年内，由湖南新物产集团有限公司和湖南津湘投资有限责任公司计划投资近11亿元新建，打造长株潭二手车旗舰市场。同时，该区与省国土资源厅协同新建湖南省地理信息产业园，挂牌材料已通过省发改委审核。积极助推银企合作，促成顶立科技和中国工商银行达成项目融资计划，意向融资7000万元，新建厂房1.2万平方米。加大环境保护力度，推动工业企业环境保护工作，年内有8家企业（友文，南托，银珠等）完成煤锅炉升级改造，并建有污水处理厂（暮云污水处理厂）。培育并引进高科技、低能耗、自主创新为主的新型产业项目，占新引进项目的30%。

11月27日，市人大常委会主任袁观清（左二）率市人大常委会组成人员到暮云经开区现场考察污水处理厂及配套工程项目　（暮云经开区办 提供）

提质规划建设。紧抓暮云融城核心建设的发展机遇，积极争取资金和项目，年内，园区基础设施建设投入1.3亿余元，在建项目8个，其中月塘路一期、东三线、南四线、南六线、南湖大道东延线等项目建设正在推进，新韶山南路于11月26日开建，年内完成新塘路项目设计，高云路东延线、西湖路、月塘路二期项目正在开展设计招标，与湖南怡海三湘置业有限公司沟通协商以推进西湖路、月塘路二期项目建设，湘江截污工程10月17日竣工验收，与市水务处等部门沟通协调，加快暮云污水处理厂配套项目建设，确保按时交付使用。组织开展暮云片区控制性详细规划设计工作，尽快落实“三规合一”及其他专项规划设计。完成建成区提质改造前期的立项、现状道路实测等工作，提质改造（包括地下管网改造）设计进入招标。

加强招商引资。成立招商引资小分队参加“湖南（上海）投资贸易洽谈周”和“2014年湖南（长沙）·深圳招商推介活动”，点对点招商、平等对话，诚邀优质企业入驻园区。年内，新入驻总投资额2000万元的企业共6

家，计划投资近11亿元兴建的融城国际汽车城项目即将动工开建，湖南省地理信息产业园预计2015年建成。分类清理招商引资优惠政策，定向惠企，为投资者办理手续提供全程代理服务，为远航企业广场、青苹果数据城等项目建设提供绿色通道，助推建设发展，为8家进出口贸易企业协助解决其相关困难。主要项目如下：一是湖南省地理信息产业园，由省国土资源厅筹建，主要以芙蓉南路周边的德泽苑为中心，构建相对集中的信息基地及展示区，主要从事地理信息大数据获取、处理和服务。至2014年年底，暮云经开区内已有十几家单位从事地理信息生产、加工、科研以及服务等相关工作，对于成立湖南省地理信息产业园具有良好的产业基础优势。而地处长株潭“两型社会”试验区核心地带的区位及交通优势，完善的水、电、路、网等基础配套设施及较好文化教育资源，也使湖南省地理信息产业园具有较好的资本聚集和人才吸纳环境与能力。湖南省地理信息产业园于2015年初步建成，入驻企业愈30家，年产值愈30亿元。二是远航企业广场，该项目由湖南远航控股集团有限公司开发，截至2014年，集团公司净资产超过5亿元。该项目是政府重大招商引资项目、“两帮两促”项目，总投资逾8亿元，总建筑面积18万多平方米，规划建设两栋国际AAAAA级办公楼、六栋生态立体产业楼，入园企业可达300余家。远航企业广场荣获“长沙最具投资价值商用物业奖”“结构优良工程奖”“湖南省优质工程”、湖南省建设工程“芙蓉奖” 等殊荣。三是青苹果数据城，该项目是长沙市、湖南省重点工程。项目实际占地12公顷，其中工业用地5.33公顷，商住用地6.67公顷，规划建筑面积60万平方米。配备购物广场、大型超市、商业街、休闲娱乐影视城、酒店餐饮配套设施；建设中南地区最大的数码专业市场“中南数码商贸中心”、长沙“中关村”一条街；依托青苹果数据中心行业优势建立“长株潭服务外包产业园”“国家文化创意基地”“湖南数字出版产业园”。青苹果数据城可容纳500家企业入驻，提供就业岗位2.5万个，年产值50亿元。四是长沙总部基地，该项目由湖南九纬置业有限公司、 湖南九泰置业有限公司开发。总建筑面积88万平方米，是湖南新型办公总部集群规模之最，是未来千万级大长沙的新中心。项目坐拥高铁、机场、城际轻轨、地铁、高速五维立体交通体系，总占地24.8公顷，容积率3.0，绿化率42%。涵盖花园独栋、高层研发、洲际酒店、精品公寓、时尚街区、顶级会所等。入驻企业可尊享定制设计、独栋冠名、私属花园、顶级会所、八大商务平台等服务，彰显企业尊贵与个性。（陈 诚）

·星沙产业基地·

【概况】星沙产业基地成立于2009年7月，园区规划总面积为40.7平方千米，其中一期控制性详细规划面积为18.7平方千米。园区以工程机械和汽车零部件作为主导产业，兼顾生物医药、电子信息、生产性服务业发展。坚持“三个三分之一”坚持产城融合发展，力争再用五年时间，把星沙产业基地建设成 个“产城融合、绿色生态、智能环保”的现代化城市工业经济综合体。

星沙产业基地依托良好的区位条件、产业优势、完善的基础设施以及优质的服务团队吸引世界五百强、国内五百强企业纷纷垂青，投资洼地效应不断显现。2009年以来，园区累计引进项目93个，其中世界500强3家，世界行业50强2家，上市公司6家，项目总投资超过200亿元。园区基本形成以住友轮胎、大众汽车配套园、广汽三菱配套园为龙头的汽车零部件产业，以山河智能、云箭集团等为核心的装备制造业，以康宝莱、赛隆药业为代表的医药类新兴产业以及生产、生活性现代服务业等相辅相成的产业体系。园区正逐步成为长沙县、长沙经开区新的经济增长极。

2014年，园区的工业总产值34亿元，近三年可实现“倍增式”增长，到2016年将突破100亿元，创税4亿元。星沙产业基地正在为实现“三年打基础、五年成雏形、十年大跨越”的发展目标，迈出坚实的步伐。

加快项目建设。园区加强分类指导，扎实开展“一线服务”，强化项目前期调度，项目建设如期进行。落地项目加快立项、规划选址、可研、环评、实施方案等一系列前期工作，完成19宗土地挂牌，出让项目用地110.6公顷，为新安、同舟、申纺、运想、中缆等12个项目开工创造条件，同时实现广汽三菱项目调规52.87公顷。全年实施会议集中调度和现场调度18次，及时协调和解决困难，加快推进项目建设进度，有力促进住友、云箭扩产项目和华新达、万容科技、力通重机、开元仪器等项目竣工投产。

推进产城融合。园区投入1.2亿元，按照“绿色生态，宜居宜业，品质发展”的要求，高标准规划和建设基础配套设施。完成控制性详规和空间体系概念规划，依山就势规划东茅山公园、大山公园、雷鸣公园3个主题公园，开建长龙、雷鸣和鸽子塘等3个公园，其中雷鸣公园被评为“省级植树基地”。实现凉塘东路Ⅲ标建成通车，开元东路南侧完成提质改造，龙井路Ⅰ标、茶塘路、金塘路Ⅰ标、雷鸣路Ⅰ标等4条道路实现开工，长峰路、凉塘东路Ⅳ标、观山路、黄峰路等4条道路完成施工图设计，园区“三纵三横”的路网骨架全部拉通，各道路绿化、美化、亮化等辅助设施焕然一新；加快推进城市配套，起步区商业街区开始筹备规划要点，“长龙湾”小区实现开盘销售，省技师学院完成主体工程建设，县职教中心正在加快施工，街道综合文化站、社区公共服务中心和农贸市场立项，长龙变电站将并网通电。

突破要素瓶颈。一是拆迁体制得到理顺。确立园区的征地拆迁工作由产业基地、县国土局、长龙街道、县征地办等单位合理分工、共同负责的原则，并联合成立项目建设拆迁协调指挥部。体制理顺后，新、老项目拆迁和历史遗留问题处理均取得重大突破，解决一批久拖未决的“老大难”问题，全年共实现拆迁腾地182.27公顷，为大众配套园、赛隆药业、久纳科技等30多个项目按期开工创造条件；二是建设资金得到保障。今年抵押物不足、融资环境极度艰难，融资工作取得令人欣慰的成果，实现债务性融资19.16亿元。税费返还通道得到进一步畅通，资金调度更加科学成熟，累计实现返还收入3884万元，实现美美食品、智普印刷等项目土地款返还收入4.2亿元。（田春雷）

【星沙产业基地首个商业楼盘——“长龙湾”小区开建】2月26日，星沙产业基地首个商业楼盘“长龙湾”小区开工，该小区地处开元路与蓝田路交汇处西北角，由长龙建设开发有限公司开发。小区建设用地4.73公顷，总投资约5.6亿元，拟建6栋高层商住楼、1栋6层商务楼，总建筑面积17.3万平方米。其中一期开发3栋，共544套，配套有部分限价房以限价形式定向销售给当地的失地农民。该项目地处星沙产业基地商业起步区的核心区域，对推动园区产城融合，促进现代服务业发展具有重要意义。（田春雷）

【长沙安新汽车隔音毡有限公司开工】6月26日，长沙安新汽车隔音毡有限公司开工建设，该项目位于星沙产业基地上海大众配套园内，占地2公顷，总投资9000万元，主要生产汽车树脂毡隔音垫、热熔毡隔音垫、PUR复合EPDM/EVA隔音垫、电池隔热罩等产品，是上海大众（长沙）工厂的上游配套企业。实现与上海大众（长沙）工厂的同步投产，星沙产业基地工、管委加大项目服务力度，专人联点，定期调度，为项目方顺利开工解决系列困难和问题。该项目将2015年竣工投产，年产值2亿元。（田春雷）

【6家汽车零部件企业集体落户上海大众配套园】8月12日，星沙产业基地与上海同舟、上海多利、长春英利、上海地毯厂、爱立德、金鸿顺等6家汽车零部件项目签约，正式落户上海大众配套园。上海大众（长沙）有限公司代表应邀出席见证，工管委领导刘晓龙、吴微参加签约仪式。该6家汽车零部件企业均为上海大众的上游配套企业，产品涉及汽车仪表盘、保险杠、底盘、空调总成及配件等50余种，总投资6.7亿元，项目正式签约落户后，可实现集体开工，2015年7月将实现与上海大众（长沙）工厂同步投产，产后，将实现年产值10亿元。（田春雷）

【胡衡华调研星沙产业基地】9月3日，长沙市委副书记、市长胡衡华来星沙产业基地调研园区产业发展、经济运行等情况，并考察云箭集团、山河智能等企业。胡衡华强调，面对经济下行压力，要创造性推动经济转型升级，政府、园区要切实做好产业服务，全力助推企业发展。胡衡华还希望企业在开拓国外市场的同时，明确下一步的发展重点，找到转型发展的新路子，表示全力支持园区创新转型发展，重点支持和解决园区在发展中面临的困难和难题。副市长何寄华，市政府秘书长凌勤杰，副秘书长严凤枝、蒋集政以及杨懿文、李科明、张庆红等县区领导参加调研。（田春雷）

【鸽子塘湿地公园开建】9月15日，星沙产业基地首个湿地公园——鸽子塘公园开建，该项目位于蓝田路以东、凉塘东路以南，东抵住友橡胶，南至中缆电缆，总面积30058平方米，总投资1360万元，长龙建设投资有限公司开发建设，是园区重要的生态景观游憩廊道。主要建设内容湿地改造、水利设施改造、园林、绿化、土方、建筑等工程。该项目建设基于现状、尊重自然，利用原有的水系进行改造，营造湿地环境，公园将建设观赏亭、公共厕所、绿色走廊、休憩椅凳等，是园区规划的三大湿地公园之一。该项目预计2015年8月全部竣工，建成后将成为园区产业工人和辖区群众的重要休闲游玩地。（田春雷）

【山河装备集团举行15周年庆典】9月28日下午，山河装备集团在星沙

9月3日，长沙市委副书记、市长胡衡华到星沙产业基地调研园区产业发展、经济运行等情况　　（田春雷　摄）

产业基地厂区举行15周年庆典，全球20多个国家的经销商、供应商、客户代表和山河智能部分员工共两千多人参加庆典活动。期间，山河智能举行“新产品、新技术”客户交流会，湖南省经信委副巡视员、湖南省机械行业管理办公室主任陈丹萍出席并发言。中国工业协会秘书长苏子孟发表关于工程机械行业主要运行指标、问题以及未来发展趋势等内容讲话。关于技术交流及产品推介环节，山河智能为全球代理商、客户详细讲解地下工程装备、挖掘机、特种装备系列产品、混合动力挖掘机等产品的技术性能、优势特点，赢得代理商及用户的好评。

（田春雷）

【湖南同舟汽车零部件有限公司开工】10月12日，位于上海大众配套园的湖南同舟汽车零部件有限公司开工，同舟零部件总公司位于上海嘉定区安亭镇“国际汽车城”。该项目占地2公顷，总投资8600万元，计容总建筑面积20534平方米，建设包括2栋厂房、1栋办公楼，主要为上海大众长沙基地提供汽车保险杠、前围等，设计年产能30万套。项目预计2015年7月投产，预计年产值1.5亿元（田春雷）

【长沙经济技术开发区星沙产业基地工会联合会成立】12月18日，长沙经济技术开发区星沙产业基地工会联合会成立，并在云箭集团多功能厅召开第一次代表大会，星沙产业基地及园区企业100余名干部职工参加会议。会议表决通过《长沙经济技术开发区星沙产业基地工会联合会章程》和《长沙经济技术开发区星沙产业基地工会联合会选举办法》，并选举产生工会联合会委员15名，经费审查委员会委员3名。戴刚当选工会联合会主席，张锦文、刘晓柱当选为副主席，欧娜美当选经济审查委员会主任。长沙经济技术开发区星沙产业基地工会联合会下辖住友橡胶、云箭集团等12加投产企业，20家在建企业基层工会。

（田春雷）

·长沙空港城·

【概况】长沙空港城围绕长株潭空港都市核心区、对外开放门户区、两型创新示范区的战略定位，着力发展临空高新技术、高端商业休闲、总部经济、航空运输保障、航空物流、通用航空制造、旅游与文化创意、特色会议八大产业，致力打造“知识型现代服务业生态城”“产城融合建设示范区”，在规划编制、项目推进、招商引资、基础设施、财务融资、征地拆迁和用地报批等方面取得良好成效。引进招商项目7个，签约招商项目6个，市外境内资金形成固定资产投资51097万元，完成年计划的103%，实际到位外资1150万美元，为年计划的100%。（龙赛斌、杨　芳）

【规划调整】位于机场高速以北、长株高速以南、龙峰大道以西区域10.69平方公里处于规划拓展区，长沙市国土资源局专门就空港城北片区土地利用规划进行调研，确定初步调整方案，研究通过空港城机场高速以北22.69平方公里控制性详细规划修改计划。完善空港城第一期22.69平方千米产业规划的同时，开始编制空港城第二期31.91平方千米产业规划，并形成初步成果。　　（龙赛斌、杨　芳）

【道路建设】人民路东延线于5月竣工验收。黄金大道（S207南延线）黄花段完成投资1.5亿元，预计2015年建成通车。启动黄金大道(S207南延线）干杉段，天祥东路，大元东路，合心东路等四条道路建设，该四条路完成可研评审、初步设计、用地报批等工作，将动工建设。（龙赛斌、杨　芳）

【招商引资】2014年，引进招商项目7个，签约招商项目6个。其中总投资6亿元的中国联通长沙阅读数字基地项目，5月动工建设，预计2016年建成投产。总投资7亿元的奥凯航空项目即将动工建设。总投资3亿元的厦门航空项目完成主体工程建设，预计2015年上半年可完成全部工程。全年引进内资5.1亿元，完成年计划的103%，引进外资1150万美元，完成年计划的100%。（龙赛斌、杨 芳）

【财务融资】 通过土地抵押，北京银行、建设银行长沙机场支行授信，分别贷款3亿元和1.9亿元，全部用于人民路东延线和黄金大道（S207南延线）等道路建设。长沙县先行先试PPP合作项目，创新融资模式。确定漓湘路以南，机场高速以北，龙峰大道以东，机场联络线以西区域面积10平方公里为PPP合作项目区，首期合作范围为思源路以南，面积约617.87公顷。与中铁、中建、开元基金、民生基金、中融国际、中信、建信等央企国企接洽，引进中铁投资等社会资本，实施PPP合作项目，有效缓解空港城建设资金投入的压力。

（龙赛斌、杨 芳）

【项目拆迁】 批回项目用地160.33公顷，完成项目征地拆迁81.4公顷。完成黄金大道（S207南延线）黄花段项目拆迁工作，面积20公顷，拆迁房屋59栋，动迁人口235人，发放拆迁补偿资金1亿元。空港城物流园项目一期拆迁面积29.87公顷，拆迁房屋87栋，动迁人口286人。中国联通长沙阅读数字基地和奥凯航空项目完成拆迁面积18.67公顷，拆迁房屋49户，动迁人口100人，发放拆迁补偿资金4000万元；黄金大道（S207南延线）干杉段，天祥东路、大元东路、合心东路等四条路即将启动，预计拆迁面积71.87公顷，拆迁房屋100户，动迁人口418人，发放拆迁资金2.87亿元。（龙赛斌、杨 芳）

【用地报批】 2014年，上报各类项目用地147公顷，涉及农用地转用计划142.2公顷，其中黄金大道（S207南延线）干杉段、天祥东路、大元东路、合心东路等基础设施项目用地58.8公顷，招商项目用地88.13公顷。上报省人民政府批准用地征地总面积55.87公顷（批准文号〔2014〕政国土字第1283号）。完成招商项目用地出让10.67公顷，其中中国联通长沙阅读数字基地项目8公顷，奥凯航空后勤基地2.67公顷。（龙赛斌、杨 芳）

【国务院研究中心专家组调研长沙空港城】 4月25日，国务院研究中心率队现场考察长沙临空经济区。考察组指出，发展临空经济，打造中部核心增长极，是时代提出的重大课题，是区域发展的重大机遇，必须把新区建设摆在全省发展的突出位置来抓。充分发挥湖南和长沙作为“一带一部”及核心区的优势，围绕“打造大枢纽、发展大物流、培育大产业、形成大都市”，科学谋划长株潭（长沙）临空经济新区发展战略。（龙赛斌）

【张大方一行调研长沙空港城】 3月26日，省政协副主席张大方率调研组到长沙空港城，就“加快发展湖南临空产业”进行调研。调研组首先赴空港城项目建设现场，考察空港城人民路东延线、S207南延线、机场综合配套服务中心、空港物流园等项目建设情况，调研组在长沙县委七楼会议室召开专题座谈，市政协副主席彭继球同志主持会议。调研组分别听取长沙县关于空港城、省机场管理集团关于长沙黄花国际机场的相关工作情况汇报。张大方指出，长沙临空经济的发展已经处于一个历史机遇时期，未来要继续加强招商引资的力度，建立系列先进虚拟平台，参考大型成熟的临空经济区，科学规划，融合临空与高铁经济，发挥长沙县主力军作用，做大做强长沙空港城。省市县领导路阳、张迎春、彭继球、杨懿文、王益枝、杨莉、张小春等陪同调研或参加座谈。

（龙赛斌、柳笑宇）

【胡衡华专题调研长沙空港城开发建设工作】 7月3日，长沙市委副书记、市长胡衡华一行专题调研长沙空港城开发建设工作，在长沙县委七楼会议室召开专题研究会议。会议听取长沙县人民政府及空港城管委会工作情况汇报，部署工作，并就有关问题进行认真研究。胡衡华指出，发展东部开放型经济必须理顺发展思路，从顶层设计把握发展战略。发展临空经济要围绕机场片区规划，对空港城现有的54.6平方千米做一个控制性详细规划。要高规格成立管委会及临空经济发展领导小组，研究空港城发展重大问题。会议由市委常委、副市长张迎春主持，副市长姚英杰、市政府办公厅副秘书长涂文清、王体泽及有关单位负责人，县区领导杨懿文、张庆红、杨忠文、杨莉及有关单位负责人参加会议。

（龙赛斌、杨 芳）

【市政府调研组到空港城调研】 3月6日，长沙市政府临空经济调研组到空港城召开临空产业专题座谈会，并专门赴重庆、郑州、上海学习考察，专题调研和分析长沙临空经济的发展条件和制约因素，提出长株潭（长沙）临空经济新区建设的基本构想及对策建议。“加快临空产业发展”作为市委市政府2014年重点调研课题，并形成专题调研报告。（龙赛斌）

7月3日，长沙市委副书记、市长胡衡华一行专题调研长沙空港城开发建设工作　（空港城管委会 提供）

【厦门航空湖南分公司成立】5月5日，厦门航空湖南分公司在黄花国际机场成立，成为继南航之后第二家在湖南设立分公司的航空公司。湖南省副省长张剑飞，长沙市副市长何寄华，县区领导杨懿文、张庆红、杨莉出席成立大会。湖南处于中国中部腹地，具有承东接西、南联北进的枢纽作用。厦航计划加大运力投入，全力拓展湖南航空市场，计划第一年投入驻场运力3—6架飞机，争取第三和第五年分别为10架和15架，逐步构建以长沙为中心，辐射湖南省内机场及国内各主要大中城市的航线网络。重点加密从长沙始发经华东飞往东北，以及福建、杭州、天津等基地，经停长沙飞往西北、西南的航线航班，择机开通省内机场航线航班。加密现有长沙至台湾航线，逐步开通长沙飞东南亚、东北亚航线，构建湖南至台湾和东南亚、东北亚的便捷通道。厦门航空湖南分公司的成立有利于优化湖南航空格局，随着厦航在湖南运力投入的加大和航线增加，长沙乘坐飞机出行有望更优惠。（龙赛斌）

【长沙增加两条国际航线】2014年6月，长沙直飞全球最大机场之一—法兰克福航线开通。作为湖南首条直飞欧洲的国际航线，长沙直飞法兰克福航线的开通，将直接打通湖南与欧洲的空中交通，长沙直飞法兰克福，再中转欧洲其他国家和城市都是非常方便的。继6月开通直飞法兰克福航线后，12月28日，长沙又开通直飞洛杉矶航线，这也是省首条直飞美洲大陆的航线，由美国动力航空公司直飞，航线为长沙—安克雷奇（经停）—洛杉矶，航程约14小时。

（龙赛斌、柳笑宇）

【2014中国·长沙空港城投资环境推介会举行】10月16日，长沙县人民政府主办的“速度成就梦想—2014中国·长沙空港城投资环境推介会”在深圳举行。长沙县委常委、副县长杨莉主持，长沙县委副书记、县长张庆红出席并致辞。此次招商会主要针对深圳、佛山、东莞等重点地区，重点推介以临空片区为核心的现代服务业项目。厦门航空、奥凯航空、绿地、联通住宅、嘉民、顺风等项目拟落户空港城。招商会签约项目5个，拟引进资金198.5亿元。其中，湖南顺风电商产业园项目在长沙（深圳）重大片区重点产业推介会暨签约仪式上成功签约，该项目用地13.33公顷，投资规模10亿元。作为入驻空港城的企业代表，厦门航空和全球知名物流地产企业嘉民公司表示，空港城作为湖南省重点打造的经济航母，是湖南“开放崛起”的门户，商机无限，是中部地区的投资首选。

（龙赛斌、杨　芳）

【长沙县空港城建设开发PPP项目签订框架协议】11月28日，中国中铁、开元基金及长沙县空港城管委会共同合作的“长沙县空港城建设开发PPP项目”在长沙县空港城正式签订框架协议，同时这个项目也是长沙县首个PPP项目。县委常委、副县长杨莉，县人大常委会副主任彭军其出席签约仪式。此次合作范围为空港城规划区内漓湘路以南、机场高速以北、龙峰大道以东、机场联络道以西所围成的区域，总面积约10平方千米。（龙赛斌、杨　芳）

【人民路东延线竣工验收】人民路东延线西起长株高速接口处，东至机场联络线，全长约6千米，总投资10.3亿元，2013年12月建成通车，2014年5月竣工验收。人民路东延线是连接黄花机场与长沙主城区的第三条快捷通道，成为激活长沙市东部发展动力的东西交通“大动脉”，路幅宽90米，主路双向六车道，辅道四车道，采用城市Ⅰ级主干道标准建设，成为省会的“生态路、景观路、形象路”。该道路被长沙市建设工程质量监督站评为市级优良工程，同时人民东路林带建设荣获全省通道绿化示范工程。

（龙赛斌）

三湘门户 活力星沙
XINGSHA 星沙
湖南·长沙县 全国十八个改革开放典型地区

经济管理与监督

发展规划管理

【概况】2014年，县发改局按照“强化职能，创新工作，总揽全局，引领发展”的定位，转变观念，开拓创新，全面落实发展规划管理各项工作，促进县域经济社会持续健康发展。

县域经济参谋科学化。编制2014年长沙县国民经济和社会发展计划，按计划目标分解责任，认真组织实施。对全县经济运行情况与发展趋势进行动态跟踪监测，及时分析经济运行情况，提出应对措施，为县委、县政府决策当好参谋和助手。开展重大课题调研，撰写《坚持“两型”引领 实现绿色崛起——长沙县努力打造生态文明先行区的实践和启示》《关于我县今年在全国县域经济百强评比中排名进位情况的分析报告》等调研文章，为县委、县政府和上级部门科学决策提供依据。启动“十三五”规划编制工作，梳理“十二五”规划编制的工作思路和实施经验，参照省市“十三五”重大课题研究方向和重点，结合县情，确定该县前期重点课题为《长沙县“十三五”经济社会发展战略和发展思路研究》，为编制工作打下基础。

项目管理精细化。研究国家产业政策、投资方向和重点，把握机遇、主动跟进，做实做细项目申报和争取工作。全年通过发改系统下达投资计划项目24个，落实上级资金1.18亿元。编制2014年政府投资项目计划、重点工程项目计划和“三个十”重大项目计划，出台《长沙县政府投资项目长效机制管理办法（试行）》。全年政府调整变更项目20个，比2013年60个下降67%。建立项目调度平台，完善调度机制，邀请县四大家领导、分管副县长、县委政府督查室负责人等开展项目督查3次，推动项目建设进程。县政府投资项目完成66亿元，占年度计划的99.5%；重点建设完成87.4亿元，占年度计划的95%。政府投资带动社会资本投入，全年共完成固定资产投资完成762亿元，增长17.2%。投资对经济增长的贡献率达59%。严格审批，控制建设规模，完善和优化建设方案。狠抓稽察，编制《项目稽察政策汇编》，发改、监察、审计、财政等有关部门开展市政道路维护、村级工程建设等专项稽察，配合上级稽察部门开展上级项目资金落实稽察。

“两型”建设常态化。统筹推进“创新转型发展和“两型社会”建设走在前列”竞赛活动开展。一是开展“两型”示范创建。在18家单位开展县级示范创建工作，25家单位推荐申报为市级”两型“村庄、门店、园林等，2家单位推荐申报为市级”两型“标杆单位，6家单位推荐申报为省级”两型“创建单位，1家单位推荐申报为省级”两型“示范单位。果园新大屋示范组的环境治理经验获中央电视台《新闻联播》报道。二是做好绿心地区保护工作。建立生态绿心地区保护目标责任制，开展生态绿心地区的违法违规行为清理，重点对跳马怡天水泥厂进行的清退整治，完成绿心地区1块两面立柱界碑、12块界牌、12块界桩的埋设任务。 （晏　明）

【专项领域改革】由县发改局牵头，以经济体制改革为重点，推进九大专项领域改革。全面实施工商登记制度改革，积极推进工商注册便利化，全面实行先照后证、注册资本认缴登记制，激发市场活力。深化国有企业改革，成立国有资产管理中心，完善国有资产管理体制。推进简政放权，市级下放的经济社会管理权限基本承接落实到位。开展行政职权事项清理审核工作，经清理精简后行政审批事项3511项。《功能分区体制机制创新实施规划（2013—2020）》获省发改委批复。明确黄兴会展经济区管理委员会为正科级机构、长沙县松雅湖管理局加挂星沙松雅湖商务区管理委员会牌子、长沙县现代农业创新示范区管理委员会加挂长沙现代农业区管理委员会牌子。功能分区工作取得阶段性成果，全面深化改革经验在全省作典型推介。

（晏　明）

【启动 PPP 项目融资模式】 长沙县在全省先行先试，启动县域 PPP（公私合作关系）项目融资模式。县发改局收集整理遴选出 21 个 PPP 示范项目，总投资 408 亿元，吸引 300 余家重量级投资企业。在 12 月 6 日推介会上，5 个项目成功签订合作意向书。PPP 合作模式为该县引入高水平的社会资本，引进国内国际先进管理经验，促进政府部门进一步转变管理的理念。

（晏　明）

【出台《长沙县构建两型生活方式试行方案（2014 年 -2016 年）》】 为落实县政协《关于构建“两型”生活方式调研报告》建议工作责任分解，县发改局聘请湖南大学“两型”研究院为该县编制《长沙县“两型”生活方式构建实施方案》，制定构建“两型”生活方式评价指标体系和工作考核实施细则，旨在通过落实构建“两型”生活方式，提升群众“两型”理念，为该县探索“两型”社会建设注入新内涵。10 月 20 日，县委办、政府办联合下发《关于印发〈长沙县构建两型生活方式试行方案（2014 年 -2016 年）的通知〉》（长县办发〔2014〕33 号），“构建两型生活方式”纳入 2014 年县科级党政领导班子和领导干部绩效考核，明确落实各单位“两型”生活方式构建责任。该方案建立起全县“两型”生活方式评价标准体系，对未来三年涉及衣着、饮食、居住、出行、管理机制建设等“两型”生活方式构建方面进行定量评价和定性指导，通过建立评价标准，明确工作目标，分解部门工作责任，达到“以评促建”的目的。（晏　明）

【项目评审】 严控建设规模，完善和优化项目建设方案，2014 通过对万家丽北路与绕城高速互通项目、空港片区道路建设项目、长沙市危（医）废处理项目安置区二期项目以及暮云中学、春建小学改扩建工程等建设项目可行性研究报告评审，节约投资约 3 亿元，最大限度地发挥政府投资建设项目的综合效益。全年共批复项目 602 个，其中立项审批 453 个，可行性研究报告评审 43 个（其中委托评审 32 个，自行评审 11 个），概算评审 41 个，备案 62 个，核准 3 个，总投资约 26 亿元。（晏　明）

国有资产管理

【概况】 2014 年，国有资产管理主要围绕公务用车管理、固定资产管理、基金管理、产权界定等方面开展工作。国有集体资产管理方面，为县直机关行政事业单位办理房屋、汽车、电脑、空调、办公家具等办公设备、教学设备、医疗设备等资产的报废、调拨、拍卖 45387 件，处置资产原价值 8445.38 万元，残值收入 521.5 万元，资产处置收入全额上缴县非税收入管理局的资产处置专户。固定资产清查方面，对资产管理信息系统数据进行收集，实行软件动态管理，提高资产使用效益。全县共纳入资产管理的单位 282 家，资产总额 77.77 亿元，其中固定资产总额 21.67 亿元。产权界定方面，与长沙市产权交易所联合，对县水利局下属的长沙县和润砂石经营管理有限公司安沙砂石转运基地的 1 号、2 号、4 号线 5 年经营权转让事宜进行调查、勘测、宣传，6 月 10 日以 8700 万元成功拍卖；对 5 家国有公司进行产权界定，其中新成立国有投资公司 4 家，国有资本达 4609.9 万元，另有星城房地产开发有限公司增加注册资本 1.2 亿元。基金管理方面，所有基金管理征收单位都与基金监管领导小组签订《长沙县基金管理目标责任书》，量化管理指标。截至年底，全县各类基金（专款）34 项，总收入为 91.74 亿元，总支出 76.83 亿元，累计结余 98.13 亿元，银行存款为 81.02 亿元（定期存款 72.79 亿元）。国有资本经营预算方面，全县 2014 年国有资本经营预算收入 22926 万元，经政府审批后并以此安排 2014 年经营预算项目支出，做到量入为出，收支平衡，不列赤字。公车管理方面，印发《超标配备公车及公车私用专项整治工作方案》（长县纪发〔2014〕3 号），制定《长沙县一般公务用车问题专项整治工作实施方案》（长县公车〔2014〕01 号），颁发《长沙县执法执勤问题专项整治工作实施方案 》（长县公车〔2014〕02 号）等文件。根据下发的公务用车编制督促单位上交超编车辆，由县纪委、县财政局、县招标采购局、机关维修厂等几家单位或直接报废，或拍卖进行了联合鉴定。全年上缴公务用车 99 台，其中报废 43 台，拍卖 46 台，调拨 10 台，拍卖收入 115.35 万元。

（丑　娟）

工商行政管理

【概况】 2014 年，县工商局以深化改革为统领，强化市场监管，推进商事登记制度改革和监管方式改革，营造宽松平等的准入环境、公平竞争的市场环境、安全放心的消费环境。

市场监管。新成立经检大队，查处各类案件 672 件，罚没入库 230.3 万元，其中查处的制售假冒润滑油、非法拼组装三轮电动车、销售冒牌肉松饼三个特大制假售假黑窝点案成为全市打击假冒伪劣专项行动中的范例。新办食品流通许可证 1485 户，开展食

9月3日，县工商局湘龙工商所执法人员在超市开展中秋节前市场检查
（刘慧 摄）

品专项清查行动24次，检查食品经营户20228户次，抽样检测184批次，查处食品安全案件295件，罚没77.8万元；履行禽流感防控职责，收缴违规肉品1500余千克。集中开展流通领域家用电器、建材、汽车汽配、消防产品等专项整治行动，抽检相关商品63批次，根据消费者投诉定点质量监测28批次，查处假冒伪劣、商标侵权、不合格农资、烟草等案件348件，罚没85万元，为农户挽回经济损失13.5万元。以餐饮、汽车、房地产行业为重点，查处“霸王条款”案件26起，罚没4.5万元；整治公共服务行业的限制竞争行为和汽车销售维修领域（特别是4S店）收取按揭、保险“返利”、“好处费”以及销售、使用假冒伪劣汽车配件的不正当竞争行为，查处不正当竞争案件9件，罚没12.5万元，虚假广告案件17件，罚没18万元；完成9300户网络经营市场主体的搜索建档任务，查处涉网案件10件，罚没16万元，净化公共消费环境。严厉打击传销行为，全县打传形势得到根本好转。

服务发展。推进以实行注册资本认缴制、放宽住所登记条件、改革前置审批制度为核心的商事登记制度改革，全年新设立商事主体13400户，同比增长40%，其中企业3340户，同比增长151%；新设商事主体注册资本总额120亿元，同比增长170%，其中注册资本5000万以上企业40户，1亿元以上企业12户。新登记私营企业同比增长199.97%，其中个体户转型升级为企业38户；家庭农场新登记126户，同比增长410%；网络经营主体同比增长821%。251名大学生、149名下岗人员通过“绿色通道”办理工商登记，实现自己创业；新设商事主体共吸纳就业人员4.8万人。截至年底，全县各类市场主体54102户，占全市12%，其中企业10262户，占全市7.5%，个体42557户，占全市13.5%，农民合作社1278户，占全市18%。新增注册商标370件，新增中国驰名商标1件，新评或续评“著名商标”31件。共有注册商标4015件，驰名商标20件，“湖南省著名商标”118件，马德里国际注册商标12件，新增广告经营主体297户，同比增长91%，广告经营主体871户。指导创建“守合同重信用”企业，国家级4户，省级44户，市级35户；创建文明集市4个，“两型”示范门店3家；办理股权质押66件，股权出质6.97亿元，担保债权11.62亿元；办理动产抵押备案66起，为企业融资7.87亿元；配合县政府综合治税行动，协助征收税收1512万元。与邮储银行合作，搭建银企融资平台，为229户私企和个体工商户融资贷款2332万元，缓解中小微企业融资难问题。

消费维权。建立和完善以“12315”工商信息平台、长沙县微工商（微信、微博）公众平台为依托的“掌上工商”，及时发布有关法律法规知识、消费维权典型案例和消费警示等信息，快捷受理消费投诉；健全城乡消费维权组织，建立消费者分会20个，投诉站、“12315”联络站281个，覆盖全县228个行政村、43个社区、10个超市，形成空间上城乡全覆盖、时间上全天候受理，快调快处的立体维权体系。强化消费引导和消费教育，大力开展新《中华人民共和国消费者权益保护法》进企业、学校、社区、商场授课45次，培训3100人次；认真开展供水系统消费评议活动，强化对供水企业的监督，增强消费者的自我保护意识和经营者的自我约束能力。全年受理消费者申、投诉1435件，成功调解1335件，为消费者挽回经济损失550万元；通过行政调解和人民调解、司法调解联动机制，促进消费纠纷和解198件；通过红网、《星沙时报》等媒体及时发布消费警示4件，汽车消费、购房等消费维权典型案例30件，消费纠纷调解报道127次，及时处理“12345”市民热线工单和来信来访162件。

基层基础建设。筹划长沙县商事主体信息指挥调度中心建设，为商事改革和现代化市场监管提供坚强保障。加强市场主体信用体系建设和信用信息监管，推进商事主体年报公示制度，认领商事主体52866户，完成电子地理标注48123户，年报公示754户，违法记录公开257条。推进法治工商建设，通过《星沙时报》及网络媒体开展新《中华人民共和国消费者权益保护法》、新《中华人民共和国商标法》及《网络交易管理办法》有奖答题竞赛，推进全民普法；加强法制培训，开展优秀案例指导、优秀法制员、办案能手评比活动，加强执法监督，全局核审案件672件，依法行政的科学化水平不断提高。（袁　吉）

【长沙县商事登记制度改革启动】 1月2日上午8点30分，在长沙县政务中心三楼县工商局注册登记窗口，湖南田老汉农业科技开发有限公司的负责人从长沙县委常委、副县长杨莉手中接过长沙县实施商事登记制度改革后发出的第一本新版执照，标志着以注册资本认缴制和先照后证为核心内容的商事登记制度改革在长沙县正式启动，该县注册登记制度改革踏上新征程。（袁　吉）

【胡衡华考察长沙县商事登记制度改革工作】 1月13日，长沙市委副书记、市长胡衡华在长沙县委书记、长沙经开区党工委书记杨懿文，长沙县委副书记、县长张庆红等陪同下，到长沙县政务中心考察长沙县商事登记制度改革工作有关情况。在县政务中心工商局登记窗口，胡衡华详细了解该县商事登记制度改革落实情况，并与现场办事群众亲切交谈，仔细询问商户对商事登记政策的反映。临近中午下班的时间了，工商局登记窗口办事的群众还络绎不绝，胡衡华切身感受到商事登记制度改革给商事主体发展带来的影响，要求该县一定要先试先行，让商户们真正享受商事登记政策带来的实惠，并积极探索、创新工作机制，切实加强后续监管。（袁　吉）

【工商所所长竞争上岗】 根据《长沙市工商行政管理局科级干部选任民主推荐办法》《长沙市工商行政管理局公务员轮岗和交流办法》（长工商人发〔2013〕37号）等文件精神，2014年长沙县工商局决定对工商所所长职位实行竞争上岗，推动岗位交流。3月12日，召开工商所所长竞职演讲大会，全体局领导班子成员、全系统副职以上中层负责干部和副主任科员参加会议。通过前期的资格审查，全系统23名中层负责干部参加竞争演讲。竞职演讲顺序按现场抽签方式决定，竞职演讲结束后，与会人员根据竞争者的演讲情况及平时工作表现、工作能力现场进行民主推荐，通过现场民主推荐候选人14人，按照候选人民主推荐综合得分排名从高到低，经县工商局党组研究，确定考察人选14人，并予以公示。（袁　吉）

【打击传销活动】 5月26日晚，在长沙县委、县政府的统一部署下，由公安、工商、城管、民政等部门组成800多人的联合行动组对泉塘、星沙两个街道的传销窝点开展打击传销集中行动，共捣毁传销窝点50个，遣送涉传人员122人。为加强对传销人员的教育转化，县打击传销办公室成立教育转化组，对抓获的传销人员，每人发放一套“反洗脑”宣传教育资料，组织观看“反传销”宣传教育片《揭露传销纪实》，并进行谈话教育转化。对一般的传销人员，对其进行教育转化后即遣送回家。2014年，全县共捣毁传销窝点1497个，清查涉传人员4393人，受教化或迫于严打压力主动返乡1800余人；侦破组织领导传销案件4起，衍生刑事案件2起，刑拘40人，判刑51人；解救人质198名，收到锦旗19面、感谢信6封，全县市场形势出现根本好转。（袁　吉）

【张茅考察长沙县基层工商工作】 12月16日，中共中央委员、国家工商总局党组书记、局长张茅到长沙县考察商事登记制度改革、消费维权等基层工商工作。他首先到县工商局，视察该局办公环境，与基层干部亲切交谈，仔细询问市场监管、消费投诉、信访接待等工作情况。随后，参观该局健身房，对干部职工的身心健康表示关心，并听取县工商局党组书记、局长舒曲汇报工会活动相关情况。在会议室，张茅听取全市工商系统2014年度工作汇报。他指出，在推进工商注册登记制度改革过程中，将“先证后照”

12月16日，国家工商总局局长张茅（左一）到长沙县工商局考察调研消费维权工作（周智勇　摄）

改为“先照后证”，必然对企业诚信体系建设和政府职能部门严格监管提出更高要求，对此，各部门应秉承“谁主管、谁监管”的原则，积极创建营造一个全面稳定诚信的市场环境来助推市场主体的发展和产业结构调整。考察期间，他对该局开展的“掌上工商”建设表示关注，并予以高度肯定。（袁　吉）

质量技术监督管理

【概况】2014年，长沙县贯彻国务院总理李克强考察湖南质监时提出的“质监局既要做好服务，又要加强监管，当好质量的服务者，也当好质量的监管者”的指示精神，强化能力建设、优化监管服务，推进质量兴县，完成各项目标任务。

质量工作　县质监局以名牌创建为抓手，发挥名牌产品的示范带头作用。协助中国铁建重工集团有限公司申报“湖南省省长质量奖”，协助三一集团总裁唐修国申报“湖南省省长质量奖”的个人奖。对广汽长丰汽车有限公司、湖南同心实业责任有限公司等9家企业的13个“湖南名牌”产品进行复评。经过综合评审，县域6家企业的6种产品获“湖南名牌”称号。省质监局局长蒋新祺到县调研企业质量安全情况。

标准化工作　协助企业进行产品企业标准制（修）订16个，企业标准备案32个。组织“恒天九五”等8家企业申报第三批“中小微企业标准化战略推进工程”试点企业。帮扶湖南福来格生物技术有限公司、湖南湘联科技有限公司等5家企业参与申报第二批标准化试点工作。全年受理企业组织机构代码证业务12221个，其中新办3519个，变更897个，废置374个，年检6038个，到期换证1393个，迁入124家单位，迁出51家单位，为企业免除办证工本费十万余元。4月，获湖南省质监局组织机构代码证“先进单位”。

打假治劣工作　全年立案46起，其中食品案件40件，其他案件6起，现场处罚案件40余起。下达行政处罚决定书43份，收缴罚没款65万余元。受理投诉96起，包括省、市质监局移交的投诉65起，均由主管局长签发到各业务科室，已处理93起。

计量工作　检定各类计量器具36692余件。其中电表725台件、水表32000台件、压力表528台件、温场类165台件、衡器1279台件、血压计663台件、加油机1212台次，其他计量器具120台件。减免企业检验检测费200余万元。安排经费80万元购置加油机检测车1台、大衡检测车1台，提升检验检测能力。

食品生产监管　对获证的204家食品企业生产许可证进行年审，实现动态管理。开展元旦、春节期间食品安全专项整治、地沟油及散装食用油专项整治工作、桶装饮用水专项整治工作、肉制品专项大检查等7项专项整治工作。开展监管巡查560余次，下达企业整改意见450余条，查处取缔黑窝点32处，立案查处食品违法案件42起。对生产领域涉及百姓身体健康和人身安全的肉制品、乳制品、食用油、饮料、酒类等食品进行抽查，抽样1722批次，其中1688批次合格，合格率98%。

特种设备安全监察　受理锅炉、压力容器安装24台套，审查资料145份；送省、市安监局培训取证405人，举办特种设备安全管理员培训班1期，场（厂）内机动车辆操作人员培训班1期，培训取证72人；协助市安监局办理特种设备注册2363台（套）。开展6次专项工作，对112家特种设备使用单位进行安全检查，发现各类问题358条，下达监察指令书4份，查封使用存在隐患的特种设备的企业4家；现场检查涉及危化品压力管道的企业8家；对4家拥有运输危险化学品的带压罐式车辆的企业开展危险化学品道路运输安全生产检查。对辖区内的11家气体充装站（储配站）进行18次安全检查，发现问题16个。开展专项整治6次，检查特种设备使用单位112家，发现各类问题358条，下达监察指令书4份；对4家单位使用的存在隐患的特种设备进行查封。要求辖区内涉及危化品压力管道的企业提交自查报告及相应的资料，并对长沙星沙新奥燃气有限公司、湖南中油光大燃气有限公司等8家涉及危化品压力管道的企业进行现场检查。

（黄　珍）

【质量监督检验检测中心正式运行】长沙县质量监督检验检测中心于2012年12月动工，2014年3月竣工。2014年6月，县质量技术监督局、县产品质量监督及计量检定所正式搬迁至此，检验检测能力得以大幅提升，为“质监兴县”提供强有力的硬件设施。

（黄　珍）

【质监综合信息公共服务平台建设】县质监局收集企业相关信息，加强对企业的监管和服务，完成17097条基本信息、9594条特种设备信息和612条计量信息的收集、整理、录入工作。该局与深圳标准化院信息数据库对接，帮助企业查询最新标准信息文本。全年为企业提供标准文本免费查询和下载业务558次。（黄　珍）

【省特检院星沙事业部进驻检测中心】

省特检院星沙事业部于2014年上半年落户长沙县（长沙经开区）质量监督检验检测中心。该中心与省特检院联合开办的特种设备作业人员星沙培训基地于10月28日正式运行，并于10月28日至31日举办第一期培训班，上海大众等企业选送培训人员42人参加。（黄 珍）

【公共场所电梯安全专项检查】8月，县质监局在全县范围内开展公众场所电梯安全专项检查。该局特种设备监察科工作人员与省特检院电梯检验部的专业人员联合各镇街综合安全监管中心的安全监管员组成2个检查小组，对辖区内小型公众场所的电梯安全情况进行检查，共对8个镇街的41家电梯使用单位进行全面的电梯安全检查，发现问题112个，检查组当场向这41家存在问题的单位下达限期整改通知，并现场查封其中两家单位存在严重安全隐患的2台电梯。（黄 珍）

【危险化学品包装物容器产品质量专项监督检查】8月，县质监局按照市质监局和县（区）安全生产委员会的部署，对辖区内湖南金河包装有限公司等4家企业生产的危险化学品及包装物、容器产品质量进行专项监督检查。经检查，1家停产，其余3家企业生产的危险化学品包装物、容器产品质量控制总体良好。（黄 珍）

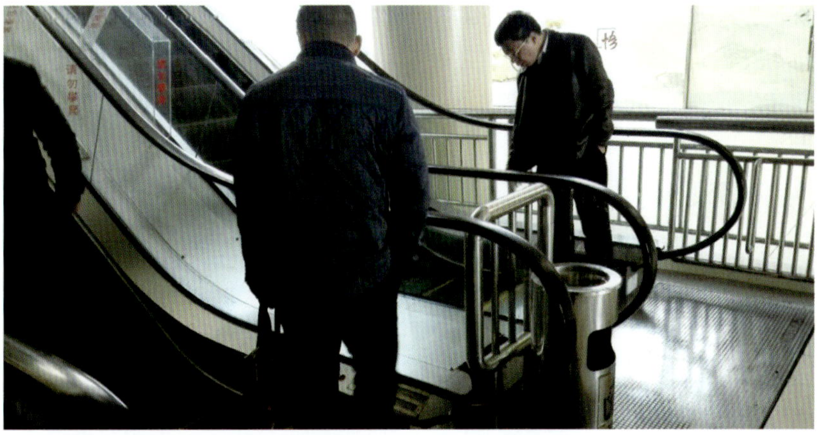

8月，县质监局检查公共场所电梯安全运行情况（朱明罡 摄）

安全生产监督管理

【概况】2014年，长沙县加强安全监管，遏制安全事故发生，全年各类生产安全事故死亡10人（控制指标14人），安全生产形势总体稳定。推动企业达标，全年市下达该县达标任务为89家，实际达标108家。截至年底，全县累计达标企业442家。该县作为全市安全生产企业标准化观摩基地，6月和11月两次承办全市工贸行业安全生产标准化现场会。推进安全生产示范单位创建，全县市级示范单位覆盖率71%，金井镇示范升级为省级示范单位，长龙、干杉2个镇街创建市级示范单位。对高危企业实施关、迁、退、转，12家非煤矿山企业自主关闭（整合关闭1家、转产关闭8家、征收关闭3家），1家危化企业（新鸿胜化工）搬迁。开展非煤矿山、烟花爆竹、粉尘防爆“打非治违”和专项整治，排查隐患2002处，查处非法经营、储存危化品和生产烟花爆竹黑窝点30余起，查封100余桶危化品移交环保部门作无害化处理，缴获销毁烟花爆竹非法制品8500多件；联合查处17处非煤矿山违法开采行为，取缔23处非法片石场，对7家证照过期的砖厂实施强制停电停产整顿。对17处安全生产重大（重点）隐患（1处重大隐患，16处重点隐患），集中向34家牵头责任部门和责任镇街实施整改交办。县安监局提请县人民政府对久拖不治的4处安全生产重点隐患涉及的8家责任单位主要负责人，进行督导约谈，限期彻底根治隐患。加强安全文化建设，安全生产观念深入人心。（黄 坤）

【安全生产文化建设】印制新《中华和民共和国安全生产法》单行本10000本，免费赠送各单位。承办全省2014年《职业病防治法》宣传周活动启动仪式。广泛开展“安全生产月”活动，组织集中宣讲25场次，放映安全警示教育片68场次。长沙县、长沙经济技术开发区联合开展“平安大舞台·安全生产全民秀”竞赛活动，推选15个贴近群众生产生活的安全文艺节目参加全国安全文化优秀作品评选，县安监局获省“安全生产月”活动“创新奖”。举办工商贸企业安全管理培训班3期，培训企业安全管理人员215名；组织镇街安监员培训班2期、村（社区）安全生产监管员培训班2期，57名镇街安监员、294名村（社区）安监员经培训考核合格上岗。采取县委中心组集中学习的形式，引导各级领导干部树立“红线意识、底线思维”。开展党政领导干部、镇街安监员、企业安全生产管理人员三级安全生产培训，举办安全生产专题培训班26期。（黄 坤）

食品药品监督管理

【概况】2014年，长沙县有3家药品批发、药品零售连锁企业、586家药品零售企业、521家医疗机构、65家医疗器械生产、经营、使用企业，608

家保健食品经营企业和462家化妆品使用企业。是年，县食品药品监督管理局对各类保健食品经营企业和家化妆品经营企业进行严格监管。5月，以打击假冒伪劣保健食品为重点，对“德国黑蚂蚁”等37种违法产品的全面清查整治清查；9月，开展主城区保健食品专项整治，共检查药品经营企业、保化经营企业、成人用品店614家，集中销毁近3年收缴的假劣过期保健食品、药品、化妆品和医疗器械，货值966万余元、数量2033件、品种规格1420个。强化技术监管。完成快速检验200批次，向地市级以上食品药品检验机构送检中西成药141批次，中药饮片177批次，保健食品51批次，化妆品5批次。上级食品药品检验机构发出药品报告书247批次，其中不合格报告书96份。在《星沙时报》上公开曝光37个不合格产品，全部移送有关单位立案处罚。全年未发生一起食品药品安全事故。

（张立群）

【食品药品安全专项整治】县食药监局牵头组织开展纠正食品药品安全方面损害群众利益行为，清查医疗器械、中药饮片等专项行动，清查药品、医疗器械、保健食品企业经营行为的专项行动等15项专项整治行动，检查食品药品从业当事人（单位）3089家，出动执法人员1427人次，出动执法车245辆次，向公安机关移送涉刑案件1起，查处案件94起，涉案货值1722945.5元，曝光的违法违规企业165家。特别是该局查获的“7·18”假劣保健食品案件，通过市食药监局和县公安局继续联合彻查深挖，全市共牵出涉9个违法窝点，涉案金额逾2亿元、销售26个省、市的团伙大案，并被列为公安部和国家食药总局督办的大案之一。

（张立群）

【ADR监测工作】受理新开办零售企业资料6家，验收4家，发证4家。受理变更的2家。受理换证申请资料20家，验收12家，发证12家。受理保健食品备案登记42家，发放备案登记证36家。开展行政许可与GSP（良好供应规范）认证工作采用“两证合一”的改革，分步骤实施新GSP，提高药品零售经营企业行政许可的门槛。深入基层调研协调解决突出问题，采取切实可行的措施帮扶，稳定药品零售经营行业。将ADR（药品不良反应）监测工作正式纳入对各级医疗机构年终考核，完成上报药品不良反应报告650份，其中严重的37份，新的药品不良反应一般28份，严重不良反应的5份。

（张立群）

【食品药品安全宣传】开展食品药品安全宣传，采用组织聘请专家教授现场提供真假药品、食品、保健食品鉴别方法，提供健康咨询服务，免费发放饮食用药安全宣传资料。通过专题讲座等多种形式，面向公众普及宣传饮食用药知识。小塘路社区组织近1000名群众参加宣传活动，现场免费发放宣传资料800余份，提供各类咨询服务400余人次。蓝思科技公司邀请湖南师大教授赵冰清为300多员工现场讲授食品药品安全知识。在丁家小学活动现场，市药学会讲师就儿童用药安全、拒绝垃圾食品近200名学生参加，为孩子们的身心健康搭建绿色屏障。9月中旬到10月中旬，县食药监局开展食品药品宣传月活动，发放资料5万余册，开展用药咨询200余场，向农村居民发送安全用药短信10条，计1万多人次，先后有8429人次接受执业药师提供的健康咨询。10月22日，在通程商业广场主办公众健康专题文艺演出，数千人观看，湖南电视台都市频道、红网、《星沙时报》对此报道，县电视台全程直播，增强了市民的安全用药意识，发挥了宣传的社会效应。

（张立群）

食品安全综合监督

【概况】2014年，长沙县将食品安全作为重要的民生工程，着力推进食品安全检测中心建设、豆制品和米粉集中加工平台建设、中小餐饮单位餐厨垃圾处置中心建设等“十项实事工程”，探索源头治理和长效机制，全县食品安全形势良好。

基层基础。在执法队伍建设方面，将以往分散在各个部门的食品安全监管职权剥离出来，新组建商务卫生和食品药品行政执法大队、农业行政执法大队，在隶属县综合行政执法局直接领导的同时，也接受县食品安全督查巡视组和县食安办的调配管理。县公安局加大食品安全案件侦查力度，成立食品药品侦查中队。在信息员队伍建设方面，各镇（街道）设立食安专干、协管员和信息员，将监管触角延伸到村组，全县食品安全协管员287名、信息员1400多名。在管理员队伍建设方面，全县4023家食品生产、销售单位分别设置1个以上的食品安全管理员岗位，定期组织进行业务知识培训。

监督管理。开展打击非法收运潲水、种养源头、农业生产基地、生产加工领域、农资市场滥用、乱用和非法销售违禁农业投入品、打击私屠滥宰等专项行动，对市场流通领域、餐饮消费行业、校园及校园周边、建筑工地及机关食堂食品安全进行专项整治，遏制食品安全案件的易发多发势头。2014年，县食安办下发督查交办函134份，印发《食安简报》《食安快报》29期，下发督查通报1次，召开工作讲评会3次，组织开展专项整治行动37次，检查指导食品生产经营单位53925余家次，查处食品安全违法违规案件790起，公开曝光不良企业683家次，罚没款319.89万元。

教育培训。6月，启动餐饮单位食品安全管理员培训，全年培训13期，培训食品安全管理员人员2000余名。编写印发《食品安全知识系列读本》3万余份；编发食安短信24条，发送用户2.3万人次，举办街头宣传咨询26次，制作食品安全宣传展板78块，悬挂食品安全宣传标语62条，各级媒体报道长沙县食品安全工作信息189篇。

检验检测。以食品安全检测中心为龙头，35个农残检测室为节点的覆盖全县的农产品监督检测体系基本形成，做到农残检测室有场地、有设备、有人员、有经费，能对蔬菜和水产品中常见的农药和兽药残留进行快速检测筛查，先检测后上市。是年，县食品安全检测中心检测蔬菜14433批次，其中35个批次不合格。35个农残快速检测室检测蔬菜7244批次，其中12个批次不合格。（詹　维）

11月11日，县委副书记、县长张庆红（前右一）调研学校食品安全工作（詹维 摄）

【长沙县豆制品、米粉集中生产基地建成】 2014年，列入长沙县食品安全“十项实事工程”的豆制品、米粉生产基地建成，投用后将优先配送县内中小学校。豆制品生产基地位于安沙镇毛塘社区，于2014年7月开建，生产车间面积达5000余平方米，日产豆制品20吨、30多个品种。该基地生产所使用的大豆均是经过检测合格的非转基因大豆，且水源是150米以下的地下水。米粉生产基地位于安沙镇杨梓冲村，生产车间面积1200平方米，两条生产线，日均生产10吨，车间内还预留有位置，最多可扩充至8条生产线。米粉生产使用经过检测重金属、农残含量均未超标的早稻米，水源是80米以下的地下水。豆制品、米粉生产基地在生产过程中均未使用任何添加物，且由政府严格监管，确保生产出来的每一批次豆制品、米粉都是放心食品。（詹　维）

【食品安全检测中心获省级食品检验机构资质认定】 2014年，长沙县投资1500多万元建成食品安全检测中心，并在镇街、农贸市场和大型超市布局35个快速检测室，形成以检测中心为龙头、快速检测室为支点的监管模式。每个检测室均配备新型多功能畜禽水产品快速检测仪，通过初筛，可检测出常见畜禽肉类中的瘦肉精残留、水产品中氯霉素和孔雀石绿等药物残留。加之以前具备的蔬菜农残快速检测，每天的初筛结果均在市场内的显示屏上公布，让消费者一目了然。该中心获省级食品检验机构资质认定，拥有包括农药、二氧化硫、亚硝酸盐残留及色素、瘦肉精快速检测与定量分析等26大类产品438项参数的能力，实现从初次筛查到不合格样品法定检测的“一站式”检验，在其检验能力范围内的食品，无需再送县外的检测机构，检验时效得到提升，为打击食品安全犯罪提供技术支撑。（詹　维）

【探索建设食品安全信息监管系统】 2014年，长沙县在全省率先对餐饮服务单位试行食品安全电子监管，通过移动执法终端和便携式打印机，随时随地实现“移动监督执法”。该移动执法终端可当场摄像、录音、拍照取证、应急处理，为监督检查人员执法提供法律依据，提高监管效率，规范监督执法行为。（詹　维）

【食品药品侦查中队成立】 6月，长沙县成立首支食品药品侦查中队，该中队是打击食品药品领域违法犯罪的专业队伍，负责全县食品药品违法案件的刑事侦查、执法工作及配合县食安办和相关部门开展联合执法，全年破获10起刑事案件，刑事拘留37人。它的成立，可充分发挥公安专业队伍在执法取证、刑事侦查、证据保留等方面的专业优势，有利于形成严打食品药品安全违法犯罪的高压态势。（詹　维）

【食品安全管理员培训】 2014年上半年，长沙县食安办组织专家编写食品安全管理员培训教材（餐饮领域）；6月，率先在全省启动餐饮单位食品安全管理员培训，共培训2000余名食品安全管理员，通过培训使其了解基本的食品安全法律法规、熟悉食品原材料采购知识、掌握餐饮操作的安全流程。考试合格后持证上岗，提升餐饮服务单位的食品安全管理水平。

（詹　维）

【农村聚餐公司化运作模式推广】 2014年，推广农村集体聚餐公司化运作模式被列入长沙县食品安全“十项实事工程”。该模式在全县各个乡镇得到推广，17个镇成立28家农村集体聚餐服务公司，农村办酒“公司化”成为常态。由公司操办农村集体聚餐，便于政府监管，杜绝群体性食物中毒事故的发生。（詹　维）

价费管理

【概况】 严格价费审批管理，控制和稳定物价水平，着力解决民生价格问题，扎实开展清费治乱减负，整顿和规范市场价格秩序，推进价费管理和服务工作。

价格管理。严格落实上级物价部门收费项目及收费标准的新政策，取消13个行政事业单位的相关收费项目，注销4家收费单位。依法依程序核定物业小区前期物业费和放开住宅小区停车收费，及时执行阶梯气价。2014年新办和换发服务价格登记证141家，服务价格备案25家，出台《长沙县建设项目审批收费管理办法》和《长沙县价格调节基金征收使用管理实施细则》等政策文件，物价管理更加规范。

价格监测。对6大类120个民生商品和服务项目进行价格监测，准确采价，建立各类价格监测台账，并对监测的结果进行认真的分析研究，将市场价格波动情况第一时间报送上级机关。被县市级采用的各类信息市场价格监测预测预警分析文章7篇，为上级部门制定政策提供有力依据。

价格认证。办理各类价格鉴证案件342宗，标的金额达1700余万元，其中刑事案件292件，金额580万元，行政案件38件，金额23万元，价格认证8件，金额50万元，涉税案件4件，金额1050万元。无一宗案件到上级认证中心复核。

价格监督检查。开展客运票价、教育收费、农资价格、医疗服务价格、药品价格、行政事业单位收费等专项检查，共检查单位164个，没收违法所得314.85万元，清退多收金额2万元，当场处罚11起，罚款金额1.1万元。利用“12358”价格举报信息系统受理各类价格举报及咨询件142起，全部办结。（晏　明）

【建设项目审批收费管理】 根据《湖南省行政程序规定》《湖南省政府服务规定》《湖南省行政事业性收费管理条例》以及相关税、费、基金等法律法规政策要求，制定《长沙县建设项目审批收费管理办法》（简称《办法》），进一步简化审批程序、优化投资环境，提高办事效率，规范收费管理。将《办法》中规定在用地、报建和产权环节所需缴纳的税、费、基金、专项资金、保证金等项目的依据和收费标准进行公布。（晏　明）

审计

【概况】 2014年，长沙县审计局共审计项目计划数322个，实际完成352个，查出违纪违规和管理不规范资金4亿余元，决定收缴财政300余万元，列抵财政预算130余万元，核减工程造价和促进增收节支5000余万元，提出合理化建议400多条，移送案件线索22起。1个经责审计项目获全省优秀审计项目奖，3篇计算机审计AO（现场审计实施系统）应用实例和1篇计算机审计方法分别获省审计厅优秀奖和应用奖。在全市区县（市）审计机关2014年度审计工作考核中获得第一名，再次评为全市审计机关先进集体，首次获全县领导班子绩效考核一类，较好地发挥审计“免疫系统”功能。

财政“同级审”。在对2013年度县本级财政预算执行审计中，抓住“绩效”“民生”“服务”三个方面重点内容，围绕县财政对企业的补助资金、教育专项经费等五个方面跟踪资金流向、使用情况及资金产生的效益，指出部分项目申报审核和后续跟踪监管不到位、教育资源分配不均衡、财政资金多途投入及资金绩效有待提高等问题，突出财政资金绩效审计，上报审计要情3篇；财政、教育、环保等部门采纳审计建议，完善相关制度2项。

经济责任审计。推进领导干部经济责任审计，修改完善并以县委办、政府办名义出台《长沙县领导干部经济责任审计结果量化评价办法》，量化结果纳入领导班子绩效考核，作为干部选拔奖惩的重要参考，排名靠后的单位须在政府常务会上说明情况，确保审计结果。以此举获省、市审计部门的认可，省政府网站进行报道。县纪委监察局运用经责审计结果对3个单位负责人进行责令辞职、通报批评和诫勉谈话的行政问责，还将2个单位的经济责任审计结果在网站进行公告。

固定资产投资审计。创新审计模式，政府投资审计采用再监督机制，监督关口前移，部分重点项目实施全过程监管，工程结算审计与财务审计相结合，事后审计与事前、事中审计相结合。采取与县投资评审中心联合审计的模式，提高工作效率，节约财政资金，评审质量大幅提升。全年投资审计项目96个，涉审金额5.27亿元，再次核减工程造价719.17万元，平均核减率1.37%。

政府委托审计。政府委托审计中，按照“两年一审、一审两年”工作目标，实现审计全覆盖。委托9家社会中介机构对162个村（社区）及二级机构进行审计，并通过公开招标、查实线索、抽查复审、优秀项目评审、末位淘汰、缴纳廉政保证金等方式，加强中介机构监管，提升审计质量和效率。结合信访举报内容，县审计局、县纪委配合工作，移送案件线索19件。至2014年年底，完成全县近700个审计对象（包括村、社区和常委单位）三个轮回的审计。

审计整改。开展审计项目执行和整改检查，向县人大汇报审计整改情况，将审计结论和整改结果报县纪委、县委组织部备案，将审计整改情况纳入绩效考核，建立纪委牵头的联合督查机制，督促被审单位严格整改，实现“审计—规范—再审计—再规范”的良性循环，有效地解决屡审屡犯的弊端，促进全县专项资金使用、“三公”经费、招投标、津补贴发放等各项政策措施和惠民政策落到实处。（单 婵）

【经济责任审计量化评价办法升级版】《长沙县党政领导干部经济责任审计结果量化评价办法》自2011年出台以来，对乡科级领导干部经济责任履行情况实施量化评价，成效明显。为适应经济社会的发展，县审计局2014年对办法重新修订，并以县委办、县政府办的名义下发《长沙县党政领导干部经济责任审计结果量化评价办法》，打造经责审计量化评价的升级版：一是强化评价结果的运用，按县直单位、镇（街道）、二级机构三个类别分别排名，县直单位、镇（街道）最后一名的单位及二级机构问题严重的单位要在县政府常务会上说明情况；二是强化评价指标的与时俱进，增加“‘三公’经费”“产业结构调整”“环境整治”等评价指标，删除或调优“国内生产总值(GDP)”等部分指标，引导领导干部树立科学发展观和正确政绩观；三是强化量化标准的完善，注重重大违纪违规问题，加重主观原因引起违纪违规问题的量化扣分，对严重违纪违规问题，审计人员要凭职业能力判断分析主客观原因，凡是主观原因引起的违纪违规，在原量化扣分的基础上，加扣20%至50%。（单 婵）

【投资审计工作】县审计局推进投资审计工作创新，实现绩效审计。一是审计方法创新。制定往年审计问题总结归纳模板，以更好地指导之后审计工作的开展。采用信息化手段对施工单位、监理单位项目负责人和主要管理人员的资质情况进行注册证书网上查询，把握其真实性和合法性。二是审计重点创新。突出重点审计工程造价的合理性、项目施工前手续的完善性和施工阶段重大设计变更采取的质量和技术措施的经济性。如审计项目进度后，除要求被审计单位提供相关资料外，请施工单位填写收款证明，以深入了解资金支付情况，确保项目工程款收支数据的真实性以及审计报告的准确性。三是审计整改创新。出具审计结果后，增加由建设单位填写整改反馈表环节，审计局法规科对整改情况和效果进行跟踪督查，并将督查结果报县纪委等部门，把整改落到实处。（单 婵）

统计管理

【概况】2014年，长沙县统计局以提高数据质量、提升服务水平、加强统计管理为目标，开展各项日常统计工作，提高工作效能，被评为“湖南省经济普查先进集体”。

日常报表。按照统计方法制度的要求，严守操作规程，把紧质量控制、数据处理等关口，完成2013年度统计年报、2014年定期报表和各项定期统计调查工作。按时发布2013年全县国民经济和社会发展情况统计公报。

12月12日，省委组织部到长沙县调研县委书记杨懿文和县长张庆红的经济责任审计工作 （县审计局 提供）

专项调查。完成常规统计工作，并根据上级部署开展第三次经济普查、粮食产量抽样调查、文化产业调查、劳动力调查、畜禽调查、采购经理调查、投入产出调查、妇女儿童“两纲”监测、全面小康社会建设监测调查等工作。

统计服务。加强对全县经济形势的研究，及时发现问题，分析存在原因，提出预警建议，编辑出版《统计信息》12 期，为领导科学决策提供依据；每月编印出版《长沙县经济运行快报》发至县有关领导和单位；制作发行《长沙县 2013 年统计年鉴》，全面收录 2013 年全县经济、社会各方面大量的统计数据，内容丰富、数据翔实；做好市对县 2014 年度目标完成情况考核的指标收集工作及配合和参加全国百强县的考核评比工作。为“零碳”县建设、创业富民、为民办实事、妇幼“两纲”监测、民意调查、县政协关于服务业调研等工作提供统计数据。

宣传教育。结合经济普查和第五次统计开放日开展多种形式的普法教育活动，对内组织干部学专业学业务，并集中进行考试；对统计从业人员进行岗前培训和后续再教育，全年参加从业资格证考试 101 人，参加再教育人员 141 人；对镇街综合统计员和经贸统计员坚持结合日常工作进行经常性的培训和专题培训；对部门统计员结合各种考核和监测评价进行培训，实现培训工作全覆盖。

执法检查。以经济普查和名录库建设为抓手，结合省委省政府 34 专项整治工作，加大统计检查、巡查力度，全年开展 20 次余次统计执法检查和统计巡查，发现问题及时纠正。

基层基础。以镇（街）统计考核评比为抓手，督促镇（街）、企事业单位设立统计机构，配备充实统计工作人员，重点抓好镇（街）统计站室规范化建设。工作重心下移，及时解决统计部门在机构、人员、经费等方面的实际困难和问题，在经济普查后期，为每个镇（街）普查办配备 1 台笔记本电脑。长龙街道统计站在 2014 年被评为全省乡镇统计工作规范化建设先进单位，星沙街道统计站、泉塘街道统计站等被评为长沙市优秀乡镇街道统计站。

工作交流。加强与其他区（县）统计业务交流，先后接待河南中牟县统计局、望城区统计局、望城区政研室等到局交流学习，共同探讨如何在新形势下做好统计服务工作。（刘姿君）

【城乡住户调查一体化改革】 住户调查一体化改革是国家统计局 2013 年开始实施的重大改革任务。长沙县除市考核任务明确的 440 户农调户之外，有省一体化调查小区 12 个，调查户 120 户。2014 年，该局开展记账讲评活动，以讲评促基础工作，并对记账户和辅助调查员进行了业务培训，深入推进城乡住户调查一体化改革工作，完成样本轮换工作。（刘姿君）

【粮食产量抽样调查】 县级粮食产量抽样调查是 2013 年由国家统一部署建立的一项常年性工作，涉及长沙县 20 个调查点（分布在 15 个镇街），调查点定期报送调查表。是年，组织各调查点开展地块和草图更新、单产调查、播种面积调查等一系列工作。据统计，该县落实早稻播种面积 3.94 万公顷、晚稻播种面积 4.01 万公顷，实现双季早稻单产 509 千克，一季中稻单产 535 千克，双季早稻单产 521 千克，再次被评为全国粮食生产红旗县。（刘姿君）

【第三次经济普查】 1 月 1 日，第三次经济普查正式入户登记开始，800 余名普查员对 343 个普查区开展地毯式普查登记，进行联网直报单位“三证”信息采集、联网直报单位普查表上报、个体户入户登记、非联网直报单位入户登记、数据审核、检查和验收等各项工作，入库单位 10505 家，其中联网直报单位 759 家，非联网直报单位 9746 家，个体户 93545 家（含交通运输户），经济总量突破千亿元大关。实现各阶段进度全省领先、全市第一，全县综合差错率、单位差错率、指标差错率、主要指标误差都控制在正常的范围内。在第三次经济普查工作中，该县被评为省级先进单位，县统计局 1 名干部被评为全国先进个人。

（刘姿君）

【基本单位名录库建设】 充分利用部门资料，核查在库单位信息，开展基本单位查漏补缺工作，形成完整的单位核查底册，做到“不重不漏”，在全县推行名录库更新维护节点延伸工作，加大对入库单位临时代码的清理力度。为进一步规范企业联网直报，通过电话核实、现场走访、注册登记机关查询等方式，分专业对全县 787 家联网直报单位进行调查，重点检查企业是否真实存在，是否存在冒名报送和指令报送统计数据等情况。经查，联网直报企业真实存在，没有人为干预企业据实填报数据事件发生，联网直报率 100%。（刘姿君）

农业·水务·气象

综 述

【概况】 2014年，长沙县实现农林牧渔业总产值111.9亿元，增加值71.3亿元，同比增长6.1%；农村居民人均可支配收入22872元，同比增长10%。县级财政安排涉农资金146450万元，比上年增加20220万元，同比增长16.02%，重点向水利建设、城乡一体化建设和农业产业化等项目倾斜。全县农产品加工企业254家，其中：国家级龙头企业1家，省级龙头企业16家，市级龙头企业63家。全县59家规模农产品加工企业实现工业总产值145.6亿元，销售收入139.6亿元，实现净利润9亿元，上缴税金5.3亿元。全县农民专业合作组织为1278个，69家合作社通过市级分类定级。2014年传统农业稳步发展，全县粮食播种面积8.8万公顷，总产量58.6万吨，增长2.8%；油料播种面积0.9万公顷，产量1.4万吨，增长12.5%；蔬菜播种面积3.5万公顷，产量125.6万吨，增长7.5%；茶叶水果产量9.6万吨，增长11.6%；农资销售2.2亿元，实现利润1465万元，贡献总额2200万元；农机化经营总收入30.56亿元，农业综合机械化率78.3%。全力推进农业产业化项目建设，加大北部乡镇产业化项目扶持力度，扶持项目128个，扶持资金1645万元，北部资金倾斜占全年产业化资金计划的75%。加大招商引资工作力度，创新小分队招商模式，组织赴长三角、珠三角等地区开展小分队上门招商活动，全年全县新引进现代农业项目31个，实现到位资金9.7亿元，完成全年目标计划的121%。全市现代农业与城乡融合发展重大项目推介会上，长沙县5大现代农业项目成功签约金额71亿元，在全市县区中排名第一。加快发展休闲农业，全县休闲农业企业106家，获批星级休闲农庄33家，从业人员达1.8万余人，接待人数达510万人次，营业收入达11.84亿元，增长22%。统筹城乡发展，加快推进30个美丽示范乡村建设，跳马镇曙光垸村和黄兴镇鹿芝岭村同时获批省级美丽乡村建设示范村；金井镇金龙村获批省级两型村庄示范村。做好移民后扶工作，拨付项目资金475.82万元，实施项目85个。白石洞水库移民搬迁安置工作稳步推进。推进新一轮“10＋2”城乡一体化试点，铺排项目238个，完成投资38.5亿元，县财政安排引导资金补助项目54个，安排补助资金9260万。加强农村基层党风廉政建设，推进村级民主管理，规范村级工程建设管理，加强“阳光三农网”建设。开展农民减负工作督查，切实保障农民权益。

福临镇环境连片整治施工现场 （杜艳平 摄）

存在的问题：一是农业产业泛而不强。全县有粮食、蔬果等七大类农业产业，但是还没有在市场上有较强话语权的产业，花卉苗木有市场但没有定价权。二是农业效益仍然较低。在传统农业形态下，农业的劳动生产率、单位面积产出率、资料利用率比较低，投资回报率不高的现象比较突出。三是现代农业发展所需人才更为缺乏。农业劳动力不仅缺技术、也缺知识、更缺理念，认知结构以经验积累为基础，难以接受现代科技知识，适应现代化农业的人才严重缺乏。四是第一、第二、第三产业的融合互动发展不快。由单纯的农作物生产向农产品加工和流通及休闲服务业等领域交融发展，要从根本上改变农业生产的传统观念，形成新产业、新业态、新模式还任重道远。五是耕地产权矛盾比较突出。随着经济社会发展，特别是涉及拆迁的地方，耕地权属与村规民约之间的矛盾非常突出。（孙晓利）

【农村经营体系建设】2014 年，全县的合作社进行分类定级，严格按照“长沙市农民合作社分类评级管理暂行办法”，申报 70 家，其中 A 级 39 家、AA 级 15 家、AAA 级 16 家，69 家获得通过。省级示范社建设“盛大蛋鸡养殖专业合作社”和“永吉种植专业合作社”被列为“省为民办实事省级示范社”。在全县金井镇九溪源村建设家庭农场示范片，通过实地调研整体部署，该村连片建设 12 个有典型示范作用的家庭农场，其产业以优质稻、蔬菜、小水果、养殖等为主，目前示范片建设初具规模。（孙晓利）

【农村能源建设】完成 2014 年度市级能源建设户用沼气池 400 户，建设 3 个市级能源环保示范性服务合作社。双江天府大型沼气工程、路口天心黄鸡大型沼气主体工程完工。规范白沙镇桃源村、双江天府农业、路口镇天心黄鸡三个大型沼气集中供气工程示范点的建设，通过集中供气和适当收费，减少能源浪费和环境污染。清运沼渣沼液近 7.3 万多车次，约 7.7 万立方；完成治污设施管护 1017 户，建净化池 80250 立方，沼气池 720 个，为全县能源生产、环境保护、生态农业推广发挥了重要作用。（孙晓利）

【农民培训】成功创建全省第一家行业分校——湖南省农广校国进食用菌分校。12 月 19 日，省农业厅副巡视员主任黄咏明、省农广校校长梁先明参加食用菌分校揭牌仪式。优化农民培训讲师团队伍建设，新增知名专家 17 名，职业农民讲师团有教授专家 48 人。开展新型职业农民培训，371 名职业农民参加培训，208 名学员拿到中级绿化工资格证。对 265 名合作社指导专干、管理人员的培训，提升了全县农民专业合作社管理人员的综合素质。按照市现代农业领军人才培训整体部署安排，组织 5 期现代农业领军人才高级研修班和 1 期 3 次专题培训班，组织 67 人参加北京中国农业大学理论集中学习，组织 18 人赴台湾考察学习现代农业发展先进经验。以实训基地、行业分校、农业企业为依托，培训新型职业农民 1665 名，真正做到“培训有阵地、示范有基地、推广有机构、服务有网络”，在全县农科教系统形成一种齐抓共管的工作机制。（孙晓利）

现代农业创新示范区建设

【概况】按照“南工北农、一县两区、分类指导、科学发展、城乡一体、统筹发展”的思路，加速推进全县现代农业发展步伐。城乡一体化及中心城镇（小城镇、特色镇）有序发展，“10+2”城乡一体化试点镇（开慧镇、金井镇、㮾梨街道、青山铺镇、安沙镇、北山镇、春华镇、黄花镇、江背镇、跳马镇，果园镇双河村、金井镇惠农村）铺排项目 238 个，完成投资 38.5 亿元，城乡一体化引导资金补助项目 54 个，计划总投资 2.78 亿元，安排补助资金 9260 万元；县重点工程项目城乡一体化建设项目年度投资计划总额 6 亿元，实际投入 9.8 亿元，超额完成年初既定目标任务；纳入市对县绩效考核范畴的金井、开慧、路口 3 个市级试点镇及浔龙河生态小镇铺排项目 93 个，项目开工率 100%，完成投资 28.6 亿元，完成年度计划的 101%，在全市年度考核中，开慧镇、金井镇位居一类。加强现代农业产业及科技项目库管理，扶持农业产业项目建设，北部乡镇获产业化项目扶持项目 128 个，扶持资金 1645 万元，北部资金倾斜占全年产业化资金计划的 75%。促成 15 家农业企业与金融单位达成贷款授信。开展县、乡镇、村（社区）三级土地流转管理服务体系建设，规范全县农村土地流转合同管理，完善“提出申请—审核登记—信息发布—组织交易—成交签约—归档”的流转程序，实现农村土地经营权有序流转。全年全县新增土地流转总面积 1066.67 公顷，其中新增耕地 613.33 公顷；全县土地流转总面积达 2.84 万公顷，其中耕地流转 1.99 万公顷。推动农民集中居住，建设美丽乡村。黄兴镇鹿芝岭村列入湖南省美丽乡村建设示范村。提升现代农庄服务管理水平，推进现代农庄审批立项步伐，加强农庄流转土地管理，扶持江背镇望达现代农庄在沪交所成功挂牌上市。探索农投公司运营模式，启动现代农业项目春华园区一期建设工作。牵头组织全面深化农村专项改革工作，探索开展农民住房财产权试点、惠农补贴“谁耕种谁受益”论证、农村集体产权制度改革、农业农村金融服务、财政支农惠农资金有效整合、全面放开中心城区落户限制等。加强涉农领导招商引资，全年新

10月21日，位于江背镇的望达现代农庄在沪交所挂牌上市，成为湖南省首家在上海中小板上市的农业企业　　（陈望金 摄）

引进现代农业项目31个，实际到位资金9.7亿元。组织宣传推广活动，全方位展示该县现代农业发展成效和综合实力。　（张瑞波）

【涉农领域招商引资】 围绕产业龙头项目和骨干企业，创新小分队招商模式，组织赴长三角、珠三角等地区开展小分队上门招商活动，全年全县新引进现代农业项目31个，实现到位资金9.7亿元，完成全年目标计划的121%；抓好龙头项目招商，与浙江森禾种业、深圳铁汉集团等10多家实力雄厚行业、领先地位的优势客商达成合作意向，加快打造完整的产业集群；加强招商引资队伍建设，组织全县主管招商引资负责人和招商专干参加中国农大现代农业招商引资专题研修班；在11月份举行的全市现代农业与城乡融合发展重大项目推介会上，该县5大现代农业项目成功签约金额71亿元，在全市县区中排名第一。　（张瑞波）

【农业产业项目建设】 加强现代农业产业及科技项目库管理，加大北部乡镇产业化项目扶持力度，共计扶持项目128个，扶持资金1645万元，北部资金倾斜占全年产业化资金计划的75%。做好31个市级重点现代农业项目帮扶工作，按照“一事一议”“一项一策”政策，锦绣江南农庄等14个项目亟待解决的土地调规和用地报卷等问题得到妥善解决，31个项目开工率100%，完成投资11.07亿元，完成年度计划的103%。配合市农业项目建设领导小组办公室分别与省农业银行、市商业银行、市邮政储蓄银行等3家金融单位共同举办三期银企对接及培训活动，促成15个企业与金融单位达成贷款授信。加大省重点工程项目九龙蔬菜研发与示范基地帮扶支持力度，协助做好土地调规、基地扩建等工作，按计划完成年度投资2.48亿元。加强市对县考核重点工程浔龙河生态示范点建设，完成年度投资2.04亿元，为全年计划的102%。支持龙头企业从第一第二产业向第三产业拓展，湘丰集团有机茶产业基地飞跃有机茶园荣获由农业部评选的“中国美丽田园”称号。　（张瑞波）

【推动农民集中居住】 出台《长沙县人民政府关于引导农民集中居住工作实施意见》，完成30个集中居住示范点的规划设计，17个集中居住区进入建设施工阶段，建成后可安置农户1262户。出台《长沙县改善农村人居环境建设美丽乡村实施方案》，从2014年起，县本级财政连续四年每年安排1000万元美丽乡村建设专项资金进行以奖代投，力争到2017年实现100%的村庄人居环境整洁、环保、舒适，90%以上的村庄基本达到新农村建设要求，并建成30个左右美丽示范乡村、3条连片整治示范带，完成30个美丽乡村示范点现场考评和专项资金拨付。黄兴镇鹿芝岭村列入湖南省美丽乡村建设示范村序列。（张瑞波）

【农投公司运营模式探索】 长沙县瑞农现代农业投资开发有限公司承担重大现代农业项目春华园区建设任务，年内完成园区内土地流转、修规设计及启动水、电、路、拆迁等基础工作，并于12月初与深圳铁汉签订PPP模式战略合作框架。加大资产收购力度，增强公司实力。通过招拍挂形式，竞得开慧城建投和金井城建投两宗土地，并就土地融资与建设银行、招商银行、浦发银行、邮储银行等进行对接，实现融资2亿元；合资成立控股子公司湖南星瑞鸿达文化传媒有限公司，探索整合利用乡村文化产业资源与现代农业共融发展举措方式，加强整合北部乡镇农村资源，挖掘北部乡村文化内涵，推进农投公司产业多元化发展。由该公司统一设计北部乡镇标识标牌，运营状况良好。　（张瑞波）

【现代农业宣传推广】 聘请国内资深团队进行形象策划，整合现代农业政策汇编、成果展示手册、LOGO标识、宣传片等，形成国家现代农业示范区形象系统。加大该县现代农业发展对外宣传展示力度，开展湖南卫视《管好政府“有形的手”，加快释放政策正能量》专题播放、湖南都市频道《民厨争霸》民间美食大赛、长沙新闻频道《来自长沙县现代农业（创新）示范区的报道》10集专题片、中新社长沙县国家现代农业示范区宣传专栏、政协湘声报《长沙县国家现代农业示范区工作巡礼》、《瞭望》长沙县国家现代农业示范区专刊、《星沙时报》10期专版等宣传推介活动，多角度展示推介现代农业发展成效与综合实力。

（张瑞波）

种植业

【概况】 2014年全县实现农业种植业总产值48.51亿元，同比增长11.3%；农业综合机械化率78.3%，提高1个百分点。全年完成粮食播种面积8.85万公顷，新增2260公顷，粮食总产60.5万吨，新增3.54万吨。其中水稻播种面积7.94万公顷，新增133.33公顷；平均亩产467.5公斤，增新11公斤；总产量55.89万吨，新增1.31万吨，总产值15.1亿元，新增0.51亿元。推广优质稻面积6.8万公顷，优质率达85%。狠抓粮食高产创建，在春华、果园、路口等8个镇建立15个双季稻高产创建万亩片，其他镇（街）千亩片，总示范面积3.2万公顷。全面推广水稻集中育秧、合理密植、安全齐穗三大关键技术。落实早稻集中育秧主体1113个，秧田面积0.08万公顷，可抛插大田1.68万公顷；“增盘增种”合理密植，全县晚稻安全齐穗率达100%。在青山铺镇梅数村等10个村建立133.33公顷的机插秧核心示范片，实施双季双超双机插双过600公斤的“四双”双季稻增产模式攻关示范，梅数片早稻实割测产验收单产达到521.9公斤。是年，荣获2014年度湖南省“超级杂交稻‘种三产四’丰产工程”先进示范基地。

做大蔬菜产业。全县常年蔬菜基地面积0.73万公顷，新增标准化菜地197.87公顷；蔬菜播种面积3.5万公顷（含复种），新增0.27万公顷；总产量123.8万吨，新增11.1万吨；总产值19.9亿元，新增1.3亿元。其中食用菌种植面积235公顷，新增15公顷；产量2.62万吨，新增0.15万吨；产值2.59亿元，新增0.16亿元。新创建回龙湖基地为国家标准茶园创建，现有全县国家标准园6个，总面积0.08万公顷；积极组织隆宇、开心农业等12家企业在县区范围建立蔬菜直销店28个；组织抓好国进、九农、华而创、龙华山等43个市级标准化专业蔬菜基地创建工作，其中27个通过考核验收，争取市级资金1532万元。

做强茶叶产业。全县茶园总面积6180公顷，新扩有机茶园66.67公顷，品改80公顷，全县良种茶园面积4920公顷，新增166.67公顷。全县干茶总产4.42万吨，新增0.29万吨；总产值9.01亿元，新增0.41亿元。其中本县茶园干茶总产量2.42万吨，总产值4.81亿元，分别比上年增加0.29万吨和0.39亿元。县外订单基地干茶总产2万吨，总产值4.2亿元。10月在广西梧州举行的“第十届中国茶叶经济年会”上，长沙县荣获全国茶叶百强县第四名。

发展瓜果产业。全县时鲜瓜果种植面积6866.67公顷，新增200公顷，总产量10.3万吨，总产值4.5亿元，分别比上年增加1.45万吨和1.23亿元。新扩高标准基地200公顷，其中金井炎农猕猴桃基地25.67公顷、合龙山布朗李基地8公顷，开慧镇润慧猕猴桃基地8公顷、金沃蓝莓基地20公顷，双江镇康裕桃李梨枣基地6.67公顷，白沙镇杨梅、布朗李基地80公顷，长龙钰瀚红蜜柚、杨梅基地10公顷，黄花天绿鲜枣、葡萄基地5.3公顷，路口果利酥脆枣基地13.33公顷，北山绿福蓝莓、樱桃基地28公顷。

以农机工作为抓手，加速现代农业发展步伐。全县农机专业合作组织41家，新增9家。全县各类农村专业合作经济组织1185家，新增120家。核发补贴资金1084.41万元，办理补贴指标确认书1467份，机具数量3351台；结算补贴资金614.5万元补贴机具2123台，受益达农户1173户。全县农机总动力22.65万台/146.83万千瓦，增长3.2%，全县水稻机耕、机收实现全普及，机种率25.7%。建立插秧机推广和作业面累加补贴机制，完成机插秧推广面积1.33万公顷，新增0.2万公顷。全县拥有插秧机411台，育秧流水线50台套、催芽机1台、催芽器450个、工厂化育秧连栋大棚26个，面积3.33公顷。

以安全生产为核心，确保现代农业发展质量。强化农产品质量安全。预计完成4435个点位监测，取土样5559个，农产品样5385个，灌溉水样1928个；采取“1+5”模式进行修复治理面积9.17万公顷，其中施用石灰治理面积2.74万公顷，占全省1/4，推广商品有机肥1万公顷，占全省1/3，绿肥种植面积1万公顷，深耕改土、优化水分管理、施用叶面肥钝化剂等实施面积各1.52万公顷；开展VIP技术修复治理试点6个面积40公顷；立项引进重金属污染区稻草移除项目，开展管控专产区稻草收储运及综合利用，设址路口镇，启动收购工作。联合县农业综合执法大队开展农资打假、种子品种权清查、基地巡查等专项行动3次，出动执法人员572人次，检查农资经营户等126家，抽取各类农资产品样37个，立案5起，结案5起，对全县农资店、生产基地开展巡查248次，上报案源11例，确保农资市场稳定有序。全县34个蔬菜基地、2个经作基地均建立农残速测室，率先在全省实现镇级农产品质量农残检测全覆盖。市级蔬菜农残抽检5次200批次，合格率97.5%。“国检”、“省检”均达标。全年新增“三品认证”31个，其中无公害认证14个，绿色认证17个，全县“三品”认证总数54个，认证数量和认证面积均居湖南省县级首位。获批国家级出口食品农产品质量安全示范区。加强农机安全生产。新创建福临镇为平安农机示范镇，福临社区等平安农机示范村12个、示范合作社2个、示范户180个户。全县农机“平安农机”示范镇10个，示范村100个，示范合作社2个，示范户3030户。开展农机安全行政执法80余次，出动监理人员240余人次，检查农业机械410台次，纠正违法作业94台次，消除事故隐患80余台次，处罚驾驶员18人次。推进拖拉机第三者强制保险工作，投保率达100%。扎实做好农机互助保险工作，全县入保1674份，保费金额40.57万元。

以科学技术为支撑，提升现代农业发展水平。全年引进推广优良品种63个，农作物良种覆盖率达90%以上。全年推广测土配方施肥10万公顷。开展病虫害专业化统防统治实施面积达1.67万公顷，绿色防控1.97万公顷。推广水果套袋和葡萄避雨栽培等实用技术，实施面积0.2万公顷。推广秸秆还田面积0.8万公顷，落实以“三花籽”为主的绿肥种植面积1万公顷。全年开展送科技下乡活动5次，举办各类实用技术培训班400余期次，发放各类农业科普资料3.2万份，受训人数达3万余人。继续开展基层农技推广补助项目，遴选70名技术指导员，对700户科技示范户进行技术指导和培训。新创建北山镇福高村、开慧镇开慧村、春华镇九木村3个清洁工程示范村，建设示范户60户，推广清洁生产技术133.33公顷。

以产品加工为方向，提高现代农业发展效益。全县农产品加工企业254家，其中年主营业务收入2000万元以上的62家，有国家级龙头企业1家（亚林食品），省级龙头企业16家，拥有中国驰名商标6个，湖南省著名商标33个，新增健晨、佳和农牧、好韵味3个，预计完成总产值226.7亿元，增长22.3%。组织申报省、市资金项目183个，争取资金641万元。20家农庄建设优质农产品专柜。组织湘丰茶叶、好韵味食品、致远食用菌等14家企业参加广交会、马来西亚商品博览会、红星国际农博会等。

以休闲农业为载体，拓展现代农业发展空间。全县休闲农业企业106家，新增19家，其中规模休闲农业和乡村旅游景点59处；全县获批星级休闲农庄33家，新增14家，其中国家五星级农庄1家，国家四星级农庄2家，湖南省五星级休闲农庄达16家（新增5家），创建国家级AAAA景区1个；国家级农业旅游示范区1个（黄兴镇）。全县休闲农业接待人数达510万人次，营业收入达11.84亿元，增长22%。休闲农业直接从业人员8970人，间接从业人员达1.8万余人。完成全国休闲农业与乡村旅游示范县的申报工作。组织开展“活力星沙·魅力农庄”摄影大赛。（周国强）

【获评全国粮食生产先进县】 2014年，完成粮食播种面积8.85万公顷，新增0.23万公顷，粮食总产60.5万吨，新增3.54万吨。其中水稻7.94万公顷，新增0.01万公顷；平均亩产467.5公斤，新增11公斤；总产55.89万吨，新增1.31万吨，总产值15.1亿元，新增0.51亿元。双季稻在粮食生产中占据绝对优势，是年，长沙县获评全国粮食生产先进县称号，为连续第六年获评粮食生产先进（标兵）县。

（周国强）

【获评全国重点产茶百强县】 全县茶园总面积0.62万公顷，新扩有机茶园66.66公顷，品改80公顷，全县良种茶园面积达0.49万公顷，新增166.67公顷。全县干茶总产4.42万吨，新增0.29万吨；总产值9.01亿元，新增0.41亿元。在广西梧州举行的“第十届中国茶叶经济年会”上，长沙县荣获全国茶叶百强县第四名。（周国强）

林木花卉业

【概况】 2014年，全县实现林业总产值69.1亿元，其中第一产业38.2亿元，第二产业18.6亿元，第三产业12.3亿元。“十二五”森林资源二类调查结果显示：全县林地总面积88503公顷，森林总蓄积417万立方米，森林覆盖率43.5%，林木绿化率49.2%。县林业局以深入开展党的群众路线教育实践活动为载体，切实转变工作作风，努力提高服务水平，强力推进三年造绿大行动，圆满完成各项工作任务。人民东路（长沙县段）林带建设被评为全省通道绿化示范工程、S207绿色通道被评为全市一等奖，获评全县2014年度绩效考核一类。

三年造绿行动扎实推进。自2013年12月，长沙市委、市政府实施三年造绿行动以来，不足一年的时间里，全县完成造林总面积2000公顷，绿化面积1334万平方米，新增城区绿地面积110万平方米，全面完成了年度任务，人均公共绿地面积达到12.7平方米，人民东路（长沙县段）林带建设被评为全省通道绿化示范工程、S207绿色通道被评为全市一等奖。2014年全县共建立省、市、县、镇（街）义务植树基地25个，完成义务植树166.9万株，投入义务植树经费420万元，义务植树尽责率达95.8%；高标准完成绿色创建等为民办实事工程，全年建设市级绿色示范村庄社区11个、市级绿色示范集镇3个、市级绿色示范庭院800户，县级绿色村庄社区39个、县级绿色示范集镇4个、县级绿色示范庭院1000户。其中福临镇影珠山村被国家林业局、中国生态文化协会授予“全国生态文化村”称号，影珠山村和鹿芝岭村还分别被评为省级绿色家园示范村和省级秀美乡村。2月25日，省委书记徐守盛、省长杜家毫等省、市五大家领导到长沙县参加义务植树，带动了全县2014年义务植树活动和三年造绿大行动。长沙县三年造绿和绿色创建分别在《中国绿色时报》《湖南日报》、湖南卫视等媒体刊播。

森林资源保护全面加强。一是进一步严格全县森林资源及林地红线管理。继续实行封山育林，全面冻结商品林砍伐，高标准完成全县森林资源一类和二类调查任务，全县森林覆盖率及林木蓄积率进一步提升，林业生态环境更优，为“在两型社会建设中走在前列”积累了绿色资本。二是强化征占用林地管理。在国家严格控制占用征收林地的严峻形势下，全年办理征占用林地57宗，林地面积257公顷，征收植被恢复费1943万余元；临时用地6处，林地面积11.5公顷，征收植被恢复费40万余元。三是认真抓好森林防火。全县2014年经受住了多轮特别是年初高火险天气的严峻考验，有效遏制了森林火灾高发势头。全年组织森林防火队伍成功扑灭了北山镇明月村“1·31”等11起大的森林火灾，共办理涉火刑事案件11起，刑事处理11人，治安案件4起，治安拘留4人。全县没有出现人员伤亡和重大财产损失，重点部位平平安安。四是开展生态公益林保险。从2012年开始，长沙县每年度参保国家级生态公益林面积17866.67公顷。五是加强林业有害生物防治。全县全年林业有害生物发生总面积5546.67公顷，防治5413.33公顷，成灾率为零，无公害防治率100%，确保了森林资源健康安全。10月份，森保野保站涂新华荣获国家林业局“最美森林医生”称号；森保野保站被评为省级、国家级示范站。

省委书记徐守盛（左）听取长沙县委书记、长沙经开区党工委书记杨懿文相关工作情况介绍（县林业局 提供）

生态补偿机制有效落实。一是全面落实生态公益林补偿。2013年10月出台《长沙县生态公益林管理与补偿办法》，全面建立和落实林业生态补偿机制，率先全省将各级生态公益林每年每亩补偿提高到30元且纳入财政预算和政策保障，全县现有已补偿的各级生态公益林面积30400公顷，保护了森林资源和水资源安全，也让林农得到了实惠。2014年省委、省政府将公益林保护建设纳入为民办实事的十五件大事之一，长沙县生态公益林补偿资金到位率100%。二是提高生态补偿基金计提标准。县林业局通过向县政府提出《关于提高生态补偿基金标准的请示》，经县人民政府研究决定，从2014年1月1日起，全县生态补偿基金计提标准由3万元/亩提高到6万元/亩，并严格计征基数，确保足额征收，让生态保护者“不吃亏”。

队伍作风建设成效明显。一是不断夯实林业工作基础。深入开展党的群众路线教育实践活动，着力建立以制度和绩效考核为核心的单位管理机制，制定完善了《营林项目管理实施办法》等七项制度。紧抓干部队伍作风建设，“四项费用”大幅减少，招待费同比去年下降75%。以服务为导向，推动林业产业发展服务林农，顺利建成县花木信息平台，400余家商户入驻网站，交易额达560万元；重点培植了长沙县志兴花卉苗木有限公司等一批“省级龙头企业”；完成了6个标准化林业管理站建设。二是强化林业执法体系建设。强化了县森林公安局职能职责，全年立各类涉林案件31起，查处32起（破积案4起），抓获作案成员41人，刑拘30人。此外，全县还以中心村为单位，加强了86名镇村护林员队伍建设。三是充分激活林业队伍工作热情。开展送果树送科技进村入户和花木产业专业技术培训，以“五带”推动建整扶贫和党支部结队共建，全年投入联系村的项目和帮扶资金36万余元，4个党支部共建村每村帮扶资金5万元。与《星沙时报》携手，面向全社会开展《大美长沙县·森林杯》摄影大赛，组织了全县林业生态采风活动，加强林业宣传，激发全社会生态自觉。

存在的主要困难和问题：项目建设用地与森林资源保护的矛盾；全面封山育林与林农增产增收的矛盾；体制机制建设与林权纠纷调解的矛盾。服务大局探索还不够；创新意识还不够；工作推进力度还不够。（刘德峰）

【省、市五大家领导到长沙县参加义务植树】 2月25日，省委书记徐守盛、省长杜家毫等省、市五大家领导到长沙县星沙产业基地雷鸣公园参加义务植树活动。同时各镇（街）陆续组织当地干部群众、企事业单位在各自义务植树基地开展春季植树，正式拉开全县2014年义务植树活动暨三年造绿大行动序幕。全年全县义务植树300万株，创建县级绿色示范集镇4个、绿色示范村庄30个、绿色示范社区10个、花园式单位30个、绿色示范庭院1000户；创建市级绿色示范集镇2个、绿色示范村庄8个、绿色示范社区3个、花园式单位10个、绿色示范庭院800户；建立省、市、县、镇（街）义务植树基地25个，基地面积达122.6公顷。（刘德峰）

【全县24个义务植树基地向市民开放】 2月份，全县24个镇（街）义务植树基地已全面启动春季义务植树活动，面向社会开放。根据《长沙县实施三年造绿行动方案》，到2016年末，全县将实现有林地面积净增5333.33公顷以上，森林覆盖率由48.07%提升到50%以上，人均公共绿地面积由12.7平方米提升至15平方米，交通道路绿化率达到95%。（刘德峰）

【易炼红、胡衡华到长沙县观摩造绿行动】 在长沙市举行的三年造绿大行动现场观摩活动中，省委常委、市委书记易炼红，市委副书记、市长胡衡华和市区县负责人来到长沙县，实地观摩、点评、督导人民路东延线绿化建设。被称为“省门第一路”的人民路东延线自去年底正式通车后便开始建设全省最高规格的沿线绿化林带，期中长沙县段6.8公里，两厢绿化带宽度（单幅）达30米，双向车道中间还配有14米宽的绿化隔离带，绿化分成7个层次，主要栽植雪森、香樟、玉兰、水杉、栾树等24个乔木树种，配以30余个品种的花灌木和地皮，做到四季如春。新建路段绿化面积达76万平方米，绿化率达65%，对此市委、市政府领导给予充分肯定。2014年长沙县新增绿地1300万平方米，其中城市新增绿地110万平方米。（刘德峰）

【防治栎掌舟蛾虫情】 6-7月，长沙县北山镇、福临镇、开慧镇、青山铺镇等部分地区出现栎掌舟蛾虫情，发生面积达数千公顷。6月初，县林业局紧急组织人员利用烟雾机向700多公顷山林喷施防虫药物进行集中防治，防治效果达90%以上，栎掌舟蛾虫情得到有效控制。7月，县林业局再次对出现栎掌舟蛾虫情的阔叶林的集中喷药防治，将虫灾彻底扼杀在“摇篮”里。（刘德峰）

【福临镇影珠山村获评“全国生态文化村”】 2014年10月，福临镇影珠山村被中国生态文化协会授予“全国生态文化村”称号。此次全国生态文化村共评出109家，这些村是生态环境良好、生态文化繁荣、生态产业兴旺、人与自然和谐、示范作用突出的典范。影珠山村是湖南省入选的四个行政村之一，也是长沙市获此殊荣的唯一行政村。2011年初，影珠山被省人民政府批准为省级森林公园。山上有国家二级保护动物9种、省重点保护动物68种、国家重点保护野生植物10种，森林覆盖率达73.8%。（刘德峰）

【实行生态公益林补偿机制】 2013年10月，长沙县正式出台《长沙县生态公益林管理与补偿办法》，在全省率先将各级生态公益林每年每亩补偿提高到30元，且纳入财政预算和政策保障。2014年804万元生态补偿资金已全部拨付到位。目前全县共有各级生态公益林包括国家级、市级、县级公益林30400公顷，凡是被划定为生态公益林的区域内，严禁实行炼山和全面整地或是商业性采伐；严禁开垦、采石、挖沙、取土、采脂、野外用火等毁林行为。生态公益林补偿标准统一为每年每亩30元，其中27元为林权补偿对象的管护补助资金，主要用于森林防火、林业有害生物防治、补植、抚育等管护支出和因禁止采伐利用而造成收益性损失的补偿；另外3元为公共管护资金，集中用于生态公益林营造、抚育、保护和村级护林员队伍建设。30元的补偿金额在全省各县市区中为最高标准。同时，将生态补偿基金计提标准由3万元/亩提高到6万元/亩，让林农享受到更多发展红利。（刘德峰）

养殖业

【概况】 生猪生产 2014年底，全县生猪存栏 115.5 万头，其中母猪存栏 13.5 万头；出栏肉猪 224 万头，同比增长 2.5%。继续保持“全国生猪调出大县”殊荣。

推进罗代黑猪发展，通过国家农业部专家评审，列入国家畜禽遗传资源保护名录，获批国家级畜禽遗传资源保种场挂牌。

草食动物　牛栏存 3.25 万头，出栏 2.4 万头，同比增长 13.5 %；其中奶牛存栏 500 头；产奶 1850 吨。羊存栏 3.3 万只，出栏 2.8 万只，同比增长 11.8 %。肉牛养殖户增多，常年存栏 100 头以上的养殖户有 42 户，比 2013 年增加 23 户。

家禽养殖　家禽存笼 292 万羽，出笼 275 万羽，禽蛋 9980 吨。全县存笼蛋鸡万羽以上的养殖场 7 个，存笼蛋鸡 26 万羽，日均产鲜蛋 22 万多枚。

水产养殖　放养水面 4826.67 公顷，其中池塘 3526.67 公顷，水库 1300 公顷；投放鱼种约 2400 万尾，其中大规格鱼种 1400 万尾，水产品产量 2 万吨。全县有水产苗种孵化场 3 家，规模水产养殖场 24 家，以垂钓为主的星级农家乐 28 家，市级以上健康养殖场 10 家；以观赏鱼养殖为特色的龙头企业一家，省级休闲渔业示范点 3 家；有嫩仔鱼、黄鳝、泥鳅、翘嘴白、鲟鱼、甲鱼、青蛙、黄尾鱼、大闸蟹、水蛭、龙虾、淡水白鲳等特种水产养殖场 18 家；全县建有 2 个水产品质量安全监测站，5 个鱼情信息测报点。（龙立成）

【治理畜禽养殖污染】 养殖污染治理得到省、市的高度认可，并列入国家畜禽养殖废弃物综合利用试点县，争取项目资金两千万元。加大治理力度，在北部 12 个镇共 83 个村开展连片整治，治理农户近 2000 户。严格网格化管理。按照“一巡查、一照片、一宣传、一报告”的监管要求，组织全县防疫员对已进行治理的养殖户开展日常巡查。开展“百人百日”下乡治污行动，全系统干部职工，深入基层农户，指导和督促养殖户开展污染治理。生态湿地建设走在全省前列，利用中科院亚热带农业生态研究所“养殖废弃物生态湿地处理技术”，根据自然条件以村民组或自然村为单位，在养殖密集区，建设生态湿地和生态沟渠，对畜禽粪污进行净化处理，实现达标排放。在白沙、春华、金井、青山铺、高桥等镇开展生态湿地建设，全县建生态湿地 76 处，面积达 40 公顷。畜禽粪污的无害化处理和资源化利用有新突破，在养殖密集的北部乡镇，开展猪干粪收集工作。加强污染治理配套设施建设，建成能消纳 10 万头生猪粪污的有机肥料厂两个。（龙立成）

【标准化规模养殖场建设】 大力推进畜禽标准化生产，全县有 31 个养殖场获得标准化授牌，其中农业部和省授牌的 7 个，市授牌的 24 个，是全地区授牌最多的县区，全县有 10 个养殖场通过无公害农产品认证，12 个获水产健康养殖场授牌，6 个养殖场获省、市农业龙头企业挂牌。（龙立成）

【动物检疫防疫】 成功遏制禽流感等重大动物疫病，全年全县未发生大的畜禽疫情。改革动物免疫模式，得到省、市主管部门充分肯定，并在省、市推广。严格实行检疫申报制度，全县建成申报点 22 个，完成 4 个高标准检疫申报点的建设，接受农业部和省、市检查，并获得好评。全年全县免疫猪口蹄疫 386 万头次、猪瘟 343 万头次、猪蓝耳病 218 万头次，牛口蹄疫 4. 3 万头次，羊口蹄疫 2.8 万头次，禽流感 345 万羽次。畜禽动态免疫率 90% 以上，免疫抗体合格率 70% 以上。（龙立成）

【动物食品质量安全监管】 探索病死猪无害化处理有效运行机制，建立完善病死猪收集体系。力争上级支持，成为农业部确定的 2014 年全国病死畜禽无害化处理试点县，并在全省率先建成县级病死畜禽无害化处理中心。严格规范养殖场饲料、兽药、饮用水等投入品管理，确保养殖场遵守国家兽药安全使用规定。建立覆盖镇、街道，村和社区的监管网络，监管触角延伸到基层，实现全方位覆盖，无缝隙监管。严格落实企业主体责任，与全县的兽药生产，经营企业、饲料和饲料添加剂生产企业签订质量安全责任书，与规模养殖场、屠宰户、贩运户、冷冻产品经营和储存户签订产品质量安全承诺书。向规模养殖场，发放监管公示牌，规范生猪检疫和“瘦肉精”同步检测，配合相关部门严厉打击违法销售不合格产品和贩运病死猪等违法行为，有效防止问题肉品流入市场。推进诚信档案建设，按“一户一档，分类管理”的原则，为每户建立诚信档案。配合有关部门开展执法，全年立案查处各类案件 64 起，其中兽药案件 27 起，饲料案件 9 起，动物卫生案件 27 起，渔政案件 1 起，结案 58 起。（龙立成）

农业机械化

【概况】 2014 年，长沙县农业局有农机专业合作社 42 个，农机经销商、经销点 135 个（其中购机补贴定点经销商 11 个），农机维修网点 120 个，农机生产企业 16 家。办理补贴指标确认书 1977 份，机具数量 5383 台；分八批次结算补贴资金 1199.166 万元补贴机具 4072 台（一卡通发放 2577 台

849.852 万元，国库集中支付 1495 台 349.314 万元），受益农户 1509 户，直接带动全县农民农机购置近 4000 万元。农机化经营总收入 30.56 亿元，其中农机化作业收入 10.36 亿元，农机生产销售收入 18.25 亿元，农机维修收入 1.95 亿元。全县农机总动力 22.65 万台 146.83 万千瓦。农业综合机械化率 78.3%，水稻生产全程机械化综合水平不断提高。长沙县农业局被湖南省农业机械管理局评为 2014 年度全省农机工作先进单位和 2014 年度全省水稻育插秧机械化技术推广先进单位。全年县农机安全监理站农机购置补贴一站式服务窗口受理指标确认书 185 份，受益户数 116 户，机具数量 187 台，结算补贴资金 353.93 万元，占全县补贴结算资金办理的 29.51%。

（彭铁柱）

【机械化育插秧】 2014 年长沙县农业局统筹安排机械化育插秧技术推广工作、奖励、购机补贴和作业补贴等专项经费 100 万元，采取集中育秧与分散育秧相结合的方式，建立机插秧育秧示范点，解决早稻供秧问题。在青山铺镇梅数、洪河、路口镇麻林、明月、高桥镇高桥、金井镇金龙、涧山、黄花镇鱼塘、新江、江背镇阳雀、北山镇常乐共建立 11 个 133.33 公顷机插秧核心示范片。推广水稻插秧机 71 台，其中高速乘坐式插秧机 20 台（7 寸高速插秧机 18 台）。全年全县完成机插秧推广面积 1.33 万公顷，其中早稻 0.67 万公顷，中稻 0.27 万公顷，晚稻 6.4 万公顷。在开慧、福临、高桥、黄花、春华、果园、江背等 12 个镇建立千亩机插示范区。

（彭铁柱）

【农机安全监理】 长沙县农业局组织举办镇（街）农机安全员暨平安农机创建培训学习班，学习农机安全管理、平安农机创建、事故处理、互助保险等农机管理知识，提高镇（街）农机管理人员业务水平和农机安全管理能力。开展农机安全生产大检查、大整治专项行动。查处无牌无证驾驶人员 11 人，违法载人、超载超速等违法作业拖拉机 16 台次。排查安全隐患 4 处，落实整改 4 处。与县公安交警配合，全年开展农机安全行政执法 80 余次，出动监理人员 240 余人次，检查农业机械 410 台次，纠正违法作业 94 台次，消除事故隐患 80 余台次，消除事故隐患 27 台次，处罚驾驶员 18 人次。县监理站开展农机事故处理、统计报告工作，受理轻微农机事故 5 起，轻伤 5 人，核实直接经济损失 8000 元；做好农机互助保险宣传发动工作，全县入保 1674 份，保费金额 405730 元。互助保险受理事故 5 起，理赔 6395 元，取得良好的社会效益。县政府拨款 5 万元，成立农机事故救援基金，对因农机事故致残和家庭困难的农机手开展救援（助）行动，救援各类农机事故 23 起，救援资金 25400 元，救助困难机手 41 人，救助资金 24600 元，缓解农机手家庭困境。

（彭铁柱）

【现代农机合作社建设】 截至 2014 年年底，长沙县有工商注册农机专业合作社 42 家，较上年增加 10 家。全年全县申报现代农机合作社 9 家。通过“百千万”工程项目的带动，全县 42 家农机专业合作社入社成员达 380 人，服务农户数 15100 户；拥有农机具 822 台套，其中水稻插秧机 136 台（高速插秧机 51 台）合作社总资产 4880 万元，农业机械原值 3803 万元。全年合作社作业服务面积 0.63 万公顷，农机作业服务总收入 2542.3 万元。农机专业合作社服务范围从原来单一的水稻机收拓展到水稻机械育秧、机耕、机种、机收、机械植保、机械烘干全程，水稻全程机械化水平得到提高。县农机合作社新购置 14 架湖南博联航空技术有限公司生产的 3ZD-10A 型无人植保飞机，推广粮食烘干机 16 台。农机专业合作社的组织化、规模化、产业化程度不断提高，成为推进农机化发展和开展农机社会化服务的生力军。

（彭铁柱）

【农机企业发展】 2014 年长沙县农机化经营总收入 30.56 亿元，其中农机化作业收入 10.36 亿元，农机生产销售收入 18.25 亿元，农机维修收入 1.95 亿元。全年全县 16 家农机生产企业 18 种机具类型 56 个产品进入湖南省农机补贴目录，新增 3 个产品入选农机购置补贴目录。湖南碧野农业科技开发有限责任公司研发的农业废弃物生化处理制肥机和长沙博航联合技术有限公司生产的植保飞机纳入 2014 年省农机补贴支持产品目录。农机企业加大整合重组力度，企业规模不断扩大，年产值、销售收入、利润、税收均明显增长。促进了农机工业的技术进步和产业升级，农业和工业的实现双增双赢。

（彭铁柱）

水 务

【概况】 全年水利投入 15 亿，完成病险水库治理 39 座，启动重点水闸 2 处，湘江航电枢纽库区项目实施库岸防护 39.7 公里，改造涵闸 41 座，改造和新建灌排泵站 31 处；完成金井河等 9 条中小河流治理 150 千米；启动麻林河流域 3 处湿地建设；实施榔梨老街防洪墙、花园垸大堤、梨江高排渠及两泵两闸主体工程；完成安沙等三处砂场建设；完成黄兴大道北延线

(路青线以北段)供水主管、乌川和双江水厂管网延伸等项目，形成环状管网；完成捞刀河266.67公顷河滩生态湿地建设；白石洞水库和水渡河坝实现开工开建；整修塘坝600处、清淤扩容666.67公顷，疏浚沟渠200公里，启动8处中小型灌区改造；启动日供水5万吨的金井水厂、桐仁桥水库补水工程、捞刀河南岸风光带、春华渡槽加固等项目建设前期工作。（李 虹）

【水务改革】水资源管理体制、行政审批制度、重点水利工程建设管理、小型水利工程运行管理、镇街水利建设管理、效能监督和绩效考核、“两型”机关管理等七项改革创新工程成效明显。农业水价综合改革工作在全国农业综合水价改革经验交流会上作了典型发言，并获得高度肯定。创新小型水利工程管理体制，实行“物业化”管理。建立工程建设管理体系，镇街立项工程项目实行遴选制。按项目投资计划，根据“自愿申报、公开竞争、专家评审、择优入选”的原则，依照《长沙县财政性投资水务工程遴选办法》，采取竞争性遴选方式确定。（李 虹）

【防汛抗旱】 全县明确防汛工作目标和工作措施；对所有防洪工程和在建涉水工程进行拉网式检查，及时通报检查情况，查漏补缺落实整改措施；强化业务培训，组织防汛业务知识或抢险技术知识学习，巩固、提高基层防汛抗旱人员的应急能力和水平。物资储备充足，保证在出现险情时各级防汛物资拿得出、用得上；加强山洪灾害防御预警，所有上型水库实现监测设施全覆盖，提高了防汛抗旱科学决策能力；县防办值班值守到位，信息传输通畅，险情处置及时，及时处置捞刀河路（南）及排污箱涵在建项目施工引起的大堤开裂、坍塌等险情。（李 虹）

【水务管理】通过水利部全国第二批水土保持监督管理能力建设县验收。组织3次大型水法宣传活动，印发各类宣传资料一万多份，通过电视台、报纸开办宣传栏目5期，提高群众的水患意识、节水意识和遵守水规水法意识；对提出取水申请或延续取水许可的单位，一方面严格审查申请材料，另一方面到单位所在地现场核实取水地点、设施、用途和退水设施等基本情况；严把审批关口，依法对建设项目防洪评价报告进行评审，并定期对涉河建设项目进行检查。启动全县水功能区确界立碑工作，完成包括捞刀河、浏阳河的干流及主要支流入河口、重要水库一期工程界碑和宣传牌的安装。完成福临开物村、双江螃蟹洞水库、龙华水库等集中式饮用水源保护工程试点。（李 虹）

气象服务

【概况】2014年，县气象部门大力推进气象现代化，加快气象观测站及科普基地建设步伐，重点开展城市防灾减灾社区及人影项目建设，加强公共气象服务及气象为农服务工作。

推进气象观测站及科普基地建设，完成初步设计批复；观测场平整及护坡工程；与轻纺设计院签订阶段性代建合同；施工场地的引水工程；电力工程完工投入使用；清单编制，地勘以及施工设计图的审查工作；建设规划许可证、主体施工单位的招投标。10月，启动项目建设，正在桩基工程施工阶段。由县政府安排专项资金，高标准完成北山镇高仓村和金井镇金井茶厂两个标准化人影基地建设，配备标准化高炮库，实现火箭炮、弹药专库存放，人库分离。

气象业务。在气象预报预警服务方面：发布长沙县春播育秧期天气趋势预测2期，发送长沙县重大气象信息专报6期，专题天气6期，一周天气服务86期，农业气象专题服务62期，农业气象灾害预警6期，林业气象服务11期，森林火险预警4期，雨情消息8期，强降水消息8期，暴雨消息5期。发送短信75079条；预警短信4.67万条。在气象防灾减灾示范村建设方面：下半年，结合全国防灾减灾示范村（社区）创建工作，在北山镇福田村建成全县第一个气象防灾减灾示范村，标志着长沙县气象防灾减灾示范村和气象信息进村入户示范点建设全面启动。在城市防灾减灾示范社区建设方面：在星沙、泉塘、湘龙3个街道完成景星、湘郡、阳高、金茂4个城市防灾减灾示范社区建设任务，达到“有工作场所、有人员配备、有应急处置预案、有预警接收终端、有宣传培训、有防灾减灾志愿者队伍、有长效的管理和发展机制”的“七有标准”。居民可在“家门口”享受到贴心气象服务，及时规避气象灾害风险。

服务“三农”。从2014年起三年内，长沙县被中国气象局列入全国“三农”气象服务专项重点实施县。年初，按照上级气象部门要求完成示范县详细实施方案的编制和报批。与县农业局、县民政局、县林业局、县水务局实现数据资源、技术资源、服务基础设施等方面的共享。高标准打造4个示范基地：路口镇农华山蔬菜基地、春华镇九农农业开发有限公司、北山镇恒盛农业科技发展有限公司、金井镇金井茶厂。采购4套全要素自动气象站设备，完成设备安装和调试，实现气象自动监测设备与气象信息的分屏显示及实时更新。建成覆盖18个乡镇及行政村（100%覆盖率）、8个农业生产基地（大户）共28个农村气象信息服务站；组建覆盖所有镇（街）、部分行政村和农业、林业、水务、民政、畜牧水产、国家农业科技园等部门的气象协理员、信息员队伍。

7月，在县本级行政职权的清理规范工作中，县气象局被纳入行政职权清理职能单位。经统计，县气象局行政职权事项22项，其中包括行政处罚13项（包括对危害气象设施和气象探测环境的处罚；对违规从事防雷业务活动的处罚等），行政检查5项（包括防雷工作的指导、监管和检查；施放气球活动的监督检查等），行政备案1项，其他3项。通过行政职权清理，促使县气象局权利运行更加规范有序、公开透明、便民高效。　（刘 远）

附录：

长沙县2014年度气候影响评价

一、综述

在全球气候异常的背景下，2014年长沙县气候年景整体正常，冬旱、洪涝、暴雨及强对流天气等为全县主要成灾气象灾害。主要天气气候事件有干旱、寒潮、冰冻、雾、霾、雷雨大风、暴雨、高温热害等。全年自然灾害直接经济损失较2013年显著下降，其中农业损失较上年减少数倍。影响最大的是暴雨洪涝，其次是阴雨天气。农业气候年景条件为整体正常年景。

二、基本气候概况

2014年平均气温异常偏高，其中冬季、春季偏高，夏季正常略偏低，秋季显著偏高；春季偏长，夏季异常偏长，秋、冬季偏短，入春、入夏提前，入秋、入冬偏迟，气候年比天文年短；全年雨水正常略偏多，春夏多短时强降水，雨季开始早结束晚；雨日偏多，日照偏少。

1. 气温

2014年平均气温为18.2℃，比历年同期平均值异常偏高0.8℃，比上年偏低0.5℃；年平均气温18.6℃，为有气象记录以来与2007年并列为第二高值年，从空间分布来看，长沙城市热岛效应明显异常偏高年份，气温比常年偏高0.8℃，进入21世纪，气温冷暖变幅大，升降幅度均较为剧烈，2014年平均气温虽较上年有所下降，但仍异常偏高，为有气象记录以来第三高值年。

从月平均气温距平分布看，2月、7月、8月为负距平，异常偏低，5月、6月正常略偏高，整个夏季气温均为负距平。而1月平均气温异常偏高，为有气象记录以来第一高值年，3月、10月偏高，4月、9月、11月、12月正常略偏高。

入春时间为：3月14日，入夏时间为：5月20日。入秋时间为：10月28日。入冬时间为：12月9日。总体来说，2014年冬季偏短，春季略偏长，夏季异常偏长，秋季明显偏短。

轻度高温热害 长沙县7月出现一段轻度高温热害，其中18～23日连续6天日最高气温≥35℃，达到轻度高温热害标准。

年内无日平均气温低于0℃的严寒期，但2月有较长的日平均气温低于5℃的寒冷期，。

极端最低气温：-3.5℃，出现在2月11日，；极端最高气温：38.0℃，出现日期为7月22日。

2. 降水

2014年平均降水总量为1525.7毫米，比历年同期平均值正常略偏多3.0%，比上年偏多194.6毫米。2014年降水总量正常略偏多，接近30年平均值。

从月降水总量距平百分率的逐月分布来看，与历年同期平均值比较，全年1月、12月显著偏少，4月偏少，7月异常偏多，3月显著偏多，2月、5月偏多，6月、8～11月正常；从月降水总量来看，降水主要集中在2～8月，其中5月、7月出现峰值，占全年降水总量的34%，1月、12月降水量处于低谷，仅占全年降水总量的9%。

依据湖南地方气候标准，雨季均于3月8日开始，比历年偏早27天，雨季结束不明显。

轻度、重度洪涝 5月长沙县的降水总量比历年同期平均值偏多2成4，达到轻度洪涝标准；7月降水总量偏多，长沙县多7成，出现重度洪涝。8月长沙偏多2～3成，出现轻度洪涝。

汛期5～9月平均降水总量888.7毫米，比历年同期平均值偏多18.6%，偏多140.5毫米，各站偏多10.0%；5～6月正常略偏少；7～9月偏多34.2%。

雨日：全年大于等于0.1毫米的降水日数为：148天、与历年同期平均值比较，偏少1.2天；从各月分布来看，冬季降水日数偏少3天，夏季偏少4天。

3. 日照

2014年平均日照总时数为1542.8小时，日照距平均百分率为97%，比历年同期平均值偏少3%，属正常年份，比上年显著偏少379.0小时；日照百分率为34.8%，比历年略偏低0.5%；2014年日照总时数为1634.4小时。从空间分布来看正常略偏多5.8%。从地区逐年日照变化趋势图中可以看出，2014年日照总时数较历年值略偏低。

三、主要天气气候事件及其影响

2014年天气变化较为平缓，灾害性天气主要有冬旱、暴雨、洪涝和局部强对流、大风、阴雨天气等，成灾较轻；灰霾天气急剧增多，影响人们身体健康。据民政局资料统计，2014年自然灾害直接经济损失较上年度显著下降，其中农业损失较上年减少数倍。

1. 气温偏高，出现暖冬

2013～2014年冬季平均气温偏高，为7.5℃，比历年同期平均值偏高1.3℃，比上年偏高1.2℃。较历年同期平均值异常偏高2.0℃，达到暖冬气候标准。冬季平均气温城区高于郊区，西部高于东部，平原高于山区，冬季城市热岛效应明显。12～1月气温异常偏高，2月3日自西向东受寒潮影响，出现持续的低温阴雨雪天气，气温迅速下降，但整个冬季气温偏高，仍为暖冬。

2. 降水不均，发生冬旱

冬季长沙县自西向东出现不同程度的旱情，导致部分地方用水困难。

3. 暴雨集中，过程频繁

2014年降水正常略偏多，雨日偏多，且暴雨频次偏多，但没有出现大的灾险情。先后出现了5月8日～10日、5月24日～25日、6月19日～21日、7月3日～5日、7月12日～16日、8月17日～19日、10月30～31日七次暴雨过程。2014年总暴雨次数为5次。总暴雨频次均偏多，偏多0.3次。

暴雨强度指暴雨降水总量比暴雨总次数，暴雨集中率指总暴雨降水量占年度或汛期降水总量百分率，两个指标均反映暴雨强度和集中的程度，暴雨强度越强，暴雨降水越集中，暴雨洪涝造成的损失就可能越严重。2014年暴雨强度在69.3毫米；因强降水过程主要出现在汛期，故暴雨集中率与暴雨降水总量占汛期降水总量百分率为38.1。暴雨强度与暴雨集中率大。

5月8～10日暴雨 受高空低槽、中低层切变及地面倒槽共同影响，我县出现了2014年首轮暴雨过程，达暴雨标准，其中5月9日24小时降水量89.5毫米，出现在长沙县开慧乡。

5月24～25日暴雨、局地大暴雨、5月24～25日受高空低槽东移、中低层西南暖湿切变共同影响，我县普降暴雨，其中25日雨量分别为88.7毫米，局地出现大暴雨。

6月19～21日部分暴雨、局地大暴雨 受高空低槽东移及中低层切变共同影响，6月19～21日有一次部分暴雨、局地大暴雨的天气过程，其中20日雨量为81.5毫米。

7月3～5日暴雨、部分大暴雨 受高空低槽东移及中低层切变共同影响，7月3～5日自西向东有一次暴雨、局地大暴雨过程，其中5日日雨量为：70.7毫米。

7月12日局地暴雨 7月12日8时～13日8时，14日晚到15日又出现一次暴雨过程，北部降雨60～80毫米，南部30～40毫米。此次暴雨造成全县部分乡镇农田积水严重，低洼烟田发生局部渍涝，积水严重，农房倒塌，水库水位上涨。

7月14～16日暴雨、局地大暴雨 受高空低槽及中低层切变共同影响，7月14～16日出现了一次暴雨，局地大暴雨天气过程，15日达暴雨标准，日雨量为56.6毫米。

8月18日暴雨、局地大暴雨 由于冷空气扩散南下，高空槽东移及中低层低涡切变影响，8月18日有一次暴雨、局地大暴雨过程。10月30日暴雨过程 10月30～31日受高空槽、中低层切变线及地面冷空气影响，31日中雨。

4. 雾、霾

2014年长沙县雾日为4天，比历年同期平均值偏少22天。

大雾、灰霾天气的出现频率增加，使民航、公路等受到很大影响，黄花机场、高速公路多次关闭，给人们的生产生活带来诸多不便；同时造成城市环境污染加重，直接影响人们的身心健康。

5. 大风、强对流

大风 2014年出现大风或雷雨大风8站次，比历年同期平均值偏少2次，比上年偏多5站次。于2月3日、6月1日、7月18日出现3天大风日，极大风23.6m/s（九级大风）出现在6月1日。

3月28日受强对流云团影响，长沙县出现了强雷暴、雷雨大风、短时强降水、冰雹等灾害性天气。全县乡镇不同程度受灾，其中1人被雷击身亡。

8月6日、18日局地出现短时雷雨大风。

6. 冷空气、寒潮、倒春寒

2014年有17次冷空气活动，比上年度29次有较明显的减少，其中达到强冷空气的天气过程有3次，寒潮1次。强冷空气过程分别出现在：1月5～7日冷空气南下，达强冷空气标准；12月8～10日受地面冷空气影响，达到强冷空气标准；12月24～26日达到强冷空气标准。寒潮过程分别出现2月4～6日，达到强寒潮标准；

7. 冰冻、霜冻、结冰及积雪

2014年冰冻、霜冻、结冰及积雪现象均少于历年同期平均值，其中日数仅出现1天；结冰日数异常偏少7.2天、9.5天；霜冻日数偏少3.7天；积雪日数5天。

四、气候影响专题评价

2014年的气象灾害较轻，明显少于上年度，天气气候条件整体属于正常年景，见表。对农业的灾害主要体现在干旱、暴雨、大风以及强对流等，成灾整体较轻，农业气候条件属于正常年景。其他方面气候利弊不一，如气候对旅游、水利建设、电力供应、交通等影响利多弊少，对全年空气质量的影响利少弊多。

1. 气候与农业

2014年粮食生产气候条件正常，粮油生产形势保持相对稳定；经济作物生产稳中有升。对农业生产造成不利影响的主要是暴雨、大风、阴雨寡照以及局地寒露风。

（1）水稻

表1 长沙县气候年景情况表（2008～2014）

年份	气象灾害评估	分级	农业灾害评估	分级	电力灾害评估	分级	灾害次数评估	分级	成灾次数评估	分级	综合得分
2008	差	5	偏差	5	差	5	一般	3	一般	3	4.4
2009	偏好	2	平略好	3	好	1	一般	3	偏好	2	2.2
2010	偏好	2	平略好	3	好	1	好	1	好	1	1.5
2011	好	1	丰产	1	好	1	偏好	2	偏好	2	1.4
2012	略差	3	略差	4	好	1	一般	3	一般	3	2.7
2013	差	5	差	5	差	5	偏差	4	偏差	4	4.6
2014	偏好	2	平略好	3	好	1	一般	3	一般	3	2.4

早稻　2014年早稻基本在3月18～22日播种，4月中旬移栽，6月中旬齐穗，7月下旬成熟收获。早稻（3月下旬～7月上旬）生长期间的光、温、水气象条件正常，农业气象灾害中等。其气候呈现气温正常略偏高，降水略偏少，光照不足的特点。

早稻各生育阶段的气象条件：

①苗期（3月下旬～4月下旬，播种到移栽）。该阶段温度正常略偏高，变化幅度不大，冷空气虽有，但持续时间短；光照适中，雨水适宜，有利于早稻的播种、发芽和出苗。4月上中旬气象条件有利于秧苗的生长发育，故早稻秧苗发育较快，素质好于历年和2013年，2014年早稻移栽基本集中在4月前中旬，较历年提早10天，与去年相当（秧龄25天左右分别比历年和去年缩短6天左右和1天）。移栽期间气象条件也较有利，禾苗返青较快。

②分蘖期。4月下旬低温寡照天气条件不太有利于早稻的光合作用以及生长发育。5月上旬温度正常，虽降水偏多（雨日5天），但日照充足，为晴雨相间天气。气象条件能满足早稻分蘖要求，据观测和大田调查，早稻4月中旬末返青到5月上旬初早稻分蘖普期为14-15天之间（较历年迟1～2天，比去年早11天）。5月中下旬天气一般，未出现“五月低温”天气，但降水偏多，日照偏少不利于早稻的幼穗分化和大田晒田，虽然大田苗数多，但有效分蘖数增加有限。

③孕穗至抽穗期（6月上中旬）。温度正常（上旬正常略偏高，中旬略偏低）、日照偏少、降水适中。上旬温、光、水基本能满足孕穗要求；中旬正值双季早稻的抽穗扬花期，中期前天气较有利，后期遭遇一次强度较大的降水过程（旬末持续2天的中雨，降雨分别达24.8毫米、21.7毫米），给双季早稻带来“大雨洗花”的不利影响，造成空壳率的升高。据调查，今年双季早稻大面积齐穗期在6月18～20日，与上年基本持平；亩有效穗24万～25万穗，与上年相当，其一次枝梗数8.5～9.0之间，比去年多0.5～0.8，虽穗总粒数略多于去年，但抽穗扬花期的雨水，光照不足等，造成空壳率上升，结实粒下降。

④灌浆成熟期（6月下旬～7月上旬）。6月下旬，低温寡照，双季早稻生育期有所延缓。而且阴雨高湿的气象条件也有利于病虫害的发生发展。7月上旬，早稻进入乳熟期，较历年有所推迟。旬中前期以阴雨天气为主，旬中后期出现温度略高，田间出现高温高湿小气候环境，但因早稻已经进入乳熟期，所以影响不大。晚稻苗床长势较好，因早稻生长期延长、成熟期推迟，所以晚稻移栽也相应地有所推迟。7月下旬，双季早稻处于成熟收获阶段，大部分地区多晴好天气，对早稻收晒有利。

晚稻　2014年双季晚稻于6月18日开始播种，7月18日左右移栽，8月22日拔节，9月6日孕穗，10月下旬成熟收获，从播种至10月中旬末的积温为3107.1℃，比2013年和历年分别少258℃、13.8℃。生长期温光偏少，降水偏多，分布不均。

8月中旬的连续低温天气对水稻发育不利，使分蘖期拖长但并未造成很大影响。9月中下旬有连续低温少日照天气，避开了抽穗扬花时期，对产量影响不大。10月中旬遇有连续低温阴雨天气，水稻已进入发育的最后阶段，虽因天气影响拖延了水稻成熟日期但并未对产量造成很大影响。10月22日收割后天气良好，收仓入库顺利。今年双季晚稻生育期内从播种到成熟各气象条件都是较有利的，虽中间出现连续阴雨天气，但对作物生长发育影响不大。晚稻未出现寒露风，空秕率较低，结实率78%，理论和实际产量都与2013年持平。综上所述，本年度晚稻产量属中等年份。

（2）油菜和经济作物生产稳步增长

2013～2014年油菜收获面积比上年有所增加。生产期间气候对油菜生产弊大于利，为正常年景。不利影响主要是：冬季低温阴雨寡照天气延缓了油菜的生长发育；3月上旬日照严重不足，旬内油菜处于开花期，因受持续阴雨寡照影响，长势缓慢；4月下旬温度偏低，日照稀少，阴雨寡照的天气使油菜菌核病发生发展。

气候对经济作物生产的影响主要有以下几个方面：2月冷空气活动频繁，持续低温雨雪天气对果树、花卉造成不利影响；5月中旬的低温寡照和下旬偏多的降水天气对烟草和农作物的生长发育不太有利；5月24日～25日暴雨导致经济作物受损。

（3）蔬菜

2014年气候对蔬菜的不利方面主要表现在：2月冷空气活动频繁，持续低温雨雪天气对部分地区蔬菜造成不利影响；3月下旬仍以晴雨相间天气为主，局部地方短时强降水、冰雹、强雷暴和雷雨大风等强对流天气，对蔬菜有一定影响。

2. 气候与林业

2014年林业气候年景正常。不利的方面主要表现在前冬持续的温度偏高、降水偏少导致的高温低湿和干旱发展，造成林火多发，后期的阴雨寡照天气和大雪冰冻对林木的损伤。

据林业局统计，森林火灾发生在1～2月，主要因为持续的晴朗少雨，湿度低，未警惕野外用火安全导致林火隐患的发生。无森林火灾造成的人员伤亡。

2014年长沙县林业有害生物发生总面积有所下降。发生主要特点：一是虫情暴发时间跨度长、范围大、种类多、势头猛，呈现大面积集中暴发趋势。二是主要虫害发生面积有变化，松毛虫发生面积较去年有所减少，竹类害虫大面积增加；同时发生种类较去年增加。三是县、乡、村四级监测体系发挥重要作用，应对突发生物灾害经验不断提升，处置及时，总体来看，暴发面积大但成灾不重。四是林业有害生物社会关注度越来越高。

3. 气候与交通

2014年影响交通的主要天气气候事件有：雾、霾、暴雨、低温雨雪、冰冻及局地强对流等。

因受大雾和灰霾天气影响，能见度、跑道视程均低于运行标准，黄花国际机场2月16日受影响的航班达36架次，其中出港16架次，进港20架次；28日造成79架航班无法正常起降，最长延误时间近3小时。3月28日受影响旅客1,600余人次，受影响航班47架次。4月8日27趟航班延误；30日造成进出港的35趟航班延误；5月20日进出所有航班无法正常起降。

10月19日，由于长沙地区灰霾较重，能见度不高，京港澳长沙段由南往北方向出现堵车现象，堵车数公里长。

4.气候与水利

2014年雨日偏多，降水正常略偏多。水利建设期间，雨日偏少，夏季气温偏低，较凉爽，对水利兴修较有利。

5.气候与旅游

2014年节假日天气较好，整体利于出行，间或有阴雨天气，对旅游影响也不大。

6.气候与民生

（1）人体舒适度

用日平均气温、平均相对湿度和平均风速等要素来描述长沙2014年的人体舒适程度，2014年的舒适天数有107天，占全年的29.3%，较上年增加27天；较舒适116天，占31.8%,较上年减少了26天；舒适和较舒适天气占全年的61.1%，超过全年一半的时间；不舒适120天，占32.8%；很不舒适22天，占6.0%，比上年减少8天。3～6月、9～11月较舒适；不舒适天气主要集中在1～2月和12月的寒冷期内及7月的酷热期；7月有两天由于人体感觉酷热，达到很不适应指数。从冷暖两级来区分，偏暖日为203天，偏冷日则为162天，偏暖日偏多41天。

（2）民生

2014年影响人们生产生活的天气主要有：雾、霾、暴雨、低温雨雪、冰冻、高温及局地强对流，以及天气急剧变化引起人体不适等。

冬季 天气阴冷，市民用电用火取暖导致火灾和一氧化碳中毒致死的事件发生；同时是呼吸道传染病和心脑血管疾病的高发季节。

春季 3月12～14日、18～20日有两次冷空气过程的影响，由于气温变化剧烈，突发心梗、脑梗的病人增多。

夏季 7月9～12日、18～23日出现高温热害，导致中暑病例增多，中暑者大多是户外作业者。

秋季 天气干燥，空气重粉尘多，10月有效降水日数仅4天，自动观测记录的霾日达19天，对过敏性鼻炎、慢性鼻炎、慢性鼻窦炎，以及流行性腮腺炎、水痘造成影响。

五、2015年气候总趋势预测与对策建议

1.2015年气候总趋势预测

根据气象台气候预测：2015年降水正常，气温偏高，涝旱并举。

春季早稻播种育秧期天气趋势属于正常年景。春季气温正常略低，冷空气活动频繁，气温起伏变化大，低温连阴雨天气严重，春季降水总量偏多。

汛期（4～9月）降水总量正常略多，夏季降水总量偏少；既有严重的洪涝发生；也有严重的高温干旱出现。汛期降水有前多（4～6月）后少（7～9月）趋势。雨水相对集中期在4月下旬和5月中旬。在雨水相对集中期内，强对流降水较严重，区域性洪涝发生的可能性较大。夏季平均气温偏高，≥35℃的高温日数偏多，为35天左右（历年26.3天），可能达到40天。有中度高温热害天气发生，最长连续高温期为10～12天，出现在7月中旬至8月上旬。极端最高气温在40℃左右。

下半年降水特少，由于降水偏少、气温偏高，所以下半年干旱严重。

2.对策与建议

（1）春季冷空气活动频繁，气温起伏变化大，低温连阴雨天气严重，农作物需加强田间管理，及时清沟沥水；居民应持室内空气流通，及时调节空气湿度，减少各种霉菌的生长和繁殖，注意自我保健，饮食起居要有规律；注意调节情绪，保持乐观、开朗的心态，减轻因阴雨天缺少阳光对心情压抑、情绪低落的影响。

（2）在降水相对集中期间内，强对流降水较严重，有局地洪涝发生，应特别注意防范由于暴雨、登陆台风外围云系带来的局地强降水等引发的山洪及山体滑坡等地质灾害、城市渍涝、大江河阶段性洪涝、小江河流域区域性洪涝等灾害发生，防御突发性灾害；在防范局地强降水同时，并采取相应措施，注意科学蓄水，以应对后期干旱。

（3）夏季平均气温偏高，≥35℃的高温日数偏多，应注意高温天气对居民生活和电力调度、能源调配以及农作物生长等工农业生产的影响；加强监督检查，确保安全生产。

（4）下半年降水特少，由于降水偏少、气温偏高，所以下半年干旱严重。少雨、高蒸发量天气时段，易导致干旱发生，先期需注意水库的合理蓄水与科学调度，相关部门需根据各地实际情况和中期天气预报，提前做好高温及干旱的应对准备工作，适时进行人工增雨作业；加强林区火源管理，严格控制野外用火。

（5）7～8月份是雷雨多发季节，及时做好强对流天气的预报预警服务，居民、各行各业应该注意做好雷电防护工作。

如何减轻暴雨洪涝、山洪地质灾害、雷电灾害和干旱等对各行业的影响是目前急需解决的问题。各级政府应进一步加大投入力度，增强对气象灾害的监测预警能力建设，从而努力提高对突发气象事件的预报预警水平；减轻气象灾害造成的经济损失，减少或避免人民群众生命和财产的损失；气象部门应充分发挥气象科技在防灾减灾中的重要作用，积极推进气象现代化建设、准确预报预警、提高气象服务水平，为政府决策、公众安全提供科技保障，这样才能让气象更好地服务于社会与地方经济的发展。

工业·建筑业

工业

·综述·

【概况】2014年，长沙县围绕县委、县政府"领跑进位"目标，结合市"六个走在前列"的活动要求，工业经济努力克服外部及自身制约因素，积极调结构、转方式、提效益，推动工业经济平稳增长。全年工业总产值2128.3亿元，比上年增长12.5%，实现工业增加值682.7亿元，比上年增长10.9%。全县规模工业企业367家，实现规模工业总产值1929.9亿元，比上年增长12.1%，产销率97.2%，规模工业增加值523.3亿元，比上年增长11%，规模工业增加值能耗下降8.6%。长沙经开区规模工业总产值1573.9亿元，镇(街)规模工业总产值354.3亿元。

全县工业经济运行特点：一是效益不断提高。规模工业企业累计实现主营业务收入1842亿元，规模工业企业实现利润总额72.1亿元，工业企业实缴税金67.8亿元。二是贡献不断加大。工业经济占GDP比重62%；工业对全县经济增长的贡献率63.9%。三是结构不断优化。规模工业企业高新技术产业实现增加值411.5亿元，比上年增长10.3%。6家企业技术中心获评国家级技术中心，24家企业技术中心获评省级技术中心，40家企业技术中心获评市级技术中心，长沙磐吉奥拉线工业有限公司实验室获评国家级实验室。四是亿元企业支撑作用凸显。全县163家亿元企业全年累计完成工业总产值1831.9亿元、实现销售收入1780.7亿元，分别比上年增长11%、10.3%，分别占全县规模工业总产值的95%、销售额的96%。全县销售收入前10位工业企业累计完成产值1280.6亿元，占全县工业生产总值的60.2%。（易 统、黄 微）

【"一区八园"建设】年末，入园规模企业295家，博世等29家世界500强企业先后落户园区。"一区八园"累计完成工业总产值1868.2亿元，占全县规模工业总产值的96.9%。其中，经开区入园企业137家，实现工业总产值1573.9亿元，占全县规模工业的81.6%。八个镇（街）工业园合计实现工业总产值294.3亿元，其中暮云经济开发区、榔梨产业基地、江背镇工业园3个园区年产值过40亿元；金井镇工业园、黄花镇工业园年产值过20亿元。（易 统、黄 微）

【三大产业建设】加强对先进装备制造、汽车及零部件、电子信息三大产业的扶持力度，全县三大产业共有规模以上企业154家，完成工业总产值1419.5亿元，同比增长12.3%;实现销售收入（营业收入）1379.8亿元；实现利润45.2亿元。工业总产值、销售收入、利润分别占全县规模以上工业的73.6%、74%、62.7%。（易 统、黄 微）

【工业项目建设】紧紧抓住项目签约、审批、推进、建设达产等项目关键节点，切实抓好项目推进工作。2014年，全县开工建设500万元以上工业项目个数197个。全年完成工业投资313.4亿元，技术改造投资324.1亿元，分别增长20%和20.2%。其中镇、街（不含长沙经开区）工业投资200.9亿元，增长26.8%,长沙经开区工业投资112.5亿元，增长9.46%。（易 统、黄 微）

【节能降耗】持续推进工业节能降耗，突出抓好电机能效提升，加快建设两型工业体系。完成清洁生产审核企业3家，参与"两型"企业创建活动5家，11家企业通过省经信委资源综合利用认定，共计利用废弃物150万吨，新增产值8.5亿元。结合碳源普查，对县域镇街规模企业在用电机进行全面调查，在用电机保有量21万千瓦，其中高压电机4.4万千瓦，低压电机16.6万千瓦，其中使用高效节能电机2.6万千瓦。推广高效节能电机3000千瓦。（易 统、黄 微）

【驰名商标和名牌产品】至2014年，长沙县367家规模企业中，三一、山河智能等18家企业获评中国驰名商标；金茶、口口香等103家企业获评湖南省著名商标；开元仪器、友文食品等56家企业获评湖南省名牌。

（易 统、黄 微）

·工程机械·

【概况】长沙县工程机械产业以三一重工、山河智能、中联起重机等规模企业为龙头。2014年，全县工程机械产业规模以上企业67家，全行业完成产值850.6亿元；实现主营业务收入893.3亿元；实现利润41.2亿元；全年生产挖掘铲土运输机22246台，同比下降14%；生产混凝土机械25921台，同比增长10.8%；年末从业人员55791人。（易 统、黄 微）

【山河工业城项目】该项目一期一次用地30.67公顷，总投资10.7亿元，主要建设联合厂房及生产辅助用房、变配电所、综合楼、门卫等建筑物及公用配套设施，总建筑面积1605371平方米。年内，实际投资3亿元，项目一期建设基本完工，新建挖机公司厂房及调试场等附属工程完工，同时一期二次用地34公顷平整到位。（易 统、黄 微）

【开元仪器自动化机械采样装置产能扩充项目】新建联合厂房（结构件车间、机加工车间、总装配车间），原材料仓库、办公楼等，新增关键工艺设备并配套相应的水、电、气等公用设施。项目建成达产后，火车、汽车皮带自动化机械采样装置年产能达300台以上，全自动采制样打包喷码系统年产能达150套以上。项目总投资1.2亿元，年内，实际投资7000万元。完成综合楼，联合厂房（结构件车间、机加工车间、总装配车间）基础部分的施工和主体部分钢架结构安装。

（易 统、黄 微）

·汽车及零部件·

【概况】2014年，长沙县汽车及零部件产业发展迅速，梅花汽车智能校车研发及产业化项目、磐吉奥集团（湖南）汽车零部件产业基地建设项目以及上海大众汽车有限公司（长沙基地项目）等一大批重大项目建设有序推进。

是年，全县汽车零部件产业规模以上企业75家。全行业产值412.9亿元；实现主营业务收入415.2亿元，实现利润8.1亿元。年车总产量27.8万辆，同比增长11.2%；年末从业人员31105人。（易 统、黄 微）

【上海大众长沙厂区项目】计划总投资120.8亿元，规划年产能60万辆。年内，该项目实际投资56.2亿元，其中冲压车间、总装车间、车身车间、油漆车间四大车间均进入设备安装阶段，厂区内正在铺设草皮等绿化植被，车间10月13日实行保密封闭，样车于12月底下线。（易 统、黄 微）

【梅花汽车智能校车研发及产业化项目】项目总投资3亿元，建立安全校车研发中心及产销基地，包括科研中心、生产厂房、办公楼及其他配套设施等，先期在现有生产厂区内进行生产线改造，同时开展研发工作，项目达产后可年产校车5000辆。年内，该项目实际投资1.2亿元，校车及医疗服务车设计按照相关要求完成修改完善，医疗服务车标准化生产线、油漆涂装线废气处理改造工程建设稳步推进。（易 统、黄 微）

【磐吉奥集团（湖南）汽车零部件产业基地建设项目】项目一期占地6.67公顷，总投资2.72亿元，建设装配车间、冲压/注塑车间、模具车间、研发中心等总建筑面积70750平方米。主要产品为变速箱零件、脚踏机构零部件、各类金属组合锁系列等，投产后年销售收入5亿元。年内，该项目主要完成项目立项、可研、报批等前期工作，6.67公顷用地拆迁工作基本完成，招标拍卖挂网等相关工作逐步推进。

（易 统、黄 微）

【通达汽车内饰生产基地建设项目】总投资3亿元，项目占地11.4公顷，新建厂房6栋，仓库2栋，总建筑面积4.6万平方米。年内，该项目实际投资1亿元，厂房及仓库建成，周边附属设施建设进入扫尾，生产线部分设备完成订购，第二期项目用地平整全面完成。（易 统、黄 微）

【广汽菲亚特新产品及产能扩充项目】项目总投资14.8亿元，占地面积73.33公顷，年内，该项目实际投资5.95亿元，冲压厂房所有压机动作及精度调试于11月完成，液压垫和单机自动化调试于12月完成，全线自动化调试完成。

（易 统、黄 微）

【广汽三菱产能扩充项目】项目总投资19亿元，占地3.7公顷，年内实际投资18.7亿元，年产6.6万台。2月中下旬进入试生产。3月，完成一期13万台产能技改。（易 统、黄 微）

·电子信息·

【概况】2014年，电子信息产业对全县经济增长贡献率稳步提升，发展成为县域经济新的增长点。是年，全县电子信息产业规模以上企业12家。全行业产业完成产值156亿元，同比增长44%；实现主营业务收入145.6亿元，同比增长53%；实现利润-4.0亿元；年末从业人员20900人。（易 统、黄 微）

·新材料·

【概况】2014年，长沙县新材料产业发展迅速，代表企业为顶立科技、众兴新材料、南方坦坭等。全县新材料产业规模以上企业61家，全行业产业完成产值100.1亿元；实现主营业务收入88亿元，同比增长5%;实现利润4.5亿元；年末从业人员8061人。

（易统、黄微）

【顶立科技3D打印用钛合金粉体材料关键制备技术及产业化装备研究与开发项目】项目总投资6750万元，通过开展3D打印增材制造专用钛合金粉体材料核心产业化装备制造工艺研究，研制出新型等离子体旋转雾化装备，使其具备日产能100千克以上，实现钛合金粉体材料批量制造。年内，该项目实际投资2200万元，完成文献、材料准备和研究方案设计，形成可行性研究报告，拟定专用粉体材料制备装备研制方案，并购置相关设备。（易统、黄微）

【南方钽铌深加工改扩建项目】项目总投资4000万元，新建厂房1.5万平方米，形成年产70吨钽铌深加工制品生产线，该项目完成后可新增年销售收入2.27亿元，新增出口创汇2500万美元。年内，该项目实际投资3200万元，项目基本建成，拟进行试生产。

（易统、黄微）

·食品加工·

【概况】以茶叶及饮料加工、湘味食品两大特色为主，以湘丰茶叶集团、金井茶叶、口口香实业、亚林食品等为代表，食品产业不断发展壮大，呈逐年平稳增长趋势。打造工业企业旅游文化，实现企业多元化发展。5家企业开展工业旅游示范企业创建，口口香、彭记坊等2家企业被评为长沙市工业旅游示范企业，工业旅游示范企业增至4家。

是年，全县食品产业规模以上企业49家。全行业工业总产值113.8亿元，同比增长5.7%；实现主营业务收入105.4亿元，同比增长5%;实现利润6.7亿元，同比下降5.6%；全年精制茶总产量3.8万吨，与2013年持平；年末从业人员11867人。(易统、黄微)

【怡宝纯净水生产线建设项目】项目总投资3亿元，购置先进设备，建设4条瓶装饮用纯净水生产线，年产纯净水10亿瓶的产能。年内，该项目实际投资2.2亿元，完成4条饮用纯净水生产线安装。其中第一、第二、第三条生产线已投入生产，第四条生产线安装调试基本完成。（易统、黄微）

【沃园食品特色香薯精深加工及产业化项目】总投资3000万元，新建厂房3000平方米，同时对现有厂房进行技术改造，购置先进设备，建设两条年产1500吨香薯（紫薯）糕点食品生产线。年内，该项目实际投资1780万元，两条生产线建设完成并正式投产。

（易统、黄微）

【湖南津之源食品有限公司黄花生产基地建设项目】项目新增工业用地1.33公顷，总投资4572万元，包括新建两层轻钢结构厂房，四层砖混结构厂房，五层研发办公楼及相关配套设施共计1.5万平方米，添置烘烤隧道炉、沙琪玛自动生产线等设备50台（套），项目达产后可新增年销售收入1.5亿元。年内，该项目实际投资2050万元，已完成两栋无菌净化生产车间主体建设，引进部分生产设备。(易统、黄微)

·信息化建设·

【概况】信息基础设施不断完善。搭建长沙县电子政务城域网，实现全县所有县直科局通过1000兆光纤、各镇（街）通过100兆专线连接到县信息中心机房，该中心机房配置小型机、服务器、数据存储中心、交换机、防火墙、防病毒网关等高档先进设备。全县100%的县直单位均建成完善的局域网，搭建长沙县政府门户网站平台集群系统，整合建设全县300多个单位和部门子网站，已有6000余台电脑终端接入县政务网络。县电子防控平台（视频监控平台）、县政务服务事项在线办理系统、县数字城管信息系统、县卫生信息系统、县数字档案管理系统等100余套大联网系统在政务网上运行。

广播电视业务网光缆干线网覆盖长沙县各个乡镇，形成以星沙城区为中心辐射至全县各乡镇的干线网络，广播电视节目信号覆盖到全县大部分区域，实现数字化全覆盖，农村用户均可收看图像清晰、内容丰富的数字电视节目。年末，城区有线电视用户近11万户，网络覆盖用户18万余户，数字电视节目190套。

加强通信能力建设，致力打造电信精品网络。年内，全县移动本地网线路约8710皮长公里，城域网建设方面共铺设光缆24千米，光交底座14个，独建管道820米。年末，全县有2G基站776个，3G基站483个，4G基站907个。

农村信息化稳步推进。高速光纤、广播电视业务网光缆干线网接入全县200多个行政村，覆盖率100%。

（易统、黄微）

建筑业

·综 述·

【概况】2014年，长沙县共有建筑施工企业112家，其中承包企业50家、专业承包企业30家、劳务企业32家，全县建安产值约242亿元，比2013年增加10%；房屋建筑施工面积2628万平方米，上涨19%；税收12亿元，比2013年增加20%。房地产开发企业176家，其中一级资质2家，二级资质19家，三级资质60家，四级27家，暂定资质70家，总投资额153.92亿元，在建施工面积1572.07万平方米，新开工面积502.63万平方米，竣工面积187.32万平方米，总销售面积265.98万平方米。县住建局在资质申报、信用等级评定、安全认证、诚信管理方面为建筑企业提供服务。有19家新申报建筑企业资质（11家总承包、5家专业承包、3家劳务企业），90家企业办理增项、升级116项，21家新申报安全生产许可证，32家申报安全生产许可证延期，申报三类人员1180人次。开展项目评定511个次，其中12个项目评定为优良，优良率2.35%，一次评定为合格473个次，合格率94.91%；14家一级企业通过省级安全认证，10家企业通过市级安全认证。创建标化工地29个，获市优良工程（结构优良或优良）73个，有望新集团等11家企业被评为3A信用等级企业，佳阳等3家被评为2A信用等级企业，全县26家房地产开发企业获评“长沙市2013年度诚信经营金牌企业”，增加73%。受理项目141个，核发施工许可证（副本）141份，核发施工许可证（正本）88份，报建项目建筑总面积626.5243万平方米，合同总造价1001821.74万元，收取报建费用83759.7235万元(截至12月8日)。加大质量安全监管力度，全年总计质量监督建筑工程项目343个，安全监督建筑工程项目258个，质量受监率、安全受监率100%，工程竣工验收质量合格率、安全合格率100%。是年，县质监站、安监站获评湖南省建设工程质量安全监督系统“文明监督机构”，县安监站在市安监站2014年一至三季度“区、县（市）建设工程安全监督工作督查暨监督工作规范化考核”中均排列第一，县百年建设工程质量检测室获评2014年湖南省基桩低应变检测能力验证“满意单位”、2014年湖南省水泥检测能力验证“满意单位”，县建材站获评2013年湖南省墙体材料革新工作目标考核“优秀单位”和“优秀县”散装水泥办公室，被国家产品检测中心（原国家建材局）、中国砖瓦工业协会授予2014年度“质量管理先进单位”，长沙县城乡建设档案馆获评全省城建档案工作先进集体；县造价站获评2014年度建设工程造价管理先进单位。（龚 庭）

表2　长沙县优秀建筑企业一览

创优等级（市级）	获评单位
房地产行业诚信金牌企业	湖南省中欣楚天雅郡房地产开发有限公司
	长沙永峰房地产开发有限公司
	湖南怡海三湘房地产开发有限公司
	湖南致盛愿景房地产开发有限公司
	华润置地（湖南）有限公司
	长沙三景置业有限公司
	湖南德坤投资置业有限公司
	湖南长海投资置业控股集团有限公司
	湖南同发投资有限公司
	湖南嘉基房地产开发有限公司
	湖南永泰房地产开发有限公司
	长沙天骄房地产开发有限公司
	长沙方略投资发展有限公司
	湖南中盛嘉业房地产开发有限公司
	长沙盛地置业有限公司
	恒基兆佳（湖南）房地产发展有限公司
	湖南汇坤投资置业有限公司
	湖南省大德房地产开发有限公司
	长沙凯富房地产开发有限公司
	湖南宁华置业有限公司
	湖南旺福投资有限公司
	湖南皇越投资有限公司
	湖南山水大院房地产开发有限公司
	开源置业集团有限公司

续表

创优等级（市级）	获评单位
“AAA”信用等级建筑业企业	长沙东部新城房地产开发有限公司
	湖南辉宏置业有限公司
	湖南望新建设集团股份有限公司
	湖南星大建设集团有限公司
	长沙广大建筑装饰有限公司
	湖南黄花建设集团股份有限公司
	湖南广福建筑股份有限公司
	湖南青竹湖城乡建设有限公司
	湖南金沙路桥建设有限公司
	湖南华宇水利水电建设工程有限公司
	湖南螺丝建筑有限公司
	湖南干杉建筑工程有限公司
	湖南长沙槊梨建筑工程有限公司
“AA”信用等级建筑业企业	湖南佳阳建设集团有限公司
	长沙春华建筑有限公司
	长沙正通建筑装饰有限公司
五佳建筑企业	湖南望新建设集团股份有限公司
	湖南星大建设集团有限公司
	湖南黄花建设集团股份有限公司
	湖南螺丝建筑有限公司
	长沙广大建筑装饰有限公司
五佳开发企业	湖南致盛愿景房地产开发有限公司
	五矿建设（湖南）嘉和日盛房地产开发有限公司
	恒基兆佳（湖南）房地产发展有限公司
	华润置地（湖南）有限公司
	长沙三景置业有限公司

表3　长沙县建筑市场优秀个人一览

创优等级（县级）	获评个人
五佳监理工程师	刘庆丰　湖南益佳建设监理有限公司
	尹文祥　长沙升达建设工程项目管理有限公司
	钟　良　湖南天福项目管理有限公司
	熊双明　湖南大地建设项目管理有限公司
	肖　淞　湖南航空建设监理咨询有限公司
五佳质量员	谢伯寒　湖南南托建筑股份有限公司
	胡金广　湖南望新建设集团股份有限公司
	周书意　湖南螺丝建筑有限公司
	涂　佳　湖南黄花建设集团股份有限公司
	王　魁　长沙春华建筑有限公司
五佳安全员	王　超　湖南黄花建设集团股份有限公司
	罗　鹏　湖南佳阳建设集团有限公司
	邹　威　湖南螺丝建筑有限公司
	贺泽湘　湖南干杉建筑工程公司
	张良泉　湖南中欣楚天建筑工程有限公司
五佳资料员	刘均伟　湖南望新建设集团股份有限公司
	毛丰华　湖南星大建设集团有限公司
	周　晓　湖南南托建筑股份有限公司
	何　俊　湖南青竹湖城乡建设有限公司
	肖　青　湖南广福建筑股份有限公司

·建筑市场管理·

【概况】全年共受理项目141个，报建项目建筑总面积626.5243万平方米，合同总造价1001821.74万元；办结项目141个（截至12月9日）。其中房地产项目63个，公益项目31个，二三产业38个，市政工程项目7个，装饰装修工程2个。核发施工许可证（副本）141份，核发施工许可证（正本）88份。全县享受报建优惠政策第一、第二、第三产业项目17个，总建筑面积393935.62平方米。召开建设项目联审会议22次、联审项目101个、接待来访办事及咨询人员19175人次。年内，政务服务事项办结告知书（施工许可正副本办理）237份。办结137个项目的报建费用收取工作（含结转2013年度19个项目报建费用收取），收取报建费用83759.7235万元（截至12月8日）。完成施工合同备案155个，建筑面积5490573平方米，合同价860970.53万元；监理合同备案133个；招标控制价的审查备案60个，建筑面积约为358.92万平方米，招标控制价59.38亿元。完成26个项目的竣工结算备案，建筑面积约为145.8万平方米，结算备案价25.22亿元。编印出版《长沙县建设造价》五期，保证造价信息的及时性、准确性。完成散装水泥总量243.5万吨，散装水泥率60%，创社会综合效益12175万元。

（龚　庭）

【新型墙体材料生产应用】全年新型墙体材料生产量折合标砖12.69亿标块，县城区内新型墙体材料应用率90%，基本实现县城范围内新型墙材使用全覆盖。新增方正建材有限公司一家新墙材企业。

（龚　庭）

【勘察设计与建筑节能】完成初步设计审批项目179个，其中建筑工程项目138个，总建筑面积640.89万平方米，市政工程项目41个；施工图审查备案项目170个，其中建筑工程项目148个，总建筑面积446.95万平方米，市政工程项目22个；节能设计审查备案项目122个，建筑面积约569.52万平方米；设计阶段建筑节能强性标准实施率100%，施工阶段建筑节能强制性标准实施率98%。有24个项目列入绿色建筑推广工作实施计划，总建筑面积347.94万平方米，其中长沙县妇幼保健院医疗保健综合楼等10个项目获批长沙市绿色建筑试点称号，总试点面积200.26万平方米。公示第一、二批共计18个项目可再生能源建筑应用示范项目，总应用面积达24.2万平方米。拟定长沙县既有居住建筑节能改造方案及项目计划表，争取上级节能改造补助资金400万元，县级配套600万元。

（龚　庭）

【房屋安全鉴定排查】年内，鉴定危房户9户，面积6818.61平方米，特种行业房屋（网吧）17家，面积4516.53平方米。对全县各乡镇、街道、县直单位危旧房屋进行全面排查，排查公有房屋C级危房5户，面积3020平方米，D级危房11户，面积1510平方米，未定安全等级房屋91户，面积185732.29平方米。排查私有房屋C级危房1854户，面积163088平方米，D级危房761户，面积60872平方米，未定安全等级房屋643户，面积约52711平方米；对排查结果制成台账及时上报市住建委房屋安全管理处。

（龚　庭）

【房屋装饰装修管理】对房屋装饰安全进行监督和巡查，督促长沙沃尔沃汽车4S店室内外装饰工程及厦门航空公司航站楼的完成施工许可证报建手续，发文要求已开工建设的开源鑫贸大楼和恒大酒店完善装饰装修报建手续。

（龚　庭）

【城建档案管理】全年共接收档案15264卷，收费2747520元，签订《责任书》133份；核发“建设工程竣工档案初验合格证”121张；核发“建设工程档案合格证”80张。（龚　庭）

·建设工程质量检测监督·

【概况】2014年，完成主体结构检测28962组、见证取样91494组、桩基检测中低应变5686根、抽芯5133.29米、静载57根、环境检测100个项目、设备安装检测134个项目、土工外出检测3741项，合计收入1660.65万元，同比收入增长65.11%。全县建设工程质量监督覆盖率100%，共监督房建工程项目309个，总建筑面积1843.58万平方米，市政工程34个，工程总造价24.68亿元；建筑节能备案项目81个，备案面积305.78万平方米；竣工验收备案工程项目75个，备案面积378万平方米，合格率100%，优良率61%；荣获市优良工程（结构优良或优良）73个，面积660万平方米；省芙蓉奖3个；共有16个建设工程荣获2013～2014年度第一批湖南省优质工程。

（龚　庭）

【质量专项检查】全年相继开展四个季度质量大检查、楼板厚度专项检查、防水工程专项督查、节能专项检查、松雅湖环湖基础设施解剖式质量检查、既有幕墙专项检查、监理企业检查、预拌混凝土生产及施工质量检查等专项行动。签发建设工程质量整改通知单 399 份，不良行为告知书 6 份，工程督办函 47 份；检查项目 268 次，签发限期整改通知 92 份；接建设工程质量投诉案件 154 起，办结 148 起。（龚 庭）

【质量通病防治】修订《长沙县住宅工程质量通病防治导则》并印刷 1000 余本，分发到各项目，组织建设、监理、施工单位管理人员学习；10 月 22 日，组织住宅项目建设、监理、施工单位负责人及质监工程师 100 余人观摩长沙市住宅工程质量常见问题专项治理示范工程；开展 31 余次“送技术下工地”活动，为一线工作人员讲授住宅质量通病防治技术知识和控制重点。（龚 庭）

【工程质量治理两年行动】9 月下旬，整理汇编领导讲话稿和配套文件并印刷 2560 余本，分发到五方责任主体负责人，做好前期宣传；11 月 12 日，经请示县委、县政府，在星沙开源大剧院组织召开“工程质量治理两年行动”动员大会，对长沙县两年行动作出整体部署，同时出台行动方案及配套制度。县在建项目建设单位负责人、施工单位项目经理、监理单位总监理工程师近 600 人参会，会议期间，市质监站站长唐湖北莅临大会指导并发表重要讲话，建设、施工单位项目负责人代表进行表态发言，大会取得圆满成功；11 月 25 日，与县文化艺术团合作在海伦春天项目部举办“百年质量、无价生命”文艺巡演，通过寓教于乐的方式宣传“工程质量治理两年行动”精神。（龚 庭）

县住建局局长谢德求（右二）在示范工地听取项目情况介绍（龚 庭摄）

·建设工程安全执法检查·

【概况】2014 年，总计安全监督房建工程项目 238 个总建筑面积 1456.93 万平方米，市政工程 20 个，合同总造价 249.24 亿元。新增工程项目 111 个，总建筑面积 521.91 万平方米，合同总造价 79.38 亿元（其中房建工程 105 个，市政工程 6 个），办理安全合格证 121 份，安全受监率、工程竣工安全合格率 100%；全年安监人员下工地检查累计 2499 次，组织达标验收 511 次，对检查发现的安全隐患和违法违规行为，共签发整改通知书 338 份、设备限制使用通知书 42 份、停工整改通知书 13 份、不良行为告知书 23 份，督办函 28 份，催办函 12 份、停工函 33 份；办理农民工学校备案 52 家、注销 10 家；办理起重机械设备使用登记 716 台。创新工作方法，采取与多部门联动形式，多次与县城管局、县交警队联合开展文明施工、“清洁城乡”及“门前三包”联合执法突击检查，并召开全县建设工程“清洁城乡”及“门前三包”专题会议，与参建单位签订责任书，落实主体责任。（龚 庭）

【工地食品安全监督】全年共对 77 个工地食堂进行监管，开展 4 次专项整治活动，出动执法人员 400 余人次，执法车辆 80 余台次，下达卫生意见监督书 142 份，拟立案调查 10 起，签发整改单 23 份；开展专项宣传活动 63 场次，发放宣传资料 458 份，接受人民群众咨询 23 人，宣传横幅 12 条。（龚 庭）

城乡建设与管理

城乡建设

【概况】年内，全县小城镇建设开工项目128个，总投资21亿元；全县人口111.44万人，城镇人口63.99万人，城镇化率57.54%，增长1.92%。

协助乡镇申报传统民居、省级新型城镇化专项引导资金、浔龙河新型墙材、城镇宜居小区、危房改造整体推进村落、全国宜居村庄、市级两型示范镇等项目。总结上年经验，完善"以奖代投"投入机制，对有实际项目且按时按质完成项目的17个乡镇，给予一定奖励。年底组织召开专家评审会，结合实地走访入围乡镇（前5名）建设项目，综合评定金井镇、春华镇分别为2014年度特色小城镇创建特等奖（奖金1000万元）、一等奖（奖金500万元）。年内，金井镇、黄花镇获批全国重点镇，白沙镇获评全国旅游名村，白沙镇双冲村获评省市危房改造示范村。（龚　庭）

【危房改造】是年，省、市下达危房改造任务指标1000户，根据全县实际，自行配套危改任务指标786户。年内，解决危房改造户1786户（一般援建1191户，重点援建595户）住房问题，资金4762万元，危改户房屋开工率、竣工率100%。援助对象分为一般（补助2万元）和重点（补助4万元）两类。在全国农村危房改造信息系统中录入1000户危房改造户资料，录入户数居长沙、望城、浏阳、宁乡四区县（市）中第一。（龚　庭）

全国旅游名村——白沙镇曾家坊　（龚　庭　摄）

城乡规划

【概况】2014年，县城乡规划部门以《县城总体风貌规划通则》为指导，开展城市设计，编制控制性详细规划，确保各项规划设计成果都能在其中得到落实。

加强行业管理，提升规划设计水平。建立规划设计中介机构库，对全县城乡规划设计项目实行统一规范管理。严格把关修建性详细规划和乡镇规划编制项目，高效办理行政许可，核发市政工程"建设项目选址意见书"19本、市政工程"建设工程规划许可证"29本、乡村建设规划许可证21本、规划用地许可证41本、建设工程规划许可证正本96本。完善规划公示和听证，严格规划监督，切实保障公共利益。

做好规划服务，促进重点工程建设。服务招商引资。配合县国土资源局完成长沙县位于长沙市629平方千米范围内用地指标呈报国土资源部审核工作，为长沙县土地储备中心储备用地下达规划设计要点。协调长沙磁悬浮工程线路选址、长（沙）浏（阳）城际铁路线路及站场建设、西气东输三线工程等重点工程建设，切实保障重点工程建设的顺利推进。

加强规划管理。组织未来·松雅

湖国际中心、国泰铭源中心、湖湘奥林匹克花园等24个项目的修建性规划审查，批复国泰铭源中心等13个项目修建性详细规划；完善建设单位规划变更或规划用地实施公示制度，面向社会和相关权益人公示规划52处，组织召开建设规划听众会3次，按照程序审批通过1个项目。规范审批后监管，与城管部门配合检查认定违章建设86起，违章面积46759平方米。（金芳慧）

【重点地段城市规划设计】以《星沙城市风貌整体规划》和《通则》为指引，启动开元路两厢297公顷，滨湖路两厢245公顷的城市设计，通过城市设计提升城市景观，完善设施配套。开元路城市设计区域总面积约297公顷，用地范围西起锦绣路、东至三环线，全长9.5千米；滨湖路城市设计区域总面积245公顷，用地范围西起星沙大道、东至东十二线、南至特立路、北至滨湖路。该批规划设计自2014年4月启动，至2014年年底初步设计方案全部完成。组织召开专家和部门审查会，并向县人大常委会专题汇报。（金芳慧）

【规范行业管理】建立规划设计中介机构库，将国内33家规划设计单位纳入该库，城乡规划前期工作项目设计、控制性详细规划、城市设计及相关专题深化研究、专项规划设计项目和乡镇规划、村庄规划设计项目，均可通过简便操作在库中选取合适规划设计单位，既规范全县城乡规划设计项目管理，也确保全县规划设计水准；把关镇村规划编制项目，促进乡镇规划上水平。对江背镇、路口镇、青山铺镇总体规划修改稿以及江背镇、跳马镇、安沙镇、青山铺镇、黄花镇、春华镇、北山镇七个乡镇的城乡一体化发展规划和上级领导联点村江背镇金洲村、北山镇青田村新农村建设规划的编制，进行前期审查，确需编制的报县领导批准。县城乡规划局组织召开评审会，对上述规划方案进行评审。（金芳慧）

【服务重点工程】配合县国土资源局完成长沙县位于长沙市629平方千米范围内用地指标呈报国土资源部审批工作。协调完成长沙国际会展中心等重大项目用地许可及融资用地申报工作，特别是协调解决生产安置用地招商引资中相关问题；向长沙县土地储备中心储备地下达规划设计要点；配合街道做好渣土弃土场选址工作和预拌商品混凝土搅拌场清理工作。服务重点工程建设，协调长沙磁悬浮工程线路选址及其与14条市政道路相交问题、长浏城际铁路线路及站场建设，协调长浏天然气支线管道线路及配套工程选址、上海大众湖南（长沙）天然气直供管线项目管道路由走向；协调轨道3号线沿线燃气管道改迁工程、西气东输三线工程、株洲油库战备输油管线工程、临空110千伏等管线工程建设；协调星沙应急供水管线建设，保障重点工程建设顺利推进。（金芳慧）

【行政审批】优化报建流程，县城乡规划局自2014年7月1日起取消建设工程规划许可正副本制度。全年依法作出同意市政道路选址定点的决定，核发市政工程“建设项目选址意见书”19本；依法作出同意建设工程规划许可证的决定，核发市政工程“建设工程规划许可证”29本；核发乡村建设规划许可证21本，总建筑面积6万平方米；核发规划用地许可证41本，面积200公顷；核发建设工程规划许可证正本96本，报建面积421.35万平方米，办理竣工验收项目56个，竣工面积282.46万平方米。（金芳慧）

【规划管理】严格审查修建性详细规划，组织未来·松雅湖国际中心、国泰铭源中心、湖湘奥林匹克花园等24个项目的修规审查，批复国泰铭源中心、湖南长沙农产品物流中心（一期）、恒广国际物流园（一期）等13个项目修建性详细规划；完善建设单位规划变更或规划用地实施公示制度，面向社会和相关权益人公示规划52处，对有不同意见的规划及时反馈至相关业务科室，组织召开建设规划听众会3次，经建设单位与相关权益人达成一致意见后，其中1个项目按程序予以批准；严格规划监督，完成正负零验线35件，验线率100%。规范审批后监管，与城管部门配合检查认定违章建设86起，违章面积46759平方米，并全部转交县城市管理和行政执法局依据《城乡规划法》进行处理。（金芳慧）

国土资源管理

【概况】2014年，长沙县国土资源局坚持发展经济与保护资源并举，开创国土资源管理新模式，被长沙市重点工程建设领导小组评为“2013年度长沙市重点工程建设拆迁类一等单位”，被长沙市国土资源局授予“信访工作先进单位”和“服务发展先进单位”。

全年上报建设项目用地97宗，批回建设用地86宗，用地总面积1170公顷。完成建设项目用地预审102宗，预审总面积1252公顷。完成省市农村土地整治项目10个。拆迁腾地733.3公顷。挂牌出让土地49宗，出让面积

392 公顷，全年实现土地收入 74.4 亿元，同比增长 48.2%。产生土地收益和税费 26.6 亿元，同比增长 87.1%。67 家矿山企业完成年检，20 家矿山企业完成延续换证工作。

严守耕地保护“红线”不动摇。严格落实耕地保护责任制，耕地保护责任目标层层分解落实到 18 个镇和 4 个街道办事处，县对镇（街道）《耕地保护目标管理责任书》耕地保有量不低于 56348 公顷，基本农田保护面积不低于 48914 公顷，耕地保有量和基本农田保护面积指标均高于长沙市人民政府下达指标，实现耕地保护目标。探索农田耕作层剥离与回填精细化操作以及生态培肥技术，试点农田渍水净化系统。先后在白沙镇、干杉镇、金井镇实施土地开发补充耕地项目 33 宗 231.8095 公顷，新增耕地 199.7496 公顷。结合长沙县永久基本农田数据库与 2013 年长沙县遥感监测图斑进行叠加分析，将基本农田数据库图层中的非耕地进行纠正和补划，按时按量完成永久性基本农田划定工作。2014 年，湖南长沙农产品物流中心临配仓库项目临时用地、长龙街道办事处渣土消纳场项目临时用地、S105 长沙洞井铺至株洲荷塘区公路（长沙段）、长沙县 S104 公路（岳阳汝城联络线）等 9 个项目土地复垦义务人编制土地复垦方案，其中黄江大道道路工程项目、S105 长沙洞井铺至株洲荷塘区公路（长沙段）工程项目两个项目复垦方案获湖南省国土资源厅批复。

主动服务县域经济社会发展。积极服务功能分区和镇街发展，强化土地利用总体规划的管控和引导，以全县打造“功能分区”为引领，完成松雅湖环湖道路、空港城统征用地、长沙国际会展中心等重点项目用地预审。

金井镇涧山村土地整治项目农田渍水净化系统　　（县国土资源局 提供）

完成江背、路口等 9 个镇街土地利用总体规划修改，增加城镇工矿建设用地规模 1349 公顷。项目用地指标得到落实。建立重点项目专人跟踪落实机制，确保无缝对接、沟通顺畅、审批快捷。是年，全县获湖南省国土资源厅审批建设项目用地 86 宗，总用地面积 1170 公顷，保障长沙黄花机场飞行区东扩工程、长沙磁浮工程、金井大道、省艺术职业学院扩征建设等重点项目用地。

土地登记发证力度加大。完成日常土地登记发证 24772 本，其中：国有土地使用权登记 24507 宗，集体土地使用权登记 100 宗，他项权利土地登记 165 宗。抵押土地面积 481.56 公顷，抵押融资金额 89.35 亿元。接收法院查封、解封、续封等登记法律文件 222 份。土地权利人合法权利得到保护，政府公信力得以提高。积极回应群众关切，主动核实因各种历史原因导致农村村民建房未办证的情况，办理农村村民建房许可证 826 户，批准使用土地总面积 13.216 万平方米，切实维护人民群众利益。

节约集约用地统筹规划，模式多样。围绕“节地评价制度、节地模式和技术创新”三个环节，形成以开慧镇为代表的“集中居住点”，以中部智谷为代表的园区“多层厂房”，以白石岭钨矿为代表的“低效矿山退出制”和“腾笼换鸟”土地高效利用等多种节地模式。多途径缓解土地资源紧缺，开展农村宅基地一户一基专项整治。在长沙市人民政府对长沙县人民政府节约集约用地利用考核中，考核综合评分 82.25 分，在长沙县、宁乡县、浏阳市、望城区中名列第一。

国土资源信访工作。健全信访工作机制，完善信访工作责任体系，按“谁主管，谁负责”的原则，落实责任单位和责任领导，做好日常信访隐患排查，对可能发生的群体性和突发性事件建立应急预案，所有信访案件实行台账管理，确保件件有着落，事事有回音，有效化解社会矛盾。全年受理各类来信来访事项 346 件，其中来信 138 件，县长信箱 20 件，省市各级交办信访事项 30 件，接待来访 158 批 391 人次。信访件处理回复率 99%，来访回复率 100%。（周　湘）

【长沙县第二次土地调查成果公布】 2007 年 7 月 1 日，全国进行第二次土地调查，根据湖南省人民政府统一部署，为查清长沙县 1996.6589 平方公里范围内的土地利用现状，掌握各类土地资源和真实的土地基础数据，长沙县展开第二次土地调查。县国土资源局和湖南省第一测绘院历时3年完成（2007年8月7日～2010年12月29日），实现图、数、实地的一致。以公报形式发布长沙县2009年度土地利用现状数据，其中：耕地58595.04公顷，园地2753.66公顷，林地89548.63公顷，草地556.58公顷，城镇村及工矿用地23793.56公顷，交通运输用地5489.27公顷，水域及水利设施用地15014.91公顷；其他土地3914.24公顷。按三大类分，全县农用地166937.19公顷，建设用地27937.21公顷，未利用地4791.49公顷。主要数据成果作为土地利用规划、耕地保护、用地审批、不动产统一登记的重要依据，有效发挥调查成果的基础性作用。（周　湘）

【长沙县年度土地利用现状变更工作】 根据《国土资源部关于开展2013年度全国土地变更调查与遥感监测工作的通知》（国土资发〔2013〕126号）的文件，国土资源部公布长沙县1083个遥感影像监测图斑，经采集实地照片，收集用地审批、土地权属资料，校核监测图斑线与用地红线，核对实地照片与遥感影像图斑等工作，制作遥感监测图斑信息表。技术合作单位湖南省第二测绘院根据资料和遥感监测图斑信息表制作变更数据库，变更数据库经湖南省第二测绘院自检，2014年10月变更数据经国土资源部确认后于12月向长沙市国土资源局提交变更调查报告，上报湖南省国土资源厅审查，数据变更合格。完成年度土地利用现状变更工作，基本掌握全县商业住宅、工矿仓储、水利设施、村民建房、临时用地、设施农用地、违法用地等土地利用现状情况。（周　湘）

【长沙县新一轮土地定级和基准地价更新工作】 2011年8月，长沙县人民政府成立基准地价更新领导小组；9月，长沙永信评估咨询有限责任公司和长沙欣源评估咨询服务有限公司被定为技术承担单位。完成定级资料与地价样点资料的收集工作，对所收集的图件进行矢量化并予以拼接，将调查样点上到工作底图上，处理参数，测算样点地价，计算均质区域平均价。2012年1～4月，技术单位严格依据《城镇土地分等定级规程》和《城镇土地估价规程》，根据整理后的资料编制基准地价，形成包括样点测算地价表、长沙县乡镇分等成果表、均值区域图、样点分布图、中心城区土地级别和基准地价更新图、长沙县土地级别和基准地价更新图、长沙县基准地价更新基本情况汇报材料、长沙县基准地价更新技术报告等初步成果。进行基准地价更新成果的对接并征求意见，县政府召开会议审核基准地价更新成果。将修改后的成果按程序呈报湖南省国土资源厅审查。湖南省国土资源厅组织专家组对长沙县基准地价更新成果进行验收评审，评审组认为长沙县城镇基准地价更新工作经过外业调查、内业测绘、成果自荐、公开听证等必须程序，成果内容完备、文字表述比较清楚、图件编制规范、土地级别划分合理、宗地地价修正体系参数选择适当、土地价格水平基本符合长沙县土地市场实际，符合国家《城镇分等定级规程》（GB/T18507-2001）和《城镇土地估价规程》（GB/T18508-2001）的要求。湖南省国土资源厅以函件形式同意长沙县城镇基准地价成果（《湖南省国土资源厅关于同意公布实施长沙县城镇基准地价更新成果的函》湘国土资函〔2013〕438号）。2014年1月18日，长沙县人民政府发文《关于公布实施长沙县城镇基准地价更新成果的通知》（长县政函〔2014〕8号），实施城镇基准地价更新成果。（周　湘）

【土地矿产卫片执法监督检查通过国土资源部验收】 以“预防为主、掌握主动，查防结合、巩固成果”的方针，按“分等定级、划片包干、责任到人”的要求，健全县、镇（街）、村三级联动执法监察动态巡查网络体系。全县20个国土资源所均分别安排1名专职国土执法动态巡查信息员，做到早发现、早报告、早制止。落实动态巡查工作，夯实执法动态巡查基础，全年出动车辆1798台次，及时发现制止587处违章建筑。县政府组织各相关单位、各镇（街）召开长沙县2014年土地矿产卫片执法监督检查工作动员大会。县国土资源局按照国土资源部下发的遥感监测图斑开展内外业核查，根据核查成果对其进行合法性审查，对违法用地图斑及时查处和整改。卫片执法检查与土地变更调查成果相互衔接，新增建设用地563个图斑涉及511宗地。违法用地310宗，图斑面积365.35公顷，耕地134.76公顷。其中46宗为立案查处图斑，面积18.48公顷，耕地13.24公顷，其余264宗为非立案图斑，面积346.87公顷，耕地121.52公顷。整改查处161宗土地卫片违法用地，依法立案查处其中112宗违法用地并全部结案，罚没款299万元。申请县人民法院强制拆除建（构）筑物26956平方米，没收建（构）筑物移交财政40宗，没收建（构）筑物77521平方米，移送法院强制拆除用地面积29073平方米，其中49宗违法用地移送各镇（街）依法拆除，立案率100%，履职到位率100%，查处整改到位率100%，实现零约谈、零问责。通过国土资源部验收。（周 湘）

【金井镇涧山村生态保护型土地整治项目试点】2013年3月，开始筹备该项目；8月，湖南省国土资源厅、长沙市国土资源局正式批复立项；11月，项目开工建设，2014年9月竣工验收。该项目位于金井镇，紧靠金井集镇，涉及涧山村全部耕地。建设规模277.34公顷，涉及基本农田237.5公顷，项目总投资1418.4万元。强化生态优先理念，完善生态修复系统，以土地整治为平台，从选址立项到设计、实施、监管、后期管护都贯穿生态环境保护理念，优化土地结构、提高耕地质量和产出率，增加农民收入，解决工程建设与生态低碳相冲突的主要矛盾，寻找两者之间平衡点，采用生态环保工程技术措施对村域内进行综合整治，保持和维护农田生态系统平衡，保护生物多样性，达到生态效益、经济效益和社会效益有机统一，实现土地资源可持续利用。国土资源部土地整治中心总工程师罗明率专家（包括中德低碳土地利用项目专家）以及湖南省省厅耕保处处长辛建鑫、湖南省土地综合整治局局长曹湘潭等先后两次深入项目区域考察调研，长沙市国土资源局党委书记、局长汪泽秋一行到项目区域考察指导工作，湘潭、岳阳、常德等多个国土资源部门到该项目考察学习。11月，湖南卫视、湖南经视、长沙电视台新闻频道、《长沙晚报》、长沙县电视台等多家媒体相继专题报道该项目；长沙市国土资源局组织长沙、望城、浏阳、宁乡四县（市、区）国土资源局等在湘丰茶厂召开长沙市生态保护型土地整治项目试点经验推广会。（周 湘）

【征地拆迁廉政建设专项整治完成】围绕“以制度筑建信心，以民生凝聚民心”，健全工作机制，制订专项整治工作实施方案，扎实开展自查、清查工作，规范征地拆迁工作主体、征地拆迁补偿标准和征地拆迁补偿工作程序。狠抓征地拆迁环节。对拆迁农户的补偿资金进行审核后以“点对点”途径进行支付；拆迁实施部门严格落实“三榜公示”工作，在拆106个项目各类补偿费用在村、组醒目位置进行一、二榜公示，并由组、村、镇、指挥部对公示工作签字确认，征地拆迁已完成项目及时上网公示。依法征地，阳光拆迁。制度保证，消除群众疑虑。规范上会资料格式、内容，规范会审资料审签文书格式及程序要求；规范转户、分立户工作，由征地办、公安、国土和各拆迁机构共同研究，按照《长沙市征地补偿安置条例》和市103号令规定规范审签文书格式和审签工作流程；规范房屋合法面积联合会审会议制度，审核被拆迁农户1498户2798人；被拆迁农户转户、分立户工作均按规范后审签文书格式和审签工作流程实施。档案管理健全完善。对征地拆迁补偿安置档案实行一户一档，凡征地拆迁项目各程序性公文及相关审批资料一项目一档实施归档管理。自查自纠，对侵害群众利益行为零容忍。（周 湘）

11月11日，国土资源部土地整治中心总工程师罗明（右一）及专家组到金井镇涧山村考察调研（县国土资源局 提供）

城镇管理

【概况】2014年，县城管执法局围绕塑造“清洁、靓丽、秀美”的长沙县新形象，开展“六个走在前列”大竞赛活动，推进“清洁城乡”大行动，不断创新管理机制，提高工作标准，加大执法力度，城市管理工作上新台阶。

完善规章制度。出台《长沙县城镇管理工作考核试行办法》、《长沙县城镇管理工作考核细则（试行）》《长沙县（经开区）生活垃圾管理实施办法》等，巩固行业管理基础。

城管重心下移。将城区背街小巷的市政设施维护下放至街道；指导和配合星沙、湘龙、泉塘三个街道在各社区建立城市管理工作站，每个社区安排执法队员巡查和执法；指导街道与城区所有门店签订“门前市容环境卫生责任公约”，督促落实“门前市容环境卫生责任制”，通过加强宣传和执法，取得明显效果。

加大建设力度。安排城市基础设施及配套建设项目41个，总投资82369万元。抓好绿色城市建设、市政设施提质以及城乡结合部环境综合整治，加强公园广场和城区夜景亮化建设、道路景观提质以及道路、路灯提质改造，维修加固城区14座桥梁、改造60处下水管道堵点，逐步完善城区果皮桶、垃圾站厕等设施。

加强精细管理。强化日常考评，每月公布考评“红黑榜”，严格实施奖惩兑现。开启新一轮城市维护物业外包工作，强化标后监管，提升环卫保洁和园林绿化维护标准。数字城管扩大覆盖面，9月起拓宽至㮾梨、长龙、暮云、南托、黄兴、黄花、安沙7个镇街。开展渣土专项整治，城乡渣土处置规范，外来渣土乱倾倒问题得到有效遏制。

实施最严格的城市管理。从严执行“六个一律”，即流动摊贩一律收缴，违规夜市一律取消，违规工地一律停工，违规渣土车、水泥罐车一律暂扣三天，店外经营一律处罚，妨碍城管执法一律拘留；在城区实行“宣传教育—劝导提示—警告整改—执法处罚”执法模式，对乱扔乱吐、踩踏绿地等行为进行现场处罚；探索行政处罚办案改革，依法实施处罚；城区市容秩序得到改善。

注重宣传引导。定期邀请县人大代表、政协委员、企业和市民代表座谈，继续在县电视台和《星沙时报》开辟城管专栏，开通城管局微信公众号和政务微博，深入开展城管“驻街道、联社区、进学校、入企业、下集镇”活动，指导和配合社区加强城市管理，通过网站、城管服务热线、问卷调查、印制发放宣传品等多种途径，鼓励和引导市民直接广泛参与城市管理。

（朱世朝）

【“清洁城乡”大行动】 根据长沙县委办、长沙经开区办、长沙县政府办印发的《长沙县“清洁城乡”大行动工作方案》（长县办发〔2014〕1号），围绕实现城乡环境卫生大提升、市容秩序大提升、文明程度大提升的工作目标，全面开展环境卫生清扫清洗、市政道路修整改造、城区绿化提质提档、广告招牌规范管理、建设施工文明管理、市容秩序严管严控、建筑立面清洁美化七项工作。“清洁城乡”大行动按照属地管理、部门联动、协调共创、全面参与的原则，以全县各镇（街道）为主体实施。重点开展县城卫生大扫除，对城区后街、各类市场、安置区、公交站场等地卫生死角进行整治，以“五无五净”（即道路无垃圾、无杂物、无积泥、无积水、无污迹，路面干净、绿地和树圈干净、边角侧石干净、井沟井盖干净、果壳箱等环卫设施干净）为标准，督促物业公司添置新型设备，增加道路、人行道清洗频率，坚持主干道三天一冲洗、人行道七天一冲洗，实施保洁网格责任制、延时清洁工作制，建立三级监管平台，为93台环卫作业机械安装GPS，促进 “六面保洁”（即平面、立面、凸面、凹面、弧面、斜面）落实，逐步实现环卫保洁标准化、精细化、机械化；对天华路、三一路、明月路路面加铺沥青12万平方米，改造人行道2.2万平方米，修补主次干道破损路面及人行道3.2万平方米，安装中央隔离护栏20余千米，道路完好率显著提升，通行环境改善；改造2处停车坪，合理设置公共停车位365个；疏通下水道2000余处，维护下水井盖1200余处，加装下水井盖防坠网近3000套；启动3条城区广告示范路建设，在城区和城乡结合部拆除违章广告6万余平方米，包括漓湘路、开元路、特立路、凉塘路跨京珠高速的5处桥体广告、长沙收费站内灯箱广告和黄兴大道远大转盘附近11块大型指示牌；规范渣土管理，城区5个街道渣土由15家专业运输公司承运，城区外镇街由10家专业运输公司承运，所有车辆使用湘A6Z专用牌照、安装GPS，每台车购买100万第三人责任险，行驶速度不超过50公里/小时，加强对运输企业的管理和考核，严格审批和执法，渣土运输车辆各类违规行为大大减少。（朱世朝）

【绿色城市建设】 根据长沙县政府办关于印发《长沙县三年造绿大行动2014年度工作方案》的通知（长县政办函〔2014〕79号），县城管执法局安排园林绿化项目13个、投资10334万元，建立了设计邀请机制和苗木询价机制，邀请上海同济大学设计院对城区绿地进行整体规划和设计，由县纪检监察部门牵头，组织财政、审计、工务、招标、城管、街道等单位，对城区需要的大株乔木进行市场询价工作，确保改造项目的苗木质量。新建了银河社区公园、土岭社区公园、星城社区公园、滨湖路林荫广场等4个城市公园，新增绿地4.85公顷；对星沙大道、东四路、漓湘路、万家丽北路、开元路、东六路等主要道路进行景观提质，改造面积达31.5公顷；对开元

滨湖路林荫广场（章 帝 摄）

路、漓湘路、星沙大道、天华路等主干道23个渠化岛、22个节点及13个主要转弯节点进行景观改造，更换季节景观鲜花89.5万盆；开展增绿补绿行动，城区共补栽乔灌木36万余株。

（朱世朝）

【城市维护物业新一轮外包】1月1日，通过公开招投标，长沙县开始城市维护新一轮物业外包，分5个标段（包括在星沙街道牛角冲社区、金茂路社区、杉仙岭社区，湘龙街道湘郡社区、湘滨社区，泉塘街道小塘社区、泉塘社区、长桥社区进行的城市维护物业管理试点，由社区负责辖区范围内除主干道外的环卫、园林维护），由县城管执法局、星沙街道、湘龙街道、泉塘街道、榔梨街道、长龙街道分别担任业主，为期3年，至2016年12月31日截止，年均费用214711973.9元。维护内容主要分环卫和园林两部分，环卫保洁包括：清扫保洁（包括人工和机械清扫保洁、道路洒水和冲洗、人行道冲洗、隔离护栏和地下通道保洁、河道水源撇洪渠清掏保洁）；果皮箱、垃圾站厕保洁和维护；立面保洁（包括道路沿线及城区范围内的配电箱、路灯、交通指示牌、报刊亭、交接箱、路名牌、围墙、单位指示牌、公示牌、交通信号灯、门面、电线杆上的牛皮癣清除和清洗、高速公路隔音墙冲洗等）。园林维护包括：维护范围内所有绿化植物的养护管理；维护范围内的清洁卫生管理及垃圾清运；园林小品、园路、雕塑景石及护栏、围栏、休闲坐凳、张拉膜等设施维护管理；给排水沟、池、井设施的维护管理；电气设备、灯光设施、照明系统、背景音响、喷泉、喷灌系统的运行维护、维修管理；维护范围内的秩序维护；维护范围内的档案管理及古树名木保护工作。此次城市维护物业外包，由重庆新安洁景观园林环保股份有限公司负责城区十二条主干道（板仓路、天华路、星沙大道、东四路、东六路、东八路、滨湖路、特立路、开元路、三一路、漓湘路、盼盼路）和长龙街道范围内的环卫保洁；湖南金驰园林绿化有限公司负责城区范围内公园（生态公园、特立公园、晓棠电力走廊公共绿地、泉塘公园）及星沙中心广场的维护管理、十二条主干道的道路园林绿化维护和长龙街道蓝田路的道路园林绿化维护；湖南六建兴发物业管理有限责任公司负责星沙和湘龙街道范围内的环卫保洁和园林绿化维护；广州市开物物业管理有限公司负责泉塘和榔梨街道范围内的环卫保洁和园林绿化维护；长沙县宏宇物业管理有限公司、长沙县星沙美洁物业管理有限公司、长沙县强盛物业管理有限公司分别负责星沙、湘龙、泉塘街道试点社区的环卫保洁和园林绿化维护。

（朱世朝）

【最严城管执法】3月27日，长沙县城市管理委员会印发《关于加强城市市容和环境卫生整治的通告》，从4月1日起，由县城管执法局牵头，各街道和公安等部门联合开展最严城管执法行动，针对乱扔垃圾（贴牛皮癣）、乱设摊点、店外经营、不履行门前三包责任、擅自占用城市道路、违规处置渣土、工地围挡不规范、私搭违章建筑、擅自设置户外广告设施及违规设置招牌、擅自占绿损绿等十类市容违法行为以及阻碍、妨碍通告实施的行为，进行严格查处。全年办理各类处罚案件2355起，罚款438万元，是2013年罚金的1.57倍；开具当场行政处罚罚单1079份，处罚金额5.4万元；申请县法院强制执行8起长期难以执行到位的处罚，金额近1万元。9月、10月、12月，城管、公安、街道联合开展3次大型整治行动，每次行动参与人数达400人，暂扣物件1000余件，老城区、安置区市容秩序有明显改观，省市县媒体多次报道。是年，以最严城管执法标准有效遏制违反城市管理规定的行为，不断增强群众文明守法意识和“全民城管”良好氛围。

（朱世朝）

【全省首座机扫垃圾分选站投入使用】为解决城市环卫保洁过程中机械化作业产生的生活垃圾、泥沙和污水等难以处理的问题，县城管执法局经过调研考察，结合城区环卫作业实际，自主设计一套机扫垃圾分选流程，并委托长沙普惠环保机械有限公司生产专业分选设备，在泉塘街道东十路以东、南竹园路以南区域建成全省首座机扫垃圾分选站。10月，机扫垃圾分选站正式启用，平均每10分钟可完成一台机扫车的垃圾处理，日处理量40车次。（朱世朝）

【首届环卫作业技能比武大赛】10月24日，长沙县首届环卫作业技能比武大赛在滨湖路举行，大赛由县城管执法局主办，星沙、泉塘、湘龙、㮾梨、长龙5个街道协办。负责长沙县城区保洁的长沙县宏宇物业管理有限公司、长沙县星沙美洁物业管理有限公司、长沙县强盛物业管理有限公司、广州市开物物业管理有限公司、湖南六建兴发物业管理有限责任公司、湖南金驰园林绿化有限公司、重庆新安洁景观园林环保股份有限公司7家物业公司，分别组队各派5名环卫工人参赛。最终新安洁、六建兴发、开物3家物业公司分获第一、第二、第三名。环卫工人李要梅、陈富云、林文革、刘进宜、张志国分获道路精扫、机扫车作业、立面保洁、水车作业和管理调度单项技术能手。（朱世朝）

房地产业

【概况】2014年，长沙县房地产业较往年回落，但总体相对平稳，房地产管理加强，商品房销售稳步发展，物业管理工作不断规范，城镇居民住房继续得到有效保障。是年，全县新建商品房成交32065套，面积332.73万平方米，成交金额166.85亿元。其中，新建商品住房全年共成交29769套，成交面积306.58万平方米，成交金额143.05亿元。二手房交易中心受理业务11065件。12月25日，县政府出台《关于促进房地产持续健康发展若干意见》，激活该县房地产交易。加强房地产市场监管，对对全县所有开发项目预售方案实行备案制，共备案133批次，总预售面积413.86万平方米。加强房屋产权登记管理，发放产权证6万余本；测绘成果备案1435笔，总面积1406万平方米。再次启动房产GIS信息系统建设和登记数据的清理，清理全县建筑物栋数35809栋，清理产权总数74006笔，涉及清理的产权档案61388份。开展新建房屋白蚁预防工作，签订《新建房屋白蚁预防合同书》204份，面积377.6万平方米；预防施工面积706万平方米。开展白蚁灭治和回访复查，灭治户数160户，灭治面积17万平方米。（刘　芳）

【房地产市场监管】印发《关于房屋权属登记房产测绘管理的暂行规定》和《委托测绘合同》等文件；开展预售方案备案。1月开始对全县所有开发项目预售方案进行备案，全年备案批次133次，总预售面积413.86万平方米。对全县67个楼盘280栋进行联合验收。会同有关部门组成联合检查工作组，检查全县在建在售74个项目。查处"金科时代""当代广场"违法销售行为。开展房地产中介机构及代理机构备案。（刘　芳）

【房屋产权登记管理】发放产权证60512本，比2013年增长27%，登记面积919万平方米，比2013年增长51%；测绘成果备案1435笔，比2013年增长22%，备案面积1406万平方米；档案扫描入库30560卷，比2013年增长28%；出具各类证明31053份；接待查询人数36189人次；为数据清理等调阅档案118932卷。全面规范业务操作。梳理各项登记业务，修订各类业务操作规程。切实提高服务水平，召开测绘企业业务会议，对相关人员开展业务培训和业务指导，加强对测绘机构及测绘从业人员的监督管理和业务指导；将业务操作指南印制成小卡片，免费发放给业务申请人；率先在长沙地区四县市中执行对已办理预告登记的商品房不再缮证，简化办事流程，提高工作效率和服务水平。推进智慧管理，再次启动房产GIS信息系统建设和登记数据的清理，清理全县建筑物栋数35809栋，清理产权总数74006笔，涉及清理的产权档案61388份，外调工作完成4平方千米，主要涉及湘龙街道、凤凰城等区域。（刘　芳）

【白蚁防治】开展新建房屋白蚁预防工作，签订《新建房屋白蚁预防合同书》204份，面积377.6万平方米；预防施工面积706万平方米。开展白蚁灭治和回访复查，灭治户数160户，灭治面积17万平方米。4月，对棠坡恬园、缪伯英故居实施白蚁灭治。另外，对已满3年的预防工程进行新一轮蚁害检查，回访复查489.8万平方米。推行绿色防治，完成华润·凤凰城项目的饵站安装，预防面积127.8万平方米，圆满完成市绿色防治任务。进一步完善白蚁防治质量保障体系，完成实验室建设，填补中心质量技术检测空白。（刘　芳）

【物业监督管理】积极把关物业服务企业资质管理，严格准入制度和资质

4月8日，长沙县物业管理协会成立大会在开元鑫城召开　（刘　芳　摄）

审查。组织物业小区服务等级评比，全县120余家物业服务企业参加测评。成立长沙县物业管理协会，为政府与企业搭建沟通桥梁。开展老旧小区水电改造，试点的方略·学府佳境小区公共水管网改造完工，并初步拟定下一步改造项目名单。维修资金归集到位，全年归集维修资金3.96亿元。着力化解物业管理领域矛盾和纠纷，结合党的群众路线教育实践活动对整改重点问题，编制《长沙县物业服务指南》，设立投诉电话，建立矛盾纠纷网格化调处机制。（刘　芳）

住房保障

【概况】2014年，全县新开工保障性住房、棚户区改造住房共2610套(户)，其中公共租赁住房1650套（间）；城市棚户区改造960户；发放廉租住房租赁补贴159户。基本建成保障性住房、棚户区改造共6407套（户）（含2013年结转项目），其中公租房5151套（间），城市棚改1256户；在保障性住房分配过程中坚持公平、公正、公开的原则，通过民政和住房管理系统对保障对象实施动态管理，查纠违规纳入城镇保障性住房对象共计5户17人累计发放廉租住房租赁补贴1245人次，发放补贴金额59.8万元。做好经济适用房和房改房工作，审核经济适用房上市资料28户，为各类对象查询和开具未享受福利分房、货币补贴及住房保障政策证明569人。（李颖康）

【公租房项目建设】2014年，长沙县新增公租房共4个项目1650套（间），分别为榔梨公租房二期一批次项目672套（间）、开元仪器公租房项目100套（间）、中部智谷7号栋公租房项目578套（间）、黄花机场公租房回购项目300套（间）。年末，4个公租房项目全部开工，开工1650套（间），基本建成1650套（间），累计投资28551万元。主要包括：（一）榔梨公租房二期一批次项目位于三一学校以东，阳光东路以南，东十线以西，机场高速以北，项目实施主体为长沙经济技术开发区工程建设开发有限公司。项目规划建筑面积39519平方米，由4栋多层和1栋配套食堂组成，共5栋672套（间），分别为25、26、27、28、29号栋，其中公共租赁住房26、27、28号工程封顶，29号建至第6层，配套食堂25号建至第4层，实际完成投资6000万元；（二）开元仪器公租房项目位于长沙经济技术开发区星沙产业基地，开元东路以南、凉塘路以北、茶塘路以西，实施主体为长沙开元仪器股份有限公司。该项目规划建筑面积5804平方米，6层100套（间），年底竣工并投入使用，完成投资980万元；（三）中部智谷7号栋公租房项目位于长桥路以东、人民东路以北、映霞路以南，实施主体为湖南皇越投资有限公司。该项目规划建筑面积28688平方米，22层578套（间），年底竣工并投入使用，完成投资1.5亿元；（四）黄花机场公租房项目位于长沙县黄花镇空港城片区、大元路与临空路交汇路口西南角，实施主体为湖南空港实业股份有限公司，属于回购性质，规划建筑面积1.35万平方米，12层300套（间），空港实业于9月与建设方港湾名都公司签订回购合同，合同总价款6571万元。（李颖康）

【城市棚户区改造项目建设】是年，城市棚户区改造涉及4个项目960户，分别为青山铺镇215户、黄花镇258户、春华镇一期340户、白沙镇一期147户。年末，4个棚改项目全面竣工，实际完成改造1060户，累计完成投资5170万元。主要包括：（一）青山铺镇二期二批次棚改项目分别位于青山铺老集镇和梅数集镇，由青山铺镇政府负责组织实施，主要对房屋修复修缮，完善街道绿化、亮化、给排水等相关配套设施。年底，项目全面竣工，实际完成改造户数215户，改造面积3万平方米，完成投资800万元；（二）黄花镇中心街城市棚改项目位于黄花镇中心商业街，由黄花镇政府负责组织实施，主要对房屋进行修复修缮，完善路面、绿化、亮化、排水管网等配套设施。年底，项目全面竣工并通过验收，实际完成改造户数 258 户，改造面积 2.5 万平方米，实际完成投资 1570 万元。(三) 春华镇一期棚改项目位于春华镇大鱼集镇，由春华镇政府负责组织实施，主要对房屋进行修复修缮，完善供水、排水排污设施、沥青路面改造，亮化、绿化等配套设施。年底，项目全面完工，实际完成改造户数 340 户，改造面积 2.4 万平方米，实际完成投资 2000 万元；（四）白沙镇一期棚改项目位于白沙镇李家塘社区，由白沙镇政府负责组织实施，主要对房屋进行修复修缮，完善路面、绿化、强弱电下地等配套设施。项目于年底全面完工，实际完成改造户数 247 户，改造面积 1.2 万平方米，实际完成投资 800 万元。（李颖康）

【结转续建项目】年内，长沙县结转项目 3 个，分别为榔梨一期二批次公租房项目 2028 套（间）、板桥公租房项目 1060 套（间）、青山铺镇二期一批次棚户区改造项目 381 户。年底，板桥公租房项目办理竣工验收手续。榔梨一期二批次 11、12 号 2 栋高层均建至 18 层封顶，其余部分正在办理竣工验收手续，基本建成 3088 套（间），实际完成投资 2.95 亿元。青山铺镇二期一批次棚户区改造项目全面竣工，完成户数 381 户，实际完成投资 600 万元。（李颖康）

【保障性住房分配管理】2014 年 12 月底，全县达到入住条件的保障性住房房源总套数为 5370 套（间），共计配租入住 4714 套（间），入住率 88%；年内，累计发放廉租住房租赁补贴 1245 人次，发放补贴金额 59.8 万元（截至 2014 年 12 月，廉租住房租赁补贴在保户数 154 户，315 人，发放标准为 160 元 / 人 / 月）。在保障性住房分配管理方面，始终秉承公正、公平、公开原则，通过民政和住房管理系统对保障对象实施动态管理，查纠违规纳入城镇保障性住房对象共计 5 户 17 人。（李颖康）

供气

【概况】2014 年，全县有瓶装液化气站 3 家，其中：县城区域 2 家（冰宇、新奥），乡镇 1 家（户达）；有星沙新奥燃气公司、三润燃气公司两家管道燃气企业。创建民生工程，稳推燃气改革，县天然气（包括加气站）供应量 11191.05 万标立方米，比 2013 年增长 1.09%；液化石油气供应量 13216 吨，比 2013 年增长 1.03%；新增管网（干管长度）35 公里，比 2013 年增长 1.89%；完成星沙老城区 1 区至 4 区内 1109 户燃气管网改造；新增管道天然气用户 18963 户，安沙、黄花、江背等乡镇管道燃气特许经营通过授权，管道建设正稳步推进。加强燃气安全督查，依法撤销、关停 15 个瓶装液化气供应点；开展“打非治违”专项行动，下达整改通知书 25 份。（龚庭）

【创新监管模式】逐步建立健全行业监管体系。全县瓶装液化气管理工作得到县领导高度重视，县住建局联合县安委办下发《关于加强城镇燃气安全监管的通知》，将城镇燃气管理工作重心下移至镇街和村（社区），明确镇街和村（社区）日常燃气安全监管责任，将镇街和村（社区）纳入燃气安全监管责任体系，初步建立起县、镇街、村（社区）三级燃气安全监管网络，此举得到市建委认可并在长沙市进行推广。制定《长沙县瓶装燃气供应站（点）管理办法（暂行）》，推动实施便民服务点登记备案制度。制定《燃气安全纳入村（社区）管理和服务工作方案》，将燃气安全管理与服务纳入村（社区）管理和服务内容，按照“政府搭台、企业唱戏、平等协商、互惠互利”的原则，通过委托、联营等方式，充分调动乡镇（街道）、村（社区）力量，大力推进村（社区）燃气服务站建设，建立系统化、规范化、专业化、社会化的燃气安全管理及服务体系。承办 2014 年安全生产月暨燃气管道事故应急演练，提高燃气消防安全意识。（龚庭）

【燃气安全督查】8 月，按照“专家提

燃气消防演练（龚庭 摄）

电力抢修人员对低电压台区进行整改　（邓　倩摄）

意见、部门下整改”模式，邀请省住建厅燃气专家对全县14个燃气企业进行全面彻底的“解剖式”检查；11月，联合镇、街对瓶装液化气便民服务点开展安全大检查，针对开元路次高压管线栽树占压安全隐患、新奥燃气储配站周边堆土隐患、湖南省信息学院占压三润燃气管道隐患等三处安全隐患，多次协调，落实隐患整改责任人及时限，依法撤销或关停15个管理混乱、安全隐患严重的瓶装液化气供应点；开展“打非治违”专项行动，依法暂扣过期螺丝钢瓶8个，非法倒气金属管5根，下达整改通知书25份。　（龚　庭）

供电

【概况】长沙县供电公司现有职工195人、农电员工490人，下设办公室、安全运检部、发展建设部、客户服务中心、调度控制中心，10个班组、8个中心供电所。负责维护110千伏变电站12座、35千伏变电站9座，容量95万千伏安，110千伏线路18条、218公里，35千伏线路16条、225千米，10千伏配电线路269条、3349千米，供电台区3800余个，服务客户38万余户。全年完成供电量36.28亿千瓦·时，售电量34.31亿千瓦·时，同比增长7.51%；综合线损率5.44%，最高负荷64.7万千瓦，城市、农网供电可靠率及综合电压合格率分别为99.9815%、99.9637%、99.992%。被列为县人大集中评议单位，完成整改1200条，其中立行立改805条，通过上门沟通、解释，取得人大代表及选民理解的395条，顺利通过县人大评议。顺利通过全国文明单位复查，继续保持“全国文明单位”称号。（邹　迅）

【安全生产】以严抓严管为统领，强化现场安全全过程管控。截至2014年12月31日，实现安全生产4811天。开展设备状态评估、带电检测及专业化巡检，推行“逢停必检”，供电可靠性和设备安全运行水平有效提升。推进运维一体化培训、变电站隐患排查及站容站貌整治，变电运行基础管理水平稳步提升。推进政企联动防外破机制，落实跨区域电网属地化管理责任，输电线路运维状况较为平稳。整合配电运检资源，城网维护责任更加明确，推进营配贯通，配网维护水平和抢修及时率明显提升。坚持电网安全分析常态化、精益化，强化停电计划管理和大型检修方式安排，在电网运行方式变化大而复杂的情况下，确保电网安全运行。　（邹　迅）

【电网建设】紧密结合县域经济发展特点，进一步强化电网规划水平和负荷调研分析能力，提升电网建设与经济社会发展匹配度。年内，完成2015～2020年长沙县配电网滚动规划修编、2015～2016年村网规划编制及长沙县电网2015～2016年电网规划优选排序；配合完成松雅湖环湖片区电力专项规划编制、长沙县南厦片和星沙产业基地东片控制性详规与电力规划的衔接工作，做到电网建设与城镇化建设同步规划、同步实施。主网方面：完成35千伏五美变电站、大桥变电站扩建，协调推进110千伏长龙、星沙中变电站建设。星沙中变电站终期规模为3台110千伏主变，36回10千伏出线，总投资13056.64万元，其中10千伏出线为全电缆出线，总投资7710万元（不含10千伏电缆埋管），供电核心区域为京珠高速东辅道、经贸路、凉塘路、星沙大道合围区域，预计2015年上半年投产。城网方面：完成台区补点7处，组织开展黄花变电站相关10千伏负荷转供及长龙变配套线路改造等项目。农网方面：继续改造2013年批复的4个工程项目，涉及50个村，共改造、新建10千伏线路18条、45.4千米；配电台区102个、23110千伏安；低压线路118.72千米，6月全部竣工验收。年内批复6个批次农网改造工程，涉及63个行政村和8条10千伏线路，新建、改造10千伏线路68.7千米，其中10千伏电缆线路7.7千米，新建台区130个，容量24230千伏安，改造台区35个，容量7015千伏安，新建、改造低压线路237.1千米，批复资金

3524万元，年底工程全部完成。同时，公司配合完成国家电网公司±800千伏溪浙线、500千伏沙星星线和220千伏沙从三线的属地化协调及配合建设工作。（邹　迅）

【营销管理】以推进营销业务城乡一体化工作为抓手，全面推广应用营销信息系统、稽查监控系统、一体化缴费平台，固化管理模式，统一业务流程，城乡营销管理全面接轨。推广新型电费结算方式，开展国网费控系统试点，全面完成239台专变、2543台公变的采集终端安装和12万户低压用户的集抄改造，营销基础条件和经营效益明显提升。加强对营销工作的监控和稽查，对营销信息、采集和稽查监控三大系统业务开展专项监控，发现异常及时实施预警和闭环处理，实现各类营销违章和差错的事前预防和控制，有效提升营销工作规范化管理水平。（邹　迅）

【电力服务】加强供电营业窗口标准化建设，规范窗口人员服务行为，针对突出问题严格落实整改，将服务责任和压力传递到每一个服务岗位。强化服务协同，成立配电抢修指挥中心，与客户热线“95598”实行联动，规范配网抢修应急指挥管理，提高故障抢修效率，压缩故障停电范围、时间。积极推进台区经理、“长沙供电”微信公众平台和“村村缴费点”建设，使服务更加贴近、方便民众。全力服务政府重点招商引资（大众汽车、蓝思科技）、基础设施建设（磁悬浮、地铁3号线）及城镇化建设项目，在腾地杆迁、建设用电、电力供给等方面给予有力支撑；推进“两型社会”建设，积极引导光伏发电项目建设、投产；做好城市美好亮化，开展“电亮新农村”专项工程；持续开展“电力开放日”、客户满意度调查等活动，优质服务举措和常态化机制得到政府和客户认同。（邹　迅）

重点工程建设

【概况】2014年，长沙县坚持以“三个共同”“三个共享”发展理念为指引，全力推进重点项目建设。全年安排重点建设项目73个，完成投资额达874337万元，为年计划的93%，所有项目全部发生投资，投资实现率为100%。其中续建项目41个，1-12月份共完成投资629197万元，完成比例为年计划的101%；新建项目23个，完成投资237370万元，完成比例为年计划的85%，开工项目15个，开工率为65%；筹备项目9个，完成前期投资7770万元。73个项目中，政府投资类重点项目41个，共完成投资397326万元，为年计划的90%；社会投资类重点项目32个，共完成投资477011万元，为年计划的97%。（曹　勇）

【中低速磁浮线】长沙中低速磁浮线项目是国内首条具有自主知识产权的中低速磁浮线路，是省市重点工程，也是长沙县近年来单体投资最大的基础设施建设工程。该项目于2014年5月正式开工，从长沙高铁南站至黄花机场，线路全长18.54公里，投资估算46亿元，预计于2015年底建成并投入运营。其中，长沙县境内约16.59公里，途经4镇（街）12个村（社区），需征用集体土地28公顷，动迁85户，271人，征收国有土地14.87公顷，国有土地使用权18宗。为确保项目如期建成通车，长沙县深入践行党的群众路线，大力推进拆迁腾地工作，仅用3个月时间即全面完成红线范围内征拆腾地工作，确保全线5个标段施工队伍顺利进场施工，没有发生一起拆迁腾地群体性事件和安全责任事故，无一例上访，开创全国范围内铁路建设同等征拆量的最快腾地速度。截至2014年12月底，完成全部拆迁，完成土建工程30%。（曹　勇）

【地铁3号线】长沙地铁3号线线路全长36.415公里，全为地下线，共设车站25座，平均站间距1.491千米，其中10座为换乘站，与全市地铁线网中1号、2号、4号、5号、6号、7号、8号、9号线等8条线路换乘。地铁3

磁浮工程桥墩建设施工现场　（曹　勇　摄）

号线长沙县段共设汽贸大道站、星沙大道站、东四线站、东六线站、东八线站和龙角路站6个站点，全长近8公里。2014年1月，东四线站在全线率先启动建设，这条由西南向东北穿越长沙城的线路将依次串联起长沙市望城区、岳麓区、天心区、雨花区、芙蓉区、开福区以及长沙县星沙城区，预计2018年全线建成通车。截至2014年12月底，地铁3号线长沙县段星沙大道站、东四线站、汽贸大道站完成交通疏解和管线迁移，主体工程完成30%；东六线站、东八线站和龙角路站正在进行交通疏解和管线迁移。（曹　勇）

【沪昆高铁】沪昆高铁分为杭长段、长昆段进行建设，湖南段西起怀化新晃，东至株洲醴陵，全程约496公里。2014年4月1日杭长段开始联调联试，9月16日杭长段正式开通运营，成为连接长沙与杭州的一条快捷铁路通道，长沙至杭州单程运行时间由过去的7小时缩短到3小时。2014年7月12日长昆段开始联调联试，12月16日，长昆段长沙至怀化正式开通运营，长沙至怀化的单程运行时间由过去的9小时缩短到1小时40分钟。沪昆高铁的建成，大大促进长江以南，东、中、西部地区经济互联互补，推动区域经济协调发展。（曹　勇）

【星沙—从塘—浏阳南220千伏线路】星沙—从塘—浏阳南220千伏线路工程是国家重点工程沪昆高铁镇头220千伏牵引站的外部供电工程，是确保沪昆高铁按期投产的一项关键工程。同时，该线路的建成对于加强和完善长沙市电网结构，保证长沙市生产和生活用电具有重要意义。该项目途经长沙县和浏阳市，于2013年10月30日启动，分星沙—从塘和从塘—浏阳南两段进行建设，在长沙县境内共25千米。其中，星沙—从塘220千伏送电线路途经长沙县安沙、果园、春华三个镇，从塘—浏阳南220千伏送电线路途经长沙县江背镇，于2014年9月底建成并投入运行。（曹　勇）

工程代建与监管

【概况】2014年，根据政府投资项目计划安排，县工务局年度计划投资额12.8亿元（市政项目年度计划投资6亿元，土建项目年度计划投资6.8亿元）。负责工程代建项目58个，其中：市政项目44个，包括新建项目12个、续建项目7个、筹备项目14个、规划项目11个；土建项目14个，包括续建项目8个、新建项目4个、筹备项目2个。该批项目涉及文体、医疗、教育、政法、民本民生等工程。年末，实际总投资13.06亿元，为年计划任务的102 %。其中，土建项目完成产值6.88亿元、市政项目完成产值6.18亿元。项目前期工作签订合同148份，组织公开招标51次，办理施工许可20个，办理专业工程免标14个，办理专业工程非标124个，完成工程类政府采购24个，组织工程移交25批次。

代建中心坚持按检测试验标准、测量规范和《工作流程制度与操作规程汇编》要求开展工作，确保所有检测试验统一标准。全年参与检测项目16个，开展计量及各项检测试验室工作280余次，发现并要求及时整改的部位38处。

人民东路、万家丽北路、开元东路提质改造、宁华路、洋湖路、盼盼小学地下通道工程、鹏基小学、国际公寓、泉塘派出所等项目均建成并交付使用。星沙文体中心、商务写字楼及市民服务中心、县公安局业务技术用房、县妇幼保健院、城区道路提质改造项目、星沙收费站排水改造工程、黄金大道（S207）线、湘龙西路两厢完善、万家丽北路安沙连接线等项目正在建设中。

实现项目管理的“三个调整”，完善项目建设管理体系。调整项目管理思路。努力改变以往项目管理过程中轻前期工作，重工程实施管理的方法；确立重前期、突建设、强决策、标准化的工作指导思想，强化项目的调度与决策过程，促进建立健全标准化的生产模式；调整项目管理层次，在加强与相关管理部门、业主（或使用）单位沟通协调，全面对接项目的各个审批及协调部门理顺关系、解决问题、确保项目推进；调整项目管理方式。2013年年底通车，2014年全面竣工的人民东路道路工程和万家丽路北延线道路工程项目，2014年新开工的开元西路改造项目以及万家丽北路接三环互通项目，均采用新型的双重业主管理模式。

组织开发工务局项目管理软件，加强工程建设关键节点控制与协调工作机制基本实现对资金、进度、合同、招投标、施工过程图像视频、质量、安全的程序管理和控制，有效优化审批程序，控制项目成本，提高项目管理水平。

优化合同与造价管理，加强项目投资控制。年内，完成工程预算项目27个，预算金额9.3亿元，服务费预算项目53个，预算金额3200万元。结算项目12个，结算金额12.3亿元。专业工程以及零星工程预算代结算37个，金额4260万元。上会变更审核项目5个。全面执行新的消耗量标准定额，取消大量县域定价项目，并对用于代建项目的部分材料进行市场调查，参与起草长沙县定价调价文件。

推进施工现场管理，加强工程施工监管，督促施工单位做好文明施工与安全生产工作。严格工程质量管理工作。积极应用节能环保产品，加强节能降耗意识。县工务局负责代建的星沙商务写字楼及市民服务中心和县妇幼保健院整体搬迁等项目，采用太阳能光伏发电、雨水收集、电动遮阳帘、采光筒、地源热泵等节能环保产品，该批项目已申报“绿色二星级”建筑，成为长沙县创建“零碳县”的有力推手。

完善项目前期工作流程，加强项目建设推进。直接由代建单位组织完善的施工合同、监理合同、设计合同样本等，不但缩短了内部合同拟定的时间，更是成为全县相关部门和单位争相学习的标本；工作流程中采取“联系单制”，规范内部办事流程并进一步明确了科室职责，强化分工，责任到人。编制《房建项目施工管理手册》，健全监督制约机制。（盛政敏）

【重点项目建设】人民东路、万家丽北路、开元东路提质改造、宁华路、洋湖路、城区盼盼小学地下通道工程、鹏基小学、国际公寓、泉塘派出所等项目均已建成并交付使用，获得社会一致好评。万家丽北路荣获“湖南省优质工程”“工程安全管理优秀项目”“长沙市结构优良工程”，人民东路工程荣获“长沙市 2014 年度优良工程”。人民东路、万家丽北路、开元东路提质改造、宁华路、洋湖路既是长沙县的主要市政道路，也是县城的景观路、生态路、文明路。（盛政敏）

【引进“工程项目管理系统”】6 月，县工务局引进“工程项目管理系统”，并组织全局干部职工集中学习系统操作流程，在全局内全面推广和操作。此系统重点解决该局五个问题：（一）推进工程进度管理。以工程项目业务流程为核心，合理划分各类工程的关键点，实现多项工作能齐头并进，加快前期工作，推进工程开工建设，对关键节点进行进度预警，及时解决工程推进中存在的困难和问题，实现对工程建设整个生命周期的动态管理。（二）加强招标文件和合同的审核。对招标文件和工程合同按照规定流程进行会审会签，每项意见都在系统中都有记录，且能实现网上会签审批，改变传统纸质文件会签进度慢，会签意见不明确的现状。（三）合理控制工程造价和工程变更。严格按照招标文件和合同约定进行工程进度款支付，及时汇总每月应付款，重点加强对工程量变更管理，细化至工程子项，通过建立提前预警机制，将结果控制变为过程控制，防止产生“超预算、超概算”现象。（四）加强对承包商安全质量管理。实现让施工总包单位、分包单位和监理公司按月上报资料，接入工地现场视频信号，加强对施工现场安全、质量的监管，对存在一定隐患的工地现场实行差异化管理，实时记录施工、监理单位的现场履职行为。（五）通过科学决策提高工程实效。加强工程项目前期研究，深化勘察设计方案，细化功能使用，通过多维度实时统计分析，及时汇总各项工程进展进度、投资造价、投用情况等，为项目科学决策和项目后评价提供数据支撑。（盛政敏）

竣工后的人民东路　　（县工务局　提供）

【突击检查重点代建项目】7 月 25 日，县工务局组织开展对代建项目的突击大检查行动，并邀请县住建局参加，以进一步强化各在建项目安全和文明施工管理工作，落实省市县安全生产相关要求。不发通知、不打招呼、不听汇报、不陪同接待、直达工地等现场，工作人员通过突击检查的方式，对相关施工场所的安全预案、基坑支护和模板、施工用电、消防急救等多个科目进行摸底排查，按照《安全文明施工规范要求》逐一进行现场比对，并提出点评意见和建议。此次检查包括星沙文化中心、商务写字楼及市民服务中心、松雅湖国际公寓—酒店、长沙县公安局业务技术综合用房、长沙县妇幼保健院整体搬迁、湘龙街道龙塘小学整体新建、长永高速星沙收费站区域排水改造、望新撇洪渠107段共8个由县工务局负责的重点代建项目。查验完毕后，工作人员现场召开工地会议并填写安全检查汇总表，作为项目后续安全生产参考方案。县工务局负责人指出，文明施工要对安全隐患零容忍，通过落实相关责任制方案，要加强对施工人员安全技能培训，提升施工方自身忧患意识和防灾减灾能力水平。同时，还要强化对项目施工日常监管和责任处罚力度，对安全施工不作为、乱作为的，发现一起、查处一起。（盛政敏）

【盼盼小学、东业晨曦小学地下通道投入使用】城区小学地下通道工程竣工交付使用，建成后的东业晨曦小学、盼盼小学地下通道主通道总长各30米，净宽各6.2米，施工项目包括主通道及梯道、出入口雨棚、排水、管线迁改及相关附属工程。项目于1月开工，8月底全部竣工。为便于后续清洁工作，通道内壁铺设1.8米高的大理石瓷砖。通道出口两侧加装4米长的不锈钢护栏。至年底，加上原有的特立路地下人行通道，星沙城区地下通道增至3条。（盛政敏）

建成后的盼盼小学地下通道（曾诗怡 摄）

【三座跨越高速公路桥梁工程建设】年内，长沙县启动数条跨越高速公路桥梁工程的建设，分别为开元西路提质改造工程（拓宽原开元路跨京港澳高速桥梁）、城东东六线下穿长永高速通道建设工程、万家丽路与绕城高速互通建设工程。开元路跨线桥，原有桥梁为3孔20米跨径的简支空心板梁桥，桥宽32.2米，双向6车道，此次开元西路提质改造，拓宽开元西路东升路至锦绣路段，开元路跨线桥南北方向各新建1座13.5米宽的桥梁在老桥两侧，拼宽至59.2米，改造为双向10车道，改造完成后能缓解城区东西方向交通压力。城东东六线下穿长永高速通道建设工程，在东六线与长永高速交叉口设置3孔20米跨径的简支空心梁桥，下穿长永高速，预留双向8车道，按双向6车道建设。该工程实施能有效缓解城区东西方向交通压力。万家丽路与绕城高速互通建设工程，是2013年年底通车的万家丽北路的北延线，也是与省高速公路联网收费改造相结合的工程项目。万家丽北路按双向6车道建设，绕城高速为双向4车道，互通建设将连通道路网络，方便安沙镇物流及人行交通。上述项目建成后，将有效解决高速公路对长沙县交通的影响，缓解交通瓶颈压力，改善星城交通环境，为市民出行提供便利。（盛政敏）

生态环境保护

生态县建设

【概况】2014年，长沙县生态办以引领群众生态宜居为目标，着力打造“两型”社会，从“大家看得见、公众盯得紧、项目推得动、举措落得实”的层面不断深化全县生态建设环境治理工作。通过深入开展农村垃圾分类减量和生态环境示范村庄建设，进一步落实举报督办，畅通社会监督，有效促进城乡品质倍升，实现经济社会可持续发展。年内，打造24个县级生态示范点，并带动12个村民小组自发建设示范点或筹资建公园，覆盖农户1940户，建设美丽庭院802户。对湘江长沙综合枢纽工程捞刀河流域回水影响土地实施退耕，退耕面积70.98公顷，发放生态补偿金73.43万元。（喻方英）

【生态环境示范点建设】按照每镇一个生态示范点（片区）的推进思路，创建达标后由县财政分期向每个点扶助资金10万元，所在镇（街）、村委会按不少于县级的资金扶助标准进行配套。2014年，通过广泛发动群众捐资筹劳，集思广益、齐心协力搞生态建设，全县共打造24个县级生态示范点，并带动12个村民小组自发建设示范点或筹资建公园，覆盖农户1940户，建设美丽庭院802户。其中，黄兴镇鹿芝岭四顺塘杨梅湖片、果园镇红花村新大屋小区、白沙镇双冲村木鱼神片区、金井镇西山村神山嘴组、安沙镇白塔村白塔峰和青鸭塘组等一系列精品示范点（片区）较好地发挥点亮一盏灯照亮一大片的示范效应。（喻方英）

【水源敏感区退耕工作】继黄花镇捞刀河段69.47公顷实施退耕后，年内，再次对湘江长沙综合枢纽工程捞刀河流域回水影响土地实施退耕，涉及果园镇、安沙镇、星沙街道、湘龙街道四个镇街，以流转方式全面退出耕种，退耕面积70.98公顷，发放生态补偿金73.43万元。从2014年1月1日起，全县生态补偿基金标准由3万元/亩提高到6万元/亩。（喻方英）

白沙镇双冲村坝上组—木鱼神组生态环境示范片区 （白沙镇双冲村 提供）

【生态环境建设有奖举报工作】自2013年县生态办实行生态环境建设有奖举报制度以来，2014年2月28日，县人民政府又发布《关于进一步加强水质保护的通告》，设立举报电话（0731-84070134）。凡举报经查证属实的首个举报号码，由县生态办在一周内充值奖励50元～100元话费，对重大违章事件的举报及交付现场证据的予以重奖。2014年，县生态办举报督办组受理办结群众来访和投诉电话187个，办结率100%，对举报线索属实者充值话费共计1.08万元，有效解决困扰群众的各类环境污染问题。（代 茂）

农村环境综合治理

【概况】 2014年，县生态办严格按照《长沙县生态建设环境治理2014～2015年方案》（长县政办发〔2014〕6号）的文件精神，在围绕深化生态建设、环境治理举措上下功夫，深入推进城乡整洁行动和垃圾分类减量，突出禁养清零和限养控规，大力提高畜禽养殖适应环境承载能力，开展承包经营农田养殖栏舍拆除行动，加大水源敏感区退耕还林还草力度，增强生态净化功能，持续开展河道清污保洁。年内，处置有毒有害垃圾，收集废弃玻璃1160吨、旧电池83681个、废弃灯泡灯管77885个，废旧纺织品341吨。对全县19个镇街6019户禁养户、3134户限养户、4054户已建治污设施户逐户上门督查，效果良好。在69个村（社区）实施农村环境综合整治整县推进项目，建设分散式饮用水源地保护点100处、建设饮用水源标志牌220块、饮用水源保护隔离栅1.1千米；80座集中式污水处理设施（人工湿地）完成任务60%。采购户用垃圾桶79886个并全部补充发放至镇村；补充建设垃圾池699座、垃圾资源回收站60座、沤肥池10954座。畜禽治污方面建设净化池1180座、86648立方米，沼气池584座、15180立方米，畜禽治污设施完成工作量80.3%。 （喻方英）

5月20日，县生态办组织18个县直部门召开全县生态建设环境治理第一季度考核加分推荐会 （县生态办 提供）

【城乡垃圾分类减量】 推进保洁员队伍职业化。全县用于农村保洁队伍（整洁行动）的资金增至2900万元，60%按基础费用核拨到镇街，40%按考核结果折算。按照每200户选配1名保洁员、人平预算基本工资2万元的标准，有效保证保洁员队伍的工资待遇，保洁员由过去单纯的马路“清扫员”上升为“公共区间卫生员、生态环保监督员、资源垃圾回收员、一年四季宣传员”，构建农户—保洁员—环保合作社一体运行的模式。建立奖罚分明的考核激励机制。县生态办制定《2014年生态建设环境治理考核办法》，实行社会评估机构暗访考核和专项治理行动两套考核办法，既促进基础性工作稳打稳扎，又推动重点环节专项治理。并划拨500万元作为季度、年度考核奖励和县、镇、村共建示范点奖励、扶助资金。每个季度考核排名靠前一、二、三位的，分别奖励8万元、6万元、4万元；靠后三位的分别扣减专项经费3万元、2万元、1万元。按照每镇（街）一个生态环境建设示范点，创建验收达标后县分期安排扶助资金10万元，所在镇（街）、村委会按不少于县级标准解决配套资金。实施有毒有害垃圾废弃纺织品“统一收集、统一运营、统一处置”。2014年，县生态办通过采取政府购买服务处置有毒有害垃圾，收集废弃玻璃1160吨、旧电池83681个、废弃灯泡灯管77885个，废旧纺织品341吨。此举不仅减轻生活垃圾运营填埋压力，而且清洁家园和利用资源，探索出一条农村生活垃圾处置的低碳环保、循环经济之路。 （喻方英）

【禁养限养工作督查】 为落实《关于进一步加强水质保护的通告》（长县政发〔2014〕9号）等文件精神，由县政府督查室牵头，县生态办联合县监察局、县畜牧水产局等单位和各镇（街）组成10余个联合督查组，分别于4月17～18日、7月17日和10月13～14日对全县所有禁养区、限养区及已建畜禽养殖污染治理设施户上门全面清查，共清查19个镇街6019户禁养户、3134户限养户、4054户，检查结果显示为5990户实现清零，清零率99.51%；3017户实现控规，控规达标率96.27%；治污设施运行户3727户，运行率91.9%。同时检查19个镇（街）的禁养、限养、治污、围堵外来养殖户网格责任落实情况。 （喻方英）

【承包经营农田养殖栏舍拆除行动】 5～6月，县生态办对全县所有建在“承包经营权证范围内的农田栏舍；占用塘坝公共资源毗邻搭建的栏舍；互换（租赁）承包经营农田搭建的栏舍”三个方面栏舍进行调查统计。据统计，全县在农田搭建养殖栏舍面积23.3974万平方米，其中2010年4月8日前建的有22.5215万平方米，2010年4月8日后搭建的为8759平方米，涉及115个村（社区）、1038家农户。按每2平方米养殖1头生猪测算，全面拆除后，可减少存栏10万头以上，每天可减少粪污积淀500吨。7月16日，县人民政府下发长县政办函〔2014〕57号文件，该项拆除行动于8月1日正式启动。截至2014年年底，全县共拆除承包经营农田畜禽养殖栏舍面积181802.31平方米，涉及20个镇街103个村（社区）864户养殖户，拨付资金2727.03万元。

（喻方英）

【农村环境综合整治整县推进项目】按照“北部优先、麻林河沿线优先、畜禽养殖污染严重区域优先”的原则，2014年全县农村环境综合整治整县推进项目在62个村、11个社区实施。因区划调整，原跳马镇三仙岭村、新田村及及金屏社区和斑竹塘社区不再列入整治计划，整治范围实际为69个村（社区）。水源地保护方面，建设分散式饮用水源地保护点100处、建设饮用水源标志牌220块、饮用水源保护隔离栅1.1千米，5处集中式饮用水源地保护建设工程完成任务过半；80座集中式污水处理设施（人工湿地）完成工程量60%。垃圾处置设施方面，采购户用垃圾桶79886个并全部补充发放至镇村；补充建设垃圾池699座、垃圾资源回收站60座、沤肥池10954座。畜禽治污方面，完成净化池1180座、86648立方米，沼气池584座、15180立方米，畜禽治污设施完成工作量80.3%。散户生活污水处理方面，计划建设散户四池净化系统3189套，安装2052套。（彭 涛）

环境监管

【概况】 2014年，长沙县环保局开展环境保护专项执法行动35次、联合执法行动29次；检查单位2064家，出动执法人员2736人次，执法车辆1100台次；下达“环境违法行为限期改正通知书”82份、“环境违法行为责令改正通知书”44份。立案82起（其中上年度案件2起），办结81起，到位罚没款835.766278万元；征收排污收费单位611家，征收排污费629.8414万元；受理投诉651起，办结607起；市县媒体相关报道69次，上报环保监察信息51条。

开展环境隐患大排查工作。长沙县从2013年12月底，正式启动为期一年的环境污染隐患大排查行动，对涉重金属、造纸、制药、化工、危险废物、危险化学品等行业企业开展执法检查工作。该项行动出动执法人员600余人次；排查企业383家，复查企业285家，其中70家企业存在各类环境隐患。对存在的环境隐患问题，限期整改47家，停产整治19家，取缔关闭4家，申请强制断电20家；立案查处18家，向公安机关移动案件1起，处罚金额为8.483万元。

开展规模化养殖场环境整治联合执法行动。继续深入开展“碧水”行动，开展以湘江长沙县段流域范围内规模以上畜禽养殖场环境整治为重点的执法行动。对存在环境违法行为的养殖场下达“责令改正通知书”3份、“限期改正通知书”28份。有六家养殖场落实整改措施，改进生产工艺，外排废水经生物发酵后加以利用，未直排入河流或达标排放；江背镇大有养殖场（老厂）在7月份自行关闭到位，并对养殖设备进行拆除。对未按要求进行整改到位的13家养殖场，自觉接受行政处罚，罚款金额1325元。

开展大气污染防治联合执法行动。截至2014年年底，长沙县始终大力开展大气污染防治执法行动，并重点组织进行了一次联合执法行动。本次行动采取召开约谈会与现场执法相结合的形式开展，约谈28家煤矸石砖厂法定代表人，环境执法大队组织现场执法行动。本次行动出动执法人员10余人，检查范围主要集中在水泥、化工、餐饮单位、建筑工地等领域企业11家。对部分未办理环评审批手续的企业，执法人员当场责令其停止环境违法行为，补办环评审批手续，并采取相关整改措施对废气进行整改；同时，对办理环保审批手续且安装油烟净化装置，但未完成环保竣工验收的企业，执法人员责令其限期完成竣工验收。本次行动为深入开展“清霾”行动，扎实推进长沙县大气污染综合防治工作，改善城市环境空气质量提供坚实的保障。

开展湘江长沙县段流域环境污染联合执法行动。根据长沙市政府办公室《关于印发〈湘江长沙段流域环境污染整治联合执法行动方案〉的通知》精神，长沙县统一组织开展了6次湘江长沙县段流域环境污染整治联合执法行动。分6个小组对涉重金属、造纸、制药、化工、危险废物、危险化学品等行业企业开展了6次执法检查工作。依法对污染企业实施取缔关闭、限期治理、淘汰退出、限期搬迁，组织对辖区范围内的违法建筑进行强制拆除，共计出动执法人员310人次、检查企业222家。

强化违法行为查处、打击力度，全力整治查处环境违法行为。按照“整治一批、限产一批、停产一批、关闭一批”的要求，严格查处各类环境违法行为。首先，对存在无环保手续或手续不完善、环保设施运行不正常、未按要求处置生产固废、长期超标排放、无污染治理设施、偷排、以及存在重大污染隐患的企业等问题的企业。已责令长沙县黄花镇天乐豆制品厂、兴建砂场、长沙伍师傅食品有限公司3家企业自行关闭；对跳马镇兄弟食品园存在污水超标违法行为进行了立案查处。对江背镇湖南大有养殖发展有限公司私自埋设暗管，未经治理的养殖废水直排周边河流的问题责令限期进行整改。（黄 宇）

环境监测

【概况】2014年，环境监测工作紧紧围绕环境保护中心工作，不断增强创新意识，提升监测能力，从而使环境监测的服务内容、服务标准、服务方式和服务质量得到进一步的改进和提高，同时在能力建设、队伍建设、基础技术工作、体制机制创新等方面取得了一定的进步，全面完成常规监测任务。

1. 两河流域常规监测和枯水期的加密监测

2014年，长沙县环境保护监测站对浏阳河榔梨水厂、捞刀河黄花水厂及星沙水厂取水口上游100米进行每月例行监测，共取得有效数据1044个；加密监测分四个时段，出具680多个数据。

2. 市县交界断面、乡镇交界断面水环境质量监测

对长沙市、长沙县四个交界断面双月进行采样分析，共提供有效数据96个。对县域内16个乡镇29个出入境交界断面所属水系的水质进行了采样分析，共提供有效数据232个，并将检查结果及时通报相关部门。

3. 加强城市环境空气质量监测

加强县环境空气自动监测站的日常管理，确保空气自动监测站的正常运行，并将结果及时发布到县委、县政府及环保局的电子显示屏上，截至12月31日县域环境空气质量优良率为69.12%，为政府和有关部门及时掌握星沙空气质量变化情况、开展扬尘综合治理提供了可靠的数据保障。

4. 国控重点污染源监督性监测质量检查

根据省环保厅《2014年湖南省环境监测工作要点》文件的要求和省环境监测中心站关于开展2014年湖南省国控重点污染源监督性监测质量核查的通知，省站组织张家界市站和邵阳市站于2014年6月17至18日对该县的国控重点污染源进行抽查。该站积极配合检查工作，6月18日圆满完成核查工作。

5. 国家重点监控企业自行监测

根据环保部颁布的《国家重点监控企业自行监测及信息公开（试行）》的要求，该站督促辖区内监管的国控重点企业制定自行监测方案，并予以核定，同时加强对企业自行监测工作的监督检查。（黄　宇）

节能减排

【概况】2014年，长沙县单位GDP能耗下降6.03%。提前完成“十二五”目标任务。

开展能源宣传推广。县能源局联合县“两型”办，在《星沙时报》、电子屏、公交车身刊登公益广告，动员社会各界参与节能减排，构建“两型”生活方式，树立节约低碳的理念。以“依法保护油气管道，全力维护能源安全”为主题，利用《星沙时报》、电子屏、微信宣传等方式，普及管道安全与保护知识，为石油天然气管道运行安全创造良好的社会环境。全年推广节能灯具103526只。

争取节能项目资金。通过组织申报、筛选，2014年申报长沙市2015年度节能专项资金项目65个，2014年度长沙市国家财政政策综合示范城市奖励资金项目30个。金井、开慧、果园浔龙河绿色生态小城镇示范项目被列为2013年度长沙市国家节能减排财政政策综合示范城市奖励资金支持项目第一批计划，金井绿色生态小城镇示范项目获综合奖励资金共870万元，开慧绿色生态小城镇示范项目获综合奖励资金共1410万元，果园浔龙河绿色生态小城镇示范项目获综合奖励资金265万元。

严抓节能监督管理。开展固定资产节能评估与审查工作，优化固定资产投资项目节能评估和审查工作办事流程，完善办事指南，完成节能备案项目71个，节能评估项目30个；配合省、市开展万家企业节能潜力调研，完成重点用能单位能耗情况统计及能耗系统直报工作。（晏　明）

【石油天然气管道保护】召开长沙县油气管道保护工作座谈会，邀请县域内4家油气管道企业，规划、国土等相关县直部门及管道途径的部分镇街及村组代表对管道保护问题进行座谈。开展县境内油气管道统计，搭建油气管道监管网络，筑牢管道保护安全基石。加强信息报送，建立月度管道安全生产报告制度，定期分析面临的油气管道安全形势，通报全县油气管道情况。加强监督安全隐患整改，开展专项整治行动，对县域内4家管道企业进行拉网式检查，及时通报发现的问题，并实行隐患销号制。加大对已排查出管道隐患的整治力度，有效防范管道出现新隐患和潜在隐患。（晏　明）

【“零碳县”工作试点】长沙县成立“零碳县”发展模式试点工作领导小组，统筹协调“零碳县”创建相关工作，探索根治雾霾和减少空气中二氧化碳排放量的有效途径，以期从源头上扭转生态环境日益恶化和温室效应日益严重的趋势。组织开展碳源碳汇普查，选址跳马镇田心桥村建设速生草种植基地和固碳加工中心，编制《长沙县“零碳县”发展规划（2015—2035）》，摄制“零碳县”形象片。12月10日，参加2014年度中国经济论坛“零碳对话”专场，推介该县“零碳县”创建经验。县委书记杨懿文被评为“2014中国创新榜样”。（晏　明）

松雅湖湿地公园建设

【概况】2014年，松雅湖湿地公园建设取得明显成效，“环湖四路一桥一隧道”工程完成总体形象进度93%，

累计完成投资额8亿元。其中，香堤路建设全面竣工；环湖支路沥青铺设全部完成，人行道铺设完成80%；捞刀河路路基填筑、顶管和污水箱涵施工全部完成，沥青铺设完成60%；万明路路基填筑和雨污箱涵施工全部完成，沥青铺设完成60%；隧道和松雅湖大桥主体结构全部完成，内外装饰施工加速推进；南部园林景观工程土方施工大面积展开，完成设计土方量的70%；园林小品建筑主体结构开始施工；完成北部园林景观沿松雅河风光带工程驳岸沿线松木桩和土方工程施工，绿化工程完成70%。计划投资项目设计任务全面铺开，开展松雅禅院项目设计方案评审，完成北部园林景观工程环湖片区、13条市政道路施工图设计，重新启动县区规划展示馆项目设计招标；抓紧制定湿地文化馆设计任务书。招商引资工作进入实质性阶段。先后与重庆协信集团进行6次洽谈，就游乐港口项目的合作模式等问题达成基本共识，初步合作方案出炉；中煤集团下属的中富天友集团公司拟在家庭探索冒险区建设一座高档次的“水之梦”水上公园，总投资额约8亿元；新加坡荣耀基金拟携手美国福克斯品牌在松雅湖打造好莱坞影视主题公园，总投资额约60亿元。物业管理方面，与城管、农业等执法部门密切配合，有效制止湖区乱倒渣土、电打鱼、网鱼、烧烤、游泳等各类行为；完成1527棵“捐赠一棵树，爱我松雅湖”的树木养护移交，以国际友谊林的标准对每一棵捐赠树木进行养护。购置割草船一艘，对湖内南部水域水草进行清理。4月初，在星沙自来水厂水源不足的情况下，松雅湖以每日16万立方米的排水量对松雅河进行为期一周的水源补给，发挥防洪调蓄、保障城市安全用水的功能。

（谭 涛）

5月29日，台湾佛光山开山宗长、国际佛光会世界总会会长星云大师（右四）出席松雅湖香岛松雅禅院奠基仪式（谭涛 摄）

【星云大师为松雅湖香岛松雅禅院奠基】 5月29日上午，长沙县松雅禅院奠基典礼在松雅湖香岛举行，台湾佛光山开山宗长、国际佛光会世界总会会长星云大师到场祝贺，并为奠基石培土。随着此次松雅禅院项目启动，长沙县将打造一处具有国际一流水准的传经讲学、弘扬佛教文化的场所。同时，该县以星云大师松雅禅院之行为桥梁，进一步增进与台湾地区在经济、文化等各个方面的联系和交流。

（谭 涛）

【松雅湖南部园林景观工程动工】 8月，松雅湖南部园林景观工程全面动工。南部园林景观以一脉两线、两区五元、一湾八景叠加为整体景观脉络，渲染“雅乐颂礼、湘韵泽国”的景观意蕴。通过对驳岸、水塘、道路、植被等现状的梳理，完善滨湖湿地生态网络，叠加多层次景观空间，连接城市景观通廊，渲染湖湘文化底蕴，勾画全新景观亮点。松雅湖南部园林分为城市观光区和湿地文化区，建成后将成为一座生态功能结合丰富游憩活动的城市滨湖湿地公园和水绿交融、寓教于乐的科普教育基地，一扇传统与现代融合的城市文化窗口。（谭 涛）

【松雅湖环湖四路一桥一隧道工程建成通车】 12月24日，松雅湖环湖建设的香堤路、捞刀河路、万明路、环湖支路以及松雅湖大桥、松雅湖隧道（简称“四路一桥一隧道”）工程建成通车，并被长沙市建设工程质量监督站评为2014年度结构优良工程。该工程总投资8.63亿元，全长20.48千米。其中，香堤路、捞刀河路、万明路为双向四车道的市政道路，环湖支路为双向两电瓶车道的环湖绿道，仅作为供行人、非机动车和游览电瓶车通行专道。项目按照BT（建设－移交）模式建设，由湖南高速公路管理局旗下的湖南尚上公路桥梁建设有限公司承建。被长沙市建设工程质量监督站评为“2014年度结构优良工程”。

（谭 涛）

【松雅湖北部园林景观松雅河风光带工程竣工】 12月，松雅湖北部园林景观雅河风光带工程全面竣工。该工程沿松雅河长约2公里，设计景观总面积约80122平方米，项目主要建设内容包括绿化工程、土方工程、硬质铺装、给排水系统、电气照明系统、园林小品及其他设施等。绿化建设中，苗木种类繁多，包括香樟、杜英、广玉兰、雪松、合欢、鸢尾等127种。（谭 涛）

交通·邮政·通信

交 通

·交通建设·

【概况】 2014年，长沙县提速干线公路建设，加快手续办理和现场质量把控，实现“多年修一条大路”向“一年修多条大路”的转变。全年投入4.81亿元实施包括洞株公路（长沙县段）、黄江大道、107国道调规、湘府东路及湘府大桥、机场联络线到江背岳汝高速互通在内的5条干线公路的建设，完成年度计划的126.25%；全年新改建硬化农村公路497.2公里，新建生态路120公里，改造危桥38座789延米，完成农村公路路容路貌整治及提质改造里程375公里，确保全县农村公路建设安全生产“零”事故。 （吴 旭）

县人大常委会主任李建章（左三）、副县长黄梁（左四）等调研交通公路建设项目 （杨 欢 摄）

【干线公路融资】 一是土地注入夯实公司资产。资产重组后，长沙县通途公路建设投资有限公司总资产达47.8亿元，净资产35.85亿元，其中红线控制用地70.17公顷，评估价值约26.5亿元；蓝线控制的用地共计266公顷。二是债券发行突破发展瓶颈。11月25日，县通途公路建设投资有限公司将各级发展改革部门关于本期发行11亿元债券的风险防范核查材料成功上报至国家发改委，并通过审核。三是结构化融资同步推进。全年融资6.7亿元，其中湖南信托3年期贷款3亿元，于7月31日到款；与中信信托筹集信托资金5亿元，第一期3.5亿元建设资金实际到位2.3亿元；华融湘江银行一年期贷款9000万元；华夏银行一年期贷款5000万元。四是央企合作维持融资主力。12个BT模式合作项目开工、未开工项目1个、调出项目1个。“融资+施工总承包”模式开工2个。央企合作项目黄兴大道北延线、黄兴大道南延线均进入回购期，共支付回购款3.41亿元；在建项目包括洞株公路、黄江公路东延拓改，完成工程计量1.2亿元。五是争取上级补助资金。按照干线公路省市补助标准，2014年省市应补助该县干线公路建设资金30207万元，实际到位7071万元。 （袁傲霜）

【农村公路建设】 规范农村公路项目建设程序，严把项目质量关，打通县域内农村公路微循环。一是规范项目建设程序。编制《长沙县农村公路建设基本程序流程图》，以镇街为主导下达农村公路修建计划修建规划，2014年农村公路计划较往年提前4个月完成。严格兑现路基、路面“两次验收”、项目资金“两次拨付”的方法，发动项目所在地的群众直接参与项目建设，在交通项目的关键环节实现规划设计时群众到位、公路验收时群众到位、质量监管时群众到位、养护考核时群众到位。二是创新推行生态路建设。破解水泥路与生态环保、入户路与项目资金之间的矛盾，创新修建生态环保路，解决群众出行“最后一千米”，全年下达生态路计划120千米并组织实施。三是重点实施连接工程。下达1000万元实施农村公路连接工程50公里，重点打通断头路，激活农村公路微循环。四是加大农村公路养护力度。出台《长沙县农村公路管理养护实施细则》和《养护考核办法》，并根据考核结果发放养护经费2516万元，投入1500万元实施农村公路路容路貌整治工程，投入1650万元实施农村公路提质改造工程55千米。（胡 欣）

·交通运输·

【概况】 2014年，长沙县继续推动县内道路客运“公车公营”改造，深化设计方案，完善具体措施，成立公交集团公司，加快县域公交客运企业整合，推动县域公交一体化发展。优化城区公交线路，开通服务于长沙经济技术开发区（含星沙产业基地）企业员工的三条园区穿梭巴士线路，两条夜间园区公交线和一条广汽三菱公司的定制公交线；开通星沙至杨开慧纪念馆的红色旅游快速公交专线和开慧旅游区间线；完成204路（原广汽菲亚特园区班班）、704路公交的线路调整（截弯取直），新开通长沙市内连接该县湘龙街道的903路、203路公交线。完成公交候亭亭建设87处（含5处独立式站牌）。

开展安全隐患大排查、危货运输专项整治、水上交通安全专项整治、校车线路安全隐患大排查、“打非治违”、护路护线等安全生产基础性工作。全年对4561.4千米管养公路、3家客运公司、1个二级汽车客运站，861台客运车辆（其中出租车306台、县属公共汽车369台、短途客运班车186台）、4家危货运输企业、14家驾培（县直管）企业、529家维修企业（其中一、二类99家，三类430家）、7885台货物运输车辆（其中危货运营车辆74台、普货运输车辆7811台），194家危化品生产经营单位（运输安全监管）、15处渡口（码头）进行安全监管。吸取“7·19”重特大危爆交通事故的教训，强化日常监管，顺利通过国务院事故调查组的多次调查。全年公路、水路交通运输及综合治理方面未发生一起较大及以上的安全生产责任事故，确保交通运输、公路建管、水上交通安全等方面持续、稳定、平安发展。（吴 旭）

【推进城乡公交一体化】 制定全面推进城乡公交一体化工作方案，引进专业咨询公司筹建公交集团，创新采用PPP模式全面推进城乡公交一体化，与三家公共客运公司签订城乡公交一体化项目合作意向书，制定长沙县政府与社会资本合作模式示范项目推介工作方案以及城乡公交一体化PPP项目的运作方案。基本完成全县农村客运车辆公交化改造南部片区改造，稳步推进北部片区改造。（胡 欣）

【危险化学品运输安全专项整治】 一是建立危货运输局际联席协调制度，开展危货运输联合专项整治。县交通局、县安监局、县公安局（交警大队）、县质监局、县工商局、乡镇街道等部门建立危货运输局际联席协调制度，明确职责分工，多次召开危货运输协调工作会议，印发全县危货运输专项整治方案等文件6份，建立县域内危货企业、危化企业、危货车辆等数据台账通报抄告制度，加强各部门之间协调沟通。全年联合开展专项检查行动8次，取缔甲醛非法经营储存窝点9家，排查出各类隐患20余条，分别督促整改到位。

二是落实领导带队安全生产检查。县交通局党组成员带队，每月到全县4家危货运输企业开展安全生产检查2次，对执法检查中发现的问题严格按程序向市货管局汇报。全年查处违法危货运输行为30起，其中查处个人危货运输违法行为17起，处罚金额13万元；查处企业危货运输违法行为13起，处罚金额12.75万元。

三是开展隐患大排查。重点对县域内11个物流园区、50余个物流公司、99个二类维修厂、92家重点涉危单位开展见人见车、上门上户的隐患排查，共排查危货运输企业、危化品生产经营单位安全隐患30处，下发整改通知书8份，关停1家（皓润物流），已整改12处。

四是延伸危货运输安全监管面。县交通局联合安监局将监管范围延伸

县交通运输局执法人员对县域内危货运输车辆开展执法检查 （杨 欢 摄）

至危化品生产经营单位，对全县194家涉危单位的运输采取分级、分片、分层监控的方法进行重点监管，并向其发放危险货物运输告知书，签订承诺书。督促危险品运输企业与驾驶员签订“从业人员安全生产责任书”，落实企业安全生产主体责任。（刘艳菊）

【发展绿色交通】 从公共交通清洁化和绿色出行两个方面着手，发展公共交通，推广清洁能源公交车。要求公交企业对在线营运的常规柴油动力公交车实行达标控制，加强对车辆的维护保养，定期更换化油器和燃油空滤系统配件，对排放不达标的车辆加装催化转换器（DBAF），做到确保车辆排放达标后才能上路。截至2014年年底，该县在线营运的公交车为328台，其中压缩天然气（CNG）公交车177台，油电混合动力公交车50台，气电混合动力公交车9台，纯电动公交车10台，常规柴油动力公交车为82台，新型节能公交车辆约占公交总运力的75%。（郑　梁）

【开通县内首条红色旅游公交专线】 9月26日，长沙县开通首条星沙至开慧镇的红色旅游公交专线，从星沙出发直达杨开慧纪念馆。同时开通的还有开慧镇域内红色景点区间线，乘客可切身感受革命旅游胜地和开慧风情小镇的魅力。快速公交专线，从开源鑫城大酒店始发，经天华路、特立路、星沙大道、滨湖路、京珠高速至杨开慧纪念馆，中途不设停靠站点。该线路暂为试运行，配置高等级客车1台，营运时间为每天两趟，上午9点在星沙开源鑫城大酒店发车，10点30分从开慧纪念馆返回；下午1点30分在星沙开源鑫城大酒店发车，4点30分从开慧纪念馆返回。单程票价8元（以物价部门审批为准）。红色景点区间线：从杨开慧纪念馆始发，经缪伯英故居、飘峰水库、露营基地、开慧茶场、斯洛特湖返回开慧纪念馆。该线路配置中小型公交车2台，按线路双向对开。上下车票价1元（以物价部门审批为准）。（胡　欣）

·交通行业管理·

【概况】 全年出动执法人数10080人次，查扣车辆共计932台，罚款1938687元。其中查处超载车辆287台，罚款1004187元；查处非法营运车辆645台，罚款934500元；处违法危货运输行为30起，其中查处个人危货运输违法行为17起，处罚金额13万元；查处企业危货运输违法行为13起，处罚金额127500元。新办理维修经营许可证26户，普通货运车辆年审换证4480台次，新办理道路运输证1100台次，办理道路运输证二级维护审核12980台次。更新发放出租汽车运营证80台，检审、新办、变更驾驶员服务资格证1200本，举办从业人员继续教育培训班两期。受理并办结咨询、84067911热线投诉330条，受理12345市民服务热线工单咨询、投诉214条，受理“县长信箱”122件、“问政湖南”67件、微博咨询投诉45件。推进工作职能转变，规范行政审批，提高审批效率和质量，优化行政审批事项至10项（行政许可9项，非行政许可审批1项），其他职权事项164项。做好新《中华人民共和国安全生产法》等法律法规的宣贯工作，全年组织交管系统职工干部开展法治宣传、培训6次。（吴　旭）

【维修市场管理】 对全县的维修市场进行整顿，严厉打击只收费不维护、卖单、合同欺诈、二维检测企业乱收费、只收费不上线检测等违法违规行为，净化维修市场，确保车辆维修质量。加强维修企业从业人员上岗培训，提高业务技能，全年联合万通技校举办2期培训班，通过培训考试，350多人取得从业人员资格证，确保达到90%持证上岗。（刘艳菊）

【驾驶员培训市场管理】 全面清理规范普通机动车驾驶员培训和道路运输从业资格驾驶员培训的各个环节，确保教学安全，进一步提高培训质量，促进全市驾培市场健康稳定发展。重点开展对全县15所驾校按照新国标要求进行场地改造工作，全部验收达标。全年开展教育培训，加强从业人员再教育、教练员再教育。组织驾驶从业人员继续教育培训4期，培训290余人次，教练员继续教育培训约500人次。（刘艳菊）

【校车联合审查】 县交通局联合县公安、教育等部门开展校车运营线路联合审查，出动工作人员200余人次，对县域内17个乡镇及4个街道公路交通隐患路段、桥涵隧道、急弯陡坡、路面破损严重处、临水、高边坡等进行详细排查，共排查公路安全隐患点排查300余处，排查桥梁安全隐患100余座，其中排查病害桥梁30余座，对排查出的问题，根据“村道村养，乡道乡养，县道县养”的原则，与各负责乡镇交换意见并提出处理措施。同时加强对校车维修企业的监管，所有二类以上维修企业须参照客车标准对校车进行维护和维修。（杨浪浪）

【水上交通安全整治】 县交通局、县

安监局、县海事处、南托街道、暮云街道等单位联合开展长沙县水上交通安全专项整治工作，多次深入南托街道和暮云街道的四个渡口开展安全督查，下发整改通知书3份，均督促整改到位。7月，组织全县有关镇（街）水上安全管理员、渡船船员（渡工）、签单员等进行安全教育培训，增强其安全意识和责任意识。（喻婷）

【治超站卡口视频监控及指挥中心实现智能化】 投入250余万元，在花山、黄花、江背、高岸村、五美、金井、南门桥、开慧、青山铺、暮云、跳马等11个路段设立“打非治超联合执法警务站”，在每个治超站卡口旁安装视频监控点，通过连接公安平安城市专网并与县交通运输局指挥中心对接，实现治超智能化。将县交通运输局办公楼二楼会议室改造成交通指挥中心，将治超站、公交站、客运站、公交车、出租车GPS信号，二级维修厂信息，危、货运车信息，驾培信息等接入指挥中心，并将投诉电话、县长信箱、问政湖南、数字化城管、电子监察、官方微博、指纹考勤和“12345”服务台移至指挥中心集中办公，实现交通智能化。（杨谦）

·公路管理·

【概况】 2014年，县公路管理局顺利完成市公路局下达的公路优良率指标任务，全年管理养护公路的优良率为85.03%，其中国道优良率91.68 %，省道优良率95.3 %，支线优良率79.85 %，确保路况优良。是年，县公路局荣获市公路局公路养护先进单位、路政管理先进单位、目标考核一等单位等荣誉称号。

做好国道和省干线公路提质改造。年内，由县政府投资对G107线毛塘铺至安沙段、S207线长沙县全线、S103线县一中至黄花镇段实施提质改造。为切实搞好国省干线公路提质改造，县公路局干部职工统一思想，精心布置，进一步加强工程监管和质量、安全管理，确保打造质量优良的精品干线。该批三项工程均于年底竣工通车。

加强公路养护。逐步转变传统养护方式，实行领导联线联点，责任到人制度，按照上级要求养护公路，坚持按“作业手段机械化，施工工艺快速化，工程管理规范化，交通维持标准化”的“四化”要求进行养护作业，加大对路面早期病害的预防性养护，确保公路路况稳定。是年，清理路基边坡647千米；修复公路边沟：2142米；修补防护工程990立方米；路面局部修补：76757平方米；水泥路面清灌缝：46.8万延米；行道树刷白：188555棵；修复公里碑、百米桩595块；修复波形护栏2344米，安保设施刷漆16800平方米；修补路面标线20162平方米；桥面局部维修4000平方米；新建白沙工班、房屋维修一处（干杉养护站）；通过实施养护工程和加强日常保养，完成市局下达的优良率指标，全年好路率85.03%，其中国道优良率91.68 %，省道优良率95.3 %，支线优良率79.85 %。该县公路养护工作在市公路局2014年每季度的养护考核中均名列第一。实施公路大中修项目。完成国道107线暮云段，省道103线黄花段，县道路青线、双仰线、青团线、八青线、暮五线大修工程；完成水泥砼路面换板面积33862.2平方米，累计投资7486.05万元。通过全力推进公路大中修项目，公路路况得到有效改善，通行能力大幅提高。不断强化桥涵管理，加大桥涵巡查力度，加强桥涵日常养护和动态监管，严格落实桥梁养护“三个一”制度，委托检测单位对新接养的县管县道桥梁进行定期检查，制订整改措施及维修方案，及时排除桥梁运营隐患。加快危桥改造进度，年内完成立新桥、双河桥桥面系维修，拆除重建兰山桥、双溪桥、胜功桥三座危桥。

推进路政管理。全年收取公路赔补偿费172848元；拆除违法地面构筑物28处；清除路面及公路用地堆积物391处；拆除非公路标志牌301处；下发违法通知书457份；拆除跨路龙门架14处；办理路政行政审批案件14起。在全县开展路域环境集中整治行动，对G107线、S103线、S207线等重点、严管线路、重点路段的违法非公路标志、标牌进行整治，并采取强制拆除措施；将S207线春华镇的葡萄市场和江背镇的马路市场予以取缔拆除，将G107线灰埠段、毛塘段、安沙段、青山铺段，S103线黄花段、江背段，X035线榘梨段的公路两侧建筑控制区内的临时棚屋全部拆除。

抓好公路治超。逐步形成政府主导、部门联动的格局。在全县打非治违领导小组的领导下，县公路局进一步加大治超工作力度。4年，检测车辆2500台次，处罚违法车辆1887台次，罚款394.605万元，卸载转运货物28689吨，恶意超载现象大为收敛。

（肖睿）

·民用航空·

【概况】 2014年，长沙黄花国际机场旅客吞吐量1802.05万人次，同比增长12.58%，安全保障运输起降151,658架次，同比增长10.64%，货邮吞吐量8.8万吨，同比增长3%，连续6年实现年旅客吞吐量中部地区排名第一，中南地区排名第三（仅次于广州市、深圳市），全国机场排名第十二。其中国际旅客年吞吐量112.49万人次，同比增长30.42%。

安全管理。落实机场安全生产运行管理主体责任，实施运行安全监察，加强机坪联合督查，不间断开展各层级安全监察92次。顺利通过大型机场综合保障能力评估和中国民航局第二轮航空安保审计和“平安机场”建设年度考核。12月份通过机场使用许可证换证检查，《长沙黄花国际机场航空安保方案》通过民航中南地区管理局认定并在行业内推广。10个绩效项目指标实现年度目标，责任范围鸟击航空器、FOD扎胎发生率下降10%，5个安保关键绩效指标值保持良好；成功处置“1·24”围界南头火情、“2·5”新奥多联供燃气泄露突发事件；有效、有序处置应急情况25起。

运输生产。全年旅客吞吐量1802.05万人次，创长沙黄花国际机场年旅客吞吐量历史新高。年计划航班执行率90.2%，机场运输架次和旅客吞吐量分别高于中南地区30个机场平均增长水平0.34个百分点和0.78个百分点。2014年有13天客流突破6万人次，暑运高峰日客流达63581人次，航班起降523架次，高峰小时客流4676人次，航班起降37架次，均创本场单日历史新高。

服务提质。2014年，长沙黄花国际机场持续巩固服务提升成果，践行37项服务承诺，推出一证通关、微信值机、湘沪快线等9项便民服务措施；完善硬件设施，共计实施楼内外改造项目43个；开展体验式服务项目，建设3个旅客多媒体体验区，丰富航站楼的服务功能。提升“96777”品牌形象，“96777”呼叫中心积极做好旅客投诉受理、航延旅客语音服务，与湖南新闻广播频道、交通频道等媒体建立长期连线工作机制，及时为旅客提供航班信息，旅客服务满意率99.41%。强化航站楼服务质量纠察，发现问题484起，完成整改441起，整改完成率达93.6%。发挥旅促会平台优势，研讨服务改进措施，整治经营单位产品推荐服务行为。在新浪财经主办的全国40个机场服务质量在线调查中排名第十三，获得“2014年度内地机场网名口碑榜”奖杯。长沙黄花国际机场荣获中国民用机场协会“2013-2014年度民用机场服务质量评价旅客满意优秀奖”。

航班保障。从7月份开始，开展航班协同决策系统（CDM）试验运行，航班保障关键节点录入FIMS系统，实现航班运行实时监控。全年放行正常率84.8%，时刻协调机场始发航班离港起飞正常率87.2%，机场放行率名列中南地区前茅。整合机位资源，完善47个可用机位中的37个机位停止线标志，在211号机位东北侧增设一个E类远机位。提升飞行区保障功能，加强道面巡视维护、FOD防范、鸟击防范，顺利启用长沙机场航空器使用非全跑道起飞项目；7月31日至12月26日开展飞行区道面病害整治项目工程建设，整治铺筑面积总计17.45万平方米，顺利通过竣工验收。推动信息建设，完成企业网中心机房和核心网络改造，呼叫中心、微信平台二期升级和移动电子商务平台、临空产业园区通信管网建设等项目。继续推动专家成果落地，德国专家年内共提交15份指导建议报告，其中14份建议报告已落地或正在实施过程中，进一步提升长沙黄花国际机场运行保障国际化、科学化水平。（曹泽明）

【厦门航空湖南分公司成立】 5月5日，厦门航空湖南分公司揭牌仪式在长沙黄花国际机场举行，厦航成为继南航之后第二个在湖南设立分公司的航空公司。湖南省人民政府副省长张剑飞、中国民用机场协会理事长夏兴华出席仪式。厦航规划在湖南分公司成立第一年投入驻场运力达到3-6架飞机，争取第三和第五年分别达到10架和15架，逐步构建以长沙为中心，辐射湖南省内机场及国内各主要大中城市的航线网络：一是重点加密现有长沙始发经华东往东北和福建、杭州、天津等基地经停长沙往西北、西南的航线航班，择机开通张家界、常德、怀化等其他机场航线航班；二是争取加密/开通长沙－北京、上海、广州、深圳等国内干线；三是充分利用自身网络优势，加密现有长沙－台北航线，逐步开通长沙往东南亚、东北亚航线，构建湖南至台湾和东南亚、东北亚的便捷通道。（邓竹君）

【“长沙－法兰克福”航线开通】 6月23日，中国南方航空公司在长沙举行广州－长沙－法兰克福航线首航新闻发布会，宣布长沙—法兰克福航线正式开通，该航线每周往返三班，是湖南开通的首条洲际航线，将成为湖南直通欧洲的空中桥梁，标志着中部地区至德国的空中走廊首次贯通。湖南省副省长张剑飞，南航集团公司党组书记、南航股份公司总经理谭万庚，南航股份公司副总经理陈港，湖南机场集团公司领导刘志仁、谭克涛出席发布会。6月24日凌晨零时05分，湖南首趟洲际航班从长沙黄花国际机场起飞，13个小时后，机场200名旅客抵达德国法兰克福。该航班号为：CZ331/332，每周往返三班，去程航班每周一、三、五，回程航班每周二、四、六。由空客宽体机A330系列的最新机型A330-2009执飞，共216座，分头等舱（4个），公务舱（24个）、高端经济舱（47个）和普通经济舱。

（李敏娜、易 浩）

【奥凯航空湖南分公司成立】12月12日，奥凯航空有限公司湖南分公司正式揭牌成立。湖南省副省长张剑飞，湖南机场集团公司总经理、党委书记刘志仁，奥凯航空总裁刘伟宁等领导出席揭牌仪式，张剑飞副省长与刘伟宁总裁共同为奥凯航空湖南分公司揭牌。此举标志着奥凯航空以湖南为重点，全力进军中部航空市场。奥凯航空湖南分公司成为长沙黄花国际机场的第三家基地航空公司。这也是奥凯航空在天津机场主基地之外设立的第一家分公司。奥凯航空在长沙机场投放9架过夜飞机，执行航线19条，航点16个，是促进湖南机场运输生产持续快速增长的有生力量。（李明业、李 鑫）

【李家祥在湖南作专题报告】12月17日，中国民航局局长李家祥应湖南省委、省政府邀请，在民航经济形势报告会上以《更好地发挥民航业在经济社会发展中的战略作用》为题作专题报告。湖南省委副书记、省长杜家毫主持报告会。湖南省领导陈肇雄、何报翔、黄兰香出席。李家祥立足世界经济发展趋势和我国民航发展现状，列举大量生动而翔实的事例和数据，从怎么认识民航、怎么利用民航和怎么发展好民航三个方面，阐述了如何更好地发挥民航业在经济社会发展中的战略作用，并指出长沙打造中部地区国际性航空枢纽指日可待。（黎晓阳）

【长沙—安克雷奇—洛杉矶航线开通】12月28日长沙－安克雷奇－洛杉矶航线首航仪式在湖南机场集团办公楼举行，湖南省人民政府副省长戴道晋宣布航线正式开通。仪式由湖南省人民政府副秘书长赵清云主持，湖南省机场管理集团有限公司总经理、党委书记刘志仁，中国国旅集团有限公司总经济师卢路，美国动力航空公司CEO Paul Kraus以及湖南省省直有关部门、长沙市政府、联检单位和驻场有关单位领导出席首航仪式。这是湖南省继2014年6月23日开通长沙－法兰克福航线后的第二条洲际航线，它不仅是湖南省首条直飞美洲的航线，也是中国首条直飞美国阿拉斯加州的客运航线。（邓竹君 李敏娜）

邮 政

【概 况】2014年，长沙县邮政局完成业务收入10547万元，同比增长14.89%，是长沙市邮政系统唯一一个邮政业务收入、储蓄净增计划、有效收入计划三项计划全部完成的单位。全年装修改造邮政网点47个，有投递段道122条，邮路总长度达4566千米（单程），服务范围1997多平方千米，农村通邮率100%，邮政服务覆盖全县每一个乡镇、村委会（社区）、厂矿、学校和企业。完成便民服务站建设96个，增加金融机具（银联pos机和商易通等）。开通电费、水费和国税的代缴、各项资金的代发代付和飞机票、火车票的订购、查询等功能。该局被湖南省邮政公司授予“十强县局”。（易 萍）

【“世界邮政日”主题活动】10月9日，长沙县邮政局在星沙营业中心前坪开展以“世界邮政日”为主题的活动，通过业务资料、宣传图册，形象地为全县人民宣传邮政在各国政治、经济、文化发展和人民生活中的作用，同时对邮政现有业务进行推介。（易 萍）

【开展“走千家 访万户”大走访行动】2014年年底，长沙县邮政局在全县范围内开展了“235”《走千家 方万户》大走访行动，即每天每个营业员电话回访2名客户、每周每个营业员走访3天、每次走访最少拜访5名客户。全县邮政服务质量得到较大提升。

（易 萍）

“世界邮政日”活动现场　　（县邮政局 提供）

【创新型爱心慈善活动】长沙县邮政局与长沙县妇联联合举办“传递彩虹包裹 情暖百万儿童”为主题活动，该爱心活动长沙县邮政创新捐赠方式，采用一对一的、无截留的透明捐赠方式，让全县的留守儿童感受到爱的温暖。活动共收到爱心慈善捐款5.37万元。（易 萍）

通 信

·中国电信长沙县分公司·

【概况】2014年，完成收入25794万元，其中移动收入11515万元，固网收入14279万元。C网净增用户数37603户，宽带净增用户数9357户，光纤电视净增用户数18169户。截至年底，全县有电信服务网点226个，新建网点58个，其中专营店52个、2个品牌店、4个核心商圈。电信公司将2014年定为“宽带年”，年净增用户达5167户。推广光纤电视业务。全年全县制定差异化的营销措施，加大反抢力度。农村、近郊局的光纤电视新增10116户、城区新增8053户，累计新装20488户；大力发展移动3G、4G业务。一是从政企市场的多点发展，拉动移动价值规模发展；二是从行业应用的高效推广，抢占移动市场；三是加深与校园的深度合作，通过“平安校园”的渗透，再次实现高校“翼机通”的突破；四是通过差异化的营销方式，拉动移动发展的业务。全年在各小区、各支局进行的入户营销、摆摊营销、炒店、扫村、会销、特卖会等2000余场次。通过光网建设带动农村宽带发展7541户，宽带拉动移动融合4298户。提升网运质量。2014年年底，全年共投入工程建设资金5615万元，投资主要集中在C网建设和FTTH光缆建设，其中FTTH光网建设投资1223万元、C网投资3000万元。新建4G基站75个，全网共建基站数达253个，4G基本覆盖星沙城区（覆盖率达到92%）和黄花、榔梨、泉塘集镇（集镇上覆盖率达到90%）及黄花机场、长永高速（接续率达到100%）等地。有传统交换点1095个传统交换设备容量达226010门，实装125165门，实装率55.4%，FTTH局所585个，容量178642线，实装76539线，实装率42.84%。

（谢晓琳）

·中国移动长沙县分公司·

【概况】中国移动通信集团湖南有限公司长沙公司长沙县分公司（以下简称“县移动分公司”）是中国移动在长沙县的县级分支机构，下辖星沙、泉塘、榔梨、暮云、路口、金井、安沙七个营业部。年末，该公司在职员工208人，获评2014年度“全国模范职工小家”称号。

业务发展。该公司认真贯彻落实集团公司、省市公司相关经营工作思路，以优化长沙县通信环境为己任，努力实现企业从优秀到卓越的新跨越。截至2014年年底，公司客户总数超过94万人，累计完成运营收入6亿元，成为全县最大的移动通信运营商。全县超过三分之二的人选择中国移动，彰显广大消费者对中国移动网络、业务和服务的充分认可。在行业信息化应用上，该公司承担建设“无线星沙”项目（“无线星沙”由县人民政府在县内部分广场、公园、汽车站等公共区域建设公众WLAN，并对市民免费开放）；承担县公安局“天网工程”项目建设任务；为蓝思科技提供移动IMS平台服务。

客户服务。客户服务体系不断完善，建立和完善“客户为根、服务为本”的客户服务体系。服务流程不断优化，形成以客户为导向的客户服务体系；高度重视网络质量保障和客户投诉问题解决，客户投诉48小时内首次回复。2013年起，连续两年投入大量资金开展“渠道倍增”计划，2014年新增渠道82家，共各类移动实体渠道网点410家。专门成立垃圾信息治理小组，搭建实时拦截及举报平台“10086999”，配合有关部门实时拦截违规违法垃圾信息，通过设定短信发送量的门限值，

“5·17”世界电信日，县移动分公司在星沙中心营业厅旁举行促销活动

（县移动分公司 提供）

实时更新短信疑似敏感字段，重点封堵黄色、诈骗等犯罪信息，受理客户对接收的垃圾信息举报，有效控制垃圾短信蔓延。

网络建设。截至2014年年底，该公司2G/3G/4G基站总数超过2000个。为尽快让市民体验到高速优质的4G网络，该公司还启动LTE工程、GSM工程、TD工程、FDD农村宽带四个重点建设项目，规划新建基站超过700个。网络维护方面，理顺面向市场、客户的运维机制，网络指标持续改善；扎实做好各项重大活动、重大突发事件通信保障工作，确保网络质量。

企业文化。坚持“正德厚生，臻于至善”的企业价值观，秉承“创无限通信世界，做信息社会栋梁”的企业使命。落实党风廉政建设责任制，完善企业反腐工作机制，严格执行“三重一大”决策，加强作风建设与廉洁自律。积极投身公益事业，推动“信息扶贫、信息下乡、信息进村”工作；积极组织开展扶贫帮困活动和义务植树、义务献血、爱心送考等社会公益活动，先后多次为灾区、帮扶对象、困难及患病职工、学校教育、希望工程捐款捐物，为服务地方经济建设、创建社会主义和谐社会做出贡献。

（罗惠之）

·中国联通长沙县分公司·

【概况】 中国联通长沙县分公司是中国联通在长沙的县级分支机构，负责经营长沙县行政区域内的基础电信业务（2G业务、3G业务、4G业务、固定电话业务、互联网宽带业务、国际国内长途、IP业务、数据通信业务）和增值电信业务。现有遍及城乡、村镇的实体营业网点200余家，形成服务更到位、可持续性发展的渠道服务网络。

3月4日，县联通分公司开展“3·15”宣传活动　　（彭　晶摄）

2014年，公司新增和开通基站37个，完成电信、移动基站设备的安装，开通站点90个。完成固网建设项目92个，总立项金额332.6万元，新增语音端口1664个，新增FTTH端口28200个，完成22个小区的电缆覆盖FTTH改造。全年业务收入突破1.8亿元，综合绩效评比和各项业务完成比例名列长沙市前茅。

同时，公司重点规范政策、明晰流程、落实责任、强化执行，有力提升基础管理水平：根据全业务经营要求，不断完善现有制度和流程，确保公司整体运转顺畅，适应市场竞争的需要；狠抓财务及内控管理，夯实财务基础管理，有效降低经营风险；加强安全生产工作，全年无重大安全事故发生；物资管理、施工建设管理、客户服务管理等工作不断进步。

注重企业文化建设。围绕团队建设，在“六个走在前列”与“四个深度攻坚”思想的引导下，强化居安思危意识，有效落实降本增效，不断优化工作流程，实现营销模式、服务模式、管理模式、网络支撑模式的转型，围绕二次创业及创新转型的思路和理念，用互联网思维开拓工作思路，全面完成市公司下达的任务。重视管理层和一线员工的信息畅通，推进公司民主管理，开展岗位公开竞聘。（彭　晶）

商贸·旅游

商贸流通

【概况】2014年，长沙县实现社会消费品零售总额290.2亿元，同比增长12.5%。第五届“星沙商圈”购物消费节实现社零总额73亿元，同比增长18.5%。长沙县首届汽车消费节共销售汽车1.86万辆，销售总额达26亿元，较上年同期增长25%。出台全省第一部政府主导性农贸市场管理地方法规《长沙县农贸市场管理办法》，全省农贸市场建设经验交流会在该县召开。新建农贸市场11家，取缔马路市场19个、规范场内经营3个。全面铺开“万村千乡”工程，通过验收项目4个。启动肉菜流通追溯体系建设试点，8家企业建成追溯体系。农村商务信息服务工作有序推进，新注册商户8947家，采用供求信息12万多条，成交额达1.54亿元。做好节日市场供应保障工作和防汛抗旱期间生活必需品供应保障工作。组织开展7次商务系统安全生产督查并督促问题单位进行整改。加强酒类、肉类、成品油、再生资源等行业管理。对40家酒类批发企业建立诚信档案，实现酒类批发许可证100%，零售备案登记100%，酒类流通随附单使用100%。开展肉品安全专项大检查，督促富饶、广联等定点屠宰场实行无害化处理。成品油行业实现销售额65.5万吨，上缴税收6752万元。对70家加油站进行年检，完成25个油气站回收治理。启动再生资源回收体系建设，开展城区废品回收店综合整治专项行动。（陆　林）

【冬季农产品网上购销对接会长沙县综合排名全省第一】由“全国农产品商务信息公共服务平台”举办的2013年冬季农产品网上购销对接会于2014年1月底结束。冬季对接会期间，长沙县在“全国农产品商务信息公共服务平台”上注册商户10019家，增长645%，采用供求信息135360条，增长160%，产品信息908条，增长135%，成交额达2.01亿元，增长23%。冬季对接会在全省28个国家级试点县中综合排名第一。（陆　林）

【开慧农村商贸综合体项目建成】7月19日，湖南省首个农村现代商贸物流综合体在长沙县开慧镇建成。该商贸综合体总用地面积0.9公顷，项目分为A、B两栋，总建筑面积为13558.72平方米，其中A栋建筑面积6520.06平方米，业态形式主要为生活超市、百货、家电等；B栋建筑面积7038.66平方米，业态形式主要为商业配套，包括餐饮、娱乐、休闲、酒店及农村物流服务中心等。（陆　林）

【举办首届汽车消费节】11月27日～12月25日，长沙县成功举办首届汽车消费节。此次消费节活动以“欢乐购车节·钜惠大星沙”为主题，县内100余家汽车销售企业在30天内共销售新车1.86万辆，销售总额达26亿元，销售额同比增长25%。活动期间消费节组委会为购车消费者送出75万元的油卡和现金大奖，使得首次举办的长沙县汽车消费节一亮相就成为倍受各汽车经销企业和消费者期待的重要节会。（陆　林）

招商引资

【概况】2014年，长沙县实现到位外资5.63亿美元，同比增长17.7%；引进市外资金形成固定资产投资130.9亿元，同比增长20.5%。启动项目包装工作，重点包装策划项目40个。编制《2014招商引资项目汇编》和《2014年投资环境报告》，重修《商易》宣传片。组织召开4次项目建设领导小组会议，过会项目40个，总投资额达405亿元。组织参加“长沙民间投资项目对接会”“2014年湖南（上海）投资贸易洽谈周”“2014·湖南长沙国资项目合作洽谈周”“2014湖南（长沙）·深圳招商推介活动”，签约项目4个，引进资金24.3亿元。举办“2014

中国·长沙空港城招商推介会”，发布重点项目7个，签约项目5个，签约金额198.5亿元；率先在全省试点PPP模式，举办PPP示范项目推介会，对外发布PPP项目21个，项目意向签约金额196亿元。项目建设进展顺利，国内首家智能物流集群落户干杉镇，台湾佛光山会、法国水幕电影等项目入驻松雅湖，国际五星级标准韦尔斯利酒店及家润多、大润发等大型零售商场开业，长沙国际会展中心、长沙农产品物流中心、湖南省山东商会总部基地、太平洋人寿保险运营基地、当代置业MOMA等项目启动建设，上海大众、长株潭广联生猪交易市场等平台投入运营。（陆 林）

【国内首家智能物流集群落户干杉镇】2月24日，中科院云计算中心与湖南海驿集团《面向智能物流虚拟与实体智慧互联云服务平台构建与示范应用》项目签约仪式在广东省东莞市举行。湖南海驿智能物流产业发展有限公司斥资20亿元在长沙县干杉镇打造国内首家立体交通智能物流产业集群基地。该项目总用地面积为34.87公顷，可容纳实体经营户1000余家、平台会员单位5万余家，预计年营业收入突破100亿元、创税8亿元、就业岗位2万余个、年吞吐量2000万吨。（陆 林）

【长株潭广联生猪交易市场开业】4月18日，长株潭广联交易市场在长沙县安沙镇毛塘工业小区内试营业。该市场规划用地10.4公顷，总投资4.12亿元，是湖南省唯一、中南地区最大的生猪活体交易中心和进出口食品展示、交易、配送中心。（陆 林）

【长沙民间投资项目对接会长沙县签约两大项目】5月28日，在由市工商联、市发改委、市商务局和市外事侨务办主办的长沙民间投资项目对接会上，长沙县成功签约两大项目，即由福邦（上海）汽车服务有限公司投资14.5亿元的大众长沙福邦零部件园项目，湖南鲁商投资有限公司、海尔地产集团有限公司共同投资5.5亿元的山东商会总部基地项目。（陆 林）

【“沪洽周”引资70亿元】6月16日，湖南省在上海及周边地区举办的“2014年湖南（上海）投资贸易洽谈周”正式启幕。在“沪洽周”上，长沙县有当代星沙MOMA项目、厦门航空湖南分公司建设项目、广汽菲亚特克莱斯勒吉普项目顺利签约，总投资达70亿元。（陆 林）

【“长沙空港城投资环境推介会”签约198.5亿元】10月16日，由长沙县政府主办的“速度成就梦想——2014中国·长沙空港城投资环境推介会”在深圳召开。会上，长沙空港城对外发布重点招商项目7个，签约项目5个，签约金额约198.5亿元。（陆 林）

【PPP示范项目推介会】12月6日，长沙县举办政府与社会资本合作模式PPP示范项目推介会。此次推介会共发布PPP示范项目21个，总投资额约408亿元，其中5个项目成功签订合作意向书，签约金额146亿元。县政府与中国中铁股份有限公司签订战略合作协议，双方就长沙县主要城市功能区的规划和建设开展合作，共同探索健全城市土地市场运行机制中土地一级开发的有益模式。（陆 林）

现代服务业

【概况】2014年，长沙县实现第三产增加值247亿元，同比增长12.5%。服务业过会项目25个，占比62.5%，服务业报建项目154个，报建面积为626.2万平方米，分别占总报建项目的78%、93%。出台《2014年全县现代服务业工作目标管理考核细则》，完善考核机制。推进现代服务业项目试点，7个试点项目累计完成投资18.14亿元，申报获批资金8000多万元。兑现现代服务业优惠政策奖补项目16个，奖励金额166.1万元。启动新一轮现代服务业优惠政策修编工作。加强服务业企业标准化建设，设立全国首个“中国宴席预制菜行业国家级标准化研究基地”，新增1家AAAA级物流和3家AAA级物流企业。新兴业态发展态势良好。休闲旅游综合收入80亿元，同比增长27%。以快乐淘宝、沃园等为代表的电商企业共完成销售收入3.12亿元，以长海、实泰置业为代表的服务外包企业共完成服务外包在岸执行额1.39亿美元，离岸执行额2470万美元，均超额完成市下达的目标任务。重大服务业平台建设稳步推进，综保区储备项目49个，空港城、松雅湖、黄兴现代市场群、安沙现代物流园等重点服务业平台稳步推进，东部融城步伐进一步加快。（陆 林）

【长沙磁悬浮轨道项目开工】5月16日，湖南首条中低速磁悬浮交通线路长沙磁悬浮轨道工程正式开建。该项目投资估算总额41.95亿元，线路长约18.54千米。磁浮列车运营拟采用3辆编组，全线采用1个交路，每列车辆定员307人，设计时速100千米。（陆 林）

【“中南汽车世界网”投入使用】8月24日，全省首个智能网络购车平台“中南汽车世界网”在长沙县正式投入使用。“中南汽车世界网”作为市场官网，将更权威，以成熟的模式将汽车有形市场和无形市场紧密联系起来，使购车变得更便捷。（陆 林）

【全国智能物流云峰会启动仪式在长沙县举行】12月26日，2014年全国智能物流云峰会暨湖南海驿智能物流园招商启动仪式在长沙县举行。此次峰会通过举办物流云峰会，阐述云计算、大数据、物联网等先进技术，旨在推动物流行业的发展升级，提出融合各类先进技术的智能云平台是物流行业发展的必然趋势，将促进中国现代物流产业的转型和繁荣发展。（陆 林）

对外贸易与经济合作

【概况】2014年，长沙县实现外贸进出口总额31.02亿美元，同比增长18.7%，占全市的24.7%，全省的10%。2014年全县有进出口实绩的企业156家，比去年增加16家。外贸破零企业32家，累计实现进出口额2305万美元。外贸倍增企业32家，实现进出口额4.5亿美元，拉动全县外贸进出口增长7.6个百分点。对外经济稳中有进。全县实现外派劳务2501人，对外承包工程和劳务合作完成营业额3424.48万美元，对外投资中方合同投资额5256万美元，均超额完成目标任务。奥凯泵业、波特重工、湘丰茶业、浩林化工、锦铭科贸等县域企业已在或拟在中东、非洲等地开展境外投资。企业服务深入推进。启动“走百家企业、交百位朋友、解百个难题、征百条建议”活动，帮扶企业100家次，举办培训会、宣讲会、对接会、答疑会近20场次。组织200余个项目申报各类外贸资金，争取资金近1000万元，惠及企业150家次。“湘丰牌茶叶”获2014年度“湖南省国际知名品牌”，是全县第一个获此殊荣的农产品企业。启动国家级出口食品农产品质量安全示范区创建工作，该县茶叶、食用菌质量安全示范区成功实现一次申报、一次考核、一次获批。举办“走进印尼投资贸易推介会”。组织斯博泰科技与越南汽车工业总公司签订200台轻型卡车开发及零配件供应合作协议。长沙县国际商会工作有序推进。（陆 林）

【举办“走进印尼”投资贸易推介会】1月12日，由印度尼西亚驻华大使馆、湖南省商务厅、长沙县人民政府、长沙市贸促会联合主办，长沙县商务局、中国国际商会长沙县商会共同承办的“走进印尼”投资贸易推介会在该县召开，全省70多家外贸企业代表参加推介会。推介会上，湖南省商务厅党组书记徐湘平，长沙县委常委、县人民政府副县长杨莉，印度尼西亚驻华大使馆副大使魏思诺发表致辞。（陆 林）

【签订向越南出口5000台轻卡的合作协议】2月20～24日，越南汽车工业总公司对长沙县进行考察，双方将就开发3吨以下轻卡及轻卡零配件供应展开合作。23日下午，斯博泰科技有限公司与越南客户开展技术交流，针对3吨以下轻卡已选定好的两款车型，签订第一批提供1.25吨、2吨轻型卡车共200台的开发及零配件供应的合作协议。本项目全年计划输出轻型卡车5000台。24日，越南汽车工业总公司与长沙斯博泰科技有限公司正式签订合作协议。（陆 林）

【与东帝汶外宾开展商务洽谈】4月10日，东帝汶商工和环境部部长康西高一行到长沙县进行考察并举行商务洽谈。考察团到长沙县城北污水处理厂，参观出格栅、提升泵房、生物反应池、消毒室及中央监控室等地，认真听取污水处理厂工作人员的详细汇报，并细致了解该厂主要设施和设备的运行情况。随后，考察团一行参观星沙自来水厂，与长沙斯博泰科技有限公司进行商务洽谈。（陆 林）

【举办外贸政策培训班】6月19日，县商务局、县国际商会举办全省国际贸易政策与实务操作长沙县培训班，70余家从事进出口企业的相关负责人接受培训。本次培训旨在提高进出口企业管理人员外经贸综合业务知识水平，帮助长沙县外经贸企业用足用好中央、省、市各项外经贸促进政策，进一步开拓国际市场，推动外贸“破零倍增”计划的实施。（陆 林）

【8家县域企业入围2014年湖南重点上市后备企业】8月11日，湖南省企业上市工作领导小组正式公布“2014年湖南重点上市后备企业名单”，湖南上市“后备军”再次迎来扩编，305家企业榜上有名，凯天环保、万容科技、顶立科技、瑞翔新材、汇一药机、星邦重工等8家长沙县企业上榜。这些省重点上市后备企业可成为各市州人民政府、省直有关部门重点扶持对象，享受国家、省、市相关优惠政策支持。（陆 林）

【8家企业参加中国国际汽车商品交

易会】中国国际汽车商品交易会于10月19至21日在上海举办，长沙宝泰克传动技术有限公司、长沙浩润模具有限公司等8家县域企业亮相本次交易会。在参展的8家长沙县企业中，有4家企业是首次参与，展会期间共接待境内外客商160位，意向成交客商约50位，意向成交金额近300万元。（陆　林）

【8家企业亮相“亚欧食品安全产业合作推广周”】11月6日，“亚欧食品安全产业合作推广周”活动在长沙举办。湘丰茶业、怡清源茶业、金井茶厂、致远农业、国进食用菌、玉和酿造、袁氏种业、口口香实业8家县域企业参与本次活动。长沙县以“组合拳”的形式推出特色产业展示、拓宽视野、交流合作等内容，首次对外展示长沙县国家级出口食品农产品质量安全示范区创建成果。（陆　林）

【星沙海关开关】11月18日，位于漓湘东路188号的长沙海关隶属机构星沙海关正式开关并对外办理海关业务，这是湖南省在各市州正式设立的第8个海关。星沙海关于2012年9月正式奠基开工建设，由长沙经开区代建，经过3年多的筹建，18日正式开关，承担长沙、益阳、怀化3市辖区内的各项海关业务，具体包括通关、企业管理、加工贸易、稽查稽核、减免税、非贸业务、邮检等业务。（陆　林）

【创建国家级出口食品农产品质量安全示范区】11月28日，国家质量监督检验检疫总局发布《质检总局关于公布2014年国家级出口食品农产品质量安全示范区名单的公告》（2014年第123号），长沙县位列其中，成为全省仅有的两个示范区之一，这标志着长沙县农产品质量安全和出口贸易进入“国家队”。（陆　林）

粮油购销

【概况】2014年，长沙县粮油购销事业和谐发展，全县收购粮食14.7万吨，其中原粮6.9万吨、商品粮7.8万吨；销售粮食56万吨，呈现购销两旺的局面。粮油饲料加工84.7万吨，完成工业总产值36.8亿元，实现利税1.5亿元，完成7865.5吨县级储备粮和1000吨县级储备油的轮换工作；天华粮食购销有限公司实现利润25万元，超额完成全年目标任务。落实早稻收购仓容。全年早稻收购量5.5万吨，仅有空仓2.1万吨，面对仓容严重不足的现状，采取加大轮换县级储备粮力度腾仓、鼓励贸易出库腾仓、集并腾仓等措施，确定维修收粮棚仓1.39万吨；向县外移库1.5万吨；抢修开慧库新建的浅圆仓，临时收购4100吨。启动早晚稻最低收购价收购预案，做好收购工作，收购粮食6.3万吨。扶持粮食企业发展，粮食企业到位各级财政补助资金1528万元，其中储备粮补贴费用350万元，产粮大县奖励547万元用于仓库设施建设、优质稻基地和放心粮油项目，粮仓维修资金350万元，农户科学储粮项目92万元，移库腾仓费用189万元。组织粮食库存检查，自查粮食库点17个，仓廒82廒，实物测量12.5万吨，粮食库存账实相符，粮情稳定。加强储备粮油管理，对全县1万吨储备粮和1千吨储备油进行定期检查。开展粮食市场监管，严格审核粮食收购资格，审核34家，29家合格，取缔5家。组织收购单位负责人开展法规业务和消防安全培训。县粮食局、县食安办联合开展粮食食品行业突击检查，保障市场秩序稳定和粮油食品安全。做好统计价格监测，选定120个调查户，开展城乡居民社会粮食消费供需平衡调查。建立5个粮食价格监测点，向社会提供价格信息，指导企业及时做好粮食购销。维修改造危仓老库，争取财政资金1464.45万元，用于政策性储备粮食企业的危旧粮仓维修改造和增容。促进农户科学储粮，争取国家粮食局农民科学储粮推广项目，推广镀锌钢板组合仓1万套，获“国家农户科学储粮专项实施工作先进县”称号。实施“放心粮油示范店”建设项目，在星沙城区扶持建成7家“放心粮油示范店”。新建县级储备粮规模1万吨，县级储备粮规模达2万吨，居全省之首。（胡忠于）

【举办粮食经纪人培训班】7月19日，长沙县召开2014年粮食收购工作动员会，并举办粮食经纪人培训班。县政府办、县财政局等十余家县直单位负责人，各镇街政府分管领导，政策性粮食收购企业负责人，粮食经纪人代表参加会议。培训班上，由市粮食行业专家库成员王文军进行业务培训和政策解析。会议认为，粮食购销形势复杂，决定当年再次启动早稻最低价收购预案。（胡忠于）

【启动最低保护价政策敞开收粮】7月28日，长沙县启动《2014年早籼稻最低收购价执行预案》，全县粮食收购库点以每百斤135元的最低保护价敞开收购早稻。针对2013年收购点存在的排队时间长等问题，县内大部分粮食收购库点，在设施设备、人员等方面加大投入，对原有的设备进行检修，新购置收粮设备，入库效率得

9月17日，县粮食局、县工商局等部门组成的早稻收购联合行政执法检查组对县域早稻收购市场进行执法检查（胡忠于 摄）

到很大提高。2014年生产的国标三等早籼稻为标准品，根据稻谷国家标准(GB1350-2009)，具体质量标准为：早籼稻杂质1%以内，水分13.5%以内，出糙率75%至77%，整精米率44%至47%。杂质、水分实际含量低于或高于0.5个百分点的，按标准进行增扣。县粮食局在两个月的收购时间里，按照最低收购政策，做到应收尽收，确保“颗粒归仓”。（胡忠于）

【早稻收购执法检查】9月17日，由县粮食局牵头，县工商局等部门参加的早稻收购联合行政执法检查组，对县域内早稻收购市场进行执法检查。检查组来到各收购库点，现场农民交售粮踊跃，秩序井然。收购点在显著位置张榜公布国家早稻最低收购价135元/50千克，对收购价格、质量标准、水杂增扣量方式、结算方式和执行时间实行挂牌说明，并设有专门休息处，摆放茶水、电扇、防暑药品等为售粮农民服务。执法人员重点对早稻收购过程中无照经营、超范围经营以及囤积居奇、欺行霸市、强买强卖、掺杂使假、以次充好等扰乱市场秩序和违法违规交易行为进行监督检查。检查显示，由于粮食政策宣传到位，全县早稻收购市场总体平稳有序，未发现违反国家粮食收购政策的收购行为。（胡忠于）

烟草专卖

【概况】2014年，长沙县烟草局（分公司）完成卷烟销售4.586858万箱，其中省外烟1.52万89箱，占总销量的33%；重点品牌销售4.18万94箱，占总销量的91.34%。实现销售收入13.22亿元（含税），同比增长3.76%。单箱均价2.884088万元，同比增加1460元/箱。累计上缴各项税费1.23亿元。打假打私方面，查获各类违法案件656起，查获违法卷烟数量5494万支，涉案金额2805万元，上缴财政罚没收入577万元。破获国标假烟网络案4起，刑拘13人，提请逮捕12人，总涉案金额854万元。（叶海燕）

【烟草专卖管理】全力治理市场。实地调研经营户400余户，全面掌握市场情况，做到无缝监管。以整治无证经营、打击假私非等为重点，实地检查经营户3000余户，召开重点零售户座谈会3场，引导规范经营。破获真烟网络案1起，批捕1人，捣毁非法真烟仓库4个。开展集中销毁假烟活动，销毁假烟1394万支，标值1129万元。坚持依法行政，以法律程序为重点，文明执法，规范案件处理、文书制作，防范法律风险。查处案件无一行政复议、行政诉讼发生，准确率100%。（叶海燕）

【卷烟营销】培育卷烟品牌，主动摸清商圈信息和分析片区消费特点，针对性地开展品牌培育“三进”活动12场、事件营销15起。加强营销终端建设，开展零售客户培训会24场，印发《紫荆直通车》杂志2期，建设紫荆卷烟店224户。打造金井紫荆社区，在集镇建成紫荆店17家，形成区域规模效应，为零售客户提升终端形象提供有益借鉴。提升客户服务质量，推行“两员整合”，客户经理（市管员）人均服务客户数量由286户降低到191户，为优质服务提供时间保障，同时为净化市场提供信息支持。创新工作方式，形成“一亮，二问，三看，四查，五到位”的标准拜访流程，制作零售客户电子地图，固化零售客户拜访路线；建立客户咨询册，每季度开展慰问困难客户的亲情服务，提升客户满意度。创新客户经理管理思路，对客户经理进行分组管理，实行小组“日汇报、周总结、月考核”的管理机制。推行营销“工作看板”，跟踪、展示各小组工作进展情况。完善考核标准，推行客户经理“分组联合下线”，分层级考核；开展小组间劳动竞赛，营造“比、学、赶、超”的良好氛围。（叶海燕）

供销合作

【概况】2014 年，长沙县供销系统下辖长沙路口物资供销有限公司、长沙美丰农资连锁有限公司、湖南中天凯顺农业连锁有限公司、湖南和通超市有限公司。全年实现商品总销售 5.3395 亿元，比上年增长 395 万元，其中生活资料销售 3.1395 亿元，比上年减少 1605 万元；农资销售 2.2 亿元，比上年增长 5 千万元，实现利润 1465 万元，比上年增长 265 万元，贡献总额 2200 万元；所有者权益 7448 万元，上缴税金 730 万元，获 2014 年度全市供销系统综合业绩考核一等奖。以“为农服务”为宗旨，促进农民专业合作社建设。是年，市供销社下达该县农资冬储 2000 万元，至 12 月，实际冬储农资商品 2306 万元，特别是美丰农资公司农资冬储达 1700 万元，超额完成冬储任务，为农资市场供应及时、价格稳定奠定坚实基础。由长沙路口物资供销有限公司投资兴建的农村商贸综合体在路口镇振兴路竣工，于 4 月正式开始营业。完成农资配送站建设任务。分两批对 780 余名农资、日用品消费行业从业人员进行专业培训，共举办 7 期，提高从业人员的服务质量和服务水平。按照建设生态环保县的要求，县供销社要求各农资销售公司积极引导推介使用生态有机肥，全年销售生态有机肥 1320 吨。（安 慧）

旅游业

【概况】长沙县历史悠久，人文荟萃，旅游资源丰富，是湖南省旅游强县，中国旅游竞争力百强县。截至 2014 年，全县有国家 AAAA 级景区 3 个（杨开慧纪念馆、石燕湖生态公园和长沙生态动物园）；省级旅游名镇 2 个；省级特色旅游名村 3 个；有星级乡村旅游点 52 家（其中五星级乡村旅游点 15 个）；国家级旅游示范点 2 个；省级旅游示范点 7 个；省级旅游购物点 2 个；旅行社 3 家；星级旅游饭店 3 家；星级餐馆 1 家。2014 年，长沙县接待旅游总人数 710 万人次，同比增长 24%，实现旅游综合收入 80 亿元，同比增长 27%。（罗 莎）

7 月 30 日，长沙市第二届生态葡萄文化旅游节开幕式暨龙头井葡萄品尝推介活动现场（罗 莎 摄）

【长沙市第二届生态葡萄文化旅游节举行】7 月 30 日，长沙市第二届生态葡萄文化旅游节在长沙县江背镇龙头井现代农庄举行，活动以“品最甜葡萄，享快乐时光”为主题，由长沙市旅游局、长沙县人民政府主办，长沙县旅游局、长沙县农业局、江背镇人民政府承办，是一次集合水果产业展示、采摘体验、旅游观光、葡萄种植技术研讨为一体的特色文化旅游活动，是长沙县顺应产业发展潮流，契合时尚元素的创新举措。（罗 莎）

【长沙县与江门市新会区签署旅游合作联盟协议】10 月，在广东省江门市召开的“长沙·新会旅游线路推介会”上，长沙县旅游局与江门市新会区旅游局签署《长沙·新会旅游合作联盟协议》，双方将本着“资源共享、优势互补、互惠多赢”的原则，进一步加强区域旅游经济合作，实现旅游资源、产品、信息和市场共享、客源互济，共同推动旅游协同发展。根据协议，合作双方将建立旅游合作机制，建立健全联络和工作部门，互通各方旅游发展情况，交流旅游发展经验，联合促销、推进两地无障碍旅游合作。（罗 莎）

【举办长沙县旅游行业和农业产业化业务知识培训班】9 月 28 ~ 30 日，县旅游局和县农业局联合举办为期 3 天的全县旅游行业和农业产业化业务知识培训班。此次培训班践行“农旅结合”新模式，主要培训内容为农业休闲与乡村旅游、企业形象与企业管理、旅游安全与投诉处理、食品安全、市场营销与品牌战略等。培训班由旅游和农业系统的管理者、经营者授课，培训的方式和内容在以前的基础上增加创新元素，各旅游和农业企业借助这次培训机会，实现整体素质提升和合作共赢。（罗 莎）

【高扬先调研长沙县工业旅游】1月2日，湖南省旅游局副局长高扬先带领湖南卫视国际频道、《湖南日报》《潇湘晨报》等多家主流媒体记者，对发展、宣传长沙县工业旅游进行考察与交流。考察组对该县工业旅游企业在自身品牌打造，企业对外宣传方面给予肯定，并指出该县工业旅游资源丰富，实力雄厚，交通便利、前景十分宽广，但仍存在档次不高、挖掘不深等问题。考察组认为，长沙县工业旅游要放眼全省，解决对工业旅游发展的认识问题、产品问题、宣传问题和制度设计问题，实施产品与市场对接，加快工业与旅游融合发展。（罗　莎）

5月12日，长沙县旅游产业发展座谈会召开（罗　莎摄）

【长沙县旅游产业发展座谈会召开】5月12日，县旅游局组织召开长沙县旅游产业发展座谈会。座谈会上，政府代表、旅游企业代表和工商联各行业商会代表针对旅游行业效益下滑，利润下降等发展瓶颈进行探讨，呼吁注重规划引领，搭建发展平台，加强基础设施建设，出台优惠政策，助推旅游业健康快速发展。与会代表长沙县委常委、副县长杨莉表示：要尊重市场经济的客观规律，全面发挥市场对资源的配置作用，同时积极发挥政府作用，规范旅游市场秩序，加强对食品安全、市容环境、硬软件设施配套等管理，在规范的市场体系下谋求发展。

【举办"文明旅游，诚信经营"系列活动】6月12日，"文明旅游，诚信经营"系列活动启动式在安沙镇建阳山庄举行，通过各种宣传活动和现场交流，引导旅游企业诚信经营，优质服务，倡导游客朋友们理性消费，文明旅游，提升旅游服务质量，规范旅游市场秩序，改善旅游消费观念，促进该县旅游产业健康快速发展。（罗　莎）

财政·税务

财 政

【概况】 2014年，长沙县财政总收入207.22亿元(含国土收入66.74亿元)，同比增收27.21亿元，增长15.12%。公共财政预算收入完成74.11亿元，同比增收9.13亿元，增长14.05%；上级返还性收入、一般性转移支付收入、专项转移支付收入、债券转贷收入及上年结余等34.96亿元，收入合计109.07亿元。上划中央、省、市收入完成66.37亿元，同比上年增收1.57亿元，增长2.42%。地方财政收入完成140.47亿元，同比上年增收10.7亿元，增长8.24%。全县公共财政预算支出103.99亿元，同比上年增支12.56亿元，增长13.74%。上解支出1.51亿元，支出合计105.49亿元，收支相抵，年终滚存结余结转3.58亿元，净结余0.15亿元。财政支出确保重点工程和社会保障、医疗卫生及教育事业等民生支出的需要，医疗、教育、文化、社会保障等各项民生支出达81.13亿元，占公共财政支出的78.02%，同比增加9.96亿元，增长14%，其中教育支出12.28亿元，占一般预算支出的11.81%。“三农”支出和基础设施建设投入也相应加大，全年累计发放良种补贴、农资综合直补等惠农补贴资金53项，发放190万户次，补贴资金3.3亿元。支农资金重点向水利基本建设配套、防汛抗旱、农田水利、水利工程运行与维护、城乡一体化建设、现代农业、农业产业化等重点项目倾斜。

（丑 娟）

【社会民生支出】 优化支出结构，从严控制非生产性支出，确保重点工程和社会保障、医疗卫生及教育事业等民生支出的需要，将新增财力的80%以上用于民生。教育方面，投入3.5亿元推进城区和集镇中小学的新建、筹建，根本解决大班额问题和进城务工子弟读书问题。投入2000万元助推民办教育和特色教育提质。投入1.95亿元用于满足民众文化、体育增长需求。医疗卫生方面，对全县参加城乡居民医保的居民发放15元的参保补贴。城乡居民医保财政补助标准由每人每年240元提高至320元。公共卫生经费由每人每年30元提高至35元。社会保障方面，拨付养老资金4.45亿元，企业职工养老金人均提高174元，人均养老金达每月1648元，城乡居民养老金每人每月提高到110元。弱势群体救助方面，拨付低保资金1.08亿元、抚恤人员补助5791万元、特困医疗救助资金3059万元，保障低收入群体的基本生活。完善城乡大病救助体系，重点对低保对象、五保户、特困优抚对象及患重大疾病人员实施救助。

（丑 娟）

【非税收入管理】 全县非税收入总量完成91.03亿元，同比增收18.63亿元，增长25.74%，其中行政事业性收费收入完9.04亿元；专项收入完成1668万元；罚没收入9300万元；国有资产有偿使用收入1.22亿元；其他收入1092万元；服务性收费收入1.09亿元；政府性基金收入77.79亿元；纳入专户管理的非税收入6892万元。全年办理退付法院、公安保证金1383笔，退付金额14856.8万元；购领手工票据2.4万本、电脑票据335万份，发放手工票据2.4万本、电脑票据332万份，核销手工票据2.4万本、电脑票据314万份，核实遗失票据3819份(321本)，全县用票单位365家，国土成交107宗，成交金额57.8亿元，收地价款74.6亿元，缴入国库59.89亿元，办理结算项目60宗，提出返还建议57次；兑付房产局货币补贴82批次，兑付金额5.3亿元；装订凭证326本。（丑 娟）

【农业综合开发项目扶持】 农业综合开发各类项目122个，投入财政资金5868.31万元，比上年新增项目11个，财政资金投入减少327万元，剔除上年湘丰茶厂试点项目1400万元和新增粮食产能项目800万元，实际增加1874万元。其中：土地治理项目59

个，财政资金 3269.31 万元；产业化经营项目 58 个，财政资金 1717 万元；部门项目 5 个，财政资金 882 万元。按资金来源分类：国家级项目 13 个，3923 万元；省级 6 个，153 万元；市级 10 个，397.31 万元；县级 91 个，1381 万元。加强 2015 年滚动计划申报管理，建立年度滚动计划项目库，提高选项的科学性和精准性。确定对粮食、蔬菜、畜禽 3 个农业主打产业进行扶持，一定三年，建立 15 年滚动计划项目库。四个项目单位通过省农业综合开发办公室专家评审，入围 15 年项目库。其中湖南天府生态农业有限公司的年新增出栏 5 万头罗代黑猪繁育基地扩建项目入围“一县一特”项目库，可获 560 万元财政补助。

（丑 娟）

【投资评审】 县投资评审中心完成对 1436 个财政性基本建设项目预（结）算的评审，送审金额 56.86 亿元，核减金额 6.49 亿元，综合核减率 11.41%，同期相比多完成预（结）算项目 319 个。新增造价咨询库的管理办法、专业技术带头人管理办法、评审成果管理制度，细化评审人员的考核办法，健全中心工作制度体系。对造价 500 万元以上的项目实行跟踪评审，从项目评审、招投标到竣工结算进行全过程把关。加强对工程进度款支付的监管力度，防止工程款的随意支付和过度支付，防范权钱交易。工程变更方面，强化国有投资监管，严格控制项目无序变更，着力构建健康有序的县域建设新秩序。2014 年施工现场监管小组会审项目变更 39 个，项目总中标金额 148618.94 万元，请求增补金额 8742.23 万元，会审同意变更金额 7484.04 万元，核减变更金额 1258.19 万元，同意变更金额占合同中标价的 5.04%。

（丑 娟）

6 月 13 日，长沙县推进财政预决算公开工作会议召开　（张雄胜 摄）

【工资统发】 全年审核工资支付 2495 笔，退回错误工资支付 93 笔。统发工资职工人数 10036 人，年度发放工资总额 43987 万元，办理调资 19266 人次，办理县内调动 670 人次，新纳入统发工资人员 397 人，停发工资 25 人，办理离职人员 72 人，办理退休 277 人，办理在职死亡 11 人。清理“吃空饷”，督促执行追缴回多发工资近 10 万元；县纪检、财政、编办、人社等部门联合行动，对违规违纪的在职人员，按照政策进行工资停发、追缴与补扣回约 11 万多元。是年，新增“临空保税区”一级机构，县法制办的二级机构“法律事务服务中心”，县卫生局的二级机构“医疗设备管理中心、卫生机构财务监管中心”，县住建局的二级机构“建设工程造价管理站、工程质量监督站、城市建设档案室”，县教育局直属的泉塘中学、县教育局下属的长龙中心学校，县农办的二级机构“长沙县农村经济经营管理服务中心”为工资统发单位。将“城市建设档案室”更名为“城市建设档案馆”，“文化市场管理办”更名为“文化市场综合执法大队”，星沙街道“安全生产监督管理站”更名为“星沙街道安全综合监管中心”，“水产技术推广站”和“渔政监督管理站”合并组建“长沙县渔政监督管理站”，“长沙县动物防疫监督管理站”更名为“长沙县动物卫生监督所”进入财政统发工资系统。

（丑 娟）

【政府采购】 全年审批下达 3200 批次采购计划，备案合同 2640 个，采购预算 14.43 亿元，签定合同金额 12.8 亿元，节约资金 1.63 亿元，节约率 11.3%，公开招标率 86%（含长沙经开区）。

（丑 娟）

国家税务

【概况】 2014 年，长沙县国税局突出组织收入中心，深入挖掘潜力，加强税收征管，积极化解宏观经济下行、县域工程机械行业和重点税源企业收入减少等不利因素，全年入库县级税收收入 55.68 亿元。推进“营改增”工作，全县“营改增”2141 户，确保原有基础上铁路运输、邮政业、电信业“营改增”平稳过渡。实行税源专业化管理，约谈部分重点企业，专题培训辅导税收高风险企业，督促纳税人自查自纠，提高申报准确率。强化纳税评估和稽查，开展股息、红利非居民税收专题检查，补缴税款2100万元；开展全局全员联动的稽查评估劳动竞赛，对重点行业和企业进行专项稽查和评估。开展“便民办税春风行动”“百日千人进税户”大走访活动，走访企业3398户，收集问题166个，贯彻《全国县级税务机关纳税服务规范》，为纳税人提供标准化的办税服务。开展“融入税收现代化争做书香国税人”读书征文活动、“讲述身边的故事——寻找最美国税人”评选活动等，提高干部素质，提升国税形象。（欧琦岚）

【优化纳税服务】 优化办税服务厅电脑客户端配置，完成货物运输业增值税专用发票、机动车销售统一发票一体化发售升级，确保增值税专用发票升级版的上线运行。充分利用网站、手机短信、微信、QQ群等新兴平台及时更新税收优惠政策、发布涉税提醒、公开举报电话，接受社会各界的监督。对办税服务厅前道路提质改造期，腾出40个车位，供纳税人办税停车专用。多渠道了解纳税人在税收政策方面的需求，拟定需求清单，提供“订单式”的助学服务，为纳税人量身打造专属课程。建立专家咨询团队，选拔年轻干部到服务大厅工作锻炼，充实一线岗位力量。推荐评定铁建重工、广汽三菱、蓝思科技等46户纳税信用等级A类企业，在《星沙时报》建立专栏，广泛进行宣传，激发诚信纳税的正能量。（欧琦岚）

【结构性减税】 用足用好税收优惠政策，落实结构性减税，全年享受增值税减免政策的企业19702户次，其中享受月销售额在3万元以下的免征增值税优惠政策的企业2512户次，享受免税销售收入33.97亿元，办理各类增值税退税7154万元；享受高新技术企业所得税减免政策的企业25户，减免税额1.06亿元；享受小微企业所得税减免政策的企业391户，减免税额149.81万元；办理出口退税6.69亿元。（欧琦岚）

【开展“百日千人进税户”大走访活动】 2月16日至5月31日，县国税局开展“百日千人进税户”大走访活动，用100天时间共走访企业3398户，收集问题166个，其中已解决80个问题，基层无法答复报市国税局解决问题86个。走访结果显示，满意度调查中满意比例均达80%以上，其中税收执法工作满意度93%，纳税服务工作满意度94%，税收政策宣传满意度86%，廉政建设满意度90%。（欧琦岚）

9月18日，长沙县财税工作调研会在县国税局召开　（杜建雄 摄）

【“A级纳税信用等级单位”联合授牌】 纳税信用等级评定，是税务机关依据国家税务总局《纳税信用管理办法（试行）》文件精神，对区域内的企业诚信纳税情况进行统一公开评定，是倡导诚信纳税和进行社会纳税信用体系建设的重要举措。评定的等级共分A、B、C、D四级，每两年一次，A级为最高。2014年11月17日和18日，县国税局、县地税局联合对获评2012～2013年纳税信用等级为A级的46户纳税人进行走访，并举行授牌仪式。与以往不同，是年首次由县国税局、县地税局领导上门授牌，授牌形式从“请进来开会”转变为“走上门服务”，与企业面对面交流，更加贴近基层、贴近纳税人。（欧琦岚）

【纳税稽查评估劳动竞赛】 开展全局全员联动的稽查评估劳动竞赛，抽调30多名业务骨干，组成14个纳税评估组、3个税务稽查组利用征管数据筛的疑点纳税人重点进行纳税评估和稽查。加强税法宣传与辅导，强化企业遵从纳税意识。对筛选出增值税税负低、所得税贡献率低的纳税人，召开税收风险自查大会，宣布自查结束后仍然无法消除疑点的，将进行纳税评估和税务稽查。开展对小规模纳税人的纳税辅导检查，确定重点行业和企业进行重点纳税评估，全年完成纳税评估95户，评估入库税款11837万元；完成稽查53户，查补入库税款15612万元，有力打击税收违法行为。（欧琦岚）

地方税务

【概况】2014年，长沙县地方税务局入库各项收入705991.78万元，首次突破70亿元，同比增收75873.46万元，增长12.04%。其中，完成省市局考核的计划口径收入681140万元，为年计划的101.66%，同比增收12.51%。在稳定制造业、建筑业、房地产业等支柱产业入库税收占全局税收总量75%以上的基础上，印花税、房产税、车船税、个人所得税以及城镇土地使用税实现较快增长，其中个人所得税增长18.49%，为2012年后的首次正增长。强化税源管理，依托大企业管理优势，界定大企业276户，建立重点税源数据库和分级分类风险预警体系，对县域招商引资、重点项目工程及时跟进，大企业入库税收占收入总量的54.57%。零散税源管理突出委托代征、综合治税、纳税评估等挖潜堵漏，完善社会协税护税格局。加强税收分析，完成以收入形势、政策效应和经济运行规律为主要内容的税收分析报告40篇，在县政府各种经济计划中，采用县地税局上报建议5条。（潘思琦）

【税收征管】在征管数据上，实行数据录入责任制，日常清理常态化，全年清理异常数据190518条；在征管机制上，开展提高征管质量专项活动，每周通报点评，严格考核问责。创新征管举措，改进汇缴数控模块，提高企业所得税汇算清缴效率，全年清缴企业所得税24245.18万元；自主开发土地增值税清算软件，实现土地增值税自动计算和逻辑比对，完成土地增值税清算21个，预征税款48665.46万元，清算入库6877.54万元；契税印花税自缴系统上线，通过该系统办理自缴3590笔，申报缴纳税款4486万元；建立欠税公告制度，在《星沙时报》等媒体和各种公共场所发布欠税公告3期，公告欠税户35户，涉及欠税6652万元，通过公告催缴收回欠税2019万元。深化综合治税，运用综合治税信息平台共享涉税信息53872条，控管税款9750.2万元。加强申报入库管理，加收滞纳金8218笔，472.5万元，实现申报率98%；申报入库率100%；计划稽查6户，自查补税2300万元。受理涉税举报案件7户次，补税罚款60万元；受理假发票专案1户次，发现假建安发票13份，假税票5份，涉案发票金额970万元，移送司法机关立案侦查；组织大专院校专项检查13户，自查补税282万元；入库稽查税款3680余万元，加收滞纳金113万元，罚款20万元；城投公司异地专项稽查2户，查补入库税款7058万元；在建筑业、销售不动产和生活服务业三个行业中开展营业税清零行动，清理房地产企业209户，建安项目7188个，清理应缴营业税额32190.73万元，入库营业税24295.33万元。（潘思琦）

6月17日，县地税局第六税务分局业务骨干上门为企业提供涉税问题辅导（余远翔 摄）

【纳税服务】落实国家税收优惠政策，办理各类减免税审核审批备案事项，全年受理减免税申请113笔，减免税收5935.9万元。打造阳光政务服务，举办纳税人学校17期，3万余人受益；各税务分局推出税企QQ群、网上纳税人之家，接受辖区内企业的纳税咨询和建议受理。在税宣专题活动中，开展事业单位涉税讲座、财税知识竞赛等六项活动，免费发放“360服务模式”及其他宣传资料1万余份，发放纳税服务卡1500张，利用短信平台为纳税人提供政策点播、问题答疑等个性服务。首次逐户上门为A级信用纳税人授牌。开展便民春风行动，简化办税流程4项、精简涉税资料7件。按照市地税局“360服务模式”要求，实现83项涉税业务即时办结、35项业务限时办结，办税服务中心办理业务41万余笔，提升窗口服务效率和质量。（潘思琦）

三湘门户 活力星沙
XINGSHA 星沙
湖南·长沙县 全国十八个改革开放典型地区

金融

综述

【概况】2014年，长沙县推进金融创新，健全投融资体制机制，信贷投放大幅增加，融资平台实力明显增强。年末金融机构各项存款余额782.4亿元，比年初增加127.1亿元。其中：城乡居民储蓄存款余额350.2亿元，比年初增加48.5亿元。年末金融机构贷款余额584.3亿元，比年初增加103.2亿元。全县小额贷款公司5家。融资性担保公司1家，注册资本1亿元。证券公司营业部4家(方正证券、财富证券、国盛证券、中信建投)，国有控股保险公司3家，各类保险公司营业网点60个。东莞银行、北京银行2家银行新开业，驻县银行有建设银行、中国银行、农业银行、工商银行、农发行、交通银行、农商行、长沙银行、中信银行、兴业银行、招商银行、光大银行、邮储银行、民生银行、浦发银行、沪农商村镇银行、华融湘江银行、广发银行、南粤银行等21家，营业网点150个。 (邹 霞)

【信用征信体系建设】对县域内有经济行为的企业和个人建立信用档案，共归集60多万条信用信息，其中优良信息约1000多条，基础信息50多万条，按季度对信息进行更新，并通过县政府电子政务外网等向社会提供查询服务，实现全县信用征信基础信息的集中、统一与规范管理，形成约束惩戒机制，为金融安全打下良好基础，并为政府科学决策提供数据支持。

(邹 霞)

【投融资事业发展】2014年，政府投融资公司通过发行信托产品、企业债券、委托贷款、向上争资以及引进社会资本等多种形式筹集资金，保障重点工程建设。全年筹集到位资金78.24亿元(不含县财政拨款)，其中银行贷款34.96亿元、信托资金15.99亿元、企业债券12亿元、上级资金3.03亿元、其他12.26亿元。引进社会资本参与基础设施建设，全年开工的建设－移交(BT)项目18个，投资概算58.85亿元，完成投资50.34亿元。其中，万家丽北路北沿线、黄兴大道北延线一期以及二期、污水处理厂管网、松雅湖环湖基础设施、开元大道东延线、石燕湖大道以及金井大道8个项目开始支付回购款。拟发《长沙县政府和社会资本合作模式(PPP)操作指南》《关于推广运用政府和社会资本合作(PPP)项目试点的指导意见》，开展PPP项目试点，在12月6日长沙县PPP示范项目推介会上，成功推介21个PPP示范项目，总投资408亿元，吸引300余家重量级投资企业。推动社会资本通过特许经营等方式参与城市基础设施投资和运营，拓宽城镇化建设融资渠道。 (邹 霞)

银行

·中国工商银行星沙支行·

【概况】2014年，工商银行星沙支行积极应对复杂多变的内外经济金融形势，各项业务发展势头良好，实现拨备前利润19243万元，拨备后利润28064万元，净利润13387万元，经济增加值15512万元，绩效考核在营业部排名第二。年底各项存款435328万元，较年初增加28064万元，其中储蓄存款增加18615万元、对公存款时点增加9449万元，时期增加46545万元。各项贷款较年初增加81628万元。实现中间业务收入7168万元，同比增加9%；国际结算量44562万美元，同比增加50.97%；跨境人民币业务量28761万元，同比增加7.8%。新发信用卡3638张，总卡量达22898张；信用卡消费额91080万元，同比增长18%；特约商户78户，同比增长

120%；信用卡分期付款业务交易总额达到 12000 万元，同比增长 10%；发放 ETC 2710 套。净增企业网银证书客户、个人网银证书客户、手机银行客户分别为 209 户、13790 户、17865 户。网上银行交易额 590 亿元。柜面业务可分流率为 25.5 %，同比下降 5.3 个百分点。票据融资交易额 82354 万元。新开有效对公结算账户 240 户，实现法人积存金销售 213 千克；签订现金管理协议 99 户，同比增长 45%；销售法人理财产品 9000 万元，同比增长 5%。继续保持清收处置不良贷款成果，全年年累计清收处置不良贷款 156 万元，其中现金清收 156 万元。内控案防形势总体良好，实现安全经营无案件、无重大责任事故。（蒋兰平）

【网点运营标准化改革】推动网点功能转型，把网点打造成真正的产品和服务卖场。健全服务营销机制，构建线上线下一体化服务模式，把客户端的服务营销机制改革作为全年首要任务来抓，结合“服务体验建设年”活动，切实解决好影响客户服务品质和营销效率的体制机制问题。加大对客户经理的考核力度，完善客户经理业绩评价考核机制，建立包含客户维护和拓展、业务增长、价值创造、合规评价等内容的全面考核体系，突出对营销“新客户、新存款、新资产”考核，引导客户经理从营销存量客户为主转向新老客户并重。将客户经理营销和业绩管理系统作为客户经理营销管户、责任传导、业绩展现与评价的主要平台。依托融 e 联平台，改进客户经理与客户的沟通和交互模式，推动客户经理从主要依托网点进行线下面对面服务营销，转到依托融 e 联为中高端客户提供在线服务，利用大数据对长尾客户提供智能服务。创新客户经理服务营销模式，建立新型客户服务营销组织体系。（蒋兰平）

·中国农业银行股份有限公司长沙县支行·

【概况】中国农业银行股份有限公司长沙县支行是农总行优先发展的重点百强县域支行，省分行营业部的六大区域支行之一。截至 2014 年年底，全行存贷规模突破 150 亿元，各项存款较年初净增 8.57 亿元，各项贷款较年初净增 0.74 亿元。作为县域经济的服务合作单位，长沙县支行独家代理长沙县国库，并通过产品创新和服务提升，重点客户市场份额稳步提升。实施组织架构再造、重构营销体系、优化人力资源、改革提质业务流程，掀开转型改革的浪潮，网点硬件条件得到改善，软实力也不断增强。各网点优质文明标准服务渐成气候，储蓄存款在县域四大行中持续领先，市场份额达 36%。（王馨翊）

【客户服务】立足县域，以工程机械、汽车制造、电子信息、物流园区等产业为重点，拓展大优集团性客户、个人高价值客户，挖掘客户潜力，加大产品创新力度，支持县域经济发展。截至年底，累计为县域大企业广汽菲亚特汽车有限公司发放贷款 6.5 亿元；广汽三菱汽车有限公司发放人民币贷款 4.29 亿元，发放日元贷款 151.18 亿元。（王馨翊）

【产品创新】加大产品创新力度，根据客户需求量身定做产品，通过新产品的开发和切入不断创造合作机会。为三一集团创新业务流程所开办的融资租赁业务，在同业系统内处于领先地位，自业务开办以来，累计办理 48 笔，金额达 10.14 亿元。为三一重工办理跨境人民币内保外贷 30 亿元人民币，开创湖南省同业的首例，办成全国农行的最大额业务单。在信用卡业务上，开拓汽车分期业务，深入商户门店进行宣讲，让城镇居民熟悉产品功能、特点和操作流程，积极引导客户办理信用卡分期付款业务。（王馨翊）

【三农服务】借助现代化科技手段，推动农村金融服务渠道电子化，完善农村金融“硬”环境。在没有网点的区域，在农村合理分布 ATM、POS、转账电话等自助机具，优化农村、农民的用卡环境，满足广大农民群众的用卡环境需求，为广大农民群众提供便利的金融服务。把惠农卡发卡、贷款受理、业务咨询、金融知识宣讲等服务功能前移到村镇，搭建特色鲜明、功能丰富的工作平台，为广大农户提供贴心、高效、全方位的金融支持。重点推广“合作社＋农户”的授信模式，重点支持县域内规模较大，效益较好，农民信誉度高，农产品市场前景好的农户。（王馨翊）

·中国建设银行长沙星沙支行·

【概况】2014 年 3 月，中国建设银行长沙星沙支行本部、营业部迁至长沙县星沙开元中路 88 号星隆国际广场。是年，该行辖网点 9 家、内设部门 5 个、营销团队 2 个，员工 187 人。年底，全口径存款时点余额、日均余额分别达 76.53 亿元、76.69 亿元，较年初分别新增 12.76 亿元、14.95 亿元，分别增长 20.01%、24.21%，增速排名全省建行第二。资产质量保持相对稳定，不良贷款额1883万元，完成省行年末KPI控制数（2460万元）的131%；不良贷款率0.3 %；逾期贷款额2265万元，完成省行年末KPI控制数（3857万元）的170%，排名全省第七。信贷业务经济资本占用率6.2%，排名全省第五。对公客户的风险调整后收益（RAROC）平均水平为32.61%，排名全省第一。中间业务收入（含信用卡分期）9168万元，完成省行计划的132.7%，排名全省第一。账面利润22729万元，比2013年同期增加2938万元，同比增幅14.84%，排名长沙地区第三。加强客户拓展营销，7月取得县非税收入汇缴代理资格；与上海大众长沙分公司的3家配套汽车零部件企业开展业务合作。召开授信项目推进会，获授信贷资金12.6亿元。年内，新增个人代发客户近6000户，计划完成率排名全省第三。在省行“启程春天 收获金秋”抓户增存营销活动中，加权有效客户新增、代发工资新增户数计划完成率分别排名全省第二、第五。新增私人银行客户7人，金融资产新增1.3亿元。新增个人加权有效客户6,54万户,排名长沙地区第四。抓好产品营销，制定营销竞赛活动方案，加强考核，提升产品覆盖率，养老金KPI客户数、养老金签约客户新增均超额完成上级指标任务。信用卡账户活动率计划完成率排名全省第四（长沙地区第一），信用卡商户收单交易额、消费交易额计划完成率及同比增速均排名全省第一。销售理财产品24.44亿元，贵金属中收计划完成率排名全省第一。严格优质服务考核，制订《星沙支行2014年提升服务管理专项活动方案》，成立“客户服务”专项评比活动领导小组，规范该行服务管理，支行营业部获2014年度湖南省银行文明规范服务百佳示范单位。加强渠道建设，推进网点转型，通过助农取款、电话POS、电子银行、E动终端等手段扩大服务半径，星沙营业部通过四星级网点验收。

是年，该行在国家级媒体发稿105篇，巩固和完善舆情监测处置手段、声誉风险预警处置体系和客户投诉处理机制，处理潜在舆情11起。通过建章立制、规范干部和用工管理、推进绩效管理等，不断提升服务能力和水平，先后获评建“设银行总行文明单位”“建设银行湖南省分行信贷资产优质行”“长沙县投融资工作先进单位”等。（张静婷）

【客户拓展】对公方面，一是着力拓展政府机构客户，特别是财政、社保、国土等部门的重点客户。通过高层实时联动，提高当地政府信贷支持等方式，密切与政府机构的联系，继获国库集中代理支付资格后，7月初又取得长沙县非税收入汇缴代理资格。二是加强对大客户的重点营销与链式营销。在成功营销上海大众长沙分公司在该行开立基本账户的基础上，与其配套汽车零部件企业相继开展业务合作，3家配套供应商户落户该行。三是持续项目推动。多次召开授信项目推进会，逐一落实项目推进方案。陆续审批通过浏阳市水利建设投资有限公司、长沙福邦置业有限公司、恒天九五重工有限公司、中铁中南投资发展有限公司等12.6亿元授信。对私方面，一是公私联动，重点抓好代发业务。成功营销长沙县拆迁款代发和生产留地收益金代发项目等，新增存款近2亿元。全年新增个人代发客户近6000户，计划完成率排名全省第三。在省行“启程春天 收获金秋”抓户增存营销活动中，加权有效客户新增、代发工资新增户数计划完成率分别排名全省第二、第五。二是全力拓展各类客户。按照“目标明确、注重培养、强化联动，提高金融和非金融服务水平”的基本思路，实现以服务为基础、产品为纽带、非金融服务享受为特色。做大做强私人银行品牌。新增私人银行客户7人，金融资产新增1.3亿元，超额完成省行任务，发展私人银行“客户大使”1名。此外，积极开展各类营销活动，推动客户增长。新增个人加权有效客户65400户，完成省建银计划的140%，排名长沙地区第四。在省建银个人客户营销活动中，个人资产客户新增、个人有效客户新增计划完成率分别排名全省第一、第三。（张静婷）

【产品营销】抓住创收潜力大的重点产品强化营销，提升客户产品覆盖率，培育新增长点。信用卡账户活动率计划完成率排名长沙地区第一；信用卡商户收单交易额、消费交易额计划完成率及同比增速均排名全省第一；信用卡客户新增、收单活动商户新增、善融商务活动客户新增等均超额完成省行计划，商户收单交易额计划完成率排名全省第一，分期交易新增额和分期商户净增数计划完成率排名全省第二；手机活跃客户、企业网银活跃客户、微信银行活跃客户、短信客户新增计划完成率均排名全省前列。实物贵金属销售量完成省行计划251%，贵金属中收计划完成率排名全省第一。在省建行“电子银行进校园”营销活动中，获授优胜二级行。（张静婷）

【服务渠道】狠抓优质文明服务。在全行范围内开展规范服务管理工作，网点综合服务能力不断加强。该行营业部获2014年度湖南省银行业文明规范服务百佳示范单位。加快渠道建设，推进网点转型建设。年内，该行营业本部迁址，泉塘支行正式开业，浏阳市集里桥储蓄所升格并更名为浏阳市集里桥支行，浏阳大瑶、浏阳国税、楚天世纪城、开源鑫城四个离行自助银行建成运行。积极筹建长沙经济技术开发区支行，预计2015年上半年开业。开展文明单位创建，获评建设银行总行文明单位。（张静婷）

【基础管理】双基、案防及安防工作深入推进。认真开展“管控关键环节 防范突出风险”案件专项治理活动及非法集资专项风险排查、员工从业行为专项排查等风险排查活动。扎实开展平安建行创建，狠抓案防、安防和信息技术等日常规定性动作的指导性检查和通报，对发现的问题和隐患及时进行整改落实；全行安全营运，确保零声誉风险事故、零上访事件，实现“三无”目标。被建行湖南省分行评为“双基”管理及案件防控先进单位。（张静婷）

【队伍建设】规范干部和用工管理。重点加快年轻干部的培养和干部队伍年轻化建设。提拔3人到八职等岗位、4人到九职等岗位。同时，配合省行做好七职等后备人才建议人选推荐工作，拟订2014年九职等岗位后备人才选拔方案草案。充实专业技术人员队伍，开展星沙支行2014年度初、中级专业技术资格确定工作，认定3人为中级、45人为初级。推广全流程员工绩效管理。优化考核，激发活力。以“多效多得、多劳多得”为原则，制定更加科学、有效、合理的考核方案，充分调动各岗位员工积极性。优化积分管理，取消自查积分挂钩员工职等自然晋升和积分罚款等规定，严禁用罚款代替积分，自查积分实行分级谈话制。加强培训，组织各类现场培训，举办培训17场，培训769人。培训内容涉及保险、贵金属、“金管家”、善融商务、ETC、对公业务等，有效提升员工业务能力。加强员工运用网络学习系统水平，制订全行网络集中学习计划，各条线指定培训课程，细分到月，培养员工自主学习意识，提升业务知识水平。该行内部管理基础扎实，业务发展稳健，2012～2014年连续三年在上级行主要经营指标考核排名第一。（张静婷）

·中国银行星沙支行·

【概况】中国银行星沙支行坐落于长沙经济技术开发区，2008年3月升格为二级分支行，成为湖南省分行直属管辖支行，内设4个部门，管辖7家营业网点。星沙支行现有ATM机42台，中银自助通5台，离行式自助银行10家，在职员工153名。截至2014年12月31日，星沙支行本外币各项存款余额63.09亿元，本外币各项贷款余额48.25亿元。

是年，该行积极转变发展方式，全面拓展大、中、小各类型客户，重点支持中小企业和实体经济发展。充分发掘县内优质中小企业，运用“中银信贷工厂”新模式的“商圈通”“结算通”“供应通”“园区通”“速押通”“速保通”6款中小企业信贷产品，为中小企业发展提供优质的金融服务，解决中小企业融资难问题，促进企业发展，为县域经济可持续较快发展夯实信贷基础。该行认真分析经济、金融形势，把握发展机遇，不断优化贷款客户行业结构；按照银监会有关要求，加强风险管控，提高风险缓释能力，实现贷款业务持续、稳定、健康发展。

狠抓产品创新发展，传统业务和新兴业务齐头并进。在多家优质客户中推广全球现金管理平台，通过“物管通”产品归集县域物业维修资金，创新运用“定活通”产品，确保客户在灵活运用账户资金的同时存款收益不致受损，通过园区金融IC卡为园区企业提供全面、高效的特色管理；抓住个人金融业务的发展机遇，以优质开发商、优质楼盘、优质客户为重点，发挥支行零售贷款业务的优势，发展

中国银行星沙支行（中国银行星沙支行 提供）

房地产按揭贷款、汽车消费贷款、个人投资经营贷款，出国留学贷款等，促进消费产业的健康发展；加大电子渠道推广，促进电子银行业务稳步增长；加强信用卡宣传营销力度，强化部门条线联动，信用卡业务实现速度、质量协调发展。

依靠“一带一路”“自贸区”“走出去”等国家战略，中国银行星沙支行充分发挥国际结算业务的优势，以多元化产品为市场切入点，积极拓展市场，开展差别化竞争，并主动引导经开区内的企业向国家化、全球化发展。通过多年的工作积累，帮助企业与外管部门沟通和协调，保证外商投资企业结汇业务和后续工作的顺利开展，赢得客户信赖。跨境人民币结算业务的结算量占据市场绝对优势，积极推广“出口融信达”“融货达”“代付达”“出口双保理”等贸易融资产品，为客户提供全球化、一体化金融服务。

积极推进网点服务改革，统一员工着装，保持网点的整洁规范，合理布置功能分区，为客户提供优质、整齐、统一的银行服务；加强一线柜员的服务意识，逐步提升柜面人员的业务素质和业务处理能力，从而提高柜面业务办理的速度和效率，以快捷、文明、优质的服务贯穿网点全天工作。（蒋志晖）

·交通银行长沙星沙支行·

【概况】交通银行长沙星沙支行立足长沙经济技术开发区，积极发展各项业务，截至2014年年末，支行各项存款余额18.2亿元，贷款余额16.43亿元，实现利润3500多万元，人均创利150万元。支行授信客户35户，涉及公共管理、机械、汽贸、电力、电子、医疗卫生等多个行业，不良贷款率为零。该行的沃德财富服务在区域内享有一定的品牌影响力。作为长沙住房公积金中心长沙县管理部的住房公积金缴存及提取主办行，该行为区域内企事业单位提供全面优质的服务。独具特色的“税融通”业务为区域内中小企业搭建起诚信缴税与信贷的绿色通道。该行被湖南省银行业协会评为“文明规范服务百佳示范网点”，被中国人民银行评为“同城票据交换优秀网点”，被长沙县公安局评为“治安重点保卫工作先进单位”。（宋巍）

·中国邮政储蓄银行股份有限公司长沙县支行·

【概况】中国邮政储蓄银行股份有限公司长沙县支行成立于2008年3月，位于星沙经济技术开发区星沙大道18号，下辖县支行营业部、星沙镇支行、中南支行3个二级支行。2014年累计完成收入6880.5万元，完成计划进度的111%，同比增长2254.57万元，增幅达51%。其中个金业务完成收入1071.01万元，占比15.57%；公司业务完成收入2079.35万元，占比30.22%；信贷业务完成收入3730.14万元，占比54.21%。实际完成利润3093万元，完成年计划115.45%，超产414万元，收入利润率为45%，同比增长1474万元，增幅91%。信贷业务发展迅速，全年信贷余额达14.54亿元，较2013年零售信贷余额7.5亿元同比增幅94%，在全分行信贷余额排名第一名，余额年净增70559万元，在全分行年净增排名第一名；公司信贷余额13.04亿元；2014年长沙县支行信贷总逾期1044万元，较2013年下降400万元，不良762万元，较2013年下降89万元，资产质量整体优良。是年，该行被评为全市优胜支行，并获年度超收超利奖、年度零售贷款突出贡献奖、年度资产质量进步奖、年度安全管理奖、优秀营销团队奖等，其中星沙镇支行荣获全市“优秀二级支行”称号。（唐姣）

【特色支行打造】支行于年初被邮储银行总行确定为全国小企业特色支行（经营性车辆）。4月，湖南省分行行长李晓良对特色支行建设提出组建团队、优化流程、综合服务的方案。1～4月，支行经营性车辆按揭贷款月均净增1169万元，方案实施后，月均净增4017万元，月均增幅达

6月16日，中国邮储银行总行副行长邵智宝一行到湖南三一集团开展业务接洽工作（李爱军 摄）

244%。为做强做大特色支行，省市分行不断给予专项支持：一是在省分行授信部指导下，精简客户申请资料15种，优化流程3项，从审查审批到放款不超过3天；二是给予长沙市分行1000万元以内的审查审批权限；三是增加支行5000万元专项信贷额度，及时满足经销商融资需求。支行的优质服务赢得客户广泛认可，2014年新增受理按揭在各经销商中占比达85%。县支行用8个月时间，取得经车贷月净增、年净增、余额“三个全国第一”。自2014年8月与徐工集团合作经车贷净增1.2亿元，占全国份额（3.8亿元）的1/3。（唐 姣）

【小额贷款服务“三农”】小额贷款业务是邮储银行普惠金融的一面旗帜，是服务“三农”的基础性业务和重要抓手。支行以服务“三农”为主线，2014年面向全县累计发放小额贷款3973万元，年净增1973万元，为开办前6年发展的总和。加大小额贷款产品要素调整和创新力度，支持水产养殖、畜牧业、家禽养殖、种植业、农机具等区域性特色行业开发，在大力发展传统小额贷款产品的同时，面向全县开通家庭农场(专业大户)贷款、再就业担保贷款、“三权”（土地承包经营权、林权、农村居民房屋产权）抵押贷款等，并于11月10日成功发放首笔家族农场贷款50万元。该贷款产品对于农民专业合作社最高授信金额可达1000万元。小额贷款产品的创新，能有效激活农村金融市场，解决农户的融资难题，打开金融服务“三农”的新局面。（唐 姣）

保 险

·中国人寿保险股份有限公司长沙支公司·

【概况】中国人寿保险股份有限公司长沙支公司（简称支公司）坐落于长沙经济技术开发区星沙大道31号，公司大楼占地面积0.43公顷，建筑面积2.2万平方米，内设经理室、综合管理部、客户服务部、个险销售部、团险销售部及银行保险部“五部一室”。公司是长沙县保费规模最大，综合实力最强的专业寿险公司，市场份额连年第一。依托先进IT技术培育公司一流的经营管理能力、风险管控能力和客户服务能力。向个人及团体提供人寿、意外和健康保险产品，涵盖生存、养老、疾病、医疗、身故、残疾等多种保障范围，全面满足客户在人身保险领域的保险保障和投资理财需求。公司拥有2000多万份有效的个人和团体人寿保险单、年金合同及长期健康险保单，2014年完成保费总收入2.37亿元，其中短险保费1735.76万元，上缴税收323.82万元。长沙县50%以上的企业和十多万个家庭参加支公司各项保险，在县域市场保持60%以上的份额，保险金额400亿元。2014各项指标稳居全省先进行列。（舒 洁）

【健全服务网络】依托覆盖全县的服务网络，致力于为社会最广泛的大众提供优质的保险产品和服务；专业高效的95519客服热线，安全快捷的企业互联网站，近700名保险营销员、团险销售人员、银行保险销售人员，13个规范化营销服务部、100多个银保渠道销售代理网点使支公司成为客户身边最近的寿险服务商，满足客户对保险产品各种购买需求，实现保险服务快速响应和无缝对接。公司运用国际领先的信息技术，拓展电话、网络、邮件等电子化销售渠道，满足客户对保险产品多渠道的购买需求。推行人才强司战略，培养素质优良、与国际一流寿险公司需要相匹配的员工队伍。（舒 洁）

【金融产品创新】2014年，省老龄办与中国人寿联合推广老年人意外伤害保险，开启全省老年人意外保险的先河。支公司积极响应号召，与长沙县政府部门衔接，由政府出资统一投保，与支公司签订合同，给五类特殊困难老人和80岁以上老人投保，每份30元，支公司与县政府推出“趣味保单”，为各单位开展各项户外活动办理的意外保险，保障一个月，23元保障5万元的保额；2014年10月，推出鑫易宝保障险种，此类产品出行无忧，高额保障，满意领取，金账增值，收益添彩，深受客户喜爱。（舒 洁）

·中国人民财产保险股份有限公司长沙支公司·

【概况】中国人民财产保险股份有限公司长沙支公司位于长沙县星沙镇板仓路61号，系全县成立时间最长、机构最全、服务网点最广、资金最雄厚、市场占有率最高、效益最好的经营财产保险的基层公司。2014年，公司设有经理室、直销业务部、中介业务部、营销业务一部至九部、电网销部、农险部、综合部和江背、黄花、金井、椤梨、暮云三农营销服务部。现有员工29人，其中党员10人，大专以上学历26人，占90%，营销代理人员129人。

2014年是省、市公司全面推进

未来三至五年发展规划的关键之年，长沙支公司紧紧围绕省分公司40项重点工作要求，全面规划和布置各项任务指标及重点工作的落实和实施。经过全体员工艰苦拼搏和辛勤劳动，实现实收保费12597万元，同比增长16.28%，其中传统业务保费9926万元，同比增长19.4%；农险业务保费2671万元，同比增长6.03%。全年赔款支出6971万元，未决赔款准备金净额为4599万元，准备金计提充足，偿付能力大幅提升。

全面规划，紧盯市场，加快业务发展。车险方面，稳定续保，积极公关，开拓新的保源，大力发展新兴渠道，把电、网销业务作为车险发展的重中之重。打造一支高绩效的电网销落地服务团队，服务于电网销业务的各个环节，其次是以“百团大战”为契机，以“四进”为落脚点，以微信营销等新兴销售工具为手段，大力发展网销业务。大力拓展车险团单业务，已成功竞回蓝思科技等车队业务9个，新增团单保费100多万元。非农非车险方面，稳定续保，分层级明确目标，及时监控，每笔到人，每天跟踪。切实抓好展业地图的推进工作，已成功竞回湖南德思勤投资有限公司、凯迪绿色能源有限公司、湖南工程技术职业学院等团单37个，新增保费420万元。积极营销政府，取得政府相关部门的支持。2014年全县已全面启动安责险，已实现保费131万元，同时在开慧等四个乡镇进行了治安责任险的试点工作，实现保费收入58万元。由我司和县民政局联合制定的“一元民生保险”方案已作为全市试行的范本，已在县委常委会通过，公司正与县民政局对接，力争尽早见效。同时公司已与县食安办和食药局做好了食安责任险开办的前期工作，将按市里的部署全面启动。我们也向县人社局提交了大病补充医疗保险的方案，等待县委县政府的批示。

切实抓好农业保险基层服务体系建设。加强与县政府及相关职能部门的沟通，争取支持，同时与各乡镇紧密配合，做好农业保险的宣传、承保及理赔工作。对内强化管控，提高依法合规意识，严把承保关，理赔关、严格按照相关规定和要求做好每一笔保单和赔案。大力提高三农服务部的产能，长沙县区域经济较为发达，农村市场为我们加快发展提供了契机，因此，公司把开拓农村市场作为公司持续稳定发展的基础工作，积极配合总公司“基层建设年”的启动，今年3月，黄花、暮云、江背三个新建的三农部挂牌营业，加上从营销部改造升级的金井、椤梨，五个三农部全年实现产能1600万元（含电网销）。2014年申报筹建的安沙部也将在2015年1月正式营业。三农服务体系已全面建成，同时营销队伍已逐步壮大，非农险业务信息收集工作已全面铺开。公司在建好三农服务部的同时，积极营销政府，与公安交警部门合作，共建乡镇交通管理服务站，充分利用社会资源拓展农村市场，目前已建成椤梨、干杉、黄花等7个乡镇，为公司长远发展打下基础。

以人为本，努力抓好队伍建设。扎实开展“讲责任、重执行、促发展”学习活动，着力提高员工思想修养和专业技能。公司推出了晨夕会制，从业务能力、管理能力、领导能力、执行能力等方面多次组织团队经理培训和学习。团队经理个人能力得到了全面提升，团队业绩逐步好转，团队管理逐步提高，销售能力较以前有了很大的进步。部分团队经理在市公司季度考评和年度考评中得到了好评。

以客户满意度为标准，全面提升客户服务能力。积极推进客户服务标准化建设，进一步强化服务界面员工“客户导向”原则，促使微笑服务、优质服务成为习惯性动作；营造优良服务环境，与客户实行零距离沟通；履行服务承诺，为客户排忧解难；重点推进VIP客户服务工作，为销售前端提供强有力的支持；加强理赔服务管理，打造一流服务品牌，2014年被评为省文明单位，2014年度营业大厅继续保持总公司金牌服务示范窗口。

（张岳峰）

科学技术·知识产权

科学技术

【概况】2014年，在县委县政府正确领导和上级部门的关心指导下，全县科技工作以党的群众路线教育实践活动为抓手，全面深化“六个走在前列”、“进军前十强”战略部署，积极整合各类科技资源，加快县域科技成果转化，充分发挥了科技在县域经济社会建设又好又快、率先发展中的引领支撑作用。

科技进步环境不断优化。科学技术是第一生产力已成为各级党委、政府的共识，县委、县政府加强了对科技工作的宏观协调，建立和完善了科技领导小组、科普工作协调领导小组、科普示范县建设领导小组、创建全省知识产权示范县领导小组等协调机构的工作机制，建立健全了科技进步目标责任制，形成了县乡之间、部门之间、企业之间紧密联系、全面互动、相互促进、平衡发展的格局。

科技进步政策全面落实。全县认真贯彻落实国家、省、市关于科技进步的法律、法规和政策，利用电视台、公众信息网等媒体、大型科技科普、科普进社区等活动，加强对科技进步法律、法规和政策的宣传，利用科技计划实施、科技奖励评定、科技创新服务等过程加以落实。《长沙县科学技术奖励办法》、《长沙县知识产权战略实施意见》等文件的出台和实施，为全县科技进步工作的顺利开展提供了政策保障。

科技投入不断增加。增加和保障科技投入是全县各级党委政府和企事业单位领导的共识，并将其作为全县科技工作的重要内容和考核目标。全县按与县域经济发展相适应的原则，确定县本级科技发展专项经费按财政决算支出的1.3%列支递增。全县规模企业不断增加科技投入，企业研发投入占销售收入的比例达2.5%以上。全县逐步形成以政府投入为引导、企业投入为主体、社会投入为补充的科技投入体系。

科普活动广泛开展。全县科普工作围绕建设人民满意县、全面提高群众科学素养为目标，建立科普工作联席会议制度和全民素质纲要工作例会制度，全县以“科技活动周”“全国科普日”“送科技下乡”等活动为载体，通过举办大型科普集市，科教进社区，举办实用技术培训，实施科普示范项目，组织科技创新大赛、科普绘画、科技论文评选，开展科普“四进”“五创”示范活动。全县科普网络进一步健全，科普设施进一步完善，科普活动更加经常有效，科普效果更加明显，民众科普素养不断提高。（王飞跃）

【科技计划项目】全县突出重点，加强合作，强化科技计划的引导和示范作用。制订了《2014年度长沙县科技计划项目申报指南》，规范科技计划项目的申报和立项程序，全年共下达计划文件7批、科技项目160个、投入资金3815万元。指导协助企业实施上级计划项目，提高自主创新能力，其中湖南顶立科技有限公司的“碳纤维复合材料大型智能化热工装备重大技术研究与产业化”等26个项目获得湖南省科技计划立项支持，投入资金1509万元；长沙好韵味实业发展有限公司的“农产品精深加工、安全检测与现代储运技术——发酵米制品生产中重金属消减技术研究”等95个项目获得长沙市科技计划立项支持，投入资金2484万元。（王飞跃）

【科技创新平台】全县在加强对科技新信息平台、政府网络信息中心等公共服务机构建设的同时，注重引导企业建立创新服务机构，扶持建设企业技术中心和工程技术研究中心，支持区域内企业技术（研究）中心通过资源共享，实现了产业研发和发展的优势互补。2014年新增湖南省制药机械智能化工程技术研究中心等4家省级工程研究（技术）中心，组建长沙绿色印刷产业技术创新战略联盟，新增湖南省星城明月生态农业科技发展有限公司等7家市级特色产业科技示范基地。企业工程研究（技术）中心、农业产业科技示范基地直接参与新产品开发、设计和试制、技术和人才引进、组织成果鉴定和新技术应用，为技术创新提供了孵化、专利代理服务、高新技术和民营科技企业的认证等多项服务，取得了明显成效。（王飞跃）

【科技成果奖励】2014年，全县共产生科技成果近500项，其中湖南山河智能有限公司朱建新及湖南顶立科技有限公司戴煜获县创新贡献奖，中国铁建重工集团有限公司等5家企业获县产学研合作与科技成果转化奖，湖南山河智能有限公司“混合动力挖掘机关键技术及产业化”等20个项目获县科技进步奖，湖南亚太实业有限公司“汽车风道板开式发泡装置及其风道板制作方法”等6项评获县专利奖。特别是湖南顶立科技有限公司的“高效多功能粉末冶金制品制备关键装备研制及应用”项目等2家单位获省科技进步奖，湖南千山制药机械股份有限公司的“塑料容器吹瓶、灌装、封口一体机的研发与产业化”项目等17家单位获市科技进步奖，长沙福田汽车科技有限公司和湖南顶立科技有限公司获得市产学研合作与科技成果转化奖。三一重工股份有限公司“一种液压油缸及液压缓冲系统、挖掘机和混凝土泵车”等5项分别获得国家、湖南省专利奖。（王飞跃）

【产学研合作】长沙县加强与省内高等院校和科研院所的合作，把研究主导产品关键技术作为技术创新的主攻方向，将高校人才和技术资源引入县内企业，先后组织湖南大学、湖南农业大学、长沙理工大学、中科院亚热带生态所等高校专家教授，深入县内企业和工业园区，与企业开展合作对接，帮助解决技术问题210多个，产生和转化科技成果720多项，开发新产品300余个。通过参与2014年长沙市科技成果转化交易会，协助组织“新能源汽车产学研对接和众泰纯电动汽车新品发布会”，完成同心模具与湖南大学等签约项目7个，签约金额2.4亿元，组织波隆机械等4家企业分别参加北京、上海高等院校的产学研活动。（王飞跃）

三一重工生产的泵车多次刷新行业“世界纪录”（科技局 提供）

【高新技术发展】引导和帮助企业按照高新技术企业的标准规范科技和知识产权的管理，切实提高企业自主创新能力。全县高新技术企业中90%拥有核心知识产权，专利战略成为企业发展的核心动力，2014年确定了长沙佳一密封件有限公司等科技型企业作为重点培育企业，新增了长沙市亘晟门窗有限公司等38家高新技术企业，湖南山河智能装备股份有限公司被认定为国家重点高新技术企业。2014年全县共有高新技术企业142家，完成高新技术总产值1383.65亿元，高新技术增加值414.16亿元，分别增长10.1%和10.4%。（王飞跃）

【农业科技服务】积极推进农业科技服务体系建设，加大农业科技成果转化，以粮食、蔬菜、花木、茶叶、食用菌、瓜果、生态休闲等产业为主导，扶持农产品精深加工，提升了现代农业的发展质量和效益。2014年新增湖南省星城明月生态农业科技发展有限公司、湖南鹏宇农业开发有限公司等7家市级特色产业科技示范基地。全县巩固“12396”农村农业信息化工作，依靠科技手段，运用现代信息技术，积极推进农业新技术的普及与应用，进一步构建了农村科技服务体系平台，充分发挥科技在新农村建设发展中的支撑和引领作用。组织推荐湖南金井茶业有限公司、长沙县盛大蛋鸡饲养专业合作社2家单位参加星火科技“12396”长沙科技助农直通车2014年科技信息服务示范站创建活动。（王飞跃）

【创新型单位建设】全县完善了创新型县区发展规划、评价指标体系、考核机制和相关政策措施，实现创新型单位的动态管理，不断完善创建工作的方法与措施，指导湖南湘丰茶叶集团、湘龙街道办事处等5家单位开展长沙市第七批创新型单位创建申报工作，评定了湖南万征机械科技有限公司、长沙县路口镇明德小学等4家单位为2014年度长沙县创建创新型单位。（王飞跃）

【科技特派员派驻经济实体】全县加大科技特派员工作力度，按照“科研与生产对接”的原则，积极探索科技特派员专家团队服务模式，通过建立高校、科研院所产学研实习基地，或博士、硕士工作站，有效加强派出与派驻双方的沟通和交流，充分发挥科技特派员上联高校、科研机构，下接农户的桥梁纽带作用，达到“派来一名，引来一批”的聚集效应。2014年进一步扩大科技特派员派驻数量，全县83名农业类科技特派员依托种养大户和龙头企业，将技术服务扩大到生态环境治理、蚕桑、小水果种植等12个领域，建立各类农村专业技术协会、农民专业合作社、团队服务和民营农业科研机构等农业科技实体，为农村经济发展提供科技支持，引导科技特派员与重点单位走农业生产规模化、特色化、优质化和标准化的路子，提高了农业效益，科技特派员驻点村农民收入平均增幅11.8%。（王飞跃）

【县科技活动周在北山镇启动】全县科技活动周全程活动时间为4月至6月。5月16日，长沙县2014年科技活动周启动仪式在北山镇隆重举行。在科技活动周期间，全县围绕“创新驱动发展、科技引领未来”主题，突出“推进自主创新、促进和谐发展”主线，通过举办大型送科技下乡、开展“科技服务企业”、举办青少年科技创新大赛和中小学生科技节、开展科普惠农实用技术培训、科普进社区、开办科普电视专栏及发送科普短信等活动宣传科学思想、科学精神、科学知识。活动中县直各单位共制作宣传展板110余块、条幅80余条，发放宣传材料32000余份，为群众进行技术咨询和义诊220余次。（王飞跃）

【发挥科技在“零碳县”建设中的支撑引领作用】2014年，长沙县将“农村环境生态修复关键技术研究与示范”确定为科技重大专项，专项设二大子项，分别是湖南绿心科技有限公司、长沙众森环保科技有限公司和长沙大叶生物科技有限公司承担的“植物固碳关键技术研究与示范”项目和长沙县碧景农业科技有限公司、中国科学院亚热带农业生态研究所、长沙县白沙镇农业综合服务中心和长沙县开慧镇农业综合服务中心承担的“长沙县污染水体生态修复关键技术集成与示范”项目。在“零碳县”建设中，充分发挥这个项目的示范引领作用。（王飞跃）

【完成国家科技富民强县专项中期检查】以湖南湘丰茶叶有限公司、长沙金井茶厂等6家单位承担实施的国家科技部科技富民强县专项行动计划项目《百里茶廊基地建设及产业创新发展》，以解决农业发展中农产品品质差和污染严重、农业生产效益低、农民增收难等热点问题，开发研究茶叶优质栽培技术，建立高效、安全、优质的优质茶叶生产基地，增强长沙茶叶的国际市场竞争力，促进茶叶的出口创汇、拉动农村经济增长、增加农民收入、发展县域经济，实现富民强县。通过一年的建设，项目共引进国家级和省级茶树新品种5个，推广应用新技术12项，研发新产品24个，申请专利27项，吸收农业劳动力数量4105人，培训农民8000人次，直接参与农民人均项目收入9500元，同比增长9.2%。（王飞跃）

知识产权管理

【概况】积极推进知识产权战略实施，全面加强知识产权管理工作。围绕国家知识产权强县示范县建设，认真分析全县知识产权工作的特点和发展方向，不断提升该县知识产权创造、管理、实施、保护能力，进一步提高自主创新能力和综合竞争力。全县在机械、农业、制药、环保等多个行业开展16家知识产权试点企业（院校）、14家知识产权示范企业、6家知识产权优势培育企业、1家知识产权公共服务平台、5个县专利实施资助项目、补助1576项专利申请，激发县内企事业单位的创新活力。2014年，全县全年专利申请2624件，比上年增长12.04%，专利授权量和发明专利授权量分别为2021件和311件，比上一年分别增长10.98%、38.22%。（王飞跃）

【开展打击侵犯知识产权和制售假冒伪劣商品专项行动】2014年，全县多个职能部门开展联合行政执法，打击恶意侵权、群体侵权、反复侵权行为，全年共立侵犯知识产权和制售假冒伪劣商品犯罪案件11起，捣毁制售窝点13个，收缴有毒有害食品13.6吨，涉案价值1100余万元，有效遏制了无证生产和制造假冒伪劣产品的现象，保障了名优企业和消费者的合法权益得，有力维护了全县市场秩序。

（王飞跃）

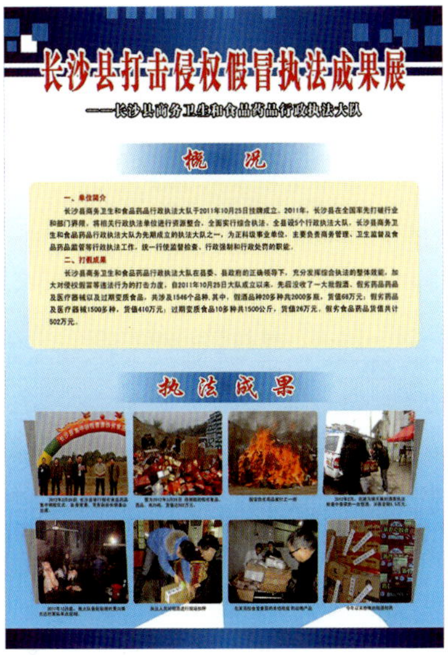

打击侵权假冒执法成果展
（王飞跃 摄）

科学普及

【概况】2014年，县科协充分发挥“学术交流的主渠道、科学普及的主力军、科技咨询的主网络”作用，开展丰富多彩的科普活动，为推进全县科技创新和经济社会发展做出新成绩。

加强农村科普工作平台建设。县科协把“三农网络科普书屋”建设、农村实用技术培训与科普资源共建共享相结合，精心组织全县各级科协组织开展“三农网络科普书屋”站点的建设，进一步丰富网页内容，扩大网络的覆盖面。与县电视台续签“科普大篷车”合作协议，充分利用中国科协影像中心的传媒资源，每周在县电视台播出两期科普电视专栏节目。

加强农村实用技术培训，增强农民依靠科技致富技能。县科协依托“科普惠农讲师团”，采取县科协出师资、由各镇（街道）科协分会组织人员的形式，重点面向农村基层干部和党员骨干、农村科技致富带头人、返乡农民工三类人群开展科技培训，举办各类科普培训班46期，参训人员4800多人次。3月，在金井镇沃园紫薯科普示范基地举办3期香薯种植技术培训；5月在田茂农庄举办以“果树整形修剪技术”“果树病虫害综合防治”“果树施肥技术”为内容的3期科技培训；11月，在福临镇、湘龙街道举办两期餐饮服务业食品安全知识培训。系列培训有力提高农民群众依靠科技致富能力。

广泛开展送科技下乡活动。年内，县科协直接组织开展送科技下乡活动6次，组织专家学者、科技人员和科普志愿者300多人次，向农民群众赠送科普书籍和宣传资料近30个类别3.2万余份，展出科普挂图、展板112块，设立科技咨询台15个，接待咨询5549人次。10～11月，县科协先后在青山铺镇洪河村、青山村、梅数村开展3次送科技下乡活动，免费发放价值3000多元的蔬菜种子和4000余册科普书籍。

以提高城市居民科学文化素质为重点，广泛开展科普进社区活动。8月，对星沙核心城区3个街道50个社区科普宣传栏内容进行全面更新，将“党员进社区活动”与“科普进社区活动”有机结合，向社区赠送各类科普书籍和宣传资料6000多册。9月中旬，组织卫生部门科技工作者以讲座、义诊、咨询、展览等形式在星沙街道、泉塘街道开展3次科普进社区活动，向社区居民宣传节约能源、保护环境理念，普及疾病防治、健康卫生知识。9月23日，榔梨街道在土岭社区设立科普宣传展台，重点宣传安全用药、环境保护、安全生产和食品安全等方面知识，向居民提供科普咨询200多人次，发放宣传资料1500余份。各镇（街）科协深入开展形式多样、各具特色的“科普进社区”活动。湘郡社区成立由大学生科普志愿者组成的“科普卫士”（又名“蓝色卫士”）服务队，发放科普宣传册，开展“消防安全”“食品安全”“计生知识”等科普宣传进小区、进楼栋、进家庭活动。5月29日上午，该社区聘请湖南省首批健康教育与健康促进专业副主任医师胡劲松授课，举办饮食营养科普讲座。阳高社区举办青少年安全知识讲座，湘绣社区组织科普宣传文艺晚会，通过群众喜闻乐见的戏曲、小品和歌唱等形式宣传科普知识。

县科协成立科普特色学校建设领导小组。县教育局成立青少年科技教育领导小组，结合全县实际制定“十二五”科技教育工作规划，完善学校科技教育、科普活动及科技竞赛管理等相关制度，并提高科技教育工作在绩效考核中所占比重。各县属中学、乡镇中心学校均成立由分管科技工作副校长组成的科普教育领导小组，各校均配备科技辅导员。广泛开展各种形式的科技普及和比赛活动。举办全县性（所有小学都参加）的“奇思妙想”纸模型搭高比赛，各镇（街）先进行片赛，之后各镇（街）选派优秀选手参加县级比赛。在县级比赛中，学生仅用三张A4纸制作出一个独立支撑结构，最高近四米，充分展现中小学生动手能力和创新能力。全县各中小学校都结合学校、自身实防，广泛组织科技制作周、科技作品成果展、“三小”（小发明、小制作、小论文）“三模”（车模、航模、船模）、计算机操作、采集动植物标本、科技节、艺术节等各具特色的校园科普活动。三是精心组织、努力拼搏、各项赛事成绩显著。在2014年长沙市科技创新大赛、模型比赛、机器人大赛、计算机奥赛、奇思妙想纸模型搭高赛、网业制作大赛、八运会等赛事中，该县均取得优异成绩。特别是在市八运会中，全县在12个项目获得6块金牌6块银牌和7块铜牌，占全市一半以上。在“奇思妙想”纸模型搭高赛中，小学组前三名均由该县囊括。

举办“2014·长沙县自然科学优秀学术论文征文评选活动”，发动广大科技工作者围绕“创新发展全民行”这一主题，深入开展调查研究，积极撰写学术论文，为领导决策提供参考。共收到学术论文64篇，经评审，评出一等奖论文11篇、二等奖论文35篇、三等奖论文18篇。另筛选部分优秀论文参加长沙市自然科学优秀学术论文征文活动，其中获市级一等奖论文2篇、市级三等奖论文4篇。（刘卓、唐上上）

【“全国科普日”活动启动仪式举行】 9月16日，县科协以“创新发展，全民行动”为主题，在白沙镇李家山社区举行2014·长沙县“全国科普日”活动启动仪式。组织县科技、县食安办、老科协、农学会、林学会、农机学会、畜牧兽医学会、卫生学会、环保学会、水利学会、计生协会、防雷办等10多个单位的科普志愿者200多人开展科普展览和科技咨询服务活动。设立科技咨询台12个，展出科普挂图、展板112块，发放科普资料14710份，免费发放3000多元的优质高产蔬菜种子。“全国科普日”活动期间（9月18日前后），县科协还以送科技下乡、科技咨询服务、举办专家讲座等形式开展系列科普活动。如在金井、开慧、白沙等乡镇根据农民对健康生活的需求，组织科技人员深入农村，发放健康生活科普知识手册、挂图，为农民提供健康咨询服务。同时，邀请养殖、种植方面的专家、教授到黄花、黄兴、椝梨、跳马等镇（街）进行畜禽养殖、防疫、蔬菜和苗木栽培养护等专题讲座，增强农民群众科学养殖、种植的技能。（刘卓）

9月16日，以“创新发展，全民行动”为主题的2014·长沙县“全国科普日”活动启动式在白沙镇李家山社区举行，市科协副主席黄勇（左三）、市科协普及部副部长杨文（左四）、县科协主席何龙彪（左二）等参加启动式。（县科协 提供）

【防雷“五进”宣传活动】 进入汛期，湖南雷电活动密集，为提高民众防雷安全意识，7月4日，县科协联合县防雷中心组织专家队伍在北山镇荣合桥社区开展丰富多彩的防雷科普知识宣传活动。通过雷电专家现场授课、一对一解答，悬挂防雷减灾安全宣传条幅，展出防雷安全知识展板，发放雷电灾害科普宣传手册、现场赠送《防雷工程施工质量手册》等方式积极开展宣传活动，发放宣传手册2000余份。为积极做好主汛期防雷减灾气象服务，减少或避免雷击事故的发生，降低雷电活动造成的人员伤亡和经济损失，县科协持续组织技术力量开展防雷安全宣传进田间、进社区、进厂矿、进学校、进机关的“五进”活动，以切实提高全社会的防雷安全意识和防灾减灾能力。（唐上上）

【科普进校园活动在星沙实验小学举行】 5月8日上午，市科协科技活动中心、县科协联合组织的“科普大篷车 快乐进校园”活动在星沙实验小学举行。满载科学知识的科普大篷车，向广大师生展示“有记忆的花”“拓扑游戏”“万花筒”“放大的脸”“半导体温差发电”“是你还是我”“会飞的碗”等10多种科教展品和24块三维立体展板，宣传光学、电磁学等科学知识，展示动物世界和海洋世界。通过观看和动手实践，师生们大开眼界，感受科学的独特魅力，体验科技带来的快乐。县科协向星沙实验小学捐赠科普书籍200多套。（刘卓）

教 育

综 述

【概况】教育发展快速推进，获得省市级以上荣誉13项，被省市级权威媒体推介报道19次。国家级农村职业教育和成人教育示范县创建工作被教育部审批通过并向全国公示。党的群众路线教育实践活动四次接受省、市抽查，获得好评。县人大评议教育工作，两次获得评议第一名。年度绩效考核获得市一等奖。

全县小学适龄儿童入学率100%，小学年辍学率为零；初中入学率为100%，年辍学率为零；初中毕业会考一次性合格率为86.8%；高中学业水平考试合格率91.03%；升入高中阶段毛入学率98.3%。

全县有公办学校（不含幼儿园）203所，其中高中7所，初中28所，小学162所（含水电八局学校），特殊教育学校1所，职专1所，农校4所。在校学生114288人（含民办9137）；在职教职员工5948人。

公办幼儿园44所（含编办发文的16所，其他类型9所，小学附属幼儿园17所）。民办教育机构318所，其中发证民办幼儿园216所，民办中职学校1所，民办全日制义务教育学校7所，民办培训学校94所。全县在园幼儿37524人；民办学校在校学生35374人，其中民办全日制学校在校学生6835人。

办学条件整体改善。2014年，学校建设资金达4.0727亿元，竣工校舍面积6.1221万平方米，在建校舍面积16.4722万平方米，新建塑胶运动场地11个。百熙实验学校（原鹏基小学）、星沙实习实训基地、泉塘中学、龙塘小学等重点工程建设项目均推进顺利。共提质改造薄弱学校15所，新建和改建公办幼儿园12所，有效缓解大班额问题。推进教育信息化装备水平基本均衡，县实验中学、县六中、松雅湖中学等8所中小学通过市标准化实验室合格学校验收。

队伍素质不断优化。组织第三届“感动星城·十大魅力教师”评选，县实验中学张扬被教育部评为“全国优秀教师”和“全国中小学优秀德育工作者”；肖正根、张扬、彭慧琴被评为省特级教师；张水强、李众来、曹志高、李浩、周庄士等分别被评为市县魅力教师、劳动模范、优秀校长。招聘录用新教师249人，充实科学、美术、音乐等短线学科教师，不断满足学科需求；191名补充到农村，其中101名分配到9个北部镇义务教育学校，3名分配到农村公办幼儿园，城乡教育资源配置得到统筹和优化。实施名优骨干教师金字塔工程，建成省级网络名师工作室1个，市级名师工作室2个，县级名师工作室10个，校级名师工作室7个，在全省率先形成“省、市、县、校”“四级”名师纵队。落实省市“三区”支教工作，安排20名中小学、幼儿园教师到洞口县支教。

教育供给日趋多样。支持发展民办普惠性幼儿园，2014年，全县已确定的普惠性民办幼儿园有136所，享受政府财政补贴资金500万元，学前三年教育普及率达93%。统筹义务教育均衡发展，与北师大合作办学的百熙实验学校正式挂牌开学；县一中托管泉塘中学工作正式启动；长郡中学与金井中学、麓山国际实验学校与开慧中学的对口支援合作办学工作顺利推进。实施普通高中多样化发展战略，推进区域教育特色建设，区域教育特色建设项目覆盖率达70%以上。积极发挥全县各乡镇农校作用，开展劳动力转移培训80300人，为县域经济发展提供了人才支持。推进社区教育，城区街道和农村乡镇社区学校覆盖率达95.83%。

教育质量稳步提升。强化德育工作，9所县德育示范学校顺利验收，华润小学的“华润币”教育模式、县一中、县九中逐日档案记载的家校共管模式以及全县94个单位的德育项目化管理，在县内外产生良好影响。广泛开展“美丽中国·我的中国梦”等

用责任为孩子们撑起知识的蓝天

长沙县教育局积极推进评议整改，促进教育工作科学有序地发展

学校门口不堵车，大快人心

榔梨街道大元中心小学多措并举，解决放学交通拥堵问题

人大评议整改工作见实效之系列报道　　（县教育局　提供）

系列主题教育活动，教育局团委连续三年被市政府授予“长沙市五四红旗团委”。继续推进课程改革和教育教学教研联合体工作，接受市教育局对全县6所教育教学常规先进校、3所课改样板校和1所区域特色教育学校评估。2014年，高考一本上线及提前批上线844人，上线率为20.62%；二本上线2043人，上线率为49.91%，相比去年均有一定提升。强化体艺活动，在东业晨曦小学开展“诗词进校园”活动；在华润小学举办“快乐童年，放飞理想，共筑中国梦”的首届学生社团文化艺术节现场观摩会。学生参加全国、省、市各级竞赛，共获各级奖励200多项，参加中国儿童青少年计算机表演赛夺得6个全国第一名、5个全国第二名，总成绩全国第一，碧桂园威尼斯中英文学校获“全国最佳组织奖”“最佳辅导学校奖”。

保障体系更加完善。启动《长沙县教育事业第十三个五年教育规划（2015-2020年）》编制工作，出台《长沙县普惠性民办幼儿园实施办法》等配套文件，基本形成富有长沙县特色的教育发展政策支撑体系。加大教育投入，2014年，全县财政性教育投入达13.3亿元（不含镇街投入1160万元），年增幅达2.2%。推进教育基金会工作，全年共募集到账基金1577.47万元。健全学生资助体系，全年共为17万多人次义务教育阶段学生免除学杂费等共计9251.787万元，为辖区内5所民办学校免除学杂费151.3万元，为4578人次贫困高中生发放补助343.35万元。（黄伊利）

【教育工作通过人大代表评议】2014年，县人大常委会组织人大代表对全县教育工作进行评议，人大代表共提出2078条意见和建议，经过梳理归成五大块16个方面。针对意见和建议，县教育局树立“评议就是重视、督促就是支持、整改就是促进”意识，按照“制定措施切实可行、明确分工责任到人、整改落实收到实效”原则，思想上高度重视抓整改，行动积极迅速促落实。一些重点难点问题得到有效解决，如提质福临铺小学运动场地、黄花排头小学食堂、果园镇古井教学楼、田汉小学运动场地、大路小学校舍等农村薄弱学校；督查教师从教行为，签订《关于严禁组织或参与校外有偿培训的承诺书》；清理教师占用周转房，县一中、实验中学对教师周转房进行全面摸底，出台整治方案，两所学校共收回违规占用的教师周转房23套，拟定《长沙县教师周转房管理暂行办法》征求房产局和法制办意见，报县政府和县人大审定。治理超速超载，对每辆校车GPS超速实时监控；查处白纸条现象，有白条抵库现象的学校已追回欠款，并责成相关人员作出检讨；县一中食堂承包合同到期收归学校经营，实验中学对外托管的小食堂已收回学校经营。两次评议结果在三个被评议单位中均排名第一。（黄伊利）

【加快区域特色建设】制定《长沙县区域教育特色建设实施方案》，确立《成长体验式教育》德育项目为全县区域教育特色建设项目，并在全县学校试行，已有94所学校参入该项目建设；春华中学被认定为市级区域教育特色发展建设学校；另有100多所学校根据各学校自有的传统项目在继续进行特色项目开发和研究，区域教育特色建设项目覆盖率达70%以上。一批特色学校不断涌现，北山镇高兴小学省计算机竞赛连续12年蝉联冠军；榔梨大元小学市航模比赛连续12年蝉联冠军并有10余人次获国家级冠军；江背印山小学被授予省武术教育点；黄花中学的田径项目，黄龙小学的乒乓球项目，东业晨曦小学的印吧，金井小学、湘龙小学、果园中心小学国学礼仪教育，华润小学国际象棋项目，盼盼小学经典诵读和“童心文学社”，金鹰小学国际机器人奥赛等均在省内外产生重大影响。（黄伊利）

【实施“组建县域教育教学教研联合体行动计划”】2014年3月，在已构建“校本—镇本—联片—县域”四级网络教研体系基础上，实施“组建县域教育教学教研联合体，促进教育教学均衡发展”行动计划，制定《长沙县教育局关于全县中小学教育教研联合体工作的实施意见（试行）》，采取县域内优势学校（高中以省示范高中，初中和小学以市示范初中、小学和县内有关学校为主持学校）与普通高中，镇（街道）学校“捆绑”结盟的形式，构建资源共享、优势互补、合作共赢的教育教学教研联合体。全县14个教育教学联合体按照实施方案，定期组织研讨活动。4月，县七中接受长沙市教科所课改工作调研，有市教育局领导、市教科所的专家及全市十个县（市区）的领导和学校的教学骨干来学校观摩指导；11月，县一中组织承办全市“高效课堂课例九步法”观摩课暨“教学开放日”活动；12月，实验中学成立教师专业发展中心暨校级名师工作室。（黄伊利）

【县一中托管泉塘中学】为发挥县一中优质教育资源效益，县委、县政府决定由长沙县一中托管新建泉塘中学，力争把泉塘中学打造为城区全新的初级中学——初高中衔接式教学的教育窗口学校。泉塘中学系独立法人，接受县一中领导，王文担任首任校长，县一中副校长向忠发为联系人；中层干部由校长王文与县一中、县教育局政工人事科沟通后拿出方案报县教育局党委审批。教师选调、招聘由县一中会同泉塘中学行政班子自主进行。泉塘中学经费独立核算，县财政按义务教育公办学校办学模式给予经费保证，学生收费按公办学校有关政策规定执行。同时，由财政拨付专款到县一中（第一年100万元，以后每年200万元），用于泉塘中学教师绩效工资，由县一中和泉塘中学综合考核发放。新的泉塘中学，坐落在泉塘街道，占地面积5.51公顷，60个班的办学规模，可容纳学生3000人，投入1.9亿元，于2014年启动建设，2015年秋季投入使用。2014年秋季开学，招收学生888人，暂寄在县一中就读。泉塘中学校园文化核心立意为“家”，即立足“珍爱生命、学会生存、善于生活”的三“生”教育，培养立足“家”，心怀“国家”，立志成行家、专家、大家的三“家”学子。（黄伊利）

【实现无缝化校车分级监控管理】2014年，长沙县所有校车全部纳入长沙市校车监控服务平台，并率先对所有标准校车实现3G实时监控。与此同时，县校车工作领导小组决定在县校车办增设监控终端，实现校车监控的无缝化。县校车办投入近5万元，经过政府招标采购、安装调试等一系列工作，正式投入使用。至此，长沙县全部实现市级监控平台、县级监控平台、校车监控运营商、校车公司对校车的无缝化四级监控管理。其中市级监控平台和监控运营商主要记录、通报校车违法违章等；县级平台主要监控校车公司履职情况、通报处理校车违章、抽查校车实时运行情况等；校车公司具体监控每台校车运行并对违法违章现象及时提醒纠正等。目前，全县已发放校车标牌286块；两个校车公司的标准校车156台（含城区12台）；民办幼儿园校车130台。24个行政镇（街）通校车率为100%，吸引了广西玉林市、郴州市、岳阳楼区等省内外十多个地区前来学习观摩。（黄伊利）

【家庭教育工作经验在全国家庭教育经验交流会上获好评】全国教育关工委家庭教育工作经验交流并于2014年10月20日至22日在合肥召开，来自全国各省十五个单位在会上作经验交流。长沙县教育局关工委代表湖南省教育关工委从“抓住根本点，优化发展环境，推进家庭教育快速发展；找准着力点，办好家长学校，推进家庭教育科学发展；突破关键点，提升队伍素质，推进家庭教育优质发展；把好结合点，加强协调配合，推进家庭教育和谐发展”方面作典型发言，受到与会者点赞。全县中小学校都创办了家长学校，办学率100%，家庭教育工作覆盖全县68%的居民。已创4所省级示范家长学校、13所市级示范家长学校、71所县级示范家长学校。参与全县家长学校工作的“五老”人员达687名，占全系统“五老”人员的29.5%。（黄伊利）

长沙县人民政府副县长陈计伟（左二）考察校车线路　（县教育局　提供）

【"长沙县教育局教育阳光服务中心"成立】根据《关于印发 < 关于加强教育阳光服务平台建设的意见 > 的通知》（湘教发〔2013〕32 号）的精神，县教育局于 2014 年 9 月启动"长沙县教育局教育阳光服务中心"，由局纪委牵头，局执法监督科具体运行，成立领导小组、教育阳光服务办公室。一方面，通过教育信息网向社会公开办事规则，向社会通报教育改革发展的有关情况，让人民群众对教育系统的行政权力运行环节进行全程监督。另一方面，通过完善办事流程，切实将机关科室服务功能整体前移，变群众上访为机关下访，变被动服务为主动服务，变单个部门服务为系统整体服务，着力解决群众咨询难、诉求难、办事难等问题，着力提升群众对教育的满意度。（黄伊利）

学前教育

【概况】到 2014 年 12 月，全县已建公办幼儿园 44 所（含跳马、暮云中心幼儿园），已注册民办幼儿园 248 所（含跳马、暮云民办园 34 所），全县公民办幼儿园在园幼儿 37524 人，三年毛入园率为 93%，在园幼师总计 2168 人，具有大专学历（含在读）的 1501 人，占 70%。2014 年出台《长沙县普惠性民办幼儿园实施办法》（长教字〔2014〕8 号），新建、改建、扩建公办幼儿园 10 所，其中省为民办实事幼儿园 1 所，自建园 9 所 。2014 年 11 月启动《长沙县 2015—2020 年学前教育布局规划》的编制工作。（黄伊利）

【公办幼儿园建设】2014 年，按照"保基本、广覆盖、高质量"的学前教育原则，全县新建、改扩建星沙街道东兴幼儿园、泉塘街道幼儿园、北山镇青竹幼儿园、双江镇中心幼儿园、金井镇金龙幼儿园、开慧镇双华幼儿园、暮云镇中心幼儿园、高桥镇范林幼儿园、春华镇东林幼儿园、江背镇五福幼儿园，路口镇明德幼儿园、果园镇浔龙河幼儿园。认定 136 所普惠性民办幼儿园，公办幼儿园和普惠性民办幼儿园占幼儿园总数的 62%，受惠幼儿达五万多人次，处地区之首，全县公办幼儿园 12 月 2 日顺利通过省市为民办实事工程督查验收。（黄伊利）

【举办长沙县"第二届幼儿教育师教学技能比赛暨园长诊断教学竞赛"】2014 年 11 月，在长沙县湘龙幼儿园举办长沙县"第二届幼儿教育师教学技能比赛暨园长诊断教学竞赛"，来自全县公民办幼儿园的 23 名园长和 23 名幼师参加竞技。六艺天骄幼儿园沈聘婷、长沙师范附属第二幼儿园龙莺莺等 10 所幼儿园园长荣获一等奖；长沙师范附属第二幼儿园老师郑岚、湘龙幼儿园老师周罗英荣获特等奖。（黄伊利）

长沙县江背特立中心幼儿园（县教育局 提供）

义务教育

【概况】全县有初级中学 28 所，小学 162 所（含水电八局学校），特殊教育学校 1 所；在校中小学生 95056 人，初中 28648 人（含民办 2292 人），小学 66328 人（含民办 4429 人），特殊教育学校 80 人。2014 年，小学和初中阶段入学率分别为 100% 和 110%（含外来入学），小学和初中年巩固率分别为 100% 和 100 %，小学、初中毕业率分别为 100% 和 100 %；三类残疾儿童入学率为 100%。全县初级中学在职在岗教职工 1826 人，具有研究生学历 33 人，本科学历 1756 人，专科学历 23 人，中专（含高中）学历 14 人；小学在职在岗教职工 2231 人，研究生学历 21 人，本科学历 1208 人，专科学历 865 人，中专（含高中）学历 137 人。（黄伊利）

【与北师大合作办学】2014 年 9 月 10 日上午，长沙县与北师大成功牵手，双方以"资源服务 + 协议管理"的办学模式，打造九年一贯制长沙县百熙实验学校。长沙县委副书记、县长张庆红，县人大常委会副主任曹艳萍，副县长陈计伟，县政协副主席陈沃辉以及北师大的相关领导出席签约仪式。长沙县百熙实验学校，原名为长沙县鹏基小学，其性质为国有公办学校。学校以长沙县籍清末著名思想家、教育家、北京师范大学创始人张百熙先生的名字命名，位于星沙凉塘路与东六线交界的西北角，占地面积2.4公顷，设计36个教学班，其中小学24个班，初中12个班。2014年9月招收小学一至六年级学生，共12个教学班，2015年9月开始招收初中班。根据合作协议，北京师范大学负责学校管理、教学指导、质量评估，并为学校发展提供基础教育领域优势资源服务。百熙实验学校的创办，将为长沙县基础教育发展注入新的活力，续写长沙县教育发展新的篇章。 （黄伊利）

【开展“弘扬雷锋精神，用芯行动，与爱同行”活动】2014年3月5日，在跳马镇石门中学举行学雷锋暨废旧笔芯回收工作的启动仪式，《星沙时报》、长沙县电视台进行专题报道。到6月份，各县属学校及初中共35所学校组织废旧笔芯回收工作，共回收近12万支废旧笔芯，兑换2万多支新笔芯，既节约资源，促进环保，又在一定程度上为贫困学子提供爱心援助。

（黄伊利）

【长沙县首届社团文化艺术节】为丰富校园文化生活，培养学生健康的审美情趣、多方面能力和良好的身体素质，使学生健康、和谐、快乐地成长，同时，也为促进学生社团活动在全县蓬勃发展，5月28日，在长沙县华润小学举办“快乐童年，放飞理想，共筑中国梦”首届学生社团文化艺术节现场观摩会。社团表演精彩纷呈，展现了学生的风采。活动承办单位长沙县华润小学社团自2012年3月启动，到2014年已发展到56个，涵盖了科技、艺术、人文、体育等多个领域。其中国际象棋社团2014年参加“丰竹杯”长沙市国际象棋公开赛获得团体第三名，三年级李子谦同学获得男子E组金牌，巫乐天获得男E组铜牌；参加省青少年国际象棋“诺贝尔杯”公开赛获团体第三名，参加长沙市青少年国际象棋校际联赛获得团队第二名；有180人分别获得八级、九级、十级棋士称号。校艺术团舞蹈《万泉河水》代表湖南省赴北京参加全国总决赛，喜获全国一等奖。 （黄伊利）

【“红领巾相约中国梦”少先队基本知识竞赛】2014年10月，在十一三队庆之际，县教育局与团县委联合举办2014年长沙县“红领巾相约中国梦”少先队基本知识竞赛，有暮云西湖小学等十个单位获评县少先队基本知识竞赛“最佳组织奖”，有暮云南塘小学的张俊仪等45名同学获评县少先队基本知识竞赛“优秀个人”。（黄伊利）

普通高中教育

【概况】全县有普通高中7所，其中两所省级示范性高中、5所市级示范性高中。在校学生14229人（含民办47人），4407人参加高中学业水平考试，一次性合格率91.03 %，最终合格人数为4407人，最终合格率达100%；升入高中阶段毛入学率98.3%。两所省示范高中县一中一次性合格率97.72%，实验中学一次性合格率97.69%。全县普通高中在职在岗教师969人，具有本科学历858人，研究生学历70人。 （黄伊利）

【高考成绩保持攀升势头】2014年，全县普高参考人数4093人，一本及提前批上线820人，实际录取844人（其中一本上线637人，提前批上线183人），上线率为20.03%；相比2013年18.8%，有一定幅度的提升。二本上线2043人，录取1920人，上线率49.91%。文化成绩600分以上107人，其中文科35人，理科72人，较2013年的55人有较大幅度提高。实验中学谌若谷以理科673分被清华大学录取，美术专业考生杨文浩被清华大学录取。全县音乐特长生一本上线18人，二本以上上线133人；美术特长生一本上线45人，二本以上上线132人；体育特长生一本上线28人，二本以上上线127人；其他艺培一本上线1人，二本以上上线27人。四项合计一本上线92人，二本以上上线419人。 （黄伊利）

【长沙县实验中学成立教师专业发展中心】2014年，长沙县实验中学在全省率先创建教师专业发展中心。中心以省市县各级名师工作室为依托，吸纳谋求专业发展的教师参与，为青年教师确立发展方向、为中年骨干教师搭建学习平台、为资深教师提供展示舞台，实现专业发展、业务提升，也有利于加大教学科研力度和深度，最终促进学校的长远发展。同时，学校将专业发展中心与省市县各级名师工作室对接，建立县域、省内教学联合体，联合开展研讨，实现区域内教师专业成长。2014年，全县有省级名师工作室1个（湖南省基础教育资源建设与应用张水强高中化学名师工作室）、市级名师工作室1个（长沙市马如龙历史名师工作室）、县级名师工作室2个（张扬政治工作室，唐茂源物理

12 月，副县长陈计伟（左一）参观县实验中学教师专业发展中心（县教育局 提供）

工作室）、校级 4 个（邱群丰语文名师工作室、袁拥军数学名师工作室、刘松英语名师工作室、朱新庆班主任名师工作室）。12 月 9 日，举行了教师专业发展中心成立暨名师工作室挂牌仪式。24 日，承办长沙市首席名师“教师专业成长培养机制”漫谈会，长沙市教育局副局长邓芸出席会议并指出，长沙县实验中学近年来在教师专业发展上的探索值得肯定，起到了良好的示范效应。（黄伊利）

【长沙县实验中学党史馆开馆】教育不能仅仅停留在知识技能的层面上，更应该注重对学生精神的引领和灵魂的养育。基于这一认识，县实验中学党委策划并筹建，先后共投入 16 万元的“红色长沙”党史馆于 2014 年开馆。展馆以中国红色文化作为主题，以“大长沙县”为背景，以时间为轴，以重大历史事件为经和长沙县革命先驱为纬，介绍了 1921 年至 1949 年 28 年中，中国共产党从诞生到逐渐壮大，建立新中国的过程，全面反映长沙县红色历史，彰显先辈前贤在中国历史进程中的丰功伟绩，是一个集学生参观、活动与爱国主义教育于一体的多功能型展馆，对师生免费开放。（黄伊利）

职业教育

【概况】全县有国家级重点、省示范性公办职业中专学校 1 所，民办职业中专 1 所，两所学校共有在校学生 3628 人，教师 174 人，本科教师占 97% 以上，双师型教师占 60%。县境内其他中职学校（包括院校中职部）10 所，在校学生 1.1 万余人。2014 年，全县升入中职学生占毕业生总数的 38.9%，超过长沙市平均水平，普职分流比为 6 ∶ 4。（黄伊利）

【成功创建国家级农村职业教育和成人教育示范县】12 月，成功申报创建国家级农村职业教育和成人教育示范县。近几年来，长沙县职业教育和成人教育优质高效发展，形成以县职业中专为龙头、乡镇农校和社区学校为骨干、村农校为基础、高职院校中职部为重要补充的职业教育和成人教育全覆盖网络体系；打造了机械加工、汽车制造与检测、种植业等一批与当地经济社会发展相适应的特色专业；形成了“健全校企合作机制，推动校企深度融合”“双线并进，四轮驱动，实现职业教育和成人教育培训网络全覆盖”两大特色，建立能满足现代职成教育需要的教育教学资源库，培养一大批技能型人才，具备国家级农村职业教育和成人教育示范县的良好基础。（黄伊利）

【县职业中专学校顺利通过湖南省示范性（特色）中等职业学校验收】2011 年，县职业中专学校申报湖南省示范性（特色）中等职业学校。三年来，按照示范校建设要求，学校积极改善办学条件，加强基础能力建设，先后投入 27663 万元，用于改善办学条件，完善基础设施，添置实习实训教学设备，加强教师队伍建设，其中

正在加紧建设的星沙实习实训基地规划图（县教育局 提供）

投入20566万元，征地13.11公顷，在星沙产业基地新建星沙实习实训基地，预计2016年8月全面建成并投入使用，教育教学、实习实训和师生生活需求基本得到满足。质量日益攀升，学生在专业抽考、技能竞赛等方面成绩斐然，2014年学校“空白世界”团队荣获2014-2015年度全国DI创新思维大赛一等奖，“向上吧，职专之星”团队荣获全国三等奖；学校《“3+1”学生综合素质教育发展性评价模式》入围教育部2014年国家级教学成果奖评选；《中职学生人文素养培养的研究和实践》获省教科院规划办通过；“高空采果剪”“多功能取菜勺”“浮力圆筛”参加团省委“彩虹人生—挑战杯”创新大赛，王卓、彭钢同学获全国一等奖。省中职学生技能比武，获得模具、车工三个单项第一名。校企合作不断深入，通过企业冠名班、预备员工制等一系列措施，深化校企合作，学生就业率达98%以上，毕业生深受用人单位欢迎。2014年，学校顺利通过湖南省示范性(特色)中等职业学校验收。（黄伊利）

【职业中专学校学生获“创新思维”全国大赛一等奖】2014年11月，县职业中专学校学生陈金泽、杨思、蔡娇、李庆、刘星灿、饶钦、郑志等7名学生参加湖南省“创新思维”大赛，获得一等奖，并晋级全国决赛；12月18日，从北京传来消息，县职业中专学校学生代表队获得全国一等奖，并将代表中国参加2015年5月在美国田纳西州举行的国际大赛。这是县职专学生技能竞赛成绩的又一次重要突破，也是学校创新育人模式，不拘一格培养人才的成功体现。（黄伊利）

驻县高校

【概况】在落实基础教育以政府办学为主的基础上，县委、县政府坚持“不求所有，但求所在”的原则，积极引进、大力支持县域内高等院校入驻和发展。对入驻的民办职业院校，县政府积极提供政策支持和服务协调，在征地建设和税费征收等政策上均执行社会公益事业标准，给予最大优惠。至2014年年底，已有湖南大众传媒学院、湖南警察学院、贺龙体校、长沙师范、长沙卫校等22多所大中专院校成功落户，有在校大中专学生156775人，在职在岗教师8221人，形成了完善的现代国民教育体系和终身教育体系。

（黄伊利）

表4　　驻县高校一览表

学校名称	院（校）长姓名	电话（手机）	教职工数（人）	学生总数（个）	专业个数	主要专业	占地面积（公顷）	校址
长沙理工大学	郑健龙	85258080	5000	33300	57	土木建筑、电气工程及其自动化、隧道桥梁、会计等。	138.9	万家丽南路2段960号
湖南信息科学职业学院	陈登斌（董） 周　忠（院）	13807316678 13787109328	651	10000	32	电子信息工程 应用电子技术 计算机网络技术等	61.8	安沙镇毛塘铺社区
湖南科技职业学院	杨栋梁 佘正德	82862758 85058777	296	4380	30	轻化工程、软件技术、机电工程、电子信息工程	23.2	暮云镇中意三路花园
长沙航空职业技术学院	朱厚望	13808490528	630	9000	35	飞机维修	53.3	跳马镇田心桥村
湖南交通职业技术学院	王章华	82082066 13549666559	1035	13600	29	汽车、机械、机电、建工、路桥、物流、商贸、模具、电商	70.6	干杉乡黄江路
湖南警察学院	林少菊	82791602	504	6000	13	侦查、治安、刑事技术等	46.7	泉塘远大三路九号
湖南水利水电职业技术学院	范金星	84080522 13973186628	312	5800	19	水利工程、水利水电、建筑工程	13.6	泉塘远大二路1575-7号

续表

学校名称	院（校）长姓名	电话（手机）	教职工数（人）	学生总数（个）	专业个数	主要专业	占地面积（公顷）	校址
长沙电力职业技术学院	皮洪琴	84074111	400	3500	12	发电厂及电力系统、供用电技术等	30.7	泉塘盼盼路
湖南三一工业职业技术学院	肖　品	85251029 18670300518	201	2812	10	工程机械与维护、焊接技术及自动化、数控技术等	—	椈梨工业园
湖南现代物流职院	倪文栋	13973142080	390	5700	19	现代物流管理、信息、经贸、工程等	20	泉塘远大二路 新安路
湖南安全职业技术学院	郭　超	84396588 13755132760	281	4500	27	安全、烟花爆竹	18	星沙万家丽北路土桥304号
湖南工程职业技术学院	熊　琦	84095338	459	9200	26	区域地质调查与矿产普查工程测量技术、建筑工程技术、	26.7	万家丽路北水渡河路100号
湖南机电职业技术学院	杨翠明	13975179169	584	—	26	机械、电气、汽车等	26.7	万家丽北路一段359号
湖南大众传媒职业技术学院	冯一粟	13808413328	593	9300	32	传媒艺术、传媒技术类	39.6	星沙特立路5号
长沙师范学院	李学全	13873138865	620	—	37	学前教育、初等教育、动漫、玩具类	60	星沙特立路9号
长沙卫生职业学院	喻友军	84015830	288	600	7	医学、护理、医学相关专业、药学	—	星沙灰埠路87号
湖南都市职业学院	黄　旭	15802686767	576	9112	30	航空服务、印刷技术、建筑工程技术	23.5	远大三路黄花国际空港工业园
湖南艺术职业学院	鲁雁飞	13973197876	246	3320	25	戏剧、音乐、舞蹈、影视、美术、社文	7.9	松雅湖
湖南司法警官职业学院	何如一	13975163278	—	3000	14	刑侦、刑事执行、法律事务、司法鉴定、戒毒康复、社区矫正等	—	星沙远大二路1069号
长沙市贺龙体育运动学校	李文格	84655198 13786113918	122	883	3	运动训练、体育服务与管理、体育经纪与营销	13.3	湘龙路28号
中国水电八局技工学校	马玉敏	13467645557	86	1300	5	电气技术、机电技术、水利水电技术等	6.7	暮云镇
湖南劳动人事职业学院	邵伏先	13973127732	—	—	—	—	—	长沙市芙蓉区远大二路316号

教师队伍建设

【概况】到2014年12月31日，全县在职在岗教职工5276人（区域调整之后），其中高中969人，初中1826人，小学2231人，职专171人，特校24人，公办幼师55人。小学教职工研究生学历21人，本科学历1208人，专科学历865人，中专（含高中）学历137人；初中教职工研究生学历33人，本科学历1756人，专科学历23人，中专（含高中）学历14人；高中教职工研究生学历70人，本科学历858人，专科学历24人，中专（含高中）学历17人。

（黄伊利）

【完成“千人计划”】2011年开始实施年轻教师引进千人计划，至2014年圆满完成，共引进年轻教师1009名，80%派往农村学校。全县教师平均年龄由47岁下降到41岁，下降幅度“5周岁”（接近6岁），全县教师年龄结构基本趋于合理，全县5276名教师呈1435（35岁以下）-2680（36-49岁）-1161（50岁以上）橄榄型结构。

（黄伊利）

【庆祝第30个教师节】9月10日，长沙县委、县政府召开庆祝第30个教师节大会，对100名优秀教师和优秀教育工作者进行表彰。县委书记、长沙经开区党工委书记杨懿文，长沙市教育局原党委书记、局长王建华出席并讲话，县委副书记、县长张庆红主持会议，县领导李建章、王益枝、曹艳萍、陈计伟、陈沃辉出席会议。杨懿文强调，要顺应群众期待，着力创办人民满意教育，把教育作为“幸福工程”来建设；要提高教育质量，争当人民满意教师，把教育作为“圆梦工程”来打造；要立足发展，凝聚各方力量，把教育作为“强县工程”来推进。长沙县的教育要率先实现新的跨越，要以教育事业的大发展，助推县域经济社会的大发展。在教师节活动前后，全县组织了一系列活动。9月9日，县委书记杨懿文到县一中召开教师座谈会，听取与会教师代表谈教育问题，明确提出要认真深入研究，立足实际，自我加压，奋力前行。当天，县教育局、县教育工会领导走访慰问农村一线教师、离退休教师、贫困教师、因公殉职（死亡）教师家属代表17人，送去慰问金2万元。9月12日，县教育基金会在长沙县助学日活动中，发放10万元“爱烛行动”慰问特困教师10人，爱心企业冠名表彰优秀教师、优秀班主任、特别贡献奖209名，奖金49万元。

（黄伊利）

【191名新教师充实到农村中小学任教】2014年，紧扣全县学校急需紧缺学科，新招聘优秀青年教师249名，其中191名奔赴农村中小学校及公办幼儿园任教，占全县年内新招聘教师总数的85.3%。191名新教师中，硕士研究生27名，来自“985”“211”教育部直属师范大学毕业生55人，2014年定向委培本县籍贯优秀师范院校毕业生19名，2014届部属师范大学免费师范毕业生1名。101名分配到双江镇、白沙镇、开慧镇、金井镇、福临镇、高桥镇、路口镇、北山镇和江背镇（含镇域内的县二中、县九中和县职业中专）等9个北部镇（或较偏远镇），占总数191名的52.9%；另有3名新教师分配至农村镇公办幼儿园任教。全县20名2013年定向委培师范毕业生经在县城星沙支教任教一年后，全部奔赴籍贯所在农村镇（街道）学校工作，全年实际充实到农村学校的教师达到211名。这些新教师充实到农村学校工作，使全县农村学校年龄结构、学科结构得到进一步优化。

（黄伊利）

【开展师徒结对成果比拼】2014年5月10日上午，长沙县教育工会举办中小学教师师徒结对成果大比拼。内容包括师徒结对成果档案和15分钟片段教学、师傅5分钟点评以及30分钟内师徒共同撰写教学反思。共有一百多对师徒集中展出结对成果，陈铎、王晓岸、董献等23人被评为“十佳带徒名师”，鲁练、杜斌、唐创等23人被评为“十佳优秀青年教师”。近年来，长沙县引进和招聘的教师中有不少是

结对师徒在认真研究教材精心设计教案　（县教育局 提供）

刚毕业的青年教师。为提高教学技能，全系统大力倡导青年教师拜骨干教师、名师为师。2013年共有177名新教师拜师成功。为使师徒结对不走过场，县教育工会通过一份“师徒责任合同书”明确师傅和徒弟的责任和义务。要求师傅不仅要在教学技能上给予徒弟以有效的指导和帮助，还要求在师德师风上起到积极的表率和引导作用。

（黄伊利）

【组织20名教师到洞口县支教】落实省市“三区”支教工作，制定《长沙县教育局实施湖南省边远贫困地区、民族地区和革命老区人才支持计划教师专项计划实施方案》，安排20名中小学、幼儿园教师到洞口县支教。12月23日，县教育局相关领导赴洞口县慰问支教教师，分别在洞口县一中和黄桥镇中心学校召开慰问座谈会。洞口县教育局对长沙县教育局支教表示感谢，要求各学校关心支教教师，给他们家的温暖，及时帮他们解决工作和生活上的困难。（黄伊利）

【张扬获评“全国优秀教师”“全国优秀德育工作者”】2014年9月，长沙县实验中学教师张扬获评教育部“全国优秀教师”“全国优秀德育工作者”。张扬是长沙县实验中学一名政治课教师和班主任，还担任长沙县政治学会理事长和长沙县首届第一批名师工作室首席名师，对县政治学科教学起到引领作用。以身作则和与学生交心是张扬做好教学工作的“两大法宝”，也是他成为2014年长沙县唯一全国“双优”教师的重要原因。

（黄伊利）

【张水强入选湖南省高中化学网络首席名师】2014年，湖南省电教馆、湖南基础教育资源中心发文，长沙县实验中学教师张水强被聘为2014年湖南省基础教育资源建设与应用名师网络工作室高中化学首席名师，从2014年9月至2015年8月聘期一年。这是全省继2013年第一期之后第二期聘任首席名师，张水强是长沙市唯一入选的高中阶段首席名师。张水强，男，47岁，1988年7月华中师大化学教育专业本科毕业，中学高级教师，湖南省特级教师，现任长沙县实验中学高一化学教学，高一年级党支部书记。2005年、2006年两次被中国化学学会授予“突出贡献奖”。2013年被评为长沙县“圆梦”教育科研带头人。参加课堂教学竞赛曾获长沙市一等奖、湖南省一等奖、湖南省“最佳实验创新”奖；担任化学竞赛教练，5次获长沙市优秀指导老师，两次被中国化学学会授予“突出贡献奖”，辅导学生参加全国高中生化学竞赛，7人获得全国一等奖，20多人获全国二等奖。有《新课标高中化学学习方式与策略》等二十多篇论文在省级以上刊物发表，2011年被《当代中学生报》评为优秀作者。参与研究的省级课题《实施学科创新教育，全面提高学生素质》及其滚动课题两次获省一等奖。（黄伊利）

【举办教职工校园集体舞决赛】11月26日，长沙县教职工校园集体舞决赛落下帷幕，全系统共组队34个，参赛教职工超过1300人。决赛采取录像送评的形式，分镇（街道）和县属学校组队参加组进行评比。内容以教育部推广的《第二套全国中小学校园集体舞》为参赛内容，舞蹈融入健美操、踢踏舞、民族舞等多种元素，时尚动感，彰显出青春的活力。从9月开始，两个多月来，各单位全员参加基层预赛，选拔优秀队员组队精心准备，刻苦排练，澎湃的激情带给校园别样的生动，给予师生空前的快乐。尽管决赛是以录像的形式，但不管是小学组的《嘿！加油》，初中组的《青春飞扬》，还是高中组的《校园圆舞曲》，都是一场视觉的盛宴，欢快、律动、团结向上的风貌在教职工身上展现得淋漓尽致。星沙街道盼盼小学更是以艳丽的服装、整齐的队列、灵动的造型、飞扬的神采赢得评委一致点赞，毫无悬念亮出最高分。（黄伊利）

星沙街道中心学校第二代表队　（县教育局 提供）

文化·体育

文化

·文化建设与管理·

【概况】2014年，长沙县文化部门以坚持“三个共同和三个共享”发展理念，以努力推动“三个多出”为目标，稳步推进国家公共文化服务体系示范区创建，精心组织群众性文化活动，坚持以文惠民，加强文化市场管理，传承保护非物质文化遗产，力推文化大发展大繁荣，营造良好人文环境。

公共文化服务体系创建日趋完善。按照“以县级文化中心为龙头，以镇街综合文化站为主干，以村（社区）文体活动室、农家书屋为网点，城乡一体的现代公共文化服务网络和十分钟文化圈”的建设思路，年末，星沙文化中心建设完成投资1.8亿元。完成体育主题公园立项选址以及设计要点论证等前期筹备工作。建成2个示范性综合文化站，提质改造3个文化站，新建10个村（社区）文体活动室、20家农家书屋；镇街综合文化站21个，农家书屋275家，村（社区）文体活动室264家。农家书屋评星定级工作经验被全国农家书屋建设领导小组办公室向全国推介。6月7日、11月21日，长沙县公共文化服务体系创建工作分获全国政协副主席卢展工以及省委常委、宣传部部长许又声肯定。

精心组织群众文化活动。开展文化活动254场，其中县级文化活动35场、镇级文化活动124场、村级文化活动95场，参加活动人数3.8万余人次。先后举办第八届民间歌手大赛总决赛、第四届广场舞大赛初赛及总决赛、长沙市2014年“欢乐潇湘—长沙篇·舞动星城 歌涌湘江”大型群众文艺会演长沙县专场等主题活动。挖掘整理非物质文化遗产“长沙山歌”，创作形式新颖、具有本土特色的节目《山歌易打口难开》，获2014年“欢乐潇湘——长沙篇·舞动星城 歌涌湘江”大型群众文艺会演省级二等奖、市级一等奖。

文化惠民活动亮点多。坚持一镇一品，因地制宜突出地方文化特色。着力打造风格独特的乡村数字电影院、湘绣陈列厅、“福临之夜”“跳马大舞台”、星沙书画苑等文化品牌项目。坚持为民办实事，免费送戏下乡46场，送电影进企业、进单位、进工地3060场，深入各镇街群众文艺团队开展广场舞、腰鼓、军鼓、戏曲小品、合唱等业务辅导培训，培训人数5000余人，面向外来务工人员子弟开办拉丁舞、主持人、书法、美术、民族舞、戏曲等免费艺术培训班，培训学生3000余人。

文化市场管理不断加强。依法管理，规范市场秩序。对全县130余家取得“娱乐经营许可证”的歌舞厅、电子游艺娱乐场所上门逐一检查；完成全县44家印刷企业、86家打印店、170家网吧（店）年度检查登记以及110家出版物零售店的资料收审；认真落实商事改革相关工作。制定县文广局商事登记制度改革后续监管办法，通过电话和邮政快递方式督促有照无证文化市场经营户业主依法申报办理“许可证”。为方便群众办事，提升服务水平，县文化广播电视局涉及文化、体育、广电、新闻出版等所有政务服务事项审批时限由法定10～20个工作日缩减至5个工作日内完成，审批流程进一步优化，全面落实县委、县政府关于行政审批提速三分之一以上的要求。清理行政审批许可事项，相关审批事项由25项精简为23项，另外文化市场备案项目4项，文物初审项目9项。加强监管，维护经营行为。召开全县20余家无证照网吧业主参加的长沙县无证照网吧整治工作会议；迎接省文化厅对长沙县网吧市场大检查，做好该县参与全国文明县城测评的相关工作，促进全县文化市场繁荣有序发展。

非物质文化遗产大力传承。按照《关于申报第四批市级非物质文化遗产名录项目有关事项的通知》要求，挖掘整理“长沙山歌”“长沙快板”

两个非物质文化遗产，积极申报市级非物质文化遗产并于6月成功获批。为纪念“6·14”第九个“文化遗产日”，开展以“让文化遗产活起来”为主题的宣传、展览展示活动，并在星沙文化广场举办知识有奖问答专场文艺晚会，全面推介县内非物质文化遗产。

文博安全与日常工作稳步开展。遵循“保护为主，抢救第一，合理利用，加强管理”的文物工作方针，加大文物保护力度，严格文物执法，开展文物安全执法巡查，田野文物安全管理有序，馆藏文物无被盗、遗失、损毁事故发生，文物保护单位保护范围与建控地带无违法建设工程。对黄兴故居、徐特立故居编制保护规划；完成全县第一次全国可移动文物普查的文物认定、文物拍照及系统录入工作；探索建设网上纪念馆。年内，全县新增26处市级、15处县级文物保护单位，获长沙市2014年度不可移动文物安全管理一等奖。（张伟夫）

【首届村文化艺术节启动式】 4月1日，长沙县首届村文化艺术节启动式暨葛家山村文化艺术节在葛家山村开幕。县委宣传部部长彭勇，县文化体育电视广播局局长冯武斌、副局长沈俊，开慧镇党委书记冯赛军，开慧镇镇长叶照君及全县各乡镇、街道综合文化服务中心主任等参加启动式。葛家山村和板仓社区的舞龙舞狮队的节目表演拉开艺术节帷幕，“媒公”“媒婆”的精彩表演赢得观众阵阵喝彩，大学生村官的诗朗诵《以青春的名义》抒发开慧镇大学生村官对自身工作和工作地的无限热爱；小品《新打铜锣》通过两位民间艺人和葛家山村乐和社工的演绎，将环保理念传播给在场观众；葛家山村扇子舞队的精彩表演也

4月1日，长沙县首届村文化艺术节启动式暨葛家山村文化艺术节在开慧镇葛家山村举行（张伟夫 摄）

博得阵阵掌声。表演以社工大合唱《萤火虫》结束。启动式自上午九点开始至上午十一点结束，葛家山村民间艺人携手县文工团共表演节目14个。（张伟夫）

【湖南省“文化志愿服务基层行”暨“群星奖”节目巡演启动式】 5月20日，由湖南省文化厅、湖南省文明办、中共长沙市委、长沙市人民政府主办，长沙市文化广播新闻出版局、中共长沙县委、长沙县人民政府承办的2014全省“文化志愿服务基层行”暨“群星奖”节目巡演启动式在长沙县县城星沙举行，拉开第十届中国艺术节“群星奖”获奖作品全省巡演的序幕。湖南省文化厅副厅长鄢福初主持启动式，副厅长杨福杰致辞，市县相关领导参加启动式并观看演出。启动式上，省、市、县相关领导为第十届中国艺术节“群星奖”获奖节目和全国群文之星颁发荣誉证书，向17名文化志愿者支队长颁发文化志愿者注册志愿服务证。现场500多名文化志愿者齐声宣读“湖南文化志愿者（2014）倡议书”。本次活动的开展，进一步倡导了“奉献、友爱、互助、进步”的文化志愿服务精神，加强了全省文化志愿服务的组织领导，促进了全省文化志愿服务的发展。（张伟夫）

5月20日，2014全省“文化志愿服务基层行”暨第十届中国艺术节“群星奖”节目巡演启动式在开源剧院举行（张伟夫 摄）

【"让文化遗产活起来"主题宣传活动】6月14日是全国第九个"文化遗产日"。当天，以"让文化遗产活起来"为主题的宣传活动在长沙县星沙中心广场、星沙街道、泉塘街道举行。此次宣传活动分为主题展览展示、发放宣传资料、文艺展演、知识抢答等几大内容，吸引1000余名群众参加，营造了良好的文化遗产保护氛围。晚上，2014年长沙市非物质文化遗产授牌仪式暨"文化遗产日"非遗节目专场演出在长沙湘江剧院隆重举行，长沙县文化馆非遗保护中心负责人参加授牌仪式，并接受第三批、第四批非物质文化遗产项目"长沙绿茶制作技艺""腊八豆制作技艺""长沙快板""长沙山歌"的市级非遗牌匾。期间，长沙县"长沙快板"传承人—熊梦鹤表演精彩的快板节目，展示该县非物质文化遗产项目名录的优秀成果。（张伟夫）

【"百千万"工程】为巩固成绩，提制提效，长沙县适时推出《长沙县实施群众文化体育"百千万"工程 争当"六个走在前列"大竞赛排头兵实施方案》，即打造十个特色文体广场，组建100余个星级文艺团队，组织开展1000余场文艺排练或演出，开展累计1万余人的培训活动。年内，田汉艺术学校注册开学，完成10个文化、体育特色广场建设，注册星级业余文艺演出团队29家。组织开展文艺排练、演出和娱乐活动356场。同时，体育场馆免费开放工作进一步提升，全年对外开放体育场馆的学校由上年7家增至9家，分别是县实验中学、县松雅湖中学、湖南电力职业技术学院、湖南交通职业技术学院、长沙贺龙体育运动学校、长沙师范学院、长沙大众传媒职业技术学校、星沙中学、金鹰小学。经统计，暑假期间面向中小学生免费开放3.7万余人次。（张伟夫）

【获评"全国文化先进县"】12月11日，文化部、人力资源和社会保障部在北京人民大会堂举行全国文化先进单位（文化先进县、市、区）、全国文化系统先进集体、先进工作者、和劳动模范表彰大会。长沙县获评"全国文化先进县"称号，全国共98个县（市、区）获此殊荣。长沙县在实现经济快速发展的同时，将新增财力的80%改善民生，制定"文化强县"建设战略，并成为首批国家级公共服务体系示范区。大力推进公共文化服务体系建设、文化惠民服务、文化遗产保护、文化市场管理与文化产业发展等，基本建成城乡一体的公共文化服务体系，完成投资3.9亿元的县文化中心建设，预计2015年投入使用，实现镇（街）综合文化站、村（社区）文化活动室和农家书屋全覆盖。（张伟夫）

·文艺创作·

【概况】2014年，县文联围绕县委、县政府"领跑进军"宏伟目标，紧贴生活，服务大局，文艺创作等长足发展。

举办"振兴黄汉是初衷"征文大赛。2014年是一代民主革命伟杰黄兴先生诞辰140周年，为深切缅怀先生革命伟绩，不忘先生振兴民族初衷，扩大长沙县的影响力，3月起，县文联、县台办、黄兴故居纪念馆、县作协联合举办"振兴黄汉是初衷"征文大赛活动。收到征文作品120余篇，评出优秀作品30篇并结集出版。7月27日，长沙县首个乡镇书法家协会——春华镇书法家协会挂牌成立。春华镇书法家协会将通过省市县书法名家与春华镇书法爱好者建立师承关系，组织会员举办大型笔会交流心得，并聘请书法大师到协会授课，以书法、诗词等多种形式宣传当地风土人情。挂牌仪式现场，10位省市县著名书法家欣然接收"徒弟"，对春华镇书法爱好者进行一对一辅导。为展示江背城镇秀美山水和发展成就，增强人们亲近自然、保护生态、关怀博爱的意识，8月15日，江背镇人民政府与县文联、县摄影家协会联合举办"魅力星沙·大美江背"摄影大赛开拍仪式。大赛收到参赛摄影作品400多幅。聘请省、市专家评选出金奖1名，银奖2名，铜奖3名，优秀奖和入围奖若干名。9月28日，第四届"昕雨阳光"杯广场书画大赛暨校园文化进社区展示活动在星沙文化广场隆重举办，1000余名参赛选手用手中的笔或书写，或描绘心中的魅力中华、幸福星沙。年内，县文联和碧湖诗社组织开展传统诗词进校园活动，并在东业晨曦小学举办诗词培训班。《碧湖诗选》第二十七期还开辟专栏《诗苑晨曦》，发表小学生诗词作品28首，评出优秀作品6篇。11月12日，县文联组织书法、美术、摄影家协会在春华镇举办"德耀星沙"书法、美术、摄影作品巡展启动式，展出书法、美术、摄影作品60余幅。先后组织到全县机关乡镇和村组社区巡回展览，使城乡百姓在欣赏高雅的书画、摄影艺术作品的同时，接受中华民族道德文化的熏陶。11月15日，在东业晨曦学校举办"传统诗词进校园优秀作品"颁奖仪式。颁奖仪式上，东业晨曦学校还专门组织诗词进校园专题吟诵会，10名学生上台吟诵碧湖诗社顾问创作的传统诗词。

为充分体现党和政府对广大残疾人的深切关怀，将"关心残疾人事业、关爱残疾人朋友”的助残“阳光行动”落到实处，同时表达全县文艺工作者对残疾人事业的一份支持和关爱，在县文联的支持下，12 月 3 日，“长沙县残疾人书法协会”在长沙县特校成立。仪式上，县文联还邀请湖南省文史馆艺术名家和县内书画艺术家举办一场“助残书画创作笔会”。省文史馆 14 位书画艺术家共创作 60 余幅书画作品。

县文联按照“走出去，引进来”的文艺交流宗旨，加强与外界文艺创作交流，以拓展文艺工作者视野，激发文艺创作热情。3 月 31 日，由《书法报》编辑部组成的采风团一行 3 人到县书协，与该县《书法报》读者进行交流并选稿座谈。县书法家协会主席团成员和部分会员 40 余人参加活动。《书法报》采风团成员对长沙县近年来在书法创作成绩和整体书法水平予以肯定，并对本地书法家作品进行点评。7 月 23 日，《书法报》以两个版面报刊登长沙县部分会员作品，为推介长沙县书法艺术搭建平台。9 月 14 ~ 19 日，县文联组织书协会员代表赴韩国庆尚北道龟尾市，参加由韩国（KOREA）世界文化艺术发展中心与中国（CHINA）书法报社举办的“第 18 回世界书法文化艺术大展”。本次国际性展览活动是长沙县艺术家首次参与国际性文化艺术交流活动，为今后县内文艺家走出国门、走向世界搭建平台。9 月 23 日，组织县内部分艺术家赴果园镇新大屋生态农庄采风创作，为宣传新农村生态文明建设鼓劲加油。10 多位书法艺术家现场即兴挥毫，创作大量书法精品，几位老诗人即兴吟诗作赋，讴歌生态新农村欣欣向荣的景象。11 月 19 日至 22 日，组织会员赴永顺县小溪自然保护区开展助学采风创作活动。活动具体内容是“五个一”：一次文艺交流座谈会；一次书画创作笔会；一个“关爱山区贫困学生”爱心助学活动；一次家访；一场文艺联谊篝火晚会。

（沈建波）

【《星沙城脉》获市“五个一工程”图书奖】耗时三年，由省文联主席谭仲池作序，汇聚舒婷、刘亮程、鲍尔吉．原野、张洪波、薛冰、王稼句、马莉、王松、何立伟、王跃文、王开林、何顿、聂鑫森等国内外知名作家作品的纪实文学作品集《星沙城脉》一书于 3 月公开出版发行，并获长沙市“五个一工程” 图书奖。该书分上下两册，汇集 20 世纪以来有关长沙县历史人文的名家名文，分为走进史册的乡亲、穿越梦境的山水、轻抚沧桑的过往、牵挂岁月的身影和大写希望的田野五个部分，凸显出长沙县厚重的人文气脉，再现了长沙县的山水景观、民俗风物、历史名人，图文并茂，是了解长沙县的必读书。《星沙城脉》的出版发行，将为长沙县的历史文化走出湖南，走向全国，走向世界提供一个有利的交流平台，为长沙县文化艺术事业的繁荣和发展做出贡献。

（沈建波）

·广播电视·

【概况】2014 年以来，长沙县广播电视台以贯彻党的十八大精神为主线，以党的群众路线教育实践活动为契机，充分发挥了新闻媒体的舆论导向作用和有线电视网络的社会文化服务功能，不但按质按量完成了广播电视宣传工作，还创造了经营创收 4920 万元的佳绩。继续办好《政务连连看》《美丽乡村》《领跑先锋》《房产直通车》《科技大篷车》《动画片》等老牌电视栏目，推出《人在星沙》《前沿讲座》《天籁村》《中国旅游》《希望的田野》等新办栏目。全年共播出各类节目 855 期。在评先创优中取得新成绩，共有 11 个作品在湖南省和长沙市获奖。

（黄艳平）

【节目制作播出】 2014 年，长沙县广播电视台围绕长沙县中心工作开展宣传，制播《星沙新闻》365 档，制播《政务连连看》52 档，《美丽乡村》52 期，《房产直通车》52 期、《领跑先锋》52 期、《人在星沙》2 期；编辑《科技大篷车》52 期、《动画片》52 期、《前沿讲座》38 期、《天籁村》48 期、《中国旅游》40 期、《希望的田野》50 期。全年完成电视录播 12 次。

（黄艳平）

【成立湖南步天传媒有限公司】 2014 年 3 月，经长沙县人民政府批准，长沙县广播电视台成立了湖南步天传媒有限公司，并于 8 月 1 日起进入试运营阶段，在 4 个月的时间里，承办了两次大型活动，录制了多次大型晚会，完成创收 130 多万元。

（黄艳平）

【广播电视发射塔择址新建立项获批】 2014 年，长沙县广播电视发射塔择址新建工作进入实施阶段，项目通过预立项，列入了 2014 年长沙县政府投资项目计划，完成项目规划设计，并获民航中南地区管理局的批复。

（黄艳平）

【网络建设】 2014 年，长沙县广播电视台继续推进有线电视网络事业发展，全力推广宽带上网等多功能业务，实现全双向、全业务运营。全年共新增有线电视用户8700多户，新增广电宽带用户2000多户，有线电视在网用户突破11万户，实现经营收入4445万元。

（黄艳平）

【有线电视城乡统筹】2014年，长沙县城乡有线电视统筹步伐进一步加快，完善了乡镇网络管理工作方案，新的管理模式效果显著，乡镇维护维修及服务质量和城区达到同一标准，乡镇有线电视用户增长明显，广播电视全县一张网的目标任务逐步实现。

（黄艳平）

【推出广电宽带业务】2014年，长沙县广播电视台星天广播电视网络有限公司在有线电视新增业务实现较大突破，成功完成与长沙市国安公司的宽带业务对接，5月，广电宽带业务正式推出，半年共完成宽带用户2000多户，宽带业务收入近150万元。

（黄艳平）

【广播电视“户户通”建设】2014年，湖南省下达长沙县广播电视“户户通”任务为8000户，本着“让老百姓看好电视，得实惠，逐步实现免费看电视”的目标，长沙县广播电视台强力推进城乡有线电视和无线网络建设，增强优惠力度，全年共完成广播电视“户户通”9370户，超额完成任务，顺利通过湖南省和长沙市实事办的检查验收。（黄艳平）

·档案工作·

【概况】 2014年，长沙县档案部门秉持科学发展理念，以创建国家一级综合档案馆为目标，创新举措，积极作为，完成全年各项工作任务，被评为2014年度全省档案工作先进单位和档案宣传工作先进单位。

档案宣传 以“6·9”国际档案宣传日为契机，面向全县开展“最美史志档案人”评选活动。参加省市档案局举办的以“走进档案——档案连着你我他”为主题的系列活动。依托县史志档案网，推进档案信息化建设，及时上传各类文章、照片等100多篇（幅），在中国档案网、《档案时空》、《星沙时报》等报刊杂志刊发文章40余篇。

规范管理 以县政府办名义出台《长沙县民生档案建设实施方案》的文件，召开民生档案建设工作现场会，推介湘龙街道中南社区民生建档经验。举办全县档案业务培训班，参训人员140人。对县委办、县人社局等60余个单位提供业务指导和服务，提升归档质量。县史志档案局与县财政局联合印发《长沙县档案工作规范化管理定（升）级以奖代补办法》。县法院等3个单位档案室通过省一级复查验收；泉塘街道等7个单位档案室通过定（升）级，其中泉塘街道档案室成为全县镇街首家省一级档案室。县新型农村养老保险服务中心和县机关社保局档案室通过市人社局、市档案局验收。

档案执法 县史志档案局、县监察局、县人社局联合印发《关于档案管理违法违纪行为处分规定》。严格档案执法，对全县14个涉及工程建设、食品安全、社会保障等民生档案的单位进行档案行政执法检查。

编研利用 接收各类档案资料600多册（件），从省档案馆征集到民俗古物520余件，进一步丰富馆藏。全年接待利用者862人次，调（借）阅档案资料6650余卷。以“兰台大户”李学坤的家庭档案为素材，编纂《岁月留痕》一书，省档案局局长胡振荣为该书作序，深受读者好评。（朱立辉）

【新档案馆建设】 长沙县新档案馆于5月封顶，已进入二次装修设计阶段。县史志档案局协助工务局做好新档案馆建筑设计的审批申报工作，并于7月通过省档案局审批；与工务局、设计公司等相关单位对接沟通，做好新馆建设二次装修、设计的准备工作，按省档案局对新馆的审查意见，对功能布局、消防、门禁和监控系统等提出修改建议和具体要求，制定精密空调采购和密集架采购需求，根据原有设计图纸和创建一级的需要，对档案馆智能化建设设计方案提出修改意见。邀请省、市、县的专家、领导对创建工作进行指导和调研。中共长沙县委、县政府以新馆建设为契机，积极创建国家一级综合档案馆，成立高规格的领导小组，小组办公室设在县史志档案局。以“两办”名义下发《关于印发〈长沙县创建国家一级综合档案馆实施方案〉的通知》。县委、县政府领导就创建工作进行现场办公，召开陈列展览初步设计方案和概算评审会，解决人员、经费、场地等困难，夯实创建基础。（朱立辉）

【数字档案馆建设】 长沙县数字档案馆建设一期工程自2013年启动以来，累计完成投资500余万元，完成档案数字化2.5万卷，缩微5000卷。政务外网硬件设施添置到位，软件平台建设经过前期功能需求调研、软件框架基本设置、系统培训、系统试运行和初验等阶段，通过终验。全县78个县直单位和24个镇街均已使用该系统，运行良好。（朱立辉）

【《长沙县档案工作规范化管理定(升)级以奖代补办法》出台】 根据《中华人民共和国档案法》等法律法规，2014年3月21日，经长沙县人民政府批准，县史志档案局、县财政局联合印发《长沙县档案工作规范化管理定（升）级以奖代补办法》，奖励在档案收集、整理、保护、编研、利用以及指导等工作中做出显著成绩的单位和个人。该办法规定以奖代补奖励的范围是全县所有镇（街）、村（社区）及县直机关各单位（含所属二级机构），创建档案工作规范化管理分省特级、省一级、省二级以及村（社区）示范档案室四个等次。创建单位需向县史志档案局和县财政局提出书面申请，经评估验收定（升）级后，填写《长沙县档案规范化管理定（升）级以奖代补申请表》，审核通过后分别获得奖励经费5000元、3000元、2000元、2000元。 （朱立辉）

【开展“最美史志档案人”评选活动】 为宣传和激励长年扎根兰台，无私奉献，在史志档案领域有所建树和做出贡献的史志档案工作者，2014年2月26日至4月20日，长沙县史志档案局在全县范围开展“最美史志档案人”评选活动。评选活动领导小组根据个人上报材料，综合单位推荐意见和平时掌握情况，经评选，授予双江镇吴乐华等9人为长沙县“最美史志档案人”。 （朱立辉）

·杨开慧纪念馆·

【概况】 2014年，杨开慧纪念馆接待游客104万人次，讲解1200批次，全年游客零投诉。4～9月，接待开展党的群众路线教育实践活动的单位团队683批次，为200余个机关企事业单位提供党员活动实践平台与优质服务。是年，中央文献研究室主任冷溶、全国妇联副主席靳诺、贵州省委副书记李军、湖南省政协主席陈求发等领导先后到馆参观。以打造一流爱国主义教育基地为目标，开展景区环境治理，完成陵园及前广场的提质改造工作。加强日常管理，安保、保洁、绿化全部实行社会化服务，营造良好旅游环境。加强与企业合作，为游客提供多元化服务，彰显该馆“红色体验之旅”的龙头作用，带动地方经济发展。挖掘板仓历史文化内涵，为红色旅游持续发展提供支撑。配合有关部门开展一系列活动，如省作协作家余艳《杨开慧》系列纪实文学作品研讨会、第四届“相约长沙最美乡村”活动暨“印象开慧·诗意板仓”红色文化旅游节开幕式、长沙县“村官青春，幸福中国梦”大学生村官集体婚礼、“歌颂霞姑，舞秀板仓”第二届群众艺术节、长沙国际帐篷节、湖南都市频道“民厨争霸”大赛等活动，举办“板仓书院”国学讲座10期。是年，该馆被长沙市评为“十佳旅游景区”，被省民政厅推荐到民政部参评“全国文明优抚事业单位”。 （李路）

【景区环境治理】 投资600余万元对景区环境进行综合整治，项目主要包括：烈士陵园后山环境整治和基础配套设施建设、杨开慧烈士塑像基座大理石铺装、毛主席《蝶恋花·答李淑一》诗词碑修整、新建杨展烈士纪念碑、杨开明烈士墓周边环境整治、烈士陵园麻石重新铺装、亮化提质、绿化补植、烈士陵园前广场和生态停车场砖改油、换栽樟树、停车位扩充、旅游厕所改造、新建文化围墙、新建风雨连廊、雨污分离改造、标识标牌更新等，所有项目全部竣工。整治后的烈士陵园，“开慧烈士·永垂不朽”八个汉白玉大字，静卧于陵园中轴线两侧，庄严肃穆。新建的游客中心投入使用，游客咨询、发放门票、发放宣传资料、讲解联系、景区购物等配套功能一应俱全，同时为新开通的星沙至开慧的红色旅游巴士的司乘人员提供茶水等便民服务。扩容提质的生态停车场设立大车位14个，小车位64个，遇游客高峰期，开放陵园前广场，一并可同时容纳车辆200余台。 （李路）

【携手企业发展红色旅游】 杨开慧纪念馆联系县旅游局、开慧镇招商办，与当地企业保持紧密联系，为每一次

提质整治后的杨开慧烈士陵园 （李路摄）

商务活动提供特色讲解，通过静动结合的展示与描绘，给每一批客人留下深刻印象。该馆为“慧润酒店”“金湘园”等企业提供产品展示平台，将板仓山庄、飘峰山庄、东慧农庄、金陵酒家和骄杨酒家等餐饮企业的形象图片印在“走进板仓”宣传资料的显耀位置，免费进行宣传推介。为镇域企业提供景区参观讲解、免费提供会场、免费提供人员培训、免费提供景区商铺等服务。带动露营基地、慧润会所、薰衣草种植加工、爱情天空、葡萄采摘、蓝莓采摘、乐和人家、山庄烤羊等生态观光休闲体验项目30多个，使游客由原来“看两个小时就走”变为“两日乡村体验游”。据统计，该馆红色旅游带动当地旅游收入3000多万元，吸纳当地人员就业500余人，特别是在国庆黄金周，游客达3万多人次，直接给当地带来旅游收入300多万元。（李　路）

【挖掘板仓历史文化内涵】 由杨开慧纪念馆和湖南省社科院联合出版一套专门介绍杨开慧和杨昌济的普及丛书《板仓杨——杨开慧》和《板仓杨——杨昌济》，为板仓地方文化遗产增添时代特色，也为红色旅游持续发展提供文化支撑。在《湖南日报》发表史料文章《家书作证》；湖南卫视《绝对忠诚》专访栏目到馆现场采访，并在《晚间新闻》播出；湖南卫视《一年级》栏目摄制组到杨开慧烈士陵园开展“爱国主义教育实践活动”并现场拍摄，宣传杨开慧烈士的光辉事迹。（李　路）

体　育

【概况】 2014年，长沙县体育部门以全面推动体育现代化为抓手，紧紧围绕开展全民健身活动、建设体育运动场地、培训社会体育指导员等重点工作，加大人力、物力、财力投入，进一步推动体育事业、产业全面发展，全县体育工作呈现新局面。

广泛开展“全民健身”活动。为深入贯彻落实《全民健身计划纲要》，长沙县利用节假日，广泛组织开展形式多样、主题突出、特色鲜明，具有浓厚地方特色的全民健身活动。以庆祝第六个全国“全民健身日”为契机，开展太极拳团体赛暨千人展示活动、“欢乐潇湘·五彩星沙”广场舞比赛，在广大人民群众中进一步掀起体育健身的热潮，营造全民健身氛围，唱响“全民健身”主旋律。

体育惠民工程稳步推进。一是免费开放工作稳步提升。全年对免费外开放体育场馆的学校增加至9家，根据数据统计，暑假期间面向中小学生免费开放3700余人次，其中游泳项目3500余人，羽毛球项目200余人；43天内有24392人次参与锻炼，其中游泳项目22704人次，羽毛球项目1688人次。二是体育技能培训进一步加强。开设青少年体育技能免费培训班，包括篮球、跳绳、中国象棋、围棋、羽毛球等，培训学员近300人，力推体育运动发展。免费培训太极拳、气排球、舞龙、篮球社会体育指导员791人，效果显著，切实加强了农村和社区体育指导员队伍的建设。三是免费送体育器材下乡。年内完成办实事系列工程，免费配送健身路径46套、乒乓球桌5台、篮球架8对，另超额配送健身路径10套、乒乓球桌20台、篮球架8对，有效推动农村体育组织建设和体育活动开展，引导农民形成健康、科学、文明的生活方式。

群众体育蓬勃发展。积极开展“假日体育”群众性体育活动，以“龙头”带“网点”，以“活动”带“活动”，以“赛事”带“赛事”的方式，在全县范围内鼓励各镇（街道）以“假日体育”为基点，开展内容丰富的基层体育赛事活动。年内，组织开展一系列群众喜闻乐见、有影响、有规模的群众性体育活动，形成全县体育事业中的活动品牌。如“体彩杯”钓鱼比赛、第三届自行车比赛、县乒乓球团体赛、县直机关篮球赛、太极拳个人赛等20多项大型赛事，此外，进一步宣传和推广舞龙舞狮、门球、中国象棋、围棋等体育项目，各项活动参与人数多、涉及范围广、社会影响大，大大丰富全县居民的精神生活。

全国第六次体育场地普查。为深入贯彻国家体育总局、省体育局、市文化广播新闻出版局关于开展“第六次全国体育场地普查”的有关要求，长沙县紧随全省工作进程，制定一系列工作方案和计划。各镇、街道成立普查机构，选调一批政治素质高、责任心强、懂业务的文化站工作人员、大学生村官、社会体育指导员骨干和在职中小学体育教师共计600人参与普查。全县各乡镇以村、社区为基本普查单位，因地制宜地采取点、线、面有机结合方式进行地毯式摸底，调查国有、集体和个人的场地，实地丈量，采集数据，按照不重不漏、准确无误的原则填报普查登记表，确保普查工作的质量。根据普查数据统计，全县体育场地总面积145.38万平方米，按照长沙市统计网公布的长沙县2013年人口数量100.86万人计算，全县人均体育场地面积1.45平方米。（张伟夫）

【长沙县第十届舞龙比赛】 2月14日，

2月14日，长沙县第十届舞龙比赛在松雅湖中学体育馆举行（张伟夫 摄）

全国龙腾狮跃闹元宵大联动——长沙县第十届舞龙比赛在星沙松雅湖中学体育馆举行。本次比赛以“我们的中国梦·我们的节日”为主题，由县委宣传部、县文广局主办，县电视台、县文化体育服务中心、县文化馆承办。来自湖南农业大学的表演队，率先给现场观众献上一场舞龙表演。随即，全县各镇街24支代表队依次上场，纷纷亮出绝活。泉塘街道将一条龙舞出“吉”字，北山镇将传统布龙舞得生龙活虎。在舞龙舞狮中，不少队伍还别出心裁，揉入跑竹马、踩高跷、蚌壳精、划彩船等传统习俗，形式活泼有趣，让人大饱眼福。经过比拼，青山铺镇和果园镇最终获一等奖。该县已连续举办舞龙比赛十届，既传承与弘扬了优秀文化，也展示了全县群众文体活动的水平和风貌。（张伟夫）

【“体彩杯”2014年长沙县乒乓球团体比赛】5月20～21日，由县总工会、县文广局主办，县乒乓球协会承办的“体彩杯”2014年长沙县乒乓球团体比赛在松雅湖中学隆重举行，38支队伍共400余人参赛，包括23支镇（街）代表队和15支县直机关代表队。比赛过程中，各组队员充分展示搓球、弧圈球、杀高球、削球等各路球技。大赛设男团、女团比赛，并对前八名进行奖励。另外，创新比赛模式，设立甲组和乙组比赛，前十二名可以作为甲组资质参加2015年比赛，其余队伍一律作为乙组队伍参赛，并分别给予奖励。县领导周志远、彭勇出席活动。（张伟夫）

【长沙县“全民健身节”健身活动展示暨“体彩杯”太极拳团体比赛】8月8日，由县文广局主办的2014年长沙县“全民健身日”健身活动展示暨“体彩杯”太极拳团体比赛在松雅湖中学开幕，各镇街1000余名太极拳爱好者参加活动。展演结束后，24个镇街太极拳比赛团队在体育馆内进行比赛，经过一天的角逐，开慧镇、青山铺镇以及北山镇太极拳团队并列夺得一等奖。此次太极拳系列主题活动旨在免费教学，进一步推广太极拳，着力提高全民素质等。全国武林百杰人物、国家武术六段高手邓改珍，国家一级社会体育指导员杨伏梅等专业老师现场授课。（张伟夫）

8月8日，2014年长沙县“全民健身节”健身活动展示暨“体彩杯”太极拳团体比赛在星沙松雅湖中学举行（张伟夫 摄）

卫　生

综　述

【概况】截至2014年年底，全县有二级机构长沙县疾病预防控制中心、长沙县卫生监督所、长沙县妇幼保健院各1所，非长沙县卫生局发证卫生医疗机构有：市级医院1所（长沙市第八医院），县级医院6所（长沙县第一人民医院、长沙县第二人民医院、长沙县中医院、长沙县星沙医院、长沙县妇幼保健院、长沙县精神病医院），湖南省荣军医院、长沙融城医院、长沙星沙年轮骨科医院、长沙手外科医院、湘雅博爱康复医院等；长沙县卫生局发证各级各类医疗机构共465个，其中综合医院8个，计划生育技术服务站1所，街道社区卫生服务中心3所（星沙、湘龙、泉塘街道社区卫生服务中心），街道社区卫生服务站3所，乡镇（中心）卫生院18所；村卫生室248所，医务室26个，门诊部19个，个体诊所（卫生室）138所。全县卫生专业技术人员2234人，其中全额拨款107人，差额拨款854人，自收自支350人，编外聘用996人，副高以上职称79人，中级职称480人，执业医师586人，本科以上学历892人，研究生以上学历20人。是年，县、乡医疗卫生机构门急诊1348893人次，出院病人78301人次，卫生服务总收入5.91亿元，其中业务收入4.32亿元。

（杨　娴）

医药卫生体制改革

【概况】2014年，全县卫生系统围绕健全基层医疗服务体系、促进基本公共服务均等化及贯彻执行国家基本药物制度等重点改革任务，积极开展工作，取得初步成果。由县财政安排5351万元专项资金实施基本药物制度，基层医疗机构运转正常。国务院医改办和省、市、县有关领导到福临镇中心卫生院、青山铺镇卫生院及4个村卫生室调研、指导。基本公共卫生服务经费、综合配套改革经费均与绩效考核挂勾，各基层医疗卫生机构制定《绩效工资管理考核方案》，科学设置工作岗位，核定工作数量，每季考核，据此分配绩效工资。出台《卫生系统人员招聘及调配办法》《长沙县卫生局派遣人员管理办法》，引进或招聘专业人员79人。力推卫生信息化建设，财务监管中心、精神病医院机房、数据库引擎、图书馆、三基考试、人事管理等硬软件建设累计投入资金712万元。

（彭龙杰）

【执行国家基本药物制度】县财政安排5351万专项补助资金，实施基本药物制度。与实施前同期相比，居民医药费用负担明显减轻。全县基层医疗机构药品年销售总额由实施前的7396.0万元降至5616.53万元，下降24.06%，基层医疗卫生机构的门诊次均费用由实施前的129.22元降至100.28元，

5月7日，国务院医改办督导组在福临镇中心卫生院督查落实乡村医生政策与公共卫生服务工作　（县卫生局 提供）

下降 22.40%，住院次均费用由实施前的 2074.11 元降至 1134.18 元，下降 45.32%。实施基本药物制度后，基层医疗机构业务普遍上升，尤其门诊量增幅较大。全县基层医疗机构门诊人次由实施前的 467682 人次上升至 733214 人次，同比增长 56.78%。（彭龙杰）

【健全医疗卫生服务体系】 着力基层医疗卫生机构能力建设。重点抓好县级医院、镇卫生院（分院）、社区卫生服务中心和村卫生室等基层医疗卫生服务建设项目。县一医院后勤中心综合楼、黄兴镇卫生院门诊住院综合楼、干杉镇卫生院门诊住院综合楼改扩建工程竣工并投入使用。加快长沙县妇幼保健院续建项目建设，年末，一期医疗综合楼地源热泵地埋管制安装完成，主体建至二层。县财政投入 3910 万元，推进开慧、黄兴、干杉、安沙、春华、椝梨、金井、果园、青山铺等镇卫生院项目，基层医疗卫生机构硬件条件明显改善。按照中央、市、县、镇、村共建，以村为主的方针，镇（街道）与县人民政府签订责任状，将建设任务纳入县对镇绩效考核范围，加大工作力度，力推村卫生室标准化建设，投入 103 万元，完成村卫生室标准化建设，共计改造 24 所。（伍庄）

【卫生人才队伍建设】 规范人事管理，出台《卫生系统人员招聘及调配办法》《长沙县卫生局派遣人员管理办法》。建立健全人才引进、培养机制，面向全省引进副高以上专业人才 1 名、公开招聘编内卫生工作人员 78 名，其中基层医疗卫生机构 39 名、县属医疗卫生单位 39 名；为县级医院、基层医疗卫生机构储备医学类本科毕业生 51 名，其中 16 人获取执业资格。完成省市培训 713 人次，县级培训 1084 人次，培训对象包括行政管理、预防保健、妇幼、临床、医技、护理、药剂、财务人员等；举办村卫生室乡村医生培训班 2 期，培训 496 人次。年内，82 人晋升中级职称，11 人晋升高级职称，21 名基层医疗卫生机构工作人员考取执业医师。（欧阳艳辉）

8 月，市人大常委会主任袁观清（前排左二）在春华镇卫生院调研基层医疗卫生服务能力建设（县卫生局 提供）

【卫生信息化建设】 年内，投入 712 万元用于财务监管中心、精神病医院机房、数据库引擎、图书馆、三基考试、人事管理等软硬件建设。

农村卫生信息系统建设：除确保农村卫生信息系统各医院信息系统正常运行外，另提交 66 处软件重要缺陷交由软件公司进行升级改造；利用 VPN 为乡镇卫生院数据库建立每日异地自动备份系统，保障卫生院医疗数据安全；进一步深化农村卫生信息系统的应用与改造：一是实现居民门诊统筹实时报销，二是通过技术手段规范与控制卫生院上网行为；按照省卫生厅要求，完成电子监管码软件与扫码枪的上线与培训工作，逐步实现药品流动监管到卫生院、村卫生室。

县级医院信息化建设：完善数字医院软件，按照计划并结合实际，数字化医院年内重点工作是对软件进行适应性改造。全年发现与收集的新需求与问题 645 个，完成处理 503 个；实现县级医院与区域卫生信息平台信息共享，县级医院可以调阅全县居民健康档案；完成精神病医院信息化机房建设。

区域卫生信息平台建设：区域卫生信息平台数据中心机房建设完成，由县电子政务办机房托管，区域平台软件及其他应用软件通过测试并稳定运行；区域卫生信息平台功能（一期）开发基本完成，完成对 4 家县级医院、所有镇卫生院的数据采集与采集监控，实现药品、财务、门诊人次等方面的监管与应用，逐步在全县卫生系统内部上线应用；基于平台三基考试软件、数字图书馆软件通过招标并上线使用。（夏宇）

疾病预防控制

【概况】 发挥县级公共卫生机构技术支撑作用，落实重大疾病防控措施，开展接种率调查和麻疹、脊灰强化免疫活动，推进慢性病综合示范县建设。全年无甲类传染病及暴发疫情发生，各类传染病疫情均得到及时、规范、高效处置。针对H7N9人禽流感、埃博拉疫情、手足口疫情形势，县疾控中心反应迅速，及时制定技术方案，派人参加省、市级卫生应急培训，同时组织中心防疫人员和各基层医疗卫生机构防疫人员进行专题培训、强化宣传教育、正确引导舆论导向，守住传染病暴发流行底线。艾滋病、结核病、狂犬病等重点传染病防控措施到位。全县七个艾滋初筛实验室共对60038人进行HIV抗体初筛检测，实验室确认阳性病人51例；开展国家哨点吸毒人群监测工作，对400名吸毒人员进行问卷调查及HIV、HCV及梅毒检测；两次对辖区内监管场所新进羁押人员进行HIV抗体筛查，筛查5559人，确认阳性19人；落实"四免一关怀"政策，县财政拨款60万元用于全县艾滋病防控工作，向艾滋病病人发放电话补助、CD4检测交通补助、住院治疗补助及大病救助30万元。接诊疑似肺结核病人2015例，登记活动性结核病人538例，所有患者均接受治疗，做到"送药到手，看服到口、吞下再走"，病人规则服药率95%以上，新涂阳肺结核病人阴转率93.96%，肺结核病人追踪率100%；对结核病困难家庭进行帮助，形成政府领导、多部门协作、全社会参与的结核病防控机制。围绕"提高接种率，降低疫苗针对性传染病发病率"主题，以消除麻疹为重点，开展查漏补种与接种率调查，加强流动人口的免疫规划管理工作，全面落实入学、入托儿童查验预防接种证工作，基础疫苗与强化疫苗接种率保持在95%以上。AFP、麻疹、新生儿破伤风等免疫针对性疾病监测工作到位，麻疹、脊灰疫苗查漏补种工作经市、县两级评估，均达到95%的评估标准。突出应急能力建设，加强技能培训，进一步完善应急预案。县疾控中心组织4支机动队员进行"不明原因食源性疾病疫情"的应急处置模拟演习技能比武，参加长沙市卫生局举办的埃博拉疫情卫生应急演练，获上级好评。加强居民健康档案管理，年内建档747891份。开展健康教育与健康促进大型宣传12场次，举办健康教育大讲坛活动10余次。加强饮用水、食品风险监测，累计监测水样1554批次。开展辖区内食源性致病菌、食品化学污染物及有害因素、食源性疾病监测，监测样品150份。

（杨 觋）

【居民健康档案管理及慢性病管理】年内，居民规范化电子建档数量747861份，建档率91.3%；全县老年人体检人次62134人，体检率70.4%；全县规范管理高血压、糖尿病、重性精神疾病及肿瘤患者分别为66400例、14682例、1787例、1982例，规范管理率分别为91.1%、90.2%、52.0%、94.8%。

（杨 觋）

【健康教育与健康促进活动】继续创办《长沙县健康园地》；印发各类健康教育宣传资料6万份至各机关、单位、社区、村组等；与长沙县电视台、《星沙时报》合作，开设专栏与专版宣传健康防病知识，《星沙时报》报道22次，长沙县电视台报道12次。开展"3·24""4·25""12·1"等重点卫生日宣传活动12次。开展健康生活方式指导和健康行为干预活动，深入社区服务中心及居民家中现场调查及指导，使健康生活方式知识和技能深入民心。倡导健康生活方式，由健康教育所牵头，选聘全县资深医务工作者成立健康教育讲师团，在机关、企业、社区、学校、农村开展健康教育大讲坛活动10余次。

（杨 觋）

【饮用水、食品风险监测】全年采集集中式供水、二次供水、自备水源单位、直饮水及应急水样1554批次，对抽检结果不合格单位的设施、设备及时进行排查与跟踪监测，为各单位提供卫生技术指导，规范供、管水人员的操作，完善并规范各单位的饮用水消毒和自检工作。按照省级食品风险监测要求，开展辖区内食源性致病菌、食品化学污染物及有害因素、食源性疾病监测，监测样品150份，有力障全县人民的饮水、饮食安全。

（杨 觋）

卫生监督

【概况】2014年，以党的群众路线教育实践活动为契机，以餐饮服务食品安全为重点，开展公共场所卫生、饮用水卫生、医疗执业、职业（放射）卫生、传染病防治、卫生监督协管等工作，全面完成年度工作任务。开展大型宣传4次，发放宣传资料（用品）48300份。办结行政许可1577件。对3676家餐饮服务单位实行量化分级管理，对788家公共场所实行量化分级管理。专项整治餐饮服务食品安全等，配合县食安办开展餐饮服务公司示范创建活动。加强医疗执业与母婴保健卫生监督，立案17起。加强公共卫生监督，对199家公共场所进行卫生监督检查，对集中式供水单位7家，二次供水单位14家进行卫生监督检查。全面开展传染病防治专项检查，累计检查单位400余家。全年向省、市、县报送卫生监督工作信息26篇，其中省卫生监督局网站采用22篇；县电视台、《星沙时报》等媒体对全县卫生

监督工作报道9次。全县被监督单位监督覆盖率100 %，标绘率100% 。（曹淑元）

【执法队伍建设】全年共开展大型宣传4次，悬挂横幅7条，张贴标语23条，发放宣传资料（用品）10种共计48300份。全体卫生监督员参加省、市、县培训共28期次172人次；完成国家卫生监督信息系统培训平台30个学时的培训。培训全县卫生监督协管员87人次。组织管理相对人培训班16期，培训人数1034人次。（曹淑元）

【卫生行政许可】全年办结行政许可1577件，其中餐饮服务1293件，公共场所156件（其中面积大于150平方米且安装有空调设施的餐饮单位公共场所许可22家），供水单位6件，放射诊疗8件，消毒产品生产企业卫生许可2件，不予许可112件。许可时限由15个工作日缩短为10个工作日。（曹淑元）

【量化分级管理与诚信体系建设】全年对3676家餐饮服务单位实行量化分级管理，其中A级89家、B级198家、C级3389家。对788家公共场所实行量化分级管理，实施量化分级管理率100%，其中达到A级标准的有3家，达到B级标准的单位有17家，达到C级标准的728家，许可未满三个月暂未评级的40家。对32家取得“放射诊疗许可证”单位开展放射防护质量量化评价工作。加强诚信体系建设，在全县首次推行餐饮服务环节食品安全诚信“红黑榜”评选工作，长沙星城秦皇食府餐饮有限公司、长沙明城国际大酒店有限责任公司荣登长沙市诚信餐饮企业名单（红名单），长沙县湘龙好相惠大酒店（星沙东升路）列入长沙市失信餐饮企业名单（黑名单），“红黑榜”由市卫生局通过报纸等媒体统一公布。积极营造“褒奖守信、惩戒失信”的社会氛围和“安全、放心”的饮食消费环境。（曹淑元）

【餐饮服务食品安全工作】一是着重抓好餐饮服务食品安全八大类专项整治工作。年内专项整治工作中，检查餐饮单位1453家次，责令整改1170家次，立案117起，收缴180.2千克不合格食品，封存下架退回65千克可疑食品，责令停止经营单位3家。二是做好7起重大活动卫生保障。卫生监督员对承办酒店全程监督，保障与会代表饮食安全，未发生任何食品安全事故。三是配合县食安办开展餐饮服务公司示范创建活动。协助乡镇食安办开展镇街餐饮服务公司食品安全示范单位创建，暮云街道、跳马镇、安沙镇、青山铺镇、北山镇、江背镇、黄兴镇、黄花镇、双江镇9个镇（街）均有餐饮服务公司，经现场检查评定合格，统一发放餐饮服务许可证。（曹淑元）

【公共卫生监督】一是开展医疗执业与母婴保健卫生监督工作。在全县开展两次打击非法行医专项行动。针对典型违法行为，县执法大队立案查处，立案17起，其中立案查处违反《母婴保健法》单位1家，结案17起。二是全面开展传染病防治专项检查。对30家一级医院、县疾控中心和门诊部、诊所、医务室及村卫生室等400余家单位开展日常传染病防治监督检查；对全县17家乡镇医院、5家社区卫生服务中心、4家县级医院肠道门诊开放及运行情况进行督查；对全县45家取得资质的预防接种单位开展疫苗流通与预防接种工作专项检查。三是推进公共场所与饮用水卫生监督。组织执法50余次，出动执法人员245余人次，对199家公共场所进行卫生监督检查，其中住宿场所50家，美容美发业78家，足浴、洗浴场所17家，游泳场所14家，文化娱乐场所40家；对集中式供水单位7家，二次供水单位14家进行全面卫生监督检查。四是定期督查卫生监督协管工作。对全县22家基层医疗卫生机构开展4次卫生监督协管工作的业务督导。五是认真开展卫生监测工作。配合食安办开展冻猪碎肉抽检30份，合格30份，合格率100%。开展住宿场所、美容美发场所的卫生监督抽检工作，检测样品203份，合格201份，合格率99.01%。六是加大行政处罚力度，严厉打击违法行为。立案208起，其中简易程序16起，一般程序192起，结案206起，2起案件正在办理中。其中食品安全162起，公共场所4起，医疗执业21起，生活饮用水3起，罚款到位62.8万元。（曹淑元）

妇幼保健

【概况】新医改的深入推进为妇幼卫生工作营造良好工作氛围，服务体系建设更趋完善，能力进一步提升，妇幼卫生工作指标全面落实。县妇幼保健院业务收入逾8200万元，顺利通过二级甲等专科医院评审，成功创建全县首家二级甲等医院。获评县卫生局综合目标考核一等奖、长沙市三八红旗集体等荣誉。年内，新院土建工程及监理单位招标完成；湖南高岭建设股份有限公司于4月进场，完成地下室土石方工程、人工挖孔桩施工、地源热泵工程地埋管施工、地下室二层及地上二层主体结构施工，12台电梯设备采购等工作，年度投资计划5400万元，年内完成投资5500万元。全年分娩总数9179人，流动产妇1665人，孕产妇健康建档人数9179人，建档率为100%，孕产妇健康管理8897人，健康管理率95.76%，产后访视9166人，产后访视率98.65%；0～6岁儿童64931人，建档人数64783人，建档率99.77%，0～6岁儿童健康管理58493人，0～6岁儿童健康管理率90.08%。全年免费婚检15232人，婚检率85.45%；增补叶酸7209人，叶酸服用率99.35%；“两癌”（宫颈癌、乳腺癌）项目中完成宫颈癌初筛人数24500人，确诊宫颈癌11例，完成乳腺癌初筛人数2050人，确诊乳腺癌3例；全年补助农村孕妇7990人，补助率101.55%，补助金241.11万元。开展青少年第七周期性与生殖健康项目，全面普及性与生殖健康知识。（颜 桢）

【妇幼保健公共卫生服务】组织开展基层卫技人员新生儿复苏、“两癌”检查以及艾滋病、梅毒和乙肝母婴阻断等专项培训共1070人次，提高产科质量。实现集体儿童年度体检工作前移，0～6岁儿童重点人群管理进一步规范。新生儿疾病筛查形成长效管理机制，按时完成农村妇女“两癌”检查，升级TCT检查项目，确保检查质量，对查出的16名宫颈癌、乳腺癌患者补助3.2万元。（颜 桢）

【救助贫困高危孕产妇】强化高危孕产妇动态管理，通过贫困高危孕产妇救助基金救助18名贫困高危孕产妇3万元，解决高危对象的燃眉之急。

（颜 桢）

医政管理

【概况】2014年，继续加强医疗机构管理工作，组织医务人员三基考试和职业技能竞赛、夜查房、医疗行为督查、病历检查等活动，提高医疗质量和服务水平。严格医疗机构准入，打击非法行医。按照《医疗机构校验管理办法（试行）》，开展医疗机构校验工作。依法注销9所医疗机构，规范医疗执业行为。推进对口支援，选派75名市级医务人员支援乡镇卫生院工作，抽调17名科技特派员驻点。参加长沙市卫生局2014年农村（社区）卫生适宜技术推广培训班25人，参加基层医疗全科医生转岗培训17人，全科医生规范化培训3人，全县各级医院积极创建优质护理示范工程。加强医疗纠纷防范和监管。强化医疗事故报告制度，继续施行第三方医患纠纷调处机制，加强对患者投诉处理的规范和监管工作，力建和谐医患关系。（缪立斌）

红十字会工作

【概况】县红十字会积极开展备灾救灾、应急救护培训、社会救助和生命救助等核心业务工作，全面履行红十字会工作职责。开发备灾救灾。8月3日，云南昭通鲁甸地区发生6.5级地震后，县红十字会为灾区人民募集善款49260元，用于地震灾区救援及灾后重建；配合省红十字会做好制水设备的装车及救援队员出发前的后勤服务工作，选派骨干志愿者参加中国（湖南）供水救援队的培训演练。进行社会救助。为67户特困家庭申请救助款21.2万元，接受社会各界爱心人士捐款、衣物等1.2万元；开展春节“博爱送万家”活动，发放棉衣、棉被、衣物等各类慰问物资17.17万元，惠及290余人。举办救护培训。为驻县多个企业举办初级救护员培训班，培训救护员200余人，其中168名企业员工取得初级救护员证书，企业员工自救互救能力得到提高。开展应急救护知识普及培训，培训社区志愿者1200余人。开展无偿献血等生命救助工作，组织团体预约无偿献血4418人次，采血量140万毫升，超额完成上级任务。开展造血干捐献、遗体、器官捐献的宣传、登记工作，年内建成全县首座爱心献血屋，为居民献血提供更加便利、舒适的环境。（徐 婷）

位于星沙街道三一路和板仓路交汇处的长沙县首座献血屋 （县卫生局 提供）

附录

长沙县2014年传染病与突发公共卫生事件监测年报

一、疫情概况

2014年通过《中国疾病预防控制信息系统》报告统计，全县无甲类传染病疫情发生，乙类传染病共13种1732例，报告发病率为172.55/10万，与去年同期比下降10.25%。丙类传染病报告6种8125例，报告发病率为809.45/10万。

1. 发病、死亡顺位。乙类传染病报告病例数居前三位的依次为肺结核(652例)、病毒性肝炎(383例)和梅毒(365例)，占报告总病例数的80.83%，死亡病例4例(艾滋病)；丙类传染病发病顺位：手足口病（5799例）、流行性腮腺炎（1298例）、其他感染性腹泻（797例），占报告总病例数的97.16%，死亡病例1例（手足口病）。

2. 不同传播途径传染病构成。从不同传播途径构成比看，血源及性传播疾病766例、呼吸道传染病815例、肠道传染病65例、自然疫源及虫媒病19例，无新生儿破伤风病例，各类传染病分别占报告病例总数的46.01%、48.95%、3.90%、1.14%。死亡构成均为血源及性传播疾病4例。

与上年比较，发病率呈上升趋势的为：肠道传染病上升12.07%、呼吸道传染病上升12.10%。发病率呈下降趋势的为：虫媒及自然疫源性疾病下降13.64%、血源及性传播疾病下降16.47%。

3. 传染病发病、死亡特点。甲乙类传染病无发病的病种有鼠疫、霍乱、传染病非典型肺炎、脊灰、人禽流感、狂犬病、登革热、血吸虫、炭疽、白喉、流脑、百日咳、新生儿破伤风、钩体病。与2013年相比：总发病率下降9.62%。发病率较2013年上升的病种为艾滋病（HIV）、痢疾、伤寒（副伤寒）、猩红热、布病、疟疾；其他病种发病率均有不同程度的下降。

丙类传染病中无发病的病种有黑热病、包虫病、丝虫病、麻风病、斑疹伤寒。与2013年比较总的发病率上升63.99%，其中手足口病、流行性腮腺炎上升趋势明显，风疹及其他感染性腹泻发病率有所下降。

4. 长沙县疫情与全省、全市疫情比较。长沙县2014年甲乙类传染病发病率为174.83/10万，低于全省246.90/10万、全市235.68/10万。

二、甲乙类传染病流行病学分析

1. 地区分布：报告病例数居前三位为星沙街道432例、暮云镇139例、黄花镇128例。

2. 人群分布：①性别：1665例甲乙类传染病病例中，男性1017例，女性648例，男女比例为1.57:1。除梅毒、麻疹、痢疾、伤寒女性病例多于男性病例，其余病种男性病例均多于女性病例。

②年龄：2014年“0～9岁”年龄组报告病例数233例，“0～岁”组为发病最高峰值。“10~岁”年龄组分布曲线，以“25~岁”组为发病最高峰值。在发病前五位病种中，肺结核以中老年发病为主，肝炎、梅毒以青壮年发病为主，麻疹、猩红热以低年龄组发病为主。

③职业：农民发病最多，共694例，占病例总数的41.68%，其次为家务及待业；学生、散居儿童、托幼儿童共发病290例，占总数的17.42%。

3. 时间分布：从1～12月疫情分布看发病曲线无剧烈波动变化，春夏季以及季节交替时病例数增多，秋冬季节病例数减少。

三、重点疫情动态

1. 肺结核：现住址为本县的报告病例数603例，其中涂（+）187例、菌（-）359例、未痰检56例、培阳1例，发病率与去年同期比下降1.64%；地区分布居前三位的为星沙街道93例、黄花镇52例、黄兴镇40例；职业以农民(365例）为主，占60.53%；发病高峰集中在20～70岁；男女发病性别比为2.31 ：1。

2. 肝炎：现住址为本县的报告病例数370例，其中其中甲肝15例、乙肝280例、丙肝57例、戊肝13例、未分型5例，发病率较2013年下降18.95%。地区分布居首位为星沙街道83例；职业以农民（147例）为主，占报告总数的39.73%；发病集中在20—60岁年龄段；男女发病性别比为1.85 ：1。

3. 麻疹：现住址为本县的报告病例数41例。病例散在分布在多个乡镇，以星沙街道（6例）居首位；发病年龄主要集中在“0～岁”和“1～岁”年龄组，20～30岁亦有病例分布；女性发病数是男性的1.23倍。未报告麻疹暴发疫情。

4. 猩红热：该病种为我县主要的呼吸道传染病之一，现住址为本县的报告病例数171例，发病率较2013年上升 219.45%。地区分布以星沙街道（122 例）为首；职业分布幼托儿童 73 例、学生 69 例、散居儿童 29 例；1 ~ 10 岁均有病例分布，发病高峰集中在 3 ~ 7 岁年龄段；男女发病性别比为 1.31:1。未报告猩红热暴发疫情。

5. 痢疾：2014 年共报告痢疾 25 例，均为细菌性痢疾，发病率与上年度持平。地区分布居前三位的为暮云镇 8 例、高桥镇 4 例、江背镇 4 例；职业分布居前两位为农民 9 例、散居儿童 7 例；女性发病数是男性的 1.50 倍。

6. 淋病、梅毒、艾滋病：2014 年报告法定性传播疾病 429 例，其中梅毒 359 例、淋病 47 例、艾滋病 23 例、HIV65 例。梅毒发病率较上年度下降 26.71%，淋病发病率较上年度下降 31.56%，HIV 较上年度上升 36.93%，艾滋病发病病例较上年度增加 7 例。性病病例地区分布以星沙街道、暮云镇、黄花镇居多；年龄分布集中在 20~65 岁年龄段；男女发病率相当。

7. 出血热、乙脑、布病、疟疾：该四种病种为全县本年度主要的自然疫源性疾病，共报告 19 例，其中出血热 9 例、疟疾 7 例、布病 2 例、乙脑 1 例。总体上自然疫源性疾病发病率较 2013 年下降 18.21%，无暴发疫情发生。疟疾病例为国际输入性病例。

8. 丙类传染病：2014 年报告丙类传染病中手足口病 5802 例、流行性腮腺炎 1299 例、其他感染性腹泻 808 例、流行性感冒 128 例、急性出血性结膜炎 93 例、风疹 12 例。丙类传染病总体发病率较 2013 年上升 63.99%，手足口病发病率较 2013 年上升 72.20%，共发生 8 起托幼机构聚集性疫情，报告重症病例 3 例，其中 1 例死亡。病例主要为散居儿童（4508 例），占报告病例总数的 77.70%；幼托儿童（1174 例）占报告病例总数 20.23%；3 岁及以下年龄组发病（4100 例）占报告病例总数的 70.66%，城区发病率明显高于农村。流行性腮腺炎发病率较 2013 年上升 158.26%，报告 3 起学校聚集性流行性腮腺炎突发公共卫生事件；流行性感冒发病率较 2013 年上升 34.82%，报告 4 起聚集性流行性感冒疫情；急性出血性结膜炎发病率较上年度上升 46.16%；其它感染性腹泻发病率较上年度下降 7.83%，报告 1 起学校聚集性其他感染性腹泻突发公共卫生事件；风疹发病率较上年度下降 79.16%。

四、突发公共卫生事件

2014 年我县共报告突发公共卫生事件 5 起，均为学校传染病疫情，其中 3 起聚集性流行性腮腺炎疫情、1 起聚集性水痘疫情、1 起聚集性其他感染性腹泻疫情，5 起公共事件均得到有效控制，无重症及死亡病例，未造成严重社会危害。

五、报告质量与风险趋势分析

全年网络直报单位未及时报告卡 3 张，无零报告现象及审核不及时现象。

1.2014 年，甲乙类传染病发病率与 2013 年略有下降，大部分直报单位报卡数有所下降，特别是乡镇医疗机构传染病报告数较少，部分医疗机构仍查出有漏报情况。

2. 由于加强了传染病监测，及早发现病例，无不明原因病例或重症病例报告，但长沙县交通便利、人员流动性强，外出务工人员增多，且本年度布病、疟疾发病增加，炭疽、埃博拉出血热、西尼罗热等境外或外地疫情进入我县的风险增加。

3. 由于生活方式越来越开放，同时检测力度加大，血源及性传播疫情呈现出从高危人群向一般人群扩散趋势，艾滋病、梅毒等血源及性传播疾病有明显上升趋势。

4. 由于农村地区卫生条件相对较差、卫生知识匮乏、自我保健意识弱，肠道传染病农村发病率高于城区，狂犬病的发病风险仍较大。

5. 男性社会活动较多，接触人群较广，部分人员有不良的生活习惯，因此男性病例明显多于女性。

6. 手足口病、其他感染性腹泻、流行性腮腺炎等丙类传染病的高发人群为儿童、学生，这类人群大多生活在学校、托幼机构，接触机会多，同时体质较弱、自我保护意识差，导致丙类传染病发病率明显高于 2013 年，且发生聚集性疫情的风险明显增加。

社会民生

人口与计划生育

【概况】2014年，长沙县共出生人口12931人，符合政策生育率为93.09%，人口出生率15.59‰，人口自然增长率6.79‰，出生人口性别比为107：53。低生育水平持续稳定，人口计生主要指标位居省、市前列，工作推进平稳有序。

是年，县人口计生局坚持稳基层、夯基础、抓服务、重管理，全县人口计生工作实现了稳妥良好的发展态势。继续保持全国计划生育优质服务先进县、荣获湖南省人口和计划生育工作模范单位，成功创建湖南省"县级计划生育示范药具站"。荣获长沙市人口和计划生育工作红旗单位，目标管理绩效考核长、宁、浏、望农村四县(市、区)第一，安沙镇被评为长沙市人口和计划生育"十佳"乡镇，北山镇等11个镇（街）评为长沙市人口和计划生育模范乡镇。

基础和基层工作。该局不断推进"三级联创四到基层"，狠抓基层基础工作。一是党政主导。加大人口计生工作占党政绩效考核比重，确保不低于总分值的5%，着重解决人口计生人财物一揽子问题。优先兑现2013年度人口计生目标管理奖金41.8万元，继续保留人口计生评先评优项目，继续安排人口计生各项督查验收评估。二是综合治理。召开综合治理形势分析会，推动综治部门积极履职，加强计划生育审查、信息共享、政策兼容和协同管理，齐抓共管做好人口计生工作。三是队伍建设。在村级换届中，配齐配强村计生专干，指导调整了30多名计生专干。举办了全县三级计生干部450多人的业务培训，举办镇街计生主管、主任、专干、流管、统计、法规等各类培训班18场次。四是人口数据。报实出生人口等统计数据，对辖区内全员人口和流动人口信息进行全面清查、核对、纠错，全员人口数据逻辑准确率99.9%，数据完整率99.9%；流入人口信息入库率98%，流动人口"一盘棋"网络协作到位率100%，信息反馈率100%，及时率99%。五是自治管理。村（社区）民自治合格率95%以上。开展"生育关怀—亲情牵手、计生保险、幸福工程"活动，慰问计生困难家庭201户11万元，完成生育保险300万元、3万多户，参保率90%以上，扶持项目12个、资金34万元。榔梨街道计生协获省级先进计生协会；湘龙街道湘滨社区、星沙街道望仙桥社区等6个社区荣获国家级、省级、市级基层群众自治示范单位。

服务和管理工作。一是优质服务。开展"服务育龄群众百日行"活动，全县落实环孕检63万余人次，落实计划生育手术5521例，流入人口孕检到位率92%，节育措施知情选择面达到了100%。落实出生缺陷10对夫妻，鉴定手术并发症人员11人，开展病残儿医学鉴定42人，确定26人符合再生育条件，开展生殖健康免费普查，普查率达90%。二是人口文化。推进人口和健康文化建设，投资40万元建立泉塘人口文化主题公园1个，建立福临、榔梨"幸福人生"人口文化教

5月15日，全县三级计生干部业务培训班在县委党校开班

（县人口和计划生育局 提供）

育基地2个；利用报刊、电视开辟婚育新风、计生新知、国策新政专栏专刊；印制单独两孩政策宣传手册2万余册，印制宣传折页50万份，制作宣传手提袋5万个、茶杯20万个、抽纸盒10万个，在生活细节中进行特色宣传；在北山圣毅园开展送计生科技下乡活动，在星沙、暮云街道开展长沙幸福家庭公益大讲坛活动；突出新闻媒体的宣传主体作用，2014年度在《中国人口报》、《湖南日报》等省市级以上新闻媒体刊发稿件28篇，县级媒体刊发98篇。荣获2014年度《人口与计划生育杂志》宣传工作先进集体和2014年度《中国人口报》新闻宣传工作先进单位。三是均等服务。研究制定了《长沙县流动人口卫生计生基本公共服务均等化工作方案》。推进卫生计生“5+5”服务模式，打造“新市民家园”项目2个，在星沙街道创新试运行流动人口管理门禁系统信息化综合服务平台，并逐步向全县物业小区推广。加强流动人口区域协作，与长沙市区、岳阳、常德等6个区县签订协作协议，落实现居管理单位流向不明对象，提供查环孕检服务、落实长效避孕措施及方便群众办证等协作服务。四是依法管理。加大征收力度，期内征收4195万元，征收到位率39.59%。增加投入20多万元，完善“实时通”孕情通报系统，为24个镇街配套了移动终端，利用“实时通”孕情信息通报，从严从重打击“两非”行为，2014年破获3起“两非”典型案件，被评为长沙市打击“两非”工作先进单位。办理独生子女证、一孩生育证、流动人口婚育证明10000余件，办理再生育证行政审批2782例，恢复再生育许可3例，其中在线办理二孩生育证600余件。榔梨街道被评为2014年度湖南省计划生育依法行政示范单位。五是“五项奖励”扶助。2014年全县新增农村奖扶1316人，全县7742人享受农村奖扶；新增特扶60人，全县452人享受独生子女死亡伤残扶助；30964人享受独生子女保健费奖励；320人享受放弃再生育奖励；40人享受城市低保扶助，五项奖励扶助资金1690万元。

项目建设工作。一是孕前优生健康检查项目。2014年全县共完成孕前优生检查人数10812人，完成任务的101.5%，目标人群覆盖率100%，早孕随访率96%，妊娠结局随访率92%，临床实验室室间质评合格率为100%。加强高危人群出生缺陷干预，筛查高风险人群782人，复诊163人，转诊治疗89人。二是人口网格化信息系统建设。2014年追加投入300万元，实现全县所有镇街、村（社区）全覆盖，共建网格4890个，搭建楼栋191159栋，房间414516间，实现人房关联875142人，采集录入单位信息8223家，实现从业关联89344人，人员关联率100%，实现人房关联，以房管人。

（周秒全）

【社会抚养费征收管理专项整治】2014年，社会抚养费征收管理欠规范，被确定为县委党的群众路线教育活动4个县级专项整治项目之一，同时作为县人大常委会年度监督和评议的重点工作，11月7日县人大常委会进行了专题评议。在专项整治过程中制定《长沙县人口计生系统坚决纠正损害农民利益行为专项整治行动方案》《社会抚养费征收管理领域廉政风险防控机制建设工作方案》《长沙县社会抚养费征收管理专项整治工作方案》加强社会抚养费征收自查、督查、整改、建制，解决了不依法依规依程序征收，应征未征，不及时立案，擅自降低征收标准，降低征收力度，不认真履职，不作为缓作为的问题；解决了征费和票据管理不规范，违规使用社会抚养费资金等问题；对于群众的各种有关社会抚养费方面的信访举报，进行了严肃认真的查处；整治了相关工作人员利用手中的权力谋取不当利益，坐收坐支和挪用、私吞社会抚养费，损害群众利益的违纪违规行为，取得了专项整治的初步成效。（周秒全）

【成功创建湖南省“县级计划生育示范药具站”】2014年申报创建省级示范药具站。加大投入，从机构设置、人员配备、阵地建设、设施设备、业务管理等五个方面着手创建，配备2名专职药具站工作人员和一名兼职工作人员，扩建药具仓储面积100多平方米，新添二代身份证刷卡智能药具发放机17台和100个自取箱，方便育龄群众取用避孕药具。做好基础工作，提升药具管理服务水平，2014年，药具使用人数占落实综合节育措施人数的比率达到25%以上，有效率保持在98%以上，计划发放率达99%，随访率达99%以上，流动人口免费药具可及率达95%以上，获得率达90%以上，药具库存周转量控制在合理范围，药具报损率为零。2014年9月通过全省评估验收，11月份成功创建湖南省“县级计划生育示范药具站”。（周秒全）

【提高特别扶助及计生手术并发症扶助标准】2014年再次对计划生育特扶对象和计生手术并发症人员提升扶助标准，扩大受惠面。将独生子女伤残、死亡家庭的特别扶助标准由4800元/年/人分别提升至6000元、6800元/年/人，将计划生育手术并发症人员扶助标准由现行的一、二、三级乙等每人每年7200元/年、4800元/年、2400元/年分别提升至9600元/年、7200元/年、4800元/年，扶助标准居全省前列。（周秒全）

【落实城镇独生子女父母奖励】2014年8月1日《湖南省人民政府关于印发<湖南省完善城镇独生子女父母奖励办法若干规定>的通知》(湘政发〔2014〕27号)和9月17日省卫生计生委、省财政厅、省人力资源社会保障厅、省国资委联合制定了《湖南省城镇独生子女父母奖励制度政策解释及操作办法》(湘人口发〔2014〕12号)出台，城镇独生子女父母奖励正式落地实施。符合国家法定退休条件并办理正式退休手续的职工，或男性年满60周岁、女性年满55周岁的其他城镇居民的独生子女父母奖励标准为每人每月80元，从2014年1月1日起开始发放，直至亡故；或每人一次性奖励5000元。经过摸底、申报、审核，2014年全县共落实5620人城镇独生子女父母奖励，全县筹措资金630余万元，保证全县符合奖励条件人员按规定时间全部兑现到位。（周秒全）

【落实“单独两孩”政策】2014年4月23日《湖南省“单独二孩”政策实施办法》发布，正式实施“单独两孩”新政，长沙县主动宣讲新政策内容，统一政策口径，掌握生育意愿，做好摸底工作，全县完成660对单独夫妇再生育审批工作，其中2014年度生育证473例。长沙县实施单独二孩政策未出现出生人口剧增的现象，生育秩序较为平稳，“单独二孩”政策在长沙县得到全面稳妥实施。（周秒全）

劳动就业

【概况】2014年，全县就业工作呈现了良好的发展态势，就业规模持续扩大，就业结构更加优化。全年城镇新增就业22103人，完成目标任务130%；失业人员再就业3785人，完成目标任务的164.6%，其中就业困难人员再就业2075人，完成目标任务的218%；零就业家庭实现动态清零，纯农户高校毕业生100%稳定就业，新增农村劳动力转移就业9536人，完成目标任务136%；城镇登记失业率为2.6%。发放小额担保贷款金额1212万元，培训各类人员8560人，其中：农村劳动力转移技能培训1510人，创业培训1230人，企业职工培训5160人。做好了《就业失业登记》办理工作，全年发放《就业失业登记》14920本。全年共争取就业专项资金2621.9万元，其中上级专项资金2095.5万元，县本级配套526.4万元；做好了社会保险补贴、见习补贴、公益性岗位补贴工作，发放社会补贴1016万元，见习补贴40.7万元，公益性岗位补贴112.4万元。（陈晚霞）

【公共就业服务平台建设】按长政办函［2014］2号文件要求，健全规范了基层人社公共服务平台建设。从平台建设、队伍保障、信息化管理服务等方面着手，全县所有镇街、村（社区）均建立统一规范的基层人社公共服务平台，实现机构、人员、经费、场地、制度和工作“六到位”，形成了覆盖城乡、层级清晰、功能互补的“三级管理、四级服务”的公共就业服务体系，居民不出社区（村）在家门口即可免费享受政策咨询、就业失业登记、求职登记、职业指导、职业介绍、就业援助等到优质公共就业服务。（陈晚霞）

【蓝思科技专项公共就业服务】2014年春节期间根据企业需求，按照长沙市统一部署，为蓝思科技开展了系列专项公共就业服务，创造连续6天每天招聘逾2000人的记录。一是广泛宣传。通过基层平台、新闻媒体、网络信息、上门派送等途径在全县形成全方位、多角度、立体式发布蓝思科技公司情况及用工需求信息，如县人社局与县文工团携手以文艺表演形式深入到各乡镇宣传；榔梨镇、福临镇利用集镇主路口大屏幕免费滚动发布。二是强化措施。开展各类以蓝思科技为主的专场招聘会，利用乡镇赶集、庙会等集会开展专场招聘活动，组织以蓝思科技为首的大型综合性现场招聘会，共组织10000多名劳动者进场求职。安排专门车辆接送劳动者到蓝思科技公司现场求职，全县共组织车辆260台次，累计接送人数3800多人次。同时组织蓝思科技到平江、怀化、常德、邵阳、张家界及江西萍乡开展招聘活动。（陈晚霞）

【求职招聘服务】根据不同群体开展多样化、个性化公共就业服务，2014年开展以“春风行动”为龙头的系列招聘活动，如、“春风行动”“困难人员就业援助月”“民营企业招聘周”“高校毕业生服务月”活动，举办如“残疾人招聘会”“大学生招聘会”“企业用工招聘会”活动等专场招聘会，各乡镇街道也利用自身优势开展了形式多样的招聘活动。据同居，全年全县举办各类招聘会20余场次，提供岗位2.6万个，吸纳6.5万劳动者到场求职，达成就业意向1.12万人。同时积极开展劳务输入对接工作，组织几十家单位赴岳阳平江等地举办现场招聘会。（陈晚霞）

【创业服务】建立覆盖城乡的四级创业服务网络，健全政策扶持、创业培训、小额贷款、创业扶持等一体化的创业服务体系，积极鼓励劳动者自主创业，对有创业愿望的劳动者进行免费创业培训，激发了全民创业就业激情，充分发挥了创业带动就业“滚雪球”效应，有效地促进了个体经济和小微企业发展并并带动一方群众成功走上就业之路。全年为创业者提供创业指导、政策咨询等服务2000多人次，举办创业培训班，有1230人参加培训，通过创业带动就业3100多人。（陈晚霞）

社会保障

【概况】 2014年年底，全县社会保险累计参保达182万人次，社保基金总收入30.6亿元、总支出17.3亿元，基金累计结余67.6亿元，58.1万人次享受社保待遇，各项保险参保率均居全省前列。纳入市县考核的社保参保数和基金征缴数，均超额完成任务。其中城乡居民养老保险参保缴费33.8万人次，进度全省领先；企业社保参保职工达到14.34万人；2015年度的城乡居民医保完成参保缴费71.46万人，超额完成任务。2014年共提高城乡居民基础养老金标准3次，从90元/人/月提高至125元/人/月，年末，长沙县群众享受全省最高的基础养老金待遇和缴费补贴。企业退休人员养老金实现“十连调”，人均养老金达到1648元。全县公务员及参公单位全部纳入工伤保险的保障范围。被征地人员享受养老、医疗、就业等各项社保待遇。是年全县共有1587名城镇企业职工和灵活就业人员申报办理退休手续并及时领取退休金。（陈晚霞）

【人脸视频认证】长沙县自开展采用人脸识别技术进行企业退休人员养老金领取资格认证工作以来，各镇街积极协助企业社保局推行企业退休人员养老金领取资格认证新方式，建模工作取得初步成效，为维护基金安全，减少冒领情况做出了显著成绩。。2014年的认证工作是该县继去年开展人脸建模工作后首次启动人脸视频认证，也是首次将这项业务下沉到社区经办，12000多名企业退休人员除自主家庭认证外，将分散至全县100多个镇街、社区进行认证。7-9月，企业退休人员“人脸视频”认证工作在各镇街、社区铺开，企业社保局统一调度，跟踪推进，退休人员反映良好。全年已完成视频认证近13000人，完成率为99%。（陈晚霞）

【推进城乡居民医疗保险】结合党的群众路线教育实践活动的开展，积极思考便民利民措施和制度。在措施上便民：从多途径入手简化办事程序，提高办事效率：一是实行医保定点医疗机构的电子结算流程，推行无纸化办公。大幅简化办事程序，节约人力资源和办公耗材，办结速度提高100%；二是细化工作要求，缩短工作时限。医保个人报账办结时限缩短了近一倍；在制度上利民：不断完善医保政策，提高保障力度：一是将慢性丙肝门诊纳入医保报销，切实减轻群众的负担；二是放开慢病患者定点特门药店限制，延长23种特殊病种门诊待遇资格的有效期，取消了年满80岁的老人特殊病种待遇资格的复审程序，有效便利了参保群众，当年有5000余人享受到该政策的便利；三是提高了精神分裂症、癫痫两个特殊病种门诊的限额标准，将限额标准由150元/月提高到200元/月；四是进一步完善门诊统筹制度，居民可自主选择门诊统筹定点基层医院。截至2014年12月31日，近1000人自主选择了定点医疗机构。长沙县医疗保险服务中心在各项工作开展中，以“坚持办事原则，维护群众利益”为出发点，本年度获评县政务中心一、二季度红旗窗口称号；获评县、市级“青年文明号”荣誉称号。（陈晚霞）

【实施“援企稳岗”】为鼓励企业稳定就业岗位，保障职工基本生活，该局积极实施“援企稳岗”措施，通过企业申报、系统核对、上门督查、网上公示、领导审核、财政复审六个环节，公平公开公正地对申报企业进行审核，确保了专款专用。全年共对16家企业拨付了稳定岗位补贴，补贴人数2466人，补贴金额596.6万元，切实减轻了企业负担，减少了企业的规模性裁员行为，充分发挥了失业保险预防失业和调控失业的积极作用。工伤保险简化了医院待遇结算流程，所有协议医院的结算在系统直接核算，实现了无纸化办公。完善了工伤保险待遇支付方式，从2014年1月开始，建筑项目务工人员的工伤待遇全面支付到工伤职工个人账户。托培训、报纸杂志、微信平台等多渠道全面推进工伤保险预防宣传依。为方便参保单位及工伤职工，加快工伤审批流程，开辟绿色通道，对“小工伤”申报采取即报即批的方式，全年共计审批“小工伤”491件。建立“工伤保险服务回访”长效机制，对县内一至四级工伤人员上门回访，宣传最新的工伤保险政策并提供帮助，让工伤人员葆有生活信心。（陈晚霞）

创业富民工作

【概况】2014年，长沙县私营企业户数9768户，新办3183户，超过市下达的新办600家的目标值；个体工商户数42542户，新办9695户。扶持创业基地、创业项目137个，总计885万元，其中650万元用于扶持无偿资助项目，235万元用于贷款补助贴息、创业基地、创业培训等；对2013年政策范围内的10家创业企业给予18.3686万元的税收返还奖励。申报市级创业富民专项资金扶持项目98个，扶持资金456万元。此外，创业富民工作延伸至村（社区），确定228名村官负责创业富民工作的专干，涉及全县59个社区169个村，建立县、院校、镇（街道）、村（社区）四级创业工作服务网络。选聘第二届长沙县创业富民专家服务团，团长为张早平，团员6名：李素娥、陈铮、唐军、李青峰、袁千皓、李锡鸿。作为长沙县全方位、多功能、综合性、立体化、零租金的大学生创业公共服务平台，2012年10月建立的长沙县大学生创业大厦不仅开创"独立组织管理、政府购买服务、社会阶层参与、规范大厦考核、多方利益共赢"的管理特色，还为入驻大学生创业企业提供四大服务支持系统：一是硬件支持系统，大厦提供43个标准办公室供大学生创业企业办公使用，并提供公用文印设备、多媒体会议室等共享设施，有效降低大学生创业投入成本；二是软件支持系统组织，创业富民专家团队、成功企业家开展"创业手牵手、帮扶一加一"结对帮扶入驻企业活动，相关成员单位将开展定期办公服务，帮助入驻企业排忧解难；三是资金支持系统，入驻企业除零租金入驻，三年免租金外，还可申请市县创业富民专项资金扶持；四是培训支持系统，大厦建立免费创业培训基地，请行业专家开办系列实战型品牌营销、企业经营管理培训班等，为入驻大学生创业企业提供全方位服务。由县创业办负责对长沙县大学生创业大厦的工作开展进行指导与管理；并委托长沙县知行创业服务有限公司做好大厦物业管理及日常具体工作。2013年11月4日被评为长沙市示范性创业楼宇，2014年年底，滚动孵化创业企业36家。（汤　庆）

3月4日，省农业厅厅长刘宗林带队考察长沙县农业创业企业（县创业办 提供）

【刘宗林一行考察长沙县农业创业企业】 3月4日，省农业厅厅长刘宗林一行深入调研长沙县农业创业企业发展情况，先后对长沙沃园生态农业科技有限公司、湖南开心农业发展有限公司进行现场调研座谈，通过此次调研，加深对长沙县现代农业创业企业的了解，并表示将予充分考虑长沙县实际情况，提出相应方案来扶持现代农业企业发展。（汤　庆）

【开展"长沙县2014年'梦想前行'大学生创新创业大赛"】 大赛自8月25日启动，历时三个多月。近40个创业团队报名参赛，经过初赛、复赛的层层选拔，11个大学生创业项目入围总决赛。12月3日，大赛总决赛在开源鑫城隆重举行，中共长沙市委常委，市委统战部部长、市推进创业富民工作领导小组常务副组长文树勋，市委统战部副部长、市工商联党组书记、市创业办主任饶福明，市工商联副主席、市创业办副主任傅纯，县委常委、组织部部长、统战部部长、县推进创业富民工作领导小组组长周志远，县政协副主席、工商联主席李楚屏等领导出席，经过PPT演示、项目展示、专家提问等环节激烈角逐，冠军最终由长沙县职业中专学校的"多功能高空采果剪"项目获得。（汤　庆）

【打造福临镇生态水产养殖创业基地】 2014年，长沙县创业办研究同意以福临镇水产协会为主体建设福临生态水产养殖创业基地，引导该镇农民"退养转产"，用科技健康可持续的方式走出有福临特色的创业路子。基地占地面积4400平方米，总投资额1519.5万元，修缮水面近13.33公顷，新建4000平方米特种水产养殖孵化场，完成进排水管道系统一期工程建设基地、县级道路绿化1.5公里，30多家水产养殖创业主体在基地创业孵化。该基地制定针对入驻会员的优惠政策，不断指导、引导农民产业转型。（汤　庆）

民政

【概况】 2014年，长沙县深入推进社会服务管理创新，全县民政事业得到创新发展，民生得到极大改善。3月，星沙街道望仙桥社区获国家民政部授牌“全国综合减灾示范社区”称号，星沙街道杉仙岭社区获得“湖南省综合减灾示范社区”称号。白沙敬老院、黄花敬老院获得市级示范敬老院称号。

社会救助工作稳步推进。低保资金全部实行专帐专户管理，银行按月发放。2014年度全县累计享受城市居民最低生活保障对象1626户，2883人，全年累计发放保障金1520.83万元，受农村居民最低生活保障对像10623户次，26157人，全年累计发放保障金5974.57万元。截至10月，城乡特困家庭医疗救助共救助4905人，发放救助金1432万元。全年发放助学金127.4万元，开展慈善助医活动，发放救助金34.7万元，全县救助各类困难群众8000余人次，发放救助资金700余万元，下拨自然灾害生活补助金120万元。年春节慰问，共组织资金2700万元，慰问各类对象31667人。全面统计和报送灾情7起，全年发放自然灾害生活补助50万元。开展综合减灾示范社区创建活动，星沙街道望仙桥社区和杉仙岭社区通过检查验收，分别获得“全国综合减灾示范社区”和“湖南省综合减灾示范社区”称号。全年县本级临时救助各类困难群众505人次，发放救助资金124.16万元，下拨镇街240万临时救济资金，就近救助群众。发放60年代精简退职老职工生活困难救济金192万元。

基层民主政治建设不断加强。完成星沙街道望仙桥社区、湘龙街道湘瑞社区2个社区服务中心项目，完成泉塘街道长桥社区和泉塘社区2个社区服务中心建设工作。同时配合县发改局开展“两型社区”创建工作，并通过发改和民政部门联合验收，星沙街道杨梅冲和春华山社区被评定为省级“两型标杆社区”。跳马镇斑竹塘社区和福临镇双起桥村被评市级“精品社区”。制定并与各镇街签订村务公开和民主管理工作目标责任书，进一步明确责任，促进该项工作的落实。

社会专项事务管理有序开展。扎实做好社会组织行政审批工作。增加登记注册社会组织57家，社团办理变更登记10项。拟订《长沙县殡仪运输服务管理暂行办法》，规范殡仪服务人员行为，提高服务质量。全年印发宣传资料十万余份下发到村组、社区、农户，出动宣传车180台次，在《星沙时报》上开辟专栏进行政策法规宣传，使绿色、生态、环保、节约的新型殡葬理念深入人心。启动第二次地名普查工作，11月19日长沙县暮云街道、南托街道将划归天心区管辖，跳马镇将划归雨花区管辖，民政局按要求收集和报送相关资料，并全力配合省市的整调工作。严格依法登记，办理结婚登记8328对，离婚登记1836对。组织对全县2003年以前的手工婚姻登记档案信息进行一次全面的抢救性录入电脑信息系统。于2016年起实行免费婚姻登记。接受退役士兵337人，安置48人，为289名自主就业退役士兵发放地方一次性经济补助432.5万元，完成退伍军人安置任务。组织园艺园林班、汽车维护与维修班、电子商务班的退伍士兵技能培训工作，参培人数96人，支付培训经费177.8万元。全年新建30个居家养老中心和79个农村幸福院。其中果园镇金江新村、黄花镇高岸村、跳马镇新田村等14个村（社区）被列为市级示范点。以建军87周年为契机，开展双拥宣传和慰问活动，发放慰问金200多万元。完成双拥公园烈士纪念塔的建设，初步成为全省唯一的一个具有爱国主义教育、国防教育和双拥宣传于一体的综合公共场所。全县有福利彩票投注站140个，彩票销售总量2.0052亿元，在全省率先突破两亿元大关，居于全省县级单位福彩销售之首。（杨　薇）

【构建社会救助平台】长沙县民政局在全省率先建立“一门受理、协同办理”的社会救助工作站。7月，全县24个镇（街）公共服务中心加挂“社会救助工作站”牌子，各镇（街道）明确3名同志从事社会救助工作，组织全县新建的社会救助工作站的73名社会救助专干进行培训，全面提升社会救助工作队伍的业务素质。截至2014年底，县各镇街均完成“一门受理、协同办理”救助平台建设，基本达到人员齐整、岗位明晰、职责明确、窗口统一、标识完善的要求，社会救助各项业务呈现良性运行态势。（杨　薇）

【长沙县烈士陵园建设】长沙县烈士陵园是按照中央以及省、市相关文件精神，以吴文炳烈士墓园为基础，将全县零散烈士墓迁移至吴文炳烈士墓园内。墓区面积4000多平方米，依据地形，从上至下，依次设有吴文炳烈士主墓、烈士纪念塔（含浮雕墙）、东、西两个墓区、广场（含英烈墙）、门牌楼、入口广场（含群 雕）等烈士纪念设施。东、西两烈士墓区，位于烈士塔两侧，基本形成对称布置，形似八字，隐喻八一建军节。东墓区现有137座英烈墓，主要安葬从星沙公墓 所烈士墓群集中迁移而来的英烈。西墓区设有160座墓穴和一个无名烈士墓，主要用于安葬长沙县籍的烈士。9月30日，是中国首个烈士纪念日。长沙县委书记、长沙经开区党工委书记杨懿文率县委、县人大、县政府、县政协、县人武部全体班子成员，县委正县级干部及法检“两长”，县直各单位和各镇、街道主要负责同志，全县烈属、老战士 、学生和群众代表，驻县解放军和武警官兵代表来到位于双江镇的

9月30日，长沙县烈士纪念日公祭烈士大会举行　（县民政局　提供）

长沙县烈士陵园举行公祭活动，向人民英雄敬献花篮，致以崇高敬意，并获得成功。（杨　薇）

【社会组织管理】2014年，长沙县新增加登记注册社会组织57家，社团办理变更登记10项。稳妥推进登记制度改革，规范流程扎实做好社会组织行政审批工作。对行业协会商会类、科技类、公益慈善类、城乡社区服务类这四类社会组织实行直接登记。委托长沙事公益组织发展与研究中心对该县的20家社会团体进行评估，经社会团体自评、评估机构初评、评估专家实地考察、评估委员会审核，评出AAAA级社会组织2家，AAA级社会组织4家，并对AAA级以上社会组织进行授牌。（杨　薇）

老龄事业

【概况】2014年，长沙县老龄工作围绕贯彻实施《中华人民共和国老年人权益保障法》（简称《老年人权益保障法》）和《湖南省实施〈老年人权益保障法〉办法》及长沙市委、市政府《关于加强老龄工作的决定》，结合县域实际，在全县范围内开展以“贯彻老年法、造福老年人”为主题的2014年“敬老月”系列活动，老龄工作稳步推进。以老年节为契机，继续做好《老年人权益保护法》宣传教育工作。印发宣传资料，积极宣传《老年人权益保护法》，充分发挥新闻媒体的宣传主渠道作用，帮助老年人学法、懂法、守法和依法维护自身的合法权益，让《老年人权益保护法》深入人心。做好老年优待证的办理工作，全年共办理老年人优待证11628本。开展“惠老工程”工作，组织星沙街道黄金塘社区居委会、北山镇福田村居委会、泉塘街道丁家岭社区居委会、白沙敬老院、福临敬老院参加市级养老服务示范点的创建工作，并完成了5个市级“惠老工程”示范点的验收工作。

继续发放高龄津贴，城镇、农村低保家庭的年满80-89周岁的老人，每月发放50元；90-99周岁的所有老人每月发放100元；100岁以上老人每月发放400元。继续开展以贫困、百岁、孤寡、空巢、失能和半失能老年人及养老服务机构为重点的走访慰问活动，慰问贫困、孤寡、空巢、失能和半失能老年30人，标准为每人800元。配合长沙市老龄办和市慈善会，开展“新奥·善行孝老”百岁老人关怀计划，每年慰问百岁老人2000元。（杨　薇）

【敬老院建设与管理】2014年，长沙县投资2800万元完成安沙镇敬老院、跳马镇敬老院的改扩建工程，并竣工搬迁。投资200万元开展春华镇敬老院开工建设。全县20所敬老院的硬件建设初具规模。在管理上，着力于敬老院的精细化、人性化、专业化管理，并涌现一批先进单位和个人。10月，青山铺镇敬老院院长张启均被民政部评为“全国五保供养工作先进个人”称号。果园镇敬老院、青山铺镇敬老院、黄兴镇敬老院、黄花镇敬老院、白沙镇敬老院、双江镇敬老院均达到省市星级（示范）水平。经过几年的改扩建和加强内部管理，长沙县敬老院建设和管理成为全县民政工作一个新的亮点，全省领先、全国一流。（杨　薇）

残疾人事业

【概况】2014年，长沙县投入经费2055.55万元用于残疾人事业，进一步完善残疾人社会保障体系和服务体系建设，农村残疾人扶贫开发工作成效显著，被推介为全国农村残疾人扶贫开发示范点，得到中央、省、市残联调研组的高度肯定。

全县残疾人事业取得了较大成就。残疾人康复工作以项目拉动、政策保障为平台，高标准建成了24个残疾人康复训练室，9个康复示范镇（街道），10社区康复点和2个残疾人辅具示范点（其中北山镇蒿塘社区是全省乡镇残疾人辅具示范点）。“光明·关爱”工程康复项目，投入资金72.15万元，完成451例白内障手术和358例贫困、低弱视力及胬肉患者手术，合计金额

72.15万元；“义肢助行”项目，为30名贫困缺肢者免费装配假肢；“康复门诊医疗卡”项目，投入资金40万元，为800名贫困重度残疾人提供全免费门诊就医服务；“辅具适配进家庭”项目，为103户残疾人家庭提供一对一，面对面的辅具适配服务，全年累计提供辅具600多件，进一步推进了残疾人“人人享有康复服务”目标；残疾人就业工作，以残疾人职业技能，实用技术培训项目为平台，经过培训和招聘，全年落实安排残疾人就业290名。为了扶贫帮困残疾人家庭，白沙镇双冲村开展“连千村 帮万户”工作，江背镇湘阴港村、白沙镇窑上村、双江镇赤马村、金井镇沙田村、福临镇孙家桥村等5个村级党支部开展党员助残扶贫活动，投入30万元，帮助60户残疾人家庭改变现状，摆脱贫困初见成效。同时，县残联还积极协调住建局等单位，帮助残疾人家庭进行危房改造，除市帮扶97户外，县对73户危改对象每户补助2000元，更大范围改善贫困残疾人家庭居住环境；进一步完善托养工程，1+X托养体系在原有的基础上新增一家农村残疾人托养机构——白沙镇怡智家园，成为全省首家农村残疾人托养中心，该中心投入16.8万元，使168名智障、精神疾病和重度肢体残疾人享受居家托养实惠；安排和帮扶残疾人到企业就业，协助有四家企业获政府贴息贷款补助17.4万元。助学、助能、助业等特色专项资金落到实处，投入67.35万元，奖励329名残疾人自主创业；奖励150名残疾人稳定就业；扶助151名残疾人完成学业，294名残疾人获省市项目支持，享受补助32.45万元。利用“助残日”“肢残人日”“国际残疾人日”等节日开展走访活动，慰问贫困残疾人200余名。联合县肢残协会开展肢体残疾人厨艺大比拼等活动，丰提高残疾人的职业技能。以创建“明星乡镇”“明星社区”和开展残疾人核查工作为契机，增强基层残联、残协的工作水平，提升残疾人工作者服务质量，进一步摸清残疾人基本生活状况，完善残疾人教育、就业、辅具需求、法律救助等方面内容，建立健全残疾人活动机制，引导残疾人积极参与社会活动，培育残疾人积极向上的精神风貌。继续实施无障碍改造工程，投入80万元，对湘龙、泉塘和星沙街道50户残疾人家庭进行了无障碍改造，对湘绣社区、板桥社区和星城社区进行了无障碍社区改造，逐步改善残疾人出行环境。进一步加强残疾人信访管理工作，聘请专业法律顾问援助残疾人开展维权活动，全年接待残疾人来访50多人次，妥善处理5件省市信访案件，发放76名残疾人机动轮椅车燃油补贴经费，录入下年度补贴对象327名，全年没有发生一起残疾人不稳定事件。

是年，新增残疾人1078名，全县持证残疾人增至14958名（视力残疾人2214名；听力残疾人668名；言语残疾人143名；肢体残疾人7978名；智力残疾人1468名；精神残疾人1248名；多重残疾人1239名），办理残疾人公交爱心卡644张，持爱心公交卡残疾人达到3324人。（刘 英）

长沙县黄花镇敬老院全景图（县民政局 提供）

【辅助器具适配工作】2014年辅具适配采取理事长分组责任制，由三位理事长带队，逐一入户走访，为残疾人进行辅具适配，每一组配备一名辅具适配专业技术人员，一对一与残疾人沟通交流，根据其日常生活习惯，为他们配备轮椅、防褥疮垫、坐厕椅等生活必须辅具。辅具适配进家庭活动逐步延伸到偏远农村（社区），在金井镇脱甲社区、福临镇孙家桥村和果园镇大河社区完成了103名残疾人辅具适配工作，共计配发145件普发型辅助器具。（刘 英）

【残疾人体育事业】完善残疾人参与体育活动的制度保障，推进残疾人体育发展，制定了残疾人运动员选拔、培养、输送、表彰、奖励政策，组织开展日常重点带训与集中训练活动。全年输送15名运动员进入省队常训，组织残疾运动员参加国家级运动会，

孔健锟、李佰果、王小玲、周志伟等获全国田径、盲人柔道比赛等13块金牌。（刘 英）

【重度残疾人生活补助提标】2014年，对全县重度残疾人生活补助再次提高标准，且实行户口同一制原则，由原来的农村户口60元/月/人、城镇户口80元/月/人，提高到人均110元/月，提标后的补助金从2015年1月1日算起，这在全省市范围内为最高补助标准。同时，还为全县5174重度残疾人发放生活补助281.6万元，进一步改善重度残疾人生活状况。（刘 英）

【关爱残疾儿童康复工作】长沙县残联组织59名0—6岁贫困残疾儿童参加抢救性康复项目，并与定点机构衔接好，保证听力、孤独症残疾儿童不少于10个月的训练，肢体、智力残疾儿童不少于5个月的训练时间；组织117名0—14岁贫困残疾儿童到市残联训练基地进行康复训练，使这部分贫困残疾儿童基本实现了“人人享有康复服务的”目标。同时配合残疾儿童康复项目，组织开展了一系列活动，“孤独症日”与县惠心康复机构开展了“来自星星的我”主题活动；“六一”儿童节，联合市动物园为残联儿童开展免费游园活动；全国助残日活动期间，联合贝因美集团分公司，为0~3岁贫困残疾儿童免费提供价值10万元的配方奶粉。（刘 英）

【残疾人职业技能和实用技术培训】2014年，市残联分配长沙县的培训任务为160名（其中职业技能30名，实用技术130名）。该县根据实际需要，增加资金投入，加大培训力度，全年投入资金70万，举办培训班10期，培训残疾人300名，占任务数的180%。举办花卉苗木栽培、小水果种植、彩色水稻栽培与种植、罗代黑猪养殖等8期残疾人农村实用技术培训班培训残疾人240名；电脑办公、相框加工共二期残疾人职业技能培训班，培训学员60名，其中江背镇大博金相框加工厂的相框加工培训班为定单式培训，在为期一个月的培训时间内，共培训残疾人30名，其中17名优秀残疾人就地安置就业。（刘 英）

【残疾人就业】2014年，县财政投入40万元建成8家残疾人就业基地；加大工作力度，强化残疾人就业措施，全年举办两场招聘会，其中县残联就业中心自主组织1场招聘会、与县人才交流中心在广场举办了1场大型专题招聘会，全年新增残疾人就业290名，帮扶和辐射残疾人及其家庭240户，就业保障金征收突破1000万元。（刘 英）

【开展党的群众路线教育实践活动】在党的群众路线教育实践活动中，单位采取个人自学、班子成员互学、会议促学等多种学习形式，加强廉政知识教育。全年开展党员干部集中学习10余次，书记带头上党课，班子成员在集中学习会上分头讲党课；组织党员干部观看反腐倡廉专题片，科级以上干部撰写学习焦裕禄、杨善洲的心得体会8篇，使党风廉政教育内化于心；参观刘少奇纪念馆和刘少奇天华调查纪念馆，学习老一辈无产阶级革命家的优良传统，增强防腐防变能力；完善各项规章制度，建立“三重一大”工作机制，完善重大事务工作纪律，规定干部在实施项目建设、下镇调研等不得收受任何红包礼金和土特产；转变工作作风，主动“送证下乡”上门服务，树立为民务实清廉的残联形象。（刘 英）

【档案工作规范化管理获评省一级】为做好档案规范化管理工作，成立以“一把手”为组长的档案工作领导小组，结合残疾人业务工作性质，按照省档案工作规范化管理的要求建立了标准较高的档案库房、阅档室、展览室，配备了去湿机、温湿自控仪、档案柜等设备全面整理档案559盒，制定规章制度规范档案管理，检查验收，成功创建湖南省档案工作规范化管理“省一级”。（刘 英）

归侨侨眷工作

【概况】2014年，长沙县侨联发挥独特优势，主动作为，春节期间向海外华人华侨发出书面和电子慰问信、贺卡200余件．加强与海内外侨团和侨领、侨商的联系，走访慰问重点归侨侨眷30多人次。接待了全国政协港澳委员侯伯文（全国政协原副主席、黄埔同学会第二任会长侯镜如之子）、湖湘文化研究会黄秘书长、福建·英国同乡会彭金明总裁考察团到安沙、黄花等镇考察农业项目等。借助媒体宣传工作。在《湖南日报》·《湖南故事》专栏宣传长沙县的涉侨人物等以及其他知名人士。如：《三个湖南人登上“密苏里”》（20140307《湖南日报》）；《少将来到战败国——夭折的“中国驻日占领军”》（20140321《湖南日报》）；《刘思齐的1950》（20140424湖南日报）等涉侨文章在《湖南统一战线》（201403-04）、《长沙统一战线》（201401-02）、《湖南侨联》等登载。联系、推荐泰籍华人李自珉《绿叶对根的情怀》和英国华侨陈惠敏《善小亦强国》等相关文章，先后在《长沙统一战线》(2014.2和2014.5)登载。配合民间组织的“抗战老兵关心计划”活动，一一走访县域内抗战老兵，为遗漏的符合条件的5名对象争取民间组织给予生活困难费1万元/人.年。帮助抗战老兵黄刚实现从广西回到时隔70年的家乡福临镇，并定居镇敬老院。优化市侨联工作示范点双江镇龙华村工作。联系泰国泰玺集团捐赠30万元人民币建设村民文化广场。六一儿童节，组织双江镇及龙华村26名女童进城到碧桂园酒店和海底世界开展“牵手看世界 ·爱心绘彩虹”活动。针对考取大学的贫困(侨眷)8名学生，每人慰问金1000-4000元。邀请日本华侨田伟回家乡，听取她对规范国歌奏唱礼仪和弘扬田汉文化的建议；联系泰籍华人李自珉年内三次来长沙县演讲和交流走访。（陈合宴）

【湖南易通科技有限公司获评第五届新侨创新奖】 9月12日，湖南易通科技有限公司(总经理韦彪系归侨)获评中国侨联“第五届中国侨界贡献奖(创新团队奖)”。（陈合宴）

【纪念黄兴诞辰140周年】 2014年是辛亥革命元勋黄兴诞辰140周年，2016年是逝世黄兴100周年。长沙县统战部、县台办、县侨联、黄兴镇、县港澳台侨经济文化促进会和作协联合成立征文活动组委会，面向全社会和海内外发布《“矢志炎黄为振兴”——纪念黄兴“中国梦杯”征文启事》。3月23日，县侨联、作协组织作协会员和文学爱好者来到黄兴故居开展采风活动。并参加全省纪念黄兴征文活动，黄柏强的《黄兴对毛泽东的影响》编入论文集。撰写的《建议筹办黄兴诞辰140周年纪念活动》，得到高层领导批示，并由省里主办了纪念活动。（陈合宴）

民族宗教事务

【概况】 长沙县辖16个乡镇、5个街道办事处。长沙县系全省宗教工作重点县之一，有佛教、道教、基督教三大教派，有县佛教协会、道教协会、基督教三自爱委会三大爱国宗教团体，合法开放的宗教活动场所41处(其中佛教16处、道教8处，基督教17处)，宗教教职人员107人。现有民间信仰活动场所62处。加强领导，建立民族宗教工作领导小组，健全联席会议制度，全方位推动长沙县的民族团结进步行工作。组织调研摸底。一是对少数民族常住人口开展摸底调研，全面掌握少数民族人口居住、分布情况；二是对星沙地区的高校进行摸底调查，建立少数民族学生台账。三是对少数民族流动人员进行摸底调查，与少数民族流动人员代表建立良好关系。强化宣传教育，6月集中组织开展“民族团结进步宣传月”活动。10月15日举办民族政策法规培训班，对全县各镇(街道)分管领导和民族联谊会会员进行专题培训，特邀请省、市有关部门领导亲临授课，有效增强了各级干部的民族宗教政策观念和工作能力。召开座谈会、制作社区宣传板报、编印民族工作常识宣传小册等方法宣传民族政策和民族法规知识，不断提高政策法规在基层干部群众中的知晓率，避免因少数民族风俗习惯而引起的矛盾纠纷。提高服务管理，建立镇(街道)、社区与外来少数民族流动人员管理服务联动机制，整合各方资源，对外来少数民族流动人员情况进行登记造册。重点确定一批少数民族务工人员代表人士，日常注重走访交流，加深感情，充分发挥了其桥梁纽带作用。在城区内社区专设服务窗口，方便外来少数民族流动人员办事；加大对外来少数民族流动人员的帮扶力度，2014年走访慰问困难少数民族群众10户，切实解决其学习生活中的困难。定期、不定期的与外来少数民族人员进行座谈，听取他们生活经营困难反映，帮助他们从思想上解疑释惑，增强城市认同感和归属感。加强各部门的协调配合，尊重民族风俗习惯，维护好辖区内外来少数民族流动人员的合法权益。开展走访慰问。利用元旦、春节期间开展走访慰问工作，组织走访慰问宗教界代表人士10多人、少数民族贫困户2户，发放慰问金20万元，一定程度上帮助困难少数民族和宗教界人士解决了实际问题。开展“教风年”建设活动。积极开展“教风年”为主题的和谐寺观教堂创建活动，围绕解决宗教活动场所管理方面重点难点问题进行集中整治，先后对各宗教团体和宗教活动场所进行10余次督查，对落实力度不够、教职人员监管存在漏洞等各方面问题，下发督查整改通知书，限期整改。通过召开各宗教团体工作座谈会及指导开展宗教政策法规学习月活动等系列举措，进一步推动了我县宗教团体和宗教活动场所依法规范管理。（张 伟）

【星云大师出席长沙县松雅湖香岛松雅禅院奠基仪式】 5月29日，台湾佛光山开山宗长、国际佛光会世界总会会长星云大师，在省佛协会长、古麓山寺方丈圣辉大和尚及湘籍旅美画家李自健先生等陪同下，出席长沙县松雅禅院奠基典礼。松雅禅院于2012年经省宗教事务局批准建设，规划面积2700多平方米，禅院以“弘扬佛教文化，倡导社会公平和谐”为设计主导思想，通过营造香云缭绕、树影婆娑、书香静雅的人间仙境，弘扬安居乐业、人天共仰、功德无量的佛家理念，让人们回归精神自然的真实。奠基仪式上，星云大师亲自培土奠基，并种下一棵象征长寿、吉祥的罗汉松。星云大师对长沙县生态环境保护给予高度评价：“在松雅湖建设一个禅院，对生态的保护、文化的传播等都有积极作用。”随着此次松雅禅院项目启动，长沙县将打造一处具有高水准的传经讲学、弘扬佛教文化的场所，同时以此为契机，深度挖掘佛教文化资源，引导广大群众与人为善，共倡和谐。长沙县委书记、长沙经开区党工委书记杨懿文表示，星云大师此次参礼松雅禅院奠基将为促进两岸佛教文化交流产生积极影响。（张 伟）

【长沙县开元寺落成典礼暨佛像开光法会隆重举行】 9月21日，长沙县开元寺举行落成典礼暨佛像开光法会，来自各地的僧众、居士信众1000余人参加，共结法缘、同沾法喜。市民宗局副局长穆豫湘，县委常委、组织部部长、统战部部长周志远，县委常委、副县长杨莉等领导和市佛协会长坚愿法师、县佛协会长照观法师及省内外高僧大德出席开光典礼并讲话。

（张 伟）

【“民族情深、心系永顺”爱心助学活动】 11月1日，长沙县人大常委会组织组委会成员单位及县内湘西籍干部赴湘西开展为少数民族办实事活动，进一步深化民族团结进步创建活动内涵。长沙县委常委、组织部部长、统战部部长周志远，县委常委、宣传部部长彭勇及相关单位负责人参加此次活动。在湘西州永顺县小溪乡中心完小举行捐资助学发放仪式上，周志远勉励贫困学子加倍珍惜美好时光，勤奋学习，积极锻炼，立志做一个对祖国、对社会、对人民有贡献的人。永顺县人民政府副县长张勇代表县委、县政府感谢在长沙县工作的湘西籍少数民族爱心人士对永顺县教育事业的关心和厚爱，勉励小溪乡中心完小全体师生，要以本次助学活动为动力，树立克服困难的勇气和信心，努力工作，发愤学习，用教育成就未来，用知识改变命运，让更多的贫困学子走出大山，做一个对祖国有贡献的人。此次活动对小溪乡中心完小30名特困学生及学校进行资助，捐资10万元。通过捐资助学，一定程度上帮助当地贫困学生解决生活和学习上的实际困难。这次活动是长沙县民族团结进步行组委会针对湘西州少数民族地区开展的三次扶贫助学活动。“民族情深、心系永顺”捐资助学活动的持续开展，扶持贫困地区的困难学生，进一步推动民族大团结、大繁荣、大发展。

（张 伟）

开光庆典法会现场　　（县民族宗教事务局 提供）

【陶公庙神像开光庆典法会】 11月15日，有“六朝遗庙、千年名山”之称的陶公庙举行神像开光庆典法会。陶公庙位于长沙县㮾梨镇，毗邻浏阳河，枕靠临湘山，四周古木参天，风景优美。县委常委、组织部部长、统战部部长周志远出席庆典法会并指出，修葺一新的陶公庙展示了长沙县悠久历史、道教特色和独特的文化魅力，广大道众要进一步高举爱国爱教旗帜，努力践行“重积德、利众生”济世利人精神。这次陶公庙会开光仪式，不仅是一次地方文化的盛事，也是一个地方经济的盛事。将在促进各界交流、传播道教文化、广结天下善缘等诸多方面有着重要的意义。（张 伟）

【湖南省首批青海藏区学生就读长沙师范】 11月20日下午，湖南省迎来首批青海藏区的40名学生，到长沙师范学院接受为期三年的学前教师教育。他们分别来自青海玉树州、海西州和黄南州，其中有5人为蒙古族，25人为藏族。按照教育部的统一部署，此次青海省藏区有400余名学生赴内地求学，分布在河北、辽宁、湖南等六省的8所学校。长沙师范学院自2010年成为教育部西藏学前师资培养基地以来，已有两届150余人从这里毕业。2014年9月迎来

首批西藏班学生，有三个年级158名藏族学生在校就读。（张 伟）

移民开发

【概况】2014年，长沙县移民工作以改善移民生产生活条件，促进移民库区经济发展为目标，移民开发取得新成效。被评为全市移民工作绩效考评荣获优秀单位称号。

移民动态管理常规化 移民直补人口动态管理是对经省移民局核定移民身份，县内登记造册享受直补政策的农村移民，因移民身份和人口自然变化而丧失规定的扶持条件后，终止其享受移民直补政策的行为。经调查核实，2014年全县取消直补资格的移民共58人，为发放2014年度移民直补资金提供了依据。

项目管理成效显著 编制上报移民后期扶持项目规划和移民扶助金使用计划，严格按照省、市移民局批复的项目计划组织实施，做好项目前期准备、中期监察、后期验收，做到台账清晰，资料齐全。2014年拨付项目资金475.82万元，组织实施项目85个，其中水利建设项目47个，公路建设项目28个，种植业项目10个。

资金管理进一步规范 坚持“资金跟着项目走，项目跟着计划走，计划跟着规划走”的原则，认真执行移民资金管理制度和财务收支审批制度，移民资金与行政工作经费严格实行分类核算，确保专款专用。2014年，县移民局与县财政局一道对移民资金县级报账进一步规范，所有资金拨付按规定程序进行，并建立资金台账，做到不挤占、不截留、不挪用。

民生工程深入推进 2014年，以“一卡通”形式发放移民直补资金401.49万元，县级移民口粮补贴49.05万元，确保移民直接受益。安排产业扶持资金75万元，重点扶持高桥食用菌大棚和高桥、金井茶叶基地等建设项目，新增或提质改造茶叶种植面积53.33公顷。培训移民136人（其中食用菌栽培技术培训移民100人，汽车驾驶、焊工等就业技能培训移民36人），实现就业转移33人，发放技能培训补助2.72万元，有效提高了移民就业创业能力。特困移民避险搬迁8户12人，补助资金7.2万元。慰问特困移民89户，送去慰问金12.7万元。采取“一对一”，帮扶金井镇观佳村特困移民10户，送去慰问金6000元。资助贫困大学生13人，发放助学金1.22万元。

新建水库移民工作进展顺利 白石洞水库需搬迁627户1926人，截至12月31日签订搬迁协议611户1849人，分散安置移民基本搬迁安置到位，集中安置区移民启动自建房，基础设施稳步推进，水库上坝公路和管理用房于2014年10月28日开工兴建。研究制定了《湘江长沙综合枢纽长沙县库区淹没影响实物补偿方案》，对市重点工程湘江长沙综合枢纽长沙县库区二期项目淹没影响区范围内土地281.44公顷实施退耕保护，采用常年补偿方式；涵闸、泵站和堤坊护岸等工程永久性占地采取征收补偿方式。2014年年底，长沙县库区淹没影响实物征收补偿工作基本完成。

移民库区保持稳定 认真落实维稳工作责任制，做到勤排查、重化解，有效预防群体性事件发生。在新建白石洞水库移民过程中，坚持公开公平公正的原则。同时，上门上户宣讲移民政策、解决移民提出的具体问题。在白石洞水库库区观佳村村部设点接待移民来访，进行现场答疑，切实维护移民的合法权益，确保库区稳定。2014年共接待来访移民16批89人，处理市长、县长信箱移民来信5件，均妥善办结。全年未出现一例移民到中央和省、市、县政府集体上访的现象。（邓金玲）

【白石洞水库移民拆迁安置工作】白石洞水库是长沙县新建的一座中型水库，位于金井镇观佳村。该工程涉及拆迁627户1926人，截至2014年12月31日签订搬迁协议的有611户1849人，分散安置移民基本搬迁安置到位；集中安置区移民启动自建房，基础设施稳步推进；水库上坝公路和管理用房于2014年10月28日开工兴建。（邓金玲）

【推进湘江长沙综合枢纽工程长沙县库区建设】长沙市重点工程湘江长沙综合枢纽工程于2009年9月动工，同年10月启动库区工程建设。工程设坝后回水直接影响长沙县暮云、南托、跳马、榔梨、黄花、果元、星沙、黄兴、安沙、湘龙等10个乡镇（街道）的34个村132个村民小组。长沙县库区二期项目建设于2012年11月启动，库区淹没补偿工作有序开展。按照《湘江长沙综合枢纽长沙县库区淹没影响实物补偿方案》，对淹没影响区范围内土地281.44公顷实施退耕保护，采用常年补偿方式；涵闸、泵站和堤坊护岸等工程永久性占地采取征收补偿方式。2014年年底，长沙县库区淹没影响实物征收补偿工作基本完成。（邓金玲）

镇街要览

跳马镇

【概况】跳马镇位于长沙县最南端，地处长株潭两型示范区的"绿心绿肺"。2014年年末，全镇总面积183平方千米，辖跳马、关刀、嵩山、杨林、沙仙、复兴、双溪、三仙岭、石桥、梅怡岭、曙光垸、冬斯港、白竹、喜雨、石燕湖、新田、田心桥1 7个村和金屏、斑竹塘2个社区，423个村民小组，人口64214人（其中农业人口56083人，非农业人口8131人）。2015年1月14日，跳马镇划入长沙市雨花区。

跳马环境秀美，是全国首批花木之乡；旅游资源丰富，拥有国家AAAA级景区石燕湖生态旅游公园以及嵩山古寺、左宗棠墓、明代长沙王墓群等名胜古迹。2014年，跳马镇紧紧围绕"守田园之美、促产城融合"的发展思路，镇域经济快速发展。镇域财政税总收入1.3亿元，与2013年持平；实现企业总产值12.4亿元，比2013年增长19.85%；完成全社会固定资产投资16.2亿元，比2013年增长29%；实现农林牧渔总产值13亿元，比2013年增长5%；农村居民人均可支配收入21922元，比2013年增长13%。

产业不断优化。坚持走农业产业化、市场化和多元化道路，充分发挥花木产业的主导作用。"湖南花卉苗木科技示范园"（花木大世界）一期工程33.33公顷特色苗木区建设顺利。着力引导工业企业产能退出，大力发展低碳经济和总部楼宇经济。积极发挥区位、文化和生态资源优势，打造"山""水"文章，大力发展文化旅游宜居休闲产业。做大做强石燕湖生态公园旅游品牌；大力发展生态农庄乡村文化休闲旅游，全镇有立项生态农庄11家；致力打造嵩山古寺、左宗棠墓等文化旅游景点。

项目建设加快推进。年内，全镇重点建设项目15个，其中包括自建项目2个 、征地拆迁项目7个和其他建设项目6个。石燕湖大道全幅通车；总投资4000万元的金屏集中安置区项目，青苗补偿已基本到位，正在启动基础设施建设；洞株公路项目已签订集体土地协议74户，国有土地45户，除跳马涧集镇外，已基本完成房屋拆迁，目前路基基本形成；"零碳县"科研基地项目拆迁安置补偿工作已基本完成，各项工程全面启动；中南地区工程咨询产业基地项目、湖南省标准创新与推广中心项目各项补偿费用均已落实到位；镇域赛特气体、汇新纸业等项目建设也正在有条不紊地推进。

社会事业全面发展。春节慰问困难群众1304户，发放慰问金167.32万元；落实医疗救助、社会养老、低保救济等各项工作；深入推进殡葬改革，严格落实残疾人工作和各项社会优抚工作；加强基层政权建设，年内在建的18个农村社区、居家养老服务中心等项目均已完成基础建设。先后举办跳马镇歌手大赛、书法绘画比赛等活动，丰富群众文化生活。发挥镇综合文化服务中心和19个文体活动中心及星级图书室的载体作用，镇文广站先后多次迎接省、市、县各级领导观摩指导。不断完善教育教学基础设施，提高教育教学水平和质量，先后获得各类荣誉42项。医疗卫生事业不断发展，镇卫生院全年接待门诊44109人次，住院1079人次。

综合管理不断加强。创建"平安跳马"，建立25支"红袖章"巡逻分队，大大降低镇域刑事、治安事件发案率。试点建立人民调解专家组参与化解各类矛盾纠纷工作，聘请3名调解人员成功化解纠纷26起，做到"小事不出组、大事不出村(社区)、矛盾不上交"；成功化解4例多年信访积案，化解率100%。环境卫生显著改善。加强经费保障，镇财政追加资金300余万元投入生态建设环境治理；加强日常监管，完善环卫基础设施；开展渣土专项治理，关停取缔10家违规渣土场；以点带面，打造田心桥村水口山组示范创建点，投入资金30余万元，示范点初见成效；加强垃圾分类处理和回收，全镇垃圾资源无害化处理总量位居全县第一。强化安全生产监管。每季度至少召开一次安全生产工作会议，对镇域安全生产重点领域进行2次以上安全检查，严防安全事故发生。开展创建食品安全镇活动，全年未发生一起食品安全事故。

2014年，跳马镇获评“湖南省村务公开民主管理和城乡社区建设示范单位”和“湖南省特色产业示范区”等荣誉称号。（刘希贤）

【获评湖南省村务公开民主管理和城乡社区建设示范单位】是年，跳马镇被省民政厅评为“湖南省村务公开民主管理和城乡社区建设示范单位”。2013年以来，跳马镇致力推进村级基层政权项目建设，截至2014年年末，先后完成农村社区建设、居家养老服务中心、农村幸福院、室外活动场地建设、示范社区等项目共计26个，涉及13个村（社区），2014年19个在建项目19个，涉及12个村（社区）。年末，所有项目均达到上级验收标准。（刘希贤）

【跳马敬老院搬迁新址】年底，跳马镇敬老院整体搬迁至五七街道旁新址内。该院有6名工作人员，51名五保老人。2013年1月，镇党委、镇政府投资1000多万元，在跳马镇五七街旁新建一栋功能齐全，设备完善，集生活、娱乐、休闲、疗养于一体的综合性敬老院。新建敬老院占地面积1公顷，其中房屋建筑面积4000平方米，绿化面积1785.7平方米，健身活动中心300平方米，娱乐活动中心300平方米。具有交通便利、通路、通电、通水、通电话、通网络的条件，院内有封闭院墙，美观清洁、鸟语花香，生活区和生产区分设，并建有应急呼叫系统和覆盖全院的安全监控系统，可入住100多位老人。（刘希贤）

【石燕湖大道通车】石燕湖大道建设从2011年3月开始，至2014年12月底完成，历时3年，实现全幅通车。石燕湖大道西起长沙市雨花区环保工业园比亚迪路，经跳马镇金屏村，东至跳马镇石燕铺，为城市I级次干道，全长2.7千米，总投资1.6亿元。长沙石燕湖大道将成为衔接长沙环保工业园与株洲田心工业园道路的重要组成部分，有力促进长株潭一体化进程；同时，该大道与省道洞株公路对接，将加速跳马镇“花木之乡”的发展进程。（刘希贤）

【中国宴席预收制菜行业首个国家级标准化研究基地落户跳马镇白竹村】9月8日，中国宴席预收制菜行业首个国家级标准化研究基地落户跳马镇白竹村。该基地由国家质量监督检验检疫总局及其直属的中国标准化研究院与湖南佳宴食品有限公司合作成立。此举标志着中国预制菜生产加工领域有望在两三年内出台国家级生产安全标准，以国家乃至全球通用的食品安全标准迅速对接海内外市场。（刘希贤）

【长沙县花卉苗木创业大市场获评省特色产业示范区】12月底，位于跳马镇关刀村的长沙县花卉苗木大市场获评湖南省现代农业特色产业园省级示范园，这也是长沙地区唯一入选的花木产业园区。成立于2012年的长沙县花卉苗木创业大市场现拥有花木品种120多个，通过承包流转关刀村8.53公顷荒山、56.7公顷低洼水田和1.7公顷水面开发建设种植花卉苗木，完善配套设施，带领周围农户共同发展，逐步形成花卉苗木产业区。（刘希贤）

【彭德良入选“中国好人榜”】2014年8月5日，由中央文明办主办、中国文明网承办的“我推荐、我评议身边好人”活动7月“中国好人榜”名单揭晓。跳马镇新田村村民彭德良成为全国“见义勇为好人”，是2013年至2014年8月长沙地区唯一入榜人选。2010年7月，新田村3名中学生在池塘溺水。彭德良听到呼喊后，顾不上掏出手机等就跳入塘中救人。救出一人后，他再次入水，在呛水的情况下，救出第二人。当筋疲力尽的彭德良准备救第三人时，发现其已不见踪影。事后，面对赞扬，彭德良却很自责：“动作再快点，那个孩子就不会离开了。”（刘希贤）

【李晖到跳马镇调研文体工作】8月25日上午，湖南省文化厅党组书记、厅长李晖一行莅临跳马镇调研视察文化工作，李晖一行先后视察跳马镇综合文化站和斑竹塘社区文体活动中心，对乡镇文化站建设以及村级文体活动开展情况进行调研。跳马镇综合文化中心总投资1000多万元，总用地面积1.03顷，第一期建筑面积2000多平方米、文化中心广场8000多平方米，能容纳观众1万多人，是集舞蹈室、阅览室、健身中心、会议室、文化广场等于一体的全镇综合文化中心。在跳马镇综合文化站，李晖详细询问该站的建设和开放情况，认真翻阅图书借阅登记本，观看《长沙县公共文化服务与建设》宣传片，随后来到斑竹塘社区文体活动中心，听取社区党支部书记杨正国的村级文体活动情况汇报。

李晖对跳马镇文化建设所取得的成绩给予充分肯定，并希望跳马镇进一步做好文化建设工作，满足人民群众不断增长的文化需求，真正做到文化惠民、文化为民、文化乐民。市文化局局长杨长江、县委宣传部部长彭勇、县文广局局长冯武斌等领导陪同调研。

（刘希贤）

【市科技局在跳马镇建立“和平基地”】 年初，市科技局先后派出4名科技人员在跳马镇新田、杨林、双溪、石桥、跳马5个村建立“和平基地”，重点以帮助农户提升种植花卉苗木为主。

（刘希贤）

【曙光垸村获评“湖南省美丽乡村建设示范村”】 曙光垸村以开展“六个走在前列”和群众路线教育实践活动为契机，以建设乡村特色旅游休闲村庄为整体目标，稳步推进湖南省美丽乡村建设示范村创建工作。2014年，曙光垸村美丽乡村建设总投资946.55万元，其中社会投入614.35万元，占总投资的64.90%。村级公路硬化率近90%，50%以上的入户道路完成硬化。水利建设方面，进行沟渠治理、曙光垸涵洞维修以及水渠改造。公共服务方面，改造村级卫生室和一站式便民服务中心，建设居家养老中心、农村幸福院以及乐和大院，新建新河组文化广场。村容村貌方面，制作指示牌、规范门店招牌，栽植村级主干道绿化带，完成无害化厕所560户，危房改造7户。该村成立有环境卫生整治工作领导小组，全面落实环境卫生费收取制度，群众知晓率、参与率、满意率100%，整治氛围浓厚。号召、帮助村民开展庭院整治和植树绿化。该村全部耕地为花卉苗木种植，有数十家专门从事花卉苗木行业的经济组织，集花卉苗木产、销为一体。成立有广场舞队、舞龙舞狮队、花鼓戏队等，村民文化生活品位、品质不断提高。

（刘希贤）

黄兴镇

【概况】 黄兴镇地处长沙市东南，浏阳河畔，是辛亥革命元勋黄兴、共和国开国大将许光达的家乡，具有深厚的文化底蕴、丰富的人文资源、秀美的自然风光和良好的区位优势。2014年，全镇总面积84平方千米，辖11个村、1个社区，乡村总户数15037户，乡村总人口58183人。农村经济以蔬菜、花木种植为主。蔬菜种植面积5567公顷（复种），年产量179500吨，年产值53857万元；花木栽培面积3055公顷，年产值66960万元；完成农林牧渔业总产值137539万元，同比增长7%。实现人均可支配收入26508元，同比增长15%。

加快经济转型。积极配合“三大市场”迁建工作，湖南农产品物流中心全面开工，做好了长沙家禽大市场前期论证及基础性工作；先后引进天舟文化、同超实业、鸿基酒业等项目；引导企业扩大技改投入，高新技术企业南方钽铌改扩建工程竣工。全年实现招商引资到位资金119654万元，完成财政总收入4207万元，完成地方一般预算收入1065万元；完成规模以上工业总产值75530万元，同比增长2.71%。完成社会消费品零售总额23643万元，同比增长48%。

强力推进项目建设。重点项目征地拆迁工作进展顺利。长沙国际会展中心、湖南农产品物流中心等项目已基本交地；中南市政、果之友、天天绿、高塘坪路、敢胜路、汤阳桥泵站、黄江大道、低速磁悬浮轨道、劳动东路延长线等项目征地拆迁工作快速完成。举一镇之力完成全县40%以上的拆迁工作量，拆迁305户，动迁1400余人。重点工程建设强力推进，长沙地铁2号线光达站试运营；梯塘路、劳动路、黄江大道、磁悬浮轨道等项目已启动建设。集镇功能不断提升。完成黄兴商贸小区基础设施配套工程；投资500万元，新建黄兴文化广场；投资87万元，完成了土高路集镇段建设。全年共完成全社会固定资产投入388000万元，同比增长34.7%。

加大农业农村投入。对全镇的市场、蔬菜基地、种植散户和合作社进

4月16日，市长胡衡华考察长沙农产品物流中心项目　（黄兴镇 提供）

行经常性蔬菜农药残留抽样检测和跟踪监督。不断加强农村基础设施建设，完成了2014年县级第二批小农水项目；硬化道路9.5公里；新架农电线路8公里，解决低电压问题1180户。加大环境卫生整治力度，推进“清洁城乡”大行动，沿江山村获评2014年上半年全市城乡环境卫生整洁行动“优胜村”。积极开展保护浏阳河专项治理行动，组织队伍负责浏阳河、榨山港沿线堤岸及水域保洁工作，进行流动巡查、清理、打捞。对镇域内企业及作坊进行拉网式排查，限期搬迁2家排污企业，浏阳河水质连续保持在三类以上。全力推进“三年”造绿大行动，全年义务植树16万余株。

大力发展公共事业。撤并桂花学校，采用校车接送师生至中心小学教学；投入300余万元租赁改造房屋用于太平小学临时过渡；完成了荣河小学改造一期工程；镇中心幼儿园正式开园；推进“名校工程”，引进了明德达材中学。不断加强计生政策宣传力度，努力稳定低生育水平，符合政策生育率达94.22%；加大公共卫生投入，黄兴镇卫生院住院综合楼主体完工并投入试运营。开通了首条城乡公交线路X105路。切实抓好劳动力转移就业，全年劳动技能培训80人，转移就业300人。积极开展“助残爱残”等活动，接驾岭社区被评为全市助残工作三星级“明星社区”。投入近30万元对敬老院进行全面维修；推进危房改造，73户危改援建对象房屋已全部竣工。对8户拆迁户进行创业扶持，共发放扶持资金15万元；组织拆迁户进行了“新城·景苑” 限价房第三批选房和“丽景鑫城”限价房第一批选房等。

开展平安创建。严厉打击违法犯罪，共破获各类刑事案件67起，查处治安案件86起；认真落实信访责任，信访积案化解率100%；扎实开展矛盾纠纷排查调处，共成功调处143起。开展大型禁毒宣传活动，捣毁吸毒窝点2个，破获涉毒刑事案件4起。金凤村被评为全市十佳平安和谐模范村。强化重点行业和领域安全监管，摸排走访全镇生产经营单位639家，建立了安全生产动态台账。组织企业主进行安全生产知识培训，强化安全意识。经常性组织打非治违行动，排除隐患，督促整改，3家企业成功通过安全生产标准化企业评审验收。高度重视食品安全，共完成日常监管800余户，开展联合执法行动16次。组织餐饮从业人员培训2次，共培训150人次。

不断规范党务政务工作。大力开展党的群众路线教育实践活动，虚心征集群众意见，认真进行对照检查，扎实开展批评和自我批评，全面开展了28项主要问题的整改落实。建立了《黄兴镇党政领导班子“三重一大”事项集体决策制度》《财经管理办法》等。依章依法稳妥圆满地完成了村“两委”换届选举工作。开通了“美丽黄兴”微信公众平台。成功举办辛亥革命先驱黄兴先生诞辰140周年纪念暨黄兴石像揭幕仪式。全面落实依法行政，开展“六五”普法宣传21次。切实推进政务公开，对镇人民政府门户网站进行了升级，并公开政府信息303条；及时处理认真回复县长信箱55件。（叶　凯）

黄兴镇中心幼儿园　（黄兴镇　提供）

【鹿芝岭村成功创建省级“美丽乡村”建设示范村】引导扶持鹿芝岭村加大新农村建设投入，积极创建“美丽乡村”。该村前期在一字墙、四顺堂等四个村民小组进行新农村建设试点，整修道路1.5千米，并对道路两厢进行绿化；安装30盏太阳能路灯；80余户居民对房屋自主进行翻新修葺；改造庭院环境60余户。以上共投入资金280余万元。2014年，筹集资金300余万元，沿双鹿路—杨林—四顺堂—三环线，打造成鹿芝岭生态风景走廊。2014年12月，鹿芝岭村被省委农村工作领导小组评为全省2014年度“美丽乡村”建设示范村。

（叶　凯）

【黄兴石像迁址揭幕】为配合上级部门开展纪念辛亥革命先驱黄兴先生诞辰140周年一系列活动，辛亥革命先驱黄兴石像由原树新路与接驾岭交汇处迁至黄兴文化广场，2014年10月25日，成功举办黄兴先生诞辰140周年暨黄兴石像揭幕仪式。（叶　凯）

干杉镇

【概况】 干杉镇北接黄花国际机场、东连江背镇、南邻黄兴镇、西接长沙高铁新城，是长沙市外环线圈层重镇。距武广长沙新站10千米，距黄花国际机场6千米，距县城星沙20千米，地理位置十分优越。在长沙县功能分区规划中，干杉镇位于长沙临空经济区、黄兴会展经济区、长沙先进制造业区三区融合的复合经济圈内，具有绝佳的区位优势。境内长株高速、沪昆高铁、暮五公路与机场高速、八青公路、秋江公路、黄江公路、城市三环线形成“三纵五横”的交通骨架。全镇区域面积73.6平方千米，2014年年末辖百祥、大岭、新建、石弓湾、车马、万龙、长安、斗塘8个行政村和干杉、杉岭2个社区。2014年实现规模以上工业产值19.2亿元，同比增长11%；基础税源财政总收入1667万元；固定资产投资27.06亿元，增长15.13%；引进市外境内资金2.36亿元，增长11.3%；农民人均可支配收入20694元，增长15.13%。

重大项目顺利推进 全力以赴为上海大众项目做好保障服务工作。继续做好项目征拆协调工作，自项目启动以来，已累计完成拆迁887户，一期608户（含安置区56户），二期及代征拆迁279户。及时解决因项目建设造成的群众饮水难、出行难、灰尘污染及工程建设中的问题，指导解决村组集体收益分配及遗留问题，解答群众政策疑难达1000多人次，积极协调推进大众龙峰安置区建设。上海大众乘用车项目2014年10月中旬试生产，12月第一台样车组装下线，预计2015年5月正式批量生产。完成省重点工程磁悬浮轨道项目干杉段征地拆迁工作，确保了项目如期开工；黄江公路拓改项目全线顺利开工；S207南延项目已启动拆迁工作。

加速产业转型升级 12月18日，省委书记徐守盛观摩了上海大众（长沙）项目首台样车组装，希望企业进一步立足湖南的区位优势，不断延伸上下游产业链，带动相关配套产业竞相发展，推动湖南汽车产业加速升级。该镇经与上海大众主机厂、核心配套商及上海汽车行业协会积极对接，已有上海工装设备有限公司等4家配套商落户干杉。国内首家智能物流集群海驿物流启动建设，该项目将对该镇乃至全县经济转型升级、提质发展起到积极助推作用。号牌中心项目已启动建设；润天五金项目已进场施工；波英汽车项目已完成三通一平；德润物流开工开建。园区二期安置区建成。原60号令拆迁户生产安置用地手续已办好。第三产业比重逐年上升，实现社会消费品零售总额3300万元，同比增长57%。现代农业产业强基增效，已形成优质稻、蔬菜、食用菌等示范基地12个。城镇建设提质升级 开展“美丽乡村”创建工程，力争达到规划布局完美、村容环境优美、农民生活甜美、乡风文明和美的目标。创建“长沙县两型示范镇”，实施集镇提质改造工程，集镇道路“白改黑”，雨污管道分流、垃圾集中收集。完成集镇三个台区电力改造，改善用电条件，着力推广资源节约型、环境友好型的农村生产生活方式。对秋江线、交院路、杉岭路近10千米道路进行亮化。工业园区内水、电、路等基础设施进一步完善，启动交院桥建设准备工作。完成镇文化广场及广场公园建设，农民娱乐健身休闲有了新去处。完成集镇农贸市场建设设计。50户危房改造已竣工验收。新建5.5千米农村生态路和村级公路。完成水库除险加固改造工程，新建管灌工程，覆盖1000多亩农田，完成山塘整治32处，清淤23.33公顷。深入开展三年造绿大行动，大力推进绿色城镇建设。美化、绿化绕城高速连接线，将明月路打造成绿化、亮化、美化样板示范路段。万龙村、车马村、新建村共完成“四旁绿化”8.5千米。抓好车马村义务植树基地和绿色村庄建设，干杉社区成功创建“绿色社区”，干杉卫生院被评为“花园式单位”。

社会治理成效明显 一是掀起了农村环境整治雷霆行动，全镇生态环境面貌一新，2014年在全县排名第12位，南部镇街排名第2。万龙、车马、干杉社区、长安等村在全镇评比中排名前列。做好畜禽污染治理，一、二级畜禽限养和禁养范围内均达到县控制养殖要求。全面提升集镇精细化、规范化管理水平，积极开展环境卫生、交通秩序、摆摊设点等专项整治行动。二是铁腕控违拆违，狠抓渣土管理，依法拆除违章建筑2.1万平方米，确保用地、建房依法依规。加强土地管理，指导成立渣土公司，科学设置定点卸土、取土区域，规范卸土取土行为。三是建立安全生产隐患排查工作机制，领导干部亲自带队检查，推行“痕迹管理法”促进安全生产、食品安全、消防安全、交通安全等监管职责规范到位。深入开展“打非治违”专项行动。成功创建2014年度市级安全生产示范乡镇。四是扎实开展综治维稳工作。积极开展“百日信访积案”化解行动，加大矛盾纠纷排查处理力度，全镇5个信访积案全部化解。深入开展禁毒工作。狠抓治安巡逻防控，在黄江公路、集镇街面、交院西门等重点地段进行24小时巡逻，积极构建社会治安防控体系，镇护路护线工作作为示范乡镇，代表省市迎接中央铁路办的考核验收。全年民调成绩排名全县第3名，“平安干杉”建设取得实效。五是村级治理成效明显。进一步加强村组规范化管理，各村（社区）建立村民议事会和村务监督委员会，健全“四议两公开”决策机制。开展村务监督委员会和村级财务人员培训，加强村级三资交易平台管理，实行一季一检查、一季一讲评制度。在2014年全县的村级治理大会上，干杉镇和干杉社区的工作被作为典型推介，大岭村作为全县党建工作先进典型进行推介。六是全面认真开展了“善行义举榜”发布工作和县道德模范推选工作，杉岭社区成功创建干杉镇首个长沙县四星级“雷锋号”志愿者服务站。

社会事业惠民利民 干杉中学食堂、教师宿舍、运动场改造全面完成。纠田小学改造项目顺利进行。中学整体新建项目和教师周转房项目完成前期准备工作。教育强镇验收达标。干杉卫生院完成门诊住院楼装修改造。做好育龄妇女优生检查、妇女两癌体检、老年人免费体检和无偿献血工作，全年未发生一起重大传染病疫情和重大食物中毒事件。做好敬老院新建项目前期准备工作，竞争性选拔优秀人才管理敬老院。新农保、新农合惠民工程进一步细化落实，严格落实低保政策，积极开展大病救助和民政救济，切实关注帮助弱势群体。着眼生育政策调整的新形势，继续提升计生优质服务，稳定低生育水平。着力建好村级组织阵地，杉岭社区活动场所投入使用。万龙村、斗塘新村一站式服务中心，车马村居家养老工程，万龙村幸福院等项目建设进展顺利。全面接管车马墓地，恢复墓地的公益性质。开展了“话民生·美生态·我行动”等3次大型文艺会演及多场专题文化活动，多措并举发展群众文化事业。

政府服务效能提升 扎实开展党的群众路线教育实践活动，深入落实中央八项规定精神，“四风”问题有效整治。全面实行党政干部“一带三”联村联组工作制度。机关干部实行挂牌上岗、打卡上班，加强工作纪律和工作作风督查通报。大力推进政务公开，集中推出便民举措，简化户口办理流程，印发了1万份《为民、便民、利民服务办事指南》，进一步规范权力运行，2014年镇政务中心顺利通过市级标准化政务中心验收。圆满完成村级换届选举，建立健全村干部工作制度。完善机关管理长效制度，实行领导干部项目包干负责机制，对重点项目、重要工作，一周一调度、一月一通报，确保项目建设顺利推进。坚持科学民主决策，自觉接受人大的法律监督和政协委员的民主监督，主动接受群众的舆论监督。严格落实“两个责任”“两个为主”，积极履行“一岗双责”，严肃查处了一批违法违纪案件，党风廉政建设取得新成效，干杉社区被评为长沙县农村基层党风廉政建设示范村。在长沙县2014年度镇（街道）党政领导班子绩效考核中获评工业和综合发展型一类镇。（杨　宁）

【上海大众乘用车项目首台样车下线】 12月18日上午，省委书记、省人大常委会主任徐守盛来到上海大众汽车长沙工厂，观摩首台样车组装，考察项目建设情况。上海大众长沙工厂开工以来，已完成投资50亿元，冲压、车身、油漆、总装车间以及技术中心已建成。10月开始试生产，预计2015年5月实现批量投产。项目全部建成后将成为世界一流的汽车整车生产线，可实现年产60万辆、产值约1500亿元。上海大众长沙工厂进驻以来，已经吸引38家零部件、物流配套企业入驻，其中不少是湖南本土配套企业。（杨　宁）

【国内首家智能物流园海驿物流开建】 12月26日，湖南海驿智能物流园奠基仪式在干杉镇举行。交通部原副部长李居昌，十一届全国人民代表大会财政经济委员会副主任委员、九三学社第十二届中央委员会副主席、中国统计学会副会长、中央财经大学统计学院院长贺铿，交通运输部政策法规司巡视员、中国交通企业管理协会常务副会长兼秘书长李维双，中科院云计算中心主任季统凯、湖南海驿集团董事长唐丽等领导共同出席。该项目于2012年8月24日获得省发改委立项批复，明确总体规划建设用地34.87公顷，总建筑面积约90万平方米，总投资约为30亿元，分三期开发建设。其中，一期用地规模为9.47公顷，总建筑面积约为22万平方米，预计投资6.5亿元。海驿智能物流园项目一期建成后将可容纳实体经营户1000余家，智能物流云平台会员单位100万家，解决就业人员2万余人，货物年吞吐量可达800万吨，将有效改善市区交通环境，承接二环线及万家丽路沿线七大物流园转移，从而给长沙县带来巨大的社会、经济、环境效益。

（杨　宁）

【集镇提质改造工程竣工验收】 为提升集镇品味，改善人居环境，干杉镇于2014年3月份启动老集镇提质改造工程，累计争取项目资金近2000万元进行街道亮化工程，包括秋江线干杉段、杉岭北路、杉岭南路、明月路、交院路、绕城高速连接线等道路安装节能路灯，共计约10千米；明月路、绕城高速连接线沿线美化绿化；老集镇市政雨污管线扩建工程；10千伏及低压线路改造工程以及弱电（电信、有线）电线改造工程；街道整治工程——杉岭北路路面加铺沥青工程、人行道建设工程等。通过9个多月的努力，项目竣工验收，集镇道路全部“白改黑”，雨污管道分流、垃圾集中收集、夜晚路灯明亮，达到了绿、亮、净、美的要求。（杨　宁）

【村两委换届选举完成】2014年4月圆满完成了村两委换届选举工作。镇党委按照基层党组织“五个好”的要求，精心组织、周密安排，全面有序推进换届选举。本次村（社区）党组织换届选举，万龙村党支部换届选举实行“公推直选”，其余8个村（社区）党支部换届选举采用“二推一选”。支部选举在3月中旬结束，除杉岭社区未参加本次选举外其余9个村（社区）全部配齐支部班子，其中有4个政治素质高、发展能力强、工作作风扎实的优秀青年人才被选拔到支部书记领导岗位。2名大学生村官通过选举进到支委会任职。村委会选举在4月中旬完成，新进支村两委8人，2个村实现书记村主任“一肩挑”。新一届支村两委成员总体上素质提升，以中青年为主体，文化程度较高，年龄结构趋于合理，具有带头致富和带领群众共同致富的能力，在党员群众中威信较高。（杨　宁）

【村级治理】进一步加强村组规范化管理，各村（社区）建立村民议事会和村务监督委员会，健全“四议两公开”决策机制。开展村务监督委员会和村级财务人员培训，加强村级三资交易平台管理，实行一季一检查、一季一讲评制度。在2014年全县的村级治理大会上，干杉镇和干杉社区的工作被作为典型推介，大岭村作为全县党建工作先进典型进行推介。全面认真开展“善行义举榜”发布工作和县道德模范推选工作，杉岭社区成功创建干杉镇首个长沙县四星级“雷锋号”志愿者服务站。（杨　宁）

【生态环境治理】完善了村级无线高音喇叭、手机信息平台、五老督察队等宣传举措，建立了“镇干部一拖三联村联组”制度，形成月末检查公示、季度讲评、年度目标考核机制，逐步形成精细化、网格化、制度化、常态化的管理和运行机制。做好畜禽污染治理，一二级畜禽限养和禁养范围内均达到县控制养殖要求。全面提升集镇精细化、规范化管理水平，积极开展环境卫生、交通秩序、摆摊设点等专项整治行动。2014年在全县排名第12位，南部镇街排名第二。万龙、车马、干杉社区、长安等村在全镇评比中排名前列。（杨　宁）

【铁腕控违拆违】坚守村级控违的第一道防线，制定了镇对村控违拆违目标考核细则，与村级签订责任状，在杜绝违章建筑上给村干部早“打预防针、吃定心丸”。加强城管、国土、电力等部门协调，开展每月不少于8次的动态巡查，通过村级无线高音喇叭等方式大力宣传政策。对违建发现一起，日夜坚守，坚决不让其建起来。近三年，镇域范围内没有一起成规模的违章建筑（如厂房或仓储等），保证了良好有序、公平公正的建房用地秩序。狠抓渣土管理，依法拆除违章建筑2.1万平方米，确保用地、建房依法依规。加强土地管理，指导成立渣土公司，科学设置定点卸土、取土区域，规范卸土取土行为。（杨　宁）

江背镇

【概况】江背镇为徐特立、熊瑾汀等无产阶级革命家的故乡，素有“水泥之乡”、“车身之镇”的美誉。该镇下辖4个社区居委会和12个行政村，辖区总面积175平方千米。2014年末，全镇常住人口57648人，其中男性29439人，女性28209人。2014年，该镇实现财政总收入6807万元，地方一般预算收入2017万元．完成工农业总产值87.38亿元，其中工业总产值80.67亿元，同比增长8.7%，规模工业总产值60.01亿元，同比增长12.5%。完成固定资产投资30.39亿元，同比增长31.2%。完成社会消费品零售总额1.1亿。招商引资到位资金3.43亿元。该镇现有规模企业17家，其中亿元以上企业8家，十亿元企业2家。汽车配件、工程机械和水泥建材三大支柱产业带动效应进一步增强，配套产业不断完善，同心工业园日益壮大、深层发展。2014年，该镇农业总产值为6.71亿元，农民人均可支配收入2.2万元，比2013年增长12%。以花卉苗木、畜牧养殖、现代农庄等产业为主的农业产业集群效应进一步增强。农民专业合作社发展迅速，至2014年底，全镇共注册农民专业合作社132家，家庭农场18家，现代生态农庄4家，农业企业8家。2014年，全镇粮食作物总产量5.32万吨，油料播种面积1373.33公顷，油料总产量2575吨，生猪出栏量6万头，家禽年饲养量13万羽，花卉苗木种植面积966.67公顷，品种30余种。2014年，该镇共有5个单位创建为长沙市文明单位，3个单位创建为长沙县文明单位，印山村为全国文明村。2014年在长沙县年度绩效考核综合排名中位居前列。

2014年，该镇经济建设富有成效，但经济总量仍然偏小，历史遗留问题复杂，财政负担过重，阻碍各项事业发展；交通难题成为该镇发展的瓶颈，需尽快推进黄江公路建设，把香樟路、湘府路与岳汝高速联络起来；民生改善永无止境，基本公共服务水平有待进一步提高，社会管理面临进一步挑战；工业仍以传统产业为主，效能偏低，需要企业进一步加大创新、转变发展方式。（许 倩）

【产业转型升级】2014年，该镇通过加强企业服务，营造良好的发展环境，推动产业转型发展。工业基础不断夯实。同心实业获得国家汽车环保公告及国家3C产品强制性认证；梅花汽车通过国家工信部新能源汽车资质终审；奥凯泵业、坚韧机械、万征科技等企业先后获得27项国家专利。该镇蝉联长沙市加速推进新型工业化红旗乡镇。现代农业蓬勃发展。7月3日，长沙规模最大的生态农庄锦绣江南成功试开园；7月9日，实行乌川灌区水权水费改革，被湖南省水利厅定为全省第一个也是唯一的水权交易试点乡镇；10月21日望达农业在沪交所中小企业板块成功上市，成为全省首家在该板块上市的民营农业企业；多彩农业流转土地60公顷，引进和吸收台湾先进技术，建成省内种植面积最大的火龙果基地；湖南天合红豆杉和北大荒种业有限公司落户该镇。“三产”培育初见成效。湖南万物生开发投资建设的商贸综合体项目已完成主体工程；龙头井农庄成功承办长沙市第二届葡萄文化旅游节，知名度进一步提高。（许 倩）

【城乡统筹】 2014年，该镇紧抓城乡一体化建设试点镇的机遇，以完善基础功能为目标，不断争取各级支持，加大资金投入，加快项目建设，镇村面貌日新月异。完成八清线白改黑、暮五线大修工程，硬化村组公路21.7千米。实行了以人行道铺设、道路两厢绿化亮化、给排水管网改造等为主要内容的集镇提质改造，江背中心集镇一、二期工程全部完工，五美集镇改造主体工程基本完工，梅花集镇提质改造进展顺利。完成了五美、梅花集镇广告牌统一规范以及朱桥—江背S103线景观打造工程。获批运用PPP模式开发建设集镇新区和梅花工贸新区。建成江背自来水环形管网，实现了五个集镇和工业园区供水。峡江水库除险加固、乌川灌区东庄片区续建配套一期工程顺利完工并交付使用。（许 倩）

义务巡防队员正在进行集训（江背镇 提供）

【社会管理】2014年，该镇以管理升级为抓手，狠抓村级治理、安全生产、计划生育、综治维稳等工作，营造了安定和谐的良好局面。村级治理有成效。圆满完成村（社区）换届选举工作，扎实组织新任村干部集中培训，编制下发《江背镇规范村级事务管理资料汇编》，在全镇16个村（社区）建立村民议事会，以“三事分流”为核心，积极推进乐和乡村建设试点，五福村乐和乡村建设获评长沙县先进互助会。狠抓安全成常态。加强生产安全、交通安全、食品安全、消防安全、森林防火等宣传与监管工作，开展烟花爆竹领域打非治违行动，共取缔爆竹非法作坊33家，成功销毁爆竹近1.2万余件。计生服务上水平。扎实推进人口和计划生育工作，进一步完善全员人口信息系统数据，完成孕前优生检测228例，发放各类政策奖励扶助2000余人次，计内生育率达93.18%。综治维稳有成绩。大力推进社会治安综合治理，组建了168人的义务巡防队伍，定期开展治安巡防，有效处理矛盾纠纷，社会治安明显好转。抓好平安创建工作，开展信访积案化解百日行活动，矛盾纠纷调解成功率100%，社会治安综合治理民调满意度大幅上升。（许 倩）

【社会事业】2014年，该镇始终把保障和改善民生作为工作的根本出发点和落脚点，在民政、教育、卫生、文化等方面谋民生之利，解民生之忧，广大群众得到更多实惠、生活得更加幸福。社会保障暖人心。按照上级部署完善了城乡低保、医疗救助等工作，对全镇享受低保对象进行上户普查，严格界定标准，做到了应保尽保；城乡居民养老保险和医疗保险均超额完成任务。文教卫事业全面发展。完成综合文化站提质改造，江背书画院建成投入使用，成立长沙县首个乡镇文联，长沙快板成功申报长沙市非物质文化遗产。争取上级资金940万元，建成特立幼儿园音乐体育活动室，完成肖桥小学、特立小学等6所学校维修改造；印山小学成为长沙县首个武术进校园试点学校，江背中学、梅花中学教学质量和中考上线率继续位居全县前列。环境卫生状况明显好转。投入环境治理资金近300万元，推行周巡查、月考核、季讲评的工作机制，对每季度排名前三、后三的村（社区）分别进行奖罚，将村（社区）环境卫生工作与联村干部年度考核直接挂钩，形成了先进促后进、后进赶先进的良好氛围。狠抓集镇日常管理，开展20多次专项整治行动，拆除违章搭建300余处，整顿店外经营500余户，自拆、收缴违规灯箱广告70余个，打造了规范有序、文明通畅的新家园。

（许 倩）

黄花镇

【概况】2014年，黄花镇辖黄花路、黄谷路、机场口、龙塘4个社区和黄龙、黄花、华湘、合心、长丰、鱼塘、东塘、谷塘、金塘、高岸、大路、大兴、梁坪、新江、银龙、龙湖、回龙、崩坎18个行政村，其中龙塘社区于2014年6月26日成立。全镇总面积141平方千米，其中耕地面积6.04千公顷。年末总人口8.67万人，其中农业人口7.23万人，非农业人口1.44万人，流动人口4516人，人口自然增长率为7.2‰，人口计生率达90%。

2014年，镇党委政府始终按照党的十八大的部署和要求，紧紧抓住服务中心、建设队伍两大核心任务，全力推进新型城镇化和经济社会协调发展，全年财政税收突破6亿元，增长20%；基础税源总收入3.26亿元，一般预算收入1.17亿元。完成全社会固定资产投资26.5亿元，增长31%；招商引资到位内外资7.97亿元，增长12.25%；实现社会消费品零售总额1.76亿元，增长14%；进出口总额1509万美元，增长8%。42个政府投资项目完成投资1.73亿元。农村居民人均可支配收入2.3万元，增长14%，荣获“长沙县2014年度绩效考核突出贡献奖”。

农林牧渔业总产值8.21亿元，其中：农业总产值5.99亿元；林业总产值0.07亿元；牧业总产值1.47亿元；渔业总产值0.38亿元；农林牧渔服务业产值0.3亿元。大力推广农机新技术、新机具，全年培训各类机手60人、职能技术人员35人，新增拖拉机30台，补贴机具160台（套），发放补贴资金118万元。重点扶持创建1个万亩粮食高产示范片、2个连片蔬菜种植基地，统一发放及施用石灰4928.2吨、有机肥1424.6吨、叶面肥2650L、绿肥22224.3千克，根瘤菌5291.5包，修复治理重金属污染耕地3333.33公顷。投资1150万元完成6个村的农网升级；启动远大路、S207提质改造，完成35千米村道硬化；养护公路335公里。投资1200万元整治鱼塘、红旗、超英、荫山4座病险水库；发展节水农业8处；赤石河引水工程、捞刀河长湖段河道治理和湘江航电枢纽5个泵站开工开建。回龙湖现代农业科技有限公司一项工艺设备获国家发明专利，成功打造星稷香有机大米、柳吉观赏鱼、回龙湖有机蔬菜等品牌。以东塘村为首批试点村，对水果产业提质升级；新成立观音塘现代农庄，回龙湖有机蔬菜基地、长丰农业生态发展有限公司、新江生态园、华穗生态产业园、柳吉观赏鱼产业科技园、大兴金地农庄、黄龙山庄等一大批休闲农业与乡村旅游产业园形势喜人；内联农户、外联市场，16家新增农业专业合作社异军突起，培育农业龙头企业3家，永吉合作社创新“公司＋基地＋农户”的发展模式，实现农户与市场“双赢”。

全年完成工业总产值64.9亿元，同比增长6.57%；工业经济创造利润4.5亿元，增长9.56%；产生税收2.3亿元，增长9.52%。全镇22家规模工业企业完成总产值32.6亿元，增长13.2%。以商会为主平台，开展政银企对接活动，制定园区集约发展政策，采取兴建多层厂房、项目腾笼换鸟等系列政策措施，引入湖南利美印务有限公司、湖南宝典实业投资有限公司、湖南蓝田包装印务有限公司、长沙市布雷尔利金属制品有限责任公司等项目7个，形成了以9家亿元企业为龙头、22家规模以上企业为骨干、153家中小企业为支撑的企业梯队，镇域经济实力持续增强。

第三产业不断壮大。不断调整产业结构，积极发展休闲旅游、电子商务、现代物流等，与和通超市达成合作意向，镇域内首个城市综合体有望建成，空港朗园、圣地领航、紫华郡空港新城等楼盘相继交房，房地产业量价基本稳定，第三产业从业人员达2845人，产值占比逐年提升。

城乡面貌焕然一新。坚持“一体两翼”发展思路，投资5000万元进行第二期小城镇建设，黄花路、黄春路、集镇中心广场道路及立面提档升级，主干道标志标线和停车位等交通安全设施一应俱全，8个主要路口的红绿灯和电子警察投入使用，文明通行蔚然成风。精心配制灯光效果，完成商业街夜间亮化。投资318万元，建成黄谷路农贸市场。投资1700万元对人民东路两厢238户民居进行立面改造（2014年已完成198栋）。投资202万元建设集镇污水支管网。在长沙市2014年度城乡一体化建设面上镇评比中荣获第一名。开展“清霾”行动，实施秸秆回收，拆改燃煤锅炉4台，规模以上工业企业万元GDP能耗下降12%，氨氮减排6.1吨。开展“碧水”行动，对87养殖户进行畜禽污染治理，拆除农田养殖栏舍2处，禁养区“清零”，限养区退出栏舍面积5万平方米，四池净化39户，打捞河道漂浮垃圾千余吨。开展“净土”行动，投入300余万元，深入推进农村环境综合整治，增设垃圾压缩站设备，成功取缔4处马路市场，实现环境卫生承包全覆盖。开展“三年造绿大行动”，对境内省道S207公路（4.1千米）沿线两侧进行割草除灌，栽植6-10厘米樟树、栾树、水杉800余株；人民东路（6.7千米）两厢完成全面绿化；全镇11370余人参加了全民义务植树活动，义务植树18.1万株，东塘村获评市级绿色村庄，黄龙新村获评县级美丽乡村，，黄花镇荣膺“国家级生态乡镇”称号。

项目建设全面推进。服从与服务于经开区、星沙产业基地、松雅湖、黄花国际机场、空港城、黄花产业基地、综保区等七大板块34个项目的建设，累计腾地达600公顷，动迁人口6000人。机场飞行区东扩工程以两天签订25户协议、一个月签订146户协议的成绩续写征地拆迁“黄花速度”。中低速磁悬浮专线、机场综合配套服务设施、S207南延线、伟雄电子、新江土地生态修复技术研发基地等项目的施工加速推进；气象局、特立东路、8.33公顷代征地、松雅湖15.33公顷代征地、省艺校、数字联通阅读基地、S207南南延线等项目的拆迁腾地圆满完成；航空物流园、经开区宝石产业园、奥凯厦门航空、松雅湖高湖、雅一路、坤隆商业街等项目的征拆工作按部就班推进。妥善处理60号令生产留用地、失地农民、1986年机场拆迁户、太一机电、鹏盛等历史遗留问题，拆迁安置温暖人心。

社会民生事业大力推进，人民生活幸福感和满意度不断提高。累计发放惠民资金2600万元，发放城乡低保金792万元，大病救助285人，慈善助学42人，为13位残疾人提供“送证上门”服务。全面完成193户限价房的选房购房，危房改造67户（其中重点援建户25户，一般援建户42户），获评“长沙市2014年度农村危房改造工作一等单位”。完善提升敬老服务设施，建成农村幸福院5家，黄花敬老院被评为“长沙市示范性敬老院”，高岸村、银龙村探索建立居家养老模式，打造了“没有围墙的养老院”。实施创业富民工程，转移就业1.5万人，获评“长沙市2014年度基层人社公共服务平台标准化建设优秀单位”“长沙县2014年度创业富民工作先进单位”。完善6所中小学的校舍和教学设施，全镇共建成幼儿园（托儿所）18个、小学18所、初级中学2所，支持成立长沙县第一支青少年管弦乐队，教育公平在更大范围得到保障。完成6个村级卫生室建设；成功争取上级支持规划新建一所医院（规划设计中）；医疗卫生机构床位达50个，逐步实现基本医疗服务公益化。温情关爱流动人口，优质服务育龄群体，有效落实“单独二孩政策”；全年走访计生对象300多户，发放慰问金30万余元；机场口社区计生协会申报省级计生协会示范村通过了初审；黄花镇获评“长沙市2014年度人口计生工作模范单位”。坚持属地管理、分级负责，开展“信访积案化解百日大行动”，摸排调处矛盾纠纷320起，处理突发事件28起，解决重大信访遗留问题6个，群众合法诉求有效实现。深化平安创建，开展禁毒宣传教育系列活动，安置帮教社区矫正和社区戒毒人员，成立专职巡防队伍，社会大局和谐稳定。深入实施公众治安满意工程，严厉打击违法犯罪，破获刑事案件69起，审结民事案件542起。强化执法监督和源头治理，扎实开展8次安全生产专项治理行动，继续保持“零事故”的良好态势。成立6家餐饮服务公司；监管指导农村集体聚餐958次；完成农产品质量检测420批次，合格率达到99%；重大动物疫情防控入户率及合格率均为100%，全力守护群众“舌尖上的安全”。

群众文化活动欣欣向荣。大力发展群众性文化体育事业，投资100万元的综合文化服务中心全面完工并免费对外开放；全镇各村、社区已配备文化专干21名，农家书屋管理员23名，已建成农家书屋23家，基本建成农村“半小时文化服务圈”，镇农家

书屋获评长沙县三星级农家书室；镇、村已建成村级文化活动中心22个，村级文化信息资源共享工程22个，成立村级老年活动中心10个，文化艺术团21支，腰鼓队21支，广场舞队21支，健美操队21支，篮球队10支，军鼓队10支，龙狮队4支，门球队4支，柔力球队2支，镇社区学校获评“长沙县优秀社区学校”。进一步丰富群众文化生活，长年组织及参加舞龙狮大赛、卡拉OK大赛、摄影比赛、读书征文演讲比赛、广场舞大赛、羽毛球赛、篮球赛、象棋围棋比赛等；先后举办“欢乐潇湘”村（社区）文化艺术节暨禁毒宣传专题文艺晚会、“与爱同行，情暖社会”重阳节敬老演出等大型活动和展出6次，累计观看群众达万余人次。

规范权力运行，政府效能不断提升。扎实开展党的群众路线教育实践活动，全面完成26个突出问题的整治，开展12次作风建设督查，“三公”经费支出同比下降40.1%。主动向人大报告工作，向政协通报重大事项，认真接受人大和政协的监督，办理人大议案、建议和政协提案9件。实施网络问政，深化政务和村务公开，发布政务信息1189条，及时处理“12345”市民服务热线312个，办理网民咨询与信件90余件次。圆满完成18个村支村两委换届选举，培训入党积极分子69名，新入党39人，转正党员56名。建成11个村级一站式办公场所，3个村新建便民服务中心。制定村居财务管理指导性意见和政府采购文件，完善三资管理平台，组织村级财会人员进行系统培训，加强项目建设领域的廉政风险防控，审查与监管工程招投标项目17个、政府采购项目4个，镇财政所被评为“省级先进财政所”。严格执行“三重一大”制度，全年完成建房证审批340件、户口审批470件。

（陈　立）

1月16日，黄花镇召开第五届人民代表大会第三次会议　（陈　立　摄）

【黄花镇第五届人民代表大会第三次会议召开】1月16日上午9点，黄花镇第五届人民代表大会第三次会议在庄严的国歌声中拉开序幕，150余名来自全镇各条战线的人大代表、列席代表参加会议。会议通过朱忠良、何定安、周秋香三位同志辞去代表资格及职务的请求，选举产生了黎文革担任黄花镇人民政府镇长，听取并审议通过《黄花镇政府工作报告》《黄花镇人大主席团工作报告》《财政预决算报告》。

（陈　立）

【探索建立以村为主体的市场化环境卫生承包机制】为切实提高农村环境卫生综合治理工作水平，打造整洁、秀美、干净的美丽新农村，黄花镇各行政村根据村情，以市场化运作方式，探索建立环境卫生承包机制，实现村委会从农村环境治理的执行者转变为监督者、管理者和对承包人的考核者，保洁员从原来的由村级选任变为由承包人聘用，改变部分保洁员“吃大锅饭”的现状，形成保洁员队伍的优胜劣汰竞争机制，提高保洁员队伍工作积极性和职业化水平，有效提升农村环境治理水平。

（陈　立）

【排头小学成立长沙县第一支管弦乐队】黄花镇华湘村为丰富学生的课外生活，积极开展学生第二课堂，投入十余万元支持排头小学积极组建管弦乐队，为学校配备了小号、大号、长号、萨克斯、大鼓、小鼓等乐器，邀请专业老师每周免费给学生培训，率先在长沙县建成第一支具有一定专业水准、有规模、有特色、有影响和有名气的学生管弦乐团。

（陈　立）

【易炼红赴黄花机场东扩工程调研】4月21日上午，省委常委、市委书记易炼红，市委副书记、市长胡衡华赴长沙黄花国际机场东扩工程调研，并就机场建设发展工作进行现场办公。易炼红强调，要加快推进机场扩建，建设现代化区域性国际航空枢纽和产城深度融合新区，大力发展长沙东部开放型经济。市县领导陈献春、姚英杰、杨懿文、张庆红、杨莉参加调研。

黄花机场东扩工程系省级重点工程，该项目于2013年8月份正式启动征地拆迁工作，总体规划征地面积

264.8 公顷，总投资 41 亿元，涉及黄花镇谷塘、金塘、鱼塘和高岸 4 个村 23 个村民小组，动迁农户 912 户、动迁人口 3851 人，截至 2014 年年底，已签订房屋拆迁补偿协议 578 户，已拆除房屋 378 栋，交付使用红线内土地 159.67 公顷。易炼红一行考察了临空产业园、飞行区东扩工程（第二跑道）项目等建设情况，对机场近年来建设发展取得的显著成绩给予充分肯定。

胡衡华要求，加快黄花国际机场扩建和发展东部开放型经济具有良好的基础条件，要进一步加强顶层设计，以先进理念、现代思维、国际标准，思考和谋划机场扩建，有序推进机场第二跑道建设，完善临空产业园区规划，统筹综合交通枢纽建设，及时协调解决发展中存在的问题和困难，要使之成为展示长沙城市形象的闪亮窗口，成为推动转型创新发展的重要平台。

易炼红强调，要以国际水准推进机场扩建和长沙东部开放型经济发展。规划设计要体现高水准，按照机场片区的功能定位、发展目标和主要任务，进一步细化优化控详规划、分区规划、产业规划；项目建设要体现高品质，着眼于加快基础设施完善、增强机场功能配套等要求，实现公交、地铁、轻轨、高速公路等交通方式的“无缝对接”，建设一流的生态新城；产业培育要体现高层次，紧紧围绕航空运输业、现代服务业、临空产业三大产业，引进培育更多好项目、新项目、大项目。全市各级各有关部门要切实增强省会城市的服务意识和责任担当，以强有力的措施提供保障，进一步加强组织领导，主动做好上下衔接，严格落实责任，提供优质服务，着力优化环境，各负其责，协调一致，唱好“大合唱”。（陈　立）

【长沙县首个邮政金融助农服务站落户黄花镇】5 月 15 日，长沙县首个邮政储蓄银行金融助农服务站在黄花镇高岸村顺利启动。该邮政储蓄银行金融助农服务站设在高岸村村部旁的晓平超市，被称作“晓平站”。它的成立填补了现代化金融服务在长沙县农村地区的空白，让老百姓足不出村就能享受刷卡购物消费、转账、交水电费、小额提现、查询等多项日常金融服务，形成了资金的“快车道”和财政补贴的“直通车”，极大方便了村民的生产生活。（陈　立）

【首届生态休闲周启动】8 月 10 日，由中共黄花镇委员会、黄花镇人民政府主办，黄花镇农办、综合文化中心、镇团委承办，新疆生态园、华穗农庄等协办，主题为“亲近庄园，酷爽夏季”的黄花镇首届生态休闲周启动，主要目的为推介本地农家乐、农庄，推销全镇特色农产品，助推发展休闲农业，本次活动共有华穗农庄、柳吉观赏鱼产业园、长丰生态农庄等 13 家单位参加，主要包括游览农庄、亲身体验农事活动及亲子嘉年华活动，至 8 月 24 日圆满结束。活动当天，从长株潭地区征集的 30 户亲子家庭参与亲子嘉年华活动，现场进行葡萄接力赛、剥葡萄皮竞速等趣味活动，尽情享受垂钓、体验采摘，还可以观看丰富多彩的节目表演，同湖南省著名作家、书画家何立伟共同采风，感受乡情野趣的宁静。为助推活动气氛，黄花镇还通过电话、网络、微博派发了价值百元的葡萄消费券 1000 份。休闲周期间，游客凭消费券可在黄花镇的生态葡萄园免费领取一箱葡萄，有效带动了全镇休闲观光农业及餐饮、旅游业的发展。（陈　立）

【禁毒摘牌工作完成验收】10 月 17 日，长沙市禁毒办副主任、市禁毒支队副支队长欧建平，长沙县禁毒办主任、县公安局副局长周刚强等市县两级禁毒委的领导组成的检查组，开展对黄花镇禁毒挂牌整治工作进行检查、验收。2014 年，镇党委、政府重拳出击，依靠公安机关、各村（社区）、各部门的力量，在镇域范围内全面铺开禁毒工作。一是按照“条块相整合，责任全覆盖”的原则，成立以镇党委书记为主要负责人的禁毒工作领导小组，将禁毒责任分解落实到各个禁毒

8 月 10 日，黄花镇“亲近庄园，酷爽夏季”生态休闲周正式启动，图为亲子嘉年华活动现场（陈　立摄）

成员单位和村、社区，并组织相关责任部门立下禁毒责任的“军令状”；二是加大宣传力度，通过发放宣传册1000余张、宣传小读本800多本，在宾馆酒店及娱乐场所张贴禁毒宣传标语1000余张、悬挂禁毒宣传横幅20多条，并成功举办“欢乐潇湘”村（社区）文化艺术节暨禁毒宣传专题文艺晚会，使群众知晓率达到80%，全面完成禁毒摘牌工作。（陈　立）

【获批全国重点镇】7月21日，国家住房城乡建设部、国家发展改革委、财政部、国土资源部、农业部、民政部、科技部联合发布全国重点镇名单的通知，黄花镇榜上有名，成为未来小城镇建设发展的重点和龙头。黄花镇常住人口达10万人，黄花国际机场坐落镇域腹地，在141平方千米的土地上，长永高速、机场高速、长株高速、S207等多条交通要道交错布局，区位优势明显，是长沙县乡镇中人口第一、经济总量第二的大镇，已成为长沙市“大东城”战略和长沙县临空经济区建设的核心区域。2014年财政税收突破6亿元，经济发展潜力大，城乡一体化建设呈现出经济增长与民生改善共同发展，公共服务与社会管理同步提升，环境治理与生态建设一体推进的良好局面，先后获评为湖南省最具民生幸福感乡镇、国家级生态镇。此次被列为全国重点镇，对于黄花是个巨大的鼓舞，黄花镇将全力把握机遇，加速国际空港镇的建设。（陈　立）

春华镇

【概况】2014年，春华镇辖12个村、1个社区。全镇总面积132平方千米，其中耕地面积3127公顷。年末总户籍人口4.4万人。农村经济总收入25.78亿元，比上年增长18%；财政总收入898万元，增长13.2%；地方一般预算收入335万元，增长25%；固定资产投资11亿元，增长41%；农村居民人均可支配收入1.62万元，增长15%。被评为长沙市2013年度经济社会发展“十快”乡镇，长沙市计划生育工作模范乡镇，长沙市“无邪教活动”先进乡镇，长沙市农村危房改造一等单位，长沙县特色镇。

项目建设。投资2200万元的大鱼集镇综合整治项目10月底建成交付使用；投资1000万元的S207春华段、春垅公路、开元东路东延线亮化工程全线亮灯；投资4000万元的龙泉路提质改造项目全线通车；投资1800万元用于小农水项目建设、山塘清淤、战备和瓢塘水库灌溉渠改造以及跃进和高冲水库病库治理；新建农村公路29.5千米，S207春华段共计18千米道路实现白改黑，完成南大桥和塘头湾桥危桥改造。投资2700万元的胭脂港河道整治项目完成立项、设计、评审；投资6300万元的春华集镇综合整治项目新街改造11月启动建设；高峰塘集中居住点、种子仓储物流园项目安置区基本建成；长松线白改黑项目完成设计、评审；镇农贸市场建设项目完成选址和规划设计。镇政务服务中心标准化建设获评全市先进，“一事一议”财政奖补项目荣获全县三等奖。

产业发展。2014年实现耕地规模流转443.33公顷。投资10亿元的湖南现代农业成果展示园项目和投资97亿元的春华国际创新型健康养老养生示范区项目落户。省重点工程国家杂交水稻综合试验基地项目即将开工开建。怡清源长春茶业有限公司建成湖南最大绿茶文化产业基地。九农蔬菜研发示范基地一期工程全面投产。种子仓储物流园项目二期工程、长沙十里家具城项目全面启动。新增九旺和群益生态农庄，农民专业合作社增至15家。宇田蔬菜专业合作社获省示范性合作社，武塘果蔬等11家专业合作社荣获县示范性合作社，武塘果蔬专业合作社创业项目被评为“优秀创业项目”。鸿福杨梅、春荷葡萄、兴富孔雀、春红花卉、洞田香米等特色养殖、种植业多次被《星沙时报》县电视台专题报导。

乡村治理。创建绿色村庄2个、绿色庭院50户，全年栽植各类苗木30余万株。完成S207春华段、开元东路东延线及武塘村公路绿化建设，S207绿色通道工程荣获市政府优秀工程。农村环境治理实现网格化、精细化管理，推行垃圾“三分一处”机制。在九田村九田组、金鼎山村龙顾组打造县生态环境示范点。推广生态湿地治理养殖污水技术，首创干粪收集循环利用模式并在全县推广。禁养区实现退养清零，完成38户占田猪栏舍的拆除工作。投入资金100余万元，新建四池87个，解决农户生活污水直排问题。金鼎山村、花园新村同步推进乐和乡村和美丽乡村建设。金鼎山村龙顾组建成全县首家组级乐和大院（杂姓祠堂），并在此举办了该组首届小年团圆宴，“三事分流”机制在该组全面落实；金鼎山村全兴组乐和互助会重订组规民约，突破性地将除宅基地外的土地“三权”收归集体，为新农村建设留足规划用地空间。在全镇全面推行村民议事会制度，引导群众积极参与社会治理。

社会事业。社会保障实现制度全覆盖，通村公路硬化率达到90%以上，供水管网、供气管道延伸至集镇和重点区域。援助108户农村困难户改造危房。人口与计划生育工作重心下移，“单独两孩”政策全面落实，计划生育奖励扶助申报年审率100%，征收社会抚养费119.5万元，洞田村被评为2014年度长沙市计生协会示范村。春华卫生院建成运行，村卫生室实现基本药物全覆盖，镇村两级医疗机构基本药物零差率销售，居民健康档案完成建档；占地1.6公顷、投资2400万元的镇敬老院项目启动建设；占地5.33公顷、投资1亿元的百熙中学选址金鼎山村和大鱼塘村，已完成初步规划设计和用地规划调整；花园小学、东林小学附属幼儿园、洞田小学综合用房建设正在实施。“六层级”矛盾纠纷调解模式化解一批信访积案。省级安全生产示范镇通过县级验收。“老姜煨鸡”“水煮活鱼”获评十二道最具长沙县地域特色菜品。成立全县首家镇书画家协会，创办“春华雅咏”书画专刊，成功举办“乐和”文化艺术节、世界环境日暨安全生产文艺会演、广场舞、太极拳、篮球赛等群众性文体活动。开展春华“好人榜”和“善行义举榜”推广工作，推选长沙县首届“新乡贤”。

党的建设。明确党委书记是党建第一责任人，分管副书记是直接责任人，其他班子成员为联系点责任人。“三重一大”集体决策制度和党政主要负责人“两个不直接分管”制度全面贯彻。落实“一岗双责”和责任制向下延伸，开展基层党组织书记向镇党委和群众述职测评工作。圆满完成村“两委”换届工作，村级班子文化、年龄、性别等结构得到优化，一批群众公认、懂经济、善管理、有经验的“双带”型党员干部和优秀人才走上村党支部书记岗位。推荐4名“五强”型村（社区）党组织书记为县、镇两级“两代表一委员”人选。严格落实“三会一课”、党员冬春训制度，严把发展党员入口关，2014年发展新党员27名，按期转正党员40名。将远教工作列入村级组织目标管理考核范畴，在县远教技能比武赛中获得团体三等奖。成立“大学生村官之家”。严肃查处党员违纪案件，营造风清气正的发展环境，九田村争创县党风廉政建设示范村。扎实推进党的群众路线教育实践活动，调整单位办公用房，严格政府采购制度，全镇会议数量同比减少10%，发文总量同比精简11%，三公经费同比下降47%。深入开展“一推行、四公开”群众工作，密切了党群干群关系。开展五小机关建设，干部队伍战斗力和凝聚力进一步增强。推进党建强村富民工程，落实支企帮村举措。九木村、龙王庙村新建村级组织活动场所。“一站式”办公场所、党员服务中心窗口实现村级全覆盖。洞田村、九田村建设扶贫工作取得实效。（黄新辉）

【建成长沙县首个组级乐和大院】龙顾乐和大院位于春华镇金鼎山村龙顾组干冲子，大院于2014年5月破土动工，2015年2月正式建成。龙顾乐活大院由龙顾组村民集体决定修建，村民捐资7万余元，投入义务工1000余个，是长沙县“乐和乡村”示范点中首个组级乐和大院（杂姓祠堂）。大院形制仿古，外表墙采用麦麸壳混刷，具有浓郁的乡土气息和湖湘文化特色。大院建筑材料、建筑工艺力求环保、节约，梁柱采用全木质结构，外坪铺设环保地砖，外围篱笆均为竹制，凸显绿色生态环保。大院占地面积0.27公顷，由龙顾大屋、乐和舞台、钢构大棚、屋前活动坪四部分组成，其中龙顾大屋面积约200平方米，包含乐和祠堂、乐和学堂、乐和书屋、乐和娱乐室以及乐和陈列室，乐和祠堂侧墙上张贴全组45户居民的全家福。大院建成后，全组45户居民每户捐出一把椅子置于乐和祠堂，45把椅子代表45户户主。自大院建成以来，龙顾组大小会议均在该祠堂中举行，每户代表坐在属于自己的椅子上发表意见、建议，行使自治权利，践行“三事分流”乡村治理新模式。新华社湖南分社社长邹云，长沙县委书记杨懿文、县长张庆红现场调研指导，对大院的建设工作给予了高度评价。（黄新辉）

【村民自发组织聚餐服务团队】厨具

2月12日，龙顾组在乐和大院举办首届小年团圆宴　（春华镇　提供）

高温消毒，餐厨垃圾统一回收，食材全部有票据溯源，所有工作人员持健康证上岗。8月19日，位于春华镇的长沙家深餐饮服务有限公司正式挂牌，乡里乡亲家中有红白喜事需要操办的，可咨询预约。该团队由本地群众自发组织，镇食安办对其实行目标管理考核。在农村，大都有红白喜事集体用餐的习惯，而宴餐多为农村自发组织举办，其从事餐饮活动的人员多是临时拼凑，所用设备流动性大，聚餐环境复杂，餐饮原材料质量没保证，给农村集体聚餐埋下食品安全隐患。该公司与食品安全监管部门签订了协议，承诺履行食品安全主体责任，严格落实餐饮服务食品采购索证索票规定，绝不采购和使用食品添加剂以外的任何可能危害人体健康的物质，不采用和使用标识不规范、来源不明的食品添加剂。该公司现有员工55人，每天可承办宴席200桌左右。同时，县食安办、卫监所随时受理群众举报投诉。 （黄新辉）

【长沙县首个乡镇书法家协会成立】以文会友，以诗言志。7月27日，春华镇书法家协会正式成立。省政协常委、省政协人口资源环境委员会主任胡伟林，省政协常委、省文化厅副厅长、省书法家协会副主席鄢福初，县委常委、宣传部部长彭勇出席成立仪式。该协会是长沙县成立的首个乡镇书法家协会，将通过省市县书法名家与春华镇书法爱好者建立师承关系，学习彼此成功经验并形成良好互动。该协会将做好相关刊物宣传工作，组织会员举办大型笔会交流心得，并聘请书法大师到协会授课，以书法、诗词等多种形式为宣传当地风土人情提供独特视角。协会成立当天，10位省市县著名书法家欣然接收了“徒弟”，为春华镇书法爱好者进行一对一辅导，这些书法大师还“客串”讲解员，介绍名家的精品力作，并从书法的整体形态、点画结构、墨色组合等多方面分享自己的经验。春华镇因“春华秋实，人寿年丰”而得名，积累了丰富的旅游资源和深厚的人文底蕴。境内春华渡槽、武塘纪念亭等景点早已闻名遐迩，胭脂港传奇、乾隆御赐“金鼎银毫”等传说流传至今，历代名人数出，盛事迭传，近年来已成为当地开展群团文化活动的独特资源。 （黄新辉）

【魏检破解多年难题】国庆节后上班的第一天，几位村民走进了春华镇政府机关大院，当他们郑重地把火红的感谢信贴到大院最醒目的墙壁上，大家才知道了背后的故事。“群众路线大开展，党委政府转作风，多年矛盾一朝解，村民心头沐春风！”这是感谢信开头的几句话。原来，该镇武塘村合兴组，因为历史原因，组内账务混乱，干群不和，多年矛盾交集，多年来力图解决，可都收效甚微。今年春天，该组的村民代表又来到镇政府反映情况。镇党委书记魏检热情接待了他们，耐心倾听他们的意见后，他表示，镇党委、政府以深入开展党的群众路线教育实践活动为契机，将坚决、彻底解决该组的问题。随后，魏检两次组织召开党政办公会议专题研究合兴组的问题，并和联村的镇干部多次深入该组入户调查座谈，清查账目，寻找矛盾的前因后果，用“解剖麻雀”的方法，把列出的问题一一梳理，经过大量烦琐、细致的工作，终于将该组多年留积的矛盾一一化解。稳定了群众情绪后，又召开该组村民大会，民主选出了新的组级班子。由此，该组生产生活和各项工作又重新走上了正轨。 （黄新辉）

【创新成立“大学生村官之家”】10月25日，春华镇在镇文化站挂牌成立“春华镇大学生村官之家”。以管理好、服务好、锻炼好大学生村官为理念，让大学生村官下得去、待得住、干得好、有作为，其目的在于搭建平台、碰撞思想、形成共识，鼓励大学生村官抓住“大学生村官之家”的精神内涵和核心思想，找到开启农村基层工作的钥匙和联系点，“先谋后定”创造性地开展工作，努力施展才能、发挥优势、积极作为，成为新农村建设的一支重要力量。当天，该镇全体大学生村官组织开展了第一次调研活动，内容包括春华镇金鼎山村“乐和乡村”建设、参观“乐和大院”，为抓好乡村治理、服务农村工作学习取经。 （黄新辉）

【《丰收的晒谷坪》获一等奖】春华镇金鼎山村龙顾组乐和大院有一块水泥坪，村民经常在这里晒谷子。该村社工黄烁路过此处，看到低保户郑叔帮邻居晒谷，便拿起手中的相机，拍了下来。让她没有想到的是，在长沙县首届乐和乡村“秋色渐染乡村，乐和温暖乡情”社工摄影大赛中，她这一幅《丰收的晒谷坪》荣获一等奖。“当我想到‘乐和乡村’，脑海中浮现的是一个个村民努力的身影，特别让人感动。”黄烁颇有感触。这次摄影大赛在长沙县25个乐和试点村中展开，共收集到15个社工拍摄的25幅作品，经过投票评选，最终选出10幅获奖作品。 （黄新辉）

【“水煮活鱼”荣获十二道最具长沙县地域特色菜品】《大清食话》记载：光绪年间，清朝宫廷兴起食鱼热潮，一位来自长沙府的李姓御厨制作的“酸菜鱼”因“器具绝、工艺绝、配方绝”和“鱼绝、味绝、营养绝”受到了皇宫贵族的倾爱，被圣旨御封。从此300多年间，李姓家族代代为厨，并将此道菜肴传承下来。在由长沙县人民政府主办、长沙县国家现代农业示范区和湖南都市频道承办的“民厨争霸”活动中，来自李姓烹鱼世家的十二代传承人李为昂的徒弟李晓烹饪的大鱼塘水煮活鱼被评为“十二道最具长沙县地域特色菜品之一”。大鱼塘水煮活鱼这道菜离不开产自长沙县春华镇大鱼塘村水库的鱼，由于水库中水质清澈，加之不给鱼喂养饲料，采取放养方式，从大鱼塘村水库中捕捞的鱼不仅没有腥味，而且鱼肉Q弹有韧劲。长沙县一直以来就流传着一句古语——麻林桥的豆腐，大鱼塘的鱼，这两门美食都离不开好的水质。有了好的食材，烹饪口感鲜美的水煮活鱼也就相对容易了，配料只需姜、紫苏、青椒和盐就行。先将鱼两面煎一下，同时放上姜，然后放水煮，待水变成乳白色的汤时，加上青椒、紫苏和盐即可。火候一定要掌握好。先用猛火将水煮开，然后文火慢熬，这样保留鱼的原汁原味，做到鱼汤清香、鱼肉鲜美无腥味。得到祖传秘方的李为昂在星沙开了一家小餐馆，以水煮活鱼为招牌菜。由于李为昂烹饪的水煮活鱼很受食客欢迎，开了18年的李记活鱼王在星沙城区无人不知，成为吃货们心中的美食聚集地。与此同时，为了让更多人品尝到大鱼塘水煮活鱼的独特味道，年内李记活鱼王进行了品牌升级，店面已走出了长沙县，闯进了长沙市。

【健康城产业项目落户春华镇】春华健康城是根据对健康产业发展状况的研究，结合春华镇的实际情况，由湖南发展集团股份有限公司、长沙祥茂投资置业有限公司、湖南宇田农业股份有限公司共同投资的以养老为核心的健康产业项目。项目总投资97.49亿元，位于春华镇武塘、金鼎山、龙王庙村，占地200公顷，项目开发周期5年。以现代农业、健康管理、活力养老为三大业态，打造集“生态度假、健康养生、创意娱乐、高端体检、高端医疗、活力养老”为一体的健康养生休闲度假综合体。（黄新辉）

【湖南（长沙）现代农业成果展示园项目落户】湖南（长沙）现代农业成果展示园位于春华镇金鼎山村，投资金额10亿元，占地86.47公顷，整个工程分三期建设，预计2018年完工，致力于打造一个优势资源有效聚集、服务设施全程配套、文化艺术有机融合的现代农业成果展示园。（黄新辉）

【S207亮化工程项目建成投运】S207亮化工程项目是推动春华镇城乡一体化发展，切实解决居民出行困难的民生工程，也是长沙县人大议案工程。安装范围为：春华转盘至路口镇14.1公里，共安装308盏250瓦高压钠灯，灯杆高度10米，布置形式为单侧安装，间距40米。该项目于2014年4月17日启动建设，至2014年10月完成全部路灯安装、电缆铺设、变压器安装施工，以及路灯调试并亮灯运行。项目于2014年12月18日通过多方竣工验收。（黄新辉）

【春华集镇（棚户区）综合整治项目开建】春华集镇（棚户区）综合整治项目属于长沙市城乡结合部综合整治重点整治工程，共投资6300万元。该项目分为春华新街、春华老街两个标段分步实施，其中春华新街部分预计投资3400万元，包括新街道路改造、立面改造、综合管线改造等内容；春华老街部分预计投资2900万元，包括老街房屋立面改造、麻石路面改造、综合管线工程、捞刀河老街段风光带建设及胭脂港景观湿地公园等。该项目立项、概算批复、初步设计、施工图审查、预算编制、投资评审、挂网招投标等相关前期工作已完成，新街标段于11月启动建设。（黄新辉）

【春华敬老院项目开建】春华敬老院项目选址于春华镇大鱼塘村，总用地面积14851.96平方米（合1.48公顷），项目总投资2208.77万元，内设规模150个床位的老年人居室、老年公寓楼及与之配套的综合楼及其他辅助用房、室外活动场地等。项目于2014年12月4日启动建设。该项目的建成，对提高群众精神文化生活质量、加快推进乡镇养老服务社会化具有重要意义。（黄新辉）

【高峰集中居住区项目开建】高峰集中居住区项目位于春华镇春华山村高峰塘组，占地8公顷，涉及种子仓储物流园拆迁户100户406人，计划居住200~300户，项目总投资520万元。项目一期工程场地平整、水电、道路等基础设施已完成，已开始安置房建设。

（黄新辉）

果园镇

【概况】果园镇位于长沙县中部，是著名戏剧家、中华人民共和国国歌词作者田汉先生的故乡。境内有贯穿东西的宋水线、贯穿南北的瞿杨线和黄兴大道北延线。全镇区域面积69.8平方千米，辖七个行政村（新明村、古楼新村、田汉村、花果村、双河村、红花村、金江新村），三个社区居委会（杨泗庙社区、大河社区、月形山社区）。总人口2.4万人，其中男性12262人、女性11809人。集镇建成区面积达到2.16平方千米，商居户300余户，常住人口0.56万人，城镇化率3%。

2014年，果园镇坚持“三个共同、三个共享”发展理念，按照“稳中求进”工作基调，围绕“建设三型生态果园，打造田汉文化小镇”工作目标，攻坚难点，突出重点，把握支点，彰显亮点，顺利完成了全年各项目标任务：全镇完成财税总收入5054840元（其中国税3494567元，地税1560274元），一般预算收入1973005元（其中国税626071元，地税1346934元）。完成工业总产值8.06亿元，社会消费品零售总额6300万元，完成固定资产投资6亿元，城乡居民人均可支配收入达1.47万元。（曹　丹）

已完工的浔龙河村民活动中心　（果园镇 提供）

【城乡统筹】2014年，果园镇严格按照“规划引领、基础先行、功能配套、创新推进”的工作思路，以“城镇化的乡村、乡村式的城镇”为发展愿景，狠抓重点项目建设，不断加大基础设施投入。浔龙河生态示范点作为省级重点工程和市、县城乡一体化试点项目，完成投资2亿多元，完成了果园镇土地利用总体规划和浔龙河项目控制性规划，已调规建设用地326公顷（其中国有建设用地233.33公顷），已批回国有建设用地27.53公顷；完成村民拆迁77户，腾地28.53公顷；启动农民安置区一期安置房和浔龙河幼儿园建设；完成了驭龙路、杜鹃路道路建设、双河桥老桥改造、村民活动中心建设、村民广场土方回填及场地平整工程建设、浔龙河青少年农业科普教育基地建设；完成金江坝中桥工程建设，完成金井河、麻林河河道治理，完成增卜塘病险水库治理，完成新明渠道、南干渠渠道治理，完成田汉等5个村的节水灌溉项目，完成63个小农水项目，农村安全饮水工程入户1027户；完成了两批共计100户危房改造；完成金井河堤杨泗庙至档头岭段道路提质改造工程，共建设生态路8公里，硬化农村公路24千米，改造危桥5座；积极主动做好了重点工程沪昆高铁220千伏输电线路的协调工作，镇域内基础设施和公共配套不断完善。（曹　丹）

【特色农业】2014年，果园镇财政全年安排150万元特色农业奖扶专项资金，对从事特色花卉、果木、稻米种植的农业合作社和龙头企业进行重点扶持，引导民营资本投资现代农业，促进农业产业转型升级。实施田汉万亩高产创建示范片和“种三产四”丰产工程示范片项目，培育五彩稻种植基地，打造万亩高产双季优质稻生产示范区。积极推进现代农庄建设，培育新型农业产业经营组织，全镇现有现代农庄4家，合作社64家，2014年新设立家庭农场5家，完成流转土地771.13公顷发展规模生产经营。加大招商引资力度，成功引入广东棕榈园林股份有限公司落户果园，北京电影学院入驻浔龙河，万联农业有限公司在新明村启动有机蔬菜基地建设，初步形成一、二、三产业融合发展的产业态势。（曹　丹）

【人居环境改善】2014年，果园镇大力实施“清洁乡村”工程，开展环境卫生整洁行动和垃圾分类减量处置，主要道路实现机械化保洁，镇域内生态环保实现常态化管理，全年两次在县生态考核中名列前茅；加强了禽畜污染治理工作，实现“限养区控规、禁养区清零”；古楼新村、大河社区获评“省级卫生村”，红花村获评“全市城乡环境整洁行动优胜村”。大力实施“绿色乡村”工程，完成了杨泗庙集镇道路绿化提质和宋水线、瞿麻线等主干道的补绿工作，完成了金江新村村级主干道、田汉故居绿化建设，共植树造林12万株。大力实施“规范乡村”工程，重点加强杨泗庙集镇的秩序治理，规范店外经营、乱搭乱建、乱停乱放等行为，切实提升管理水平和集镇形象；全面加强乡村规划管理，严禁在交通干线两厢违规建房，严厉打击违法采砂、违规搭建、超速超载等违法行为。（曹 丹）

【群众文化活动】2014年，果园镇举办了田汉文化艺术专家研讨会，田汉侄女--旅居日本华侨田伟女士参与会议；举办了“幸福达人秀，我是大明星”长沙首个乡镇文艺达人选秀活动，全镇300多团体、个人参加比赛，5000余人次现场观看，受到社会各界和新闻媒体的高度肯定；积极引导浔龙河文化艺术团、田汉诗社走群众化、市场化、产业化的发展道路，浔龙河艺术团原创节目《拦花轿》荣获湖南省文化厅原创节目二等奖，市、县群众文化原创节目一等奖；以浔龙河生态示范点建设为题材，拍摄了农村轻喜剧《浔龙河》前30集，并在湖南公共频道播放。（曹 丹）

【支村两委换届完成】2014年2月21日至3月15日，完成了包括七个建制村（花果村、田汉村、双河村、新明村、红花村、金江新村、古楼新村）及两个社区（杨泗庙社区、大河社区）的村级党组织换届选举。2014年3月10日至4月20日，完成了以上九个村（社区）村民委员会换届选举工作。（曹 丹）

【举办村（社区）干部专题培训班】为了使新当选的村干部尽快进入角色，提高新一届村干部素质，增强其在新形势下做好农村工作的能力，2014年5月16日至17日，果园镇在长沙县唯一的正规化干部培训基地——县委党校举办了一期“践行群众路线，提高履职能力”村（社区）干部专题培训班，全镇10个村（社区）支村“两委”干部共50人参加了此次培训。（曹 丹）

【首创乡镇专职保洁员运行机制】2014年，以环保合作社为平台，长沙县果园镇首创乡镇专职保洁员运行机制和网格化管理，通过公开、公平、公正的选聘机制聘用了43名专职保洁员全面负责44个网格内环境卫生和生态宣传工作，采用每天8小时工作制，区分夏时制与冬时制。保洁员配备专门的环卫服和清洁工具，工资待遇实行基本工资+绩效工资制度，采取镇、村、监督委员会三级协同考核。（曹 丹）

【成立果中圆城镇建设投资开发有限公司】2014年，长县政函〔2014〕103号同意由果园镇人民政府出资1000万人民币组建长沙县果中圆城镇建设投资开发有限公司，负责镇域内国有资产的管理，对资产的处置、经营、保增值负总责。（曹 丹）

【举办“幸福达人秀，我是大明星”文艺达人选秀活动】由果园镇综合文化服务中心主办、田汉文化艺术团承办的主题为“幸福达人秀，我是大明星”果园镇首届文艺达人选秀，活动开长沙地区乡镇文艺达人选秀先河，全镇300多团体、个人参加比赛，5000余人次现场观看。（曹 丹）

【档案工作规范化管理晋升省二级】2014年，果园镇严格依据《档案法》的规范要求，对照“湖南省机关档案工作规范管理考评计分表”，从档案管理组织、档案保护保管条件、档案基础业务、档案开发利用价值四个方面进行了调整完善，将档案管理工作纳入镇政府重要议事日程和目标管理考核体系，制定了更为规范的管理办法及规章制度，不仅加大经费投入，而且加强了镇、村档案管理网络构建和规范化管理，不断提高科学管理水平。2014年12月，果园镇档案工作规范化管理成功晋升省二级。（曹 丹）

路口镇

【概况】全镇总面积89平方千米，辖9个村和1个非农社区，总人口30646人。2014年该镇紧紧围绕“北部崛起看路口，城乡一体创特色”的战略目标，以“六个走在前列”大竞赛活动为引领，坚持将中心工作与群众路线教育实践活动相结合，努力打造“美丽路口、商贸路口、温泉路口、艺术路口”，推动各项工作齐头并进。实现财税总收入1128万元，完成一般预算收入258万元，招商引资实际到位资金4431万元，完成规模工业总产值2.2亿元，完成全社会固定资产投资6.7亿元，完成社会零售额1.76亿元。新引进鑫瑞祥综合建材市场、瑞新钢材市场、上汽五菱4S店、明森汽贸、华聚农产品收储配送交易中心；麻林温泉项目采矿权已顺利摘牌；路口镇被纳入长沙市加快推进城乡一体化建设试点镇，已完成《路口镇总体规划（2005-2020）》2013年修编工作和《路口镇土地利用规划（2006-2020）》2012年修改工作；积极转变农业发展方式，已初步形成“东菜西粮中部果”的现代农业产业布局；投资2000万元的路口老集镇改造主体工程已完成，并通过市级城镇管理示范乡镇验收；大力推进城乡保洁队伍职业化和市场化，深化农村垃圾分类减量和有毒有害垃圾回收、水域保洁、畜禽养殖控规和污染治理，扎实开展截污、治污工作；群众工作站共发放便民联系卡13200张，走访群众12977户，接待群众反映问题387个，已解决问题383个；发放农村低保金372万余元、城镇低保金37万余元，城乡居民养老保险参保12356人；全年共排查解决各类矛盾纠纷115起，调解率100%，综治工作被评为全市社会管理综合治理优秀等次单位；符合政策内生育率为95.24%，计生工作被评为全市人口和计划生育工作模范单位。举办了2014年庆国庆暨第二届群众文艺晚会、首届农民乒乓球团体比赛等大型文体活动，进一步丰富了群众文化生活，提升了路口镇文化品牌形象。（曹　薇）

【重大项目引进】投资6000万元的鑫瑞祥综合建材市场已办好用地手续的报批，已完成征地拆迁腾地等工作；投资1600万元的上汽五菱4S店项目已落户经营，标准化4S店建设正办理前期报建工作。投资5000万元，占地1.67公顷的长沙县华聚农产品收储配送交易中心项目，已启动征地拆迁工作。投资6500万元的瑞新钢材市场亦已签订了意向协议，规划方案已完成。（曹　薇）

【推进城乡一体化工作】 2014年2月路口镇被纳入长沙市加快推进城乡一体化建设试点镇。一是完成路口镇土地利用总体规划（2006-2020）2012年修改工作，落实新增750亩用地指标。二是做好路口镇总体规划（2005-2020）2013年修编工作。重点完善路口商贸集镇，规划麻林温泉新镇区，力争打造长沙县域北部经济增长中心。三是完成专项规划、概念性设计、项目建设修建性详细规划10多项，使规划体系日趋完善。（曹　薇）

【打造“东菜西粮中部果”的农业产业格局】 以龙华山等现代农业企业为龙头，打造沿S207万亩蔬菜基地；以星城明月蓝莓基地为中心，打造沿黄兴大道北延线的精品水果产业带；以耀祥食用菌为龙头，成立地锦观光产业园，创立合作社＋家庭农场＋村民三位一体的合作共赢模式；现已初步形成“东菜西粮中部果”的现代农业产业格局。（曹　薇）

【商贸路口显雏形】投资达2000万元改造路口老集镇，主体工程已完成；采取多种措施，加强集镇管理，申报市级城镇管理示范乡镇已通过验收；新集镇拍卖用地项目开工率达80%，集镇新地标11层的文化大厦项目已开建，污水管网连通项目已完工，锦秀公路（路口－浏阳秀山）完成规划设计，集镇开发地块基础配套项目的设计、招标已完成；协助S207提质改造项目路口段已完成、路青线提质改造已竣工通车。（曹　薇）

【环境治理】路口镇环境治理主要包括促进城乡保洁队伍职业化和市场化、深化农村垃圾分类减量和有毒有害垃圾回收、水域保洁、畜禽养殖控规和污染治理几大部分。一是扎实开展截污、治污工作，与各村（社区）签订《治污、截污工作责任书》；二是完成禁养区清零、限养区控规工作，对镇域内“两河”及桐仁桥渠道流域40处污染源进行全面治理，疏通渠道15公里；三是加快沼气池、四级净化池的建设，投资新建的病死猪无害化集中收集中转站及干猪粪预处理中心，现已投入运行。（曹　薇）

【胡衡华视察路口镇龙华山蔬菜基地】2014年1月13日，长沙市委副书记、市长胡衡华一行莅临路口镇龙华山蔬菜基地检查指导工作，县委书记、长沙经开区党工委书记杨懿文，市政府秘书长凌勤杰，县委副书记、县长张庆红等陪同调研。基地负责人陈海俊向胡衡华介绍了蔬菜基地的土地流转、管理、蔬菜种植和销售情况。（曹　薇）

【文树勋到路口镇调研城乡一体化建设】2014年11月21日，长沙市委常委、统战部长文树勋一行调研长沙县路口镇城乡一体化建设工作情况，实地走访调研了路口镇中华片环境连片整治项目、大山冲森林公园“艺术路口”建

2014年1月13日，长沙市委副书记、市长胡衡华（右三）到路口镇龙华山蔬菜基地检查指导工作　（路口镇　提供）

设情况及路口镇新集镇建设情况，并在路口镇政府机关召开了调研汇报会。市农办主任郑耀频，市发改委、市工信委、市住建委、市财政局、市国土局、市交通局、市水务局、市农业局、市林业局、市商务局、市规划局及市电业局等相关部门负责人、县委常委、副县长邹春林等陪同调研。（曹　薇）

【举办庆祝中华人民共和国建国65周年暨第二届群众文艺晚会】9月29日夜晚，在路口镇集镇广场举办庆祝建国65周年暨第二届群众文艺晚会。晚会以“欢乐潇湘，腾飞路口”为主题，以弘扬传统文化，倡导健康向上的群众性文艺活动，活跃基层群众文化生活，庆祝中华人民共和国成立65周年为目的，通过歌舞、朗诵、曲艺等多种表现形式，展现广大路口人民群众积极向上的精神面貌，文明和谐的幸福生活。（曹　薇）

高桥镇

【概况】高桥镇位于长沙县东北部，是伟大的无产阶级革命家李维汉和柳直荀烈士的家乡。镇城面积103.5平方千米，辖高桥、白石源、凤山、维汉、百录、合兴桥、桐仁桥、范林、金桥、双龙等10个行政村和荷花塘社区，总人口3万多人。2014年，该镇以“产业强镇”为目标，以服务农民增加农民收入为核心，扎实推进农业产业化、城镇化进程，实现经济建设和社会事业协调发展，全年财政总收入完成102万元，固定资产投资完成63420万元，规模工业产值实现29205万元，招商引资到位市外资金670万元，均超额完成县下达的目标任务。

重点项目扎实推进。成功引进国进菌业二期、三期菌业及锦天公司、湖南长沙尊飨农业科技有限公司4家企业进驻；高桥中学改扩建、集镇改造、虹桥改造、桐仁桥生态移民等一批重点项目稳步推进；政府干部宿舍改造、篮球场改造及周边绿化工程，省道S207高桥村红绿灯周边绿化提质工程、乡村公园建设工程、高桥镇街道绿化提质工程、集镇绿化提质工程、高桥茶园园林绿化提质改造工程均已竣工投入使用。

环境整治常抓不懈。全力推进生态环境治理，下大力气做好禽畜污染治理及治污截污工作，全镇54栋占用农田违规建设的养殖栏舍已全部拆除；推进农村保洁职业化，已建立了一支上门入户的专业保洁队伍，履行“公共区间卫生员、资源垃圾回收员、生态环保监督员、一年四季宣传员”的四员职能；进一步推进示范组建设，重点打造金桥沿河特色示范点。2014年，该镇获评“长沙市绿化先进单位”金桥村和范林村被评为“省级生态村”。

社会管理成效显著。一是依法依规依程序圆满完成村级换届选举工作，实现上访零记录；二是成功化解多年形成的7起信访集案，党群、干部关系进一步改善；三是稳步推进村民议事会、党员议事会、乐和乡村建设等新的社会管理方式；四是设立高桥镇安全综合监管中心，配备了6名安全监管人员，定期开展校车安全、食品安全、燃气用气安全、道路交通安全、危化品和烟花爆竹安全等安全专项整治工作；五是加强政府投资及工程项目建设与管理，严格落实报建审批手续，及时办理政府投资项目的立项、投资评审、招投标及结算备案等各环节的审批程序，全年完成14个建设项目的报建手续。对于超过10万元的村级建设项目严格执行招投标相关法律法规，按照“公平、公正、公开”原则进行了招投标。

社会事业稳步发展。一是农村低保实行规范化管理。5月由镇民政办牵头，对全镇低保户入户核查，对100多不符合低保条件的人员取消低保资格；二是高标准建设公益性墓地。回应群众期盼，对卧龙公墓进行绿化、硬化和护坡；三是扎实开展计划生育工作，全年符合政策生育率为93%，完成优生检查210人次，社会抚养费征收完成65.41%；四是全面开展农村危房改造。第一批危改指标共82户，7月份动工建设，至年底主体竣工72户，入住39户；第二批危改指标57户，8月份全面动工建设，至年底主体竣工27户，入住17户；五是坚持食品安全日常巡查制度，全年共巡查单位600多次，查处收缴过期食品400余件，开展专项检查10次，曝光违法企业1家，向上级提供执法线索17次。六是以文化促和谐。全镇每月开展一次文艺演出，所有节目均由各村文艺爱好者自编自演、自娱自乐，镇文化站活动室和镇村两级农家书屋全面向群众开放，组织村民参加广场舞、象棋、篮球、书画、知识竞赛等文体活动。随着村民业余文化生活的日益丰富，各种矛盾纠纷大大减少。

党的建设全面加强。一是镇党委坚持党委中心组学习和民主生活会制度，加强理论学习，开展廉洁从政教育；二是严格落实“党政一把手 ”不直接分管财经和工程建设制度以及重大事项报告制度，严控“四项费用”，降低非生产性开支，搞好政务公开，打造透明政府、阳光政府；三是依规依法程序开展村换届工作，按照“德才兼备，以德为先”的用人原则，推荐

和提拔优秀人才，提高基层领导班子的执政能力；四是加强廉政文化建设。深入开展廉政文化进机关活动，在机关办公楼、会议室、镇文化站等公共场所悬挂廉政宣传画40余处，在公园建立两处长达200米的廉政文化墙。

（罗宏广）

【食用菌产业加工链初步形成】长沙县高桥镇为县委县政府提出的“南工北农”发展战略中的北部农业乡镇，现代农业初具规模，着重打造S207高桥段沿线食用菌产业带，以国进菌业为龙头，依据农户+基地+企业的食用菌产业发展思路，以“做大产业、做出规模、做强龙头、做响品牌、做优质量、做全品种、做活产业链条、做成园区”为发展目标。现有26家种植合作社和4家大型种植企业（国进食用菌公司、福翔食用菌公司、银云科技公司、食用菌创业基地），全镇食用菌栽种面积20多万平方米，拥有金针菇、杏鲍菇、茶树菇、袖珍菇等8个品种，其中工厂化栽培面积近6万平方米。国进菌业为省级龙头企业；福翔食用菌公司占地约4.67公顷，现已建成连栋食用菌大棚9个；拥有3个食用菌加工企业——巍齐食用菌、尊飨农业科技有限公司、新天翔食品厂；即将开工建设3个食用菌生产加工企业：三湘菌业、景天投资公司、国进菌业二期。可以说，目前已经形成以国进菌业为生产龙头，魏齐食用菌为加工龙头的食用菌产业链布局。

（罗宏广）

【湖南现代农业技术创新基地落户高桥镇】湖南现代农业技术创新基地（高桥科研基地）是隆平农业科技创新体系的重要组成部分。高桥科研基地已完成133.33公顷基地建设，分八个功能小区：其中66.67公顷粮油作物区以优质稻、杂交稻、油料作物为主；40公顷园艺作物区由26.67公顷茶树资源圃、6.67公顷药用植物资源圃、6.67公顷园林花卉资源圃组成；6.67公顷设施农业区包括1万平方米的工厂化育苗连栋温室及10万平方米的蔬菜大棚等；6.67公顷野生资源保护区已保存183个柑橘及新水果品种；13.33公顷国际交流培训区以及现代农业拓展区。

目前基地共有12个研究所约30余个课题组在基地开展科研试验，并为相关示范作前期科研投入。已获批农业部作物基因资源与种质创制湖南科学观测实验站、农业部华中地区蔬菜观测实验站等6个国家级科研平台，为支持农科院做大做强，帮助科研基地在百石源村、高桥村、范林村完成100公顷新征用地项目。该镇依托农科院技术优势，发展“一村一品”经济，增强农业效益，增加农民收入，提升高桥农业核心园区影响力。（罗宏广）

【项目建设】2014年，该镇强力实施“项目建设年”，各项重点项目扎实推进。一是成功引进国进菌业二期、三湘菌业及锦天投资公司、湖南长沙尊飨农业科技有限公司四家实力企业进驻，前三个企业均已顺利通过项目领导小组会议。其中国进菌业二期、锦天投资已通过市国土局征地预审，夏巍齐食用菌加工厂主体工程建设已完工，尊飨农业科技有限公司已建成投产。二是稳步推进一批重点项目，高桥中学改扩建和中心幼儿园新建工程，正在进行征地拆迁工作；桐仁桥生态移民项目已经完成前期上户调查摸底、移民点选址、移民方案等工作。三是全面推进水利工程项目。2014年，财政投入450多万元，实施各类小型农田水利项目72处；完成投入约200万元的日头岭灌区改造；投资约500万元的年鱼神渡槽建设已经基本完成；启动投入约600万元的茜草塘、老虎口2座小II型水库除险加固工程；完成管道灌溉工程投资约1000万元；金井河高桥段进行治理，投资500万元的白米洞水库建设已完成立项手续；总投资2700万元的乔里河、百录河改造工程已纳入到2015年省水利厅中小河流域改造项目计划内，已完成设计、评审工作；启动白鹭湖水厂补水工程和高白线、仓马线自来水主管网铺设两个安全饮水项目的建议。（罗宏广）

【美丽乡村建设】高桥镇高度重视生态建设和环境保护工作，深入推进生态环境示范村庄、美丽幸福乡村建设。不断完善养殖户栏舍改造－沼气池－净化池－生态湿地的连片治理模式，百录、凤山、维汉等传统养殖大村率先在全县完成拆除农田畜禽养殖栏舍工作，同时严格落实五年来建设的粪污治理网格化管理措施，高桥镇畜禽养殖污染治理工作取得明显成效。大力实施绿化美化亮化工程，对金井河沿线双龙、金桥、范林等村近20千米的道路进行绿化，对S207高桥村红绿灯周边、高桥集镇和S207沿线茶园的绿化进行提质改造，投资200万元修建4个农民休闲公园，推进农村保洁员职业化和绩效考核制。（罗宏广）

【开展党的群众路线教育实践活动】高质量开展党的群众路线教育实践各个环节的活动，党政领导带头走村入户听取意见，发放近300份征求意见表，各联村班子成员下到各村开展体验式调研。共征集有效意见建议413条，反映领导班子意见建议83条，其中反映“四风”问题49条，反映基层班子成员意见建议330条，其中反映“四风”问题268条，切实找准了自身存在的突出问题，着实将问题聚焦到了“四风”方面。

高桥镇结合自身实际，重点抓好全员绩效考核、村级非标工程管理和不合格党员的处置3个专项整治环节。进一步完善《高桥镇机关干部绩效考核办法》，统一制作干部标牌，购买指纹打卡机，公示干部去向及联系电话，加强作风督查，通过一年的努力，干部作风有了较大转变。进一步加强对村级工程建设项目的监督管理，规范村级工程建设行为，确保资金安全和工程质量。进一步加大对不合格党员的处置力度，下发《关于不合格党员处置工作的指导意见》，开除两名不合格党员，纯洁了党员队伍，起到了警示作用。（罗宏广）

【增进民生福祉】社会保障体系进一步健全，城镇居民医疗保险和城乡居民养老保险参保率均超额完成任务。农村低保管理工作进一步规范，清查并取消不符合低保条件的人员100多人。困难群众救助体系进一步完善，春节期间慰问困难家庭770户，发放慰问金额86.38万元，卧龙公墓1期完成绿化、硬化、护坡提质改造，农村危房改造137户，范林村为全县唯一入选省农村危房改造整体推进示范点。人口和计划生育工作进一步落实，全年符合政策生育率为90.4%，出生人口统计准确率达到100%，无“两非”案件发生，荣获市级模范单位。群众文化活动进一步丰富，继续打造“广场文化艺术节”品牌，全年举办大型晚会6场；实施“村村响”广播工程，投资近50万元在全镇范围内安装400多个喇叭，实现了广播到组入户。此外，圆满完成村级换届选举，安全生产实现零事故。（罗宏广）

金井镇

【概况】金井镇地处长沙、平江、浏阳三县市交界处，镇域面积144平方千米，耕地面积3278公顷，林地面积8411.4公顷，水库18座，辖14个村，2个居委会，集镇建成区面积1.7平方公里，人口4.5万人。金井镇拥有完整的生态资源和丰富的人文历史资源，气温适宜、雨量充沛，空气、水质等相关指标检测都位列全省前茅。2014年，全镇实现工农业总产值41.16亿元，其中规模以上工业总产值30.37亿元，为年度任务的103.3%，同比增长10.09%；农林牧渔业总产值7.31亿元，为年度任务的102%，同比增长8.06%；完成社会固定资产投资19.76亿元，为全年任务的104%，同比增长33.72%；完成社会消费品零售总额4100万元，为年度任务的205%，同比增长70.83%；居民人均可支配收入19266.39元，为全年任务的100%，同比增长17%。实现基础税源财政总收入2081万元，为年度任务的102.46%，地方一般预算收入580万元，为年度任务的104.6%。全镇茶叶基地3000公顷，中科院长沙高值循环农业园等7个特色农业产业项目实现连片种植面积4800公顷，农民合作社89家。茶叶产量2.6万吨，有机茶叶等10余种优质特色农产品与沃尔玛、马王堆大市场等实现“农超对接”。新引进西山村香草园项目，填补长沙县花木产业有木无花的缺失。湘丰茶业有限公司获评全国茶叶行业六强、全国新型城镇化突出贡献企业，其飞跃有机茶基地获评中国最美田园景观。湘丰茶机推出行业内首条红绿茶兼用全自动生产线，研制出六轴炒茶机器人。星驰实业与碧野科技公司合作，在金井建设生物有机肥生产设备制造基地。全镇新农保、城乡医保参保率100%，人口计生率93.1%。落实城乡低保累计2.245万人次，发放金额506万元，向224个大病救助对象拨付救助资金69.9万元，完成149户农村危房改造工程。敬老院改扩建工程全面竣工，可集中供养五保老人150人，入住88人。强化安全生产、食品安全监督与管理，连续13年无安全生产死亡事故。综治司法所全年走访民众500多户，排查调处矛盾纠纷98起，调处成功95起，调解成功率97%。开展畜禽养殖专项整治、金井大市场专项整治、国土专项整治、违规建房专项整治和环境卫生综合整治五大行动，拆除占用农田搭建猪舍26栋（面积8176平方米），拆除违规雨棚12户和广告招牌9块，清理非法占地建房21户（面积2320平方米），取缔观佳、沙田马路市场，促进农村垃圾分类减量无害化处理，村级垃圾清运率100%。总投入4000余万元，完成山塘清淤16.67公顷、河道治理14千米、沟渠疏浚15处、水库除险加固3座。创新推广村级治理模式，受到群众广泛好评。获评全国重点镇、省级安全生产示范乡镇、市社会管理综合治理优秀乡镇、长沙市城乡一体化建设考核一等奖、长沙县特色镇考核一等奖、市电子政务管理与服务试点乡镇等荣誉。

（侯芳芳）

【获评全国重点镇】2014年，金井镇持续推进城乡统筹发展，建设19个城乡一体化项目，项目投资完成率达到年初申报计划的100%。白石洞水库、移民安置区、石壁湖（老金井）商业中心等项目有序推进。金井大道全面完工，金开线4.2千米提质改造完成，自行车赛道建成29.2千米，村组公路建成68.8千米，公路绿化10千米，安装路灯460杆。金井大市场农贸市场、脱甲农贸市场全面建成，万佳利超市进驻金井、脱甲集镇。集镇拍卖用地A、D地块4栋启动主体建设，星驰商务酒店启动基础建设。金龙农民集中居住点一期主体竣工并完成商铺招商。金脱河过河段、农贸市场污水主管改造全面完成。金井茶文化交流中心、湘丰集团—中科院环境监测大楼、商务酒店等一批旅游项目启动建设。金井水厂完成规划设计，正启动征地拆迁。两型产业园区建设前期工作有序推进。“茶乡小镇”建设项目成为长沙县首批PPP融资项目。7月，金井镇被住房和城乡建设部、国家发展和改革委员会、财政部、国土部、农业部、民政部、科技部评为全国重点镇，并获长沙市城乡一体化建设考核一等奖、长沙县特色镇考核一等奖。

（侯芳芳）

【金井大道竣工】 金井大道建设总投资约9000万元，2013年4月7日动工，2014年5月1日正式竣工通车。道路路面结构为沥青混凝土，全长3.158千米，路基宽15米，路面宽度14米，双向四车道，埋设电力、通讯、自来水、雨污水管道等地下综合管网，安设亮化路灯，栽种景观树木。整条道路为西南至东北方向，穿越金龙村、金井社区、涧山村和沙田村，在惠农变电站和金井林业站与S207相连接。金井大道的建成不仅可以优化镇域交通主干路网格局，也能为石壁湖商业中心的开发打下基础，将引领金井镇由线型发展变为片区发展。

（侯芳芳）

【石壁湖成湖工程完工】 石壁湖（老金井）商业中心位于金井镇中心镇区，主干道S207、金开线、金井大道、金龙路围合区域，涉及216户农户，总投资5亿元，总面积47.33公顷。项目以石壁湖生态湿地公园为核心，将建设成集商业服务、休闲游憩、茶文化体验、生活居住于一体的商业中心。石壁湖设计水面面积61520公顷，蓄水容量10万立方米，是长沙县最大的集镇内湖，建成后兼具防洪调蓄、景观休闲等功能。2014年年底，完成整体方案设计和征地拆迁工作，预计2015年实现蓄水。

5月1日，金井大道竣工通车　（周跃林 摄）

【白石洞水库及移民安置区建设】 白石洞水库位于金井镇观佳村，2008年3月5日由国家发改委纳入全国中型水库建设规划，是省、市“十一五”和“十二五”重点建设项目。作为东长沙战略储备引用水源，白石洞水库建成后，不仅可有效缓解北部乡镇农业生产及集镇民用供水需求，还将成为星沙的备用水源，应对突发性河流污染所引起的饮用水困难。截至2014年年底，项目签订移民协议613户，占总户数的97.8%。10月28日举行开工仪式，水库管理用房和上坝公路顺利开工。白石洞移民安置区为白石洞水库建设配套移民安置点，位于金井镇金龙村，占地18.5公顷，预计总投资1.4亿元。2014年年底，安置区土方工程、三通一平基本完成，公建房封顶2栋，移民自建房组合49栋，幼儿园、社区服务中心完成主体建设。

（侯芳芳）

【胡衡华到金井镇调研】 市委副书记、市长胡衡华来金井镇进行调研。市政府秘书长凌勤杰，市区县领导杨懿文、李科明、张庆红、吴京生、杨忠文、王国良、邹春林、谭浩然同行参加调研。金井镇是胡衡华在长沙县的联点乡镇。胡衡华走进湖南湘丰茶业有限公司该公司自动化生产车间，了解企业的经营状况，同时还详细询问金井镇中心卫生的规模建设、基本药物、人才引进等情况，并要求卫生院要为当地老百姓做好服务，当地政府要把基础设施建设落实到位。在惠农村，墙上挂着的“惠农”十条引起胡衡华的注意，胡衡华表示，要向基层多学习好经验、好做法。随后的座谈会上，胡衡华听取金井镇中心镇发展情况汇报。胡衡华指出，金井镇围绕中心镇建设工作，基础设施不断完善，发展前景明朗，相信金井镇能打造成城乡一体化的样板，彰显示范效应。金井镇要以项目为抓手，着力提高中心镇建设，立足金井特色抓亮点；以公共服务为突破口，着力提升城乡一体化水平，在新一轮中心镇发展中脱颖而出。（侯芳芳）

【获评省级安全生产示范乡镇】金井镇坚持把安全生产摆在社会、经济发展的第一位，通过注重全面统筹确保要素到位、严格奖惩兑现确保责任到位、宣传教育确保认识到位、深化整治行动确保监管到位、培育安全示范确保创建成效的“五到位”措施，有力推动全镇的安全生产工作，全镇生产领域连续13年无安全生产死亡事故。2014年，印制45块安全宣传板，发放安全生产知识手册5000份，在交通要道、事故多发地段设立永久性安全提示牌100多块。开展安全生产月、安全生产咨询日等活动，组织举办10余次各类安全教育培训，组织中小学生开展安全教育和应急演练。开展“打非治违”集中行动、道路交通安全整治行动、校园（校车）安全整治、食品安全巡查整治活动等专项整治行动，安全监管全覆盖。12月，省政府办公厅公布全省年度安全生产示范乡镇，金井镇成为2014年长沙县唯一创建成功的乡镇。

【文化教育事业】2014年，金井镇教育卫生投入同比增长20%。金龙幼儿园创建为长沙县示范幼儿园，西山小学教学楼改造完成，金井中学女生宿舍基本建成，脱甲小学综合楼建设即将完成。金井中学获得长沙县中小学德育示范学校称号、县教育装备督查优秀奖、县职校招生毕业生分流工作一等奖，中心小学被评为“长沙县绿色学校”。建成金井群众文化舞台，金龙村新文体活动中心竣工。发展县图书馆分馆1个、农家书屋15个（3星级2家）、老年活动中心14个、村级文化活动中心11个、民间文艺团队7支，各种活动小组30余个。全年组织举行各类型文化艺术活动20次。“金井喜乐会”文化集市、“茶乡金井”摄影大赛等品牌活动持续开展。茶之旅——“唐茶的味道”、长沙乡镇汽车巡展、紫云庙会等文化活动参与度高，得到中央、省、市县各级媒体的广泛报道。（侯芳芳）

【村级建设】金井镇创新推广村级治理模式，村民议事会、村务监督委员会等基层自治组织在全镇各村普及，民主议事、集体决策等成为常态。金龙村基层党建、产业发展、村集体经济和精神文明建设同步，创建全国文明村、省两型示范村。惠农村建立以乐和大院—惠农义工乐园为基地，各组互助会成为支点的乐和网络的专职社工体系，获省、市、县三级同心乡村、长沙市法治村。西山村把村官培养成社工，把党员培养成乐和骨干，着力恢复义务投工投劳机制，农民用水户协会探索“自我服务、自我管理、自我维护、自我发展”的灌溉管理新路，获“全国农民用水合作示范组织”。沙田村强化环境综合整治，创建市级卫生村。金龙、脱甲、九溪源3个村被确定为全县首批创建县级美丽乡村示范村。金龙村、九溪源村等6个农民集中居住点建设在全县率先实现突破。（侯芳芳）

【湘丰飞跃有机茶园获评中国美丽田园景观】金井素有茶乡小镇的美称。镇内有湘丰集团、金井茶厂两家大型茶业企业。湘丰集团的飞跃有机茶园面积246.67公顷，以中科院亚热带农业生态研究所和湖南省茶叶研究所为技术依托，模拟高山气候，采用节水喷灌系统、测土配方，间种三叶草、桂花、玉兰等植物。在病虫害防治上主要采用生物防害、人工巡查、定点捕杀、频震式杀虫灯等，不施化肥，不打农药，拥有十分优越的生态环境，空气、水质等相关指标检测都位列前

游客在湘丰飞跃有机茶园参加骑行活动（涂立峰 摄）

茶。茶园内现有一个公共自行车站点、五公里自行车赛道，提供采茶、制茶、游览、垂钓、骑行、拓展等休闲体验项目。11 月，湘丰飞跃有机茶园被农业部评为中国美丽田园景观。(侯芳芳)

双江镇

【概况】双江镇位于长沙县东部偏北，坐落于长沙、平江、浏阳三县(市)交接处，镇域面积 66.8 平方千米，总耕地面积为 1796 公顷，林地面积为 3528 公顷。辖 10 个行政村(农裕、团山、青山、龙华、石板、赤马、双江、大桥、石井、山笔)和 1 个社区居委会(罗代社区)，共有 177 个村(居)民组。2014 年年末，全镇有 6466 户总人口 21467 人。全年人口出生率 11.7‰，人口自然增长率 5‰。

2014 年，双江镇各项事业持续健康发展，全年实现规模以上工业总产值 1.8 亿元，同比增长 3.7%；完成固定资产投资 7200 万元，同比增长 48.9%；完成招商引资 240 万元，同比增长 20%；社会消费品零售总额达到 3800 万元，同比增长 24%；农林牧渔业总产值达 4.15 亿元，同比增长 8.7%；城乡居民人均可支配收入达 12668 元，同比增长 15%，全年完成税收任务数 50 万元，各项经济社会指标保持“稳中有进”。(杨 媚)

【有机小镇建设】双江镇位于长沙县北部边陲，镇域内本身无工业企业又远离长沙县南部工业区，三面环山、植被茂盛，被称为长沙县的“香格里拉”。按照《双江镇生态有机产业发展规划》(2012—2020 年)，双江镇一直坚持“建设生态双江、特色双江、人文双江、魅力双江”的发展理念，在实现“五个一”工程(即一批农业产业基地、一批农业龙头企业<合作社>、一批知名品牌、一批休闲农庄、一批科技实验园地)的道路上不断迈进。2014 年，镇域内已登记注册的农业企业 31 家、农业专业合作社 66 家，其中省级农业龙头企业 1 家，省级示范性农业合作社 1 家，市级农业龙头企业 6 家。大学生村官纷纷加入创业队伍更是给双江镇有机农业的发展注入了强劲的力量。2014 年由大学生村官发起成立、运营的农业合作社共有 4 家，他们坚持有机种植、生态养殖的发展理念，成功经验被长沙县电视台、《星沙时报》大力推介，更是鼓励了当地更多农民树立起了专业发展理念。目前双江镇基本形成了以“罗代黑猪”生态养殖为龙头，以有机蔬菜、优质稻种植为两翼，以中华蜜蜂、嫩仔鱼、螃蟹等特色养殖和现代农庄休闲旅游为辅助的经济模式，农业产业结构日趋优化。(杨 媚)

【环境整治】双江镇一直注重对环境的保护，始终把环境治理工作放在突出位置。镇领导班子带头构建两型生活方式，积极开展两型生活运动。深入开展农村环境连片整治、“清洁城乡”大行动、畜禽养殖治污，通过镇干部包户制度，对禁养区内 227 户养殖户的“反弹”实现全面清零，对团山消毒碗筷厂和山笔电池炼铅厂等高污染生产厂家等进行了关停。深入推进生态环境示范村庄、美丽乡村试点，集镇获评“长沙市绿色示范集镇”、大桥村获评“长沙市绿色示范村”，赤马、青山等村的花园式庭院建设成效明显。强力开展控违拆违、三年造绿等工作，拆除农田畜禽养殖栏舍 2634.5 平方米，植树造林 13 万余株，获评长沙市环境卫生整洁行动“十佳乡镇”、“国家级生态乡镇”等多项殊荣，镇域面貌日趋优美，人居环境日趋宜人。(杨 媚)

【基础设施建设】双江镇党委政府积极向上级争取项目资金，致力改变双江基础设施欠账较多的落后面貌，逐渐走出了一条“以人为本、四化同步、生态文明、文化传承”的新型城镇化道路，广大人民群众普遍受益。在集镇建设上“双管齐下”，投资 1150 万元解决了饮水和排水问题：实施自来水主管网延伸工程，满足了集镇和周边近 700 户居民的安全饮水需求；启动了污水管网提质改造工程，有效解决了集镇 80% 的生活污水直排河道，下大雨时还会倒灌居民自家的水井，严重影响集镇居民生活品质这一难题。在农田水利设施建设上“未雨绸缪”，投资 680 万元完成了青山、白华两座水库的除险加固和管网改造，科学铺排“小农水”工程，对镇域内主要骨干山塘进行了修葺改造，大大提高了全镇防范自然灾害的能力。在道路交通建设上实施硬化、绿化、亮化、净化、美化“五化共建”，投资 490 万元对集镇道路实施“白改黑”，全镇通村主干道基本硬化，水毁道路和桥梁维修改造基本完成，并大力开展入组入户生态公路建设，广大人民群众出行日趋便利。(杨 媚)

【社会事业发展】始终坚持财政资金侧重于民生，坚持发展成果全民共享，努力提升社会保障水平。2014 年共争取资金 356 万元，改造危房 121 户，切实提高了困难群众的居住水平。大力推进《长沙县城乡困难居民医疗救助办法(试行)》，扎实推进基本医疗普通门诊统筹，镇卫生院、村卫生室医疗综合配套设施建设进一步完善，全镇居民就医买药难的问题得到进一步缓解。耗资680万元的镇中心小学主体教学楼的建成，可以说是双江教育史上的一个里程碑，在未来的几年里，双江将迎来新一轮的校园建设，广大适龄儿童、青少年将会逐步享受均等的教育资源。镇民俗文化大舞台、村级文化活动场所、农家书屋等公共文化阵地的健全，逐步满足人民群众日益增长的精神生活需求，2014年举行的双江镇广场舞大赛、团山等村举办的村级文艺晚会，群众参与的热情很高，反响热烈。双江镇太极功夫队在长沙县太极拳团体赛中斩获一等奖，老年门球队在长沙县门球比赛中斩获一等奖。2014年建成的长沙县烈士陵园，位于双江镇石板村，现已成为长沙县的红色教育基地之一，它连同双江镇钟林毓秀的龙华山，舒适漂亮的休闲农家山庄吸引了越来越多的城里人来双江旅游、度假。始终保持对食品安全和安全生产监管的高压态势，安全生产在2014年实现“零事故”，为长沙县成功创建国家级出口食品农产品质量安全示范区做出了应有的贡献。（杨 媚）

白沙镇

【概况】白沙镇地处长沙县北部，属典型的农业乡镇。距县城星沙40千米，距长沙市区45千米，北与平江县向家镇相邻，东西分别与长沙县金井镇和开慧镇为伴，京珠高速从西北角穿越，县道金开线呈南北向贯穿全境，黄兴大道北延线直通白沙，交通十分便利。全镇镇域面积60.4平方千米，人口2.1万，辖10个村1个社区，素有“生态之乡，长寿之乡，小水果之乡”的美誉。

近年来，白沙镇党委政府紧紧围绕县委、县政府“南工北农”发展方略，积极推进“秀美乡村、绿色产业、清新生活”发展目标，着力于农村生态环境建设和推进乡村社会管理。深入开展“五步循环”群众工作和文体活动，不断改善群众生产环境，提升群众生活水平。

白沙镇致力于打造“小水果之乡”，全镇小水果种植面积达540公顷，高标准建设了6个标准化水果基地，水果品种涵盖布朗李、杨梅、葡萄、宝石红桃、梨、脆枣等，2014年水果产业总产值达600万元以上。开展农村生态环境建设，大力推广锡福村生态耦合技术处理养殖污水的模式，利用狐尾藻、梭鱼草、美人蕉等植物净化养殖污水，处理后的水清澈见底。推动基层治理机制创新，锡福村充分发挥村民议事会的作用，双冲村开展“乐和乡村”建设，设立乐和互助会，实现三事分流，即“大事政府办，小事村上办，私事自己办”。

2014年，白沙镇荣获“长沙市十快乡镇”，荣获国家级生态乡镇、长沙市2014年城乡环境卫生整洁行动“十佳”镇街。（杨 艺）

【发展生态休闲旅游】打造桃源新村1.33公顷精品果园，新建水果示范基地1.33公顷，新增农民专业合作社3家、家庭农场5家，田茂现代农庄被授予省级标志性水果示范园。组织开展“赏花节”和“采果节”，促进第三产业和生态休闲旅游业的发展。

（杨 艺）

【建设秀美乡村】每年投入200万元开展秀美村组创建，已成功创建秀美示范村5个、秀美示范组15个，村级生态示范路11条。分类处置生活垃圾，做到农村生活垃圾“农户分类减量，垃圾不出村组”。开展“清洁农村环境、建设秀美乡村”卫生大扫除活动3次。2014年完成98户占田建猪栏舍的拆除工作。大力推广生态耦合技术处理养殖污水，建成人工湿地13处。完成大明湖人工湿地工程前期勘察、论证工作。启动东八线白沙乡村公园工程。2014年荣获国家级生态乡镇、长沙市城乡环境卫生整洁行动“十佳”镇街。

（杨 艺）

【推进民生工程】新建桃源新村村部，完成桃源新村公共区域的绿化、给排水、活动场地等基础设施建设，实现83户农户免费供气和太阳能热水器安装。投入1600万元开展李家山集镇污水管网建设、集镇立面改造，打造省级特色集镇。以曾家坊村为试点进行村镇建设和传统民居保护，打造特色村级集镇样板村，完成1.5平方千米规划区集镇整体提质改造。投入800余万元完成双冲村木鱼神组危房改造连片整治工程项目，实现危房改造与环境连片治理相结合，得到住建部和省市县领导的充分肯定，获评长沙市危房改造工作一等单位。完善敬老院有线电视、网络、热水器等生活设施配套，获“长沙市示范敬老院”称号。计生优质服务深入开展。农村低保、城镇低保、大病救助等民生项目严格落实。继续保持省市上访零记录，综治考核全县排名第二。强化森林防火责任意识，获“长沙市森林防火规范化乡镇”。启动和推进白沙镇中心幼儿园和中心学校教学楼、宿舍和运动场的建设，使人民生活不断改善。

（杨 艺）

【四小机关建设】开展“小食堂、小澡堂、小文体活动室、小阅览室”的“四小”

建设活动，对机关食堂进行改造，打造干净、舒适、方便的机关自助餐厅。修建机关小澡堂，确保24小时提供热水，为干部职工提供便利的生活条件。以丰富业余生活为重点，打造机关健身房和阅览室，对职工免费开放。通过这些举措，改善了机关工作生活环境，增强了干部队伍的协作力和凝聚力。（杨 艺）

【乡村文明建设】完成镇文化站改造，建成双冲、白沙等6个村级文体活动场所。以石燕村为代表的群众文化活动得到了全国政协副主席卢展工等领导的肯定。开展第四届广场舞比赛、庆“六一”书美歌活动、第一届羽毛球比赛、三八妇女节跳绳比赛、第四届农民趣味会，以及“美丽锡福欢乐夜”、上华村村级艺术节等等。积极组织参与长沙县名厨大赛，“白沙镇大片肉”入围长沙县十二道地域特色菜品，有效提升了群众生活幸福感。（杨 艺）

【乐和乡村建设】双冲、窑上村试点乐和乡村建设模式，双冲村借助“乐和”理念将矛盾纠纷化解在基层，顺利推进各项任务的完成。锡福村试点村级治理新模式，构建以村民小组为基本单元的基层社会治理平台，促进基层社会事务三事分流，实现大事政府办，小事村上办，私事自己办，引导群众积极参与社会治理，其经验在其他10个村全面推行。（杨 艺）

【开展党的群众路线教育实践活动】扎实推进党的群众路线教育实践活动，达到预期目标，全镇会议数量同比减少10%，发文总量同比精简15%，调整单位办公用房6间122平方米，三公经费相比2013年下降33%。严肃查处违法违纪案件，党风廉政建设取得新成效，白沙村被列为县党风廉政建设示范村。全面推行党务、政务、村务公开，建设标准化政务服务中心。实施镇村干部精细化管理和OA办公系统管理、村级事务月调度和群众走访周汇报等工作制度，工作效率有效提升。（杨 艺）

【增强人大工作实效】定期组织代表进行专题调研，积极向上级人大及新闻单位报送人大工作方面的宣传信息，2014年3条信息被县人大常委会网站采用，县人大代表被县电视台采访1人次。积极建言献策。人大代表向县人大会议提出关于打破农村医疗门诊报销地域限制、继续加大北部乡镇电信改造力度、加大对北部乡镇骨干山塘投入和解决集镇交通不畅问题等4条建议，均得到有效解决。（杨 艺）

开慧镇

【概况】开慧镇位于长沙县北部，东临京珠高速，西接107国道，北距洞庭湖65千米，南离长沙市50千米，位于环洞庭湖、长沙市区、黄花机场和武广高铁1小时经济圈的双重辐射范围内。镇域总面积54平方千米，总人口2.1万人，辖6村1社区。开慧镇人杰地灵，是伟人毛泽东亲密爱人杨开慧烈士和中国第一位女共产党员缪伯英的故乡，拥有国家AAAA级旅游风景区——杨开慧纪念馆、市级文物保护单位缪伯英故居、湖南第一个农村党支部杨柳坡党支部旧址、明末清初飘峰建设的古塔、湘峰古寺等文化古迹，还拥有飘峰水库、竹山水库、开慧有机生态茶园等秀美的生态自然景观。先后被列为全国100个红色旅游基地、长沙市十个城乡一体化试点乡镇、长沙市五个特色镇之一，并荣获“国家级生态乡镇”“湖南省卫生镇”“湖南省旅游名镇”“湖南最佳乡村自然生态休闲旅游目的地”“湖南省优秀涉外参观点”“长沙最美乡村”等殊荣。

2014年，开慧镇完成基础税源总收入490万元，同比（下同）增长24.1%；规模以上工业总产值3.4亿元，增长0.6%；固定资产投资总额21.4亿元，增长33.8%；招商引资到位资金1.39亿元，增长13%；农林牧渔业总产值3.49亿元，增长6.4%；居民人均可支配收入达1.73万元，增长34.9%；社会消费品零售总额4070万元，完成任务数的110%。

招大引强，产业转型升级加快。建立健全招商引资项目引进、服务、督办机制，探索建立了政府投资、社会集资、招商引资的多元筹资格局，提高了项目的履约率、开竣工率和资金到位率。全年共接待客商80余批次，新引进湖南广电影视后勤基地等招商引资项目3个，新增上限企业1家、商业网点74个。重点抓好了京港澳高速客运接驳板仓港、华星直升机起降点等招商引资项目筹备建设。全年全镇统筹安排建设项目21个，实现投入3亿元，融资近亿元，其中绿道、板仓人工湿地等基础设施项目全面完工。开慧河河道治理、葛家山和枫林市两村国土整治、小农水建设等上级项目稳步实施。市民下乡点93个地块全部确定到户，已建和在建房屋的共51户。建立了创业富民项目库，成功获批县扶持创业项目8个、市扶持创业项目6个。

调优结构，特色产业蓬勃发展。力在保障粮食生产的前提下，大力发展优质茶业、花卉苗木、蔬菜等特色农业，大力扶持金山粮油、隆禹蔬菜、惠泽园、金湘园等农业企业。引进板仓彩色农业种植项目，率先在全省种植彩色水稻生态图案。大力推进土地流转，引导农民走集约化经营的道路。全镇共有专业合作社15家（其中省级示范性合作社1个，县级示范性合作社2个）、现代农庄4个，累计流转土地800多公顷。

生态建设，多措并举，全力推进。启动开慧河流域生态治理，对20多公顷骨干山塘进行清淤和维护。有序推进三年造绿行动，建立1个县级义务植树基地；对全镇5家企业完成初始排污权核实；263户50头以上已治理养殖户建档管理、113户50头以上未治理养殖户摸底造册、对90户退养转产户实行动态巡查、69户共计1.4万平米农田违规栏舍进行拆除，专项治理成效明显；启动农村生态环境示范点建设，对2014年度评选出的4个示范点（开明村品墙组、开慧村青山组、葛家山村杨梅组和开慧村米筛组）分别给予12万元、8万元、4万元的奖励。将农村“红白喜事”卫生管理纳入农村环保工作，推行环境卫生“党员示范户”评选，板仓社区推行示范楼栋流动红旗评比模式。2014年葛家山村和被分别评为“湖南省卫生村”和“长沙市卫生村”，葛家山村和飘峰山村被授予“长沙县美丽乡村”称号。

改善民生，幸福指数不断攀升。实施自来水加压泵站及管网铺设，农网已升级改造，提引水工程向飘峰水库成功注水，新建智慧路、飘峰山路，启动黄兴大道北延线开慧连接线、开慧互通至飘峰山路建设。全年村、组公路建设项目达21个，里程34.4千米，其中硬化道路17.4千米，建设生态路17千米。至2014年年底全镇水泥道路里程达173千米。对镇域内红色旅游线进行沥青提质改造并修建自行车道。加强路政管理，镇域内新建治超点2个，对重点路段设置警示标识标牌及发光标识标牌。优化公交客运服务。开通了长沙县首条红色旅游公交线路－星沙至开慧公交专线及镇内红色景点区间公交专线，为城乡居民提供了营运准时、安全舒适、票价低廉的公交客运服务。加大教育基础设施投入，改造开慧中学师生宿舍，新建了开慧中心小学食堂、综合楼和教师周转房。规范校车管理和学生安全管理，表彰了一批先进教师职工，开慧小学成为全县唯一一个市级两型学校。加强文化建设，组织开展走进最美乡村、国际帐篷节、民厨争霸赛、红色文化旅游节等大型活动，组织参加县政府主办的舞龙舞狮和太极拳比赛，并荣获第一。成功创建市级全民健身公共服务体系建设示范。启动飘峰山体育休闲公园的规划设计。发展卫生事业。投入2500多万元，择址新建开慧卫生院，加强村级卫生室标准化建设。优化计生服务。加强计生婚前孕前检查和社会抚养费征收，坚持以人为本，强化服务理念，创新生育关怀，全年全镇共出生人口254人，继续保持低生育水平。发展民政事业。加大民政救助力度，全镇城乡低保户589户，全年发放低保金305.7万元；特困家庭医疗救助93人次，发放救助金额26.26万元；城乡居民医疗保险报销1.7万人次共计545.28万元，城乡居民养老保险缴费人数10347人。加强了劳动力就业和创业培训，开展了困难军人慰问和282台武警军民共建活动。申报枫林市村、板仓社区幸福院和枫林市村居家养老项目。开慧敬老院成功创建省级示范性敬老院。加强治安维稳。在村组建立义务巡防队伍，组织开展义务巡防活动。在镇域范围内各交界点路口安装了电子监控摄像头35个。为全镇5658户农户购买了综治保险。深入开展普法教育、“百日大走访”“反邪百日行动”和青少年法治宣传教育周活动，全年共调解各类纠纷近100起。认真开展网上征兵、民兵整组等武装工作，全年8人应征入伍。强化国土管理。加强国土动态巡查，加快村民建房办证，落实国土联合审批制度。全年发放建房证62本，发现并处置土地违法行为6起。完成了金山粮油项目14.67公顷的拆迁安置工作，启动葛家山村和枫树市村430多公顷省级土地综合整治项目。落实安全生产。严格落实安全生产“党政同责、一岗双责、齐抓共管”，坚持每季度对重点单位、重点问题进行监督检查，全年无一例安全事故发生。加强食品安全管理，成立了长沙兴旺餐饮服务中心，监管全镇农村聚餐，配齐了各村（社区）食品安全监督员，签订了食品安全单位承诺书。加强森林防火，强化护林员队伍管理，整合了森林防火、义务巡防和防汛专业队伍，租赁了消防水车，全年无一例山林火灾。加强动物防疫，保障养殖业发展。创新社会管理和乡村治理。大力推进乐和乡村建设，全面推行村民议事会制度，完善了村级事务“三事分流”和镇、村、组三级管理模式。结合村级项目建设，探索实践了寓村民参与、监督于一体的村级工程建设管理模式，调动了村民自选、自建、自管、自用的积极性。（周　倜）

【板仓河湿地二期建成】板仓河湿地二期位于一期北侧，项目整体占地面积约3.25公顷，总投资260余万元，是一个集生态理念、人文气息、游赏功能为一体的湿地景观。项目的整体设计理念以“蝶恋花”为主导，一期以静为主，二期则以动为主，满足不同的功能需求。湿地二期共分四个区（游赏活动区、林荫休息区、湿地浅滩区、主体湖区）。主体湖区以湖面景观为主，湖面与一期湖面相连而形成整体，两湖如同蝴蝶的翅膀，从形式上体现“蝶恋花”这一主题。游赏活动区和林荫休息区通过草花挡墙及游路标牌引导，令游人穿梭于花丛之中，同时又能很快进入滨水区域。场地东北是全区最高处。立于此处，可见湖面波光粼粼，整个湿地景观一览无余。湿地浅滩区以湿地小岛、滩地为主，通过植物组团点缀、小桥流水和花带的统一设计，形成由西向东观赏线路中的一道靓丽风景线。（周　倜）

【长沙县民厨争霸赛在开慧镇火热启动】2014年11月14日、15日，由长沙县人民政府主办、长沙县国家现代农业示范区和湖南都市频道承办的长沙县“民厨争霸”海选活动在开慧镇火热启动。本次比赛评委由中国烹饪大师、国家级餐饮评委王墨泉和长沙本土知名美食主持人陈辣利、臭屁坨3位组成。来自全县24个镇（街）的110位民间厨艺高手轮番出手，争夺 代表长沙县地域特色的十二道菜及十二位民间厨艺大师的称号。最终，“开慧烤全羊”“炒血鸭”等48道名菜征服现场评委顺利进入复赛。（周　倜）

【快乐大篷营—2014中国（长沙）国际帐篷节开慧站活动开营】2014年11月8日，恰逢长沙冬日的第一缕暖阳，“快乐大篷营”—2014中国（长沙）国际帐篷节第二站在被誉为初恋小镇的开慧镇举办。本站帐篷节由长沙市人民政府主办，长沙市体育局、湖南省自驾旅游协会、杨开慧纪念馆、开慧镇人民政府承办，长沙市自驾旅游协会、长沙慧润乡村酒店管理有限公司协办。下午17时，2014中国（长沙）国际帐篷节开慧站开营仪式准时开始。仪式由长沙市全民健身中心主任吴伟辉主持，长沙市体育局副局长江哲明、开慧镇人民政府镇长叶照君、北纬国际传媒副总裁冯忠，以及湖南真格文化产业发展有限公司总经理唐海龙出席开营仪式并先后致辞。长沙市体育局副局长江哲明宣布帐篷节正式开营的那一刻，篝火熊熊燃起，全场鼓掌欢呼。

开营仪式之后，丰富多彩的帐篷营地夜生活正式开始。露天自助BBQ、点唱机、露天电影、趣味游戏等项目先后展开，组委会为各项活动准备了丰富的奖品。亲朋好友聚在一起，在露天自助烧烤，大战味蕾。更有营友有备而来，火锅、高压锅轮番上阵，直引得旁边的营友羡慕嫉妒。酒足饭饱之后，营地趴才算正式开始，大家在篝火晚会上K歌、游戏，载歌载舞，玩笑打闹，有的则和心爱的人静坐一旁，笑看着玩闹的人群，偶尔被游戏的人们逗得哈哈大笑，或看水中鱼游、听田间蛙鸣，仰望星空，品味久居城市早已难寻的绿色夜生活！

（周　倜）

【红色旅游公交专线开通】2014年9月26日，星沙至开慧红色旅游公交专线、开慧镇红色景点区间线试运营正式开通，首批50名专线游客体验了“小镇大爱，初恋板仓”独特魅力。星沙至开慧红色旅游公交专线、开慧镇红色景点区间线由长沙县星沙公共交通有限公司负责运营。该公交专线车从星沙到开慧镇只需40分钟左右，相对于此前乘坐中巴车来说，所需时间缩短了近一半。目前，星沙至开慧纪念馆红色旅游公交专线配置高等级客车1台，红色景点区间线配置中小型公交车2台，今后将根据实际需求进一步做运力调整。（周　倜）

9月26日，星沙至开慧红色旅游公交专线、开慧镇红色景点区间线试运营正式开通（周倜 摄）

【长沙县首场大学生村官集体婚礼在开慧镇举行】8月2日，由长沙县委组织部、宣传部主办，县文广局、团县委、开慧镇承办的长沙县首场大学生村官集体婚礼，在开慧镇隆重举行。中共长沙县委书记、经开区党工委书记杨懿文和县直机关有关部门负责人及开慧镇 干部群众数百人出席了这一简朴而庄重的婚礼，向8对新人表示由衷的祝福。（周　倜）

福临镇

【概况】福临镇位于长沙县境东北，距县城星沙40公里。1995年5月撤区并乡时由原福临区公所、福临乡、双起乡合并而成。镇人民政府驻福临社区福青路223号。全镇总面积82平方公里，耕地面积2650.67（计税面积1860.33公顷）公顷，园地面积93.33公顷，林地面积3816.8公顷，水面面积464.2公顷。辖区内有10个村，1个社区居委会，237个村民小组，8980户28794人，其中农业户7595户、人口27146人，非农业户1385户1648人。

境内大部为丘陵地区，多花岗岩，由于逐年风化，故土质多沙，地势东、北、西三面略高，影珠山横亘于西部，为长沙、汨罗两县的天然界山。南部稍低，故境内的水源多流泻于南部的福临河。地面丘陵一般海拔20-100米，最高点影珠山海拔509.4米，最低点石牯牛村早耕坝组海拔15米。属亚热带季风气候，气候温和，雨量充沛，光照适宜，四季分明，雨热同季。

2014年，该镇牢牢把握稳中求进、改革创新的工作总要求，按照“坚持三个共同”“实现三个共享”的发展理念，以党的群众路线教育实践活动为契机，凝心聚力，攻坚克难，全面治理畜禽养殖污染，促进产业结构转型升级，大力实施清洁工程，率先打造清洁小镇，推动各项工作上台阶，全面建设美丽新福临。

2014年，全镇完成财政税收192万元，完成全年任务的100%；到位招商引资资金240万元，完成全年任务的125%。对金坑桥村等7个村开展“一事一议”财政奖补项目145万元。在硕康农业公司成立特种水产养殖创业基地。投入2300万元开展高标准农田项目建设。在开物村投资10万元建设33.33公顷富硒米种植试验示范片，通过与福山农业科技有限公司等单位进行技术合作，引进晚稻高产品种，打造长沙县绿色生态富硒乡镇。

是年，福临镇以深入开展党的群众路线教育实践活动为契机，切实转变干部作风，加强党的自身建设。在教育实践活动中，尤其是班子成员认真搞学习，对照标准找问题，辣味十足开展批评和自我批评，动真碰硬进行整改落实，从而激发班子成员立党为公，执政为民，认真办事，服务群众的热情，强化了村级班子和党员队伍建设，解决服务群众“最后一公里”的关键问题，广大党员带头参与镇村重点工作，围绕强堡垒惠民生，开展结对帮扶。72名党员干部，深入11个村（社区），帮扶208户困难群众，解民忧、济民困。（王　柳）

【发展特色农业】在黄兴大道北延线周边打造15公顷左右的“三花混播”示范点，在双起桥等村建立油菜种植示范片。完成168个监测点的稻谷样和土样的提取工作，通过施用生石灰、有机肥等措施，对全镇受重金属污染耕地进行修复治理。在硕康农业公司成立特种水产养殖创业基地。投入2300万元开展高标准农田建设项目。在开物村投资10万元建设33.33公顷富硒米种植试验示范片，通过与福山农业科技有限公司等单位进行技术合作，引进晚稻高产品种，打造长沙县绿色生态富硒乡镇。（王　柳）

【强化基础建设】水利建设：2014年投入小农水建设资金392万元，山塘清淤扩容23.67公顷；投资2800万的麻林河河道治理工程建设已完成总工程量的80%，总投资770万元，占地面积10.15公顷的麻林河生态湿地试验示范工程已于10月启动。公路建设：全年硬化公路11.8千米、建设生态路6千米已全部竣工验收，验收合格率100%；影珠山上山公路路基工程已完工、路面工程完成立项，进入公开招投标程序。集镇建设：镇农贸市场扩建工程、东八线指示牌制作工程已竣工验收；镇城乡结合部的集镇人行道提质改造部分项目已完工，集镇绿化工程和雨水管网整治正顺利推进，弱电下地工程、路灯线路规范改造工程、自来水管网规范改造工程同步进行。集中居住点建设：泉源村、双起桥村集中居住点“四通一平”已经完成，开始进行房屋建筑设计。农村电网建设：新增补点变压器4台，对金坑村等村进行了低压线路改造。在全镇范围内进行线路设备更新，电难的问题得到有效解决。（王　柳）

【整治环境污染】一是开展畜禽养殖控规。该镇养殖大户多，环境污染严重。经从严治理，至2014年3月全镇共依法拆除建在农田内猪舍384户，拆除栏舍面积7万平方米。镇域内禁养区实现生猪养殖全面清零。8月针对个别村组出现禁退养反弹现象，组织镇、村干部和国土、城管等执法部门，依法强制拆除5户拆除复绿后又违章搭建的猪舍。依法起诉7户牲猪退养反弹大户，经法院庭外调解，养殖户自愿撤除违反转产扶助协议的违章搭建栏舍及设施，并按原协议履行养殖存栏量，取得了震慑一方的效果。二是进行截污专项整治。组织镇、村干部对麻林河流经福临铺社区、同心村等5个村进行排查，找源头、清干粪，启动应急治污措施，从严打击违法行为。三是加强生态环境建设。规划建设集镇污水处理厂，铺设污水管网等配套设施，覆盖集镇1187户、受益人6900人。发展绿色农业，打造影珠山村生态环境示范点1个，建设水源保护人工生态湿地31处。开展三年造绿大行动，启动青慧路3千米、影珠山上山公路10千米、社区文化公园以及影珠山生态修复工程。（王　柳）

【推进民生工程】计生工作。育龄群众“百日行”活动期间，上环26例，结扎7例，完成孕环检3512人次，方便群众办证238人次，走访慰问困难人口家庭305户，送去慰问金21.61万元。推进免费孕前优生健康检查，全年267人接受孕前健康检查。人口网格化工作实现了“人房关联、从业关联”，年末人房关联率达99.5%，户房关联率达99.8%，房间率99.8%。2014年应征社会抚养费2380675元，已征社会抚养费808634元。社会保障事业。开展三次“低保阳光行动”，按政策对87户已脱贫的低保对象进行了清退，目前全镇共有农村低保户394户903人，农村五保313户343人。为全镇247户困难家庭提供临时救助18.84万元；为全镇26名寒门学子提供慈善助学；敬老院院长进行公开竞聘，2014年新入院三无人员17人。农村养老保险参保人员1.3万人，完成率97.4%；参加城乡居民医保2.63万人，参保率100%。新增农村劳动力转移就业510人，城镇新增就业人数415人；开展创业培训30次，技能培训50次。文化工作。一方面夯实多功能的公共文化服务阵地，另一方面开展重参与的公共文化服务活动。先后评为国家公共文化服务体系示范区创建优秀单位、长沙市第三批示范性综合文化站；迎接全国政协副主席卢展工率全国政协教科文卫体委员会调研组，湖南省宣传部部长许又声率省委宣传部、省文化厅、省新闻出版广电局一行到镇调研。结合影珠山申报省级风景名胜区，开展“大美影珠山”摄影比赛。宣传工作。率先全县建立覆盖全镇的无线广播系统，使家家户户都能听到广播，看到电视，创建“福临之声”无线广播品牌，有力推动全镇经济社会事业的健康和谐发展。2014年4月11日《人民日报》以《农村广播要不要再响起来》为题进行了报道。（王　柳）

【促进平安建设】继续推进公众安全满意工程，深入开展“平安福临”创建活动。继续开展“夜间巡防”，在重点时段、复杂路段、重点区域加强巡逻，形成治安大巡防高压态势。2014年人民调解委员会共排查调处各类矛盾纠纷56起，村级人民调解委员会调解142起，调解成功率均在98%以上。全年无一起恶性群体性事件，无一起进京去省到市的非正常上访，无一起重大安全责任事故。开展普法宣传活动11次，共派发宣传资料6000多份，联合各村（社区）、部门单位定期开展禁毒宣传、消防安全宣传、防抢防盗宣传、反邪教宣传活动，进一步深化平安校园创建工作。制订了村（社区）综治工作述职制度，建立了村级综治工作述职台账，11个村（社区）的负责人代表本村（社区）进行工作述职，接受评议监督。（王　柳）

【加强党的建设】一是聚焦“四风”问题，扎实开展党的群众路线教育实践活动。组织党员认真学习文件资料，虚心听取群众意见，严于解剖党员自身存在的问题。“辣味十足”地召开民主生活会，激发班子成员认真干事、服务群众的热情；“动真碰硬”地开展整改落实工作，切实转变干部作风，解决服务群众“最后一公里”的核心问题。二是加强支部建设，充分发挥党组织战斗堡垒作用。选优配强支部班子，增强后进支部班子战斗力，对软弱涣散党组织进行整改。成立三桥片区、古泉片区、西开片区及社区单位片区支部联合会，实行“分片五联”，全面推进村级党组织规范化建设。三是加强党员管理，充分发挥党员先锋模范作用。实施党员素质“三提高”工程，采用“寄学”“补学”等手段加强对流动党员的学习教育，规范流动党员管理。引导党员带头参与镇村重点工作。围绕强堡垒惠民生，开展结对帮扶，已有72名党员干部，深入11个村（社区），帮扶208户困难群众，解民忧、济民困。（王　柳）

【影珠山获批省级风景名胜区】影珠山位于长沙县西北部福临镇境内，南北长7千米，周长30千米，东联杨开慧故居，西抵弼时旧址，南及青山铺，北通巴陵胜地。有大小峰峦70余坐，最高峰达509.4米，是长沙县四大名山之一。长沙有首民谣对此山有过生动形象的描述："影珠山，离天三尺三，人要低头过，马要卸却鞍。"影珠山上森林地质资源和野生动植物资源极为丰富，有银杏、南方红豆杉、金荞麦等10种国家重点保护野生植物；有国家二级保护动物9种，有国家"三有"保护物种77种，2011年被省人民政府批准为省级森林公园。此外，山上还有狮子岩、斋公庙、养静园等景观，以及抗战遗址群、抗日烈士墓、倭寇万人冢等抗战文化资源及养静寺、影珠老庙遗址和感应堂等宗教文化资源。2014年影珠山获批省级风景名胜区。

（王　柳）

青山铺镇

【概况】青山铺镇地处长沙县北大门，地理位置优越、交通便捷，107国道和京珠高速穿境而过，镇域面积46.67平方千米，耕地面积1203.53公顷，下辖7个行政村和1个社区居委会，2014年有户籍人口17710人。

经济实力明显增强。2014年完成财政总收入158万元，完成规模工业总产值12775万元，完成固定资产投资总额26505万元，完成农林牧渔业总产值28931万元，招商引资实际到位资金1770万元，农民（居民）人均可支配收入17903元。

项目建设力度空前。投资8900万元的14个基础设施和产业发展的重点项目顺利实施，107国道三点一线综合整治、青洪湖主题文化公园建设（一期）、集镇棚户区改造、高速公路连接线提质（一期）等项目如期竣工。集镇48缝国有土地成功拍卖。

产业发展提质增速。坚持"绿色生态有机"的发展定位，努力巩固产业特色、优化产业结构。引导葡萄产业园对接市场主动招商营销，举办葡萄节会活动，产生了显著的经济效益。积极探索"代耕代种"模式治理农业抛荒，其经验在全市粮食生产工作现场会上得到推介。推广早稻全程机械化"四双"超高产、国家粮食丰产科技工程等技术攻关项目，多次代表长沙县接受农业部、省农业厅粮食生产现场观摩。积极发展休闲观光农业，七鑫农庄被批准为三星级乡村旅游点，悍马庄园和相思文化园获批现代农庄。

镇域形象持续提升。坚持"生态立镇"战略，全面巩固农村环境综合整治成果。春季截污行动全面实现"禁养区清零、限养区达标"；全面拆除违章栏舍、疏通清理沟渠，新建户用沼气池70口、大净化四池115座、生态湿地34处，禽畜污染治理取得良好成效；切实抓好村庄整治，打造生态示范组8个；加大城乡环境综合治理力度，重拳治理集镇脏、乱、差现象，开通农村广播站，让群众生态环保意识入耳入心，环境整治已由政府主导向村民主动转变，集镇管理和农村保洁得到进一步加强，在全市城乡环境卫生整洁行动"十佳"乡镇复检中通报表扬为"成效巩固的乡镇"。设计特征鲜明的LOGO，镇域内几条主干道及青洪湖主题文化公园周边新装路灯500多盏，并安装LED中国结装饰灯，镇域形象显著提升，宜居宜游品牌进一步彰显。

社会建设全面进步。城乡居民医疗保险参保率、基金征缴率和城乡居民养老保险参保率均达到100%。农村居家养老和农村幸福院等养老建设加快推进，敬老院连续6年评为市级示范院，残疾人工作连续4年获市"明星乡镇"称号。投入560万元改造提质广福中学、广福小学、梅数小学运动场，广福中学参加中考，重点高中录取率排名全县第3，教育质量明显提高。完善基本药物制度，各村均已完成卫生室标准化建设，卫生服务体系更加健全。高度重视计生工作，全面落实"单独两孩"政策，获市计生工作先进单位。文化事业蓬勃发展，天华村、黄鹄村文艺队获全市三星级文艺团队，各村举办村级艺术节，全镇上万人共享"幸福青山铺 快乐走前列"公共文化服务月文化盛宴，编撰《魅力青山》一书，开展十佳"最美青山人"评选活动。维稳工作扎实推进，对镇域内13个信访积案实行包案负责并基本化解，推进治安巡防常态化，突出烟花爆竹、危化物品、非煤矿山等领域安全隐患大排查、大整治，强化食品药品安全监管，全镇未发生一起生产安全和食品安全事故，安全生产形势持续稳定。

政务服务不断优化。深入开展党的群众路线教育实践活动，党员干部群众观念、作风纪律、组织原则得到了明显增强。始终坚持民主集中制原则，严格落实"三重一大"民主决策制度。圆满完成支村两委换届，选优配强了村级组织领导班子，基层党组织战斗力和凝聚力进一步增强。实行大办制，推行竞争上岗和定期岗位轮换，制定大学生村官管理制度，干部队伍建设全面加强。认真落实中央和省市县作风建设各项规定，对工作纪律、公务用车、办公用房、食堂就餐、公务接待等全面进行规范，干部作风明显好转。切实落实党风廉政建设责任制，积极履行"一岗双责"，反腐倡廉建设取得良好成效，党委行使主体责任与纪委行使监督责任工作排名全县前

列。严格落实群工日制度，推行“大办制”和“首问制”，完成村支两委换届选举，推进“乐和乡村”建设，深化“三资四统”制度，政务服务效能明显提升。坚持依法科学决策，主动公开政府信息500余条，“12345”、“县长信箱”办结率100%。（胡 甜）

【获评全省平安农机示范乡镇】2014年1月15日，省农业机械管理局和省安全生产监督管理局联合公布的2013年度(第五批)平安农机示范县市区和示范乡镇名单，青山铺镇作为长沙县唯一的获选乡镇榜上有名；同时该镇梅数村、洪河村、赛头村也喜获2013年度长沙市“平安农机”示范村荣誉称号。近年来，青山铺镇党委、政府高度重视农机安全工作，坚持安全第一、预防为主、综合治理的方针，常抓不懈地推进农机安全生产。（胡 甜）

【杨懿文率四大家领导前往刘少奇天华调查纪念馆学习】 2014年4月11日，长沙县委书记、长沙经开区党工委书记杨懿文带领县四大家班子成员前往青山铺镇天华村刘少奇天华调查纪念馆，开展党的群众路线教育实践活动第五次集中学习，近距离感受、体验刘少奇实事求是的精神和质朴为民的情怀。上午9时许，杨懿文一行在讲解员的带领下，参观了刘少奇天华调查纪念馆，听取了刘少奇天华调查见证者代表讲述当年的感人情景，观看了影片《刘少奇的44天》，重走了天华山小道，追忆刘少奇天华调查足迹。据了解，为开展好“学典型、见行动”活动，长沙县在群众路线教育实践活动“学习教育、听取意见”环节设计了参观一次刘少奇天华调查纪念馆；观看一部《刘少奇的44天》专题片；学习一本《刘少奇与天华》读本；开展一次“学天华调查精神，做群众贴心人，当发展引领者”专题讨论；撰写一篇学习心得体会等为主要内容的学习刘少奇天华调查精神“五个一”活动。刘少奇天华调查纪念馆作为长沙县唯一的党的群众路线教育实践活动基地，充分发挥了教育激励广大党员干部深入联系群众、做群众贴心人的作用。（胡 甜）

【李江率省委督察组参观刘少奇天华调查纪念馆】2014年6月6日上午，省委督导组组长，全国人大内务司法委员会委员，省人大常委会原党组书记、原副主任李江，省委督导组副组长、省委组织部副巡视员魏忠胜，市委常委、宣传部部长张湘涛，市委督导组组长、市政协顾问龙建强等省市领导，在长沙县委书记、长沙经开区党工委书记杨懿文，长沙县领导彭勇、王国良及青山铺镇党委书记孟立祥的陪同下，实地参观了刘少奇天华调查纪念馆，听取了青山铺镇和天华村开展群众路线教育实践活动情况汇报，对青山铺镇教育实践活动给予了充分肯定。自党的群众路线教育实践活动开展以来，青山铺镇严格按照上级要求，既把“规定动作”做到位，又把“自选动作”抓扎实，把活动开展与改进干部作风、推动工作发展、化解矛盾纠纷、提升工作水平紧密结合，群众观念、作风纪律、组织原则得到明显增强，做到两手抓、两不误、两促进。

（胡 甜）

【陈友权一行检查青山铺镇统防统治及绿色防控工作】2014年10月17日，青山铺镇统防统治及绿色防控工作作为全县典型，迎来了中央农业部相关领导的现场考察。此次考察是全国植保工作及专业化统防统治工作会议的重要议程之一，农业部种植业管理司副司长陈友权率各省植保植检站站长、重点省份农业厅种植业司司长及植保工作分管领导、全国农技推广中心主任及分管工作厅长、专业化统防统治企业代表100余人到青山铺镇现场观摩。陈友权一行来到位于青山铺镇洪河村的国家级水稻高产核心示范区，考察水稻病虫害统防统治与绿色防控工作开展情况，重点视察了二化螟、稻纵卷叶螟性诱剂在水稻生产过程中的使用情况，并详细询问了示范区负责人专业化统防统治在实际操作过程中取得了哪些好的经验。随后，陈友权一行来到青山铺镇“长沙市双红农业科技有限公司青山铺服务站”考察专业化统防统治企业运作情况，他专心听取了双红公司总经理易红伟介绍公司的基本情况。陈友权对青山铺镇的统防统治与绿色防控工作非常满意，他鼓励农业工作者要继续拓宽思路，寻找突破口，创新模式，使专业统防统治与绿色防控工作更上一层楼。（胡 甜）

【李强到青山铺镇调研粮食产量抽样调查工作】 2014年7月24日，国家统计局农村司副司长李强、农村司农业生产处处长黄加才、湖南调查总队党组书记兼总队长庞晓林、湖南调查总队办公室主任王晓华、湖南调查总队农业调查处樊虎生一行深入青山铺镇调研粮食产量抽样调查工作。长沙市调查队党组书记兼队长肖笃雄、常务副队长张殷海、产业调查处处长袁中文陪同调研。调研组一行来到青山铺镇梅数村土台里组农调点，因为天气原因，是年早稻单产增幅小于2013年，双季稻种植面积扩大，复种指数增加，栽培技术得到提升，所以粮食

7月24日，国家统计局农村司副司长李强（右一）在县委常委、副县长邹春林，青山铺镇党委书记孟立祥陪同下在梅数村调研粮食产量抽样调查工作（青山铺 提供）

总产还是稳定增长。在青山铺镇梅数村水稻全程机械化增产模式攻关片，调研组一行详细了解了长沙县是年粮食高产创建和水稻全程机械化增产模式攻关片测产验收情况。调研组对比土台里组农调点常规的种植模式和攻关片高产种植模式后，肯定了青山铺镇不刻意影响农调点的种植习惯，确保调查数据真实地反映当地种植水平的做法。（胡 甜）

【长沙市粮食生产现场会在青山铺镇召开】 4月25日，全市粮食生产现场会在青山铺镇召开。会前副市长黎石秋率队两次到长沙县天华村调研粮食生产工作。天华村有农田166.67公顷，由于不少劳动力外出务工，抛荒问题无法避免，但是天华村采取农户自主、大户自愿、协会自发、村组自控的原则，17位富余劳动力自发成立了“代耕代种”协会，把因劳动力不足导致抛荒或者只种一季稻的农田种上早稻，并在7月中旬将农田还给需要种植晚稻的农户。黎石秋认为这是一种新型模式，在治理抛荒问题上，可以引导农户流转，鼓励大户经营，对于粮食生产，可以采取流转和代耕“两条腿”走路，既有利于解决抛荒现象，又能让更多农民受益。决定召开全市粮食生产现场会。会议由市政府副秘书长曾慧明主持。长沙县政府、浏阳市官桥镇政府、长沙县青山铺镇天华村、望城县种粮大户袁虎分别做了典型发。会上黎石秋作了重要讲话，他指出，长沙县青山铺镇天华村的“代耕代种”协会做出了很好的示范，长沙市其他各区县要向长沙县粮食生产工作学习，一起攻坚克难、务实创新、转型发展，为长沙市粮食生产工作创造出新的佳绩。（胡 甜）

【获评长沙市生态环境整洁行动“十佳乡镇”】 年初以来，青山铺镇突出生态立镇的发展战略，建立“全员发动、全域覆盖、全程督查、全年通报”的工作机制，坚持重心下移，以奖代拨，突出纵横结合、全员参与、上下联动，全面推进环境卫生整洁行动。经过一年的努力，在长沙市133个街道（乡镇）城乡环境卫生2013年年终的督查评比中，青山铺镇以96.3分成功跻身“十佳”，并列全市第三名。（胡 甜）

【“最美青山人”评选活动】 10月31日，“幸福青山铺 快乐走前列”公共文化服务活动月闭幕式暨“最美青山人”颁奖晚会在青山铺镇广福中学大礼堂隆重举行，县领导曹艳萍、陈计伟及青山铺镇全体党政班子出席，并为本届文化活动月的获奖者颁奖。“最美青山人”评选活动自9月开始进行，评选范围涵盖社会公德、职业道德、家庭美德、创业创新、社会奉献等方面，候选人由各村（居）、企事业部门单位推荐，经初步确定并公示后，再经社会各界和村民评议后，确定入选名单，最终，马利香、杨文彬、杨丁己、彭建均、罗菊全、陈立、彭利君、冯炳强、杨永沃、熊寿均十名村民获此荣誉。此次“最美青山人”评选活动，充分发挥了先进典型的示范作用，为建设“繁荣、文明、秀美、和谐”的青山铺提供强大的精神动力和道德支撑，在市内产生了积极的反响。（胡 甜）

【国有建设用地拍出北部乡镇最高价】 2014年12月28日，青山铺镇举行25亩（1.67公顷）国有建设用地现场拍卖会，131名投资者争相出价，最后48缝商铺、住宅共拍得2478万元，其中一缝临街商铺拍出长沙县北部乡镇最高价106万元。由于毗邻长沙经开区汨罗（弼时）产业园，紧靠安沙城北新区，区位优势独特，再加上近年来城乡一体化的强力推进，青山铺镇城乡面貌发生显著变化，区域形象得到明显提升，升值空间剧增，使得此次拍卖会成绩斐然，区域价值得到了市场认可。（胡 甜）

【青洪河文化公园一期竣工】 青洪河文化公园是青山铺2014年着力打造的一项民生、景观工程，一期工程占地面积约70亩（4.67公顷），一条沿河环形富氧步行路将贯穿整个公园，四周是各式各样的绿化景观，还有一个1180平方米的大型亲水平台点缀其中，该公园一期工程已竣工并投入使用，为青山铺镇村民们提供了一个休闲娱乐的好去处。（胡　甜）

【推行“三资四统”经济运行模式】针对镇村管理不规范、村级负债严重、基层组织建设急需加强等现状，强化制度建设。青山铺镇成立村级“三资”管理领导小组和公共资产、资源交易监管领导小组，全面推行“三资四统”，实现了三资统管、财务统审、资金统拨、工资统发的“四统”目标，规范了基层组织权力运行，提高了资金使用效率，规范了农村经济运行。（胡　甜）

安沙镇

【概况】安沙镇位于湖南省中北部，是省核心经济圈——长株潭地区的北大门，是国务院原总理朱镕基的家乡。镇域面积160平方千米，其中耕地34.53平方千米，山林49.6平方千米。全镇辖21个村2个社区居委会，人口约7万人（其中户籍人口53431人）。安沙历史悠久、人文荟萃；区位独特，位置优越；经济发展，民生改善。随着长沙县发展重心的北移，县委、县政府将毛塘片区定位为星沙城北新区，并启动建设，为安沙区域发展增添活力，促进安沙镇毛塘铺区域与星沙的无缝对接。

2014年，安沙镇围绕“解放思想、加快发展，争创一流，挺进一类”的工作目标，科学谋划，扎实工作，狠抓项目建设，民生改善和作风建设，经济社会各项事业全面发展。全年完成基础税源收入4139万元，同比增长14.2%；完成地方一般预算收入1281万元，同比增长11.1%；完成规模工业总产值13.7亿元，同比增长12.7%；完成社会固定资产投资28.89亿元，同比增长33.75%；完成社会消费品零售总额2.78亿元，同比增长7%；完成农林牧渔总产值9.585亿元，同比增长7%；实现招商到位资金5.12亿元，同比增长28%；实现农民人均可支配收入19050元，同比增长16%。获长沙市人口和计划生育工作“十佳”单位、市残疾人工作“明星乡镇”等荣誉。

农业生产增效明显。开展早、晚稻生石灰、有机肥、叶面肥的发放工作，进一步提升耕地质量，提高农作物产量和品质；全镇优质稻亩产达513千克/亩；动物检疫依法有序开展，饲料、兽药销售监管加强；林业工作稳妥推进，护林管理成效显著，太兴村、泗洲村成功创建“县级绿色村庄”。发展特色农业产业，全镇共有葡萄园10个，食用菌基地1个，杨梅园1个，107沿线花卉苗木近70公顷，耕地经济作物300多公顷；长丰汽车运动文化生态园、天艺生态农庄、紫慧农业等现代农业项目蓬勃发展，新景园食品、湘蕈食用菌等农业企业逐步壮大，引进千惠现代农庄、长沙交警后勤基地，全镇备案的土地流转达375公顷，提供本地劳动力再就业岗位550余个，有力促进了农民增收。

二、三产业加快发展。包装推介安沙工业园区招商平台，将安沙现代物流园项目作为市县重点招商项目、将毛塘综合大市场项目、鑫瑞祥陶瓷建材城项目作为园区重点项目进行包装推介。在稳定现有工业企业的同时，着力引进重大现代服务业项目，新签约湖南圣保罗木业有限公司整体移址新建及新增实木生产线项目、湖南瑞新机械制造有限公司消防云梯结构件生产线项目已进入用地报批阶段。服务项目，推进用地报批，做好落地企业的建设服务，协调处理项目开建中的各类矛盾和问题。对新注册的91家企业（其中注册资金上亿元的1家，上5000万元的1家，上1000万元的15家），进行了信息跟踪管理。严格消费市场监管，加强酒类管理、肉品日常监管和成品油管理。严厉打击侵犯知识产权和制售假冒伪劣产品行为，指导流通企业诚信经营。加强农村商务信息服务，推进创业富民，实现工业经济和商贸服务业科学发展。

项目建设全力推进。采取党政干部分片包干、多部门参与的拆迁工作模式，加快项目的腾地和落地建设。全镇已建成运营的项目2个（长株潭广联生猪交易市场、湘江纸业），正在推进的项目21个，全年共动迁125户374人。湖南信息学院成功升本，长沙师范学院二校区一期已交付使用，二期项目建设正在推进，安沙南部现代服务业及高校商圈初具雏形。

城乡建设统筹发展。全面加强规划管理，启动安沙镇域总体规划及星沙城北新区城市设计，新区控制性规划区域由10平方公里扩展至21平方千米。推进最严国土、城管执法，实行数字化、网格化管理，开展全天候土地巡查，严厉打击违章搭建、乱砍滥伐、违规倾倒渣土等行为，控违拆违等工作卓有成效。加快推进园区基础设施配套，加大农村公路、水利、农网改造、土地整理等基础设施建设力度，安沙砂场投产运营。在全县率先实行了水利工程运行专业化管护模式，顺利推进邓家坝、白塔、五龙山等农民集中居住点建设，实施了9个

镇级自筹城乡一体化项目,“三点一线”综合整治毛塘、安沙集镇改造推进顺利，107国道安沙段全线实现全面提档升级，城乡基础设施大大改善。

环境治理成效显著。环保工作主体下移到村（社区），实行一季度一考评；畜禽粪污治理实行网格化；狠抓集镇日常管理,镇容镇貌极大改善。双冲村获全市环境卫生半年度优胜村、市绿色村庄；花桥村获全市环境卫生“十佳”村；安沙环保合作社“三统一”分类处理有毒有害垃圾的做法被中央、省、市多家媒体报道。全面启动“美丽乡村”建设，和平村、白塔村成功申报长沙县美丽乡村示范村。

民生事业不断进步。城乡低保应保尽保；农村合作医疗和城乡居民养老保险工作全面推进；完成84户农村危房改造。成立全省首个计生特殊困难家庭关爱协会，采取“先行先试，政府主导，部门联动，社会参与”的模式，开展结对认亲，推行志愿关怀。敬老院完成扩建并入住，青松养老公寓新建项目进展顺利，并在Q版上市，公寓民办福利养老模式代表湖南在全国性会议上作经验介绍；以青松公寓为龙头，在白塔村探索创建全国首个散居式养老村，形成集公办养老、民办养老、散居养老于一体的养老体系。建成全省首个病死动物无害化处理中心，长沙县唯一在线监管的豆制品、米粉集中生产平台及肉品配送中心(毛塘社区）投入运营，两项目均列入长沙县2014年食品安全“十项实事”。加大投入改善教学环境和基层医疗环境，教育质量稳中有升，公共卫生服务提质增效。文化体育事业更加繁荣，村（社区）文化活动室、农家书屋进一步完善，群众文化体育活动开展经常，“安沙欢乐大家唱”成为长沙县群众文化样板，镇文化站开放工作列入全县一类。

社会大局和谐稳定。圆满完成支村两委换届选举工作，乐和乡村建设稳步推进,村民议事会制度逐步完善，村民自治更加规范。加强生产安全、交通安全、食品安全、消防安全、森林防火等宣传与监管工作，对314家生产经营单位进行全面排查，督促整改重大安全隐患生产经营单位42家共120余处，确保人民群众生命财产安全；大力推进社会治安综合治理，抓好平安创建工作，开展信访积案化解百日行动，及时调解各类矛盾纠纷，民调满意度大幅上升，侵财性案件发案率同比下降14%，社会大局保持和谐稳定。

政府建设全面加强。以党的群众路线教育实践活动为契机，对作风之弊、行为之垢进行大排查、大检修、大扫除，廉政建设得到强化，干部作风明显转变。全年公开各类政务信息4000余条，政务服务大厅接待群众15000人次，“12345”政府公共服务热线受理群众诉求126件，有效答复各类舆情信息59条，办结率达100%，行政效能显著提高。加强对工程建设及财务监督的管理，在全县率先规范了各类政府投资建设工程和采购行为，财务管理更加规范。（孔艳辉）

【党的群众路线教育实践活动】党的群众路线教育实践活动自4月份启动以来，全镇26个基层党组织共2511名党员干部按照“照镜子、正衣冠、洗洗澡、治治病”的总要求，认真开展了学习教育、听取意见，查摆问题、开展批评，整改落实、建章立制三个环节工作。加大整改整治力度，规范公务用车行为、办公用房管理、实行值班打卡和上下班不定期督查制、加大会风文风精简力度、严格公务接待标准等，有效整治了“四风”问题，不断加强机关作风建设，切实解决了一批群众反映强烈的问题。党政领导班子和成员认真对照“三严三实”要求，进行深刻地自我剖析，撰写对照检查材料，扎实开展交心谈心，真刀真枪开展批评和自我批评，达到了红脸出汗、加油鼓劲、增进团结的效果。（陈志群）

【关爱计划生育特殊困难家庭走在前列】2014年，安沙镇人口计生工作按照“先行先试、政府指导、部门联动、社会参与”的模式，加强舆论引导，动员各方力量，推行志愿服务，率先成立全省首个计生特困家庭关爱协会，并制定切实可行的实施方案，建立健全计生特困家庭“老有所养、病有所医、情有所寄”的长效机制。通过多方联动，凝聚各方力量，形成了关爱计生特困家庭的强大合力，并荣获市人口计生“十佳”乡镇称号。一是实现老有所养。以镇敬老院和青松老年公寓为依托，为60周岁以上的计生特困家庭提供免费养老。已有常玉其等3位老人入住养老机构，冯志杰等2位对象房屋得到修缮。二是确保病有所医。开通医疗绿色通道，凭免费医疗绿卡在镇卫生院就医免挂号费、检查费、治疗费和住院费，并适当减免药费，重大疾病由镇社会事务办及时提供医疗救助。已有陈正祥等5户享受免费住院服务；李曼玲等6人享受免费体检服务。三是做到情有所寄。重大节假日、生日以走访慰问、赠送物资、座谈聊天等形式开展关爱活动。一年来共为计生特困家庭送去5万余元慰问物资。7月11日，组织安沙镇计生特困家庭关爱协会授牌暨“温暖回家”志愿关

怀活动，通过现场结对帮扶、发放慰问金、举行茶话会等方式，为计生特困家庭带来心理慰藉。（冯 玲）

【湖南信息学院成功升格本科院校】6月18日上午9点，湖南信息科学职业学院在校新体育馆内举行挂牌仪式，该校经教育部批准由民办高等职业院校升格为全日制普通本科院校，正式更名为湖南信息学院，成为长沙县第三所本科院校。湖南信息学院2004年搬迁至安沙镇毛塘工业小区内，占地达近70公顷，副高职以上职称教职工超过30%，少数民族人数200人左右，民主党派人士12人，还有2名台籍的信息技术专家、留英博士、无党派人士，是长沙市“313计划”引进的高端人才。该校坚持学校办学，质量为先，控制办学规模的原则，始终保持生源1万人左右，有电子信息学院、管理学院等6个学院，开设本、专科专业30个。在成功升本之后，该校将成为本科层次的民办普通高校，学校定位为应用技术类型高等学校，主要培养区域经济社会发展所需要的应用型、技术技能型人才。首批设置4个本科专业，包括电子信息工程、软件工程、网络工程、电子商务。近三年来，该校平均就业率达96.6%，连续5年被评为省市大学生就业工作先进单位。（陈志群）

【广联生猪交易市场开业】4月18日，广联生猪交易市场试营业，6月10日全线正式运营。该项目是商务部现代服务业综合试点企业、农业产业化国家重点龙头企业——湖南长株潭广联生猪交易市场有限公司投资的重点项目之一。项目落户于长沙市规划建设的十一个专业市场之一的安沙现代物流园内。项目一期占地面积约10.4公顷，以“广纳优质肉品，联接四海交易”为企业发展宗旨，致力将市场打造为中南地区最大的生猪活体交易中心和中南地区最大的进出口食品展示、交易、配送中心。年内，项目已建成2.2万吨、1.8万吨库容的冷库2座、建筑面积约30000平方米的交易市场冻品交易区、建筑面积约2000平方米的生猪现货交易区及电子交易中心和年宰杀100万头的生猪屠宰加工区。可容纳240个商户的市场冻品交易区内已引进商户100多户，2.2万吨冷库和屠宰加工区在运营，交易市场囊括了现货交易、电子商务、期货交易、食品安全检测检疫、食品质量追溯体系、IC卡统一结算系统、生猪活体、冻肉储备、冷链物流、进出口食品展示交易和配送，以及肉类深加工等多项功能。（袁锦绘）

【陈肇雄督查安全生产】8月5日上午，副省长陈肇雄来到安沙镇境内的危险化学品仓储企业——湖南大江化工有限公司，督查安全生产工作。陈肇雄一行来到公司，详细了解公司运行情况，特别是在化学品仓储及运输过程中的安全防范措施，认真查阅了车辆进出情况登记及隐患排查治理情况登记。副省长陈肇雄随机与一名厂内工作人员交谈，询问了该厂应急演练开展情况、日常巡查值守情况及安全工作注意事项等。他强调，安全生产是对员工最大的福利，更是企业应尽的责任，各部门、各企业都要吸取“7·19”教训，杜绝安全事故发生。他叮嘱公司负责人要加强员工安全生产培训与考核，督促员工增强安全防范意识，并强调对公司货运车辆进出和运输过程加强安全管理，从源头抓监管，确保全过程安全生产。他强调，要强化安全生产责任制和问责制，安全生产工作任何企业都不能懈怠，必须按时开展隐患排查专项整治和应急救援演练活动，努力实现安全生产管理长效化。长沙市副市长何寄华，市直相关部门负责人，长沙县县长张庆红、副县长黄粱等参加了此次督查。

（王 凤）

【胡衡华到安沙镇调研】1月13日，长沙市委副书记、市长胡衡华调研长沙县、长沙经开区工作，首站到安沙镇，先后考察万家丽北路北沿线、安沙砂石厂、三点一线综合整治毛塘铺集镇的建设情况。胡衡华充分肯定长沙县在推动现代化进程中做出的成绩，指出要坚持改革创新，按稳步、有序、积极的原则推进发展，以做中部地区标杆为目标促发展。（孔艳辉）

【首届“安沙杯”群众篮球赛开赛】6月13日，以“我运动，我健康，我快乐”的首届“安沙杯”群众篮球赛在镇综合文化站启动。来自该镇的企事业单位、社区、镇机关的16支代表队将经过13天的激烈角逐，于25日圆满结束。长沙师范学院、湖南信息学院和安沙镇机关代表队分获前三名。（孔艳辉）

【张迎龙率团考察现代农庄】7月3日，市委副书记张迎龙、副市长黎石秋率现代农庄考察团近100人，赴安沙镇和平村的天艺山庄进行考察调研。长沙县副县长邹春林等领导陪同。天艺山庄项目计划占地总面积70公顷；总投资1.2亿元，该山庄由8.67公顷的原生态林与种植林建成，是一所集生态休闲度假、盆景赏石生产展示、花卉苗木种植、小水果（红枣、葡萄）种植加工、蔬菜种植加工、鸡鸭鱼养殖销售、农民合作生产等综合一体的休闲农庄，在这里可钓鱼、打牌、登山，同时可享受农家饭菜。张迎龙在视察天艺山庄的规划后给予充分肯定，并指出天艺山庄的发展要因地制宜，挖掘农业亮点，打响天艺品牌，共同推进长沙县现代农业的大发展。（孔艳辉）

【全省首个计划生育特殊困难家庭关爱协会成立】7月11日上午8:30，安沙镇计划生育特殊困难家庭关爱协会授牌仪式暨“温暖回家”志愿关怀活动在长沙县青松老年公寓隆重举行。在“世界人口日”这个特殊的日子里，安沙镇35名企事业单位代表、来自各行各业的100余名志愿者齐聚一堂，共同关爱计生“失独”家庭。此次活动由安沙镇党委、政府主办，镇计生协会、镇商会、青松老年公寓承办，主要将在生活保障、养老照料、医疗服务、精神慰藉等方面为计划生育特殊困难家庭提供帮助。市人口和计生委副主任燕国浩、县人口和计生局局长张小亮参加活动并作重要讲话，关爱协会成员与到场的17户计生特困家庭进行了结对认亲，向他们赠送了慰问金、免费养老卡和医疗绿卡，详细了解他们的困难情况，并承诺为他们提供合适的工作岗位和志愿服务。（冯 玲）

【长沙县首届魅力农庄摄影大赛在天艺山庄举行】为充分展现长沙县休闲农业发展新面貌，用摄影师直观生动的作品展现“活力星沙·魅力农庄”的自然美景、风土人情和民俗文化，7月22日上午9点，长沙县首届魅力农庄摄影大赛新闻发布会暨启动仪式在安沙镇天艺山庄隆重举行。（王 凤）

【万家铺村建成长沙县第一所健康小屋】安沙镇万家铺村探索建立了全县慢性病自我管理的新模式，以村为单位建设健康小屋，选出一名健康管理小组组长，为全村60岁以上老人建立健康档案，组织大家参与慢性病防控，了解慢性病高危因素、高危人群指征。健康小屋内身高体重计、血压仪、血糖仪、体重指数大转盘、居民膳食宝塔、健康指导书籍等一应俱全，村民们可随时前往两两一组相互进行检查，了解自己的健康状况。健康小屋的建立有利于满足基层全民慢性病管理的需要，使群众不用出远门就能知晓自身的健康状态，探索了一种居民慢性病自我管理的新模式。（郑 漾）

【长沙县超凡有机肥料厂投产】坐落于安沙镇白塔村的长沙县超凡有机肥料厂于10月底正式投产。有机肥生产利用畜禽粪便干燥技术，经过除臭、灭菌、脱水处理发酵，使非蛋白氮转化为可消化氮，生产出无臭、无虫卵、无病原菌的优质有机肥。该厂年生产能力将达到2万吨，可消纳15万头以上生猪、20万羽以上鸡鸭产生的粪便，截至年底，是全省规模最大的有机肥料生产基地。（孔艳辉）

【白桦考察青松公寓】10月25日下午，全国老龄协会副会长白桦一行在省民政厅原厅长李定坤的陪同下对长沙县青松老年公寓进行了考察。白会长参观了青松老年公寓水渡河院，了解了公寓五年来的发展历程和新公寓的建设进展，并到老人房中看望慰问，与老人亲切交谈。青松老年公寓是全国老龄协会会员单位，院长杨松青曾多次赴北京参加全国院长论坛，此次白会长来公寓考察，充分显示了老龄协会对于公寓的重视。（鲁 漪）

【“美丽安沙美德先行”身边好人现场交流暨“安沙欢乐大家唱”颁奖晚会举行】11月4日晚，“美丽安沙、美德先行”身边好人现场交流暨“安沙欢乐大家唱”颁奖晚会在镇综合文化站隆重举行，各村（社区）书记、主任、文化专干、机关干部以及周边各村群众共500余人参会，县文明办副主任蔡立新、镇党委书记朱忠良、镇长李洪、镇人大主席周向阳出席。为培养和践行社会主义核心价值观，广泛动员广大干部群众支持和参与乡村文明建设，共筑美丽家园，安沙镇自2013年启动“安沙好人”评选活动，两届共评选出12位“安沙好人”。此

全国老龄协会副会长白桦（右一）与青松老年公寓老人亲切交谈（鲁漪 摄）

次晚会现场邀请了这12位群众身边的好人，听他们讲述平凡生活中最真挚最感人的故事，广泛弘扬“安沙好人”身上所散发的无私奉献精神。晚会上，在“安沙欢乐大家唱”这个舞台涌现出的优秀作品也进行了表演。自5月起，“安沙欢乐大家唱”暨村（社区）文艺节目展演活动已有22个村（社区）及单位参与，共将395个节目搬上舞台，835名群众演员登台表演，2万余人次观看节目。本次晚会还为“安沙欢乐大家唱”中涌现的25个优秀节目和主持人进行了颁奖，表彰了一大批在活动中涌现的草根艺人和民间创作高手，鼓励他们为丰富群众精神文化生活、提升村民生活幸福指数再接再厉。（王　凤）

【湖南省青松养老产业投资管理有限公司挂牌上市】 12月1日，湖南青松养老产业投资管理有限公司在上海股权交易所正式挂牌上市。湖南青松养老产业投资管理有限公司于2014年9月成立，是一家综合性的养老产业投资管理有限公司。公司经营范围分为六大板块：福利性养老、经营性养老、养老产业运营管理、养老产品开发、养老产业投资管理、养老机构连锁加盟，主要内容包括：通过旅居养老、定制个性化养老等高端养老模式，为老人量身打造紧跟时代的养老套餐；特色农产品、科技产品的生产开发及零售；输出管理经验，承接养老机构运营托管业务、养老融资管理业务。公司以“倡行孝道，幸福养老”为宗旨，通过营利性养老带动福利性养老的形式，始终坚持回报社会，致力于打造一个全国一流的养老综合体。公司占地面积12公顷，拟投资3.4亿元在长沙县安沙镇建立一个集生态、休闲、旅游、观光养老、道德文化建设传播等功能为一体的全国性的小康养老示范性公寓。（鲁　漪）

北山镇

【概况】 北山镇位于长沙县西北部，地处长沙、望城、汨罗三县交界处，镇政府所在地距长沙市三环线9.5千米，距市区伍家岭20千米，距长沙县城星沙15千米。主干道长青线，蒿洪线分别与长沙市一、二、三环线、绕城高速、京珠高速公路、107国道联网，武广高速铁路穿境而过。全镇总面积148.48平方千米，辖21个村（社区）。至2014年末有总人口52293人，其中男性26547人，女性25746人。

经济实力明显增强。2014年，在县委县政府的正确领导下，镇党委政府在确保长沙危废处置中心项目平稳推进的同时，团结带领广大干部群众，自我加压，锐意进取，各项工作均取得了一定的成绩。2014完成财政总收入1755万元，为年度任务的109.6%；规模工业总产值6.7亿元，为年度任务的101.6%；固定资产投资16.06亿元，为年度任务的100.7%；农林牧渔业总产值8.88亿元，同比增长6%；农民人均纯收入20122元，同比增长18%。

项目建设强力推进。2014年，北山大道、北山新城、高山移民等11个项目共涉及征拆土地30.79公顷，动（搬）迁农户406户，至年末征地任务全部完成，拆（搬）迁工作除固废自愿搬迁外基本完成，未发生一起因征地拆迁引发的信访事件，未发生一例申请进入司法程序的事件。各级政府投资项目在建及筹备项目67个，预计总投资15.29亿元，2014年实际完成投资2.78亿元。部分重点项目建设情况如下：北山新城。土地征收及拆迁工作已经完成，9栋46户的房屋基础已具备交付给搬迁户建房的条件。北山大道。2014年10月份路基已全线贯通，预计2015年8月份通车。金山大道。项目立项、工程规划编制、环评、地勘、规划选址国土预审等前期手续已基本完成，正在进行土地利用规划调整和招投标工作，14户拆迁户已有5户签订拆迁补偿协议。市固废处理场800—1500米拆迁范围内农户自愿搬迁项目。已经完成41份搬迁补偿协议的签订。此外，80万伏线路、汉山垃圾场、镇级道路绿化及亮化工程、污水收集管网、危房改造工程全部完工；新农村集中居住点、北山镇文化广场、长山坳美丽乡村、集镇提质改造正稳步推进；北山省级森林公园总体规划已经出台。

社会事业全面发展。2014年综治工作排查化解矛盾纠纷210起，调解成功率100%，无进京信访、群体性、民转刑事件；在北山村、福田村和镇文化站成立了退伍军人之家、退伍军人文体中心，并代表长沙县接受省级双拥模范县验收，基层民兵工作荣获市级先进单位；圆满完成了第九届村委会换届选举；进一步规范了全镇城乡低保工作，核查变更低保户115户、核减低保金1.52万元；残疾人工作创建市级明星乡镇已通过验收；投资600万元对敬老院食堂综合楼和老公寓楼进行改造；组织开展了新春佳节联欢会、主题书法、美术、摄影比赛等，获长沙县太极拳比赛一等奖，全市广场舞比赛银奖；邀请中央电视台中文国际频道（CCTV4）《远方的家》栏目对该镇的“长沙山歌”“洞房赞茶”及“水腻子粑粑”等民俗和美食进行了报道；联合《星沙时报》面向全国启动北山镇形象标识及宣传短语征集活动，从来自全国各地的1087份策划方案中确定了最终方案，全力打造北山名片；计生、教育、卫生工作均走在全县前列。

生态环境积极改善。投资350万元，对卫青线、鞍画线沿线14.33公里道路进行了绿化；投资250万元，对卫青线、蒿洪线沿线20公里道路进行了亮化；扎实推进农村环境治理工作，禁养区98户全部清零，限养区143户无一户超额养殖，占用农田搭建栏舍拆除工作所涉的103户全部拆除并复绿；新中村21个村民小组所涉的近180公顷土地全部完成综合整治；按照县级要求扎实推进重金属污染耕地治理修复技术项目。（李维维）

【确保重点项目建成放心工程】长沙危险废物处置中心项目是国务院批准建设的重点工程，为消除广大群众的后顾之忧，北山镇党委、政府本着对人民负责、对历史负责的态度，多措并举，积极打造环境零风险工程。一是专业监管。北山镇提请县委派出由县住建局质监站和安监站4名专业人员组成工作组常驻工地进行全程监管，开全县之先河。二是群众监督。成立由13名德高望重的群众参与的危废项目群众监督委员会，负责对项目建设和运营进行监督，两人一班轮流履职，已召开十七次专题会议，针对群众对项目区污水排向的质疑已向危废项目部门反映，提出具体建设，同时向北山、金星村支两委通报履职情况，得到村支两委的正面回应。三是将安置小区建设成北山新城。安置区内配套新建中心小学、卫生院、派出所、幼儿园及公共服务中心等，将安置小区规划建设成为现代化宜居新城。（李维维）

【群众工作的经典之作在全省推广】北山镇坚持“群众的呼声是工作第一信号，群众的需求是工作第一选择，群众的满意是工作第一标准，群众的困难是工作第一责任”的理念，通过深入细致的群众工作，促使长沙危险废物处置中心项目和谐开建，进展顺利，在全国同类型项目中率先实现“零上访、零阻工、零事故”，经验做法被省委书记徐守盛誉为“群众工作的经典”。项目前期推进过程中面临的情形是谣言有市场、干部无底气、工作很被动，如果要对危废项目中如何践行群众路线上这一经典之作做一个概括的话，那就是简单的三句话：让老百姓看到了希望，帮老百姓解开了心结，使老百姓转变了观念。

让老百姓看到了希望。2013年10月10日，市委书记易炼红在市委常委会议上提出“以项目带动发展，以发展惠及百姓”的思路，县委、县政府为北山的发展描绘了一个宏伟蓝图：提出在修好北山大道的同时，增加修建一条长达4千米的金山大道，直通项目区的所在村组，争取上级支持进行土地调规，在800米到1500米项目拆迁范围内建设物流园区；在1500米范围外的金星、北山两个村建设工业园区，高标准把安置区建成北山新城；把项目区外的石常、牌楼两个片建成休闲旅游度假区。聘请国内顶级的设计公司——深圳新摩尔进行高层策划，面向全国招商，成功引进4家环保型、创新型企业。用项目吸引眼球，用发展转移群众焦点。凡属与群众生产生活密切相关的重大问题，都召集相关会议征求群众意见，主动听取、积极采纳群众诉求。比如，长沙县长办公会专题研究讨论北山危废项目建设和北山发展时，邀请北山、金星两村8名群众代表参与旁听；规划设计金山大道时，召集140余名北山、金星党员和“三长”（村民组长、妇女组长、党小组长）进行听证；邀请群众代表参加首批入驻北山工业园4家企业签约仪式暨工业园规划听证会；邀请群众代表见证北山大道开工；由北山村支委提名、村支两委商议、北山镇党委考察审核、全村范围公示，组成了由13名德高望重的群众参加的危废项目群众监督管理委员会，分六班每天到项目区进行监督并填写监督日志，负责项目建设运营监督、走访群众、听取意见和及时答复，保证项目建设质量与安全，让群众真正成为项目建设的主人

帮老百姓解开了心结。针对群众对危废项目污染的疑虑，先后四次组织村支两委、村民小组组长、党小组长、群众代表到望城区黑麋峰垃圾填埋场现场参观，看到了政府治污的成效；先后分三批组织412名“两代表一委员”、地方知名人士、党员和“三长”及部分群众代表赴衡阳危废处置中心参观，让群众实地看到了危废项目现场无灰尘、无污水、紧邻居民区的事实，击碎了危废项目污染很可怕、灰尘落到身上烂骨头的恐怖心理。精心制作专题片，分别在全镇21个村（社区）、14家部门单位、37家企业、12个项目核心区周边的村民小组户主会议、67个中小学班级现场播放，7000余人观看了专题片，有力消除了群众对项目污染的恐慌和疑虑。

使老百姓转变了观念。项目启动前期群众普遍存在三个错误的观念：第一个是危废项目非常可怕；第二个是只要大家团结起来反对，这个项目就会撤址新建；第三个是法不责众的观念。北山镇党委采取了“强化宣传

引领舆论、法治教育增强敬畏、群众参与凝聚共识”三点措施使群众又有了三个新的观念：第一个观念是相信共产党，共产党不会害我们，危废处置中心就是一个企业，有影响，但没有想象中的那么可怕；第二个观念是党委政府下决心做的事情一定能成功；第三个观念是危废项目的建设给北山带来了千载难逢的发展机遇，谁阻碍了项目的建设，谁就阻碍了北山的发展。同时充分利用无线广播、电视、横幅标语、宣传车以及微博、微信等宣传工具，对群众进行宣传教育和引导。特别是在项目核心区安装15个无线广播喇叭，根据群众的不同喜好，精心制作297期专题广播节目，把党的政策、项目建设相关内容，融入到群众喜闻乐见的文艺节目中，让群众了解实情、明白真相。

镇党委政府坚持把人民群众作为一切工作的主体，始终依靠群众、相信群众、尊重群众，宣传群众、发动群众、组织群众、团结群众，充分尊重群众的主体地位，让群众全面知情、全程参与、充分表达、实时监督，通过群众去做群众的工作，通过群众去团结更多的群众，同时，严格兑现了一系列承诺，加快推进北山大道、金山大道建设，高品质谋划了北山产业园、北山新城，一系列的利好消息，使群众转变了观念，解开了心结，看到了希望，切实增强了党委政府的公信力，营造了“党群干群一家亲”的和谐环境，得到了省委、市委、县委的高度肯定。（李维维）

【北山大道项目迅速推进】北山大道全长8.155公里，横跨金星、蒿塘、福安、官桥、荣合桥5个村（社区），24个村民小组，总投资26000万元，已完成工程投资额约14000万元，占总投资的53.85%。2014年10月20日已全线路基拉通，正在完善管线埋设等工作，力争2015年8月实现通车。（李维维）

【金山大道项目启动建设】金山大道是长沙县北山镇一条主要的镇区主干道，其建设对加快北山镇建设，促进经济协调、持续、快速发展，推进城乡一体化，全面建设小康社会，改善区域交通网络，拓展城市空间，提高居民工作与生活质量具有重要意义。金山大道工程起点T接于长沙县北山镇金星村北山大道K0+385.0处，距规划沙坪互通约600米；终点接入北山镇北山村北山大屋附近的金北公路。项目自2014年1月进入筹备阶段，项目立项、工可编制、环评、地勘、规划选址等前期国土预审手续已基本完成，正在进行土地利用规划调整和招投标工作，14户拆迁户已有5户签订拆迁补偿协议。（李维维）

【生态扶贫移民试点安置区开建】北山镇生态扶贫移民工作在位于大山上的福高、福田两村试点，安置点选址荣合桥社区杨梅湾组。为了做好此项惠民工程，镇政府成立了生态扶贫移民工作领导小组，办公室设在镇农办。自项目启动以来，累计完成福高村9个组、福田村和荣合桥社区共计250多户移民户调查摸底，并相继拟定移民工作实施方案、移民安置协议。7月，移民安置点的规划设计基本完成，相继启动土地征收和安置点建设工作，到12月，安置区内实现“三通一平”，具备建房基础，雨水、污水管网等基础性设施同步进行施工。根据入户调查摸底结果和安置区内实际情况，通过与村（社区）协商讨论，先确定30户移民户进场建房，共发放移民款187万元。2014年末，包括安置区原住户在内，已有3户完成建房，32户在建（其中5户盖瓦封顶），两纵一横的区内道路完成硬化。（李维维）

各级领导赴长沙市危废处置中心项目建设现场考察（板报）

【北山形象定位宣传短语及北山形象标识征集】北山镇形象定位宣传短语及北山镇形象标识征集活动于2014年12月至2015年1月举行，收到了来自全国各地的投稿230份，其中文字和图案兼备的有效稿件94件。星沙新闻网开设专题投票通道，将进入复赛环节的10件作品供大众评议，收到市民17472张选票。大众投票结果的前五名进入终评环节。经党政办公会集体讨论，岳阳作者周浩的作品最终获选。该形象标识以山水、自然风光为切入点，结合“北山”二字展开联想，将传统泼墨手法与现代设计理念相结合，放弃一般设计常采用的“龙”、“凤”等图腾元素，强调作品的唯一性和排他性，用水墨画境般的质感呈现北山镇的自然灵秀，契合了征集方案的主题和要求，能够体现我镇独特的地域、人文特色，富有影响力与感召力。

此次征集活动广泛地调动了县内外群众及专业届人士的参与热情，在征集标识的同时有力地向外界推介了北山的自然、人文景观，展现了一个充满魅力的森林小镇，为北山镇加快实现“崛起大城北，打造生态镇”的宏伟目标营造了积极、正面的舆论氛围，有力地推动了北山镇的跨越发展。

（李维维）

星沙街道

【概况】星沙街道位于“三湘第一县”——长沙县县城中心，其前身为原长沙县星沙镇，2009年12月，撤镇建三个街道办事处，星沙街道正式挂牌成立，辖京珠高速以东、长永高速以北区域，总面积24.53平方千米，建成区面积19.62平方千米，总人口约25万人，现有社区建制15个，新批准筹备成立社区2个，党组织105个，共有直管党员1535名、非公企业流动党员251名，是长沙县经济、政治、文化的中心区域。

星沙街道以构建平安和谐为“第一主题”，紧扣经济建设和社区建设“两大主线”，紧紧围绕“三个共同、三个共享、三个率先”的目标，协调社会治理、环境治理、城市管理、队伍管理“四轮驱动”，着力打造平安、数字、人本、宜居、幸福“五位一体”的新星沙，一年来，全街上下攻坚克难，创新实干，圆满完成了各项工作任务，在“六个走在前列大竞赛”和“品质星沙”建设中取得优异成绩。

全年财政税收总收入完成5.4亿元，基础总税源收入完成4.65亿元，为全年度任务3.8亿元的142%；工业总产值55340万元，同比去年（下同）增长14.8%；招商引资内资29619万元，同比增长37%；实际利用外资2800万美元，同比增长40%；社会固定资产投资456380万元，同比增长52.5%；社会消费品零售总额257357万元，同比增长3%；城镇居民人均可支配收入44335元，同比增长16.9%。位列长沙市“十强街道”之首，获评长沙市文明单位。

（汪阳漾）

【项目建设】一是重大项目推进顺利。艺术职院2014年已完成近2亿投资，职院周边三条道路正在全力推进，完成进度在全县项目调度会受到县领导高度肯定。太平洋人寿保险运营中心项目已启动，总包开标结束，正进行公示。奥凯航空进入施工阶段。投资16亿元的卡丁车建设项目已重新签约，启动培训中心建设；二是重点项目加快实施。积极推进省基督教堂、县妇幼、县公安局、县法院、星沙文体中心、107国道城乡结合部环境综合整治以及地铁三号线等8个重点工程，李公庙周边配套设施建设项目前期地勘工作、施工设计和预算造价已完成，老城区（1-6区）提质改造工程已完成前期工作，确定了概念性设计公司；水渡河桥下湿地建设项目进入筹建阶段；三是重点民生项目紧抓不懈。街道重点民生项目星沙兴隆路综合体项目进展较快，计划2015年全面完成主体建设；四是外资项目提前超额完成，当代置业（香港）有限公司拍得开元东路以南、东八线以东地块，计划总投资将达15亿元。

（汪阳漾）

【民生建设】一是高标准创建市级标准化政务中心，开展便民服务，全年共受理各类事项28975件，已办结28654件，办结率为98.9%，其中接受咨询7562起，办理各类证件6952本。二是狠抓社保医疗保险参保率，增加城镇新增就业、促进失业人员再就业、农村劳动力转移就业、技能培训。三是着力构建完善教育服务体系，加强对校车的监管，切实维护高考秩序，努力做好民办代课教师补助申报审核工作。四是加快医疗卫生事业发展，组织居民群众和机关干部义务献血，超额完成献血工作，及时调处医患纠纷，足额拨付医疗费用，积极做好老年乡村医生困难补助申报审核工作，红十字会工作获得2014年市先进单位。五是重点推进计生网格化、信息化和流动人口均等化服务模式，符合政策生育率96.66%，人口网格化人员关联率95.16%，健全完善了人口计划生育工作宣传教育阵地，建立健全了人口健康档案，累计办理健康档案43285份，继续做好联合国人口基金会“青少年性与生殖健康项目”并建立“青春健康俱乐部”；承办了“美丽长沙、美德先行——长沙幸福家庭公益大讲坛”，成功告破一起完整“两非”案例。六是较好维护了李公庙、松柏寺、基督教堂等三处宗教场所的宗教活动秩序，妥善处置辖区少数民族群众切身利益的矛盾纠纷。七是加强全街统战工作，积极开展走访慰问港澳台侨和抗战老兵，全面梳理侨胞侨属、台胞台属及海外人员情况，成功创建省级同心社区一个，涉台教育基地社区一个。

改善民生必须加强服务载体建设，搭建社区服务平台，全面落实惠民政策，规范社区干部队伍建设与管理，创建特色品牌，打造特色社区。一是提升干部素质，不断提升为民服务水平。目前社区干部人数已达173人，持证上岗的社工师已有25名。二是强化社会管理创新，用服务力带动品牌力。着力解决社区建设中的短板，注重社区服务品牌打造和基础设施的不断完善。三是推进社区办公用房建设，完善社区基础设施。凉塘路社区、望仙桥社区分别搬入临时办公场地和新办公场地；灰埠社区新办公楼主体工程完工，凉塘路、开元路两社区办公场用房进入规划审批。（汪阳漾）

【狠抓安全监管】一方面开展安全生产大排查大整治大督查、打非治违、“六打六治”、危险化学品、烟花爆竹专项整治行动，联合执法检查35次，安全生产季度大检查50次，危险化学品、烟花爆竹生产经营单位100%入安保责险，全年未发生一般生产安全事故和较大以上安全事故。另一方面食品药品各类整治行动落实到位，全面启动食品安全宣传，实现日常监督检查常规化、制度化，日常例行检查847家，日常监管完成率144%、检验检测完成率130%、举报线索完成率133%；宣传教育及培训多方位、多层次。开展食安事故应急演练，年度内未发生食品安全事故，2014年食品安全“十项实事”工程项目完成较好，实行群众聚餐留样新举措，着力打造食品安全示范街。（汪阳漾）

【丰富文化生活】围绕政府工作报告“创建十个特色文化镇”的目标，拓展活动载体，丰富群众文化生活。全年举办社区文化艺术节7场，开展大型群众文化活动18次，获省市县级荣誉17项，被评为市示范性社区学校、省优秀艺术团、市示范性社区文化活动中心、市百佳群众文艺团队、市文明社区和市同心社区。广泛吸纳社会力量参与城市管理和服务，制定“一社区一品牌”行动计划，形成了“时间银行”“公益联盟”“杨梅义工”“@服务”“阳光驿站”“心理卸妆”、“微公益行动”等一系列志愿服务品牌。

（汪阳漾）

【创新城市管理】按照“六个走在前列和四个专项整治”工作要求，创新开展了五项工作。一是设立社区城管工作站，狠抓城区市容市貌问题整改。全年共开展60余次密集式的、覆盖整个星沙辖区的集中整治行动，规范店外经营2000余户，规范流动摊贩1600余次，清理乱堆乱放800余次，收缴违章经营工具500余个，处理违章广告1400余个，并在各社区推行“门前三包”三级管理机制。二是建立城管三级响应机制，持续推动“清洁城乡”大行动，积极探索物业化外包新模式，安排专人对物业公司天天督查，月月评比。三是实行垃圾干湿分类“绿动循环”计划，已推广到该街道12个社区的15个封闭式居民小区以及2个事业单位，共注册用户8000多户，回收可利用生活垃圾40多吨。经验做法被中央省市媒体多次报道，这一信息亦被湖南省委办公厅采用，并推荐到中共中央办公厅；四是推进旧城改造和“一树一号”三年造绿行动，打造“一街一景”、“一巷一景”的城市风貌，行道树提质提标工程圆满完成；五是提质改造“一路一带”，强力推进107国道城乡结合部综合整治工程。灰埠夜市疏导区工程和107国道灰埠段立面改造工程已完工。（汪阳漾）

【维护社会稳定】全年共排查矛盾纠纷44次，化解纠纷220起。一是开展“大排查、大调解、大巡防”专项行动，对4号、5号令、60号令、103号令拆迁群体和物业维权等重点群体，做好政策宣传解释和稳控工作，二是积极开展“信访积案化解百日行活动”，成功化解康爱君、杨国忠2个信访积案；三是成立专业巡防队负责辖区内的社会治安管理，每天进行巡逻防控和治安知识宣传，并在全街65个物业小区启动“零发案”竞赛，据派出所统计，发案率呈明显下降趋势；四是成立专业打击传销队伍，设立传销训诫教育点，对传销违法犯罪行为予以打击，共清查928户，遣散和处罚传销人员1960人次(其中刑事拘留14人、判刑6人)，解救61人，自行撤离返乡的传销人员超过3000人。（汪阳漾）

【推进党风廉政建设】一是加强领导。明确街道党工委书记为党风廉政建设第一责任人，负总责，纪工委书记具体抓，班子成员联点抓片，形成齐抓共管的工作格局；二是推行“一岗双责”。将党风廉政建设的目标任务分管到各部门、各社区，落到具体办所和责任人并签订党风廉政责任书，进一步增强了基层“一把手”的责任意识；三是严格进行考核。街道党工委将党

风廉政建设的落实情况纳入干部的年终考核，与奖惩直接挂钩。（汪阳漾）

【加强基层党建工作】一是建立基层党建工作责任体，健全规章制度，形成工作合力。班子成员每人联系1至2个点，亲自参加支部会议，定期指导工作，精心打造以“网格责任人—楼栋长—信息员—志愿者服务队”为主体的党员网格管理服务队伍。同时，以党建网为龙头将城管网、计生网、综治维稳网、流动人口网等进行有机整合，“五网合一、四级联动”，不断延伸服务触角和管理领域。二是加强基层组织建设，筑牢战斗堡垒，夯实执政基础。为全面提升社区组织建设整体水平，每个社区都建立了党员活动室，组织党员开展创先争优活动；实行部门联审制度，把好发展党员的质量关，年内培训入党积极分子46名，发展新党员37名，批准46名预备党员按期转正；依托网络、远程教育、以会代训、三会一课、一把手上党课等载体，积极开展党员干部教育培训工作，党员干部的专业水平、综合素质得到了较大提升。三是强化党员作风建设，密切党群关系。在党的群众路线教育实践活动中，做到了“五个坚持”：坚持聚焦“四风”。紧紧围绕“为民务实清廉”的大主题，以解决问题开局亮相、以专项整治寻求突破，对不良作风来了一次“大清扫”，通过抓好领导班子27项整改和8项专项整治工作，干部作风迅速转变；坚持团结和谐。通过大胆使用批评和自我批评的武器，班子民主生活会真正做到了见人见事见思想，有效推动了领导班子自身存在问题的解决，从善如流的党内生活氛围得到恢复，班子向心力明显提升；坚持问题导向。通过开展“最严城管”“打击传销”“绿色积分”“清证行动”等“六大行动”，解决了一大批涉及群众切身利益的民生问题，党群关系更加密切；坚持服务创新。通过出台“五个一”“十进方”等一批便民服务措施，并在凉塘路社区创新推行“三全十服务”错时工作制，在开元路社区推行“724”微笑服务，走实了服务群众的“最后一公里”；坚持真情为民。街道党工委要求每个社区党支部扎实办好1-2件群众最关心、要求最迫切的实事，30多个带普遍性的问题得到解决，各社区的整改工作都取得了群众满意的效果。四是创新服务载体，增强工作实效。街道党工委着力抓了党员志愿服务活动。一方面组织街道3528名在职党员进社区工作；在社区组织下开展了一系列志愿服务活动，如望仙桥社区的“九大心服务”、杉仙岭社区的“关心帮助残疾人，实现美好中国梦”活动、松雅社区的“义诊，义修，义巡，义帮”活动、碧桂园社区的“暖心行动、关爱老人”的活动等，受到群众的好评。另一方面扎实推进基层党组织结对共建工作。根据县委组织部的安排，10个县直机关党组织和5个“非公”党组织与街道社区党组织进行结对共建，街道党工委定期召开结对共建单位工作推进会，落实县委组织部提出的“五个一”的工作要求。（汪阳漾）

湘龙街道

【概况】湘龙街道成立于2009年12月26日，地处长沙县县城西北部，东抵京珠高速，北临捞刀河。街道总面积22.63平方千米，建成区面积约为11.3平方千米，总人口约12万人，下辖12个社区居委会（包括3个农村社区）。湘龙街道地理位置优越，交通便利，京珠高速、长永高速、武广高铁穿街而过，开元路、万家丽北路在街道范围内交错穿行，拥有中南汽车世界、湖南金鹰机电市场、汽配城、湘绣城等四个开放性专业市场。街道与世界之窗、海底世界比邻而居，辖区内建有星沙生态公园，是居民理想的休闲娱乐场所。湘龙家园、好望谷、三一街区等一批高档楼盘环街道而建，国防科大、湖南工程职业技术学院、湖南安全职业技术学院、湖南机电职业技术学院、贺龙体校等7所大中专院校坐落其中，营造了浓厚的人文氛围。（彭峥嵘）

【经济实力再上台阶】街道自成立以来，财政总收入一年上一台阶，2014年财政收入突破5亿元，完成5.2亿元，再上新台阶。招商完成引资到位市外资金3.95亿元，占年度任务的160.5%；完成到位外资876万美元，占年度任务的101.62%；完成外贸进出口额约461万美元，占年度任务的115.25%；完成固定资产投资41.18亿元，占年度任务的111.3%；完成社会消费品零售总额180亿元，增速为13%，占长沙县社零总额的七成。（彭峥嵘）

【城市管理打造“六化”新体系】有效措施，深入推进“清洁城乡”行动；加强市政监管，合力做好市政下移相关工作；加快提质改造，全面提升城区绿化品质；将城市社区划分为150个小网格，形成“人员网格化、执法专业化、管理社区化、考评社会化、参与全民化、目标一体化”的城市管理新体系，自实行“六化”以来，街道在全县城市管理月度考评中连续两

月排名第一；同时，通过划分区域、定岗定责，健全农村环境治理工作体系，切实改善农村环境。（龙国煌）

【民生工程全力推进】限价房分配和水渡坪棚户区改造是全县任务重、涉及人数多的项目，面对群众的反对抵触情绪，街道层层召开会议，统一思想，做好群众劝导解释工作；分析和规避项目实施过程中可能出现的风险，制定实施细则和可行方案；主动及时解决群众后顾之忧，取信于民；至2014年底，涉及9个征地拆迁项目的限价房分配工作全面完成，交款户数达到239户；水渡坪棚户区改造项目中602户下岗职工全部顺利搬迁；妥善处置60号令群体生产留地问题，对979户3332人60号令拆迁安置对象发放生产留地收益金4.88亿元，涉及街道29个村民组、3652人的“已征地、未拆迁”群体生产留地处置工作，因政策性强、涉及面广、时间跨度长是城区3个街道共有的更复杂的工程，年内通过组织协调，积极争取，县政府作为解决60号令生产留地遗留问题已明确土地的位置和面积。对162名4号、5号令拆迁对象发放生活补助费80.15万元。（谢 敏、张 卫）

【重点项目分片包干】年内有拆迁项目22个，涉及征地面积213.92公顷，分布在高沙、石子、土桥三个农村社区，街道采取分片包干的责任机制，由主要领导牵头，3名党政领导带队，抽调机关干部组成工作组深入做好群众思想工作，确保项目如期腾地。至2014年来，辖区内国防科大新征地一期、科大三号院北侧扩建、科大医院、湘江航电枢纽配套泵站、107国道沿线综合整治、富创世纪城、特立西路加油站、皮坤科润置业等已实现交地，450户已签订拆迁协议，腾地92.93公顷，进入司法程序的1户；科大二期、省安全厅、奥林匹克花园、长沙县土地储备中心、京珠西辅道、广汽品牌销售园、机电职院扩征、武警后勤生活基地、高速公路物流园、城北污水处理厂、水渡河农副食品仓储配送中心等项目正在稳步推进中。（张 卫）

【社会保障体系不断健全】坚持以民生保障为重点，健全完善保障机制。按期按量完成养老保险缴费；对16户残疾人家庭进行无障碍改造；规范农村低保，逐步进行核实保留89户，取消92户；突破区域限制，对流动人口困难家庭进行民政资金救助；对大病患者家庭进行了全县首例超过10万元的城乡居民医疗救助；全面推进计划生育工作，切实加强避孕节育服务和查环孕检工作，依法加大社会抚养费征收力度，立案率100%，大力宣传湖南省单独二孩生育政策等计生惠民政——建立“5+10”流动人口管理服务体系，创建了长沙市流动人口卫生计生基本公共服务均等化工作示范单位和长沙市人口计生依法行政便民服务示范单位，湘滨社区申报为国家级基层群众自治示范单位。（谢 敏、唐 萍）

【安全工作】在各社区已有义务巡防队的基础上，组建了36人的专业巡逻防控中队，双管齐下抓巡防，刑事治安案件发案率较去年下降35%；全面推进“红袖章万人巡防促平安”活动，红袖章队伍总人数达到1180人，开展巡防14281人次；进一步加强信访维稳工作，落实了17个重点问题的领导包案制；进一步强化领导干部的“一岗双责”责任意识，突出重点行业领域，开展隐患排查治理；党政领导带头开展食品、生产、消防、校车等安全隐患排查，重点整治存在严重安全隐患的企业和“黑窝点”、“黑作坊”和“黑校车”，取得了良好效果。（杨 军、田 博）

【宣传文化树新风】组织各类群众文化活动、比赛18场，鼓励社区群众站上舞台展现自我；开展优秀社会组织和新乡贤评选，涌现了一批如七色卫士、爹爹娭毑和事团、湘龙商会、湖南恒广教育基金会等优秀社会组织和刘蜜兰等新乡贤，他们在促社会和谐、树文明新风方面起了很好的示范带动作用；联合新媒体和传统媒体，共同宣传湘龙、推介湘龙，在中央省市县等主流媒体上刊出新闻稿件176篇。（张 瑜）

12月30日，湘龙街道举办2014精品节目展演暨优秀社会组织和“新乡贤”评选活动（甘鑫毅 摄）

12 月，泉塘街道荣获“2014 年度长沙市百家群众文艺团队评选最佳团队”（泉塘街道 提供）

【党建工作建立新机制】建立由党工委书记总体抓、分管领导直接抓、班子其他成员配合抓、支部书记具体抓的责任体系，形成以党工委为主体、社区支部为基础、驻街单位和两新党组织共同参与的党建工作机制，形成工作架构；深入开展党的群众路线教育实践活动，坚持以整改提升能力、以制度约束干部、以实践检验成效，对 1427 条建议意见落实到位；履行党风廉政建设“两个责任”，在源头治理上突出“防”，在监督检查上突出“实”，在廉政自律上突出“严”，在作风建设上突出“转”，在创建工作突出“亮”，营造风清气正的干事氛围。党建工作通过内容和形式的完善，更好地融入时代、贴近群众，更好地彰显特色、增强实效。（杨雅靖）

泉塘街道

【概况】泉塘街道总面积 20.84 平方千米，占长沙经济技术开发区总面积的三分之一，下辖 12 个社区，辖区内有 7 所大中专院校；427 家企业，总人口达 15 万人，其中在校学生 3 万多人，企业人口 6 万多人。2014 年，街道本级财政收入突破 4 亿元大关，同比增长 13.3％，完成规模工业总产值 68219 万元，引进内资 22444 万元，外资 900 万美元，完成进出口总额 138 万美元，实现社会消费品零售额 75000 万元，完成固定资产投资 367285 万元，各项经济指标在全县处于领先水平；全面接管浦沅泉塘生活小区社会事务工作，成功实现全省首个省属国有企业将社会事务管理移交给当地政府，为其他地区提供了经验借鉴；规范档案管理，街道档案室被评为全县唯一一个档案工作规范化管理省一级；积极打造泉塘街道人口文化主题公园和青春健康俱乐部，得到了联合国人口基金、市县计生委的高度肯定；认真办结“百姓呼声”“问政湖南”“县长信箱”及“12345”共计 373 项群众反映强烈的问题，网络问政、市民服务热线等工作经验在全县推广；代表长沙县参加长沙市第八届老年人运动会广场舞大赛、长沙市全民健身广场舞大赛均获得金奖；在长沙县女子门球赛、柔力球赛、乒乓球女团赛、象棋围棋团体赛、优秀群众文艺节目评选、“平安大舞台，安全生产全民秀”等赛事中均勇摘桂冠；在长沙县第八届民间歌手大赛总决赛中包揽一、二、三等奖；创建两型社会示范社区和绿色社区成效显著；创新活动载体，深入实施“三三工程”，充分畅通民意沟通渠道，党代表活动室的成功做法在湖南省广播电台、湖南领导人才网上作经验推广。（刘艳艳）

【推动经济持续稳健发展】一是主抓楼宇经济。新长海广场、三景华御、橄榄城商业中心等项目建设全面竣工，金科·时代中心、楚天西苑、时代星空、新长海外包基地、佐佑大厦等项目陆续开工开建；二是加大招商引资力度。成功引进目前泉塘商圈规模最大的昌和商业购物中心，新长海 CBD 已完成投资 8 亿元。家润多超市、肯德基、徐记海鲜、火宫殿、国美电器、建设银行等知名品牌进驻。投资 6 亿元的韦尔斯利五星级商务酒店已顺利开业，为街道三产业和现代服务业注入新的发展活力。三是加快楼盘服务业配套。编印《泉塘黄金商业圈招商手册》，扩大宣传效应，集聚商业氛围，形成了以明城国际、华天乐活小镇、丁家为中心的小商业聚集地，打造 3 个十分钟经济圈。（刘艳艳）

【重点项目建设】该街道始终坚持把项目建设作为完善城市功能的抓手，一年来，共腾地 20 多公顷，拆迁房屋 700 多户，推动了以下项目建设：一是改造城市路网。对远大二路进行了腾地拆迁、提质改造，拉通了东七线，对 8 条次干道进行了白改黑。二是完善配套设施。加快了泉塘中学、泉塘三期配套设施、泉塘社区服务中心、长桥社区服务中心、产业工人活动中心等项目建设。三是新建一批民生项目。成立了社区卫生服务中心，新建了泉塘社区老年人活动中心“开心阁”，修建了健身休闲场地，改造了4栋公寓房。四是打造一批城市景观工程。对东九线沿线进行提质改造，泉塘三期统一制作广告牌，投资1700万元对主干道行道树进行提质，投资300万元对安置区进行绿化提质，建成晓棠公园、泉塘公园，积极筹备人防公园、长桥公园、泉星公园等3个公园共10公顷绿地建设，逐步完善城市景观功能配套。（刘艳艳）

【城市管理】泉塘街道以“六个走在前列”为目标，“四个专项整治”为基础，强化各项管理措施，区域内公共环境明显改善。一是推行网格化管理。成立社区城市管理工作站，由社区书记任站长，联点城管执法队员及城管专干任副站长，城管协管员、治安巡防队员、街道社区干部为成员。结合街道实际，划分为4个管理片区，85个网格，实行一格多员、同格同责的捆绑管理模式，建立奖惩机制，提高城市管理水平。二是加强常规性整治。开展“最严城管”执法行动，共规范店外经营门店及摊点3000余家，依法拆除违规伸缩棚1200多个，规范工地管理10余家，收缴落地灯箱广告若干，整治违章建筑7400平方米，新建垃圾池8个，修复垃圾池2个，清理多年堆积垃圾100余吨，处理城管数字化案件13000余例。三是进行广泛宣传。向辖区门店发放“门前三包”宣传手册，对辖区乱摆摊担、店外经营等经营户发放《关于开展泉塘街道市容市貌整治行动的通告》共12000余份，力求做到门前市容有序、门前环境整洁、门前设施完好，全年城管月度考核总分在全县处于领先水平。（刘艳艳）

【民生保障不断改善】一年来泉塘街道把为民服务作为基层工作的出发点和落脚点，坚持为人民服务提供优质化和精细化服务。一是全面落实各项惠民政策。强化低保、医保、劳动保障、临时救助等惠民政策的落实，困难群众和弱势群体得到有效救助，城乡居民收入水平大幅提高。二是积极提供均等化服务。深入开展温馨计生入企业、入社区，受到广大居民和企业职工的热烈欢迎，开展青春期健康进学校、生殖健康进社区等健康讲座13场、听众达450余人。开展文化惠民活动10余场，举办社区艺术节9场次，增强流动人口的城市认同。举办校园文化进社区、“高校杯”篮球赛等活动，营造校街共建的良好氛围。三是主动提供社会化服务。积极推进浦沅泉塘生活小区前期摸底调查，全面接管其社会事务工作，成功实现全省首个省属国有企业将社会事务管理移交给当地政府，为其他地区提供了经验借鉴。四是加大便民利民设施建设。按照每个社区1个居民服务中心、1个社区公园、1个公共卫生服务中心、1个社区银行、1个生鲜市场的目标，全年共投入1000余万元，建成了长桥社区服务中心和泉塘社区服务中心，新建了泉塘三期菜市场，提质改造了第一生鲜市场，改造和新建了3个社区公园，为民服务有新成效。（刘艳艳）

【社会管理创新】街道坚持以治安环境整治为重点，以人民调解为平台，扎实推进“平安泉塘”创建，确保了社会政治经济大局稳定。一是加强专职巡防力量。改建了1100平方米的巡逻防控营地，添置了巡逻电瓶车、警具等，招聘了35名专职巡防队员，实行军事化管理，将街道划分为7个防区，实行“5+2”、“白加黑”的轮班工作模——开展无缝巡防，成立半年来，共抓获16名违法犯罪嫌疑人，全年辖区内犯罪率比去年下降15.82%，居民的安全得到有效保障。二是加大矛盾纠纷排查。开展矛盾排查工作，及时化解各类不稳定因素，共调处矛盾纠纷296起，调处成功率98.6%。加大重点、难点纠纷调处化解力度，针对芙蓉国里、金鼎中茂、学府佳境、东城名苑等重点楼盘，明确专人负责，充分发挥调解专家组的作用，楼盘物业纠纷明显减少。三是狠抓专项整治行动。协调组织400多人参加为期15天的打击传销专项行动。在打击传销清零行动中，每天组织30余，历时6个多月，共走访疑似传销窝点1151户，捣毁传销窝点630个，训诫教育传销人员2092人，打击传销工作受到省打击传销办充分肯定。加大对食品安全和安全生产的监管力度，组织了食品安全、消防安全及交通安全等专项检查，时刻为居民的安全保驾护航。综治短信平台进行政法综治宣传，“27000条短信贴心服务居民”得到广大居民的一致好评。（刘艳艳）

【党的群众路线教育实践活动】街道坚持以人为本的宗旨，积极开展党的群众路线教育实践活动，不断夯实党建基础。一是党的群众路线教育实践活动措施到位成效明显。在教育活动中，突出抓好对照检查、民主生活会、整改落实、建章立制等各个环节，努力做到学习教育、听取意见到位，查摆问题、开展批评深刻，整改落实、建章立制立见成效。文山会海、办公用房超面积、干部作风等问题得到有效解决。二是基层基础工作有效夯实。向社会公开考录社区服务中心工作人员29名，新吸纳入党积极分子27人，发展预备党员20人，预备党员转正23人，进一步壮大了基层党组织。完善了《泉塘街道干部请休假制度》、《泉塘街道关于规范社区工作人员待遇发放的暂行办法》，对干部实行规范化管理。制定《泉塘街道效能建设督促检查方案》，建立"周安排—月督查—季调度—半年通报—年度点评"工作推进机制，通过不定期抽查、定期督查、季度讲评等形式抓干部日常管理和作风建设，提升行政效能。三是党建活力不断激发。扎实开展了在职党员进社区、结对共建等志愿活动，建立了以学生志愿者、工之友社会公益组织、五老人群、产业工人以及社区志愿者为代表的多元化志愿服务者队伍。群众文化丰富多彩，武装、统战、共青团、妇联、残联等各项工作开创新局面。

（刘艳艳）

榔梨街道

【概况】榔梨街道位于长沙东郊的浏阳河畔，东临黄花空港，西靠长沙市区，北接县城星沙，南邻武广高铁。因有始建于晋代（南北朝时期）、鼎盛于明清且至今保存完好的陶公庙，而有"千年古镇"之称。街道总面积34.8平方千米，下辖5个行政村和5个社区（含2个筹备社区），集镇建成区7平方千米。至2014年年末常住户11121户，常住人口34498人，户籍人口31498人（其中农业户籍人口17309人）。

2014年，街道以县委、县政府"三个共同""三个共享"为总揽，以加快推进街道转型、科学、跨越发展为工作目标，着力构建现代产业体系提升产业转型升级，着力加快融城对接步伐推进城市化进程，着力完善提升城市功能提高老百姓幸福指数，着力加强基层党建夯实党的执政基础，该街道呈现出经济稳步增长、融城步伐明显加快、效益不断提升、民生持续改善、社会大局和谐稳定的良好态势。2014年街道完成财政税收7.5亿元，完成工业总产值74.62亿元，规模企业工业产值实现59.8亿元，社会固定资产投资50亿元，招商引资到位资金14.06亿元，人均可支配收入29309元。街道拥有335家企业（其中规模以上40家），新增商业网点370余家，新增个体工商户230家，完成社会零售总额2.18亿元。先后荣获2014年长沙市计生工作模范单位，机关支部获得"长沙市学习型党组织建设示范点先进单位"。

（陈　婷）

榔梨街道城区面貌　　（榔梨街道办　提供）

【年度大事】1月，土岭社区举办"福乐会"；榔梨街道召开经济工作务虚会；长沙县副县长黄梁率相关部门负责人，走访慰问陶公庙社区困难户；陶公庙社区召开廉租房住户续签仪式，已经入住廉租房的84户住户全部续签。2月，土岭社区中心幼儿园正式投入开园；"千年古镇，和美榔梨"—2014年榔梨企业新春招聘会启幕；蓝思科技榔梨公租房6栋交付使用；3月，启动村居两委班子的换届选举工作；组织发动"一点热血助他人，一颗爱心好精神"的义务献血活动。4月，召开党的群众路线教育实践活动动员大会；榔梨商会组织28名汽配行业企业家赴上海考察；经开区管委会主任李科明进行项目调研。6月，金托村启动"乐和乡村"建设；大园社区举行"颂歌献给党，做群众的贴心人"主题文艺会演。7月，长沙磁悬浮榔梨站正式动工开建。8月，召开安全生产大检查大排查大整治暨重点行业（领域）专项整治工作部署会；榔梨水厂永久性供水应急管道工程全线破土动工；榔梨街道在辖区内黄兴大道南沿线打造廉政文化宣传墙。10月，微信服务平台"檀木乐园"在榔梨街道檀木桥社区上线。11月，举行陶公庙神像开光庆典法会；启动长沙县"道蕴榔梨和美水乡"文化区域建设。12月，正式启动榔梨街道环湖建设项目。

（陈　婷）

【榔梨街道环湖片区建设项目成功入选 PPP 项目】街道环湖片区建设项目，在长沙县政府与社会资本合作模式（PPP）示范项目中得到重点推介。该项目充分利用榔梨的区位优势、水系优势围绕特色旅游、文化产业园、商业地产等特色产业，紧密结合业态的不同功能，满足购物、休闲娱乐、居家住宿等需求，打造成服务于经开区产业发展及县内重点企业、产业工人的商业副中心。年底已完成商务策划和概念性规划。（陈　婷）

【中低速磁悬浮铁路榔梨段建设启动】中低速磁悬浮铁路全线路涉及长沙县16.5 公里，其中榔梨街道 6 公里。榔梨站位于该街道花园村小屋组靠黄兴大道出入口，经过的线路涉及保家、三合、花园、金托四个村 40 户。榔梨站 7 月进场施工，4 个月内完成红线范围内 40 个户头的拆迁协议签订工作，实现项目全面交地，预计 2015 年底建成通车。该磁悬浮列车设计最高时速 120 公里，为普通城区轨道交通的 1.5 倍。工程建成后，乘客从高铁南站下车，搭乘磁悬浮列车，只需 10 分钟即可到达黄花机场。为实现空地“零距离”对接，黄花机场在高铁站设置办理登机和行李托运手续的窗口，乘客要转乘飞机，可直接在高铁站办理，乘磁悬浮列车到达机场后，可直接过安检登机，节约不少时间。（陈　婷）

【“道蕴榔梨和美水乡”文化区域建设启动】11 月 17 日，长沙县“道蕴榔梨和美水乡”文化区域建设在榔梨街道启动。长沙县将全面恢复“梨江八景”，以“最原生态、最自然、最和谐”的开发理念进行整体包装，在长沙城东部建设江南梦里水乡。打造最美浏阳河湾区。（陈　婷）

【项目建设】2014 年，辖区内有区县重点项目、街道本级项目以及企业开工开建项目三类共计 70 个。街道全力配合省市区县完成蓝思科技、上海大众等重大项目拆迁腾地工作。协调方麒节能、新世纪、万达轴承、嘉鹏、海圆、海天、波特、人允电子完成施工许可证报建工作，协调德芬汽配、科远机械、飞碟新材料开展前期设计工作，并完成飞碟新材料项目交地前期工作，沃霖物流、大园路、阿斯铁亚五享、蓝思科技公租房开工开建。人民东路东延线、黄兴大道南延线顺利通车，东六线、红树坡路、映霞路、长桥南路全面拉通并完成绿化亮化，东七线、东十线、东十一线、中轴路正加快建设。全面完成保家村菜市场、健身广场和村部围墙改造、土岭社区老泉沿路新增排水管网及亮化工程。按照城市化建设标准，加速推进福中道西延、佳园路南延、沪昆下穿三条道路建设，以及陶公庙社区服务中心、龙华公共服务中心等基础项目建设。（陈　婷）

【城市品质提升】全年完成植树 1.2 万株，绿化道路 18 公里，通村达组道路硬化率达 100%。完成危房改造 12 户，竣工率达 100%。完成工业园区工业污水收集 1.8 公里管网改造，实现工业污水收集集中至污水厂处理。成立五个城市管理工作站，城管队员和城市协管员下到社区，通过网格化管理，形成以社区管理为基础，综合执法为后盾的城市管理模式。全年共拆除违章建筑面积 7000 平方米、户外广告灯箱 800 平方米，查扣渣土车共 29 辆次，整治店外经营 90 处，清理流动摊贩 80 个，清理人行道堆物 12 吨，成功取缔龙华、保家马路市场，城市环境和交通秩序得到进一步改善。结合“清洁城乡”活动，组织街道全体机关干部、村支两委、部门单位及志愿者 4 批次 400 余人次走进街头小巷开展清洁行动和卫生大扫除，全年修复破损路面约 1000 平方米。（陈　婷）

【社会治安】积极开展“红袖章万人巡防促平安活动”，每年投入 200 万元，成立 40 人的专业巡防队伍，进一步推进治安防控体系建设。积极化解因 8% 生产留地问题而导致的非法群访活动。在特护期和重大节假日前，集中开展排查调处工作，认真排查、化解民间矛盾纠纷。全年街道共发生各类矛盾纠纷 254 例，调解率 100%，调解成功率 98% 以上，无一民转刑案件和群众性集体上访案件的发生。（陈　婷）

【安全生产】7 月，成立街道安全综合监管中心，定岗定人配齐配强安全监管队伍。严格落实领导干部带队检查安全生产工作，分阶段重点开展烟花爆竹经营、建筑工地、加油站、气站、人员密集场所、交通安全以及企业生产等专项检查。全年共有 7 家企业完成安全生产标准化建设达标工作，49 家规模以上工矿商贸企业通过达标评审。开展食品安全日常巡查 814 家次，向职能部门移交案件数 9 个。实行餐厨垃圾统一收运全覆盖，实现日产日清、全面覆盖、安全处置，确保了老百姓舌尖上的安全。（陈　婷）

【微信服务平台“檀木乐园”开通】10 月，檀木桥社区筹委会推出“檀木乐园”微信服务平台，涵盖便民服务指南功能、消息推送功能和点对点互动功能，对辖区内存在的无序店外经营、无证摊贩、垃圾死角、乱搭乱建、非法营运等乱象进行大力整治，为近3万名产业工人在办理子女入学、妇女生育等方面提供更加便利的服务。

（陈 婷）

【党风廉政建设纳入网格化管理】陶公庙社区结合网格化管理，开展廉政文化建设，建立“廉政直通车——廉政进言本——纪检信息员”的三级监督体系，推进民主监督进网格，形成“一网多员，多员联动”的格局。“廉政直通车”是设立在社区政务服务中心的可以直达街道纪委书记的专门信箱；“廉政进言本”则是设立在六个二级网格纪检活动室，收集民情和群众意见建议的记录本；纪检信息员由25个三级网格的网格信息员担任。通过这三级监督体系，能及时收集群众关注和反映的问题，有效地监督党员干部的作风情况，与社区纪检委员一起形成“内部+外部”共同监督格局。

（陈 婷）

【土岭社区中心幼儿园开园】2月17日（正月十八），土岭社区中心幼儿园正式开园。土岭社区中心幼儿园分为两期工程，已完工的一期在原土岭小学旧址上新建，位于土岭社区泉沿路，该项目于2012年12月开工，投资近600万元，占地面积约4000平方米，是一所大型的公办幼儿园。园内设有适合儿童生活和学习的活动室、休息室、学习室等场所，并建成富有童趣的小公园，园内配有大型玩具、幼儿体育器械和游戏设施，可供幼儿娱乐、锻炼、学习和游戏。新园开设6个班，招生规模为200名幼儿。二期工程占地3300平方米，再新增6个班。全部完工后，土岭社区中心幼儿园将成为榔梨街道规模最大、设施最为齐全的幼儿园。

（陈 婷）

长龙街道

【概况】长沙县长龙街道，总面积29平方千米，辖湘峰村、茶塘村、长龙村3个建制村和龙井、龙湘两个城市社区，常住人口1.22万人，产业工人近万人。2014年，长龙街道以“三个共同、三个共享、三个率先”为工作总揽，以“六个走在前列”大竞赛活动和四项整治为切入点，干部群众同心同德、不断摸索、砥砺前行，各项工作稳步推进。2013年、2014年连续两年获得长沙市社会管理综合治理红旗街道；2014年综治民调名列全市第一，获评长沙市平安街道、长沙市计生工作模范单位、长沙县武装工作先进单位、党风廉政建设一类单位，拆迁腾地167.47公顷，获得县特殊贡献奖。

经济建设。街道辖区内工业经济已初具规模，有入园企业40余家，已投产8家。2014年，街道固定资产投资年度任务为31亿元，全年完成31.228亿元；规模工业总产值任务为20亿元，全年完成21.2368亿元；实际到位内资任务为55440万元，全年完成66589万元；外资任务为3450万美元，外贸进出口额任务3600万美元，均已顺利完成年度任务。

项目建设。全面完成产业园区C15、C16、C18、C24、D12地块和山河智能、长沙县职校、技师学院等项目近152.33公顷的拆迁扫尾工作，保证园区29个项目的开工开建和10个基础设施项目进场施工。绕城高速、加油站、开元路两厢完善工程等重点工程项目协调建设工作全力推动。50万伏电力线路工程7月份正式通电投入使用。加油站项目已完成房屋对证拆迁。东十一线、东十二线道路及龙湘社区范围内地铁3号线项目完成前期地勘。

城市管理。实行城市管理“三步巡查法”。联合城管、国土等部门强力开展违章建筑拆除行动，共拆除整治违章建筑面积逾15050平方米；完成开元东路沿线10个社会进出口4000多平方米的硬化，对开元东路（长龙辖区）3.8千米两边路面和拆迁地块进行绿化提质。推进绿色城镇和三年造绿大行动，完成农村公路10千米水泥路面养护、路面整治等维护工作。实施数字化城管。集中整治开元路茶塘段两厢石材、水泥制品非法生产经营，取缔开元路两厢5户违规经营草莓棚，拆除户外违章立式广告45个，清理牛皮癣10平方米，违章广告拆除率达到100%。在县城市化管理考评城区街道考核排名中该街道3次排名第一。

社会管理。通过开展“群防群治”，狠抓“难点热点”，突出“三重三建”（即注重规范管理，建强一支综治队伍；注重联动协调，建实一个立体网络；注重教育预防，建好一个宣传平台），全面开展综合治理及平安创建工作，进行社会矛盾纠纷排查44次，共受理各类矛盾纠纷134起，调处134起，调处率达到100%，调解成功125起，调处成功率达93.2%。2014年街道综治民调工作综合排名位居全市第一。

社会保障。春节走访困难群众，发放慰问金32.65万元；规范农村低保工作，发放低保金93万元；全年医保报销316万元，医疗救助17万元；街道城乡居民养老保险参保率104.78%，基金征缴率109.79%；街道城乡居民医疗保险基金征缴率100%；为21名残疾人办理扶助、康复项目；开办“育婴师”就业培训班、创业培训班。依法依规完成3个村“两委”换届选举工作。组织村（社区）干部集中培训，出台《长龙街道村（社区）干部工资、补助标准发放意见》；全面推行结对帮扶制度，继续开展党员干部结对帮扶活动，党政领导班子成员每人结对联系2户困难群众，通过结对帮扶，今年共计慰问困难户153户，慰问金额9万元。

科教文卫。成立长龙街道社区学校；开展“邻里守望”，禁烟宣传、五四帮扶、“我的中国梦，诵读经典”征文比赛、“凝心聚力”趣味运动会、“名家春联送万家”、庆“三八”践行四自精神、共建美好家园、微宣讲竞赛和1次街道群众文化艺术节、3次村（社区）文化艺术节活动；新建龙湘社区的农家书屋，参与县委宣传部举办的“微理论、微宣讲”竞赛并荣获一等奖；参加县文体局举办太极拳比赛，荣获三等奖；组建首支舞龙舞狮队伍；成立街道红十字会，组织商会会员对蓓蕾小学16名贫困学生进行帮扶慰问捐资、捐物助学活动；加强村卫生室标准化建设；完成茶塘小学校舍修缮、厕所、食堂改造工程；蓓蕾小学和长龙街道社区卫生服务中心正在筹建中。

计划生育。2013年10月至2014年9月共出生149人，其中计内生育141人，计生率94.63%；完成孕前优生健康检查162人；征收社会抚养费102万余元，征收到位率46.09%。开展“流动人口百日行”、“关爱女孩”等系列活动，开展流动人口协同治理，开展各类免费检查，实施上门服务、微博问政等便民举措。成功立案查处1例“两非”案例。2014年被评为市级计划生育工作“模范单位”。

安全监管。开展安全生产“打非治违”“大检查大整治”等专项行动；以“安全生产月”“食品安全宣传周”“药品安全宣传月”活动为重点，全面深入开展宣传教育活动，发放5000份宣传资料，“村村响”每周广播3次，设立6块“安全生产月”专题板报和22块公交站亭宣传板报，开展了8次食品安全专项督查和7次专题培训，3次“安全五进”活动；召开了4次安全生产讲评会，成功取缔1家豆制品黑作坊，关闭了存在重要安全隐患的茶塘空心机砖厂。（陈　启、杨宏波）

【“两型社会”建设启动】着力打造杨湾组环境示范点；深入开展“两型”文化进企业、学校、机关以及“四节”行动，申报创建绿色生态示范社区1个、“花园式单位”1个、花园式庭院家庭20个；提质改造湘峰集镇；完善基础配套设施，新建垃圾池78个，添置垃圾桶240个，新增垃圾清扫车3台，彻底清除辖区内陈年成堆垃圾50处垃圾2000多吨；拆除违章农田栏舍约3000平方米；对24千米村级主干道道路两侧进行集中整治；成立环保志愿者协会，每季度开展环境卫生讲评会和保洁员培训会；完成植树造林1.2万株；进行垃圾分类试点，建立有毒有害垃圾回收点；切实加强生活及餐厨垃圾的处理力度。（陈　启）

【党员管理“三分法”】长龙街道党工委下设8个党支部，共有党员445名。实行党员教育管理“三分法”：一是对党员因人定岗、以岗定责，建立量化考核机制、党员党内关怀机制，激发广大党员参与组织生活的主动性和积极性，提升党员的党性意识、民主意识和监督意识；二是优化党小组设置、完善党小组阵地建设和制度建设、规范党员的行为标准，使基层党员教育管理工作更加精细化、科学化、规范化；三是党建工作与村级各项中心工作有效互动，推动街道工作在环境整治、扶贫帮困、治安联防、民事调解、城市建设、文化建设等方面中取得了突破性成绩。（罗　莎）

【长龙街道财政所获评省级标准化财政所】长龙街道财政所以创建省级标准化财政所为工作目标，以“2014年度湖南省乡村财政财务精细化管理工作考核表”中的各项评分内容为工作重点，围绕预算管理、财务管理、国资管理、票据管理、村账乡代理、惠农补贴“一卡通”发放管理、乡镇财政资金监管等方面狠下功夫：把会计

“欢乐潇湘和美长沙，名家春联送你家”大型文化公益活动启动仪式在长龙街道举行（彭雪平　摄）

基础工作和业务学习作为突破口，进一步规范完善会计基础工作，加强业务学习，形成时时学、处处学、人人学的良好学习业务的氛围；引进惠农补贴“一卡通”发放触摸屏查询系统，提高财政涉农政策执行的“阳光化”；成立三资交易中心，规范农村公共资产、资源、资金交易，并充分运用阳光三农网做好村级财务公开，被评为省级标准化财政所。（盛取振）

【徐守盛到雷鸣公园植树】2014年2月25日下午，省委书记、省人大常委会主任徐守盛，省委副书记、省长杜家毫，来到长沙县长龙街道雷鸣公园，与街道干部群众一道参加义务植树活动，省领导孙金龙、黄建国、李微微、许又声、韩永文、易炼红、张文雄等，市领导张迎龙、袁观清、范小新、余合泉、谢树林、文树勋、李军、陈献春、钟钢、李春艳、杨懿文等，长沙县四大家班子成员参加植树。

长龙街道辖区内依山就势规划了3个主题公园、3个湿地公园，其中雷鸣公园被列为“2014年省级植树基地”。2014年长龙街道义务植树1.2万株，有20户绿色示范庭院。（陈启）

【“乐和乡村”示范村建设】长龙街道湘峰村被选为长沙县“乐和乡村”建设项目第二批试点村，8月8日，成立湘峰村第一个乐和互助会——杨湾组互助会。通过自荐与举荐相结合的方式，选出了以老党员、退休干部为主体的9名乐和代表。第二个互助会，西数组互助会也在紧张筹备当中。以学校为单位，以6-12岁孩子们为活动对象的乐和学堂已经启动，教授孩子们 德、礼、义、孝等传统文化。通过不断向村民宣传倡导“乐和乡村”理念，提升村民参与、管理监督村级事务的积极性。（陈启）

暮云街道

【概况】暮云街道于2013年12月26日揭牌，辖高云、西湖、莲华、许兴、暮云新村等5个村和暮云、云塘、华月湖3个社区，总面积34.6平方千米，已建成区约10平方千米，户籍人口19552人，流动人口41567人。2014年，完成工贸总收入7.4亿元，其中规模工业产值3亿元，固定资产投资47.5亿元；个税13.9万元。2015年1月14日，暮云街道划入长沙市天心区。

街道位于长株潭三市融城核心和长株潭“绿心绿肺”保护区，东邻雨花经开区和跳马镇，北接天心区先锋街道和雨花区洞井街道，南与湘潭市昭山风景区接壤，沪昆铁路和长株潭城际铁路交汇于此，芙蓉南路、万家丽南路等城市干道贯穿全境，区位优势明显。辖区内有规模以上工业企业2家（碧螺建材、恒盛混凝土），大专中院校2所（长沙理工大学云塘校区、湖南科技职业技术学院），省市级驻点单位6家（省地质调查院、省物勘院、湘煤集团、长沙生态动物园、中铁四局五公司暮云基地、中石油四普服务基地），商业楼盘20个（丽发新城、龙湾国际社区、和美星城、怡海星城、幸福庄园、格兰小镇、山水印象、格林香山等），拆迁安置小区3个，生活聚居点1个。

加强重点工程的协调和配合，确保沪昆铁路、城际铁路、烟草物流园和地质资料库等各项重点工程建设顺利推进。其中解决烟草物流园遗留问题85个，协调处理施工周边纠纷15起；完成沪昆铁路、城际铁路两个基站的征地补偿工作，以及红线外代征户的房屋拆迁补偿资料的对证工作，协调解决因施工造成的水土流失的补偿工作；及时处置各类阻工事件35起；完成地质资料库红线外代征户的房屋对证工作。整治施工环境，强力推进项目拆迁。地质资料库、九纬置业的拆迁工作完成；福中福、新韶山路、新塘路等项目的拆迁工作取得重大进展；市警犬基地遗留问题全部解决。全年为九纬置业、青苹果数据城、省地质资料库和新韶山南路等项目腾地93.33公顷。

发展公共服务基础设施建设。完成暮云幼儿园改造工程；龙湾小学基本建成；月塘路正在施工；新韶山南路开工建设；莲云公路改造工程申报立项；许桥小学选址完成，高云小学、街道社区卫生服务中心、自来水增压泵站和公共交通中转站已初步选址。加强农村公路养护和建设工作。对西湖村莲云公路西湖段、怡海内场路进行碎石平整，对许兴村4.8千米农村公路进行路容路貌的提质改造，修好西湖村南竹山水泥便道，方便群众出行；完成暮云社区自来水接通、黄土塘山体滑坡、许兴村环境示范点、长株潭烟草物流园水系恢复线外等工程建设任务。

加强综合治理。先后开展“平安创建”“黄赌毒专项整治行动”“社会治安集中整治宣传月”“禁毒宣传月活动”等严打整治行动；强力处置强揽工程、恶意阻工和非法倾倒渣土等行为，全年查处违规渣土车辆63台；依法依规铁腕整治乱搭乱建行为，对高云、西湖、莲华三个安置区，以及万家丽路、高云路和芙蓉路沿线开展拆违行动90余次，整治违章广告，拆除广告牌2万余块，整治违章建筑，拆除乱搭乱建154处，拆违面积8620平方米，清理菜地、菜棚1.67公顷，拆除辖区内8个洗砂场（约2.67公顷）。加强渣土运输管理工作，完善渣土运输行政许可审批制度；支持成立渣土湖南恒信渣土运输有限公司等运输公司，将街道辖区内的建筑垃圾等处置进行规范管理；开展违章运输渣土整治工作共查处违规运输车辆63台。加强农村公路养护和建设工作。对西湖村莲云公路西湖段、怡海内场路进行碎石平整，对许兴村4.8千米农村公路进行提质改造，修好西湖村南竹山水泥便道，方便群众出行。

积极调解矛盾纠纷、化解信访积案。在各村（社区）设立人民调解委员会，开展矛盾纠纷排查行动，受理、调处各类矛盾纠纷125件；接待群众上访100余次。其中，为解决莲华村生产留用地收益分配问题，街道领导和联村党政领导在办公场所接待莲华村上访群众百余次，平均每周接待上访群众2～3次。全年成功化解信访积案2起：许兴村李友富案件和高云村部分村民要求按60号令拆迁安置案件。加大基层劳动人事争议调解力度，调解橘郡、湘煤集团和幸福庄园等项目劳资纠纷，调解兑付农民工工资3000余万元，有力维护农民工权益。规范企业用工行为，构建和谐稳定用工环境，消除影响社会稳定的不利因素。

加强安全生产监管，查处安全生产隐患。开展“食品安全宣传周”和“安全用药月”宣传活动；全年开展食品安全培训3次，通过培训，提高从业人员的安全意识和知识水平；做好安全生产日常检查，开展联合专项整治排查工作；落实“一岗双责”、领导干部带队进行安全检查制度，街道全年未发生较大及以上安全生产事故；开展打非治违，查处甲醇制售窝点。

群众文化体育艺术活动、志愿服务活动有效开展。规范各村（社区）文体活动室、农家书屋等活动场所，加快文化队伍建设，开展形式多样的文艺骨干培训，积极培养各村（社区）文体牵头人，组建各类文体队伍16支，开展全民运动会、广场舞比赛、篮球赛、村（社区）艺术节、书法绘画展等大型文体活动近10场，丰富群众业余文化生活。年内，街道有注册的小蜜蜂义工协会、云塘社区公益联盟等服务组织，各村（社区）都拥有志愿者服务队伍，街道正进一步整合志愿者资源，积极探索政府购买社工义工等公益服务模式，推进志愿者队伍建设，广泛开展志愿活动。开展“最美暮云人”评选活动，初步推出一批爱岗敬业、孝老爱亲、助人为乐、身残志坚等模范典型。

综合管理不断加强。街道城市管理服务中心自11月以来启动网格管理和讲评制度。每周一点评，每月一讲评。并通过图片展示，及时通报环境卫生整治检查的结果，推进街道环境治理。社会事务办对辖区内的各小区物业公司集中进行培训，提升物业公司的服务质量。开展服务育龄群众百日行活动，成立领导小组，推行计生信息网格化，计生网格化率上升到99.46%。拓宽宣传渠道，发放宣传资料4000余份，全面开展查环孕检和妇科医普查普治以及长效节育措施落实工作，征收社会抚养费758172元，落实国家计划生育农村奖扶16人，放弃再生育10对，独生子女父母奖励964人，完成6500万独生子女意外保险任务。

社会保障有序开展。街道共有城镇低保保障对象120户243人，累计发放最低保障金559479元；农村低保保障对象共计197户、582人，累计发放最低保障金1312240元；完成城乡居民养老保险参保缴费8160人，完成率100.67%；居民医保居民参保人数17057人，参保率100%，在街道医保报销150人次，报销居民医疗保险金30.6万余元，医保政策惠及街道每一位居民；开展大病救助148人次，累计救助金额44.8万余元；做好离任村干部生活补助发放工作，为符合补助条件的离任村干部77人发放补助金额112260元，“七一”前夕慰问困难党员29人，发放慰问金20800元；对特扶家庭和出生缺陷家庭组织“入户帮扶送温暖”活动，发放慰问金48000元。完成2014年春节走访慰问、“七一”走访、爱心助学、奶粉捐赠等扶贫解困活动，发放慰问金额50万余元。加强城乡低保工作，切实做到“应保尽保、应退尽退”。发放城镇低保金55万余元、农村低保金131万余元。大病救助累积救助金额44.8万余元。及时开展自然灾害救助、特困医疗救助和临时救助。发放自然灾害救助、临时救助12万余元，发放农村五保供养生活费用11万元，完成危房改造10户。办理就业失业登记、认定就业困难人员700余人，通过组织参加培训，推荐待业者就业，完成劳动力资源信息采集工作，囊括街道9600多人的劳动力资源信息和法人单位的用人基本信息。（缪　芬）

南托街道

【概况】南托街道由原暮云镇撤镇设街形成，于2013年12月28日正式授牌成立。2014年，南托街道辖沿江、北塘、牛角塘、三兴、兴马、南塘6个建制村以及南托岭社区，93个村民小组，总面积29.47平方千米，总人口70861人，其中常住人口56058人，流动人口14803人。拥有村（居）民5669户，户籍人口18191人，其中非农业人口数2980人，农业人口15211人。共有18个党支部，党员1211人。是年，南托街道规模工业总产值56.7亿元；招商引资实际到位外资1380万美元，实际到位内资7.258亿美元；完成社会固定资产投资20亿元，社会零售品销售总额4.9亿元；城乡居民人均可支配收入29175元。2015年1月14日，南托街道划入长沙市天心区。

政务服务中心建设。是年，街道政务服务中心按照提速、提质、提效的要求进行标准化建设，投入专项经费近16万元，对新建101平方米的政务服务中心进行装修提质，投入14余万元采购办公设备，打造一站式政务服务中心。利用新媒体微信订阅号、微博、短信平台等方式进行政务公开，向外发布信息720余条，使之成为居民群众了解街道、村（社区）信息、政策法规、业务办理的直接、有效的平台。对涉及民生、民计的127单热线信访件进行认真督办，回复率100%，满意率95%以上。

推进项目建设。是年，南托街道在建项目有地铁一号线、消防器材市场、科技职院、圭白路、快乐购、慕名家居等20余个。为有效推进项目建设，街道充实拆迁力量，精心安排各项目的拆迁时间表，把拆迁任务分解到联村干部和拆迁安置服务中心全体成员，责任落实到人。在街道全体干群的共同努力下，各项目建设和拆迁工作稳步推进，共拆迁腾地100余公顷，拆除房屋120余栋，快乐购、慕名家居等项目建设有序推进。

优化城市管理。投入300余万元完善环卫基础设施建设，投入近700万元实行城区物业外包，投入45万元对南托岭社区停车位进行改造，规范南湖大道停车位100余个，并在107国道沿线增设停车位130余个；圭白路设计、立项等前期工作完成后正式开建。开展市容市貌专项整治行动。8月～12月，街道组织城市管理服务中心、城管中队、国土中队等相关职能部门100余名执法人员开展为期5个月的市容市貌专项整治行动。拆除广告牌500余块，拆除违章建筑4000多平方米，清理垃圾2000余车，彻底清理背街小巷堆积10余年的陈年垃圾和杂物，打击店外经营，拆除违章建筑，街道面貌焕然一新。突出抓好环境治理，出台系列规章制度，细化考评方案，提高道路保洁标准及环境卫生考核标准；投入近200万元，改善环卫设施；增加保洁员50名，洒水车1台、垃圾清运车1台；重新制定农村保洁制度，签订用工合同招聘农村保洁员队伍，引入社会考核机制。着力推进社区精细化管理。拟将南托岭社区拆分为梨塘社区、麻子塘社区、南塘新城社区，已召开听证会，并完成市民政局核名、办公场所选址、召开专题论证会等工作。

南托街道政务中心　（南托街道 提供）

加强综治维稳。全年现场处理各类群体性事件17场（次），处理非正常死人亡人事件12起，走访排查各类矛盾纠纷84起，成功调处率100%，涉纠纷人次3000余次。加大对违法犯罪的打击力度，全年共立各类刑事案件203起，破获59起，受理行政案件243起，行政结案109起，抓获违法犯罪嫌疑人205人，其中刑事拘留28人，治安拘留192人。在积案化解百日行动中，领导带头示范，经过10余次的上门调解、劝解，成功化解谭长玲信访积案，使坚持到县、市、省和北京上访30余次的谭长玲夫妇，主动放弃其他法律诉求诉争，息访息诉。

社会事业全面进步。是年，南托街道发放慰问资金41万余元，慰问困难群众452户1300余人；开展新增低保对象审批认定工作，及时删减死亡低保对象，累计发放低保救济金209万余元，完成本辖区内高龄津贴补助对象年审工作，发放高龄补贴5.88万元；开展惠民殡葬补助，为103位死亡人员家属发放殡葬补助9.4万余元；上报大病救助55人次，救助金额17万余元；医疗保险参保率及兑付率100%，全年参保居民住院报销2597人次，补偿兑付金额570余万元。新

在南托街道驻兴马村流动便民服务站内，民政专干详细解答村民咨询

（曾诗怡 摄）

增企业职工养老保险参保人数508人，新增城镇就业人数151人。

计划生育工作常抓不懈。全年精心组织3次查环孕检工作，平均孕检率90%；超额完成优检任务，共计检查317人，完成全年任务数的112%；及时更新、补充人口信息，有效提高街道全员人口信息覆盖率和准确率；开展生育关怀活动，慰问计生困难家庭415户，发放慰问金额37万余元；各项奖励资金到位率100%。

群众文化生活丰富多彩。是年，街道积极参加县文广局、县文化体育服务中心等部门组织的各项文体活动，并在10余场活动中取得优异成绩；7月10日，街道举办“魅力南托，舞动幸福”首届广场舞大赛，来自7个村（社区）的15支代表队、5个特邀表演队伍共500多名队员参赛；街道沿江村、三兴村和南托岭社区的首届文化艺术节完美落幕。

（汪银龙）

【南托街道驻兴马村流动便民服务站成立】为方面四面环水、出行不便的兴马村群众办事，6月，南托街道设立长沙县首个驻村便民服务站——南托街道驻兴马村流动便民服务站，其功能与街道政务服务中心配套。群众办事不出村，岛上居民在家门口即可办理各事项。至年底，服务站共接待群众600余人次，为群众办理事项200多项。该创新做法先后被湖南卫视、《湖南日报》《长沙晚报》《星沙时报》、星沙新闻网宣传报道。

（汪银龙）

人物·荣誉录

先进模范人物

罗文智

罗文智，男，汉族，1978年11月出生，广西壮族自治区桂平市金田镇人，中共党员，本科学历，现任广汽菲亚特汽车有限公司整车制造部焊装科科长。曾被评为公司创先争优活动优秀党务工作者，2012年被评为长沙经开区劳动模范。2014年4月，获全国五一劳动奖章。

罗文智参与了焊装车间的设计和建设，在焊装车间建设、生产线调试期间，他兢兢业业，每天在现场检查工装设备的状态、夹具的动作。他锐意创新，指导团队以边安装、调试设备、边在线加工的方式，一个月便完成首台车的在线试制，创造了菲亚特汽车一百多年历史上的新纪录，让整个汽车行业对广菲速度刮目相看。从车间布局到工艺规划，从产品设计到产品工艺的确定，他全程参与指导，所提出的优化方案降低投资成本5850万元。在他的努力下，焊装车间从一片荒芜建设成为集世界顶尖工艺设备全线联动的车间。

他积极组织骨干力量，开展各项技术攻关。公司成立以他为核心的劳模创新工作室，该工作室获广汽集团挂牌认证。他和工作室成员完成现场生产、设备、工艺等多个领域的课题，将创新成果直接转化为生产力，为公司节约资金200余万元。该创新工作室成为催生创新成果、进行技术改造、提高生产效率的基地。

罗文智每天深入焊装一线，与工程组、设备组的同事进行讨论、研究。入行十多年来，他坚持不懈地学习和努力，其爱岗敬业的工作态度，良好的职业素养，专业的技术水平及优秀的团队管理能力获公司内外一致好评。

（长沙经开区志办）

彭　玲

彭玲，女，汉族，1972年9月生，湖南湘乡人，中共党员，本科学历，高级工程师。1994年7月入伍，2012年9月调任长沙县消防大队大队长，武警上校警衔。

该同志坚持工作从严、生活从简、学习从深的原则，爱岗敬业，勇于创新，为消防部队建设和驻地经济发展做出了突出贡献，先后被公安部消防局评为2010年度“全国模范消防监督员”、2011年度“公安消防部队优秀共产党员”；2012年，被武警长沙市消防支队评为巾帼岗位能手，获嘉奖1次；2013年，被支队评为廉政工作先进个人、巾帼岗位能手，获嘉奖1次；2014年，被省公安厅记个人三等功一次，被武警长沙市消防支队评为“一对好主官”，并当选长沙市首届“最佳安监员”、长沙市第三届“优秀人民满意警察”。2015年2月，被全国妇联授予2014年“巾帼建功”标兵。

入伍21年来，该同志爱岗敬业、忠诚履职、热情服务，从严治警，积极推动提高消防工作社会化管理水平和部队作战能力，用自身的实际行动践行了消防军人“听党指挥、能打胜仗、作风优良”的庄严承诺。先后组织开展消防安全专项整治80余项，检查单位消防安全工作3000余次，排查消除火灾隐患5000余条，督促整治重大火灾隐患单位90家，指挥灭火作战300余起，参加大型活动消防安全保卫400余起，开展消防宣传教育培训200余次，发展城乡志愿、义务消防队230支。消防执法始终保持“零差错”记录。彭玲在基层大中队工作长达16年，坚守在监督执法和灭火救援工作的第一线，尽职尽责，默默奉献。

2012年，任县消防大队大队长后，她从增强服务意识入手，通过统一标准、规范流程、完善制度，突破消防审批瓶颈，创新优化服务，受到各界好评。她带领全体监督员认真开展火灾隐患排查整治和各类专项治理工作，积极开展消防宣传培训；力推消防安全“网格化”、重点单位“户籍化”、火灾高危单位管理和消防控制室达标创建等工作，通过人防和技防相结合，有效构建火灾防控体系。　（陈　扬）

涂新华

涂新华，男，1965年7月生，湖南省临湘市人，中共党员，农学学士，现任长沙县森林保护植物检疫站森保高级工程师、副站长。他主持的《2000年度社会工程项目与研究》获国家林业局科学技术司项目研究一等奖，主持的《长沙县预防森林虫灾综合治理示范工程》2004年获省级成果奖。2006年获湖南省林业厅“林业有害生物工程治理”先进个人称号，2014年获国家林业局森林病虫害防治总站“最美森林医生”称号。在长沙县林业局党组的直接领导下，他不断创新和突破，在推进林业有害生物防治现代化工作中做出了突出贡献：使长沙县的林防体系和林防机制建设、系统培训、规范管理、定量预测、科学防控等工作在全省起到引领示范作用，推出虫情调查“振落法”“测报点分层管理”以及“小面积生物防治长效控制”的成功经验，防止松材线虫病入侵，打破长沙县马尾松毛虫3～4年暴发成灾一次的规律，从2004年起，长沙县连续11年无松毛虫大面积发生。特别是探索出在计算机软件运行环境下的长沙县马尾松毛虫发生量预测模型以及思茅松毛虫发生量预测模型，填补省内空白，实现对松毛虫的预测由定性预测到定量预测的历史性转变。

（县林业局）

张启均

张启均，男，汉族，1950年6月生，长沙县青山铺镇人，高中文化，长沙县青山镇镇敬老院院长。2014年9月，被民政部评为“全国农村五保供养工作先进个人”。

2006年至今，张启均担任长沙县青山铺镇敬老院院长，其规范化管理和细节化服务使该院连续多年被评为“市级示范性敬老院”称号，省二星级敬老院和市级文明卫生单位。担任院长期间，他大公无私、公平公正、无私奉献、爱岗敬业、工作认真负责，节假日从未休息，全心全意扑在敬老院，无微不至的照顾好每位老人。在老人生活费不够用时，他发动老人大力开展生产自给，种植蔬菜和养殖生猪，提高了老人生活幸福指数，也使老人吃到了绿色食品。他在管理上独树一帜，创造一套青山铺镇敬老院的管理办法和模式，市、县民政部门誉为“青山模式”，并将其向全市县各敬老院推广。张启均在生活上对老人无微不至，竭尽全力让老人们在精神和物质生活方面实现老有所养、老有所医、老有所乐，是助老爱老的楷模。在其努力下，青山铺镇敬老院内务管理步入正轨，赢得当地群众和老人一致好评。　（青山铺镇党政办）

张　扬

张扬，男，汉族，1965年12月生，长沙县星沙镇人。1989年毕业于湖南师范大学政治系，同年被分配至长沙县一中工作，至1989年连续四年担任高中班主任并被评为学校优秀班主任和先进德育工作者，历任校团委书记、学生工作专干等职。2001年9月至今，在长沙县实验中学工作。1996年11月至今，兼任长沙县政治学会理事长。1997年至2007年兼任长沙县政协副主席。2003年获评中学高级教师；2012年至今兼任长沙县兼职教研员；2014年，任长沙县张扬政治名师工作室首席名师。

在长期的教学实践中，张扬通过实践探索出“双主模式”教学方法：第一，充分研究教材，实现老师的三个“主导”。利用多媒体视、听手段，让学生在直观感知情境下，指导学生阅读教材，进行整体认知；设置多层次、逻辑性问题引导学生把握教材，实现学习目标；制作CAI课件，通过实例、材料、情景，诱导学生思考，突破难点、突出重点。第二，深入学生实际，在了解学情的基础上，实现学生的三个“主体”：通过设计问题、调查、访问，布置预习；课堂的阅读、思考、分析、练习，组织学习；课后作业、解题、实践，进行复习；让学生真正成为知识学习的主体。通过研究、总结形成学习方法，解题、作业掌握学习技巧，分析、运用实现知识迁移，使学生真正成为能力培养的主体。三是通过发掘教材、专题讲座、社会实践等方式，进行爱国主义、集体主义、社会主义等方面的教育，培养和树立正确的世界观、人生观、价值观，逐渐成为“有理想、有道德、有纪律、有文化”的觉悟主体。

1997 ~ 1999 年，张扬承担长沙市政治学会《“图电导学”提高中学思想政治课教学效果研究》在县一中的实验研究，与同事一道进行长达两年的实验，撰写《课题阶段总结》《课题结题总结》《实行“图电导学”，提高课堂教学效益》等论文。1998 年 8 月~ 2000 年 7 月，参加全国教育科学“九五”规划课题《学校家庭德育协调发展与学生潜能开发》在县一中的实验研究。1999 ~ 2000 年，组织指导县一中刘云等同学参加全国“中学生学马列”论文竞赛以及青年教师倪元利老师参加“湖南省第二届中学思想政治优质课竞赛”，2002 年参与县一中“重点中学发挥学生组织主体作用的实践与研究”等。2010 年~ 2014 年，主编县实验中学高一年级《经济案例分析》和《我国的政治制度》，高二年级《湖南古村落文化》和《经典名言中的哲理》，高三年级《高中思想政治第一轮复习》等思想政治课校本教材。2013 年~ 2014 年，主持长沙县实验中学政治名师工作室工作。

参加工作二十多年来，其赛课和论文多次获奖：1990 年获长沙县第一届青年教师赛课一等奖，1993 年获湖南省思想政治课优质课赛课一等奖，1994 年论文《图电导学提高了高中思想政治课课堂效率》获省一等奖，1995 年荣获长沙县第二届青年教师赛课一等奖。1997 年，所撰《高中思想政治课“五步教学法”》在《湖南教育》第五期发表。1999 年，所主持研究课题《图电导学提高中学思想政治教学研究》获长沙市第三届教育科研优秀成果二等奖。2001 年，所撰论文《思想政治课“双主”教学探索》和《浅谈研究性学习课题实施中的指导》获市级一等奖。2002 年，承担研究的课题《重点中学发挥学生组织主体作用的实践与研究》获省中小学德育优秀课题成果一等奖。2003 年，论文《政治课中意境教学之浅见》《湖南教育》杂志第 16 期发表。2009 年，被评为长沙市中学生政治小论文竞赛优秀指导老师，2012 年，论文《高三政治教学中“模式”教学的利与弊》和《协调是班主任的重要职能》获市一等奖。

2013 年，张扬被评为长沙市中学思想政治优质课赛课优秀指导老师。2014 年 9 月，被评为全国优秀教师和全国中小学优秀德育工作者，是年内全县唯一获评的全国优秀教师。2015 年 2 月，张扬被评为湖南省特级教师。

（县教育局）

社会新闻人物

彭德良

彭德良，男，汉族，1970 年生，长沙县跳马镇（2015 年划归长沙市天心区）人，长沙县精工特种工业泵厂职工。彭德良爱厂如家，对工作认真负责，生活上乐于助人，受到企业领导和同事的尊敬；邻里亲切地称他为“热心人”。其奋不顾身勇救落水学生的事迹在当地广为传颂，先后被《长沙晚报》、新浪网等媒体报道。2013 年 7 月 19 日，被长沙市精神文明建设指导委员会办公室授予“见义勇为模范提名奖”。2014 年 8 月 5 日，由中央文明办主办、中国文明网承办的“我推荐、我评议身边好人”活动 7 月“中国好人榜”名单揭晓，彭德良获“见义勇为提名奖”。

2010 年 7 月 19 日下午 5 点 40 分，跳马镇新田村 3 名中学生去池塘游泳被淹。彭德良听到呼喊后，顾不上脱下衣服就冲入水中，迅速救出其中一名学生后又重新跳入水中，在呛水和体力不支的情况下，奋力救上第二名学生。当精疲力尽的彭德良转身准备救第三名学生时，已找不到落水学生的踪影。事后，面对围观群众的赞扬和家属的感激，彭德良却很自责地说：“如果我动作再快点，这个孩子就不会离开了。”

（县年鉴编辑部）

李海兰

李海兰，男，汉族，1929 年，长沙县黄兴镇人，系黄兴镇黄兴新村“李中笑书屋”主人。1980 年，为鼓励女儿李中笑多读书，李海兰以女儿李中笑的名字挂牌建立“李中笑图书户”。30 多年来，李中笑一家坚持为周围群众开展免费读书活动，积极推进农村文化事业建设，活跃农民文化生活。该图书户被长沙县新闻出版局列入 2008 年度农家书屋实施规划，2009 年 5 月，湖南省新闻出版局授予“农家书屋”铜牌，成为省市县 2009 年度农家书屋示范点。2013 年 1 月，该书屋被中宣部、

文化部、国家新闻出版广电总局等联合授予“第五届全国服务农民、服务基层文化建设先进集体”。

1983年5月23日，时任团中央书记处书记胡锦涛视察黄兴镇群众文化生活，特意到李中笑图书户参观，并亲笔题词：“向李中笑同志学习”。此后，胡锦涛在百忙之中又连续三年寄信勉励李中笑，并邮寄图书17本，叮嘱她“一定要将农村图书户办成（农民）增长才干，增加知识，陶冶情操的新文化阵地”。李中笑一家牢记胡总书记的教诲，在上级各部门的重视和帮助下，克服各种困难，坚持办好图书户。

在改革开放政策特别是社会主义新农村一系列优惠政策的扶助下，李海兰一家开创了独特的书屋更新模式：用书种花，以花养书。如今，“李中笑图书户”已从20世纪80年代初的“墙上两颗钉，中间一根绳，绳上挂书本，上下好几层，小人书加课本”发展到有阅览室面积84平方米，房子两间，藏书2万余册，订阅报纸杂志15种，电视机、影碟机、空调机各1台，惠及周边农民及中小学生等群体。

（县年鉴编辑部）

王洪德

王洪德，男，汉族，1952年生，泉塘街道丁家岭社区居民。自1982年起，王洪德就开始照顾两位邻居高龄老人周静芬、周德仕两姐妹。王洪德与周氏姐妹一直是左右邻居，而百岁姐妹花周氏姐妹一生未嫁，无子女，年老多病。2013年12月，周静芬因受凉后加重病情（年老体弱），住进长沙市八医院，王洪德亲自到医院护理，忙上忙下，悉心照顾，尽管自己也是60多岁的老人，并患有老年病，也需要儿女们的照顾。每当说起周氏姐妹，王洪德脸上就洋溢着幸福的笑容。在他的精心照料下，周氏姐妹身体健康，精神状况良好。王洪德有一对儿女，在他的言传身教下，儿女们对两位老人都很照顾。王洪德多年来一直亲自照顾邻居的精神，给儿女们树立了榜样。儿女们只要一有时间就会来看望老人，为老人洗衣、做饭，陪老人聊天。王洪德三十多年如一日照顾邻居周氏姐妹的感人事迹，彰显了中华民族尊老、爱老、敬老的传统美德。其感人事迹经新闻媒体多次报道，成为社区道德模范的典范。2014年9月，王洪德获评第二届“长沙十大孝星”。

（县文明办）

荣誉录

表5　长沙县2014年获中央部委表彰的先进集体名录（部分）

获表彰单位	荣誉称号	表彰单位	表彰时间
县人民检察院	全国检察机关文明接待室	最高人民检察院	2014.01
县人民检察院	全国集体一等功	最高人民检察院	2014.04
长沙经济技术开发区	国家知识产权示范园区	国家知识产权局	2014.04
长沙经济技术开发区	审查员实践基地	国家知识产权局	2014.04
县烟草专卖局专卖股	第六届全国烟草行业先进集体	国家烟草专卖局、中国烟草总公司	2014.04
湘丰茶叶有限公司	全国茶叶行业六强	中国茶叶协会	2014.04
金井茶厂有机茶种植科普示范基地	惠农兴村计划先进单位	中国科协、财政部	2014.06
黄花镇	2012～2013年国家级生态乡镇	环保部	2014.06
双江镇	2012～2013年国家级生态乡镇	环保部	2014.06
黄花镇	国家级重点镇	住建部、国家发改委、财政部、国土资源部、农业部、民政部、科技部	2014.07
金井镇	国家级重点镇	住建部、国家发改委、财政部、国土资源部、农业部、民政部、科技部	2014.07
县关工委	关心下一代工作宣传报道先进单位	中国关心下一代工作委员会	2014.08

续表

获表彰单位	荣誉称号	表彰单位	表彰时间
县人民法院	全国司法宣传工作先进集体	最高人民法院	2014.09
青山铺镇影珠山村	全国生态文化村	中国生态文化协会	2014.09
长沙县	2014 年中国中小城市新型城镇化质量百强县市	中国中小城市科学发展评价委员会	2014.10
长沙县	2014 年最具投资潜力中小城市百强县市	中国中小城市科学发展评价委员会	2014.10
长沙县	2014 年中国十佳“两型”中小城市	中国中小城市科学发展评价委员会	2014.10
长沙县	2014 年中国中小城市综合实力百强县市	中国中小城市科学发展评价委员会	2014.10
长沙县	2014 年度全国重点产茶百强县	中国茶叶流通协会	2014.10
金井镇西山村农民用水户协会	全国农民用水合作示范组织	农业部、国家发改委、财政部、水利训、国家税务总局、国家工商行政管理总局、国家林业局、中国银行业监督管理委员会、中华全国供销合作总社	2014.11
湘丰茶叶有限公司	中国最美田园景观	农业部	2014.11
湘龙街道湘滨社区	全国人口与计生基层群众自治示范社区	中国计划生育协会	2014.11
长沙县	2014 年全国粮食生产先进县	农业部	2014.12
县住建局建材站	2014 年墙体屋面材料产品质量工作先进单位	中国砖瓦工业协会、国家建筑材料工业墙体屋面材料质量监督检验测试中心	2014.12
长沙县	2014 年度国家级农村职业教育与成人教育示范县创建单位	教育部	2014.12
长沙县	全国文化先进县	文化部	2014.12
湘丰茶叶有限公司	全国新型城镇化突出贡献企业	中国乡镇企业局	2014.12

表 6　　长沙县 2014 年获省厅表彰的先进集体名录（部分）

获表彰单位	荣誉称号	表彰单位	表彰时间
县公安局	2013 年度全省县级公安机关党风廉政建设先进单位	省公安厅	2014.01
县公安局刑侦大队	2012 ~ 2013 年度全省优秀刑侦队	省公安厅	2014.02
县公安局经侦大队	2013 年度全省公安机关打击传销专项行动先进集体	省公安厅	2014.02
长沙县	全省加速推进新型工业化二等奖	省人民政府	2014.02
县住建局建材站	2013 年度湖南省县级墙体材料革新工作先进单位	省墙体材料改革办公室	2014.02
金井镇金龙村	省“两型”示范村庄	省发改委	2014.02
长沙经济技术开发区	全省商务（外资）工作先进单位	省商务厅	2014.03
县人民政府	全省商务（外资）工作先进单位	省商务厅	2014.03
县人民政府	湖南省商务（承接产业转移）工作先进单位	省商务厅	2014.03
县联通公司	工人先锋号	省总工会	2014.03
中共长沙县委办公室	2013 年度全省党委信息工作先进单位	省委办公厅	2014.04
县公安局交警大队	全省交通肇事逃逸案件集中侦破行动先进大队	省公安厅	2014.04
县检察院	2013 年度全省先进基层检察院	省检察院	2014.04

续表

获表彰单位	荣誉称号	表彰单位	表彰时间
县质量技术监督局	湖南省质监局组织机制代码证“先进单位”	省质监局	2014.04
县烟草专卖局	全省卷烟打假工作特殊贡献奖	省公安厅、省烟草专卖局	2014.04
县人力资源与社会保障局	全省为民办实事先进集体	省人民政府	2014.05
泉塘街道	第十届中国艺术节“群星奖”：表演奖	省文化厅	2014.05
县总工会	省“五星级”职工维权帮扶中心	省总工会	2014.06
春华食用菌协会	2014年度湖南省科协科普惠农兴村计划先进单位	省科协	2014.06
中共县委老干部局	湖南省老干部宣传工作先进单位	省委老干部局	2014.07
县住建局城建档案馆	湖南省城建档案工作先进单位	省住建厅城建档案工作办公室	2014.07
县教育局	2014年度湖南省农村中小学劳动实践场所建设合格单位	省教育厅	2014.07
北山镇高兴小学	农村中小学劳动实践场所建设先进单位	省教育厅	2014.07
金井镇西山村	全民健康生活方式行动健康社区组	省全民健康生活方式行动领导小组	2014.07
县妇联	宣传工作先进集体	省妇联	2014.08
县联通公司星沙大道营业厅	工人先锋号	省总工会	2014.08
县科协	湖南省三农网络科普书屋建设先进单位	省科协	2014.08
县一中	2014年度国际高中交换生出国项目优秀组织奖	省教育国际交流协会	2014.09
湘龙社区卫生服务中心	湖南省示范社区卫生服务中心复评验收达标单位	省卫生厅	2014.09
福临镇福临铺社区	省级示范计生协会	省计划生育协会	2014.09
中共长沙县委党校	先进单位	中共湖南省委党校	2014.10
县人民法院椥梨法庭	全省人民法庭工作先进集体	省高级人民法院	2014.10
县国税局办税服务厅	湖南省国家税务局四星级办税服务厅	省国税局	2014.10
高桥镇	农村公路养护工作先进单位	省交通运输厅	2014.10
湘丰茶业有限公司	纳税信用A级	省国税局、省地税局	2014.10
湘丰茶业机械制造有限公司	纳税信用A级	省国税局、省地税局	2014.10
福临镇影珠山村	湖南省生态家园示范村	省农业厅	2014.10
福临镇西冲村	湖南省计划生育协会工作先进单位	省计划生育协会	2014.10
中共长沙县委党校	2014年度湖南省公共机构节能示范单位	省机关事务管理局、省发改委、省财政厅	2014.11
县水务局	全省“芙蓉杯”水利竞赛先进单位	省水利厅	2014.11
县药具站	县级计划生育示范药具站会	省卫生和计划生育委员会	2014.11
福临镇人民政府	2014年度省级平安农机示范乡镇	省农业局	2014.11
高桥镇范林村	省级卫生村	省爱国卫生运动委员会	2014.11
金井中学	（地理）优秀教研组	省教育科学研究院	2014.11
双江镇金福农庄	四星级乡村旅游点	省旅游局	2014.11
湘丰茶业有限公司	中国国际茶博会金奖	省农业厅	2014.11

续表

获表彰单位	荣誉称号	表彰单位	表彰时间
县新型农村养老保险服务中心	省城乡居民养老保险经办管理服务先进单位	省城乡居民养老保险服务中心	2014.12
县农办	农村土地承包经营权流转工作先进单位	省农村经营管理局	2014.12
县农办	全省农村集体“三资”管理与农村审计先进单位	省农村经营管理局	2014.12
县农业广播电视学校	2014年度农业行业职业技能鉴定先进单位	省农广校	2014.12
县农业局	2013年全省农业政府网站工作先进单位	省农业委员会	2014.12
长沙县百年建设工程质量检测室	2014年湖南省基桩低应变检测能力验证满意单位	省质量技术监督局	2014.12
长沙县百年建设工程质量检测室	2014年湖南省水泥检测能力验证满意单位	省质量技术监督局	2014.12
县白蚁防治中心	2014年度湖南省白蚁防治行业先进单位	省房协白蚁防治专业委员会	2014.12
县人民政府	湖南省2013年度开放型经济优秀单位	省人民政府	2014.12
县一中	湖南省优秀校史馆	省教育科学院	2014.12
长沙县	全省人口和计划生育工作模范单位	省委办公厅、省政府办公厅	2014.12
高桥镇人民政府机关	湖南省文明卫生单位	省爱国卫生运动委员会	2014.12
黄花镇财政所	湖南省先进财政所	省财政厅	2014.12
黄兴镇鹿芝岭村	全省2014年度“美丽乡村”建设示范村	省委农村工作领导小组	2014.12
金井镇	省级安全生产示范乡镇	省安监局	2014.12
金井镇九溪源村	全民健康生活方式行动健康社区组	省全民健康生活方式行动领导小组	2014.12
泉塘街道	湖南省档案工作规范化管理省一级	省档案局	2014.12
县住建局建材站	2013年度全省散装水泥工作优秀县办公室	省散装水泥办公室	2014
县住建局质监站	2013年度湖南省建设工程质量安全监督系统文明监督机构	省建筑工程质量安全管理总站	2014
黄花镇团委	全省县域共青团规范化建设示范乡镇	团省委	2014

表7　长沙县2014年获市表彰的先进集体名录（部分）

获表彰单位	荣誉称号	表彰单位	表彰时间
县人社局	全市就业工作先进单位	长沙市人民政府	2014.02
县人民检察院	2013年度全市先进基层检察院	长沙市人民检察院	2014.02
黄兴镇金凤村	2013年度“十佳”平安和谐模范社区（村）	中共长沙市委、市人民政府	2014.02
金井镇	社会管理综合治理先进乡镇	中共长沙市委、市人民政府	2014.02
金井镇社会管理综合治理办公室	2013年度“十佳”调解室	中共长沙市委、市人民政府	2014.02
县人民政府	长沙市招商引资工作一类单位	长沙市人民政府	2014.03
县人民政府	长沙市商务工作一类单位	长沙市人民政府	2014.03
县人民政府	长沙市食品药品工作先进单位	长沙市人民政府	2014.03
金井镇	长沙市2013年度城乡一体化先进单位	中共长沙市委、市人民政府	2014.04
金井镇	长沙市2013年度推进发展现代农业先进单位	中共长沙市委、市人民政府	2014.04
金井镇惠农村	长沙市2013年度社会主义新农村建设先进村	中共长沙市委、市人民政府	2014.04

续表

获表彰单位	荣誉称号	表彰单位	表彰时间
县一中	文明单位	中共长沙市委、市人民政府	2014.06
县人民法院研究室	集体三等功	长沙市中级人民法院	2014.12
北山镇林业站	全市绿色示范乡镇	长沙市人民政府	2014.12

表 8　　长沙县 2014 年获中央部委表彰的先进个人名录（部分）

姓名	工作单位和职务	荣誉称号	表彰单位	表彰时间
潘平波	县国税局	全国税务系统先进工作者	人力资源社会保障部、国家税务总局	2014.01
刘志祥	泉塘街道工之友	2013 中国城市化优秀农民工	第七届中国城市国际化峰会	2014.01
罗文智	广汽菲亚特汽车有限公司	全国五一劳动奖章	全国总工会	2014.04
孔建焜	湖南省特校中专	全省残疾人田径竞标赛男子 T12 级 800 米银牌	全国残疾人田径竞标赛组委会	2014.05
涂新华	县林业局森林保护植物检疫站	最美森林医生	国家林业局森林病虫害防治总站	2014.06
张　扬	县实验中学	全国优秀教师	教育部	2014.09
张　扬	县实验中学	全国中小学优秀德育工作者	教育部	2014.09
张启均	青山铺镇敬老院	全国农村五保供养工作先进个人	民政部	2014.09
章许林	县质监局	全国建设工程质量监督机构先进个人	中国建筑业协会	2014.11
李　平	县农业局	全国粮食生产突出贡献农业科技人员	农业部	2014.12
黄　琪	县建筑材料管理站	质量管理先进工作者	中国砖瓦工业协会	2014.12
陈俊伟	县住房保障局白蚁防治中心	全国白蚁防治行业先进个人	中国物协白蚁防治专业委员会	2014.12

表 9　　长沙县 2014 年获省厅表彰的先进个人名录（部分）

姓名	工作单位和职务	荣誉称号	表彰单位	表彰时间
陈　兴	县林业局防火办	2010 ～ 2013 年度全省森林防火工作先进个人	省森林防火指挥部、省林业厅	2014.02
章许林	县质监站	质量安全监督系统文明管理工作者	省建设工程质量安全监督管理总站	2014.03
刘小虎	县安监站	质量安全监督系统文明管理工作者	省建设工程质量安全监督管理总站	2014.03
欧阳攀	县安监站	文明监督工程师	省建设工程质量安全监督管理总站	2014.03
言　军	县安监站	文明监督工程师	省建设工程质量安全监督管理总站	2014.03
陈　然	县公安局交警大队	执法示范个人	省交警总队	2014.05
李建奇	县拘留所	全省拘留工作业务能手	省公安厅	2014.05

续表

姓名	工作单位和职务	荣誉称号	表彰单位	表彰时间
陈　倜	县城建档案馆	湖南省城建档案工作先进个人	省住建厅城建档案工作办公室	2014.08
陈　珂	县地税局	全省地税系统税收业务能手	省地税局	2014.09
彭凤鸣	中共长沙县委党校	优秀教育工作者	中共湖南省委党校	2014.10
单桂新	高桥镇范林村居民	农村公路养护先进个人	省交通运输厅	2014.10
沈　俊	县文化体育广播电视局	2014年湖南省文化志愿服务优秀组织工作者	省文化厅	2014.11
李佰果	青山铺镇残联	湖南省第九届残运会4×400米接力、400米、800米、1500米金牌	湖南省第九届残疾人运动会组委会	2014.12
李建焜	青山铺镇残联	湖南省第九届残运会4×100米接力金牌	湖南省第九届残疾人运动会组委会	2014.12
周小林	湖南省特校中专	湖南省第九届残运会100米、400米、800米金牌	湖南省第九届残疾人运动会组委会	2014.12
韩　侣	湖南省特校中专	湖南省第九届残运会柔道−63公斤金牌	湖南省第九届残疾人运动会组委会	2014.12
李海清	县农业广播电视学校	2014年度农民教育培训先进个人	湖南省农业广播电视学校	2014.12
陈　超	县农业局	全省农业政府网站工作先进个人	省农业委员会	2014.12
田　治	县住房保障局白蚁防治中心	2014年度湖南省白蚁防治行业先进个人	省房协白蚁防治专业委员会	2014.12
黄　丹	县住房保障局白蚁防治中心	2014年度湖南省白蚁防治行业先进个人	省房协白蚁防治专业委员会	2014.12
刘国红	县住房保障局白蚁防治中心	2014年度湖南省白蚁防治行业先进个人	省房协白蚁防治专业委员会	2014.12

表10　　长沙县2014年获市级表彰的先进个人名录（部分）

姓名	工作单位和职务	荣誉称号	表彰单位	表彰时间
易思远	县工商行政管理局	长沙市劳动模范	长沙市人民政府	2014.04
邹春林	县人民政府副县长兼北山镇党委书记	北山镇危废项目获二等功	长沙市人民政府	2014.10
杨百林	春华镇卫生院	长沙市“乡村名医”	长沙市人民政府	2014.10
黄建国	北山镇党委副书记、镇长	二等功	中共长沙市委、长沙市人民政府	2014.12
郭贺亭	北山镇党委副书记、纪委书记	三等功	中共长沙市委、长沙市人民政府	2014.12
马志文	北山镇党委委员、副镇长	三等功	中共长沙市委、长沙市人民政府	2014.12
胡德彬	北山镇党委委员、副镇长	三等功	中共长沙市委、长沙市人民政府	2014.12
杨自立	北山镇司法所原所长	三等功	中共长沙市委、长沙市人民政府	2014.12
管　玲	黄花镇统计站统计员	长沙市第三次全国经济普查先进个人	长沙市人民政府	2014.12

文 件

文件目录选编

2014年中共长沙县委文件目录

▲长县发〔2014〕2号　中共长沙县委长沙县人民政府关于表彰2013年度经济建设和社会发展先进单位及先进个人的决定（3月17日）

▲长县发〔2014〕3号　中共长沙县委长沙县人民政府关于启用中国共产党长沙县暮云街道工作委员会、中国共产党长沙县南托街道工作委员会、长沙县暮云街道办事处、长沙县南托街道办事处印鉴的通知（1月8日）

▲长县发〔2014〕4号　中共长沙县委关于转发《政协长沙县委员会2014年工作要点》的通知（2月8日）

▲长县发〔2014〕5号　中共长沙县委长沙县人民政府关于表彰2013年度党风廉政建设工作先进单位的通报（2月13日）

▲长县发〔2014〕6号　中共长沙县委关于贯彻落实中共中央《建立健全惩治和预防腐败体系2013—2017年工作规划》的实施意见（2月13日）

▲长县发〔2014〕7号　中共长沙县委关于转发《长沙县人大常委会2014年工作要点》的通知（2月13日）

▲长县发〔2014〕8号　中共长沙县委关于印发《全县深入开展党的群众路线教育实践活动实施方案》的通知（3月9日）

▲长县发〔2014〕9号　中共长沙县委关于印发《中共长沙县委常委会深入开展党的群众路线教育实践活动实施方案》的通知（3月9日）

▲长县发〔2014〕10号　中共长沙县委长沙经济技术开发区管理委员会长沙县人民政府关于表彰2013年度工业经济工作先进单位的通报（4月9日）

▲长县发〔2014〕11号　中共长沙县委关于议事协调机构清理调整的通知（10月29日）

▲长县发〔2014〕12号　中共长沙县委关于落实党风廉政建设党委主体责任纪委监督责任的意见（试行）（10月29日）

▲长县发〔2014〕13号　中共长沙县委关于印发《长沙县贯彻落实〈中国共产党党和国家机关基层组织工作条例〉的实施细则》的通知（12月11日）

▲长县发〔2014〕14号　中共长沙县委关于改进和规范县委管理干部选拔任用工作的意见（试行）（12月31日）

2014年长沙县人民政府文件目录（部分）

▲长县政发〔2014〕1号　关于洞株公路建设项目（长沙县段）房屋征收补偿方案征求意见的公告（1月21日）

▲长县政发〔2014〕2号　关于印发《长沙县（经开区）生活垃圾管理实施办法》的通知（1月21日）

▲长县政发〔2014〕5号　关于印发《长沙县建设项目审批收费管理办法》的通知（1月24日）

▲长县政发〔2014〕6号　关于印发《长沙县价格调节基金征收使用管理实施细则》的通知（1月24日）

▲长县政发〔2014〕7号　关于加强住宅区物业管理工作的若干意见（试行）（1月24日）

▲长县政发〔2014〕8号　关于印发《2014年稳定发展粮食生产的八条措施》的通知（1月24日）

▲长县政发〔2014〕9 号　关于进一步加强水质保护的通告（1 月 28 日）
▲长县政发〔2014〕10 号　关于下达《长沙县 2014 年政府投资项目计划》的通知（3 月 3 日）
▲长县政发〔2014〕11 号　关于 2014 年《政府工作报告》主要目标任务责任分解落实的通知（3 月 4 日）
▲长县政发〔2014〕14 号　关于对吴再文同志进行行政问责的决定（3 月 20 日）
▲长县政发〔2014〕15 号　关于对邹国良同志进行行政问责的决定（3 月 20 日）
▲长县政发〔2014〕16 号　关于对谢德求同志进行行政问责的决定（3 月 20 日）
▲长县政发〔2014〕17 号　关于收回袁隆平农业高科技股份有限公司位于经开区国有土地使用权的决定（3 月 24 日）
▲长县政发〔2014〕18 号　关于洞株公路建设项目（长沙县段）房屋征收补偿方案修改意见的公告（3 月 26 日）
▲长县政发〔2014〕24 号　关于表彰劳动模范的决定（4 月 29 日）
▲长县政发〔2014〕26 号　关于洞株公路建设项目（长沙县段）房屋征收决定的公告（5 月 8 日）
▲长县政发〔2014〕27 号　关于进一步加强出租房屋和流动人口管理严厉打击传销活动的通告（5 月 7 日）
▲长县政发〔2014〕30 号　关于收回长沙花港建材有限公司位于黄花镇华湘村国有土地使用权的决定（5 月 28 日）
▲长县政发〔2014〕31 号　关于印发《长沙县农贸市场管理办法》的通知（5 月 28 日）
▲长县政发〔2014〕33 号　印发《关于促进临空经济发展，积极引进航空公司的优惠政策》的通知（6 月 9 日）
▲长县政发〔2014〕34 号　关于收回原长沙县榔梨汽车车身装配厂位于榔梨镇龙华村国有土地使用权的决定（6 月 6 日）
▲长县政发〔2014〕49 号　长沙市环保大道跳马段建设项目房屋征收补偿方案征求意见公告（6 月 25 日）
▲长县政发〔2014〕56 号　关于公布县级行政审批项目的决定（8 月 28 日）
▲长县政发〔2014〕57 号　关于引导农民集中居住工作的实施意见（9 月 1 日）
▲长县政发〔2014〕69 号　关于《长沙市环保大道跳马段建设项目房屋征收补偿方案》的修改意见公告（11 月 13 日）
▲长县政发〔2014〕71 号　关于开展预拌商品混凝土企业场站专项整治的通告（11 月 14 日）
▲长县政发〔2014〕73 号　关于印发《长沙县 2014 年行政执法指导案例》的通知（12 月 8 日）
▲长县政发〔2014〕75 号　关于加强道路交通安全工作的意见（12 月 23 日）
▲长县政发〔2014〕76 号　关于促进房地产业持续健康发展的若干意见（12 月 25 日）

重要文件选辑

中 共 长 沙 县 委
关于印发《全县深入开展党的群众路线教育 实践活动实施方案》的通知

长县发〔2014〕8 号

各镇党委，街道党工委，县直机关各单位党组织，远大科技公司党委：

现将《全县深入开展党的群众路线教育实践活动实施方案》印发给你们，请认真贯彻落实。

中共长沙县委

2014 年 3 月 10 日

全县深入开展党的群众路线教育实践活动 实施方案

根据《中共中央关于在全党深入开展党的群众路线教育实践活动的意见》（中发〔2013〕4 号）、《中共中央办公厅印发 <关于开展第二批党的群众路线教育实践活动的指导意见> 的通知》（中办发〔2014〕4 号）、《中共湖南省委关于深入开展党的群众路线教育实践活动的实施意见》（湘发〔2013〕5 号）、《中共湖南省委办公厅印发 <湖南省开展第二批党的群众路线教育实践活动实施方案> 的通知》（湘办发〔2014〕3 号）和《中共长沙市委关于深入开展党的群众路线教育实践活动的实施意见》（长发〔2014〕5 号）精神，以及中央、省委和市委关于第二批党的群众路线教育实践活动的统一部署，我县党的群众路线教育实践活动在全县各级党组织和全体党员中开展。为扎实开展教育实践活动，结合我县实际，现制定如下实施方案。

一、把握总体要求

群众路线是党的生命线和根本工作路线。深入开展党的群众路线教育实践活动，是新形势下坚持党要管党、从严治党的重大决策，是顺应群众期盼、加强学习型服务型创新型马克思主义执政党建设的重大部署，是推进中国特色社会主义伟大事业的重大举措，是贯彻落实党的十八大和十八届三中全会精神的重要内容和重要保证。

开展教育实践活动，要以党的十八大和十八届三中全会精神为指导，认真贯彻中发〔2013〕4号文件确定的指导思想、目标要求和方法步骤，认真贯彻习近平总书记系列重要讲话精神和省委徐守盛书记、市委易炼红书记系列讲话精神，坚持"照镜子、正衣冠、洗洗澡、治治病"的总要求，以为民务实清廉为主题，落实中央八项规定精神、《党政机关厉行节约反对浪费条例》等规定、省委九项规定、市委作风建设"两规定一办法"要求，突出作风建设，贯彻整风精神，坚决反对形式主义、官僚主义、享乐主义和奢靡之风，着力解决人民群众反映强烈的突出问题，提高做好新形势下群众工作的能力，使党员、干部思想进一步提高，作风进一步转变，党群干群关系进一步密切，为民务实清廉形象进一步树立，基层基础进一步夯实。

坚持以县级领导机关、领导班子、领导干部，县直机关和镇（街道）的领导班子、领导干部为重点，突出抓好直接联系服务群众的执法监管部门、窗口单位和服务行业，注重抓好与群众联系密切的村（社区）等基层组织，统筹抓好非公有制经济组织、社会组织等其他基层组织的教育实践活动，切实加强广大党员干部马克思主义群众观点和党的群众路线教育。

要充分借鉴运用第一批教育实践活动成果和经验，主题不变、镜头不换，发扬认真精神，坚持正面教育为主，坚持开展批评和自我批评，坚持讲求实效，切实做到"六个注重"，即注重领导带头、层层示范，注重聚焦"四风"、解决问题，注重敞开大门、群众参与，注重分类指导、有序推进，注重上下协力、衔接带动，注重严格要求、真督实导，确保教育实践活动不虚、不空、不偏、不走过场。

二、明确重点任务

开展教育实践活动，主要任务是抓住反对"四风"这个重点不放，对作风之弊、行为之垢来一次大排查、大检修、大扫除。注重解决关系群众切身利益的实际问题，把改进作风的要求真正落实到基层，真正让群众受益。重点解决三个方面的突出问题。

（一）深入开展专项治理，着力解决"四风"突出问题。全县各级各单位要对照中央习近平总书记、省委徐守盛书记、市委易炼红书记对第二批教育实践活动开出的"病历单"，结合实际认真查找和解决存在的"四风"突出问题。在形式主义方面，主要解决知行不一、不求实效，文山会海、花拳绣腿，贪图虚名、弄虚作假等问题；在官僚主义方面，主要解决脱离实际、脱离群众，高高在上、漠视现实，唯我独尊、自我膨胀等问题；在享乐主义方面，主要解决精神懈怠、不思进取，追名逐利、贪图享受，讲究排场、玩风盛行等问题；在奢靡之风方面，主要解决铺张浪费、挥霍无度，公款送礼、公款吃喝，大兴土木、节庆泛滥，生活奢华、骄奢淫逸，甚至以权谋私、腐化堕落等问题。

县四大家领导班子和领导干部重点查找和解决学风不浓、解放思想不够、思想观念跟不上发展步伐；创新进取意识下降、担当精神不够；搞"政绩工程""形象工程"；重视社会各项事业均衡发展不够、忽视群众利益；财政资金管理不够规范、使用效益不高等问题。县直单位重点查找和解决推诿扯皮、作风漂浮、效率低下；各自为战，追求利益部门化；服务意识差、对群众疾苦麻木不仁；对上级交代的任务顶着不办，对群众要办的事拖着不办；项目资金管理存在漏洞，公款吃喝、公款送礼等问题。执法监管部门和窗口单位、服务行业重点查找和解决"门难进、脸难看、事难办"；办事程序不公开或公开不到位；吃拿卡要，执法不公，办"关系案""人情案""金钱案"；乱收费、乱罚款、乱摊派，侵害群众利益等问题。镇（街道）领导班子和领导干部重点查找和解决追求卓越意识不强、存在自我满足的惯性思维；心思浮躁，"五个必须"落实不到位，"走读"现象严重；责任心不强，工作缺乏主动性和创造性，坐等上门多、主动问需少；工作方法简单，回避矛盾，弄虚作假、欺上瞒下；"三公"经费支出比例过高、随意性大；疏远群众，落实惠民政策缩水走样等问题。村（社区）党组织重点查找和解决软弱无力，党员队伍管理不规范，服务群众意识和能力不强，"三资"管理混乱，村组干部强揽工程，办事不规范、财务不公开、开会乱花钱等问题。非公有制经济组织和社会组织党组织重点查找和解决党的组织和工作覆盖不到位、党员意识淡漠、作用发挥不好等问题。各级机关及其直属单位和基层组织都要注重解决组织涣散、纪律松弛、组织生活不经常的问题。

（二）积极回应群众关切，着力解决关系群众切身利益的问题。坚持为民利民便民，本着尽力而为、量力而行原则，重点解决四个方面的问题：一是解决群众在教育文化、医疗卫生、社会保障、创业就业、交通出行、安居工程等方面的基本需求问题；二是解决生态环境、食品药品安全、安全生产、社会治安、征地拆迁、涉法涉诉等方面损害群众利益的问题；三是解决困难群众的生产生活问题；四是解决与民争利的问题。要大力发展普惠型的社会事业，建立共享型的社会保障，深化低碳型的生态建设，切实落实各项民生政策。要规范行政行为，整合综合行政执法职能，着力解决权责交叉、多头执法、滥用权力等问题。要继续深化行政审批制度改革，进一步提高为民办事服务效率。要强化"有错无为皆问责、不换状态就换人"的理念，认真查处群众反映强烈的突出问题。要畅通群众诉求表达渠道，加强与群众真诚沟通，做好矛盾纠纷排查化解工作，让群众办事更加便利、得到更多实惠，增强安全感、提高满意度，切身感受社会公平正义。

（三）切实加强基层基础，着力解决联系服务群众"最后一公里"问题。以加强基层服务型党组织建设为抓手，进一步深化基层党组织分类定级、晋位升级工作，依托长沙县共产党员网探索建立网络党组织，扩大党的组织覆盖和工作覆盖，着力建设一支守信念、讲奉献、有本领、重品行的基层党组织书记队伍，重点培育50名左右"王再德式"优秀村级党组织书记。提质升级一批村级组织活动场所，加强群众工作站、"两代表一委员"工作室、党员服务中心（工作室）建设，建立健全党代表联系服务群众机制。大力推进"县政务服务中心—镇（街道）政务服务中心—村（社区）公共服务中心"三级服务平台建设，整合服务资源，完善服务网络。抓实街道大工委制和社区兼职委员制、"网格化管理、组团式服务"工作，丰富在职党员到社区报到工作内涵，着力构建基层党建新格局。进一步深化驻村联户、结对共建、志愿服务、乡镇干部"一人学一技"、"三有两评"、"五步循环"群众工作法等做法。深入实施党建强村富民工程，加大村级物业经济发展力度，全面落实支企帮村举措，稳步发展壮大村级集体经济，推动人、财、物等服务资源向基层聚集，不断提升村级组织运转保障水平和公共服务保障能力。落实关爱基层干部政策，充分调动党员、干部服务群众的积极性，让群众话有地方说、事有地方办，困难有人帮、问题有人管。

三、抓住关键环节

全县教育实践活动到2014年9月基本完成。具体到每个单位，集中教育时间一般不少于3个月。采取统一部署、依次推进、压茬进行的办法，原则上按照县四大家班子，县直单位和镇（街道），村（社区）等其他基层组织三个层级依次推进，每一层级之间拉开10—15天的时间。各个环节要有效衔接、相互贯通，每个环节都要组织"回头看"，达不到标准要求的坚决责令重来。同时，要坚持问题导向，边学边查边改，把学习教育贯穿始终，把解决问题贯穿始终。

（一）学习教育、听取意见。重点抓好思想动员、理论武装和征求意见。

1. 学深学透必读书目。各级各单位要召开动员会议，传达中央和省、市、县委精神，对教育实践活动作出动员部署。采取集中学习与自学相结合，组织党员干部认真学习习近平总书记系列重要讲话精神，特别是在教育实践活动动员大会上的讲话和第一批总结暨第二批部署大会上的讲话精神，同时，要认真学习《习近平总书记重要讲话专题摘编》《论群众路线》《党的群众路线教育实践活动学习文件选编》《厉行节约反对浪费——重要论述摘编》以及刘少奇《论共产党员的修养》等必读书目。县四大家领导班子及其他科级以上单位领导班子要分列专题，组织集中学习、专题讨论，时间一般不少于3天。其他基层组织要采取灵活多样、务实管用的方式，结合"五老四教"活动，抓好党员的思想动员、学习教育工作。

2. 突出抓好三项教育。突出抓好群众观点教育。结合实际开展学习刘少奇天华调查精神"五个一"活动：即参观一次刘少奇天华调查纪念馆；观看一部《刘少奇的44天》的专题片；学习一本《刘少奇与天华》的小读本；开展一次"学天华调查精神，做群众贴心人，当发展引领者"专题讨论；科级以上党员领导干部撰写一篇学习心得体会。在此基础上，全县党员干部认真学习《长沙县以深入践行党的群众路线和谐推进危废项目建设的做法》；镇（街道）、村（社区）干部认真落实"五个必须"制度，直接联系服务群众；县委书记带头讲党课，县直单位、镇（街道）、村（社区）以及其他党员人数较多的单位的党组织书记要围绕群众路线主题，普遍开展一次公开讲党课活动；县委常委带头深入基层，县级领导干部蹲点调研不少于3天。突出抓好理想信念教育。组织党员干部学习党的光辉历史，学习毛泽东、邓小平等老一辈无产阶级革命家以及我县黄兴、杨开慧、徐特立、许光达、李维汉等革命仁人志士的良好作风和崇高风范。各党支部要普遍开展一次"入党为什么，为党干什么"为主题的大讨论活动，引导广大党员干部坚定理想信念，牢牢把住世界观、人生观、价值观这个"总开关"。突出抓党风党纪教育。认真贯彻落实严格党内生活十项规定、廉政准则和第一批教育实践活动出台的相关制度规定，增强党员干部廉洁自律意识和拒腐防变能力，培养党员干部良好道德风尚。推出先进典型，曝光反面典型，推动反对“四风”、严守党纪成为共识、深入人心。

3. 直接听取群众意见。各级各单位要把“面对面”与“背靠背”、“个别听”与“集体谈”、“走进群众听”与“组织群众评”结合起来，采取召开座谈会、个别访谈、问卷调查、上门征求意见等方式，通过互联网、来信来访、电话信息、征求意见箱、微信微博等便于群众提意见的渠道广泛征求意见。镇（街道）、村（社区）等基层单位以入户走访为主，直接征求群众意见。各单位的征求意见箱要设在群众放得心投递意见书的地方。征求意见要始终围绕“四风”突出问题和关系群众切身利益的问题、联系服务群众“最后一公里”问题进行。要特别注重听取工作对象和服务对象的意见建议，注重听取上下级单位、基层单位和班子成员、干部职工、基层干部群众的意见建议，注重听取离退休老同志、“两代表一委员”的意见建议。要综合现有考评监管成果，注重运用纪检监察、绩效考核、督查、审计、信访、各类评议等渠道收集到的意见建议。对征集到的意见建议要原汁原味梳理，及时向领导班子和领导干部反馈。

（二）查摆问题、开展批评。重点抓好查找问题、剖析检查和开展批评与自我批评。

1. 找准突出问题。坚持为民务实清廉要求，对照理论理想、党章党纪、民心民声、先辈先进“四面镜子”，通过群众提、自己找、上级点、相互帮、集体议等方式，切实查找到“四风”问题的具体表现。各级机关事业单位要对照《党政机关厉行节约反对浪费条例》以及有关规定进行检查，镇（街道）、村（社区）要对照《长沙县村（社区）干部廉洁履行职责若干规定（试行）的通知》（长县纪发〔2011〕2 号）有关要求进行检查。各级党员领导干部要对照县委出台的《严格党内生活十项规定》等，认真开展“三学三找”，学党纪、找问题，学理论、找根源，学典型、找差距。

2. 撰写对照检查材料。对照检查材料要逐项列出“四风”问题的具体表现、典型案例，对“三公”经费开支、职务消费、人情消费、公务用车、办公用房和住房、家属子女从业等情况作出说明；从理想信念、宗旨意识、党性修养、政治纪律等方面剖析根源；明确努力方向和整改措施。班子主要负责同志要主持起草领导班子对照检查材料，并在一定范围内征求意见。班子成员要自己动手撰写个人对照检查材料。各级各单位党员主要负责同志要严格审核把关。科级以上单位领导班子、副科职以上领导干部、县直单位所属基层单位和二级机构领导班子成员，村（社区）“两委”班子及主职要撰写对照检查材料。其他基层组织和党员、干部撰写对照检查材料的范围和要求，由其上级党组织根据实际情况确定。

3. 开好专题民主生活会和组织生活会。科级以上单位领导班子、县直单位所属基层单位和二级机构领导班子，村（社区）“两委”班子要召开专题民主生活会。会前，县四大家党员领导要与分管和联系点单位主要负责同志谈心；单位党员主要负责同志与每位班子成员、班子成员之间、班子成员与分管部门负责同志之间要深入谈心交心。会上，要按照“团结—批评—团结”的要求，开展严肃认真的批评和自我批评，既揭短亮丑、动真碰硬，又实事求是、出以公心，不发泄私愤，不搞无原则纷争。要严格落实《长沙市副县级以上党和国家机关党员领导干部民主生活会量化评价办法（试行）》（长组通〔2013〕11 号）和我县严格党内生活十项规定相关要求，切实提高民主生活会质量。批评和自我批评开展不认真的，督导组（指导组、指导员）要当场纠正或责令重开。上级机关党员领导干部要参加下级单位领导班子的专题民主生活会，上级督导组（指导组、指导员）要到会指导，开展点评，对会议质量进行综合评价。会后，依据对照检查材料征求意见范围通报民主生活会情况。在此基础上，各党支部要采取群众参评、党员互评、支部讲评、领导点评的“四评”方式召开专题组织生活会，开展民主评议党员工作，针对存在问题提出改进措施和办法。党员领导干部要以普通党员身份参加所在党支部的组织生活会。

（三）整改落实、建章立制。要对查摆剖析、专题民主生活会和组织生活会查找出来的问题进行再梳理、再归类，进一步聚焦“四风”问题，逐项列出问题清单，明确整改方向、提出整改措施，完善相关制度规定。科级以上单位领导班子、县直单位所属基层单位和二级机构领导班子要认真制定整改方案，明确任务书、时间表和责任人；领导班子成员要制定个人整改措施。村（社区）和非公有制经济组织、社会组织及其他基层组织可列出问题清单，明确整改措施。实行开门整改，活动一开始，就要向群众作出便民利民惠民的公开承诺，及时公布整改情况，请群众评价和监督。

1. 把问题整改贯穿始终。紧紧围绕群众反映强烈的突出问题，一开始就改起来，从具体事抓起、从身边事做起、从群众最不满意的事改起，即知即改，立行立改，做到真改、实改、快改。在执法监管部门、窗口单位和服务行业单位中开展“三述一评”活动，即公开述教育收获、述职能职责、述整改承诺，公开接受群众评价和监督。要坚持以上带下、以下促上，攻坚克难，确保让群众看到变化、见到实效。教育实践活动告一段落后，要继续抓好整改措施的落实，巩固扩大活动成果。

2. 把专项整治不断深化。不折不扣地落实中央和省、市、县委关于“四风”突出问题专项整治工作的要求，对照省委部署的34项、市委部署的5项专项整治任务，以及县委部署的财政项目资金监管不到位、工程建设项目标后监管不力、农村“三资”管理混乱、社会抚养费征收管理欠规范等4项专项整治任务，制定完善专项整治方案，下猛药、出重拳，一项一项整治、一个一个攻坚，切实治理到位。同时，各级各单位要结合履行职能职责和作风建设实际，确定专项整治重点，尤其要把整治侵害群众利益行为作为重中之重，不见成效不收兵。

3. 把正风肃纪一抓到底。坚持严字当头，坚决查处发生在群众身边的不正之风和腐败问题，坚决整治特权病、冷漠病、懒散病、享乐病、挥霍病。对有问题不整改、大问题小整改、变相搞整改、边整改边再犯的，要严肃批评教育，必要时采取组织措施和纪律措施。加强领导班子建设，严格教育管理干部，对于软、懒、散的领导班子进行及时整顿；对存在一般性作风问题的干部，立足于教育提高，促其改进；对群众意见大、不认真查摆问题、没有明显改进的干部，要进行组织调整；在活动中发现的重大违纪违法问题，将及时移交纪检监察机关或有关方面严肃查处。加强基层党组织和党员教育管理，对软弱涣散的基层党组织，及时进行集中整顿；对长期不起作用甚至起负面作用的党员，进行严肃教育，对不合格的要及时给予组织处理。

4. 把制度规定健全落实。注意承接、抓紧落实第一批教育实践活动中央、省委和所属部门出台的制度办法，全面清理和废止不适应新形势新任务的有关制度办法，继续坚持经实践检验行之有效、群众认可的制度办法。坚持丁法周延、于事简便的原则，围绕解决“四风”方面突出问题，建立健全密切联系群众、规范权力运行、厉行勤俭节约、切实简政放权、改进文风会风、提高服务效能、严格干部监督管理、加强基层服务型党组织建设、勤政廉政和优化发展环境及我县的领导干部实名推荐、严格党内生活十项规定、“五步循环”群众工作法、加强村级治理等方面的制度规定，实现作风建设制度化、规范化、常态化。强化制度执行落地，提高党员、干部依法按制度办事意识，加强对执行制度情况的督促检查，坚决纠正有令不行、有禁不止、无视制度的问题，同时要防止简单照搬照抄，避免重复建制度，防止制度堆砌。

四、加强组织领导

县委常委会带头开展党的群众路线教育实践活动。县人大常委会党组、县政府党组、县政协党组要结合各自实际开展教育实践活动。县委常委、县人大、县政府、县政协班子成员中的党员领导干部至少选择一个镇（街道）、一个村（社区）、一个县直单位作为教育实践活动联系点，各镇（街道）和有较多基层单位的县直单位领导班子成员也要建立各自联系点，示范带动和推进教育实践活动深入开展。各级党员领导干部要带头加强学习，带头虚心纳谏，带头查摆问题，带头开展批评与自我批评，带头制定和落实整改措施。

（一）落实领导责任。县委成立教育实践活动领导小组，加强对活动的组织领导，领导小组下设办公室，负责日常工作。各级各单位也要成立相应的领导机构和工作机构，认真制定方案，精心组织实施。县纪委、县委办、组织部、宣传部等部门以及各镇（街道）、县直各单位要密切配合，形成工作合力。各级各单位党员主要负责同志要承担起第一责任人的职责，把教育实践活动紧紧抓在手上，发挥示范推动作用。对教育实践活动走了过场的，要追究一把手的责任。要用好的作风组织开展教育实践活动，防止文山会海，力戒形式主义，决不允许出现因教育实践活动而停止正常办公和营业、不给群众办事的现象。

（二）抓好分类实施。教育实践活动原则上按照干部管理权限为主、兼顾党组织隶属关系进行；非公有制经济组织、社会组织等原则上以党组织隶属关系为主进行，但远大科技公司党委由县非公经济组织党工委直接负责组织开展；垂直管理单位中，除县国土局、工商局、质监局由我县组织开展外，其他垂直管理单位均由其上级单位组织开展。科级以上单位领导班子、县直单位所属基层单位和二级机构领导班子要紧紧抓住解决“四风”问题不走神、不散光，在找准和解决突出问题上下功夫，在增强服务意识、提高服务群众能力上见实效。特别是执法监管部门、窗口单位和服务行业，要结合本系统本行业实际制定活动实施方案，研究出台上下联动专项整治的具体措施，切实纠正行业不正之风。各镇和有关街道要扎实做好村“两委”换届工作，使换届过程成为进一步联系服务群众的过程，村党组织新班子选举到位后及时组织开展活动。非公有制经济组织、社会组织党组织要注重采取小型、业余、分散的方式开展活动。流动党员参加教育实践活动以流入地党组织为主、流出地党组织为辅，可采取送学上门等方式，组织离退休党员及年老体弱党员参加学习教育。

（三）注重统筹推进。县委向镇（街道）和县直单位派出督导组。督导组要对每个环节的工作严格把关，全程参与专题民主生活会并进行点评，特别要对活动实施方案、对照检查材料、整改方案等进行严格审阅把关；督导不力的，要对督导组长进行问责。镇（街道）要向村（社区）和"两新"组织党组织，县直单位要向所属基层单位和二级机构派出指导组或指导员。县教育局、卫生局、非公经济组织党工委要派出巡回指导组，统筹指导抓好本行业本系统的教育实践活动。县直机关工委要加强对县直机关单位和垂直管理单位党组织开展活动的指导。各级各单位要加强宣传引导，充分运用传统媒体和新兴媒体，宣传中央和省、市、县委精神，宣传活动成效；总结推广好经验好做法，广泛宣传先进典型，特别要注意选树一批身边土生土长、可信可学的基层党员干部典型；加大反面典型曝光力度，发挥警示和震慑作用；把握好舆论引导的时机、力度和效果，营造良好舆论氛围。要注重统筹兼顾，协调推进教育实践活动与贯彻十八大、十八届三中全会精神有机结合，与做好今年各项工作有机结合，确保两手抓、两不误、两促进。

长沙县人民政府
关于印发《长沙县（经开区）生活垃圾管理实施办法》的通知

长县政发〔2014〕2号

CSDR-2014-00001

各镇人民政府、街道办事处，县直机关有关单位：

《长沙县（经开区）生活垃圾管理实施办法》已经县人民政府同意，现印发给你们，请认真贯彻执行。

长沙县人民政府

2014年1月21日

第一章 总 则

第一条 为了加强生活垃圾管理，改善城乡环境，保障人体健康，维护生态安全，促进我县（含长沙经济技术开发区）经济社会可持续发展，依据国家有关法律、法规，结合本县（区）实际情况，制定本办法。

第二条 本办法适用于长沙县各街道辖区及城镇。本办法所称生活垃圾，包括单位和个人在日常生活中或者为日常生活提供服务的活动中产生的固体废物，以及法律、行政法规规定视为生活垃圾的固体废物。对于工业废弃物、危险废物、医疗废物、建筑垃圾等应按照国家相关法律、法规和本县其他有关规定进行管理。

第三条 生活垃圾管理工作遵循"减量化、资源化、无害化"的方针和"谁污染、谁赔偿；谁受益、谁补偿；谁主管、谁负责"的原则进行管理。

第四条 生活垃圾管理是本县各级人民政府的重要职责。

县人民政府（长沙经开区管理委员会）统一领导全县生活垃圾管理工作，将生活垃圾管理事业纳入本县国民经济和社会发展规划，确定生活垃圾管理目标，统筹设施规划布局，制定促进生活垃圾减量化、资源化、无害化的经济、技术政策和措施，保障生活垃圾治理的资金投入。

镇（街）负责本辖区内生活垃圾的日常管理工作，指导村（居）委会组织动员辖区内单位和个人参与生活垃圾减量、分类工作。

第五条 县市容环境卫生管理局是生活垃圾管理工作的行政主管部门，负责长沙县行政区域内生活垃圾管理工作的综合协调、督促指导、检查考核和生活垃圾收集、运输、储存、处置的监督管理。县发改、财政、国土、环保、规划、住建、交通、生态办、商务、卫生、工商、公安、城管执法、园林等部门，按照法律、法规、规章和长沙县人民政府确定的职责，相互协调配合，共同做好生活垃圾管理的相关工作。

第六条 县市容环境卫生管理局以及县政府门户网站、电视台、星沙时报等媒体应当开展生活垃圾管理的公益性宣传，普及生活垃圾减量、分类、清洁运输、无害化处置等相关知识。各类学校应当结合教学活动开展生活垃圾减量、分类投放、无害化处置等相关知识的教育。

第二章 规划与建设

第七条 县市容环境卫生管理局应当会同县发改、规划、住建、国土、环保等部门，依据长沙县总体规划和长沙县国民经济和社会发展规划等，组织编制生活垃圾治理规划，报县人民政府批准后实施。涉及设施规划布局和用地的，纳入本县城乡规划和土地利用规划。

生活垃圾治理规划应当结合生活垃圾产生量预测和成

分特点，确定生活垃圾管理事业的发展方向，统筹生活垃圾处置流量、流向，明确生活垃圾处置结构和设施总体布局。

第八条 按照城乡规划、土地利用规划确定的生活垃圾集中收集、转运、处理设施建设用地，未经法定程序，不得擅自占用或改变其用途。

县规划局应当会同县市容环卫、环保等有关部门编制生活垃圾处理设施规划管理技术标准，根据设施的工艺和规模，对设施周边地区实施规划控制。

第九条 建设生活垃圾处理设施应当符合生活垃圾治理规划和生活垃圾收集、运输、储存、处置服务、环境保护等技术规范的规定。

第十条 新建、改建、扩建项目，应当按照环境卫生设施设置标准配套建设生活垃圾基础设施，建设工程设计方案应当包括配套生活垃圾处理设施的用地平面图，标明用地面积、位置和功能。建设工程配套生活垃圾处理设施应当与建设项目主体工程同步设计、同步建设、同步验收；新建住宅项目，建设单位应当在销售场所公示配套生活垃圾基础设施的设置位置、功能等内容，并在房屋买卖合同中明示；建设工程竣工验收三个月内，建设单位应当向县市容环境卫生管理局报送建设工程项目档案。未经验收或者验收不合格的，不得交付使用。

第十一条 任何单位和个人不得擅自拆除、迁移、改建、停用生活垃圾收集、运输、储存、处置设施或者改变其用途。确需拆除、迁移、改建、停用生活垃圾收集、运输、储存、处置设施的，应当经县市容环境卫生管理局及县环保局核准，采取必要措施，防止环境污染，并按照规定先行重建、补建或者提供替代设施。

第十二条 申请拆除、迁移、改建、停用城市生活垃圾处置设施、场所的，应当提交以下材料：

（一）书面申请；

（二）权属关系证明材料；

（三）丧失使用功能或其使用功能被其他设施替代的证明；

（四）防止环境污染的方案；

（五）拟拆除、迁移、改建、停用设施的现状图及拆除方案；

（六）拟新建设施设计图；

（七）因实施城市规划需要闲置、关闭或者拆除的，还应当提供县规划局、县住建局的批准文件。

第十三条 生活垃圾填埋场停止使用的，运行管理单位应当按照国家和省市相关标准、规定实施封场工程，并做好封场后的维护管理工作。

第三章 分类与投放

第十四条 本县生活垃圾分为以下四类：

（一）可回收物，指生活垃圾中未污染的适宜回收和资源利用的垃圾，如纸类、塑料、玻璃和金属等；

（二）餐厨垃圾，指餐饮服务企业、单位食堂等生产过程中产生的餐厨废弃物，居民家庭生活中产生的厨余垃圾，集贸市场产生的有机垃圾等易腐性垃圾，如食品交易、制作过程中废弃的食品、蔬菜、瓜果皮核等；

（三）有害垃圾，指生活垃圾中对人体健康或者自然环境造成直接或者潜在危害的物质，如废充电电池、废扣式电池、废灯管、弃置药品、废杀虫剂、废油漆、废日用化学品、废水银产品、废旧电器以及电子产品等；

（四）其他垃圾，指除可回收物、餐厨垃圾和有害垃圾之外的其他生活垃圾，包括体积大、整体性强，或者需要拆分再处理的大件垃圾，如家具和家电等，以及其他混杂、污染、难分类的塑料类、玻璃类、纸类、织物类、木类、金属类等生活废弃物。

县市容环境卫生管理局应当根据生活垃圾管理需要，制定生活垃圾分类指南，定期修订并公布。

第十五条 生活垃圾分类投放应当符合以下规定：

（一）可回收物应当交售给再生资源回收站点，或者投放至可回收物收集容器；

（二）有害垃圾应当交给有害垃圾回收站点，或者投放至有害垃圾收集容器，不得投入生活垃圾收集容器；

（三）餐厨废弃物应当交给有相应资质的单位收集处置，厨余垃圾和有机垃圾应当投放至餐厨垃圾收集容器；

（四）其他垃圾应当投放至其他垃圾收集容器，其中大件垃圾应当预约再生资源回收站点或者生活垃圾清运单位上门收集搬运。

（五）生活垃圾投放时应当装入可降解的垃圾袋并封闭袋口。

第十六条 县市容环境卫生管理局负责对全县生活垃圾分类投放管理工作进行统筹安排、业务指导，镇（街）应当组织开展生活垃圾分类投放宣传、教育、培训工作，指导村（居）委会、业主委员会、物业服务企业开展生活垃圾分类投放宣传教育活动。

村（居）委员会、物业服务企业应当对分类投放不当的单位或者个人进行指导、教育，提高生活垃圾分类投放准确率。

第四章 清扫、收集、储存、运输

第十七条　长沙县内从事生活垃圾经营性清扫、收集、储存、运输服务的企业应取得生活垃圾经营性清扫、收集、运输服务许可证。未取得生活垃圾经营性清扫、收集、运输服务许可证的企业，不得在本县从事生活垃圾经营性清扫、收集、储存、运输活动。

第十八条　县市容环境卫生管理局通过招投标等公平竞争方式作出城市生活垃圾经营性清扫、收集、运输许可的决定，向中标人颁发城市生活垃圾经营性清扫、收集、运输服务许可证。同时县市容环境卫生管理局应当与中标人签订城市生活垃圾清扫、收集、运输经营协议。城市生活垃圾清扫、收集、运输经营协议应当明确约定经营期限、服务标准等内容，作为城市生活垃圾清扫、收集、运输服务许可证的附件。

第十九条　在我县从事生活垃圾经营性清扫、收集、运输服务的企业应当具备以下条件：

（一）具备企业法人资格，从事生活垃圾清扫、收集的企业注册资本不少于人民币100万元，从事生活垃圾垃圾运输的企业注册资本不少于人民币300万元；

（二）机械清扫能力达到总清扫能力的20%以上，机械清扫车辆包括洒水车和清扫保洁车辆。机械清扫车辆应当具有自动洒水、降尘、防遗撒、安全警示功能，安装GPS或车辆行驶及清扫过程记录仪；

（三）垃圾收集应当采用全密闭运输工具，并应当具有分类收集功能；

（四）垃圾运输应当采用全密闭自动卸载车辆或船只，具有防臭味扩散、防遗撒、防渗沥液滴漏功能，安装GPS或行驶及装卸记录仪；

（五）具有健全的技术、质量、安全和监测管理制度并得到有效执行；

（六）具有合法的道路运输经营许可证、车辆行驶证；

（七）具有固定的办公及机械、设备、车辆、船只停放场所。

第二十条　从事城市生活垃圾经营性清扫、收集、运输的企业应当遵守下列规定：

（一）按照中标协议约定服务标准及相关法律法规，按时分类收集、运输不同种类的生活垃圾，根据生活垃圾收集量、分类方法、作业时间等因素，配备符合标准的收集工具、运输车辆以及符合要求的人员；

（二）将收集的城市生活垃圾运到长沙县市容环境卫生管理局认可的中转或处置场所，不得混装混运，不得随意倾倒、丢弃、遗撒、堆放；

（三）清扫、收运城市生活垃圾后，对生活垃圾收集设施及时保洁、复位，清理作业场地，保持生活垃圾收集设施和周边环境的干净整洁；

（四）用于收集、运输城市生活垃圾的车辆、船舶应当做到密闭、完好和整洁，不得在收集、运输过程中对生活垃圾进行敞开式压缩、分拣、转运；

第二十一条　可回收物和有害垃圾应当定期收集，餐厨垃圾和其他垃圾应当每天定时收集。

第二十二条　生活垃圾收集容器放置场所、转运场所位于城市道路两侧的，县公安交警大队应当根据生活垃圾运输及作业的需要，划定禁止其他车辆停放的范围；位于居住区内的村（居）委会、业主委员会和物业服务企业应当采取措施，保障清洁运输车辆作业道路通畅。

第二十三条　生活垃圾清扫、收集、运输单位应当制定突发事件及生活垃圾污染防范应急预案，并报县市容环境卫生管理局备案。发生突发事件或者安全事故等紧急情况时，应当立即启动应急预案，服从县市容环境卫生管理局的指挥。

第二十四条　大型蔬菜果品批发市场、物流配送中心等经营管理单位应当按照要求建设处理设施，集中处理废弃蔬菜、果品。县园林管理局应当组织建设处理设施，集中处理园林、公共绿地、公园中废弃的枝叶、花卉。

第五章　处　置

第二十五条　长沙县生活垃圾应当在生活垃圾转运站、处理厂（场）处置。任何单位和个人未经县市容环境卫生管理局许可不得任意处置城市生活垃圾。

第二十六条　生活垃圾处置所采用的技术、设备、材料，应当符合国家有关生活垃圾处理技术标准的要求，防止对环境造成污染。

第二十七条　县市容环境卫生管理局应当根据生活垃圾成分、物化特性，结合生活垃圾处置设施产能状况及安全性、经济性，统筹安排生活垃圾分类处置。生活垃圾应当按照下列规定实施分类处置：

（一）可回收物应当由再生资源回收利用企业或者资源综合利用企业进行处置；

（二）有害垃圾应当由具有相应危险废物经营许可证的企业进行无害化处置；

（三）餐厨垃圾应当采用生化厌氧产沼、堆肥、焚烧、填埋、高温消毒制成饲料等方式进行资源化利用或者无害化处置；

（四）其他垃圾应当采用分解后回收利用、焚烧、填理等方式实施无害化处置，含有有害物质的应当交由具有相应危险废物经营许可证的企业进行无害化处置。

第二十八条　从事城市生活垃圾经营性处置的企业，应当向县市容环境卫生管理局取得城市生活垃圾经营性处置服务许可证。未取得城市生活垃圾经营性处置服务许可证，不得从事生活垃圾经营性处置活动。

第二十九条　县市容环境卫生管理局通过招投标等公平竞争方式作出城市生活垃圾经营性处置许可的决定，向中标人颁发城市生活垃圾经营性处置服务许可证。县市容环境卫生管理局与中标人签订城市生活垃圾处置经营协议，明确约定经营期限、服务标准等内容，并作为城市生活垃圾经营性处置服务许可证的附件。

第三十条　从事生活垃圾经营性处置服务的企业，应当具备以下条件：

（一）具备企业法人资格，规模小于100吨/日的卫生填埋场和堆肥厂的注册资本不少于人民币500万元，规模大于100吨/日的卫生填埋场和堆肥厂的注册资本不少于人民币5000万元，焚烧厂的注册资本不少于人民币1亿元；

（二）卫生填埋场、堆肥厂和焚烧厂的选址符合城乡规划，并取得规划许可文件；

（三）采用的技术、工艺符合国家有关标准；

（四）有至少5名具有初级以上专业技术职称的人员，其中包括环境工程、机械、环境监测等专业的技术人员。技术负责人具有5年以上垃圾处理工作经历，并具有中级以上专业技术职称；

（五）具有完善的工艺运行、设备管理、环境监测与保护、财务管理、生产安全、计量统计等方面的管理制度并得到有效执行；

（六）生活垃圾处理设施配备沼气检测仪器，配备环境监测设施如渗沥液监测井、尾气取样孔，安装在线监测系统等监测设备并与县市容环境卫生管理局联网；

（七）具有完善的生活垃圾渗沥液、沼气的利用和处理技术方案、卫生填埋场对不同垃圾进行分区的填埋方案、生活垃圾处理的渗沥液、沼气、焚烧烟气、残渣等处理残余物达标处理排放方案；

（八）有控制污染和突发事件的预案。

第三十一条　从事城市生活垃圾经营性处置的企业应当履行以下义务：

（一）严格按照国家有关规定和技术标准，处置城市生活垃圾；

（二）按照规定处理处置过程中产生的污水、废气、废渣、粉尘等，防止二次污染；

（三）按照县市容环境卫生管理局规定的时间和要求接收生活垃圾；

（四）按照要求配备城市生活垃圾处置设备、设施，保证设施、设备运行良好；

（五）保证城市生活垃圾处置站、场（厂）环境整洁；

（六）按照要求配备合格的管理人员及操作人员；

（七）对每日收运、进出场站、处置的生活垃圾进行计量，按照要求将统计数据和报表报送县市容环境卫生管理局；

（八）按照要求定期进行水、气、土壤等环境影响监测，对生活垃圾处理设施的性能和环保指标进行检测、评价，向县市容环境卫生管理局报告检测、评价结果。

第六章　费用管理

第三十二条　产生生活垃圾的单位和个人应当缴纳生活垃圾清运费、处理费，具体办法按照县物价部门相关规定执行。生活垃圾清运费、处理费应当专项用于城市生活垃圾收集、运输和处置，严禁挪作他用。

第三十三条　生活垃圾收集、运输、处置费用标准由县发改（物价）局根据生活垃圾收集、运输、处置的成本核定。

第三十四条　生活垃圾处置单位负责生活垃圾的称重计量，并定期校准、维护称重计量设施。县市容环境卫生管理局负责生活垃圾的计量监督，保证计量数据的准确。

第七章　法律责任

第三十五条　对违反本办法规定行为的行政处罚，由县市容环境卫生管理局依照《中华人民共和国固体废物污染环境防治法》《城市市容和环境卫生管理条例》、《城市生活垃圾管理办法》《湖南省实施（城市市容和环境卫生管理条例）办法》《长沙市城市市容和环境卫生管理办法》等法律、法规纠正其违法行为，采取补救措施，并依法予以行政处罚。

第三十六条　县市容环境卫生管理局应依法管理，依法行政，自觉接受人民群众监督。

第三十七条　县市容环境卫生管理局工作人员依法执行公务时，有关单位和个人应予以配合。对阻碍执行公务的，由县公安局依照《中华人民共和国治安管理处罚法》予以处罚；构成犯罪的，依法追究刑事责任。

第八章　附 则

第三十八条　本办法自发布之日起施行。

第三十九条　本办法由县人民政府办公室负责解释。

长沙县人民政府

关于进一步加强水质保护的通告

长县政发〔2014〕9号
CSDR-2014-00005

为进一步改善县域供水原水水质，保证人民群众饮水安全，根据《中华人民共和国水法》《中华人民共和国水污染防治法》《国务院畜禽规模养殖污染防治条例》等规定，特就相关事项通告如下：

一、严格执行畜禽养殖禁养、限养政策

1. 县域禁养区内已领取了转产扶助资金的畜禽养殖场（户），必须于2014年3月15日前退出养殖；逾期未退出养殖的，依法收回政策性扶助款并组织强制关闭。

2. 县域限养区内超量养殖、违规排放的畜禽养殖场（户），必须于2014年3月15日前整改并达标排放，否则将依法查处；2010年4月8日后在限养区内新建、扩建的畜禽养殖场一律依法取缔。

3. 严禁外来户未经批准进入我县从事畜禽养殖，一经发现，一律强制关闭。

二、严格常态化水域清污保洁制度

1. 严禁向河流、水库、山塘、沟渠、水田等水体排放、倾倒工业废渣、城镇生活垃圾和其他废弃物；禁止在江河、湖泊、渠道、水库最高水位线以下的滩地和坡岸堆放、存贮固体废弃物和其他污染物。

2. 禁止未经许可擅自采砂，严禁破坏河床、严重影响河势稳定或损害堤防等水工程的行为。

3. 严格落实河道分段清污保洁责任，各镇（街）及生态、水务等相关部门要切实履职，常态打捞；严禁河道上游向下游排放污染物。

三、严格落实责任追究制度

1. 各镇（街）作为水质保护的责任主体，要切实担负起截污、治污职责，确保区域内水体清洁。

2. 县生态办、环保、水务、卫生、畜牧水产、环建投、农业、国土、规划、住建、星沙供水公司等相关部门要切实加强监管，严格执法，对污染严重的区域实行重点监管与治理。

3. 县人民政府将严格工作督查，对畜禽禁养、限养、水域清污保洁等工作落实不到位的镇（街）、部门，实行行政约谈、行政问责。

4. 对违反上述规定的单位和个人将依法依规处罚。

四、严格实行举报有奖制度

县人民政府设立举报电话（0731-84070134）。凡举报经查证属实的首报号码，由县生态办在一周内充值50-100元话费奖励，对重大违章事件的举报及交付现场证据的予以重奖。

五、本通告自发布之日起实施。

长沙县人民政府
2014年2月28日

长沙县人民政府

关于引导农民集中居住工作的实施意见

长县政发〔2014〕57号
CSDR-2014-00009

为加快“六个集中”推进步伐，大力引导我县农村居民集中居住，着力构建城乡一体化发展新格局，结合我县实际，现提出如下实施意见：

一、指导思想

以党的十八大精神和科学发展观为指导，坚持“规划引领、产村融合、分类指导、全面推进”的原则，坚持以集中居住为主的民居方式，以规模经营为主的现代农业生产方式，以新型城镇化建设为突破口，通过科学规划、严格管理、分步实施，优化农村人居环境，提升农业生产水平，提高农民生活质量，逐步形成布局合理、用地集约、设施配套、功能完善的新农村居住点，努力探索一条新村带产业、产业促新村的新农村建设新模式，使人民群众的生活幸福感和满意度显著提升。

二、目标任务

进一步加强农村住宅规划建设管理，以县域北部条件具备的镇村为重点，按照宜村则村、宜片区则片区的原则，依托自然村落引导农民集中居住，农民集中居住点成熟一个，发展一个。

三、基本原则

（一）坚持群众参与原则。坚持政府引导，各级要加大政策激励和舆论宣传力度，提高广大农民对集中居住的认同感和参与度。积极发挥村民议事会作用，充分尊重农民意愿，因势利导、顺势而为，切实维护农民在集中居住过程中的合法权益。

（二）坚持城乡统筹原则。居住点建设与城镇发展要协调同质，促进长期稳定从事二、三产业的农村人口向城镇转移，带动城市文明向农村延伸，正确处理近期建设和长远发展的关系，促进城乡共同繁荣。

（三）坚持规划先行原则。突出规划的科学性、前瞻性、指导性和可操作性，因地制宜，合理布局，集约建设。加强规划管理，依法查处违法违章建筑。

（四）坚持资源保护原则。注重维护农村历史文脉、田园风光等文化遗产和自然禀赋，突出乡村风情和地方特色，保护环境质量，引导发展适宜产业。坚决杜绝贪大求洋铺张浪费之风，严禁扩大集体负债规模。

四、建设标准

集中居住点规划规模不低于100户，部分居住点受客观条件限制，至少不低于50户，相应配套基础设施和公益性公共服务设施。每个集中居住点规划建设一个“邻里中心”，邻里中心要以便民为主配备相应的村民议事场所、村民广场、文化服务设施和村民公寓用房等，要从实用、节约角度严控建设规模。集中居住点要实现规划建设优质、基础设施优良、村容环境优美、生活质量优越的“四优”工程和动土必有规划、开工必有设计、建设必有配套、覆土必有绿化的“四有”标准。

五、配套政策

（一）提供建房用地并给予规费补贴。按照《关于加快现代农业发展促进城乡一体化建设的若干意见》（长县发〔2013〕1号）规定，对自愿放弃原有宅基地，在自然村落集中居住区建房的农村居民，免费提供房屋宅基地，对农民建房的各项规费予以补贴。

（二）以奖代投引导农民集中居住。鼓励符合建房条件的农村居民进入集中居住点建房。对于自愿放弃集中居住区以外的宅基地进入居住区新建的，在规定的时间内，符合统一规划建设设计要求，经县引导农民集中居住领导小组办公室组织验收合格，按2万元/户的标准给予建房农户以奖代投资金。已享受拆迁、移民、危房改建等其他优惠政策的建房户不再重复享受。

（三）整合资金扶持居住区建设。整合城乡一体化、生态补偿、教科文卫、水利等项目建设资金，集中落实到各建设项目上，专项建设资金优先投放到集中居住区，扶持农民集中居住建设，各镇（街）要加强与相关部门的对接，积极做好集中居住区建设项目配套工作。城乡一体化试点镇用一体化专项引导资金推动农民集中居住区建设；非试点镇将项目向县引导农民集中居住领导小组申报，由领导小组整合报县政府研究决定，在涉农投入资金中统筹解决。要积极挖掘优势资源，吸引更多的社会资金投入农民集中居住区建设。

（四）实行基础设施优先配套。优先重点支持集中居住区完善农村基础设施和公共服务场所建设，卫生、教育、公交、道路、通讯、自来水、数字电视、文体设施等农村基础设施建设项目要重点向农民居住点整合集中投放。县直有关部门要将有关项目铺排计划与县引导农民集中居住领导小组办公室（农业示范区管委会）主动对接。

（五）建设用地增减挂钩政策。国土部门积极争取城乡建设用地增减挂钩的政策，节余土地指标采取政府主导、市场化运作模式，实行异地置换或发展乡村地产，所得收益主要用于农民集中居住点的建设。

（六）支持壮大集体经济组织。农民集中居住通过宅基地置换节余的集体建设用地，除用于解决农民集中居住点建设资金外，剩余的集体建设用地由村统筹用于发展物业经济等，壮大村级集体经济组织，利益分配按对农民集中居住区的投入比例分配。（原宅基地必须交由村、社区复垦）。

六、工作措施

大力引导我县农民集中居住作为县委、县政府当前重点推进的中心工作，应突出以优惠政策、基础设施、奖励资金三项引导要素为主的原则，集中力量主攻难点，加大宣传引导氛围，创新工作推进方式，优质高效地把工作抓好、抓实、抓出成效。

（一）科学规划布局，严格建设管理

1. 农民集中居住点规划必须符合镇（街）总体规划、土地利用总体规划，以村为单位，打破组与组之间的界限（牵涉到田山水土的变动由村民议事会协商调剂解决），选择区位优势较好、农民集聚程度高、基础设施配套相对完善的地方。农民集中居住点不得占用基本农田，不能建在主要交通干道、饮用水源和河流周边，避开国家级生态公益林（如长江防护林），以上要素由规划部门按照相关法律法规进行规划控制。努力实现“三个打破、三个提高”，即打破沿线沿路散居，注重共享性，提高村庄的布局水平；

打破"军营式"单调布局，建设农村社区，提高村落规划水平；打破"火柴盒"格局，突出多样性，提高村民居住设施设计水平。集中居住点规划一个、建设一个。选址工作由各镇（街）牵头，以村民议事会为主导，选址方案确定后报县引导农民集中居住建设工作领导小组研究决定，由各镇（街）组织规划设计编制工作，规划方案报县规划局评审。

2. 县示范区管委会要加快建设一批规模化、标准化、集约化、生态化的现代农业产业基地为农民集中居住提供产业支撑，积极推动农民向农业产业工人转变。加大对农民的职业技能培训，增强农民的持续就业能力。

3. 农民集中居住点住宅设计应符合乡村特点，体现地方特色，尊重农民的生产生活习惯，确保整体和谐，功能合理。住宅设计图纸由县规划局免费提供，鼓励各住户按照设计图纸进行施工，各镇（街）须加强指导和监管，确保落实到位。

4. 农民集中居住点按规定程序批准后应及时予以公布。居住点新批村民建房一律按修编调整的镇村布局规划向居住点集中，各镇（街）和相关部门要严格审批制度，加大监管力度，坚决杜绝无证建房或不按规划、不按批准内容建房。加大违章建设行为查处力度，按属地管理原则，对违章建设阻止不力、查处不及时的，要追究相关人员责任。

（二）明确建设模式，全面统一推进

推进农民集中居住与群众利益密切相关，政策性强，涉及面广，时间跨度大。各镇（街）和有关部门要结合实际，抓紧研究制订具体的配套政策和激励措施。

1. 引导农民集中居住。选址方案确定后，鼓励试点区域范围内所有新建房屋进入集中居住点，实行"一户一基"、"统规自建"，并逐步引导规划点外的自然村落迁并到集中居住点。

2. 合理确定建设模式。①非货币安置拆迁区域，因重点工程建设、产业发展需要拆迁安置和已享受危房改建政策补贴拆旧新建的农户，进入镇（街）规划建设的集中安置区。②依托集镇引导农民集中居住，由镇（街）根据总体规划和实际情况，统一在集镇周边规划一个农民集中居住点。利用集镇辐射带动作用，加快推进农民集中居住。③自然村落的集中居住区，依托现有建房情况，合理规划，把点做大，选址由村民议事会决定，宜村则村，宜片区则片区。

（三）强化责任分工，确保稳步实施

各镇（街）及县直各有关部门要广泛深入地宣传推进农民集中居住的重要意义，充分调动广大农民参与集中居住的积极性和主动性。要强化职能分工，各镇（街）为农民集中居住的实施单位，要加强组织领导，统筹协调好农民集中居住点建设工作。县规划局负责办理乡村建设规划许可证，坚决杜绝未批先建违章行为；县住建局负责集中居住区建设的施工质量和安全监管；县国土局负责据此办理完善村民建房审批手续。县直各有关部门要为农民集中居住点建设开辟绿色通道，主动服务、积极支持，安排一定资金和项目对口支持集中居住点的公共服务基础设施建设，按照集中居住区选址规划相应制定基础设施建设配套支持工作方案，确保农村公共服务配套项目建设向居住点集中投放，形成齐抓共管的工作合力。

七、组织保障

（一）统一思想认识。加快推进农民集中居住，是践行科学发展的内在要求，也是统筹城乡发展的迫切需要。我县自然村庄多而分散，造成基础设施投入加大，不仅浪费社会资源，也增加了管理难度。因此，从保护农民利益、避免重复建设、改善农村居住环境、提高农民生活质量的角度出发，推进农民集中居住既有必要，也很迫切。同时，推进农民集中居住，有利于优化土地资源配置、节约集约利用土地、集聚发展后劲；有利于节约公共财政资源，推动城市基础设施向农村延伸、城市社会事业向农村覆盖、城市现代文明向农村辐射，实现城乡资源共享；有利于促进农村承包地流转，实现农业规模经营，增加农民收入。各镇（街）、部门、单位要进一步统一思想，充分认识推进农民集中居住的重要意义，采取扎实有效工作措施，稳步有序加以推进。

（二）强化组织领导。由县引导农民集中居住建设工作领导小组负责领导、协调全县农民集中居住推进工作，建立定期会办制度，及时研究解决推进农民集中居住试点过程中的突出问题。领导小组办公室负责农民集中居住推进工作的指导、督促、检查以及组织观摩、交流、考核等。建立推进农民集中居住挂钩联系制度，由县领导挂钩联系，指导帮助试点建设。

（三）严格督查考核。县委、县政府把推进农民集中居住工作，作为年度对各镇（街）考核的一项重要内容，领导小组办公室要及时了解和掌握全县农民集中居住推进工作动态，适时督查，健全台账，并作为年终考评依据，确保推进工作的各项措施落到实处。

长沙县人民政府

2014年9月1日

统计资料

2014 年全县统计资料

表 11

2014 年综合统计资料

指标名称	计量单位	2014 年	2013 年	为上年的 %
一、行政区域				
乡镇（街道）个数	个	24	24	100
街道	个	7	7	100
镇人民政府	个	17	17	100
乡人民政府	个	0	0	-
村民委员会	个	218	218	100
居民委员会	个	82	79	103.8
二、土地面积	平方公里	1997	1997	100
年末耕地面积	万亩	85.67	86.06	99.5
其中：水田	万亩	79.49	79.98	99.4
粮食播种面积	万亩	132.05	129.75	101.8
三、人口情况	—	—	—	—
年末总人口（户籍人口）	万人	83.22	81.89	101.6
其中：非农业人口	万人	13.61	12.51	108.8
年末总人口（常住人口）	万人	103.78	100.86	102.9
其中：城镇人口	万人	59.59	54.89	108.6
四、地区生产总值（当年价）	万元	11005780	9759923	112.8
第一产业	万元	713495	650488	109.7
第二产业	万元	7821752	6959554	112.4
其中：工业	万元	6826773	6072725	112.4
第三产业	万元	2470532	2149881	114.9
五、地区生产总值（可比价）	万元	10047071	9053994	111
第一产业	万元	512842	483357	106.1
第二产业	万元	7322635	6605507	110.9
其中：工业	万元	6458118	5823371	110.9

续表

指标名称	计量单位	2014 年	2013 年	为上年的 %
第三产业	万元	2211595	1965130	112.5
交通运输、仓储及邮电通讯业	万元	309101	292170	105.8
批发和零售业	万元	277210	271058	102.3
住宿和餐饮业	万元	140644	132170	106.4
金融业	万元	121966	108822	112.1
房地产业	万元	302981	291114	104.1
其他行业	万元	1059693	869796	121.8
六、地区生产总值构成	%	100	100	100
第一产业	%	6.5	6.7	97
第二产业	%	71.1	71.3	99.7
其中：工业	%	62	62.2	99.7
第三产业	%	22.4	22	101.8
七、人均生产总值	元 / 人	107562	97249	110.6
八、工农业总产值（当年价）	万元	22401474	19703491	113.7
农业总产值	万元	1118765	1020848	109.6
其中：农业	万元	685764	599170	114.5
林业	万元	34283	29667	115.6
牧业	万元	357379	355654	100.5
渔业	万元	26599	22820	116.6
农林牧渔服务业	万元	14740	13537	108.9
工业总产值	万元	21282709	18682643	113.9
其中：规模工业总产值	万元	19299005	16977217	113.7
九、粮食总产量	吨	585871	569623	102.9
按播种面积亩平	公斤	443.69	439.02	101.1
十、全社会固定资产投资	万元	7619086	6499969	117.2
十一、社会消费品零售总额	万元	2901287	2578876	112.5
十二、进出口总额	亿美元	31	25.9	119.8
其中：出口总额	亿美元	12.9	11.9	108.4
十三、实际到位外资 ⋆	万美元	56300	52000	108.3
实际到位内资 ⋆	万元	669490	536594	124.8
十四、财政一般预算收入	万元	741063	649793	114
财政一般预算支出	万元	1039861	914233	113.7
十五、全体居民人均可支配收入	元	28504	23539	121.1
城镇居民人均可支配收入	元	33513	30548	109.7
农村居民人均可支配收入	元	22872	20786	110

注：⋆“实际到位外资”“实际到位内资”2014 年统计包含经开区情况

表 12

2014 年人口及变动情况

地区别	年末总户数（户）	年末总人口（人）								
		合计	合计中		性别		年龄			
			非农业人口	未落常住户口人员	男	女	18 岁以下	18-35 岁	35-60 岁	60 岁以上
甲	1	2	3	4	5	6	7	8	9	10
长沙县	260686	832236	136073	0	416944	415292	156339	205365	312680	157852
星沙街道办事处	17760	43549	41976	0	21666	21883	9672	12172	17127	4578
泉塘街道办事处	7746	20610	18038	0	10834	9776	5033	8149	5647	1781
湘龙街道办事处	8583	21693	15556	0	10907	10786	5848	6587	7264	1994
榔梨街道办事处	11300	32034	15505	0	15333	16701	6455	8202	11798	5579
黄兴镇	14809	53642	3192	0	26346	27296	11034	13620	18925	10063
干杉镇	8286	26830	1706	0	13294	13536	5509	6418	9817	5086
暮云镇	11878	38363	7901	0	18804	19559	8025	9956	13820	6562
跳马镇	18403	63072	2130	0	31599	31473	12715	14619	23505	12233
江背镇	17010	58819	2317	0	29936	28883	10434	13467	22710	12208
黄花镇	26423	84339	11441	0	41280	43059	17429	21707	30235	14968
春华镇	13407	45625	1947	0	23151	22474	8115	10815	17421	9274
果园镇	7456	24603	848	0	12422	12181	4385	5884	9497	4837
路口镇	8660	28776	1788	0	14530	14246	4741	6545	11273	6217
高桥镇	9047	29705	925	0	15190	14515	4808	6722	11996	6179
金井镇	12441	43343	1900	0	22065	21278	7060	10035	17408	8840
双江镇	6000	21257	559	0	10912	10345	3766	4814	8741	3936
白沙镇	5810	20123	497	0	10208	9915	3327	4728	7970	4098
安沙镇	18091	53456	2931	0	26661	26795	8878	12609	20148	11821
北山镇	16678	52293	2011	0	26547	25746	8010	11993	20279	12011
青山铺镇	5573	18954	665	0	9538	9416	3003	4461	7366	4124
福临镇	9013	28892	1640	0	14765	14137	4419	6459	11473	6541
开慧镇	6292	22258	600	0	10966	11292	3673	5403	8260	4922

续表

地区别	本年度人口变动（人）									
	出生			死亡			迁入		迁出	
	合计	男	女	合计	男	女	省内迁入	省外迁入	迁往省内	迁往省外
甲	11	12	13	14	15	16	17	18	19	20
长沙县	13391	7028	6363	5565	3206	2359	7024	1616	1597	1487
星沙街道办事处	790	425	365	138	88	50	1491	327	311	82
泉塘街道办事处	590	307	283	56	32	24	1162	299	184	180
湘龙街道办事处	645	353	292	67	34	33	1139	209	159	30
榔梨街道办事处	606	306	300	209	124		193	35	53	21
黄兴镇	1089	583	506	211	133	78	307	40	25	9
干杉镇	564	309	255	246	141	105	165	29	14	3
暮云镇	746	391	355	246	145	101	577	105	75	34
跳马镇	888	475	413	354	207	147	356	66	103	228
江背镇	833	432	401	619	342	277	196	52	85	23
黄花镇	1519	774	745	632	349	283	392	97	82	24
春华镇	657	328	329	132	91	41	129	27	48	11
果园镇	388	204	184	191	111	80	78	28	19	12
路口镇	361	192	169	240	131	109	62	14	38	16
高桥镇	360	197	163	102	79	23	66	43	48	14
金井镇	600	318	282	144	101	43	110	36	56	49
双江镇	287	143	144	171	102	69	61	24	22	17
白沙镇	224	116	108	174	98	76	42	18	28	47
安沙镇	788	404	384	450	238	212	171	49	62	14
北山镇	599	316	283	457	269	188	141	59	86	632
青山铺镇	248	129	119	166	94	72	47	16	31	9
福临镇	330	181	149	251	150	101	73	23	40	24
开慧镇	279	145	134	309	147	162	66	20	28	8

注：1. 长龙街道办事处尚未单独进行户籍人口统计，人口包含在黄花镇人口之中；2. 以上数据由县公安局提供

表 13

2014 年人口和计划生育情况

指标名称	计量单位	2014 年	2013 年	为上年的 %
一、人口自然变动情况				
1、年内出生人数	人	12930	12784	101.1
2、出生率★	‰	15.7	15.4	101.9
3、年内死亡人数	人	7334	7809	93.9
4、死亡率★	‰	8.91	9.41	94.7
5、年内自然增长人数	人	5596	4975	112.5
6、自然增长率★	‰	6.79	5.99	113.4
二、计划生育情况				
1、政策内生育率	%	92.61	94.79	97.7
2、已婚育龄妇女	人	179348	181216	99
3、已落实节育措施人数	人	152539	156468	97.5
4、节育率	%	85.05	86.34	98.5
5、有一子女育龄妇女人数	人	113464	111728	101.6
6、已领独生子女证	人	51214	51127	100.2
7、领证率	%	45.14	45.76	98.6
8、政策内（原计划内）出生人口	人	11975	12118	98.8
其中：二孩数	人	2846	2520	112.9
9、政策外（原计划外）出生人口	人	955	666	143.4
其中：一孩数	人	11	4	275
二孩数	人	820	564	145.4
多孩数	人	124	98	126.5
10、计划生育率	%	92.61	94.79	97.7

注：1. ★出生率”“死亡率”“自然增长率”均按照计生统计情况测算；2. 以上数据由县计生局提供

表 14

2014 年财政收支情况

指标名称	计量单位	2014 年	2013 年	为上年的 %
财政总收入	万元	2072165	1800051	115.1
1、一般预算收入（新口径）	万元	741063	649793	114
上划税收	万元	663659	647966	102.4
2、一般预算支出	万元	1039861	914233	113.7
一般公共服务	万元	184257	174631	105.5
国防	万元	862	833	103.5
公共安全	万元	42176	39568	106.6
教育	万元	122759	112954	108.7
科学技术	万元	21087	20101	104.9
文化体育与传媒	万元	20346	16709	121.8
社会保障和就业	万元	66626	62688	106.3
医疗卫生	万元	67573	55837	121
节能环保	万元	39729	39699	100.1
城乡社区事务	万元	149696	112725	132.8

续表

指标名称	计量单位	2014 年	2013 年	为上年的 %
农林水事务	万元	146450	126230	116
交通运输	万元	65338	51797	126.1
资源勘探电力信息等事务	万元	64541	58377	110.6
其他支出	万元	48421	42084	115.1

注：以上数据由县财政局提供

表 15

2014 年金融保险证券情况

指标名称	计量单位	2014 年	2013 年	为上年的 %
金融机构各项存款余额	万元	7823533	6553468	119.4
城乡居民储蓄存款余额	万元	3501821	3016676	116.1
金融机构各项贷款余额	万元	5842753	4810706	121.5
金融机构营业收入	万元	315022	269389	116.9
金融机构网点数	万元	170	164	103.7
金融机构职工人数	人	2026	1917	105.7
人均储蓄存款	元	33743	29909	112.8
驻县银行	家	21	19	110.5
各类保险机构网点数	个	60	60	100
国有控股保险公司保费收入	亿元	4.2	3.6	117.7
证券公司营业部	家	4	3	133.3

注：以上数据由县金融证券办提供

表 16

2014 年贸外和旅游情况

指标名称	计量单位	2014 年	2013 年	为上年的 %
一、贸易情况				
进出口总值	亿美元	31	25.9	119.8
其中：出口总额	亿美元	12.9	11.9	108.4
进口总额	亿美元	18.1	14	129.4
二、外经情况				
1. 当年新签项目（合同）个数 *	个	312	293	106.5
其中：外资项目个数 *	个	30	24	125
内资项目个数 *	个	282	269	104.8
2. 实际到位外资 *	万美元	56300	52000	108.3
3. 实际到位内资 *	万元	669490	536594	124.8
三、旅游情况				
1. 接待游客人数	万人次	717.7	571.4	125.6
2. 旅游总收入	亿元	81.4	62.9	129.4
3. 旅行社总数	个	3	3	100
4. 星级“农家乐”	个	52	68	76.5
5. 星级饭店个数	个	3	3	100
其中：五星级	个	1	1	100
四星级	个	2	2	100

续表

指标名称	计量单位	2014 年	2013 年	为上年的 %
6. 星级饭店客房总数	间	897	897	100
7. 名胜风景区和文物保护区个数	个	48	48	100

注：1.★“当年新签项目（合同个数）”“实际到位外资”“实际到位内资”2014 年统计包含经开区情况

2. 以上数据由县商务局、县旅游局提供

表 17

2014 年教育事业情况

指标名称	计量单位	2014 年	2013 年	为上年的 %
一、中等专业学校数	所	1	1	100
1. 中等专业学校招生数	人	832	1069	77.8
2. 中等专业学校毕业生数	人	887	626	141.7
3. 中等专业学校在校学生数	人	2803	2699	103.9
4. 中等专业学校教职工数	人	208	202	103
二、普通中学学校数	所	40	38	105.3
1. 普通中学招生数	人	14675	14551	100.9
2. 普通中学毕业生数	人	12666	12588	100.6
3. 普通中学在校学生数	人	42581	40981	103.9
4. 普通中学教职工数	人	3565	3512	101.5
三、小学学校数	所	166	168	98.8
1. 小学在校学生数	人	66448	62380	106.5
2. 小学教职工数	人	2978	2889	103.1
四、特殊学校数	所	1	1	100
1. 特殊学校在校学生数	人	79	70	112.9
2. 特殊学校教职工数	人	23	23	100
五、幼儿园数	所	272	229	118.8
1. 幼儿园在园幼儿数	人	37524	32389	115.9
2. 幼儿园教职工数	人	3259	2896	112.5
六、学龄儿童入学率	%	100	100	100
其中：女童入学率	%	100	100	100
农村学龄儿童入学率	%	100	100	100
七、初中入学率	%	98.3	98.2	100.1
初中巩固率	%	100	99.6	100.3
初中升学率	%	98.3	98.2	100.1
八、高中阶段毛入学率	%	98.3	98.2	100.1
高中阶段辍学率	%	2.7	2.9	93.1
高中升学率	%	97.6	97.1	100.5
高考参考人数	人	4093	3782	108.2
九、农村中小学危房改造面积	万平方米	46279	61941	74.7
其中：C 级危房改造面积	万平方米	0	0	-
B 级危房改造面积	万平方米	46279	61941	74.7
十、农村现代远程教育普及率	%	100	100	100

注：以上数据由教育局提供

表 18

2014 年科技发展情况

指标名称	计量单位	2014 年	2013 年	为上年的 %
高新技术产业企业数	个	142	133	106.8
高新技术企业总产值	亿元	1383.6	1299.2	106.5
高新技术产业增加值	亿元	414.2	369	112
其中：规模以上工业企业高新技术增加值	亿元	411.5	366.6	112.2
高新技术产业研究与试验发展经费	亿元	40.6	35.3	115.1
省级工程技术研究中心	家	15	13	115.4
市级工程技术研究中心	家	17	17	100
全年申请专利数	件	2624	2342	112
当年获专利授权数	件	2021	1820	111
其中：发明专利数	件	311	225	138.2
实施本级科技计划项目	项	146	135	108.1
获得上级政府科技进步奖励项目	项	21	13	161.5

注：以上数据由县统计局、县科技局提供

表 19

2014 年文化体育事业情况

指标名称	计量单位	2014 年	2013 年	为上年的 %
一、文化事业				
1. 图书馆（室）情况				
图书馆个数	个	1	1	100
图书室（农家书屋）个数	个	275	292	94.2
藏书	万册	101.9	97.6	104.4
发放借书证	万个	2020	1689	119.6
图书流通人次 *	万人次	10219	81000	12.6
本年新购图书	册	5650	3471	162.8
阅览室座席数	个	140	100	140
图书馆（室）场地面积	平方米	4100	2100	195.2
其中：公共图书馆（室）面积 *	平方米	2600	600	433.3
其他图书馆（室）面积	平方米	1500	1500	100
2. 文化馆情况				
文化馆个数	个	289	319	90.6
其中：综合性文化中心个数	个	2	1	200
群众艺术馆个数	个	1	1	100
镇街文化站个数	个	22	20	110
社区文化活动室个数	个	264	297	88.9
文化馆面积	平方米	83878	87200	96.2
其中：综合性文化中心面积	平方米	1600	1600	100
群众艺术馆面积	平方米	600	400	150
镇街文化站面积	平方米	28878	25800	111.9
社区文化活动室面积	平方米	52800	59400	88.9
3. 演艺中心情况				

续表

指标名称	计量单位	2014 年	2013 年	为上年的 %
演艺中心个数	个	177	97	182.5
其中：艺术表演场馆个数	个	7	6	116.7
歌舞娱乐场所个数	个	170	91	186.8
演艺中心面积	平方米	126919	85909	147.7
其中：艺术表演场馆面积	平方米	26475	25675	103.1
歌舞娱乐场所面积	平方米	100444	60234	166.8
4. 网吧情况				
网吧个数	个	170	160	106.3
网吧面积	平方米	30000	28000	107.1
5. 文化广场情况				
文化广场个数	个	110	90	122.2
文化广场面积	平方米	435747	356520	122.2
6. 文化公园情况				
文化公园个数	个	4	4	100
文化公园面积	平方米	50000	50000	100
7. 百家文艺团队	家	300	264	113.6
8. 年内电影放映场次	场	2652	3193	83.1
二、体育事业				
1. 体育场馆个数	个	130	130	100
体育场馆面积	平方米	763721	763721	100
2. 游泳跳水场馆个数	个	7	7	100
游泳跳水场馆面积	平方米	6670	6670	100
3. 综合房（馆）及专业训练房管个数	个	140	136	102.9
综合房（馆）及专业训练房管面积	平方米	57249	56449	101.4
4. 室外专项体育场个数	个	485	472	102.8
室外专项体育场面积	平方米	441739	433039	102
5. 年内举办运动会	次	20	22	90.9
参加运动会运动员	人	40000	30000	133.3

注：1.“图书流通人次”因图书馆建设自 2014 年 3 月起闭馆，仅统计 1 至 2 月情况；“公共图书馆（室）面积”2014 年新馆建设，面积增加；2. 以上数据由县文广局提供

表 20

2014 年卫生事业情况

指标名称	计量单位	2014 年	2013 年	为上年的 %
卫生机构	个	506	483	104.8
其中：医院、卫生院	个	33	35	94.3
妇幼保健院（所、站）	个	1	1	100
专科疾病防治院（所、站）	个	1	1	100
卫生监督所	个	1	1	100
社区卫生服务中心	个	8	5	160
诊所、医务室	个	175	154	113.6

续表

指标名称	计量单位	2014 年	2013 年	为上年的 %
村卫生室	个	248	248	100
门诊部	个	15	14	107.1
其他卫生机构	个	24	24	100
床位数	张	5582	4933	113.2
卫生人员	人	5533	5254	105.3
1. 卫生技术员	人	4553	4327	105.2
（1）执业（助理）医师	人	467	399	117
（2）执业医师	人	1341	1237	108.4
（3）注册护士	人	2045	1906	107.3
（4）药师	人	311	277	112.3
（5）技师	人	237	231	102.6
（6）其他	人	152	277	54.9
2. 其他技术人员	人	202	189	106.9
3. 管理人员	人	273	252	108.3
4. 工勤人员	人	505	486	103.9
疾病预防控制中心（防疫站）	个	1	1	100
疾病预防控制中心（防疫站）卫生防预人员	人	187	190	98.4
村级医生和卫生人员	人	337	248	135.9
5 岁以下儿童死亡率	‰	6.89	6.54	105.4
婴儿死亡率	‰	3.98	4.43	89.8
产妇住院分娩比例	%	100	100	100
诊疗人次	万人次	316.7	306.9	103.2

注：以上数据由县卫生局提供

表 21　　2014 年劳动就业和社会保障情况

指标名称	计量单位	2014 年	2013 年	为上年的 %
新增城镇就业岗位	个	22103	18831	117.4
城镇新增就业人员	人	22103	18831	117.4
城镇登记失业人员	人	3442	4501	76.5
城镇登记失业率	%	2.8	2.9	96.6
安排下岗失业人员再就业	人	3785	2927	129.3
其中：大龄就业困难对象再就业	人	2075	1359	152.7
下岗失业人员再就业培训	人	291	262	111.1
农村富余劳动力转移就业增加人数	人	14572	12381	117.7
农村劳动力转移培训	人	1510	2368	63.8
企业基本养老保险参保人数	人	156187	150341	103.9
机关养老保险参保人数	人	19545	18513	105.6
城乡居民养老保险参保人数	人	483364	493798	97.9
基本医疗保险参保人数	人	928112	899185	103.2
其中：城镇职工基本医疗保险参保人数	人	203734	174764	116.6
城镇居民基本医疗保险参保人数	人	63919	57910	110.4

续表

指标名称	计量单位	2014 年	2013 年	为上年的 %
新型农村合作医疗人数	人	660459	666511	99.1
失业保险参保人数	人	80000	63266	126.5
工伤保险参保人数	人	118900	107220	110.9
生育保险参保人数	人	92739	90361	102.6
社会保险基金总收入	亿元	30.65	28.79	106.5

注：以上数据由县人社局提供

表 22

2014 年民政工作和社会救助情况

指标名称	计量单位	2014 年	2013 年	为上年的 %
登记结婚数	对	9142	8672	105.4
登记离婚数	对	1982	1899	104.4
各类收养性社会福利单位床位数	张	2158	1750	123.3
各类收养性社会福利单位收养人员数	人	1189	1114	106.7
财政预算安排“低保”资金增长率	%/ 万元	6771	3909	173.2
社会救济总人数	人	7529	5461	137.9
居民最低生活保障人数	人	13506	32358	41.7
其中：城镇居民最低生活保障人数	人	2883	3831	75.3
农村居民最低生活保障人数	人	10623	28517	37.3
农村“三无”人员低保	人	5455	5496	99.3
其他特困人员低保	人	85	96	88.5
接受社会捐赠资金★	万元	118.6	655.4	18.1
销售社会福利彩票	万元	20052	17366	115.5
筹集社会福利资金	万元	0	1235	0
基本养老服务补贴覆盖率	%	100	–	–
已发放基本养老服务补贴人数	人	972	–	–

注：1.★“接受社会捐赠资金”2013 年数据含县住建局捐赠“安居工程”部分；2. 以上数据由县民政局提供

表 23

2014 年交通运输情况

指标名称	计量单位	2014 年	2013 年	为上年的 %
辖区内通车公路里程	公里	4982.6	4942.6	100.8
货运量	万吨	2080.8	2185.8	95.2
货运周转量	万吨公里	105944.6	111291.4	95.2
客运量	万人次	669.2	700.2	95.6
客运周转量	万人公里	46771.7	48595	96.2
公路年末到达数	公里	2681.7	2681.7	100
县道	公里	313.7	313.1	100.2
乡道	公里	783.5	783.5	100
桥梁年末数	座	250	250	100
县道	座	48	48	100
乡道	座	90	90	100

续表

指标名称	计量单位	2014年	2013年	为上年的%
桥梁年末数	米	5904	5904	100
县道	米	2052.5	2052.5	100
乡道	米	1713.9	1713.9	100
涵洞	道	2001	1849	108.2
县道	道	848	848	100
乡道	道	856	856	100

注：以上数据由县交通局提供

表24

2014年房地产管理情况

指标名称	计量单位	2014年	2013年	为上年的%
发放产权证本数	本	60512	47297	127.9
发放产权证面积	万平方米	919	605.7	151.7
房地产交易宗数	宗	31742	32500	97.7
房地产交易面积	万平方米	329.1	346.4	95
房地产抵押宗数	宗	20845	22693	91.9
房地产抵押面积	万平方米	488.4	252.9	193.1
物业服务企业个数	家	168	155	108.4
其中：县内注册	家	95	90	105.6
其中：一级资质企业	家	21	15	140
二级资质企业	家	21	18	116.7
三级资质企业	家	126	119	105.9
物业管理总面积	万平方米	3845	3425	112.3
物业管理从业人员数	人	10509	10409	101
当年归积公积金	万元	61513	48522	126.8
累计归积公积金	万元	273324	211811	129
累计归积公积金余额	万元	163329	130335	125.3

注：以上数据由县住房保障局、县公积金管理中心提供

表25

2014年邮政通讯事业情况

指标名称	计量单位	2014年	2013年	为上年的%
邮政业务收入	万元	10737	9181	117
函件收入	万元	1750	1005	174.1
包裹收入	万元	49	80	61.3
汇票收入	万元	107	252	42.5
报刊收入	万元	444	458	96.9
邮路总条数	条	121	122	99.2
邮路总长度（单程）	公里	4566	4566	100
邮政储蓄期末余额	万元	449501	385272	116.7
电信业务收入	亿元	2.6	2.3	114
电话年末到达户数	万户	16.5	15.4	107.1

续表

指标名称	计量单位	2014 年	2013 年	为上年的 %
其中：城市电话用户	万户	6.9	9.3	74.2
乡村电话用户	万户	9.6	6.1	157.4
移动电话用户	万户	130.2	127.9	101.8
移动计费收入	亿元	6.7	6.9	97.1
联通计费收入	亿元	2.3	2	115
计算机互联网用户	万户	27.5	26.2	105

注：以上数据由县邮政局、县电信局、县移动公司、县联通公司提供

表 26

2014 年社会治安情况

指标名称	计量单位	2014 年	2013 年	为上年的 %
交通事故件数	件	550	421	130.6
当年交通事故死亡人数	人	32	28	114.3
刑事案件立案数	件	619	572	108.2
犯罪人数	人	756	634	119.2
民事案件发案数	件	5467	4226	129.4
火灾事故件数	件	545	454	120
当年火灾事故死亡人数	人	1	1	100
亿元 GDP 安全事故死亡率	%	0.011	0.015	74.8
生产安全事故件数	件	38	33	115.2
当年生产安全事故死亡人数	人	12	11	109.1
群体性食品安全事故年报告发生数	起	0	0	-

注：以上数据由县公安局、县法院、县消防大队、县安监局、县食安办提供

表 27

2014 年档案事业与馆藏情况

指标名称	计量单位	2014 年	2013 年	为上年的 %
馆藏全部档案全宗	个	220	220	100
馆藏全部档案案卷	卷	198520	198000	100.3
录音、音像、影片等	盘	139	130	106.9
照片档案	张	10006	9950	100.6
资料数量	册	7445	7401	100.6
利用人数	人次	862	625	137.9
利用档案	卷次	4560	3800	120
利用资料	册次	48	42	114.3

注：以上数据由县史志档案局提供

表 28

2014 年工商登记企业（年末数）情况

指标名称	计量单位	2014 年	2013 年	为上年的 %
工商登记年末数合计	户	10798	6665	162
1、农林牧渔业	户	510	1407	36.2
2、工业	户	1584	1088	145.6
3、建筑业	户	637	381	167.2
4、交通运输仓储及邮电通信业	户	466	240	194.2
5、信息传输、计算机服务和软件业	户	322	218	147.7
6、批发和零售贸易餐饮业	户	3100	2017	153.7
7、金融保险业	户	616	319	193.1
8、房地产业	户	408	295	138.3
9、租赁和商务服务业	户	1326	710	186.8
10、科学研究、技术服务和地质勘察业	户	1262	724	174.3
11、水利、环境和公共设施管理业	户	68	33	206.1
12、居民服务和其他服务业	户	222	125	177.6
13、 教育	户	25	7	357.1
14、卫生、社会保障和社会福利业	户	17	7	242.9
15、文化、体育和娱乐业	户	146	32	456.3

注：以上数据由县工商局提供

表 29

2014 年工商登记个体户（年末数）情况

指标名称	计量单位	2014 年	2013 年	为上年的 %
工商登记年末数合计	户	42538	33547	126.8
1、农林牧渔业	户	1899	1328	143
2、工业	户	2244	1834	122.4
3、建筑业	户	79	69	114.5
4、交通运输仓储及邮电通信业	户	1142	1076	106.1
5、信息传输、计算机服务和软件业	户	490	379	129.3
6、批发和零售贸易餐饮业	户	27142	24957	108.8
7、金融保险业	户	—	—	—
8、房地产业	户	49	37	132.4
9、租赁和商务服务业	户	1226	933	131.4
10、科学研究、技术服务和地质勘察业	户	162	153	105.9
11、水利、环境和公共设施管理业	户	14	13	107.7
12、居民服务和其他服务业	户	3351	2398	139.7
13、 教育	户	6	6	100
14、卫生、社会保障和社会福利业	户	86	60	143.3
15、文化、体育和娱乐业	户	454	304	149.3

注：以上数据由县工商局提供

表 30

2014 年环境卫生事业情况

指标名称	计量单位	2014 年	2013 年	为上年的 %
一、完成工作量				
收运垃圾	万吨	210042	183103	114.7
清扫街道	万平方米	870	667	130.4
保洁从业人数	人	1707	1550	110.1
二、环卫专用设备				
垃圾运输车	辆	29	29	100
扫路车	辆	30	30	100
洒水车	辆	50	50	100
三、环卫设施				
公共厕所	座	75	70	107.1
其中：本年新建	座	0	5	0
垃圾站	个	77	72	106.9
其中：本年新建	个	0	5	0

注：以上数据由县城管局、县环卫局提供

表 31

2014 年园林绿化情况

指标名称	计量单位	2014 年	2013 年	为上年的 %
园林绿化覆盖面积	万平方米	1861.5	1825.8	102
绿化覆盖率	%	36.5	35.8	102
绿地面积	万平方米	1713.6	1648	104
新增绿地面积	万平方米	65.6	5.8	1133.2
绿地率	%	33.6	32.6	103.2
公园个数	个	9	7	128.6
公园面积	万平方米	94.3	85.1	110.8

注：以上数据由县城管局、县园林局提供

表 32

2014 年环境污染治理情况

指标名称	计量单位	2014 年	2013 年	为上年的 %
一、环境污染治理本年完成投资总额	万元	31386	32282	97.2
二、环保设施情况				
1. 废水治理设施数	套	189	187	101.1
2. 污水处理厂数	座	21	21	100
3. 垃圾处理站数	个	1	1	100
三、工业“三废”排放情况				
1. 工业废水排放总量	万吨	1006.5	712.9	141.2

续表

指标名称	计量单位	2014 年	2013 年	为上年的 %
工业废水排放达标量	万吨	971.7	688.6	141.1
工业废水排放达标率	%	96.5	96.6	99.9
2. 工业废气排放总量	万标立方米	1419060	730979	194.1
工业烟尘排放量达标率	%	94.8	96.8	97.9
3. 工业固体废物产生量	吨	18779	16979	110.6
工业固体废物综合利用量	吨	18779	16248	115.6
四、城市环境质量状况				
1. 地表水质达标率				
地表水水质满足Ⅲ类标准的断面比例	%	100	100	100
地表水水质满足Ⅳ类标准的断面比例	%	100	100	100
2. 城市污水处理率	%	100	100	100
城镇污水处理量	吨	91779943	90199957	101.8
3. 空气质量达标率	%	68.6	48.8	140.5
城市全年空气质量良好以上天数	天	240	178	134.8

注：以上数据由县环保局提供

表 33

2014 年能源及能耗情况

指标名称	计量单位	2014 年	2013 年	为上年的 %
行政区域土地面积	平方公里	1997	1997	100
其中：城镇建成区面积	平方公里	146	139.3	104.8
其中：县城面积	平方公里	70.2	68.1	103.1
其中：城镇建成区绿化覆盖面积	平方公里	17.8	17.5	101.4
其中：县城绿化覆盖面积	平方公里	18.6	18.3	102
城市绿化覆盖率				
其中：城镇建成区绿化覆盖率	%	30	28.9	103.8
其中：县城绿化覆盖率	%	36.5	35.8	102
森林总蓄积量	万立方	390.46	380.13	102.7
活立木总蓄积量	立方米	418.02	391.89	106.7
森林面积	公顷	81418.1	84706.7	96.1
森林覆盖率	%	49.2	48.2	102.1
林地总面积	公顷	88517.7	87877.2	100.7
能源消费总量	吨标准煤	5745388	5509299	104.3
其中：工业能源消费	吨标准煤	2944759	2799428	105.2
单位 GDP 能耗	吨标准煤 / 万元	0.5718	0.6085	94
单位工业增加值能耗	吨标准煤 / 万元	0.456	0.4807	94.9
全年用电量	万千瓦时	364779	335679	108.7
其中：工业用电量	万千瓦时	211066	183577	115

注：以上数据由县国土局、县规划局、县园林局、县林业局、县统计局提供

2014年长沙县镇街主要经济社会指标

表34　　2014年长沙县镇街主要经济社会指标一览

单位名称	计量单位	星沙	泉塘	湘龙	榔梨	长龙	暮云	黄兴	江背	黄花	春华	果园
居民委员会个数	个	17	12	12	3	2	4	1	4	4	1	3
村民委员会个数	个	0	0	0	5	3	11	11	12	18	12	7
乡镇行政区域面积	公顷	2453	2084	2263	3471	2900	6407	8422	17452	14083	12534	6858
耕地面积	公顷	88	2	392	949	847	1278	3258	5017	5987	4015	2108
乡镇总户数	户	17780	7746	8583	11300	3101	11878	14809	17010	23322	13407	7456
乡镇总人口	人	43549	20610	21693	32034	9869	38363	53642	58819	74470	45625	24603
财政总收入	万元	375972	310229	279962	15261	3001	101055	4201	6810	65787	893	528
财政支出	万元	4377	3517	3745	4410	2107	8635	3678	3091	6816	2423	1756
固定资产投资完成额	万元	438309	400560	414400	499491	312280	882129	392357	303915	265200	111150	61000
小学校总数	个	5	6	2	5	3	11	9	12	18	10	5
小学在校学生总数	人	10401	8806	4928	2757	316	4070	3638	2811	4351	1980	912
小学专任教师数	人	361	408	152	132	32	228	147	149	227	115	70
幼儿园、托儿所	个	48	32	65	8	3	26	17	6	18	9	5
医疗卫生机构个数	个	9	2	1	2	0	4	1	3	1	1	1
执业（助理）医生	个	475	61	85	97	0	108	42	43	32	32	22
医院、卫生院床位数	床	759	368	495	290	0	379	35	50	50	60	48
各种社会福利收养性单位数	个	0	0	0	0	0	0	1	1	4	2	1
其中：床位数	床	0	0	0	0	0	0	60	60	172	248	50
收养人数	人	0	0	0	0	0	0	60	55	102	28	29
新型农村合作医疗参保人数	人	6215	7471	11244	18483	9096	29953	47203	52800	58442	40891	21732
农村居民最低生活保障人数	人	153	6	498	1307	337	1350	1689	2848	1972	1933	508

续表

单位名称	计量单位	路口	高桥	金井	福临	青山铺	安沙	北山	双江	开慧	跳马	白沙	干杉
居民委员会个数	个	2	1	2	1	1	2	3	1	1	2	1	2
村民委员会个数	个	8	10	14	10	7	21	18	10	6	17	10	8
乡镇行政区域面积	公顷	8828	11200	14447	8222	4619	15942	14500	6510	5430	17697	6044	7300
耕地面积	公顷	2410	2460	3256	2650	1604	4637	5079	1795	1718	3701	1764	2292
乡镇总户数	户	8660	9047	12441	9013	5573	18091	16678	6000	6292	18403	5810	8286
乡镇总人口	人	28776	29705	43343	28892	18954	53456	52293	21257	22258	63072	20123	26830
财政总收入	万元	1118	1047	2865	287	134	2933	2240	55	319	2755	416	1671
财政支出	万元	2240	2226	3057	1881	1574	2933	16630	2056	1620	3486	2612	1939
固定资产投资完成额	万元	67000	63420	197601	22016	26505	288826	160608	7215	214200	170214	13950	270662
小学校总数	个	7	6	7	6	4	10	9	5	3	13	4	4
小学在校学生总数	人	1200	940	1585	1164	851	2110	1865	1042	1035	3099	789	918
小学专任教师数	人	83	61	110	84	52	155	128	51	68	150	52	64
幼儿园、托儿所	个	5	8	6	4	4	14	13	2	1	7	2	5
医疗卫生机构个数	个	3	1	1	1	1	2	1	1	1	1	1	1
执业（助理）医生	个	92	18	42	14	11	83	45	14	12	45	8	13
医院、卫生院床位数	床	240	30	120	40	26	205	60	30	20	67	19	20
各种社会福利收养性单位数	个	1	1	1	1	1	1	1	1	1	1	2	1
其中：床位数	床	150	64	150	165	70	150	150	150	100	160	146	36
收养人数	人	41	50	86	50	62	80	56	82	58	50	85	31
新型农村合作医疗参保人数	人	24992	26422	36192	24837	17498	44760	46739	19824	19948	56264	17952	21019
农村居民最低生活保障人数	人	1455	755	1725	1246	799	2836	2414	1635	580	2025	729	1001

综　录

新闻存目

表 35　　2014 年国家级媒体有关长沙县报道题录（部分）

媒体名称	时间（期号）	作者	标题	版面（栏目）
财经国家周刊	2014.06.09	杨正莲	乘势而上再提速 挺进十强登高新	
中国经济周刊	2014.12.15	张　伟	丹麦绿色童话与中国一个工业大县的零碳宣言	
财经国家周刊	2014.06.09	张庆源	打造中国汽车产业集群新版块	
半月谈	2014.05.27	段羡菊 阳　建 谢立言	长沙：“四小龙”舞动 助力大都市梦	
中国新闻网	2014.12.12	唐小晴	湖南长沙县挺进全国县域经济十强县 改革成果惠民生	
新华网	2014.05.30	肖　文	长沙县锡福村：构建生态治污的锡福模式	
人民日报	2014.10.15	项坤宁	湖南长沙县：“两型”引领 绿色崛起	18 版
中国新闻网	2014.04.24	李俊杰 潘思名	以工促农 产业集聚成长沙县经济增长“新高地”	
中国新闻网	2014.04.25	李俊杰 潘思名 范小林	从阻工到拥护长沙危废处置中心的 8 年“拉锯战”	
中国经济网	2014.12.30	刘　麟 谢　瑶	湖南长沙县财政收入突破 200 亿元	
人民日报	2014.04.11	侯琳良	有料又有用，村民慢慢喜欢上它	14 版
新华网	2014.12.07	刘良恒	湖南推出“公私合营”模式县域项目集群	
中国产经新闻网	2014.12.08	杨德成 孙应得	湖南：长沙县试点 PPP 模式融资 146 亿	
中国新闻网	2014.03.26	杨喜平	长沙县将开展中国首个“零碳县”试点	
中国新闻网	2014.12.05	王志杰 唐小晴	长沙经开区“外引内培”打造“人才特区”	
中国新闻网	2014.09.26	孙应得 李俊杰	湖南长沙县开首条红色旅游公交专线带动乡村旅游	
新华网	2014.09.28	刘良恒	湖南首部县级通史《长沙县通史》首发	
人民网	2014.12.04	姚英 夏声朝	全国首部县级通史《长沙县通史》出版发行	
中国网	2014.10.17	辛闻	中国十佳“两型”中小城市排名：湖南长沙县首列第一	
中国新闻网	2014.12.03	陈登辉	长沙县成为国家级出口食品农产品质量安全示范区	
光明日报	2014.08.10	龙军	长沙：书屋村村有 书香满农家	
中国新闻网	2014.01.24	刘柱	湖南长沙县 2462 万元慰问金温暖 2.8 万户困难群众	
中新网	2014.09.15	李俊杰　鞠文霞 孙应德	长沙县 100 天化解 62 件信访积案 县委书记到头包办	

表 36　　2014 年《湖南日报》有关长沙县报道题录（部分）

时　间	作　者	标　题	版面
2014.01.03	陈永刚　于蓉蓉	长沙县开通我省首个“共产党员网”	6
2014.01.05	陈永刚　王海燕　鞠文霞	回复更重解决	1
2014.01.14	陈永刚　王海燕	长沙县获评全国网络形象十佳县市	5
2014.01.23	杨懿文	群防群治 推进平安长沙县建设	8
2014.01.23	陈永刚　鞠文霞	长沙县给困难群众发过年红包	8
2014.01.23	周　坦　祁　岗　杜　外	司法为民 重在服务	8
2014.01.23	周　坦　方　君　刘曦阳	积极推进“速载”便捷通道	8
2014.02.04	杨懿文	以“产城融合”英灵新型城镇化建设	3
2014.02.07	陈永刚　王海燕　陈登辉	后劲充沛 马上发财	1
2014.02.07	肖艳蓉　张文超	工业大县摘得旅游强县桂冠	1
2014.02.26	唐　婷　田　甜	绿色湖南建设需要每个人的努力	1
2014.02.26	陈永刚　鞠文霞	“乐和乡村”搭建村民自治平台	4
2014.03.15	王　曦　王驾龙	穿普通制服 当“普通民警”	4
2014.03.17	陈永刚　胡　欣	长沙县年内开通 16 条城乡公交线	5
2014.04.11	彭　勇	突出文化“四个效应” 推进县域科学发展	7
2014.04.17	陈　薇	怎一个“情”字了得	13
2014.04.22	王　茜	大力发展长沙东部开放型经济	2
2014.04.22	熊远帆	长沙经开区 跻身知识产权国家队	9
2014.04.24	陈永刚　鞠文霞　孙应德	长沙县 专利授权总量全省第一	7
2014.05.12	陈永刚　王海燕　鞠文霞	群众需要什么 我们就做什么	3
2014.05.23	熊远帆	最佳开局从何而来？	7
2014.05.30	陈永刚	长沙县松雅禅院奠基	2
2014.06.30	陈永刚　陈登辉	“南工北农”升华为“六大功能区”	9
2014.07.02	陈永刚　杨　帆　阳　果	“两型社会”乐陶陶	4
2014.07.04	陈永刚　常　礼	长沙县贴心救助弱势群体	9
2014.07.23	曹　娴	物流经融，如何安全把关	2
2014.07.28	陈永刚　谢　璐　王海燕	清风扑面	1
2014.07.30	唐　婷	在新的起点上又好又快发展	1
2014.08.13	李国斌　吴翠茹	城乡居民共享文化福利	6
2014.08.17	胡信松　汤昱琛	湖南物流总部建成投入使用	3
2014.08.18	孙　亚	青山铺镇举办“葡萄节”	3
2014.08.25	李国斌　吴翠茹　叶小玲	100 把二胡和鸣长沙之夜	2
2014.08.27	童　迪　陈俊筱	安沙镇“欢乐大家唱”社区文化展演举行	8

续表

时 间	作 者	标 题	版面
2014.09.01	陈永刚	春风化雨融坚冰	1
2014.09.27	陈永刚 夏声朝 周进银	《长沙县通史》出版发行	A4
2014.09.30	陈永刚 王海燕 鞠文霞	新常态下的加速领跑	2
2014.10.02	陈永刚	长沙县跃居十佳“两型”中小城市首位	1
2014.10.03	陈永刚 陈 新	长沙县派发5000多万元“民生福利”	5
2014.10.04	陈永刚 张 莽 唐国良	鱼水深情满星沙	7
2014.10.13	杨懿文	鉴古资今 谋划未来	10
2014.10.16	陈永刚 孙应德	乡村广播响起来 方言新闻讲的白	7
2014.10.17	李 治	长沙空港城深圳签约198亿元	9
2014.10.20	陈永刚 金亚伟	最是人间重 晚 晴	6
2014.10.27	熊远帆 黄 姿	“新常态”破解扭转困局	8
2014.11.03	陈永刚 王海燕	十强之路 辉煌之路	2
2014.11.03	陈永刚 王海燕 陈登辉	长沙县挺进十强	1
2014.11.04	陈永刚 王海燕 张先坤	不断超越 再创辉煌	2
2014.11.09	彭雅惠 黄勇华 汤纪文	星沙海关“开关”	2
2014.11.10	陈永刚 陈 新 刘晓剑	青山绿水为证	4
2014.11.13	周月桂	长沙经开区“上下撒网”	3
2014.11.13	谭遇祥	砥砺辉煌三十载 奋进谱写新篇章	3
2014.11.18	彭 彭	乡村治理新气象	6
2014.11.21	苏 莉	传播正能量　服务老百姓	2
2014.11.25	熊远帆	工业机器人，长沙造	11
2014.11.27	熊远帆	全区汽车制造业将破300亿	4
2014.11.27	熊远帆	上海大众长沙工厂下月试生产	7
2014.12.06	陈永刚	长沙县项目建设起狂飙	A2
2014.12.08	陈永刚	长沙县5个PPP项目签约	1
2014.12.12	陈永刚	和世界畅谈“零碳”梦想	1
2014.12.16	熊远帆 黄 姿 李曼斯	长沙经开区：打造现代城市工业经济综合体	5
2014.12.17	刘银燕	“数字尖兵”，昼夜监控环境污染	4
2014.12.19	唐 婷 田 甜	打造实体经济发展的样板	1
2014.12.30	陈永刚 王海燕 鞠文霞	美在“金山”“绿水”间	19
2014.12.30	谢 璐 罗 琼	以“善”为乐	20
2014.12.30	陈永刚 周 创	转型的力量	24
2014.12.31	陈永刚	长沙县财政收入如破200亿元	1

人文拾萃

传奇人物　楠木熊家传奇

——中共"红色管家"熊瑾玎与国军军长儿子熊笑三的故事

熊瑾玎夫妇合影（陈恭森 提供）

长沙县江背镇的楠木张家坊，一个山清水秀的小山村。4月25日，记者来到这里时，山水田园都罩在淅淅春雨里，有如世外桃源。在山坡下那块屋基地里，20世纪出过两个中国历史上有名人物：熊瑾玎，中共中央在上海时期的财务负责人，党内尊称其"红色管家"，现在也有人称为"红色高级经济特工"；他的亲生儿子熊笑三却是国民党军队"五大主力"之一的第五军军长，一个坚定的蒋介石嫡系将领。再加上熊瑾玎后来娶了个比他小22岁的朱端绶，典型的"白发伴青年"，让这个家庭充满着传奇色彩，也让楠木张家坊名声在外。

一、周恩来：熊瑾玎夫妇"出生入死，贡献甚大，最可信赖"

在熊瑾玎侄孙熊桂林的引导下，记者推开山坡上那栋农家别墅的门。房主是82岁熊利谷，听了来意，拿出一本早几年熊瑾玎、朱端绶的女儿熊畅苏主编《红色伉俪传奇人生》一书，指着第一面周恩来总理的手迹说："叔爷因为有个国民党军队军长儿子，差点被打倒了，要不是周总理力保，还不晓得吃好大的亏，"他是熊瑾玎的另一个侄孙，熊瑾玎同胞桂如的孙子。

那是1966年元旦晚，住在北京东皇城根的熊家正在为熊瑾玎庆贺80岁生日。突然，周恩来总理到来。周恩来给寿星带来了两样"礼物"，一样是两瓶绍兴花雕酒；另一样是亲笔为熊氏夫妇写的证明材料，他们在中国对外贸易促进会的女儿熊畅苏因有个在台湾的哥哥——熊笑三，政治前途受到影响。周恩来在这份证明材料写道："在内战时期，熊瑾玎、朱端绶同志担任党中央最机密的机关工作，出生入死，贡献甚大，最可信赖。"

后来，这份证明材料就成了熊家的"护身符"。

熊氏夫妇无愧于周恩来的评价。

就说1933年那一次吧。4月8日，熊瑾玎去法租界给贺龙的家属送生活费时，被守候在那里的特务逮捕，并被打得皮破血流，但他坚不承认是共产党员，并作诗一首："年将半百老颅头，只识欢娱不识愁，胜利终当归我等，何妨今日小拘留。"表示了非常的坚强、镇静和乐观。熊瑾玎被捕后，朱端绶根据党的指示，积极营救，她找了宋庆龄，请了史良、唐豪、董康等律师在法庭上辩护。在第二次开庭时，朱端绶经组织同意随史良前往探望，不料在候审室门口被叛徒徐锡根指认，也遭拘押。这消息，自然使熊瑾玎十分不安，他担心朱端绶年轻，经不起这一严重打击，便作诗以示鼓励："我已在缧绁，君胡入网罗。艰难应共任，患难喜同过。躯壳原无用，精神自不磨。愿持坚定性，战胜恶妖魔。"

朱端绶坐了8个月牢，敌人因找不到证据，只好将她无罪释放。熊瑾玎被判8年徒刑，在牢中一坐4年多，直到抗战前夕，才经党组织营救出狱。

二、楠木："熊家史"、"熊老板"、"老板娘"

记者问起熊瑾玎熊笑三父子的关系，熊利谷、熊桂林也就谈起了"熊家史"。

他们说，熊瑾玎1886年生于楠木张家坊。熊家祖上行医，熊瑾玎也懂医道。20岁时熊瑾玎弃医从学，到徐特立等人开办的师范速成班读书，从此以徐特立的品德人格为榜样，人生道路也就彻底改变。

熊瑾玎在老家时由父母做主，娶了楠木江家的女儿为妻，一个"细脚婆婆"，生有三男四女。三儿子熊笑三，就是那个国民党第五军军长；在女儿中，有一个叫达五，嫁给了干杉乡的廖家权，也就是文化大革命中受到迫害的北京市委统战部长廖沫沙。从三

熊瑾玎故居遗址 （陈恭森 提供）

个儿子受教育的情况来看，熊瑾玎父亲这个角色当得不错。大儿子曾留学法国；二儿子也学业有成；三儿子先是考入湖南第一师范读书，后来又考入黄埔军校第六期，投身军旅。

1914年以后，熊瑾玎在长沙当了五年小学教员，结识了毛泽东、何叔衡等热血青年，常在一起探讨社会问题。1921年，他曾为毛泽东、何叔衡参加党的一大筹措路费。大革命失败后，他毅然加入中国共产党，介绍人就是著名的革命烈士、大革命时期湖南总工会委员长郭亮。入党后，熊瑾玎在湖北省委机关工作了一段时间，1928年4月调上海中央政治局机关任会计，负责管理和筹措革命活动经费。他以商人身份租用上海云南路447号楼，打起“福兴”号招牌，经营湖南纱布。这里既是为中央筹措经费的经济实体，又是中央政治局开会办公的秘密地点。由于以商人身份活动频繁，人们称他为“熊老板”。

至于“老板娘”朱端绶，因多次来过江背，他们见过。熊桂林谈起“叔爷和叔奶”，更是一腔感激之情，因为父亲早逝的他，学费全是叔爷出的。对于叔爷的婚事，他们也是知道的。

当时，周恩来唯恐没有“老板娘”引起敌人怀疑，特从湖南调来朱端绶，让她和熊瑾玎扮作夫妻。1928年中秋之夜，趁大家赏月之际，周恩来对熊瑾玎说：“瑾玎同志，你是我们革命的‘老板’，现在店里还有位机灵的‘老板娘’。我看，端绶同志担任这个角色很合适。”大家都说好。就这样，经过周恩来、李维汉、邓小平的说合和操办，两人夫妻成真。

这之前，熊家来信，要求熊瑾玎登报与江氏离婚。到底是因熊瑾玎与江氏的婚姻关系已名存实亡，还是因为家里知道他已经投身革命，出于避免麻烦的考虑？结果是熊瑾玎在向朱端绶求婚时拿出了这封信，并表白：“我已经回信答应她了。”

婚后，两人又开办了三家酒店、一个钱庄，为革命筹集了大量资金，而自己一尘不染。有这样一个故事，让战友们感动不已：熊瑾玎夫妇在重庆工作期间，一个冬天的夜晚，半岁时的三女儿桑渝患了肺炎，突发高烧抽筋。夫妇二人心急如焚地抱着女儿去医院，医生说要十块大洋才能接诊。作为报社总经理，支取这笔钱当然不成问题。但是他们想到那是党的经费，不能随便动用，只好抱着孩子回来。到家后，妻子便痛哭起来，原来女儿死在她怀中。正因为如此，熊瑾玎被中央领导同志称为“红色管家”。

三、重庆：父子二人近在咫尺，却远在天涯

话题又转到熊笑三。

熊氏兄弟说，这熊笑三本来也是个热血青年，“五卅”惨案发生时，长沙掀起规模空前的反帝怒潮，他参加宣传队，到农村演戏，唤起民众，投身黄埔也是出于救国救民的理想。熊利谷记得，熊笑三所在的部队在湖南驻扎了很长时间，并说熊笑三当团长时还骑马挎枪、带着卫兵回过楠木，当师长后就没有回了。原因吗，很可能他母亲已搬到了长沙。

记者查证有关史料：1938年10月，第五军在湘潭县成立，是国民党最早的一支现代化装甲部队。熊笑三是该军新编二十二师（师长邱清泉）第六十五团长，驻守东安。如此，熊笑三回乡看望老娘也就很方便。

1939年底，第五军取得昆仑关大捷后，回到重庆休整。熊笑三率部驻在化龙桥虎头岩。岩下就是新华日报社所在地鹰嘴崖。虎头岩上的王家花园还驻扎了宪兵司令部，监视新华日报社。新华日报社总经理就是熊瑾玎，会计科长则是朱端绶。

熊笑三和后妈朱端绶还是学友。在大革命时期，一师学生熊笑三和长沙女师学生朱端绶一起参加过反帝活动。

熊笑三得知父亲就在山下，很是为难。他不敢将真相告诉上峰和同僚，只是说，自己的父亲不在了，只有一个远房叔父，20多年没见面了。可作为儿子，他又不能不尽孝道。1939年除夕前，熊笑三的团部杀了猪。他让勤务兵将10多斤猪肉送至鹰嘴岩，托人转给父亲。朱端绶利用这个机会，决定亲自去看望熊笑三。为了甩开跟踪的特务，她假装外出串门，从鹰嘴岩绕道，走进熊笑三的团部。

这次会面，朱端绶与熊笑三谈得很投机。在晚餐时，熊笑三才婉转地请朱端绶给老父亲带话，他说：“过去，因为我们走的路不同，这些年音信全无。现在好了，国共合作抗日，我们的目标是一致的，我们两党应团结起来，光复我们的锦绣河山……”朱端绶赞同地点了点头。离别时，熊笑三夫妇一直把她送到鹰嘴岩，还带了几条活鲫鱼和一块腊肉给老父亲吃。父子俩却从不见面。

从熊笑三的团部回来后，朱端绶立刻把了解到的情况向周恩来作了汇报。周恩来听后，满意地笑了："不错嘛，有收获！"

在重庆的那些年，朱端绶每月总是要抽时间去熊笑三处，在那里获得了不少有用的情报。有时，朱端绶在熊笑三家也会碰到一些陌生的面孔，有军官，也有政客，或有阔太太们在那里搓麻将。人们看到朱端绶举止端庄、讲话伶俐，难免疑惑。熊太太自然不敢说明真相，只是淡淡一笑地说："她呀，可是我们笑三的中学同学。她丈夫是个很有钱的资本家啊！"

四、抗战：父子战斗在同一个阵营

在抗战中，熊家父子在同一阵营——父亲在重庆用笔和算盘，儿子在缅甸用子弹和鲜血，为中华民族的生存而战斗。

熊瑾玎担任《新华日报》总经理，担子很重。当时的重庆，物资十分困乏，加上国民党当局停发八路军经费，对《新华日报》横加摧残，使得报纸经营艰难。而熊瑾玎自有办法，9年间，

熊笑三　　　　（陈恭森 提供）

他不仅使报纸突破国民党的经济扼杀得以维持，还为中央南方局筹措了经费。为了解决纸张紧缺问题，熊瑾玎结识和说服了产纸地梁山县的一个本地人士，秘密派人去合伙创办了造纸厂。这样，新华日报社不仅自己不愁用纸，还能以纸张供应生活、读书、新知三家出版社。有一次，国民党的《中央日报》也断纸了，经理人员只得来向熊瑾玎商借纸张。熊瑾玎不仅满口答应，甚至到期未还也不追索，而是利用这种"交情"，让《中央日报》印刷厂为《新华日报》代铸了一套标题字。由于《新华日报》越办越好，真正达到了周恩来提出"编得好、印得清、发得早"的要求，受到各界人士的青睐。订户迅速上升到5万份，与《大公报》并驾齐驱，压倒了国民党的报纸。

熊笑三率部与日军展开了浴血拼斗。在昆仑关战役中，熊笑三率"新编第二十二师第六十五团首先冲入昆仑关，与日军展开白刃战，勇猛地将残敌肃清"。后来，他率部加入了中国远征军，入缅与日军作战。

日军第18师团的井上咸有如此回忆："（他所在）联队最初的战斗发生在叶达西（靠近缅甸斯瓦的小镇）……发现对手是中国军队。第18师团从杭州湾登陆以来，在大亚湾和华南等地多次和中国军队交过手，对手大多不堪一击。但是这一次有些不同。我们大队在进攻叶达西以北中国军据守的白塔高地时，遭到敌军出乎意料的猛烈的集中迫击炮射击，炮战中一发炮弹正中行进中的大队部，击伤大队长津川少佐。整个大队陷入一片混乱……在继续向曼德勒方向攻击前进的路上……道路两侧不时可见日军官兵的尸体"。战史专家从井上咸描述的内容分析，"白塔阵地应该在叶达西与斯瓦之间。在那里据守并击伤了津川少佐的中国军队，应该是新编第二十二师第六十五团，团长熊笑三"。

五、解放战争：父亲统战，儿子却身陷内战泥坑

在解放战争中，熊笑三一路升官，到1948年9月升任第五军军长。第五军是"国民党军的'五大主力'之一"。1945年"全军在昆明接受了美军训练，装备也是国民党军中最好的，除大口径榴弹炮和其他各种口径的火炮之外，还特别编有骑兵、工兵、汽车、战车等部队，各师都配有喷火器连。此时，第五军下辖四十五师、四十六师和二百师，每个师兵力约一万人。"熊笑三当了军长后，率部随杜律明、邱清泉进入淮海战场。

据熊畅苏回忆，此时党中央要熊瑾玎以生父的名义，写信或托朋友劝告熊笑三起义、投诚。熊笑三收到了信，却没有回答。但是，熊笑三在淮海战场的表现耐人寻味：这名悍将既没有"杀身成仁"，也没有起义投降，而是选择了兵败之际逃跑。据熊利谷回忆，熊当军长后，还回过长沙。熊的公馆在湘雅路北面，离十间头不远。因为他的母亲江氏随他的长兄住在文昌阁。熊笑三逃离淮海战场前，他的妻子和长兄的一儿一女先离开了长沙。如此，熊此次回长有可能是对家事"预作安排"？由此是否可以表明，父亲的信让熊笑三产生了动摇，对胜负早就心里有底了？

史料是如此记载熊笑三在淮海战役最后的表现：

1949年1月9日，"黄昏时，杜聿明和邱清泉到达第五军军部所在地陈庄"。作为"杜聿明、邱清泉一手培植起来的，尤其是邱清泉信任有加的心腹将领"熊笑三，此时并没有表

现出更多的热情，而是当着杜和邱的面发牢骚："打了40天，陈庄从来没有落炮弹，兵团部刚来，炮弹就跟来了，这就是因为人来得太多暴露了目标的关系！"熊笑三其所以心情恶劣，是因为第五军已经四分五裂。10日"上午时候，熊军长坐镇最精锐的二百师，指挥四十五、四十六师在毒气弹的掩护下突围，向二百师的防御阵地靠拢。但是，飞机的轰炸根本不像空军吹嘘的那样能炸出一条突围之路。直到下午14时，两个师的靠拢没任何进展，怒火万丈的熊笑三在电话里向四十五、四十六师喊：'别来了，别来了，飞机扔下的毒气弹没有一个爆炸！'四十六师很快没了消息。"四十五师残部也投降了。就在杜聿明、邱清泉于陈庄商量突围之际，熊笑三变得诡秘起来。他先跑出隐蔽部，接着，隐蔽部四周机枪、大炮、手榴弹声大作，然后他跑回来对杜律明说：'已经打到司令部来了，要下决心！'说话间，他把一条白布条抓在手里。杜聿明听了一下，那些声音是从一面响起来的，知道这是熊笑三在逼迫自己下达逃亡的命令，就说：'这是你们部队自己打的，你出去看看为什么这样？'熊笑三出去一下回来之后，那些声音果然停止了。黄昏，熊笑三又对邱清泉说：'如果个人单独行动，就有办法出去。'邱清泉问：'你有什么办法出去？'熊军长还是那句话：'只要让我个人行动，准能出去就是了。'"

10日深夜，杜律明决定分头突围。"在第五军军部，杜律明和邱清泉突然发现，就在他们布置突围的时候，第五军军长熊笑三不见了。"

六、熊笑三：最终回到了北京

熊笑三跑了！跑到数千公里之外的香港。他是如何在混乱的战场上独自一人跑出去的？没人知道。

从此，父子俩天各一方，音信断绝。

一直到身为中国红十字会副会长的熊瑾玎1973年1月24日离开这个世界，熊笑三仍然在海峡的那一边。

熊笑三在香港谋生不易，后来还是到了台湾。但他在台湾并不得意，是战场上逃跑的缘故，还是大陆有个中共高干父亲的缘故，或者是国民党到台湾后党政军界大洗牌的缘故？1951年，他当了个"国防部"部员的闲官，后来更是远离权力中心，到石门水库管理局做专员。1971年，66岁的他退休了。

不过，熊笑三20世纪80年代还是回到了大陆，1987年9月于北京病逝，享年82岁。　（文热心、陈恭森）

名人故里　李维汉故居

李维汉　　（资料图片）

李维汉故居位于长沙县高桥镇维汉村火烧坝组，地处北纬28° 29′28.4″，东经113° 17′ 39.6″，海拔70米，坐北朝南，背依青山，门前有一口水塘，周围群山环抱，风景秀美。故居占地面积1433平方米，建筑面积1028平方米，为三进砖木结构平房，由厅房、正房、厢房、天井等组成，屋面为小青瓦，共9栋13厅、44间房屋。正堂屋高大亮爽，大院正中为过廊，过廊后进入后栋。后栋有5间正屋和杂屋多间，后栋东侧第一间为李维汉出生、童年及少年时代居住的房间。故居内现存古井一口，井口1米见方，水质甘洌。

故居始建于清道光年间（1838年），为典型的清代南方民居建筑。土地改革时期，故居被分给附近村民居住，因年久无人管理等而损毁。20世纪70年代初期，李维汉深受"四人帮"迫害，故居被拆，仅存门楼一座保持原样。

为纪念老一辈无产阶级革命家李维汉的丰功伟绩，发挥地方政治名人优势，整合资源，发展地方经济，开发地方的红色旅游，高桥镇党委、政府早在2002年就着手规划修建维汉故居，并且组织部分资金，安排专人筹建维汉故居。因当时认识尚未统一，修建工作搁浅。2004年，通过耐心细致的工作，在故居修建上达成共识。高桥镇党委、镇政府再次筹措资金，组织人员，开始修建工作。先后拆迁楼房3栋，平房1栋，妥善安置拆迁户，同时，对维汉公路进行水泥硬化和提

李维汉故居 （星沙时报社 提供）

升改造。2005年，镇党委、镇政府聘请湖南大学土木工程系教授和专业施工队伍正式维修故居，修建故居环形道，挖深、整修两口池塘。

同年，县财政投入120万元，进行遗址发掘和设计，并在遗址上恢复故居原貌，恢复了李维汉少年时期的住房、李维汉父母居室及作坊等，并将故居内三个房间作为展览室，展出清末民初时期家具、生活用品、作坊工具等文物以及李维汉生平业绩照片、实物、文献资料等共计70余件。2006年，初步绿化故居周边环境，征集到部分文物进行陈列；同年3月22日，李维汉长子、全国人大常委会副委员长李铁映回乡视察，在故居内亲手植树，并为家乡人民题词；6月，中央调研组到李维汉故居调研；7月20日，李铁林回乡视察，对家乡建设寄予厚望。

2007年，县财政投入17万元对陈列进行整修，同年将李维汉故居纳入"一乡四村"名人故居管理范畴；2009年，省财政投入5万元，县财政投入11万元，对故居不符合建筑风格之处进行整改（包括照壁、故居内的油漆、椽皮加密，征集文物等）；2010年，省、市、县三级财政投入200万元对故居进行保护性维修。2010年7月27日，省委常委、省委秘书长杨泰波在省委10号办公楼召开会议，专题讨论李维汉故居维修有关工作，并形成《中共湖南省委常委专题办公会议纪要》〔2010〕10号，会议确定将李维汉同志故居列为省级文物保护单位和湖南省爱国主义教育基地；对故居进行适当修缮，并拓宽故居连接县级公路的出入道路；故居纳入省级文物保护单位后，由长沙县文物部门根据相关规定，设立专门机构负责日常管理维护工作。2011年1月24日，湖南省人民政府印发湘政函〔2011〕21号文件，公布李维汉故居为第九批省级文物保护单位，同时公布了李维汉故居的保护范围和建设控制地带、保护范围。2011年9月22日，被长沙市委宣传部公布为第二批市级爱国主义教育基地。

故居大门南侧墙壁嵌有石刻保护标志碑，石质为汉白玉石，横直矩形（宽90厘米，高60厘米），碑文如下：

湖南省省级文物保护单位／李维汉故居／湖南省人民政府／二０一一年十一月十四日公布／长沙市人民政府二〇一三／年九月七日立。

另一侧嵌有保护范围标志碑，汉白玉石质，横直矩形（宽90厘米，高60厘米），碑文如下：

李维汉（1896—1984），又名罗迈，湖南长沙县人。杰出的无产阶级革命家，党和国家在统一战线和民族工作方面的卓越领导人。1918年参加了毛泽东、蔡和森组织的新民学会。1922年加入中国共产党，曾任中共湘区委员会书记，八七会议时当选临时中央政治局常委。新中国成立后任中共中央统战部长、国家民委主任、全国人大常委会副委员长、全国政协副主席等职。

故居始建于清道光十八年（1838年），20世纪70年代遭破坏，2005年修复。

保护范围：以外墙墙基为起点，四向各至100米处。

建设控制地带：四向各至保护范围外50米处。

目前，李维汉故居已成为省、市、县重要的红色旅游景点。

（县文物局 供稿）

李维汉生前所住房间 （付窈 摄）

秀美山川　天华山

天华山位于长沙县青山铺镇天华村，山呈南北走向，周长约12千米，主峰海拔274.1米，山上怪石嵯峨，林壑幽深，天华寺映于山坡绿荫之中，七级石砌宝塔耸于高山之上。山中有一巨石，相传为上古女神女娲炼石补天遗留在此，受日精月华，人间烟火，以杖击之，作咚咚鼓响之鸣，名曰响鼓石。物之华光，天之宝气，古人取"天华"二字作山名，史称天华山。

天华寺内曾有石碑，高2米有余，镌"天华胜境"四大字。寺前有大石壁，镌"望麓台"三个大字，系明嘉靖三十年（1551年）青山杨廷相所立，另有跋云："予尝读《易》此山，每遇天朗气清，伫立石上，南望岳峰，烟云缥缈。因思灵麓之下，湘水之涯，予师友在焉，庸镌斯石，以志怀也。"此碑至今保存完好，为天华山八景之一。寺旁有"观音岩"，傍山兀立，状若悬空。清同治《长沙县志》载："观音岩石上生松，久而不敝亦一奇也"。南坡有万年松生于石上，古干虬枝，苍翠欲滴。1961年4月下旬，国家主席刘少奇在天华蹲点时曾登此山，小憩于石上万年松下，曾反复叮嘱陪同的干部要好好保护这棵常青树。

大华山上有观音岩、万年松、响鼓石、枫树锁、自来泉、望麓台、镇山塔、天华寺等著名景点，是为"天华八景"。

观音岩：观音岩傍山兀立，状若悬空。光绪年间，山下施家大屋（今施家冲）居住着一对施姓年轻夫妇，家境殷实，田产颇丰，为人乐善好施，扶危济困，乡邻无不敬之。只是美中不足，年近半百，膝下无儿。夫妇朝夕焚香许愿，祈求观音大发慈悲，赐其儿女，承袭香火。一日，夫人夜得一梦，见一白发老叟（即张家神土地）告知，后山东侧有一观音岩，可往求之。遂依其言，其妇果然身怀六甲，德佑子孙。

万年松：万年松生长在两块石头的夹缝之中，具有顽强的生命力，古杆虬枝，苍翠欲滴，风霜雨雪，傲气凛然。古铜色的树杆见证着数百年的沧桑历史，蔚为壮观的树冠形成了南方松树少有的独特风貌。1961年4月，时任国家主席刘少奇上天华山时曾在此小憩，并叮嘱当地干部好好保护这棵常青树。

响鼓石：天华山南部山腰有一巨石，相传该石为女娲炼石补天遗留在此，受日月精华，享人间烟火，以杖击石，作"咚咚"鼓响之鸣，名曰响鼓石。

枫树锁：生长于天华寺前左边的水潭边，离寺门约30米，在树干约两米高处生出一碗口粗枝杆，该枝杆向侧成手臂状弯曲生长约1.5米高后复与其主杆合成一体，其开关极似一把旧时用于锁门、箱的大铜锁，该景点在1958年大炼钢铁时被毁。

刘少奇天华调查纪念馆　（彭美群 摄）

万年松
（刘少奇天华调查纪念馆 提供）

自来泉：又名活溪澄池。此泉自天华山深处石缝中自然流出涓涓细流，永不枯竭，冬暖夏凉，甘甜可口，煮沸沏茶，清香怡神，具有美容养颜、抗衰老之功效，常饮此泉，可延年益寿，自古为寺内僧人饮水之源。

望麓台：位于响鼓石西侧，望麓台石刻乃天华山八景之精华，整个石刻共70字，上部镌刻"望麓台"三个大字，宽0.8米，长2.5米，下部石刻为竖排8行，每行7字，共56字，前47字是跋词，词曰：予尝读易此山，每遇天朗气清，伫立石上，南望岳峰，烟云缥缈，因思灵麓之下，湘水之涯，予师友在焉，庸镌斯石，以志怀也。后9字为落款：嘉靖辛亥晋山杨廷相。紧靠左边还有一竖排落款：乾隆巳卯八七世词孙增洗。

镇山塔：据天华村志记载，天华古寺正殿前曾有一个大水潭，现被水库淹没。潭水清如明镜，深不见底，常年有清泉溢出。大凡称潭之处多为龙穴，相传该水潭有地下暗河连通南海。一日南海龙太子顺流游玩至天华山，遂栖居潭中，寺僧汲水时常见潭中有龙影潜游。每遇雷雨天气，潭中发出似龙吟轰鸣之声，故先人在南面山坡巨石之上刻“龙吟”二字，至今清晰可见。寺内高僧为护住龙脉，保留其风水，遂在天华寺后山之巅，筑七级麻石宝塔以镇之。旧时从长沙回乡的行路之人，走到马安铺便可遥望该塔，立于高山之顶，于是勾起了无限的思乡情牵，仿佛看到家中倚门而望的父母妻儿，不由得加快回家的脚步，它是天华人民的望乡塔。

1961 年 4 月，刘少奇来天华大队调查农村工作时，曾在天华山八景之一的镇山塔旁留影纪念，历史留下了这一弥足珍贵的瞬间。为纪念刘少奇来天华农村调查五十周年，天华人民于 2010 年筹资在原镇山塔遗址仿古重建七级麻石宝塔一尊，并更名为“天华塔”。

天华寺：天华寺以天华山而得名，始建于公元 1011 年。据《湖南佛教寺院志》记载，南宋抗金名将刘锜于建炎十七年（1143 年）由荆湖南路节度使赴任潭州知府途经天华山，夜宿天华寺与寺内高僧谈经论道，见天华山如此跌宕起伏，顿生收复祖国大好山河之豪气，遂成七律一首：“尽扫妖氛六合清，匣中宝剑血犹腥。夜观星象鬼神泣，昼会风云龙虎惊。重整山河归大宋，两扶社稷复东京。山僧不识英雄汉，只管叨叨问姓名”，由此可见天华寺在南宋初期就已属佛教名山，但至元天顺年间因火灾毁于一旦。

明嘉靖元年（1521 年），当地大户彭氏宗嗣发起重建，寺庙呈四字形布局，上下两进气势宏伟，香火极盛，僧人众多，寺内曾立巨大石碑，高 2.5 米，上镌“天华胜境”四字。寺前有明嘉靖三十年（公元 1551 年）晋山杨廷相题“望麓台”三字石刻。该寺历史悠久，乃佛教名山，正在规划重建。

（青山铺镇 供稿）

秀美山川　古刹拔茅寺 暮鼓晨钟六百年

拔茅寺前一片丘田名为“拔茅田”，这里有着当地人广为流传的故事

沿长沙县长平公路经金井镇北行五千米处，一条公路向东至双江镇并延伸至浏阳。两条公路交会之处，有一丘田地叫拔茅田，拔茅田前便是拔茅寺。

拔茅寺坐西朝东，地理天成，背倚小岗，寺前田连阡陌，溪水萦回。暮鼓晨钟间，已有 600 余年岁月逝于禅经香卷中。

因拔矛得名存世千年

“自打我小的时候，寺庙就在这儿了。”金井镇拔茅田村村民喻立顺今年 62 岁，说起拔茅田的建寺时间，他也弄不清楚，只记得打小寺庙就在田边立着了，相传有千年历史。

记者顺着老人手指的方向望去，眼前一片丘田，当地人广为流传的一个故事是：元末时期，陈友谅率领农民起义，逐鹿中原地区，一次带兵帅部下在此地歇息，陈友谅力大无比，一口气将长矛插入田土中。等待部队再启程时，众兵士却怎么也无法将长矛拔出。因这一段逸事，人们就把那块曾经难倒众兵士的田地叫作“拔矛大丘”，又在田边建了拔矛寺。数年后，寺庙周围的芦茅长得异常旺盛，便有人将拔矛寺的“矛”字改为“茅”字，寺叫拔茅寺，田叫拔茅田，连村庄也唤作拔茅田村。

“陈友谅的墓地就在离拔茅寺后不远的团山。”关于陈友谅的传说，喻立顺说，当地还有另一说法，陈友谅当年在鄱阳湖一役中并未中流矢而亡，而是隐姓埋名逃到金井镇，并改姓饶，人称饶大旺公。辞世后葬于拔茅寺东邻团山，其子孙发达，也使饶姓成为金井镇第一大姓。

而真正能验证拔茅寺确有千年历史的，是村里杨氏一族的族谱记载：明代初期，拔茅田附近有一杨姓住户，全家礼佛。明永乐二十年生得一子，取名继周，继周常随长辈到拔茅寺拜佛。后又中了进士，赴山东安邱县任知县。继周告老回乡后，曾铸钟赠送拔茅寺。

由此推算，拔茅寺始建于明开国之初或元宋时代，距今 600 多年了。

寺中的龙须草能治病

“早上四点寺内敲钟一次，一天就开始了，晚上九点敲钟一次，一天

寺庙外墙上“八仙过海”浮雕色彩鲜艳，雕刻精美，栩栩如生。

便结束了。”昔日的拔茅寺，进门楼上是戏台，台前又有地坪供人观戏，上台阶有房廊直通佛殿，中殿为“大雄宝殿”，左殿为“观音阁”，右殿为关公殿。

村民苗中诚的家便依傍着拔茅寺，暮鼓晨钟间，已经过了68年。文化大革命期间，庙宇充公，菩萨全部被捣毁，后来又办过学校，有100多名学生在庙里读书。”拔茅寺的旧模样如今只存在于少数几名年迈村民的记忆中。

拔茅寺一直由居士李南富父子打理。1978年，李氏父子对拔茅寺开始了第一次翻修，因资金限制只做了简单修复。1985年，李南富圆寂后，释觉慧住持主张重兴土木，发动村民捐资献料进行修缮，扩充至1240平方米。1991年，大修过一次，新建的佛堂宽大雄伟，大雄宝殿内有释迦牟尼佛的汉白玉卧佛、药师佛、阿弥陀佛、观世音菩萨、大势至菩萨，下有护法韦驮，两侧有24位诸天神、18罗汉，进门有弥勒佛、伽蓝菩萨等佛像100多尊，东西两侧还有大钟大鼓。琉璃黄瓦，雕梁画栋，颇有气势。

寺宇前后绿树成荫，花草满地，寺内天井里的盆景，四时都有鲜花开放，花香檀香，氤氲满寺。寺后有1991年所立的石碑，记载着拔茅寺的来龙去脉。碑旁一口古井，清澈见底，甘凉清冽，取之不尽，不浅不溢。即使是冬日，用手感触水温，却感觉井水温度不低。

井壁上夏季生长一种水草，叫龙须草，泡水服用，有止泻治胀祛暑的功效。当地人称，抗日战争时期，当地疟疾四起，缺医少药，人们便采用了龙须草的水治愈了疟疾，便也有人称此水为“大悲水”。以至于后来的香客游士来寺，都要捞一把龙须草，打一瓶净水带回去饮用。

改革开放后，拔茅寺开始走出乡村，与各地乃至其他国家佛界人士进行交流，进门神龛上有全国佛教协会前会长赵朴初的弟子广东佛源和尚所书赠的“长沙观音阁”匾额，东西壁龛内便有日本佛教界画赠的十八罗汉，东西两侧的大钟大鼓，也皆是日本、中国香港、广东佛教界人士所赠。

（周佳艺）

秀美山川

十方丛林河图观

河图观　（星沙新闻网 提供）

早几年，我在编辑《星沙野史》一书时，就看到一则有关长沙县河图观的资料，着实令我吃了一惊。

就在长沙近郊，在青山绿水中，隐藏着全国闻名的一座坤道观。百多年来，女道士们渡尽劫波，在艰难困苦中坚守信仰，坚持静修，令人钦佩。

早就有心前去拜访河图观，一探古观的神秘面目，接触一下博大的道教文化。

长沙出城北行，公路两侧是树木葱茏的山丘和阡陌纵横的田畴。车行不过四十分钟，便进入典型江南水乡的水塘乡，一个叫鳌鱼村的山冲。远山绵延，树林苍翠，环境清幽。村东一山横亘，山梁形似鱼脊。绿瓦红墙，古朴典雅的古观，就坐落在鱼脊上，山门前就是片片田园，古观完全融和于青山田畴之中，竹树掩映，花木扶疏，好一个道家清修之处。

村以鱼脊而名，且流传这样一首古谣：金线吊葫芦，脚踏鳌鱼头，谁家站得中，代代出诸侯。

河图观占的是鳌鱼脊背风水宝地，百多年没有出什么诸侯，出的是一代一代道行高深的道姑。

古观占地五亩，建筑面积八百多平方米，由牌楼、山门、正殿组成。琉璃瓦牌楼巍峨壮观，是一九八六年按清代原有牌楼重修。牌楼匾额有“十方河图观”五个烫金大字，为全国政协常委、中国道教协会会长黎遇航书。匾旁配“河图”、“洛书”彩塑。《易经》有句：河出图，洛出书，圣人出之。古观之名，源出于此。

山门边有联：

紫气银河，龙门洞天；

奇经妙图，琅环福地。

大殿前栋，左为灵官殿，供奉道教“先天主将都天纠察王灵官”；右为丘祖殿，供奉道教全真龙门派祖师“长春真人丘处机”。正殿为吕祖殿，供奉八仙之一的吕洞宾神像。此殿是道士们日常举行道教活动的场所。每日晨昏，二十位女道士，在不绝如缕的道乐中，身着道装，束发盘定，神态庄重地课诵不绝。

正殿中有副对联很值得玩赏：

上界本自清虚，看仙人下救群生，跨来白鹤；

中原各争雄气，愿先生都付一枕，睡熟黄粱。

此联旨意高远，书法苍古，为河图观第二代道长陈合中所书。一个女道士有如此文学、书法修养，可见此地卧虎藏龙。

正殿外左右丹墀中遍植奇花异木，有株山茶花开如雪，花蕊血红，称为“雪里一点红”，最为名贵。还有一株古茶树，摘叶冲泡，如饮甘露。此树在文化大革命中被腰斩，现枯木逢春，新枝茁壮。

河图观历史悠久，为武当山全真龙门派十五代传人易本立，于清同治三年(1864年)创建，光绪十五年(1889年)增修，民国23年(1934年)重建，新中国成立后人民政府两次拨专款修缮。

民国二十九年(公元一九四零年)，全真龙门派第二十代传人罗浩明继任道长，河图观逐渐成为全国有名的坤道观。沿袭河图观观规，道姑从师长学的医术，以玄医秘方为四方百姓治病，扶危救难，很得百姓爱戴，香火旺盛起来。从解放直至现在，道姑们终年从事宗教活动，早晚做“功课”，白天进行手工劳动和农业生产。观里盖了生产厂房，有织布机、三线机、缝纫机，每年加工的手套就达四万多双，道姑的刺绣作品，曾获得省评特等奖，还创办了光学器仪眼镜厂。全观道姑，不仅做到劳动自养，还以节余经费支持当地办学。由于有秩的宗教活动和劳动生产，河图观多次被政府和中国道教协会评为先进集体，道长罗浩明被增补为中国道教协会理事。

作为一座坤道观，管理得如此井井有条，并完整保存了全真派道教音乐法事，还将道教音乐法事传播至南岳道教宫观，成为衡山道教音乐的源头。河图观道众各守教规，信仰虔诚，人才辈出，现全省各道宫观负责人，大都出自该观。

河图观取得如此大的成就，主要原因是有个好当家人，道长罗浩明。

罗浩明道长是个传奇人物。自1940年继任河图观监院以来，几十年如一日，带领全观道姑静心修为，护观护道，在劫难重重中，坚持正常宗教活动，生产自养，使古观精神发扬光大。须知她带的大都是老弱道姑，这是多么不容易的事啊。

罗浩明出身本地道教世家，她的兄弟姐妹都是出家人，姐姐和妹妹都同她一起出家在河图观，弟弟出家在南岳玄都观。

1935年，年刚十五岁的罗浩明便进河图观出家，至1992年在河图观去世，终其一生，信道虔诚，严守全真规戒，苦读自修生活简朴，德行高尚。

罗浩明与她的河图观，经历过两次大劫难。一次是抗日战争时期，兵荒马乱中，河图观道姑一日数惊。要躲避日寇的蹂躏，又要应对散兵游勇的骚扰。情况紧急时，罗道长带领当时观中的五名道姑外出躲避，请一个老人守观。日寇投降时，道观被严重破坏，织布机被捣毁，设施损失巨大。罗浩明面对一座荒草满庭的破败道观，毫不气馁，披荆斩棘，迅速恢复道观，又吸收了五名新道姑，并掩护过地下党员罗庆珊的活动。

另一次是“文化大革命”。数百人打着“横扫四旧”的旗号，将河图观团团围住。那些无法无天之徒，焚烧道经，批斗道姑，砸毁神像，将门额上的“河图观”三字涂掉，改成“解放屋”。又将道长拘押，将全观道姑驱散，一棵菜碗粗的甜茶树，当地群众和道众视为神物，被他们当作“四旧”拦腰砍断。本为洞天福地的河图观，再一次沦入万劫不复之中。

罗浩明抱定坚定信念，认定劫难只是一时之事，乌云终会过去。她临危不惧，带领道姑拒绝离观，驱而不散，赶而不走，坚持守护空观数年。宗教活动和生产劳都被迫停止，生活陷入绝境。

20世纪70年代后期，县政府考虑到道姑们大多年老体弱，准备给予长期救济。罗浩明则表示，河图观一贯坚持劳动自养，道众不能成为政府的包袱，也不接受别人的捐助，更不出观化缘。她四处奔走，寻求生产门路，终于与市劳保部门签订合同，加工帆布手套。道众们感到生活有望，都辛勤劳动。河图观再一次被评为市级先进生产单位。随着宗教政策的落实，河图观又得以恢复生机。 （李渔村）

索　引

说 明：

1. 本索引采用分析索引方法，按索引词首字汉语拼音音序排列，首字音序相同者，按第二字音序排列，依此类推。

2. 类目、分目、副分目标题以及人名作索引词的均用黑体字标明。

3. 索引词后的阿拉伯数字表示内容所在页码，拉丁字母 a、b、c 分别表示左、中、右栏（仅有左、右两栏时则分别以 a、b 表示）；索引词后括注“图”“表”字样的为图或表。

4. “特载”“专文”“大事记”“统计资料”“综录”中部分内容未作索引。

D

E

F